ARGON

Herausgegeben von
Edith Krull und Hugo Fetting

Herbert Jhering

Theater in Aktion

Kritiken aus drei Jahrzehnten

1913–1933

Argon Verlag Berlin 1987

ISBN 3-87024-104-7

1. Auflage 1987
Argon Verlag GmbH Berlin
Lizenzausgabe für die Bundesrepublik Deutschland,
Berlin (West), Österreich und die Schweiz

Typografie: Karl-Heinz Lange
Printed in the German Democratic Republic

Inhalt

Vorbemerkung

Es war nie einfach, Herbert Jhering zu überzeugen. Nur einsichtig begründete Argumente ließ er gelten. Beweise mußten für ihn unwiderlegbar sein. So ließen wir uns vor nunmehr über fünfundzwanzig Jahren auf ein schwieriges Unternehmen ein, als es darum ging, seine Zustimmung zur Veröffentlichung einer Auswahl seines theaterkritischen Schaffens zu erhalten. Nur langsam rückte er – dem die Beziehung zur Gegenwart alles bedeutete – von seiner der Theatergeschichte gegenüber skeptischen Haltung ab. Nach vielen Gesprächen erst vermochte er sich zu der Einsicht durchzuringen, daß auch seine einstigen Kritiken ein wesentlicher, unverzicht- und unabdingbarer Beitrag dazu seien, zu zeigen, wie das Bühnengeschehen seit Anfang unseres Jahrhunderts sich entwickelte, wie es sich wandelte und formte, wie tastende Versuche zu herausfordernden und ausstrahlenden künstlerischen Ereignissen führten, wie wagemutige Experimente neue Wege öffneten, wie Provokationen schöpferische Gegenströmungen auslösten, wie Dramatiker, Schauspieler, Regisseure und – nicht zuletzt – Kritiker in den ersten drei Jahrzehnten unserer Epoche ein auf die Veränderung der Gesellschaft zielendes, sozialkritisches, den Problemen der Zeit und der Politik gegenüber aufgeschlossenes Theater schufen.

Lange zweifelte Jhering, ob sich noch jemand für das interessieren würde und ob es überhaupt noch von Bedeutung sei, was Jahrzehnte zuvor sich ereignet und vollzogen und was er als kritischer Chronist des Theaters beschrieben und gewürdigt hatte. »Kann heute wieder werden, was gestern war? Kann man selbst, mitten in der Situation des Theaters arbeitend, die Vergangenheit gegenwärtig machen?« fragte er damals und fügte hinzu: »Denn es ist etwas anderes, der Vergangenheit in den eigenen Dokumenten der Zeit zu begegnen als in der Erinnerung. Diese ändert sich immer, je nach den Ereignissen des Tages. Sie vergißt nicht, aber neue Erfahrungen setzen neue Lichter ein, so daß die Erinnerungen unter dem Einfluß wechselnder Erlebnisse sich wandeln und die Vergangenheit von jedem neuen Tag kritisiert wird. Verschwiegenes wird deutlich, und was einst wichtig erschien, tritt zurück. Was aber *geschrieben* wurde, ist unveränderlich. Ich kann zu ihm nein oder ja sagen. Ich kann es falsch oder richtig finden, überflüssig oder notwendig. Dieses Urteil ändert sich nach neuen Erkenntnissen. Aber das Wort selbst steht unverändert da und mit ihm das Ereignis, das es schildert oder beurteilt. Als ich meine alten Kritiken wieder las, erschrak ich zuerst. ... Dann aber merkte ich, daß gerade diese Aufzeichnungen wichtig sein können.«

Diese Sätze schrieb Herbert Jhering für das Vorwort zu der in den Jahren 1961 bis 1964 unter dem Titel »Von Reinhardt bis Brecht« erschienenen dreibändigen Ausgabe seiner Theater- und Filmkritiken. Die hier vorgelegte Auswahl basiert auf dieser Ausgabe, die seinerzeit von Jhering selbst mit zusammengestellt wurde, nachdem so gut wie alle seine einst publizierten Kritiken und Aufsätze aus den verschiedensten Zeitungen und Zeitschriften kopiert worden waren, denn er selbst war nie ein eifriger und gewissenhafter Sammler des von ihm für den Tag Geschriebenen gewesen. Da damals in der dreibändigen Ausgabe die originalen Rezensionen unverändert und ungekürzt wieder abgedruckt wurden, gibt auch diese Auswahl die einst unmittelbar nach der jeweiligen Aufführung geschriebenen und veröffentlichten Kritiken vollständig und unbearbeitet wieder. Mögen sie noch heute so interessierte Leser finden wie zur Zeit ihres Entstehens oder anläßlich ihrer ersten Wiederveröffentlichung vor inzwischen fast einem Vierteljahrhundert.

Die Herausgeber

»Peer Gynt«

Lessing-Theater

Die ersten Worte dieses dramatischen Gedichts sind: »Peer, du lügst!« Und eine romantisch-tragische Satire auf Phantasie ohne Schöpferkraft ist das Ganze. Peer Gynt hat kein Verhältnis zur Wirklichkeit. Er lügt, schneidet auf, ist großmannssüchtig, ohne zu wissen, daß es etwas gibt, zu dem er sich mit seinen Prahlereien in Gegensatz stellt. Ihm verschwimmt alles. Und da er keine Tatsachen sieht, sieht er auch nichts Untatsächliches. Er dichtet wahllos. Er kann jetzt etwas phantastisch ausschmücken, was längst ein andrer erlebte und was bereits sagenhaft geworden ist wie die spukhafte Jagd auf dem Gendingrat, um im nächsten Augenblick durch Selbsterfahrenes fortgerissen zu werden: Brautfahrt wird zum Kaiserzuge, Baumfällen zum Kampf mit einem Gepanzerten. Peer Gynt ist so haltlos, so unverankert, daß er wie zufällig auch in eine Beziehung zur Realität geraten kann. Das ist es: er gerät in alles hinein. Er wird getrieben, ohne daß er die Stimme hörte, die ihn treibt. Ihm fehlt jedes Gefühl für Nähe und Zweck. So tut er das Nächste erst, wenn es sich entfernt hat, das Mögliche erst, wenn es unmöglich geworden ist. Aber das wieder nicht etwa, weil ihn das Gefahrvolle reizt, sondern weil er durch das Unbestimmt-Gewordene sich angeregt fühlt. Peer Gynt holt sich Ingrid, als sie Hochzeit mit einem andern feiert. Je deutlicher ihm jedoch die Wirklichkeit dieser Hochzeit vor Augen tritt, desto zaghafter wird er. Erst der Mädchentanz lockt ihn, einzutreten. Und den Raub wagt er, als Solvejg ihn abgewiesen hat.

In dem Verhältnis zu Solvejg gehen Peer Gynts adlige Reste auf. Aber wie hier ein menschliches Motiv zu der abenteuerlichen Tat des Brautraubes herhalten muß, so ist gerade Peer Gynts heimliche Liebe zu Solvejg sein unerbittlichster Richter. Er gibt seinen Wert ab und legt ihn bei einer Frau nieder. In ihm ist die Liebe ohne tätige Folgen. Sie verliert während seines Erdenwandels den Zusammenhang mit seinem Wesen. Sie kommt zufällig hoch und versinkt wieder. Sie beeinflußt ihn nicht. Sie reizt ihn zu einer prahlerisch-verzweifelten Tat, die er auslöscht, indem er die Verantwortung und die Konsequenz ablehnt.

Peer Gynt ist ein Charakter, der seine Legitimation verloren hat. Seine Phantastereien sind ohne Motive. Und wenn ein Motiv am Anfang steht, so wird es nachträglich entwertet. Peer Gynts Wesen verpflichtet zu Produktivität. Künstlertum würde den Mittelpunkt geben, an dem sich das Auseinanderstrebende ansetzen, um den sich das Zerstreute sammeln könnte. Aber Peer Gynt ist nur die Vorbedingung zu einem Menschen, sich selbst ist er schuldig geblieben. Er ist so sehr ein Halber, daß er hinter dem Phantastischen als solchem zurückbleibt. Vor Trollspuk und Dovrealtem versagt er. Er kennt nicht die Konsequenz seiner Träume, nicht die Verpflichtung der Gedankenvergehen. Er ist selbst seinen Hirngespinsten nie so ganz hingegeben, daß er sich einmal entscheiden könnte, daß er in seinen abseitigen Welten Brücken abbräche und Folgen auf sich nähme. Weil Peer Gynt so sehr Troll ist, so sehr ein Zwischenwesen, das sich selbst genug bleibt, kann er kein Troll mehr werden.

Ihm gegenüber, der keine Verpflichtungen kennt, wird sogar der zum Held, der sich seinen Verpflichtungen entzieht. Denn diese Flucht ist wenigstens ein Willensakt. Wer sich seinen Finger abgehackt hat, um dem Militärdienst zu entlaufen, ist ein Ganzer: er hat etwas getan, was nicht wiedergutzumachen ist, und im Gebirge, im kleinen Bezirk, mit der Not kämpfend, hat er eine Aufgabe, die er erfüllt. Peer Gynt aber geht um alles herum. Und wenn er hindurch will, ist es ein Kampf mit Gespenstern. Das, was ihm Kraft gäbe, durch das Wirrsal seiner Erlebnisse hindurchzufinden, fehlt ihm. Denn er kennt nicht einmal die negative Konsequenz seelischer Vorgänge: die Reue.

In den ersten drei Akten entfaltet sich Peer Gynt beziehungslos zu allem, was ihn umgibt. Nur mit seiner Mutter Aase verbindet ihn Verwandtes. Ihr Tod berührt Menschliches in ihm. Peer Gynt, der nicht schweigen kann, weil in ihm keine Ruhe ist, verstummt. Seine Natur, die nur beweglich war, steht still. Aber zuletzt führt dies Erlebnis ihn nicht in sich hinein, sondern aus sich heraus. Er hält nicht Einkehr, sondern flieht. Wenn Peer Gynt geadelt wird, so geschieht es durch die Art, wie Ibsen die ethische Gegnerschaft durch Geschöpfe aussprechen läßt, die wie Traumgestalten Peer Gynts wandeln. Alles, was ihn bekämpft, ist seiner Phantasie entsprungen. Es scheint, als ob dies Traumgehirn sich selbst die Rächer gebiert. Symbole stehen auf und gehen, aus Peer Gynts Geist geboren. Derselbe, der seine Umwelt nicht kennt, scheint sie geschaffen zu haben. Ein Märchenbuch schließt sich auf, das befreit und beängstigt.

Norwegen, das Ibsen mit seinem Zorne treffen wollte, rächt sich, indem es zauberhaft lebendig wird. Die Natur selbst erhebt sich und zeugt für Peer Gynt, indem sie ihn verdammt. Und wahrhaft verloren scheint Peer Gynt erst dann, als er sich ihren Armen entwindet.

Zwischem dem dritten und vierten Akt sind Jahrzehnte übersprungen. Man hat getadelt, daß Peer Gynt in diesem Zwischenraum ein Mensch der Tat gewesen sein soll. Diese Auseinandersetzung mit der Welt Amerikas aber war eine Notwendigkeit. Wenn es sich trifft, mußte Peer Gynt, der Halbe, auch ein Mensch der Arbeit werden. Er mußte in sie hineingeraten, wie er in seine Säumnisse hineingeriet. Und die Folgen dieses freiwillig-unfreiwilligen Zusammenstoßes mußten ihn von neuem entlarven. Peer Gynt ist in Amerika kein sachlicher Arbeiter geworden, sondern ein Hochstapler. Die einzige Wirkung des Intermezzos ist, daß er seine Naivität verloren hat. Seine Phantasie hat die Reinheit eingebüßt. Ihr Blütenstaub ist abgestreift. Peer Gynt war zu schwach, eine Welt der Entschlüsse und Handlungen zu ertragen: Er ist gemein geworden. Unproduktive Phantasie unterliegt der Wirklichkeit. Sie wird kümmerlich und reicht nur noch aus zum plattesten Schwindel, zum Betrug. Das Schicksal des unschöpferischen Traummenschen erfüllt sich, als er an Tatsachen herangetrieben wird. Jetzt wird Peer Gynt feige und albern. Er parodiert sich selbst, und erst ein Tollhaus bringt ihn halbwegs zu sich, indem es ihn ganz außer sich bringt.

Der vierte Akt verlangt einen andren Ton als die vorigen, weil Peer Gynt die Welt anders sieht als bisher. Daher der bewußtere, satirische Akzent. Allerdings ist Ibsen in dieser Distanzierung zu weit gegangen. Er läßt die Dinge nicht nur von Peer Gynt aus gebrochener sehen, sondern verschiebt selbst noch einmal die Linien. In der Satire liegt zu offen das Urteil, zu offen die ideale Forderung. Erst wie Peer Gynt sich im fünften Akt Norwegen wieder nähert, stellt sich das Gleichgewicht her. Der Abstand der Dinge regelt sich von Peer Gynt aus. Und die Gespenster, die ihre Forderungen präsentieren, sind Spukgestalten seines Gehirns. Was wider ihn aufsteht, ist weniger was er getan hat, als was er nicht getan hat. Ein Drama, das Tragödie und Satire ist, das ein doppeltes Antlitz trägt, das von Ironien unterlauert ist und fanatischen Ernst zeigt, geht auf in die Erlösung durch das Weib. Peer Gynt, der so geringen Persönlichkeitswert hatte, daß er weder Seligkeit noch Verdammnis verdient, daß er, umgeschmolzen wie ein mißlungener Knopf, wieder den Weg in die Masse nehmen muß, erhält seine Individualität durch das Weib, durch Solvejg, in deren Glauben, Hoffen und Lieben er in der Zeit seiner Irrfahrten war. Sie verpflichtete dem ihr Leben, der von keiner Verpflichtung wußte. Sie, die wartete, erlöst den, der vergaß. Jene Liebe, die für ihn keine Folgen hatte, befreit ihn, weil sie einem andern Menschen Lebensinhalt gab. Die Passivität, die ihn verdammt, ist einer Frau schöpferisch geworden und zieht ihn hinan.

Die Aufführung Das Lessing-Theater hat nach Entwürfen Karl Walsers einen, soweit es bei der geschmacklosen Grundlage möglich war, künstlerisch renovierten Zuschauerraum und nach Plänen Fritz Helmreichs eine modernisierte technische Einrichtung bekommen. Es wird repräsentativen Premieren in jedem Betracht gewachsen sein. Aber ich glaube Direktor Barnowsky wird als Regisseur schneller an ausgreifende, programmatische Aufgaben heranreichen, wenn er seine eigene Entwicklung nicht überstürzt, sondern da anknüpft, wo er im Kleinen Theater aufgehört hat: beim gemäßigten Ensemblestück, beim problematischen Konversationsdrama, beim stilistisch und satirisch verschnörkelten Lustspiel. Es ist zuviel auf einmal: ein neuer Raum mit anderen Maßen, eine neue Dichtung mit anderen Maßen. Was Arbeit und Wille leisten kann, war schon jetzt geleistet. Aber es fehlte jede Freiheit, jeder Glanz, jeder Überschuß. Man sah eine verkürzte Inhaltsangabe des »Peer Gynt«, aber nicht seine Poesie, nicht seine Heimlichkeiten, nicht seine Rätsel. Über dem Fleiß war die Naivität, die Unmittelbarkeit verlorengegangen. Und gerade von ihr lebt »Peer Gynt«. Ein ungesuchter Märchenton müßte sich einstellen, primitiv, drastisch-zart, launig-phantastisch. Alles müßte von selbst sinnlich, greifbar werden. Nichts dürfte eindeutig, nüchtern, arm sein.

Gestern wurde durch äußere Beweglichkeit vieles zu sehr an die Oberfläche getrieben. Überhitzung zerstörte gleich die erste Szene zwischen Aase und Peer. Man schrie und zappelte sich ab. Die Vorstellung hatte nicht den Atem, der sich selbst reguliert. Man spürte den Blasebalg. Es wäre anzunehmen, daß die Gewaltsamkeiten die Folge begreiflichen Premierenfiebers waren, wenn sie nicht zu sehr im Wesen der Regie begründet schienen. Diese Regie ging bis zum Opernhaften gerade da, wo stille, menschliche Töne geboten waren. Die harrende Solvejg wurde hinter Anitras Zelt als Balletterscheinung vorgeführt. Sie sang ihre Verse zu Orchesterbegleitung. Was sind Vorschriften des Dichters! Man lasse Solvejg ihre Verse sprechen, gebe ihr eine gesonderte Dekoration, und man ist wieder in der Welt des Dramas. Die Musik Griegs ist überhaupt sehr mit Vorsicht zu verwenden. Meinem Gefühl widerspricht es schon, daß die drei Säterinnen zu vollem Orchester singen. Durch diese Stilwidrigkeit wird gerade, was unwirklich sein soll, aufdringlich wirklich. Aber wenn Barnowsky bei Szenen, die heimlich balladesk sind, über saubere, theatersichere und geschmackvolle Ausarbeitung nicht hinauskam, so glückten ihm viel eher die, die ihren Balladencharakter offen tragen. Die Trollszene war ein Alpdruck. Hier gelang auch eine unwirkliche Beleuchtung, mit der sonst zu bewußt gearbeitet wurde.

Die Dekoration ist im »Peer Gynt« noch mehr eine Angelegenheit der Innenregie als in jedem anderen Drama. Von seinem Maler Svend Gade aber wurde Barnowsky im Stich gelassen. Es waren Dekorationen, in deren Anordnung und Farbenzusammenstellung sich verschiedene Prinzipien kreuzten. Zufällig gelang etwas, wie anderes mißlang. Der Grundton war nüchtern und kalt. Die Hütte Solvejgs stand im Raum zu puppenstubenhaft, zu gefällig. Der äußere Schauplatz der Handlung wurde gegeben, aber nicht der innere.

Barnowsky hat ein ausgezeichnetes Ensemble mittlerer und zweiter Schauspieler. Für sie ist er ein vortrefflicher Regisseur. Er versteht, sie zu variieren und gegeneinander abzustimmen. So wurden Alexander Rottmann für den Dovrealten, Heinrich Schroth für den Knopfgießer neue, aber immer motivierte Töne abgewonnen. Was fehlt, ist der große tragende Schauspieler. Kayßler bleibt für tragisch starre und verschämt humoristische Rollen die wertvollste Kraft. Aber er, der Brand wäre, ist kein Peer Gynt. Ihm fehlt aller Überschwang, alle Farbigkeit. Er, der Gehemmte, kann nicht hemmungslos sein. Ein Fanatiker wird nicht zum haltlosen Phantasten. Peer Gynt ist so sehr in allem der schroffe Gegensatz zu Kayßler, daß die Mühe um Laune, Spielfreude, Sprungbereitschaft nur quälend wirken konnte. Kayßler gelingt ein zerknirschter Peer Gynt im fünften Akt. Hier bersten Schollen. Hier bricht die gestaute Kraft empor. Hier wühlt sich Menschliches ans Licht. Aber bei einem Peer Gynt, der vier Akte hindurch gar nicht so leichtsinnig war, wie er uns glauben machen möchte, ist dieser Aufwand an Verzweiflung unnütz vertan. Ilka Grüning als Aase wurde in die allgemeine Verdeutlichung hineingerissen und erreichte erst in der Sterbeszene ihr eigenes Niveau. Hier klang zwischen Kayßler und der Grüning Menschliches zusammen. Menschliche Wirkung stellte sich ein, die nicht einmal Beleuchtungsabsichten stören konnten. Lina Lossen blieb schlicht wie immer, und gerade ihr hätte ich Solvejgs Lied als Sprechtext gewünscht. Tilla Durieux gab die Anitra witzig, leicht, exotisch, nur mit zuviel Freude an sich selbst.

An der Besetzung der Nebenrollen hat es nicht gelegen, wenn man dieser Vorstellung nur mit Hochachtung begegnen konnte. Auch nicht an der dramaturgischen Einrichtung. Wenn man den Grundriß nicht zerstört und sich vor gewaltsamen Eingriffen hütet, ist es nicht so wichtig, was und wieviel gestrichen wird, weil der innere Gang dieser Handlung auf der Bühne doch nicht sinnfällig gemacht werden kann. Auf den Grundton, die Stimmung, die Ballade kommt es an. Gerade deswegen aber habe ich es bedauert, daß uns Peer Gynts Fahrt nach Norwegen noch im letzten Akt entzogen wurde. Sie gibt einen stärkeren Auftakt für das Ende als die Szene, in der Peer Gynt mit einer Zwiebel sich selbst zerpflückt. Der letzte Akt wirkte überstürzt, fragmentarisch. Es war wie vorher. Man wurde aufmerksam, angeregt. Nur konnte man sich nicht hingeben. Die Aufnahme beim Publikum schwankte zwischen literarischem Interesse und innerer Teilnahme, Begeisterung erregt Aases Tod und der Schluß.

Vossische Zeitung, Nr. 470 u. 471, 16. September 1913

»Pygmalion«

Lessing-Theater

Pygmalion heißt Higgins und ist Professor für Phonetik. Das Werk seiner Kunst heißt Eliza und ist Blumenmädchen. Er vernichtet ihre Vergangenheit, indem er ihren Rinnsteindialekt reinigt. Er schafft ihre Zukunft, indem er ihr eine neue Sprache gibt. Grammatik und Phonetik ist ihm Seele, Charakter, Takt, gesellschaftliches Niveau. Aber dem Pygmalion der Wimpole Street in London ist seine Schöpfung nur Experiment, das für ihn in dem Augenblick an Interesse zu verlieren scheint, als es geglückt ist. Professor Higgins dementiert seinen antiken Ahnherrn und sich selbst. Was ihn an Eliza bezwingt, ist nicht das, was er aus ihr gemacht hat, sondern das, was sie war. Als sie, entrüstet, nur als Versuchsobjekt zu gelten, ihm seinen Pantoffel ins Gesicht wirft und davonläuft, alarmiert er die Polizei, um Eliza wiederzubekommen. Und er stolziert selbst als seine eigene Widerlegung umher. Der Professor der reinen Aussprache ist der Ruppigste von allen. Seine Haushälterin muß ihn dringend ermahnen, sich manierlich zu benehmen, damit er seinen Zögling durch Flüche und Ungehobeltheiten nicht vollends an die Ausdrücke der Matrosenschenken gewöhnt.

In der Unbetontheit der Widersprüche liegt die Komik und die persiflierende Kraft des Lustspiels. Shaw hat sich gehütet, dem Stoff eine direkte Satire auf verranntes Gelehrtentum abzuzwingen. Er hat sich zurückgehalten, soziale Töne anzuschlagen und vom Hinaufwollen der Deklassierten zu sprechen. Der Stoff ist unbeschwert geblieben, er ist entmaterialisiert. Er existiert gar nicht als Stoff, als Thema, als Problem. Es existieren nur die Brechungen, Spiegelungen, Kurven der Behandlung. Er hat zwei Gestalten erfunden, die allein den Zweck haben, die Handlung schwerelos zu machen. Das ist der Müllkutscher Doolittle, der Vater Elizas, ein unwürdiger Armer, der kein würdiger Armer und noch weniger ein Gentleman und Zugehöriger des Mittelstandes werden will. Aber gerade seine Philosophie der Gewissenlosigkeit trägt ihm ein reiches Vermächtnis ein und macht ihn zu dem, wovor er sich eben mit Hilfe dieser Gewissenlosigkeit bewahren wollte: zum Bürger. Das ist ferner der Oberst Pickering, der als dramaturgische Eingebung die beste Gestalt des Stückes ist. Er ist keine Gegenfigur, sondern in einem erweiterten Sinne eine Nebenfigur. Eine Nebenfigur zu Higgins. Er entlastet Higgins, und indem er eine dritte Stimme in das Kampfduett der beiden bringt, nimmt er ihren Auftritten alle ethische Schärfe und zugespitzte Problematik.

Shaw ist mit »Pygmalion« ein theatermäßiges Lustspiel gelungen, das keine Lücken im Bau und keine Auswüchse zeigt. Man muß dieses Stück loben, weil es sich zu sich selbst bekennt. Es will wirken und stößt Tendenziöses in die Bühnenanweisungen ab. In ihnen stehen boshaftere Bemerkungen als in den Dialogen. Ich finde es reinlich, daß Shaw in ein Possenspiel nichts Kämpferisches, keinen Kulturwillen und kein reformatorisches Programm hineingetragen hat. Ich halte es für einen Beweis seiner komischen Gestaltungskraft, daß er Figuren, denen er nichts von seiner geistigen Energie, nichts von seiner Helle und Schärfe gab, etwas Schillerndes, Doppelbodiges lassen konnte. Er ist in indirekt beleuchtenden szenischen Kontrasten so glücklich, daß man es schon als Gewicht empfindet, wenn die Situation doch einmal zur Aussprache wird. Elizas beide Junggesellen, Oberst Pickering und Professor Higgins, sprechen, nachdem Eliza mit Erfolg in die große Welt eingeführt ist, in naiver Rücksichtslosigkeit an ihr vorbei und würdigen sie keines Satzes. Das ist eine komödienhafte Situation, die, indem sie auf die beiden Redner Licht wirft, gleichzeitig Elizas Lage erklärt. Die Aussprache zwischen Higgins und Eliza wirkt danach überdeutlich. Wir sind zum Glück von Shaw so daran gewöhnt worden, in den Kurven der Situationen und Dialoge seine Wirkung zu sehen, daß wir für stoffliche Gegensätze nicht mehr Auge und Ohr haben. Er hat im »Pygmalion« durch Plötzlichkeiten, Überraschungen und fortgelassene Übergänge so wenig die Geschlossenheit des Ganzen zerstört, daß man es als Bluff empfindet, wenn die Wandlung des Müllkutschers Doolittle, die, wie angedeutet, innerlich ausgezeichnet motiviert ist, eine burleske äußerliche Motivierung erhält.

»Pygmalion« brachte dem neuen Lessing-Theater seinen bisher größten Erfolg. Wenn Shaw ihn verdient hatte, so verdiente ihn die Aufführung nur zum Teil. Ich bin der letzte, der Theatergemäßes verurteilt, und für das Stück trete ich ein, gerade weil es zugestandenes Theater ist. Aber Barnowsky ging zu weit. Nicht darum, weil er Fesseln löste, sondern darum, weil er Temperamente nach falscher Richtung entband. Die Komödie wurde ins Kleinbürgerliche verdeutlicht. Es wurden mimische und wörtliche Hinzufügungen gemacht, die in allzu bekannte Possenregionen hinunterführten. Ich glaube, Barnowsky ist kein Regisseur für große Schauspieler. Vor Herrn Steinrück, der den Higgins gab, war er machtlos. Herr Steinrück, der starr und fest ist, wollte komödiantische Leichtigkeit erzwingen. Aber sein Mangel an spielerischem Temperament wurde nun erst recht fühlbar. Und was Charakteristik eines Rauhbeins hätte sein sollen, wurde forcierte Brutalität der Mittel. Herr Landa (Oberst Pickering) ließ seine Rede auf geölten Schienen laufen. Ausgezeichnet aber war Frau Durieux als Eliza. Sie war hemmungslos drastisch. Sie ließ ihrem Körperspiel alle Freiheit. Sie war beweglich und witzig in jedem Satz. Sie schuf eine Figur und gleichzeitig eine Persiflage der Figur. Und zu jeder Zügellosigkeit gab ihr ihr Temperament recht. Ihr hätte ich es zugetraut, daß sie auch die Auseinandersetzung mit Higgins am Schluß des vierten Aktes schwereloser gegeben hätte. Herr Ekert brachte den Doolittle gewiß zu breiter, behäbiger Wirkung, aber ich hätte ihm heftigere proletarische Akzente gewünscht. Im übrigen trat Ilka Grüning mit der fein gezeichneten Mutter des Professors hervor. Die Energie der Aufführung überzeugte. Warum wandte sie sich nach der falschen Seite?

Vossische Zeitung, Nr. 558, 2. November 1913

»Scheiterhaufen«

Kammerspiele

Das Bestreben, die Kammerspiele wieder zu einem Repertoiretheater zu machen, verdient jede Förderung. Aber hoffentlich wechseln jetzt nicht Ibsen, Strindberg und Hauptmann nur deswegen miteinander ab, weil man kein Zugstück hat. Und hoffentlich läßt man weiterhin keine Verlegenheitsbesetzungen zu. Der forsche Heldenbonvivant Ernst Wendt und die plaudernde Salonsoubrette Johanna Terwin durchbrechen die strengsten Regieabsichten.

Ich sah »Scheiterhaufen« früher bei Reinhardts Gastspiel am Carl-Theater in Wien. Besonders gefiel mir die Bühnenvision der ersten Szene, wie die alte Dienerin ruhelos hantierend, gespenstisch, schattenhaft durch das endlose Zimmer fegte, ein rumorendes böses Gewissen. Das ließ man diesmal fallen, obwohl die Schauspielerin (Elsa Wagner) besser war als die Reisebesetzung. Aber der Raum kommt hier erst zum Mitspielen, dieser kahle, hohe, tiefe Salon, in dem die Schritte wiederhallen, der die Menschen verschlingt und die Größenmaße der Möbel verzerrt. Dieses unwirkliche, gefräßig lauernde Rechteck schafft einen Stimmungszwang, dem gerecht zu werden die Schauspieler zur letzten Hingabe nötigt. Rosa Bertens, deren Mutter eine außerordentliche darstellerische Schöpfung ist, schien zuerst nur mechanisch zu spielen. Es ist fesselnd, zu beobachten, wie der große Künstler, wenn er seine Technik laufen läßt, zu bewährten Hilfsmitteln greift. Der persönliche Ausdruck, dem die Intensität fehlt, nähert sich wieder dem Klischee. Rosa Bertens gab in dieser Vorstellung die Angst vor nahenden Schritten, das Zusammenschauern vor heulendem Sturm mit absetzender, stockender Stimme, mit einer punktierten Sprechweise, der man die Schulung anmerkte. Aber die Gestalt drang durch, sobald sich die Gefühle mischten. Meisterhaft die gemeine Koketterie in den Auftritten des Schwiegersohns, hervorragend das Durchbrechen einer bösen Lebenslust, grandios die infame Schadenfreude, als sie die Holzstöße vor dem Ofen und dem Schwiegersohn gerettet hat, und grauenhaft der Zusammenbruch. Rosa Bertens ist eine monumentale Schauspielerin des Kleinlichen. Sie hat den Dämon des Filzigen, die aufreizende Schärfe des Erbärmlichen.

Alexander Moissi konnte als Sohn wieder Charakterdarsteller sein und war es mit seltner Fülle und Kraft. Abgebrauchte Schattierungen leben, sobald sie in die bildende Phantasie eines sich ständig erneuernden Temperaments geworfen werden. Was machte Moissi aus Nuancen des Fröstelns, aus der schweren, anstoßenden Sprechweise des Trinkers! Wie blieb alles im Fluß und trotz Wiederkehr und Wiederholung in Wechsel und Steigerung! Zerrüttung und Niedergang waren nicht Studie und Beobachtung des Lebens, sondern wurden phantastisches, erhöhtes Abbild. Gebärden entzündeten sich aneinander, und Tonvariationen überboten sich. Dieser Sohn hätte die Leuchtkraft gehabt, das Ende durchsichtig und seelisch schwingend zu machen. Aber es liegt an der Regie Reinhardts, daß gerade dieser Aufschwung fehlt. Schon wenn Moissi der Mutter sagt, daß sie nichts für ihre Taten kann, bleibt er im Vergleich zu seinen andren Leistungen leer. Und das Ende, den Erstickungstod im brennenden Hause, spielt er mit einer Auflösung in Situationen, die verwirren, statt zu klären. Diese Szenen sind falsch angelegt. Reinhardt gibt ein verwüstetes Sterben. Er läßt den Sohn die Visionen: die Erinnerung an die Sommerferien, das Hören der Schiffsglocke, realistisch auskosten. Der Tod der Kinder ist aber kein körperliches Sterben, sondern seelische Auferstehung. Er ist Erlösung, Befreiung, Himmelfahrt. Der Brand verbrennt alles Häßliche, Trübe, Irdische. Bruder und Schwester müssen selig umschlungen in eine andre Welt eingehen. Es bringt das Drama um seinen Sinn, wenn die eine rechts hinsinkt, während der andre in der Mitte sich austobt.

Reinhardt ist zu diesem Arrangement verführt worden, weil der Bruder die Schwester nicht mehr sieht. Das ist aber bildlich gemeint. Sie sind einander entrückt. Auf dem Scheiterhaufen des Hauses, das ihre Qual sah, läutern sich alle Schrecken der Vergangenheit. Von der Enge eines verkümmerten Lebens bleiben nur die seligen Augenblicke übrig, als die Kinder in die Schulferien fuhren. Das Grauen und der Spuk der ersten Tage sind dieser Befreiung wegen da. Reinhardt schlägt die Bedeutung seiner Inszenierung, wenn er den Alpdruck Selbstzweck werden läßt.

Berliner Börsen-Courier, Nr. 443, 21. September 1918

»Gas«

Volksbühne

Wer dieses Stück Georg Kaisers sieht, könnte sich verführen lassen, es für eine ekstatische Gestaltung des Kampfes zwischen Mensch und Maschine zu halten. Der Sohn des Milliardärs aus der »Koralle« trägt seine philantropischen Ideen in das neue Werk und nimmt nach der Explosion seiner Gasfabrikanlagen den Kampf gegen die Maschine überhaupt auf. Es genügt ihm nicht, die Arbeiter zu Mitbesitzern des Betriebes gemacht zu haben, es genügt ihm nicht, den Wunsch der Arbeiter auszuführen und den Ingenieur, dessen (tadelfreie) Formel für die Erzeugung und für die Explosion des Gases verantwortlich ist, zu entlassen. Keine Reform im einzelnen und keine Reform des Betriebes im ganzen kann helfen. Helfen kann nur die Vertilgung des Betriebes selbst. Nicht der Kapitalismus ist der Feind des Menschen, sondern die Industrie. Denn auch der gewinnbeteiligte Arbeiter wird vom Dämon der Maschine festgehalten und entmenscht. Er verwächst: sein arbeitender Teil wird hypertrophisch ausgebildet, der andre stirbt ab. Der Mensch wird mechanisiert, und das Produkt, das der Menschheit dienen soll, vergewaltigt den Menschen, der es herstellt.

Der Milliardärssohn scheitert an seiner Absicht. Die Arbeiter wenden sich gegen ihn. Sie wollen nicht nach seinem Plane Siedler und Menschen auf freier, eigener Erde werden. Sie erzwingen den Aufbau der Fabrik, sie erzwingen ihr Sklaventum.

Hat Georg Kaiser dieses Thema erlebt? Sind die Ideen so mächtig in ihm geworden, so intensiv, daß sie nach der Expression verlangten? Das Problem Georg Kaiser liegt in seiner Aufnahme- und in seiner Ausdrucksfähigkeit, aber nicht in der Notwendigkeit ihrer Verbindung. Seine nervöse Empfänglichkeit bemächtigt sich aller in der Zeit liegender Gedanken. Was ihn packt, ist nicht ihre Wahrheit, nicht ihre Richtung, ihr Wille, sondern ihre Farbe, ihr Glanz, ihre Sensation. Er sieht die Idee als Überschrift, als Formel, als Plakat. Die Konzentrierung ist keine Gestaltung, keine Übersetzung, keine Umschaltung, sie ist für ihn der Anfang. Er spürt die Zeit und ihre Tendenzen nur als szenische Pointe, als farbigen Punkt, als technischen Akzent. Nur aus diesem »ersten Blick« erklärt sich die Rapidität seiner Produktion. Die Ideen brauchen in ihm nicht zu wachsen, die Gestalten sich nicht zu bilden, um expressiv zu werden. Kaiser ist ein Ausdruckskünstler, der der bebenden, stemmenden, losreißenden Kraft des Erlebnisses nicht bedarf. Seine Dramen sind Dramen der fertigen Voraussetzungen. Im »Gas« setzt er alle Probleme der Gegenwart voraus – sie gehen durch ihn nicht als durch eine Persönlichkeit hindurch, sie bleiben unverändert, sozusagen stofflich, nur daß ein – vorher schon feststehender – Ausdruck sie gliedert, teilt und wieder zusammensetzt. Kaisers Kunst ist die der geometrischen Zirkelung, der mathematischen Auflösung, der schematisierenden Berechnung. Nun wird alles leicht, frei, geistig. Nun erhält alles Farbe, Linie, Schwung, Tempo. Aber die Eleganz seiner Zeichnung kann – besonders im »Gas« – nicht darüber hinwegbringen, daß die Voraussetzungen für ihn dichten und daß seine Handlung und seine Menschen zusammenfallen, wenn das Fundament dieser Voraussetzungen nicht ausreicht. So verliert sich Kaiser im letzten Akt von »Gas« fast an eine aktuelle Wirklichkeit – es werden neue Voraussetzungen herangebracht, die Figuren können nicht zu ihrer letzten Konsequenz geführt werden, und eine peinliche Erlösergeste, die sich leicht als bequem-optimistischer Ausweg einstellt, muß ein Ende vortäuschen, das keins ist. Daß die Tochter des Milliardärssohns den Menschen zu gebären verspricht, an dessen Nichtdasein der Vater zugrunde geht, ist eine jener Verlegenheiten, mit denen uns Kaiser oft entläßt, weil er nicht unter dem Zwange seiner Gestalten steht. Kaiser hat einmal ein Stück zu Ende geschrieben und sich den Titel Expressionist verdient, weil er das Thema intensiviert hat: »Von morgens bis mitternachts« – aber da blieb er beim Nihilismus ohne optimistische Ausblicke. Im »Gas« weicht er aus und fürchtet sich vor seinen eigenen Folgerungen.

Die Aufführung der Volksbühne machte zum ersten Male in Berlin den Versuch, Georg Kaiser aus seinen Bedingungen heraus zu spielen. Sie überragte deshalb in der Absicht alle Darstellungen dieses Dichters an anderer Stelle. Aber der expressionistische Stil ist eine entlarvende Probe. Der unintensive Schauspieler enthüllt sich wie der technisch gehemmte. Mit dem Gelingen sah es deshalb in manchen Einzelleistungen böse aus. Die Verwahrlosung der Sprache, die Zuchtlosigkeit und Unentschiedenheit der Gebärden rächte sich. Herr Stahl-Nachbaur, den ich von Wien her als einen ausgezeichneten Lindquist in »Ostern« in Erinnerung habe und der hier schon einen gewandten Angelo in »Maß für Maß« spielte, hob sich von seiner Umgebung ab. Er versuchte eine gedrängte, gesammelte Charakteristik des Milliardärssohnes. Er wäre vortrefflich gewesen, wenn er die Rolle auf eine Szene hätte konzentrieren können. Bei der Verteilung auf fünf Akte verlor er die Spannkraft und – innerhalb der Geschlossenheit – die Variation. Er wiederholte seine Tonfälle, rezitierte zu oft und war merkwürdig unintensiv, wenn es galt, auf den Partner einzuwirken. Seine Sätze waren zu fertig, sie entwickelten sich nicht aus der Situation und ermangelten der psychologischen Wahrheit, die bei aller notwendigen Konzentrierung und Beherrschung nicht verlorengehen durfte. Fräulein Hofer, die gewiß ein Talent ist, brachte es sogar in dieser kleinen Rolle fertig, die Töne ihrer sämtlichen berühmten Fachkolleginnen wechselweise anzuwenden. Sie schien dann auch auszusehen wie die Thimig, wie die Lossen, wie die Höflich, wie die Heims. Herr Fehling hatte in seinem Körper etwas von der eruptiven Ekstase des Expressionismus. Aber er blieb – vor allem sprachlich – zu sehr an der Grenze der Karikatur.

Berliner Börsen-Courier, Nr. 95, 26. Februar 1919

»Die Heirat«

Volksbühne

In dieses Stück bin ich verliebt, seitdem ich es in einer schauspielerisch quellenden Aufführung der Kammerspiele gesehen habe. Es hieß damals »Eine Heiratsgeschichte«, und auf der Bühne standen Lucie Höflich, Hedwig Wangel, Hans Waßmann, Paul Biensfeldt, Victor Arnold und Rudolf Blümner. Man glaubt heute beneidet werden zu müssen, daß man ein solches Lustspielensemble an einem Abend vereinigt gesehen hat. Es ist nur wenige Jahre her, aber wo wäre ein solcher Komikerzusammenschluß heute möglich! – Später hatte ich Gelegenheit, mich für diese Komödie in Wien als erste Inszenierung (mit Rudolf Blümners originellem, schrullig-phantastischem Podkoljessin) einzusetzen, und mache nun die Erfahrung, welcher Umschaltung es bedarf, den Eindruck eines Stückes, das man einmal szenisch fixieren half, schriftstellerisch festzulegen. Es ist etwas elementar Verschiedenes, an ein Bühnenwerk als Theatermensch und als Kritiker heranzutreten, ein Gegensatz nicht nur, wie selbstverständlich, in den Mitteln der Wiedergabe, sondern schon in der Art des Sehens und der Einstellung. Aus dieser Unvereinbarkeit erklären sich auch die häufigen Widersprüche zwischen der praktischen und theoretischen Tätigkeit literarischer Direktoren und Regisseure.

Gogels »Heirat«, eine ganz unglaubliche Begebenheit in drei Bildern, ist eine Komödie der menschlichen Narrheiten. Diese Freier, die zu einem Mädchen geführt werden, das heiraten will und es doch nicht will, dieser Hofrat Podkoljessin, der wider seinen Willen von seinem Freunde in die Ehe getrieben wird und ihr im allerletzten Augenblick, als der Hochzeitswagen schon vor der Tür steht, durch einen Sprung aus dem Fenster entrinnt, sind komisch allein aus ihrem Wesen. Weil sie ihr ganzes Dasein, jeder für sich, in wenigen Szenen rund und voll ausbreiten, sind sie humoristisch. Ihre Komik ist, daß sie alle Phrasen ihres Lebens gleichzeitig gegenwärtig haben, ohne Rücksicht auf die Forderungen des Augenblicks. Sie sind so an ihre Vergangenheit, an alle ihre Gewohnheiten und berufliche Schrullen gebunden, daß sie zu ihren Mitmenschen in keine Beziehung treten. Sie sind eingesponnen in ihre närrische Innenwelt, daß die

Außenwelt nicht an sie herankann. Die bezaubernde Lustigkeit dieser Gogolschen Bilder ist die, daß die Personen zu einer Handlung zusammentreten, gegen die sich alle im Grunde sträuben, daß keiner des anderen Partner ist und alle aneinander vorbeireden. Und die sie zwingen wollen, die Heiratsvermittlerin und besonders der Freund des Hofrats, sind ebensolche Narren, unterliegend dem Zwange eines unbewußten Triebes. Wie reich ist diese Welt variiert, wie rührend auseinandergelegt in den Infanterieleutnant a. D., der von seiner Braut verlangt, daß sie Französisch könne: er selbst aber kann kein Französisch; in den alten Marineleutnant a. D., der mit der gewendeten Uniform seiner Fähnrichszeit die Erinnerungen an eine frühere Sizilienfahrt trägt! Man sitzt vor der melancholischen Grazie, vor der nachdenklichen Leichtigkeit und anmutigen Trauer dieser Narrenkomödie mit reiner gewordenem Herzen. Man bewundert den Dichter und das Volk, das ihn und diese Gestalten hervorbrachte. Denn nur aus einer Nation, die unerschöpflich reich an persönlichen, in sich selbst wurzelnden Menschen ist, konnte eine solche Lustspielwelt hervorgehen. Und die Armut des deutschen Lustspiels ist im tiefsten Grunde eine Folge der innerlichen Verarmung des deutschen Menschen.

Diese Komödienwelt kann nur durch Menschendarsteller zu ihrem heimlichen Leben kommen. Hintergrundlose Schauspieler, die nur Routiniers oder Handwerker sind, haben in ihr keinen Platz. Die Volksbühne versuchte mit reizenden Dekorationen (des Malers Karl Jakob Hirsch) und mit stilisierenden Anordnungen (des Regisseurs Jürgen Fehling) das Ganze zu distanzieren. Die mit Absicht grell geschminkten Schauspieler spielten nach vorn, alles war en face arrangiert. Diese Absichten hätten ihre Legitimation erst durch die Intensität der Darsteller erhalten. Diese hielten aber weder die Menschen – noch die Stilwelt des Stückes fest. Guido Herzfeld, der das Menschliche für den abgewiesenen, tragikomischen Marineleutnant gehabt hätte, gab den Podkoljessin, ohne sich immer zu sich selbst zu bekennen und ohne die Phantasie zu haben, den (ihm abgenötigten) Stil festzuhalten. So wirken manche Nuancen aufgesetzt, und wirklich überzeugend war das verlegene Mienenspiel bei der erzwungenen Unterhaltung mit seiner Braut. Als diese war Lucie Mannheim ganz auf Groteske gestellt. Das meiste blieb leer. Doch hatte sie gegen den Schluß hin einige Töne, die in eine schärfere Richtung hin doch vielleicht noch eine Entwicklung vermuten lassen.

Den Marineleutnant Shewakin gab Herr Berber. Auch ohne den Vorgang von Arnolds himmlischer Leistung war diese Art, Theater zu spielen, unmöglich. Herr Berber gehört mit diesen falschen Waßmann-Mätzchen, mit diesen meckernden Provinztönen nicht nach Berlin. Herr Felix (als Infanterieleutnant) spielte Nestroy, Fräulein Albrecht (als Heiratsvermittlerin) schlechten L'Arronge, Herr Sachs (als satanischer Freund) Allerweltsposse.

Herr Stahl-Nachbaur ist in komischen Rollen gequält. Er war Maske, Kostüm und künstlich verdickter Ton. Er war wirksam, aber nicht humoristisch von innen heraus. Er sollte seine Begabung von Figuren wie diesem dicken Kalkulator Spiegelei (einer Tiedtke-Rolle) fernhalten.

Berliner Börsen-Courier, Nr. 139, 23. März 1919

»Der Retter / Die Entscheidung«

Eröffnungsvorstellung der Tribüne

In einem langgestreckten, hellgelben, lichtübergossenen Salon am Charlottenburger Knie wurde als neuestes und kleinstes Theater Berlins die Tribüne eröffnet. Das Spielpodium streckt sich mit dunklen Stufen dem Parkett entgegen. Der grüne Vorhang ist zurückgezogen. Die Zugänge für die Darsteller liegen im Hintergrund, ein quadratisches Tor in der Mitte, zwei rechteckige an den Seiten. Die Aufführung verläßt sich auf keine Dekoration, nur auf die Mischung von Wort, Geste und Licht. Das bedeutet nicht: daß der Satz mimisch unterbrochen und durch Körperspiel aufgelöst wird, sondern es bedeutet: daß die Gebärde das Wort unterminiert und absprengt. Die Bewegung ist nicht Farbe, sondern Akzent. Nicht Ergänzung, sondern Triebkraft. Nicht Weiterführung, sondern Anfang. Die Geste entbindet nicht die sinnliche Atmosphäre des Satzes. Sie steigert seine logische Intensität, seine Bedeutung, seine Tendenz.

Ist diese Absicht nur ein technisches Problem der Schauspielkunst, des Bühnenraums, der Regie, herausgefordert durch äußeren Zwang und äußere Not? Oder gehorcht sie dem Ausdruckswillen der Zeit und bedeutet künstlerische Manifestation menschlicher Leidenschaft? Ist die Primitivität Ausweg oder Notwendigkeit?

Die Kräfte, die heute nach Gestaltung ringen, verlangen den Fanatismus, die Wut der Expression. Sie verlangen die Intensität, die von den Energien birst, die hinter ihr liegen. Sie verlangen die Glut, die sich selbst frißt. Die Flamme, die über sich hinausgreift. Sie fragen nicht nach dem Gegenstand und dem Menschen, sondern nach der Richtung, in der Gegenstand und Mensch steigen und fallen. Wenn diese Tendenz die Malerei mit konzentriertem Durchbruch, Dichtung und Musik mit zersplitterten Offensivstößen genommen hat, so müssen Theater und Schauspielkunst den Widerstand aufgeben. Schon Wedekind wollte eine monoton hämmernde, verbohrt einseitige, fanatisch hingewühlte Darstellung. Und Tolstois letztes Bekenntnisdrama kommt zwischen kahlen Wänden, von harten linearen Schauspielern gesprochen, eher zu seinen verborgenen Wirkungen als zwischen vollständigen Dekorationen, von sinnlich üppigen Temperamenten gespielt. Die Frage ist also nicht: Hat die Tendenz der Tribüne Berechtigung?, sondern: Hat die Tribüne die Fähigkeit, diese Tendenz zu erfüllen?

Die Aufgabe war nicht nur, dichterische und darstellerische Talente zu finden, Repertoire und Ensemble zu ermöglichen, sondern Dramen und Schauspieler in einer höheren Bedeutung als sonst auf den inneren Zusammenklang zu prüfen. Eine Gemeinschaft zu bilden nicht allein der Begabung, sondern der Hingabe. Nicht als ob Gesinnung Talent ersetzen sollte, aber Talent durfte nicht ohne Gesinnung sein. Und Gesinnung wieder hieß nicht gedankliche Überzeugung, Eingeschworensein auf Theorien, sondern Leidenschaft des Dienstes, Wollust der Selbstpreisgabe. Alles andre durfte diesen Dichtern, Regisseuren und Schauspielern fehlen, nur nicht Inbrunst, Intensität und Besessenheit. Fertigkeit und Reife entschieden nicht, aber Glaube an die Idee und Bekenntnis zu sich selbst. Dieses Theater konnte wirklich ein Theater der Jugend sein. Ein Theater der brennenden Kraft, des seelischen Stürms, der geistigen Revolution.

Deshalb tat die Tribüne was? Sie führte als ersten Dramatiker Walter Hasenclever auf, der alles widerlegt, was die Propagandisten des neuen Theaters wollen. Er ist nicht gradlinig, sondern verschnörkelt. Nicht präzis, sondern verschwommen. Nicht asketisch, sondern üppig. Sein Fanatismus dampft, ohne zu glühen. Seine Ideen qualmen, ohne zu leuchten. Hasenclever hat Themen, die streng sind. Aber er selbst ist nicht streng. Er verantwortet sich nicht vor inneren Gesetzen, sondern vor äußeren Wirkungen. »Der Retter«, gestellt auf den Gegensatz von Feldmarschall und Dichter, Gewalt und Geist, Tat und Idee, angewiesen auf Kontrast, Antithese, sachliche Leidenschaft und beschwingte Härte, ficht seine Konflikte nicht durch, sondern biegt ihnen aus. Der Feldmarschall, der für den Retter gehalten wird, und der Dichter, der der Retter sein soll, stoßen zwar in übersteigerten, grellen Gegenreden aufeinander, aber die Überwindung des ersten durch den zweiten wird nicht gestaltet. Wenn General und Poet, jeder in seiner Sprache, aneinander vorbeireden, der General: »11 Uhr 30, die Division greift an und setzt sich in den Besitz der Höhe 212. Die genommene Stellung ist zu halten«; der Poet: »11 Uhr 30 – sie essen nicht mehr. Die Mütter und Bräute der Heimat wachen auf; Haubitzen donnern in ihren Traum« – so ist das von jener schreienden, flächigen Plakatwirkung, die Hasenclevers Gedicht »Die Mörder sitzen im Rosenkavalier« akzentuierte. Sobald Hasenclever diese Litfaßsäulendichtung, für die er berufen ist, verläßt und von der Oberfläche in die Tiefe steigt, wird er läppisch und albern. Er, der Aktivist, der Rhetor, der Prediger, schwindelt sich und seinen Mangel an Inbrunst hinter die Erscheinung des Apostels Paulus und die Matthäuspassion. Er hat – in der Gestalt des wegen pazifistischer Rebellion zum Tode verurteilten Dichters – nicht den Mut der tragischen Konsequenz, sondern – in der Gestalt der milden Königin – die Feigheit der lyrischen Deklamation.

Was will Hasenclever? Politische Diskussion oder Oper? Predigt oder Gedicht? Leitartikel oder Drama? Er will seine eigene Glorifizierung. Wenn man keinen Marquis Posa erfindet, sondern sich selbst zum Freiheitshelden ernennt, hat man die Pflicht der doppelten Scham, der doppelten Ehrlichkeit. Das Ichdrama wird nur durch letzte Intensität motiviert. Hasenclever setzt für Intensität Lärm. Er dichtet nicht, sondern verkündet, wie er dichten würde. Er ist in seinen Dramen sein eigener Scherer, sein eigener Gervinus. Er orchestriert in der Literaturgeschichte den Paragraphen Hasenclever (daher die lauten Instrumente). Im Eifer, der Mitwelt die richtige Beurteilung seiner Dichtungen zu suggerieren, vergißt er, diese Dichtungen selbst zu schreiben. Er betont, bei welchem Kapitel seiner Entwicklung er hält, welche Epoche man von ihm zu erwarten hat. Gestern war er: der politische Dichter. Morgen wird er – man erfährt es in der Verzerrung aus der Komödie »Die Entscheidung« – der phantastische Dichter sein. Hasenclever schlägt mit Geräusch eine neue Seite seiner Dichtung auf, bevor die alte gefüllt ist. Er zaubert ein zweites Programm herbei, weil das erste die Zugkraft eingebüßt hat. Er besitzt nicht die Kraft, durch seine Werke die Notwendigkeit seiner Wandlung darzutun, und schickt deshalb die Fußnoten voraus.

Das Gesinnungstheater Tribüne wurde mit einem Dichter eröffnet, der auf Gesinnung pfeift. Es wurde mit Einaktern eingeführt, die nur die technische Voraussetzung seines Programms erfüllen: den neutralen Schauplatz. Denn daß es im »Retter« heißt: Saal in einer Festung, und in der »Entscheidung«: Diele in einem Hotel, bleibt unwichtig. Im wesentlichen ist nur eine Plattform gedacht, auf der die Personen sich zum Wort melden. Auch die Komödie ist nichts andres als verbogene Diskussion. Aber wenn man für diese Farce, die mit hingeschleuderten Phrasen- und Personenfetzen die Revolution ins Grausig-Humoristische verzerren will, wenn man für die dadaistische Minutensatire, die Richard Hülsenbeck besser beherrscht, die verkürzende, übersteigernde Plakatzeichnung erwarten mußte, die Hasenclever im Griff hat, so sah man sich auch hierin getäuscht. Hasenclever tilgte Zwischenglieder und Übergänge. Aber Weglassen ist nur dann Verkürzung, wenn Konzentration hinzukommt.

Die Aufführung zerfetzte den Ulk noch mehr. Es ist gefährlich, mit unsicheren Schauspielern stilisierte Komik zu forcieren. Aggressiver, satirischer Witz verlangt Rhythmus und Präzision, Energie und Schärfe. Aber wenn der Expressionismus alles unterjocht hat, den Humor hat er nicht gefaßt. Im »Retter« war der Regisseur Karl Heinz Martin mit Konsequenz auf die Akzentuierung des Wortes ausgegangen. Aber scheinbar ohne Glauben. Ihm war bei den starren Stellungen und unbewegten Gruppen ebensowenig wohl wie den Schauspielern. Man schien das Programm des Theaters als Ballast zu fühlen, der abgeschüttelt werden muß. Wie Hasenclever gehören die Schauspieler nicht aus Notwendigkeit, sondern aus Zufall zur Tribüne. Sie geben die Stile aller Theater und aller Zeiten (wenn sie auch vom Regisseur auf die Thesen ihrer Bühne vereidigt wurden).

Herr Wendt, zu schärferer Akzentuierung diszipliniert, spielt trotzdem Stadttheater. Herr Gottowt romantischen Reinhardt. Fräulein Martersteig Liebhaberbühne des Kaffeekränzchens Sittlichkeit. Herr Kohlhauer (der ein Talent sein kann) gibt jugendlich zerfahrene, Herr Wenzler menschlich temperierte und direktorial gedämpfte Theaterschule. In dieser Umgebung fiel Herr Fritz Jessner als Staatsminister dadurch auf, daß er die Grundsätze der Tribüne aus seinem Körper holte. Daß er stehen, gehen und zuhören konnte. Daß er ruhig blieb, ohne zu erstarren. Daß er abgeteilt sprach, ohne zu skandieren.

Die Tribüne, deren Tendenz alles Licht auf Redner und Darsteller sammelt, die auf Rhythmus, Gliederung und Konzentration gestellt ist, hat unrhythmische, unpräzise, konfuse Darsteller. Die Absicht der Tribüne hat recht. Aber die Tribüne hat noch nicht das Recht auf ihre Absicht.

Der Tag (Ill. T.), Nr. 209, 13. September 1919

»Die Wandlung«

Uraufführung der Tribüne

Für den reinsten Abend, den das Berliner Theater seit langem verschenken konnte, dankt man erschüttert einem Menschen. Die Dichtung – und besonders die Revolutionsdichtung – war so lange Literatur und Deklamation gewesen, daß die Begriffe sich zu verwirren begannen. Der Schriftsteller sagte: Umwälzung des Geistes, und meinte: Umwälzung des Stils. Er sagte: Revolutionierung des Herzens, und meinte: Revolutionierung der Form. Er sagte: Erhebung der Seele, und meinte: Erhebung der Metapher. Hier ist zum erstenmal wieder ein Dichter, der nichts anderes als ein Mensch ist. Dessen Künstlertum nichts anderes als Intensität des Persönlichen bedeutet.

Ernst Toller konnte es wagen, unter sein Werk zu setzen: Das Ringen eines Menschen. Denn er stellte damit nicht die Person vor das Werk, sondern das Werk selbst stellte die Person heraus. »Die Wandlung« ist die Wandlung Ernst Tollers vom Kriegsfreiwilligen zum Revolutionär. Aber sie ist kein Rechtfertigungsdrama, das Handlungen vorbereiten und erklären soll. Sie ist keine Verteidigung und kein Angriff, kein Vorher und kein

Nachher. Sie ist die Revolution des Menschlichen selbst, ohne Absicht und Tendenz. Sie ist innere Kraft, Gesetz und Notwendigkeit.

Dieses Drama bleibt Wirklichkeit, die in einen Menschen eingetreten ist. Sie ging durch Auge und Ohr und wurde Gefühl. Toller haßt nicht Menschen und Systeme. Nicht die zufälligen Äußerungen einer entarteten Welt. Ihn rütteln die Dämonen auf, die hinter den Erscheinungen stehen. Er ist nicht aktuell im Sinne der Stunde. Er ist aktuell im Sinne des Weltgeistes. Für das Grauen, das ihn umgibt, wird nicht nach Menschen gesucht, die es veranlaßt haben. Der Zeitwille selbst wird vor Gericht gezogen. Er wird verurteilt, indem die Ereignisse als seine Manifestationen erkannt werden. Er vernichtet sich selbst durch die Kraft, mit der er auf die Wandlung des Helden wirkt. Toller tötet den Krieg nicht dadurch, daß er ihn angreift, sondern dadurch, daß er ihn selbst zum Angreifer und damit zum Umstürzler, zum Umwandler macht. Sein Drama ist nicht das philiströse, kleinbürgerliche Spiel von Schuld und Sühne. Es ist das Schauspiel tragischer Notwendigkeiten: der Totentanz der Zeit. Und die Musik, die zu dem Gespensterreigen aufspielt, ist der Glaube an die Auferstehung.

Toller kann Gerippe tanzen, Verstümmelte rasen, Irre taumeln lassen, ohne verkrampft und gewalttätig zu werden. Er hält den Blick des Entsetzens aus, ohne sich von ihm durch Schnörkel und Bilder befreien zu müssen. Das Gewagteste ist einfach, das Grauenhafteste schlicht. Toller verschmäht die Originalität. Seine Sprache hat keine Gebärde, seine Gedanken sind kein Funkenregen. Die Suggestionskraft der abgerissenen, zerfetzten Bilder, die vom Zimmer durch Transportzüge, Schlachtwüsten, Lazarette, Gefängnisse zu Volksversammlung und Erhebung jagen, ist anonym. Wenn die Groteske die Feierlichkeit ablöst und Pathetisches gegen Skurriles gestellt ist, bedeutet das nicht Wechsel des Stils, nur Lichtbrechung der Intensität. Hier wurde ein Dichter nicht zum Dichter, weil der Künstler in ihm hochstieg, sondern weil das Menschliche von der Wirklichkeit so beschwert wurde, daß es tiefer und tiefer in sich selbst sank, bis es auf den eigenen Grund kam, wo es schaffend und gestaltend wurde.

Das Werk Ernst Tollers ist rein und wahr, nicht weil er selbst Melodie wurde, sondern weil die Melodie sich von der Persönlichkeit noch nicht abgelöst hat und hinter ihr geblieben ist.

»Die Wandlung« verpflichtet den Dichter nicht für die Literatur, aber für die eigene Menschlichkeit. Sie bekennt sich nicht zu Ideen, sondern zum Gefühl. Sie singt die Geburt der Menschheit aus der Empfindung des Herzens, aus der Naivität des Glaubens, aus der Lauterkeit des Kindlichen. »Die Wandlung« ist ein Volksstück, primitiv und karg auch da, wo es sich scheinbar verirrt. Der Held ist der jüdische Jüngling, der um Deutschland ringt. Es war billig, von Ahasver und Kreuzigung zu sprechen. Aber diese Banalität wird nicht verschmockt. Sie wird nicht wichtig und eitel. Sie wird – in einem guten Sinne – jünglings- und jungenhaft. Und da, wo das Drama politisch sein will, bricht die Menschlichkeit am freiesten durch. Den Phrasenhelden und Revolutionskommis wirft Friedrich (das ist Toller) entgegen: »Ich aber will, daß ihr den Glauben an den Menschen habt, ehe ihr marschiert.« Gewiß, Kleist und Büchner schleuderten das Zeiterlebnis in chaotischen Visionen heraus, die menschlich und künstlerisch motiviert waren. Aber auf dem Wege zur Kunst hält Toller da, wo die Literatur schon überwunden (allerdings die Dichtung noch nicht erreicht) ist.

Das Drama besteht die Probe des Menschlichen, wenn es noch in seinen Feldern für sich spricht. Es besteht die Probe des Theatralischen, wenn es unbewußt, ohne stilistische Tendenz und formalen Akzent, dem neuen Ausdruckswillen der Bühne entspricht. An Ernst Tollers Schauspiel wurde der Expressionismus des Theaters zum ersten Male nicht Experiment, sondern Erfüllung. Die Dekorationen (von Robert Neppach) waren Versatzstücke der Andeutung. Transportzug – und vor dunklem Vorhang stand ein mittelhohes und mittelbreites Stück Wand mit Gitterfenster; Wüstenlager – und ein gemaltes Wachtfeuer war da; Drahtverhau – und ein kurzes Gestell; Lazarett – und ein getünchter Wandausschnitt wurden hingesetzt. Das lokale Motiv der Szene wurde angeschlagen, und die Motive wurden gebunden und aufgelöst durch dunkelnde und hellende Beleuchtung.

Vor diesen verkürzten, gedrängten Bildklängen spielten verkürzt und gedrängt die Schauspieler. Worte ballten sich rhythmisch und brachen auseinander. Schreie gingen auf und versanken. Bewegungen stießen vor und zurück. Man gab nicht Psychologie und Entwicklung, sondern Ballung und Moment. Nicht Zeichnung, sondern Punktierung. Nicht Gebärde, sondern Kraft. Die innere Richtung war festgelegt. Die Richtung des Falles und des Aufstiegs. Eine Volksversammlung wurde nicht durch Massen, sondern durch akzentuierte Gruppen bestimmt. An diesem Abend kam das Theater einen Schritt weiter. Die Tribüne erwarb sich das Recht auf ihre Absicht. Wie standen die einzelnen unter der Suggestion des Ganzen! Körper wurden ekstatisch, Stimmen explosiv. Eine Studentin (im Bild der Volksversammlung) hatte in Stirn und Kinn, in Auge und Hand eine solche Intensität des Zuhörens und Mitgehens, daß ihre Sprache zurückbleiben mußte. Herr Gottowt in den verschiedenen Gestalten des Todes hatte eine so scharfe, präzise, akzentuierte Plastik des Grotesken, daß er seine romantisierenden Reinhardt-Anfänge hinter sich ließ. Wenn Karl Heinz Martin, der Spielleiter, für die Einteilung, Pausierung und Ladung der Szenen allein verantwortlich zu machen ist, so hat er eine außerordentliche Arbeit geleistet. Er hat die Dämonisierung des Sachlichen erreicht. Er schuf geballte Stille und harten Ausbruch. Er brachte niemals Stimmung, niemals Begleitung. Immer Wesen. Immer Expression. (Und weil er die innere Kraft entband, war es nicht mehr entscheidend, daß er die letzten Szenen umstellte und die Arbeitsstätte des Helden nicht mehr die Revolution, sondern die Überwindung der Revolution sein ließ).

Herr Kortner spielte den Helden. Er ist der stärkste Schauspieler des Ensembles und durchbrach – aus der Fülle seines mimischen Temperaments – manchmal die Linie. Er griff über die Grenzen der Bühne und sprengte den Raum. Er ist ein ungewöhnlich begabter, phantasiebedrängter, glühender Schauspieler. Aber er kann nicht Gestalten spielen, die sich von ihrem Dichter noch nicht losgelöst haben. Er muß die Rolle schauspielerisch auffüllen dürfen. Deshalb war er am Anfang nicht frei und stützte sich auf Ersatztöne. Im Bestreben, der Farbigkeit, zu der ihn sein Gehör zwingt, auszuweichen, verfiel er ihr erst recht. Sein Blut rebellierte noch gegen Stück und Regie. Und mündete erst in den Strom der Rolle, als sich diese Rolle, immer noch von der Person des Dichters getragen, über sie hinausschwang: in den Revolutionsszenen des Schlusses. Kortner spielte nicht die Wandlung, sondern die Empörung. Aber diese mit einer von allen Kräften des Theaters genährten, aufsteigenden, breit sich entfaltenden, durchrüttelnden Kraft.

Der Tag (Ill. T.), Nr. 217, 2. Oktober 1919

»Wilhelm Tell«

Schauspielhaus

Geheiligte Güter der Nation pflegen von denen, die sie verschandelt haben, am lautesten in Schutz genommen zu werden. So demonstrierte gestern eine lümmelhafte Clique, die den Dekorationsschund und die Opernregie der früheren Jahre vermißte, gegen die großflächige, lineare Inszenierung Leopold Jessners. Aber wenn man den Demonstranten nur Dummheit zuspricht, tut man ihnen zuviel Ehre an. Je weiter die Vorstellung vorschritt, desto deutlicher wurden Plan und Anlage des Krakeels. Man wollte die Schauspieler durch Unterbrechung irritieren, die Aufführung nicht zu Ende gelangen lassen und den Intendanten bei seiner ersten Regieleistung stürzen. Man begleitete die Reden der Söldner am Hut mit ironischen Zwischenrufen (weil die Szenerie nur Treppen, schwarzen Hintergrund und den Hut auf der Stange gab). Man lachte in Bassermanns Erzählung von der Sturmfahrt über den See. Man schnitt den Monolog nach den ersten Worten: »Durch diese hohle Gasse muß er kommen« durch wüsten Radau ab, aus dem sich eine Stimme erkennbar hob: »Wo ist die Bank von Stein?« (Die Szenerie gab wieder nur Treppen und im schwarzen Hintergrund einen Spalt.) Bassermann ging ab, der Vorhang schloß sich. Kritiker und Publikum forderten zum Hinauswurf des Gesindels auf. Bab sprang auf einen Sessel. Tosender Lärm. Die Radaubrüder waren nicht zu finden. Bassermann trat an die Rampe und verlangte die Entfernung der »bezahlten Lümmels«. Neues Toben. Scheinbarer Hinauswurf. Ruhiges Spiel bis zum Schluß.

Durch diese Lieblichkeiten wurde die Vorstellung bis nach 11 Uhr hinausgezögert. Tolle Sitten haben sich in Berlin eingeschlichen. Nächstens wird jeder Straßenbengel die Dekoration anschreien, wenn sie ihm nicht gefällt, und den Schauspieler zur Rede stellen, wie er zu spielen habe. Gibt es keinen Schutz gegen das Pack? Keine Abwehr gegen die Verpöbelung? (Nur die Rotters sind ihres Publikums sicher.)

Über die Berechtigung der Jessnerschen Inszenierung muß in Ruhe gesprochen werden. Aber wie man über diese Aufführung denken mag, die den »Tell« auf der Guckkastenbühne wie auf einer riesigen Tribüne, wie fürs Große Schauspielhaus inszeniert, das eine ist sicher: Seit länger als einem Jahrzehnt hat man im Schauspielhaus keine so durchgearbeitete, gegliederte, gesteigerte Vorstellung gesehen.

Berliner Börsen-Courier, Nr. 581, 13. Dezember 1919

Als Gerhart Hauptmann im Herbst 1913 den »Tell« inszenierte, leitete er die Rhetorik auf den Realismus zurück. Was Schiller nach außen trieb, trieb er nach innen und schob vor das Wort die Hemmung, die Scham. Schwerfällige Bauern begrüßten sich mit breitem Lachen und versteckten ihre Empörung hinter Verlegenheit. Die Gebärde machte Verse zaghaft, die sich sonst gewichtlos zum Himmel schwangen. Schweigen lastete, wo sonst Choristen unisono deklamierten. »Wir wollen sein ein einzig Volk von Brüdern ...«, beim dritten Mal übermannte es die Landsleute: sie verstummten. Melchthal schluchzte beim Dreimännerschwur auf. Und es zeigte sich, daß die Dämpfung die dramatische Stoßkraft nur erhöhte. Etwas Drohendes, Schwelendes blieb zurück, das den Szenen eine innere Energie gab, die sie sonst niemals hatten. Wie von selbst wuchs dieser geballte Realismus in Hodlersche Rhythmen hinein und forderte Dekorationen heraus, die die einzelnen Landschaften zum Einmalig-Wesentlichen der Schweiz steigerten.

Wenn Hauptmann also durch Verstärkung des Milieus und der Atmosphäre dramatische Steigerung erreichte, so wollte Leopold Jessner sie durch Tilgung der Atmosphäre erreichen. Er strich die Schweiz und stellte die Personen auf Podeste und Stufen, hinter denen nur die Abschlüsse wechselten: schwarze Wände und Vorhänge, die zu drohenden Gebirgsmassen zusammentraten oder zu Berggassen und freiem Himmel auseinandergingen. Jessner gab den »Tell«, als ob er von Aischylos oder von Paul Ernst wäre: den Menschen, losgelöst aus allen Bedingungen des Zufalls und der Realität, nur seiner Bedeutung im Drama zugekehrt, frei und einsam im Raum. Er übertrug die Regieanforderungen der Tribüne und des Großen Schauspielhauses auf die Guckkastenbühne. So konnte er es wagen, die Gesänge des Fischerknaben, des Hirten und des Alpenjägers zu einem abgeschlossenen lyrisch-deklamatorischen Vorspiel zu machen. – Jessner führte also im Grunde nicht den besonderen »Tell«, sondern ein allgemeines Freiheitsfestspiel auf. Daß es möglich ist, davon bin ich nach diesem Abend überzeugt, der trotz der Krakeeler und trotz des Malers Emil Pirchan durchschlug. Pirchan ist nicht deshalb abzulehnen, weil er radikal neutralisierte, sondern deshalb, weil er für die Stilisierung nicht immer die Kraft und den Reichtum hatte. Er verwechselte oft Monumentalität mit Kargheit, Größe mit Leere, Einfachheit mit Armut. Treppen und Hintergründe wären sofort zu loben gewesen, wenn der Maler sie durch sein rhythmisches Temperament eingeteilt und akzentuiert hätte. Aber trotzdem – wenn man an den Dekorationswirrwarr des Herrn Kautsky denkt, war es ein großer Fortschritt.

Die Inszenierung Jessners, die im Anfang nur als aggressiver Einfall wirkte, fand ihre Bestätigung auch in den Darstellern des Schauspielhauses. Es ist klar, daß rhetorische Kräfte innerhalb einer flächigen Inszenierung eher auf Menschlichkeit gestimmt werden können als innerhalb einer realistischen. So war an fast allen Schauspielern die Arbeit des Regisseurs zu spüren. Selbst Unzulänglichkeiten, wie Frau Pategg und Herr Leffler, ließen die Mühe des Spielleiters erkennen. Und Hofschauspieler und Statisten, die sich sonst kaum bewegen konnten, hatten Elektrizität in den Knochen.

Inszenierungsgedanke und Darstellung gingen am sichersten in der Apfelschußszene zusammen. Der freie Raum, der Stufenbau gab Platz und Gruppierungen her. Ein starrender Lanzenwald schloß seitwärts und rückwärts die Landleute ab. Und in diesen Landleuten kochte die Revolution. Diesen Auftritt habe ich szenisch und schauspielerisch nie wirkungsvoller gesehen. Er wurde beherrscht von dem Geßler des Herrn Kortner. Dieser gab ein wollüstig lachendes Scheusal. Einen grinsenden Götzen. Einen fetten Cäsaren aus der Zeit der Christenverfolgungen. Er flegelte sich vor der Not des Volkes, wie ein römischer Imperator Tierkämpfen in der Arena zusah. Und das alles knapp, gebändigt, mit äußerster Zurückhaltung der Mittel. Eine Meisterleistung.

Außerordentlich war Kraußneck als Attinghausen. Seit Oscar Sauer habe ich eine so gesammelte, ruhige Vornehmheit, einen so entrückten Adel (der sich auf bürgerliche Festigkeit gründete), eine solche schauspielerische Transparenz nicht erlebt. Hier war künstlerische Tradition lebendige Kultur geworden. Und Seelisches übertrug sich mit den aufs äußerste verfeinerten Mitteln repräsentativer Rhetorik.

Neben Kraußneck behauptete sich Winterstein als fester, männlicher, rauher Stauffacher, Mathilde Sussin als ironisch-überlegene und herzhaft zugreifende Stauffacherin, während

Emilie Unda die Armgard eindringlich und wirksam in gellende Hysterie hineinspielte. Nur an Herrn Ehrles leerem Rudenz und an Herrn Beckers konsonanten-verzehrendem Melchthal prallte Jessners Regie ab. Herr Becker zermalte nicht nur ein Dutzend Fronvögte, sondern auch seinen geblendeten Vater zwischen den Zähnen.

Wenn die lineare Inszenierung die meisten Schauspieler freigab, widersprach sie Bassermanns Tell, obwohl er figürlich, weißblond und weißgekleidet, hinreißend im Raum stand. Ihm hat Jessner mit der Stilisierung nicht genützt. Er mußte wissen, daß dieser Tell seine Kraft aus allen Säften des Naturalismus ziehen, daß er Milieu und Situation in die Figur hineinreißen, den Augenblick beleben und jeden Satz hin und her wenden würde, bevor er ihn hinausließ. Bassermann war am stärksten da, wo er durch Ausbrüche die idyllische Anlage der Gestalt legitimitierte. Wenn er Geßler anfunkelte: »Mit diesem Pfeil durchschoß ich Euch«, so erschien durch die Rapidität der Unbesonnenheit die Friedlichkeit des Hausvaters bestätigt. Wenn er knappe Worte salopp wegwarf, so grollte es unterirdisch. Und wenn er Parricida mit den entsetzten Augen eines Kindes abwehrte, so glaubte man an seine Bedächtigkeit. (Die Szene habe ich nie so hinreißend gesehen.) Die Friedfertigkeit gefiel mir weniger als das, was sie nachher berechtigte. Die Zwischenglieder der Rolle schienen nicht immer gefaßt zu sein. In den Übergängen zersplitterte manches wie im Monolog. Aber es ist klar, daß ein nuancierender Schauspieler wie Bassermann durch die Flegeleien der Ruhestörer irritiert werden mußte. Farbigkeit ist ohne Intensität nicht möglich. Und Intensität kann ohne Sammlung nicht bestehen. Man müßte sich diesen »Tell« noch einmal an einem ruhigeren Abend ansehen.

Der Regisseur Jessner hat die Probe bestanden. Nun wartet man auf den Direktor. Auf den Direktor, der sich nicht nur für einige Rollen Berühmtheiten engagiert (wie Bassermann, Winterstein, die Höflich), sondern der ein Ensemble mit jungen Leuten von unten aufbaut. Der nicht einer Vorstellung, sondern dem Repertoire sein Zeichen aufdrückt. Der nicht Inszenierungen, sondern ein Theater macht. Ein organisches, auf seine eigenen Kräfte gegründetes Theater mit Konsequenz, Sicherheit und Willen. Ohne Schwankungen und Improvisationen. Erst dann ist er am richtigen Ort der richtige Mann.

Berliner Börsen-Courier, Nr. 582, 13. Dezember 1919

»Hamlet«

Großes Schauspielhaus

Die Ästhetik, auf die man nachträglich die Idee des Großen Schauspielhauses gegründet hat, wirft zwei Gedanken ineinander: die frei in den Zuschauerraum gestreckte Podiumbühne und das große Haus. Sie rechtfertigt die Praxis des Riesentheaters mit der Theorie einer durch Entfernung der Rampengrenze gesteigerten mimischen Intensität. Ja, sie schließt den Ring fester und sagt: Um die geheimsten Menschlichkeiten ans Licht zu heben, bedurfte es des Spiels zwischen dem Publikum, und um dieses zu ermöglichen, des Großen Schauspielhauses. Sachlich aber liegt das Problem so, daß das große Haus zwar den vorgezogenen Stufenbau, der vorgezogene Stufenbau aber nicht das große Haus erfordert. Um das zu verstehen, braucht man nur an das zweitgrößte Theater Berlins: die Volksbühne am Bülowplatz, und an das kleinste: die Tribüne, zu denken. Die erste macht als Riesenguckkastentheater die Aufnahme schon von der Mitte des Parketts und des ersten Ranges an zweifelhaft. Die zweite braucht als Podiumbühne nur geringe Veränderungen, um den Prinzipien des Großen Schauspielhauses zu entsprechen. Das Ziel der neuen Theaterform für gewisse, auf geistig-menschliche Beziehungen gestellte Stücke kann also heißen: vergrößerte Tribüne oder verkleinertes Großes Schauspielhaus. Und dieses selbst wird, ein äußerster Grenzfall, mehr auf soziale als auf ästhetische Forderungen zurückgeführt werden. Auf soziale, die einem schrankenlos egoistisch geleiteten Unternehmen entgegenkamen. Denn sosehr Reinhardt von seinen Interessen ausging, sosehr hatten diese Interessen Glück, daß sie in dem Augenblick, als sie sich am selbstherrlichsten ausdehnten, mit einer demokratisch werdenden Zeit zusammentrafen, die ihnen Zuschauer und Ideen lieferte. (Wer auch am Wochentage im Großen Schauspielhaus war, weiß, daß sein Publikum, im Durchschnitt dem kleinen Mittelstand angehörend, gesammelter und ruhiger ist als das Protzenpublikum mancher anderer Bühnen.)

Wenn nun in diesem Riesenhause Shakespeares »Hamlet« aufgeführt wird, so kann man sich der Vorstellung nicht aus äußeren Gründen verschließen: die Schärfe der Scheinwerferbeleuchtung hebt die Darsteller so heraus, daß sich alle inneren Vorgänge übertragen, sobald sie intensiv gestaltet werden. Es bedarf nicht phonetischer Rhetorik, sondern seelischer Spannung und Konzentration. Ebensowenig kann man die Szenenform selbst für den »Hamlet« ablehnen: helle Stufungen strekken sich in die Arena, die hinten durch einen Bogenbau abgeschlossen wird. Die architektonische Gliederung ist frei und leicht. Sie stellt die Verbindung mit dem Theaterraum Poelzigs her und verlangt als organische Fortsetzung die geistige Rhythmisierung des Dramas. So aus Zeit und Milieu gehoben, von Dekorationen, Möbeln und Requisiten befreit, könnte »Hamlet« als Fackeltanz der Seelen, als Flammenreigen sich verzehrender Menschlichkeit vorüberstürmen.

Reinhardt aber hat zwar ein neues Theater, doch für dieses Theater nicht den neuen Ausdruck. Er bleibt hinter den Anforderungen seiner eigenen Szene zurück. Statt den Spielraum für den »Hamlet« zu verengen, zieht er ihn auseinander. Er unterliegt dem Problem »großes Haus«, statt das Problem »Podiumbühne« zu beherrschen. Warum muß gleich zu Beginn Francisco bis zu der auf der Hinterbühne angebrachten Terrasse das ganze Theater durchqueren, statt dem Bernardo seitwärts gegenüberzutreten? Warum gibt Reinhardt, wenn er für die Hauptszene die neutrale Bogen- und Treppenarchitektur hat, die Auftritte des Geistes nicht als zusammengerissenes Vorspiel? Warum spielt er sie vor sternenbesetztem Rundhorizont, vor wirklichem Himmel, bei Gespensterdampf und mit opernhafter Versenkungsmaschinerie? Warum erstrebt er bei den Kirchhofsszenen dieselbe Umständlichkeit? Wenn Reinhardt sonst den neutralen Schauplatz wählt, weshalb greift er die Szenen nicht durch einen Lichtkreis gespenstisch aus der Dunkelheit heraus oder läßt sie vor andeutendem Vorhang spielen (wie er später einen sehr schönen Wolkenprospekt zeigt). Die Benutzung der Hinterbühne ist für den »Hamlet« nicht nur deshalb falsch, weil Reinhardt dort naturalistisch wie auf dem Deutschen Theater spielt, sondern auch deshalb, weil sie die Riesenmaße des Großen Schauspielhauses unterstreicht. Man entferne die Auftritte von vorn, die Zeit stehlen, die Worte durch unmotivierte Gänge zerreißen und dem Zuschauer keinen festen Blickpunkt geben. Man verteile sie auf den Hintergrund, spiele dort nach vorn, und man hat für den »Hamlet« eine neue Möglichkeit. Denn nirgends kann seine geistige Schwere leuchtender und rhythmisch leichter werden als hier im freien Raum, von innerlich beschwingten Schauspielern gespannt und extensiv gespielt. (Der stärkste Beweis für diese Bühnenform war – Josef Kainz. Für seine stählern-elastische Geistigkeit, für den steilen Anstieg seiner Sprache, für die zischende Verhemenz seiner Gebärde hätte es keine zwingendere Ergänzung geben können als die – richtig ins Spiel bezogene – Bogenarchitektur dieses Abends.)

Aber wie als Spielarrangeur vor dem Raum, blieb Reinhardt als Spielleiter vor den Darstellern unsicher. Er fand nicht den Ausgleich der Persönlichkeiten und des Stils. Wenn manche Szenen am Hof als belebte und beflügelte Konversations- und Gesellschaftsauftritte zusammengeschlossen waren, gab es vorher und nachher pantomimisch gewichtige Auflösungen und pathetische Deklamationen. Dabei hätten schon die zeitlosen, dem Schnitt und der Tracht der Gegenwart angenäherten Kostüme zur vereinfachenden Sachlichkeit zwingen müssen. Wenn Reinhardt von Grund aus vergessen hat, wie er früher den »Hamlet« im Deutschen Theater inszenierte, wenn er sich von der falschen Ästhetik des Großen Schauspielhauses entfernt und auf die architektonisch gegliederte Podiumbühne beschränkt hat, kann er hier nach vier neuen Proben eine hervorragende Aufführung geben.

Moissi hatte für seine Hamlet-Melodien leuchtendere Gliederungen als sonst. Sie schwebten in den Raum, durchbrausten und erfüllten ihn ganz. Diese steigende, schwellende Kraft trug vor allem den Monolog nach der ersten Schauspielerszene. Wenn Hamlet stiller und geistiger wurde, wurde Moissi stumpfer. Man spürte nicht (wie früher bei Bassermann) den seelischen intellektuellen Prozeß hinter den Worten, sondern nur die fertigen Worte selbst. Aber frei entfaltete sich von der ersten bis zur letzten Szene das Spiel des schwingenden, gelockerten Körpers.

Helene Thimig fand den zartesten Ausdruck für die Ophelia im Gesang des Wahnsinns. Wie sie hüpfend die St.-Valentin-Verse im Tanzakt sang, das war herrlich. Von hier aus fiel Licht auf ungelöste, stumpfere Partien des Anfangs.

Ein Ereignis wurde Werner Krauss als Polonius. Dieser Schwätzer wird immer als Dummkopf aus Blutarmut gespielt. Krauss spielte ihn als Dummkopf aus Blutfülle. Er gab einen Falstaff als Höfling: einen Stallmenschen, der das Parkett mit

Peitsche und Sporen betritt. Einen schmatzenden Vielfraß und Trinker. Es ist das Geheimnis dieses Schauspielers, sich zu verwandeln, ohne die Stimme zu wechseln, ohne den breiten Ton zu nuancieren, ohne die Lautstärke zu ändern. Gewiß, es geht manche Differenzierung verloren, aber die außerordentliche Spannung des Körpers rechtfertigt jeden Satz. Dieser Körper ist, ohne daß man die Änderung spürte, variabel nur durch seine von der Phantasie diktierte Energie. Außerordentlich, wie Leib und Glieder ausdrucksvoll bleiben, ob Krauss weggewendet oder uns zugekehrt spricht. Dabei strahlt dieses allem Detail widerstrebende Spiel sofort das Milieu des Stückes aus: im »Hamlet« den Schlemmerhof des Thronusurpators.

Der Tag (Ill. T.), Nr. 16, 20. Januar 1920

»Marquis von Keith«

Staatliches Schauspielhaus

Als die Tribühne Wedekinds »Franziska« aufführte, erwartete man, daß – allerdings unter einem anderen Spielleiter als Herrn Eugen Robert – Wedekind auf seinen Bühnenstil zurückgeführt werden würde. Daß die letzte Steigerung der Sprache, die wollüstige Intensität der Rede, die Abstraktion des Geschehens kraß und nackt hervorfahren, daß der Text, an sich selbst wild geworden, dem Publikum an die Kehle springen, daß er ausschlagen und rasen müßte.

Diese Forderung erfüllte aber mit der »Franziska« nicht die Tribüne (obwohl deren Bühnenform: das Podium, ihr entgegenkam), sondern das Staatliche Schauspielhaus mit dem »Marquis von Keith«. Leopold Jessner gibt das Münchner Hochstaplerstück mit Tschinglara-Bumbum. Tempo ist alles. Trommelwirbel sprengen weiße und rote Türen auf, die über sich, hinter sich, schwarze Unendlichkeiten haben, und werfen schwarzgekleidete Menschen auf schwarzes Podium und schwarze Stühle. Die Energie des Auftritts bleibt die Energie der Rede. Die Personen sprechen, donnern, rasen aneinander vorbei. Sie wühlen die Worte aus dem Körper und den Körper in die Worte. Das Gespräch hat die Glut der zelotischen Predigt und die Elektrizität der zynischen Pointe. Es ist tragisch-geschwollen, sarkastisch-hart und witzig-scharf. Geräusche sind Schüsse, Paukenschläge und Orchestergetön. Ein Fest wird zum tobenden Cancan. »Das Leben ist eine Rutschbahn«, sagt der Marquis von Keith. Und auf dieses Wort hin war das Stück inszeniert.

Ist Jessner seiner eigenen Idee immer gerecht geworden? Das Tempo hat er durchgesetzt, die Gliederung nicht immer. Gerade der Plakatstil erfordert präziseste Verteilung der sprachlichen Gewichte. Daß die alten Mitglieder des Staatstheaters ungenau waren, ist begreiflich. Aber auch die jüngeren blieben hinter dem Anlauf zurück. Man erhielt den Eindruck, daß der Regisseur zwar seinen Einfall durchsetzte, aber die letzte Konsequenz seines Einfalls selbst nicht kannte. Diese Konsequenz hätte geheißen: Herausschleuderung des Menschlichen gerade durch die Plakatierung. Durch letzte Intensitätssteigerung wäre die Grellheit Mittel geworden, Seelisches hervorzustoßen. Gliederung hätte das Tempo zur Befreiung innerer Energien gebracht. Jessners Regie aber revolutionierte nur die Form des Wedekind-Spiels. Sie wirkte manchmal als (überwältigender) Bluff. Und hätte diese Einseitigkeit der Wirkung nicht nötig gehabt. Denn die Überzeichnung braucht Menschliches nicht aufzuheben oder zu verflachen. Sie ist nur ein anderer Weg, es auszudrücken. Es zu konzentrieren, indem sie es über alle Grenzen hinaustreibt. Es aggressiv zu machen, indem sie es Körper und Geist werden läßt.

Wenn die Kraft verteilt, die Menschenstimmen kontrastriert, die Tonfolgen rhythmisiert wären, wäre man über andere Brüche in der Inszenierung hinweggekommen, wie darüber, daß die realistischen Münchener Volkstypen, die vor dem zweistufigen Podium spielten, auf dem die fanatisierten Figuren agierten, versagten. Die Anordnung war witzig und berechtigt. Aber Jessner hatte für die tiefer gesetzte Philisterwelt nur die abgründigen Organschauspieler des alten Schauspielhauses. So entstand gegen seinen Gedanken das berühmte Allerweltchargenspiel, über das die Simba von Else Schreiber wenigstens durch Tempo hinwegkam.

Herr Kortner gab den Marquis. Sein außerordentliches Temperament brach prachtvoll auf. Sein üppiges Schauspielertum entfaltete sich ganz. Seine mimische Phantasie wurde Sprengstoff. Aber Kortner fehlte für die letzte Erfüllung die Beherrschung des Körpers. Seine Intensität ließ nach, weil die Sätze nicht aus der gestrafften Energie des Leibes kamen. Es gab Zufälliges und Beiläufiges. Herr Kortner sah (zum Beispiel) erst nach dem Stuhl hin, bevor er sich setzte, statt sich im Rhythmus des Wortes und der Gebärde auf ihn zu werfen. Er legte Spiel ein und wurde eindeutig tragisch, statt den Ernst mit Sarkasmus zu unterminieren. Herr Kortner müßte für Wedekind kürzer, schärfer werden. Er gab eine reiche, farbige, aber keine präzise, straffe Leistung.

Diese gab Herr Müthel als düsterer tragikomischer Genußmensch Scholz. Er holte die Sätze aus der gespannten Energie seines Körpers. Jeder verstärkte, verdickte, übersteigerte Ton saß, weil die Spannung der Glieder ihn notwendig sprach. Herr Müthel gab mit seiner Leistung nicht nur ein Beispiel für die Möglichkeit dieser Wedekind-Inszenierung, sondern auch für die Möglichkeit der neuen Schauspielkunst überhaupt, für die es nur ein Kriterium gibt: Intensität.

Leopold Jessner hat sich als Regisseur zum zweiten Male durchgesetzt. Er gab Außerordentliches, wenn man an die Wedekind-Aufführungen vor ihm denkt. Aber er hat die Frage, die man an den Direktor und Intendanten stellt, noch überhört: die Frage nach der organischen Arbeit. Die Frage nach dem gleichmäßigen Aufbau des Ensembles und – bevor die beantwortet sein kann – nach der gleichmäßigen Ausnutzung der vorhandenen Werte. Warum wird zum Beispiel Herr Tiedtke so wenig beschäftigt, der in dieser Aufführung, obwohl ihm das Temperament Schwierigkeiten machte, als hochstapelnder Kunstmaler Saranieff Humor, Stil und Menschlichkeit hatte? Ich weiß, welche Schwierigkeiten Jessner entgegenstehen. Aber wenn man in seinen Ansprüchen nicht nachläßt, so heißt das: die Energie des Intendanten stärken und die Konsequenz seiner Tätigkeit härten.

Der Tag (Ill. T.), Nr. 65, 27. März 1920

»Stella«

Kammerspiele

Es ist, als ob der Gefühlsruf von Goethes »Stella«, dem hundertvierundvierzig Jahre keine Antwort gaben, erst jetzt sein Echo fände. Dieses »Schauspiel für Liebende«, immer unter biographische Kommentare und psychologische Untersuchungen gestellt, wird heute frei, weil es in das Wehen der Empfindung einströmt, das den Ausdruckswillen einer neuen Zeit löst und beflügelt. 1920 wie 1776 sind Menschen den Wellen geöffnet, die als Liebe und Haß, als Glück und Trauer, als Jubel und Schmerz durch sie hindurchjagen. Brausend stürzen die Wirbel ineinander und sprengen den Körper. Ausdruck ist rhythmische Erschütterung.

Gefühl, wehendes Gefühl ist »Stella« – klingender Körper und brennendes Wort. Fernandos Taumeln zwischen Stella und Cäcilie, der Frauen Ferne und Nähe, ihr Hinneigen zu ihm und zueinander, ihr Versinken und ihre Erhöhung fügen sich nicht psychologischen Gesetzen. Jedes Schwanken, solange die Gebote der Welt, jede Sicherheit, sobald die Gebote des Herzens herrschen, drängen der Melodie entgegen. Niemals waren sich die musischen deutschen Genies näher als hier. »Stella« hat die auflösende Heiterkeit Mozarts.

Wunden werden leuchtend, und Einsamkeit blüht auf. Aber der Weg, der durch Schmerzen geht, wäre keine Spur des Lichts, wenn die Empfindungen sich nur an sich selbst entzündeten. Es ist das tiefste Geheimnis der ahnenden, wogenden Dichtung, daß sie sich vollsaugt an der Realität und diese selbst tönend macht. Poststube und Frauenkabinett, Blume und Mond werden singend im Dunkel und Glanze der Liebe. Die Sprache trinkt Natur und Gegenstände ein und entschwebt in die Sphären, wenn sie von der Erde trunken ist.

Mit »Stella« verglichen gibt es keinen Expressionismus mehr, der Formproblem wäre. Der Durchstrom des Gefühls hat seine schwingende Weite. Der dramatische Ausbruch seine formulierte Kürze. Gegen schwellende Lyrik stellte sich das abgerissene Wort. Aber die melodische Linie wird von keinem Stilwillen, sondern vom Menschlichen bestimmt. Jede Person hat ihre andere Tonart. Diese Tonart legitimiert sie. Die Figuren sind im Recht, weil ihre Empfindungen sie klingend machen.

Deshalb gibt es nur einen, den bigamischen Schluß: Stella, Cäcilie, Fernando bleiben zusammen. Der dreißig Jahre später von Goethe hinzugedichtete Schluß: Stella und Fernando sterben, kann vielleicht psychologisch, niemals musikalisch-rhythmisch gerechtfertigt werden. Der Tod ist hier banal, weil er Werkzeuge bedarf. Gift und Revolver stören als Requisiten Klang und Atmosphäre. Und der Liebestod aus letzter Gefühlsspannung wäre Widerspruch, weil die Empfindungen des einzelnen nur strömen, wenn sie drei Menschen bewegen. Aber – die Lebensbejahung ist hier Auflösung wie der Liebestod. Die gleiche Gefühlsintensität, die Penthesilea tötet, läßt Stella, Fernando, Cäcilie am Leben.

Die Aufführung der »Stella« gehört zu den schwierigsten Darstellungsproblemen überhaupt. Sie darf die Realität nicht verleugnen und muß sie doch auflösen in Klang und Rhythmus. Sie muß die Beziehungen der Personen melodisch verflechten. Mehr als sonst ist hier Regie Komposition. Reinhardt ließ Umwelt, Vergangenheit, Situation in die Menschen einfließen. Er gab ihnen Wärme und Realität. Er verankerte sie in ihrem seelischen und ihrem realen Milieu. Er fand Stellungen, die ihre inneren Beziehungen erhellten. Er schattierte, glich aus und gab doch strömendes Gefühl und flutende Empfindung. Er übertraf in der Sicherheit des Tempos alles, was er vor der »Dame Kobold« zuletzt inszeniert hatte. Es war eine meisterhafte Vorstellung. Aber eine meisterhafte Vorstellung des impressionistischen Theaters. Denn es fehlte die letzte Auflösung in Melodie und Rhythmus. Es fehlte die letzte musikalische Präzision. Noch immer wurden kleine Rollen zu Chargen aufgearbeitet. Und die Vergeistigung brach sich an der Dekoration.

Es ist (unter den heutigen Steuerverhältnissen) für ein Theater fast unmöglich, Dekorationen malen zu lassen. Aber Ernst Stern wäre auch, wenn er mit neuem Material hätte arbeiten können, zu keiner szenischen Lösung der »Stella« gekommen. Er weiß nichts vom seelischen Bühnenbild, nichts vom seelischen Kostüm. Die Melodie der Dichtung muß sich in Linien und Farben fortsetzen. Diese Dekoration klang nicht (und hätte auch nicht geklungen, wenn sie neu gewesen wäre).

Helene Thimig war als Stella aufgeschlossen und strömend. Sie gab herrlich den Tanz des Schmerzes und das Hüpfen der

Freude. Sie hatte den Schrei und die Erschütterung des Körpers. Niemals waren ihre Gebärden dem Ausdruckswillen der Zeit (der nach den Bühnenanweisungen des Sturm und Drangs auch der Ausdruckswille des 18. Jahrhunderts war) näher als hier. Helene Thimig steht in einer neuen Entwicklung. Sie gibt die Hoffnung frei, daß der Übergang vom Lachen zum Weinen, der sich durch Wiederholung aufhebt, daß die Starrheit der Satzunterbrechung sich lösen und frei machen wird.

Agnes Straub ging den Weg des Stücks. Sie begann gedämpft charakterisierend und endete melodisch auflösend. Sie fing an als Madame Sommer und schloß als Cäcilie. Sie gab die Verjüngung durch das Gefühl. Agnes Straub holt Ton und Gebärde aus dem leidenschaftlichen Ausdruckswillen des Körpers. Sie hat in sich den Rhythmus des Stückes und die Intensität, die Spannkraft der Zeit. Sie läßt Menschliches in die große Linie aufgehen. (Nur, daß das innere Bild, das sie von der Gestalt hat, eben durch diesen explosiven Ausdruckswillen manchmal zu weit nach außen getrieben wird. In einigen Momenten gab es auch hier Übersteigerungen der Körpersprache, die – schauspielerisch außerordentlich – dort, wo die Regie impressionistisch war, die Rolle durch Expression sprengten.)

Raoul Aslans Fernando war eine Meisterleistung Reinhardts. Die Fehler des Schauspielers: Temperamentlosigkeit und Weichheit, waren Vorzüge geworden: Melancholie und Noblesse. Dieser Fernando war in stillen Augenblicken menschlich. Im Sturz des Gefühls wurde er konventionell und blaß.

Der Tag (Ill. T.), Nr. 80, 16. März 1920

»Himmel und Hölle«

Uraufführung im Deutschen Theater

Zwischen Hölle und Himmel schweben die Menschenschatten Paul Kornfelds, aber nicht über die Erde. Sie haben kein andres Gewicht als ihr Gefühl. Sie schwingen im Raum, und der Raum schwingt durch sie. Sie verströmen sich, und ihr Blut singt.

Die Melodien des Herzens sind die Schritte der Handlung. Die Seele ist geöffnet, und ihr entstürzen Taten, die Gleichnisse sind. Beate, die Gräfin, wird von dem Wehen der Empfindung hinaufgetragen und tötet ihre Tochter, als diese ihre Liebe zurückstößt. Die Tat ist Mord, aber es ist ein Mord des Gefühls. Und die Entfesselung der Empfindung ist seine Antwort. Vater und Mutter, die sich so lieben, daß sie körperlich nicht mehr zueinanderkommen, stürzen sich in die Arme. Das Chaos lokkert sich, Maria, die Dirne, die Leibesgenossin des Grafen, nimmt für die Gräfin die Tat auf sich. Sie löst aus ihrer gestürzten Seele das Leuchten, auf dem Gatte und Gattin selig emporsteigen. Maria strömt aus sich den sphärischen Klang, auf dem sie selbst und Beate zum Himmel fahren.

Tod und Auferstehung aus der Allmacht des Gefühls, strahlendes Dunkel und nächtliches Licht. Weit öffnen sich die Tore aus der Tiefe der Hölle und stoßen an den Himmel. Durch die Landschaft ihrer Seele wandeln die Menschen. Die Wirklichkeit ist Schatten des Inneren. Nur der glaubende, nur der religiöse Mensch kann diese Lieder singen.

Ist Kornfeld im künstlerischen Sinne gläubig? Er ist nur talentiert. Das Blut, das in seinen Menschen singt, ist nicht sein eigenes. Kornfeld rückversichert sich intellektuell, um chaotisch zu sein. Er wird geistig neben dem Gefühl. Und dieser Geist ist nicht von ihm. Das Weltbild, das hinter seinem Drama aufsteigt, war bei Dostojewskij dämonischer. Kornfeld hat die Schlagwörter einer schon gestalteten Menschheitsdichtung in seine lyrischen Melodien geschwemmt. Aber Religion, die nicht aus dem Schöpfer selbst kommt, bleibt tot. So wird die Weltanschauung Plakat. Um den Kampf zwischen dem Nihilismus der Gottesleugnung und dem Schöpferischen der Gottesbejahung sichtbar zu machen, hat Kornfeld eine die Handlung begleitende Figur nötig: Jacob, den metaphysischen Räsoneur. Aber die Empörersprache dieses Ahasvers ist banal, weil sie nicht die Erschütterung des Dichters trägt.

Dieses Schauspiel steht auf der Grenze zwischen aktivistischer Revolutionsliteratur (die Revolution geht nicht gegen Menschen, sondern gegen den Himmel) und in sich selbst schwingender Dichtung. Sie zeigt den Weg, den eine neue Kunst gehen kann. Aber sie geht ihn nicht selbst. Und ihr Dichter wird ihn nicht gehen. Denn erschreckender fast als das Versagen der Tragödie ist ihr Gelingen. Wenn Maria und Beate lyrisch aufblühen und auf leuchtenden Worten zum Himmel steigen, so gehört das zum Schönsten, was zuletzt gedichtet wurde. Man entsetzt sich vor der zaubernden Kraft des Talents, das für

Heiligstes, Reinstes Worte und Symbole findet, ohne naiv, ohne gläubig, ohne kindlich zu sein. Aus dem Gehirn eines intellektuellen Prager Literaten steigen zauberhafte Melancholien, Schmerzensgesänge und Auferstehungslieder, aber ihr Schöpfer hat die Seele nicht, die sie haben. Ist es bei Kornfeld Scharlatanerie wie bei Hasenclever? Ich glaube es nicht. Aber ich glaube, daß der Überbewußte doch wieder unbewußt im Dienste einer Sache steht. Daß er dem kommenden Dichter das Instrument, die Sprache schafft, die dessen elementare Sehnsucht, dessen elementaren Glauben zum letzten Klingen bringt. Der Fluch des heute Literarischen kann der Segen des zukünftigen Genies werden.

Das schwierigste Problem der Aufführung ist, das äußere Geschehen im Symbolisch-Rhythmischen zu verankern, das Sichtbare nur als Notbehelf des Seelischen darzustellen. Daß Beate die Komtesse umbringt, ist Tat nur, weil das Gefühl sich noch nicht selbst als Handlung darstellen kann. (Ein andrer Dichter als Kornfeld findet vielleicht auch hierfür neue Gleichnisse.) Ludwig Bergers Regie erreichte die Beseelung der Geschehnisse und die Übersetzung des Gefühls durch Rhythmus und Akzent. Die Melodie war gefunden, nur setzte sie sich nicht bei allen Schauspielern durch. Es ist ein Gewinn, daß Berger kein technischer, sondern ein seelischer Regisseur ist. Es ist ein Gewinn, daß er zentral arbeitet und nicht verbreitert, sondern zusammendrängt. Es ist ein Gewinn, daß er vom Geistig-Dramaturgischen kommt. Gerade um die Geistigkeit aber den Schauspielern gegenüber restlos durchzusetzen, hat er einen Techniker neben sich nötig, der die Schwächen in den Willen des Regisseurs zwingt. In dieser Aufführung war neben den schöpferischen Leistungen außerordentlicher Schauspieler Bergers bester Helfer sein Bruder, der Maler Rudolf Bamberger. Die phantastisch lautlosen Zimmerdekorationen waren die Erlösung von der Manier Ernst Sterns. Rudolf Bamberger ist kein Routinier der Raumbeherrschung und deshalb in den Schlußdekorationen noch unfrei und bühnenunsicher, aber die künstlerische Andacht überzeugt mehr als die sicherste Technik.

Den Stil des Stückes und der Figur gab aus eigener körperlicher Notwendigkeit wieder: Agnes Straub als Maria. Niemals war diese schöpferische, diese gestaltende Darstellerin so frei, so ganz dem Willen ihres inneren Bildes und dem Zwang ihres Ausdrucks hingegeben wie diesmal. Sie holte die Figur aus den

Visionen des Bluts. Sie war Dirne und himmelfahrende Verklärte. Sie war Clown und Ekstatikerin. Brände brachen aus ihr hervor. Sie war rhythmisch besessen. Sie gab die Erfüllung neuer Schauspielkunst. (Denselben Akzent hatten präzise und phantastisch Elsa Wagner in der Seitenrolle einer alten Marquise und Hellmuth Krüger in der kleinen Partie eines Verbrechers.)

Lina Lossen spielte die Beate adlig, umschattet, dämmernd. Aber diese seelische Künstlerin konnte sich rhythmisch nicht durchsetzen. Sie gab Ibsen, wie Auguste Pünkösdy Anzengruber gab. Auguste Pünkösdy brachte mit ihrer ungebrochenen Kraft eine Gerichtsszene zu starker szenischer Wirkung. (Daß die hektische, kleine Dirne Johanna ihren physischen Bedingungen entgegengesetzt ist, soll man ihr nicht zum Vorwurf machen.)

Was ist's mit Werner Krauss? Dieser aufwühlende Künstler, auf dessen Intensität sich die Hoffnungen einer ganzen Theatergeneration gründen, war als Graf matt und unausgesprochen. War er irritiert? War er übermüdet? Oder hatte er zuviel Respekt vor der Lyrik des Dramas? Er war nicht gespenstisch, sondern wirklich. Er, der Dämonische, wirkte bürgerlich, pastoral. Er tremolierte und arbeitete zum erstenmal mit dem Organ ohne den Körper. Nur manches beiseite gesprochene Wort hatte die Doppeldeutigkeit Kornfelds. Werner Krauss lasse sich nicht durch Achtung vor der Literatur hemmen und besinne sich wieder auf die unterminierende Kraft seiner Phantasie.

Der Tag (Ill. T.), Nr. 86, 23. April 1920

»Kreuzweg«

Uraufführung im Staatstheater

Als Ernst Toller in Berlin aufgeführt wurde, war man hingerissen von der Wahrheit eines Menschen (die nicht Kunst wurde). Als Paul Kornfeld zur Darstellung kam, war man überwältigt von den zauberischen Visionen eines Talents (das, scheinbar vom Menschlichen losgelöst, intellektuell durchsetzt blieb). Als Carl Zuckmayer gestern zum erstenmal auf die Bühne gelangte, wurde man ergriffen von einem Dichtertum (das menschlich begründet und gehirnlich unverfälscht schien).

Kornfelds »Himmel und Hölle« ist in den seelischen Situationen, in der Bannkraft der Frauengestalten, im Weltbild (soweit es nicht geredet wird, sondern anonym bleibt) gewaltiger, zwingender, einheitlicher als Zuckmayers Drama. Aber »Kreuzweg« ist reiner, ungetrübter, verschwiegener. »Kreuzweg« ist dichterisch, ohne literarisch zu sein.

Carl Zuckmayer ist heute dreiundzwanzig Jahre alt. Er ist der jüngste einer süddeutschen Dichtergeneration, die immer leidenschaftlicher im deutschen Kunstleben um Geltung ringt. Die letzten Literaturströme: der Naturalismus und die Neuromantik wurden aus Norddeutschland und aus Wien gespeist. Heute, wo weder die sachliche Kargheit einer realistischen noch die unwesentliche Farbigkeit einer romantischen Dichtung sich ankündigen, dringt Süddeutschland in der Kunst vor. Melodie und Klang schwingen. Aber der Klang ist wesentlich, und die Melodie ist rhythmisch gestrafft.

So ist Carl Zuckmayers Drama wesentlich, obgleich es im einzelnen verströmt. Es ist wesentlich, weil es musisch, weil es Kunst ist. Es ist wesentlich, weil es vom Gefühlsinhalt einer Zeit getragen wird. Es ist wesentlich, weil es sich an ein gewandeltes Aufnahmevermögen wendet.

Zum Empfangsorgan für die Dichtung war (durch die Kunst der Wirklichkeit und die ihr entsprechende philologische Schule der Kritik) der Verstand erhoben. Der logische Zusammenhang (durch Ibsen auch für das Drama festgelegt) verdrängte den Zusammenhang der seelischen Intensität. Diese seelische Intensität hat das Drama Carl Zuckmayers. Es hieß früher »Kreuzweg zu Ende«. Und zu Ende gehen die Personen ihren Weg: ihren Weg der Roheit und der Empfindlichkeit, der Gewalt und des Leidens.

»Kreuzweg« führt durch Hölle zum Himmel. Aber er könnte trotzdem nicht »Himmel und Hölle« heißen, sondern im ergreifendsten, im letzten Sinne: »Erde«. Erde als Kraft, die die Menschen bindet. Erde als Kraft, die die Menschen erhöht. In Körper sind die Menschen »eingesponnen«. Diese Körpergrenze macht Michael Heul, den Verlobten der entkörperten Christa, dumpf und schwer. Diese Körperhaftigkeit macht Lenhardt vom Joch blutig und gemein. Diese Körperhaftigkeit macht seinen Halbbruder Hilario leuchtend und frei. Die Erde singt, das Blut dröhnt, die Natur posaunt. Die Vielfalt der Stimmen ist nicht Begleitung, nicht Umschreibung, sie ist Ausdruck strömender Kräfte, die die Menschen trennen und verbinden, die sie schöpferisch machen. Das ist das Zukünftige an dieser scheinbar schemenhaften Dichtung, daß sie über das Schemenhafte hinaus will. Daß das Körperliche sich auflöst und das Irdische triumphiert. Christa, deren Seele klingendes Gefäß für die Schmerzen der anderen ist, schwindet in sphärischen Klängen dahin. Der Gottmensch, in Gestalt eines Hannes Böheim, wird erschlagen. Aber der Gesang der Erde braust schöpferisch. Das Lied der Tiere, der Pflanzen, der Menschen singt. Gott ist nicht Deklamation, nicht Begriff neben dem Menschlichen, ist nicht Anklage, nicht Zustimmung. Gott ist nicht etwas Zweites. Gott ist Element, ist Tier, ist Pflanze, ist Mensch. Gott ist die Schöpfung. Gott ist das Werk. Aus der Ferne leuchten in diese Dichtung die Bilder Franz Marcs hinein. In ihren Seelenklang, in ihre Liebe, in ihre Andacht, in ihre Stille.

Daß die Dichtung trotz allem manchmal auch im Gefühlsstrom verstrudelt erscheint, liegt nicht an ihrer gedanklichen Zerstreutheit, sondern an dem Durcheinanderschießen verschiedener Gestaltungselemente. Außer der seelischen Haltung hat der »Kreuzweg« eine äußere, eine sichtbare: die Bauernrevolution gegen den Tyrannen vom Bergjoch. Und diese Handlung ist stofflich und konventionell geblieben. Sie ist gewaltsame Anspannung. Sie nimmt den lyrischen Strom nicht auf, sie stemmt sich gegen ihn. Sie ist Abenteuer, Wildheit. Sie ist flach, knabenhaft. Aber gerade, daß sie knabenhaft, daß sie schillerisch empfunden ist, spricht wieder für Zuckmayer. Auch hier, wo er unpersönlich wird, bleibt er naiv, unliterarisch. Daß er selbst im Pathos sich nicht mit einer Gebärde gegen das Stück stellt, macht auch das Epigonenhafte wahr. Dieses Drama ist nicht immer »originell«. Man kann auch in seinen wesentlichen, in seinen lyrischen Teilen mannigfache Anklänge finden. Aber wichtiger, als wenn alles »neu« wäre, ist, daß auch das Banale, das »Reflexive«, das Nachempfundene echt bleibt.

Die Aufführung war eine Erfüllung. Die Erfüllung des Ensemblegedankens, die Erfüllung musischer Regie. Wenige dieser Schauspieler hätten für Shakespeare gereicht, aber daß sie hier, auch wo sie zurückblieben, den Grundton des Stückes, den Rhythmus des Spielleiters hatten, war hinreißend. Die Inszenierung des »Kreuzwegs« wurde die reinste, geschlossenste Regieleistung Ludwig Bergers. Er hat sich außerordentlich entwickelt. Diese Aufführung hatte straffste Präzision und schwingende Musik. Sie war harmonisch und entbunden, organisch und fessellos frei. Sie war von absoluter Einheit des körperlichen und sprachlichen Rhythmus. Sie war strömend, leuchtend, singend. (Und wurde architektonisch gestützt und gehoben, angeschlagen und weitergeleitet durch die ebenso strenge wie leichte, ebenso karge wie schwingende Szenengliederung Rudolf Bambergers.)

Schauspieler herauszuheben ist schwer, weil fast allen das persönliche Geheimnis fehlt, in sich selbst den Klang des Spielleiters noch einmal zu schaffen und schöpferisch zu steigern. Oder: den inneren Vorgang auch individuell umzuschmelzen. (Nur daher kam die gelegentliche Ermüdung der Vorstellung.) Aber Annemarie Seidel hatte für die Christa eine Intensität der Monotonie, die ergriff. Sie war nur Spannung, und diese Spannung übertrug sich. Sie litt und verlosch. Ihr Körper, im Gang von seltenem Reiz, verblühte und versank.

Lothar Müthel faszinierte durch eine bebende Sprechmelodie, die aus seiner Stimme, von seinen Gliedern strahlte. Nur, wo die Rolle unkonventionell wurde, wurde er konventionell. Und prachtvoll in seiner Beherrschtheit, in seiner nach innen gekehrten Kraft war Bruno Decarli als Bauer. (Die früher bei ihm störenden sprachlichen Drücker wurden seltener.)

Daß die meisten Schauspieler von allen Nebengeräuschen der Technik befreit waren, ist eine ungewöhnliche Leistung Bergers, der sich hier zum ersten Male als durchdringender Beherrscher des schauspielerischen Materials zeigte. Widerspruchsvolle und oft irritierte Begabungen wie Dagny Servaes, Johanna Hofer, Heinrich Witte klangen zusammen. Dazu kam als Neuling Otto Laubinger. Und Kurt Katsch als Lenhart hatte wenigstens Energie, die allerdings selten Ausdruck wurde. Er hat einen Stimm- und Sprachlehrer nötig, der sein Organ aus dem Hals herausbringt und die Töne von Dialektschlacken befreit.

Dieser Abend war nicht der Abend einer Inszenierung. Er war der Abend eines Theaters. Jessners »Richard III.« und Bergers »Kreuzweg« gehören zusammen. Jessner leitet augenblicklich das einzige organische Theater Berlins. (Organisch sogar bis in die Bühnenmusik. Denn wie in »Richard III.« das Problem der musikalischen Intensitätsverstärkung gelöst war, so war es hier gelöst. Und zwar von Heinz Thiessen, der sich in anderen Theatern, wie eben erst im Lessing-Theater, an eine überladene Polyphonie verliert.)

Der Tag (Ill. T.), Nr. 275, 12. Dezember 1920

»Cäsar und Cleopatra«

Deutsches Theater

Als diese historische Komödie vor 15 Jahren zuerst in Berlin aufgeführt wurde, soll sie durchgefallen sein. Gestern hatte sie einen durchschlagenden Lustspielerfolg. Ich habe die Aufführung des Neuen Theaters früher nicht gesehen und kenne nicht die Stellungnahme der Kritik zu Vorstellung und Dichtung. Aber ich glaube: die Wirkung heute hat ihren Grund darin, daß man im Publikum entschlossener auf Posseneelemente reagiert, gegen die man sich früher durch eine literarische Respektzone abschloß. Man suchte in Shaw »Bedeutung« und verlor auf der Jagd nach dieser Bedeutung die Beziehung zur Wirkung des Augenblicks. Man konnte sich Cäsar in der Komödie nur satirisch oder menschlich isoliert vorstellen und merkte nicht, daß die Heiterkeit keine Satire und die Menschlichkeit keine Isolierung verlangte. Heute sieht man, daß Cäsar nichts anderes als eine geistig bewegliche, geistig überlegene, im Gleichgewicht von Ironie und Bejahung schwebende Lustspielfigur ist. Daß er humoristisch bleibt, weil er heroische Situationen menschlich und phrasenlos durchschaut, daß er bedeutend bleibt, weil er sich in komischen Situationen nicht verliert. Aber wie es lächerlich ist, »Cäsar und Cleopatra« als Persiflage auf Heldentum und Antike anzusehen, so ist es auch lächerlich, von diesem Stück ein Evangelium neuer, klarer, sachgläubiger Menschlichkeit abzulesen. »Cäsar und Cleopatra« ist eine Komödie, die der witzigste und bedeutendste Journalist der Gegenwart geschrieben hat (der dichterische Bezirke in anderen Stücken erreicht). »Cäsar und Cleopatra« ist in seinem Geist europäisch, in seiner Technik englisch. Shaw mischt die Stilelemente des englischen Theaters: den dialogischen Witz und den szenischen Trick. (Und das wurde früher ein anderes Hindernis für das Verständnis: Man war entweder auf Dialog oder auf technische Überraschung eingestellt und fühlte sich, dem Geist des Dialogs hingegeben, nachträglich geäfft, wenn man an den theatralischen Bluff geriet, und dem Bluff überliefert, vor den Kopf gestoßen, wenn man sich wieder auf den Dialog verlassen sollte.)

Der Bühnentechniker Shaw verlangt vom Zuschauer dieselbe Beweglichkeit wie der Gesprächsführer: Er verlangt, daß er sich zwischen Hören und Sehen immerfort umschaltet, daß er die Knock-about-Komik der szenischen Überraschung (Cleopatra wird auf einer Winde als Teppich bei dem belagerten Cäsar eingeschmuggelt; Cäsar springt ins Meer, sein britischer Sekretär ruft: Hipp, hipp, hurra!) in Einklang bringt mit dem funkelnden, Staat, Soldatentum, Krieg und Frieden durchleuchtenden Witz. (Und dies ist das letzte Hindernis, das heute der Wirkung aus dem Wege geräumt ist: die Themen des Witzes sind dem primitivsten Zuschauer aktuell geläufig.)

Die Aufführung des Deutschen Theaters versuchte durch Tempo die Einheit zwischen Dialog und szenischem Bluff herzustellen. Aber dem Tempo fehlte die Präzision. Daß Herr Dr. Fritz Wendhausen, der sich mit dieser Inszenierung in Berlin einführte, rücksichtslos auf Lustspielwirkung ausging, war vortrefflich. Wenn nur diese Galoppade die Linien des Stückes nicht verwirrt hätte. Aber Herr Wendhausen verlor die Herrschaft über die Gliederung. Äußerlich gesehen: Die mythisch umnebelte Welt der Ägypter war darstellerisch kein Gegengewicht gegen die klare Cäsars. Innerlich gesehen: Das Tempo schuf nicht einen neuen Stil, sondern schlang alle Darstellungs-, alle Inszenierungsstile seit Reinhardt ein, ohne sie zu verarbeiten. Trotz Schnelligkeit und Vehemenz wurde chargiert, extemporiert, dazwischen gesprochen, gebrummt und gedrückt. Es fehlte der Aufführung die künstlerische Anschauung des Regisseurs (wie des Malers, des sonst außerordentlichen Zeichners George Grosz.) Doch sie hatte Geschicklichkeit und Energie (die nur die schauspielerische Leistung nicht überall befruchteten, sonst hätten die provinziellen Vertreter der kleineren Rollen immerhin den Versuch zur Vermeidung ihrer Fehler machen müssen).

Aber wer wollte nicht trotzdem dieser Aufführung zustimmen, der den Abend vorher die größte Beleidigung, die die deutsche Schauspielkunst seit Jahren erfuhr, miterlebt hat: die Anerkennung der Orska als Salome! Wer wollte nicht gegen die Affektiertheiten dieser Primadonna Else Eckersberg als Cleopatra erträglich finden und sogar feststellen, daß sie hier, wo sie nicht lyrisch, wie als Pippa, zu sein brauchte, von der Routine her möglich war! Wer wollte nicht behaupten, daß Tini Senders (vom Burgtheater) als ägyptische Reichsamme Ftatateeta, zwar die Riesendame Eulalia aus dem Wurstelprater, aber diese doch wirkungsvoll spielte!

Cäsar war Werner Krauss. Niemals habe ich diesen Künstler so leicht, so frei, so variabel gesehen wie gestern. Er gab sich zu sehr dem Lustspielton hin? Welch ein Vergnügen war es, gerade diesen dämonischen Schauspieler so unbeschwert, so locker, so strömend zu finden. Werner Krauss hatte schon im Gang, im Blick das innere Tempo und die artistische Technik des Stückes zugleich. Er war von einer bezaubernden Grazie und nuancierte selbst Extempores, ohne das Gleichgewicht zwischen Szene und Dialog einzubüßen.

Nächst ihm hatte den Ton Shaws am unfehlbarsten im Körper und in der Stimme ein Kind: der Sohn Gertrud Eysoldts, Peter Eysoldt als Königsknabe Ptolemäus. Die Leichtigkeit war fast beängstigend, mit der er den Dialog und die Ironie des Dialoges, die Gebärde und die Ironie der Gebärde wiedergab. Auch Max Gülstorff schlug mit seinem vom Korrektheitsspleen besessenen englischen Sekretär durch (obwohl er es manchmal an Präzision fehlen ließ).

Der Tag (Ill. T), Nr. 285, 24. Dezember 1920

»Reigen«

Kleines Schauspielhaus

Das Kleine Schauspielhaus gehört der Hochschule für Musik. Die Hochschule für Musik untersteht dem Kultusministerium. An der Spitze des Kultusministeriums steht der bekannte Freidenker Konrad Haenisch. Über dem bekannten Freidenker Konrad Haenisch stehen die Februarwahlen. Und die Februarwahlen werden mit seinem Ministerium Schluß machen? Keineswegs. Schon fand Herr Haenisch den Beifall eines deutschnationalen Abgeordneten, der von diesem Beifall Unannehmlichkeiten hatte. Herr Haenisch nimmt diesen Unannehmlichkeiten den Grund, indem er die Sittlichkeit schützt und Schnitzlers »Reigen« verbietet.

Oder sollte Herr Haenisch nur der Angeführte sein und es sich – im Hinblick auf die kommenden Zeiten – um einen Vorstoß der Geheimräte handeln? Sollte einen sozialdemokratischen Minister im letzten Augenblick doch noch die Scham überkommen, sein Ministerium zu etwas hergegeben zu haben, was kein kaiserliches Ministerium jemals gewagt hätte? Nämlich die Direktoren eines Theaters mit – sechs Wochen Haft zu bedrohen, wenn sie eine Aufführung gegen eine einstweilige Verfügung unternehmen sollten? Im Kleinen Schauspielhaus dürfen – laut Mietvertrag – keine Stücke gegeben werden, die in politischer, religiöser und sittlicher Hinsicht Anstoß erregen. Ist Erotik unsittlich. Dann müßte das Kultusministerium sofort die Hochschule für Musik schließen. Denn die Musik ist die erotischste aller Künste.

»Reigen« ist eine der reizendsten Dichtungen Schnitzlers, weil seine Dialoge aus diesem erotischen Nervengefühl geboren sind, das nur noch um einen Grad sublimiert zu werden brauchte, um Klang, um Ton zu werden. »Reigen« ist auch eine der reinlichsten Dichtungen Schnitzlers, weil seine sinnlichen Schwebungen, seine erotischen Frivolitäten und Melancholien nicht feuilletonistisch umschmust, nicht mit Tiefsinn drapiert, nicht unter Anspielungen versteckt werden, weil sie sich darbieten als das, was sie sind: graziöse Liebesspiele ohne geistige Verfälschung. Die Nachdenklichkeit ist das erotische Erlebnis selbst. Seine Ausstrahlungen, seine Schwingungen, seine Spannungen, seine Ermattungen.

»Reigen« ist Wien, ist der betäubende, lockende, verführerische Schimmer dieser herrlichen, fauligen, sinkenden, versunkenen Stadt. »Anatol« ist heute kaum noch zu ertragen, weil Schnitzler hier eine geistige Distanz zu den Abenteuern seines Charmeurs vorspielt, die er nicht hat. Daß Schnitzler im »Anatol« charmiert, verniedlicht, kokettiert, ironisiert, tändelt und darauf hinweist, daß er tändelt, macht diese Einakterreihe zu einem Abbild auch jenes »geistigen« Wien, dessen verlogene Süßlichkeit aufreizt. »Reigen« aber ist das Spiel, die Leichtigkeit selbst. Wenn mit der Dirne über den Soldaten und das Stubenmädchen und den jungen Herrn und die junge Frau und den Ehemann und das süße Mädel und den Dichter und die Schauspielerin und den Grafen alle verknüpft sind, so ist dieser Reigen von einer schwebenden Freiheit, die künstlerisch entzückt und deshalb menschlich erheitert.

Viele Dramen von Schnitzler sind veraltet, weil sie Probleme stellten und die Probleme entweder zu leicht waren oder von der Zeit zerfressen wurden. »Reigen« ist unproblematisch und wird in der deutschen erotischen Literatur, die arm ist, bleiben. Es ist sicher, daß ein neuer Dichter ein Stück, das allein den Geschlechtsakt umspielt, heute nicht schreiben würde. Ebenso sicher aber ist, daß, wenn er es schriebe, er es plumper schreiben würde.

Gertrud Eysoldt hatte recht, als sie sich vor der Vorstellung hinter die Dichtung und die Darstellung stellte. Daß sie in ihrer Rede den Kampf gegen das Kultusministerium auf sich nahm. (Das, wie sie sagte, schon längst ein Interesse daran habe, ihre Direktion an die Luft zu setzen, weil es den Theatersaal für seine eigenen Zwecke benutzen wolle.) Sie ließ sich durch die Aufführung bestätigen. Diese zerfiel in zwei Hälften. In eine langweilige (die die Sittlichkeit nicht beunruhigte) und eine amüsante (die die Sittlichkeit nicht beunruhigte). Die Schauspielkunst pflegt sich in erotischen Stücken auf die Seite der Männer zu schlagen, weil die Frau die erotische Phantasie direkter und auf der Bühne auch ohne Übersetzung in Kunst auszudrücken vermag. Hier wurde sie mit Takt und Laune (allerdings nicht immer mit Talent) gegeben. Und wo schauspielerische Routine, wie bei Poldi Müller, mitsprach, wurde sie leicht kitschig.

Wenn man bedenkt, mit welch knalliger Aufdringlichkeit in der Residenz-Theater-Darstellung von Sudermanns »Raschhoffs« Olga Limburg eine Dirne spielte, erscheint die Diskretion des Kleinen Schauspielhauses vorbildlich. Die Schauspielkunst blieb bei Curt Goetz, der ironisch und elegisch den jungen Herrn spielte, bei Robert Forster-Larrinaga, der den Grafen mit persönlicher Gepflegtheit gab, und bei Karl Etlinger als Dichter. Karl Etlinger ist ein improvisierender Schauspieler. Er ist der letzte aus der langen Reihe der Wiener Volkskomiker: saftig, verspielt und schrullig. Er ist ein Original, eine Persönlichkeit – aber mit Schnitzler kam er nicht immer zusammen. Etlinger ist kein Schauspieler für Dialoge. Er muß mimisch phantasieren können. Dann leuchtet er auf, dann steht er im Kontakt mit dem Publikum.

Die Dekorationen waren von Ernst Stern. In der Verspieltheit kam er zu seinem Recht.

Berliner Börsen-Courier, Nr. 601, 24. Dezember 1920

»Die Jungfrau von Orleans«

Deutsches Theater

Max Reinhardts Bedeutung war, daß er sein Theater in Erkenntnis der Publikumspsychologie durchsetzte. Ich denke dabei nicht an seine Konzessionen, sondern an die Intuition, durch die er die besten Zuschauer mit dem Wesentlichen seiner Absichten traf. Diese Intuition war die Voraussicht des richtigen Einsatzes. Die Sache Reinhardts wird uns heute fremd. Aber der Mann, der sie vertrat, war mit ihr eins. Er hatte das dekkende Format.

Das neue Theater will die größere Sache, aber die Männer, die sie vertreten, stehen hinter dieser Sache oft zurück. Das neue Theater ist unerbittlich. Indem es das Detail und die Verzierung streicht, verlangt es vom Zuschauer produktive Teilnahme. Diese Teilnahme jedoch kann nicht geweckt werden, wenn das Wesentliche vom Regisseur zwar erkannt, aber nicht übermittelt wird. Übermittler sind nur starke Persönlichkeiten. Darum ist es eine Gefahr für die Sache, wenn das Staatstheater fortfährt, seine Intentionen so zu verdünnen, wie es im »Sturm« geschah. Was Reinhardt als Detail gab, muß das neue Theater als Variation geben. Weil dem Staatstheater die Variation fehlt, kommt es dahin, zu erstarren.

Das Deutsche Theater hat die Variation, aber nicht die Einheitlichkeit. Die Aufführung der »Jungfrau von Orleans« war nicht nur die interessanteste Vorstellung, die es in dieser Spielzeit herausgebracht hat, sie gab auch zum erstenmal etwas, was dem von Jessner und Berger Gewollten als Neues und Entwicklungsfähiges entgegentrat. Das Deutsche Theater schien einen eigenen Weg zu erkennen – und wurde von vielen mißverstanden.

Woran lag es, daß der Aufbau dieser Vorstellung, die einen neuen Willen auch zum Publikumssiege führen konnte, trotzdem nicht einheitlich überzeugte? Warum wurde auch hier der Psychologie des Zuschauers nicht ins Zentrum gestoßen? Weil zwischen der gewagten Architektur Bruno Tauts und der gewagten Regie Karl Heinz Martins keine organische Verbindung bestand. Beide: Architekt und Regisseur, kamen für sich zu ungewöhnlichen Resultaten, aber die Resultate widersprachen sich.

Von den beiden Möglichkeiten, die es für die architektonische Fassung der Szene gibt: Konzentration und Auflösung, wählte Bruno Taut die Auflösung. Es war der erste radikale Versuch in dieser Richtung. Er war hinreißend. Wenn die Schauplätze im Freien durch scheinbar starre mathematische Formen symbolisiert wurden, so wurden sie durch die Schichtung dieser Formen wieder gelockert. Wenn die Kathedrale von Reims die Breite der Bühne als Hintergrund abgrenzte, so war sie durch Gitterwerk entschwert. Wenn trotzdem manche Wirkung dekorativ blieb, so kam es daher, daß die Bühnentechnik des Deutschen Theaters noch zu sehr auf die dekorative Verständlichkeit Ernst Sterns eingestellt ist, so kam es daher, daß das Material der Ausführung manche Eingebung verdickt zu haben schien. Aber während der Glasrahmen, den als Umspannung des Ganzen Bruno Taut für wesentlich hält, keine Notwendigkeit bedeutete, so bedeuteten die wechselnden Lichtwellen, die den Raum durchfluteten (nachdem man sich daran gewöhnt hatte), besonders in den Szenen am Königshof schwebende Entmaterialisierung. Mystik und Wunder? Vielleicht nicht. Aber Lyrik und strömende Melodie (wie in der szenisch zart gefaßten Szene: »Wehe, weh mir, welche Töne«).

Bruno Taut hat mit der architektonischen Auflösung der Bühne etwas geschaffen, das in diesem Anfang oft noch zwischen Überdeutlichkeit und Spielerei schwankt, das aber, wenn man es richtig entwickelt, eine Zukunft neben der architektonischen Konzentration haben kann. Eine Zukunft, wenn der Regisseur durch die Auflösung zu einer neuen Art der Zusammenfassung gebracht wird. Wenn er den Lichtwechsel nicht zur Pointierung von Momenten benutzt, sondern auf ihm wie auf Tonstufen die Schauspieler über sich hinausschreiten läßt. Karl Heinz Martin gab mehr den Zickzack szenischer Fragmente als die Wellenlinien eines durchgehenden Stromes. Er gab Hervorragendes in gedrängten Augenblicken, in Kontrastierungen, in Schärfen, in Zäsuren. Aber es fehlte das Ausatmen, das Ausschwingen der Szenen.

Gerade der lichtaufgelöste Raum verlangt die weiteste Gebärde. Deshalb war es ein Grundirrtum von Helene Thimig, daß sie als Jungfrau sich nicht entfaltete, sondern zersplitterte. Sie überraschte durch die reine Kraft ihrer Ausbrüche, aber sie hatte nicht den Mut, diese Ausbrüche zu steigern: Sie brach ab und begann von neuem. Gerade weil die Anlage ihrer gläubig verzückten Jungfrau menschlich überzeugend war, hätte diese Anlage zur Bestätigung einer hingebenden Naivität, nicht einer distanzierenden Intellektualität bedurft. Paul Hartmann als Dunois gab sich Schiller hin und schlug durch, obwohl er nur das Naheliegende brachte. Aber sein Pathos war durch Disziplin motiviert. Werner Krauss als Talbot faszinierte durch die Bannkraft seiner Erscheinung. Wieder geschah das Wunder, daß er, obgleich er vom ersten bis zum letzten Vers fast monoton in der gleichen Lautstärke sprach, die Gestalt auch tonlich zu einem Bild des Grauens zusammenschloß.

Diese Aufführung des Deutschen Theaters schuf, so schwankend sie im einzelnen war, einen neuen Maßstab für die Beurteilung theatralischer Möglichkeiten und stand deshalb über allen Vorstellungen, die man zuletzt in Berlin sah. Es ist tragisch, daß gerade dieser Abend zu Mißverständnissen Anlaß gab, die der erste Versuch hervorrief. Diesen Versuch zur Vollendung zu führen, soll man sich nicht beirren lassen. Denn das Neue, das heute erstrebt wird, steht in einer gefährlichen Krise. In einer Krise, weil die Männer, die es eingeleitet haben, nicht über sich hinauskommen. Weil Berger seine Absichten verdünnt, Martin sie gehirnlich überspitzt, Jessner nach dem einzelnen Wurf wieder innehält. Es fehlt die Durchblutung des geistigen Willens. Und diese Durchblutung wäre der Sieg über das Publikum.

Der Tag (Ill. T.), Nr. 44, 22. Februar 1921

»Der Kaufmann von Venedig«

Großes Schauspielhaus

Wenn Werner Krauss als Shylock die komödiantischsten Exzesse zu einer organischen Einheit zusammenschloß, so zerriß Eugen Klöpfer als Shylock die organische Anlage in komödiantische Fetzen. Werner Krauss bricht virtuosenhaft aus, aber eine dämonische Körperphantasie, ein besessenes Temperament stellen sich hinter jede Improvisation und reißen sie in die Rolle zurück. Eugen Klöpfer will Menschliches, aber wo dieser Shylock wild wird und durch seine elementare Bosheit und jähe Gier die Dichtigkeit der realistischen Zeichnung erst bestätigen sollte, wird er theatralisch und äußerlich. Krauss hat gewiß keinen Schmerz, aber er hat eine innere Spannung, die diesen Schmerz ersetzt. Klöpfer hat Schmerz. Sobald er ihn aber anspannt und steigert, zerbricht er ihn und macht ihn zum Lärm.

Was ist komödiantisch? Komödiantisch ist die Verwandlungsgier, die durch Werner Krauss strömt. Komödiantisch ist die geniale Besessenheit von der Rolle, die körperliche Intensität, die hemmungslose Aggressivität gegen das Publikum, die strömende Wollust der Wirkung. Aber dieses Komödiantische lebt vom Blut, vom Temperament, von der Phantasie. Was ist theatralisch? Theatralisch ist der Lärm ohne innere Bestätigung, die Gebärde ohne Intensität, die Hemmungslosigkeit ohne Strom, die Wirkung ohne Besessenheit. Das Theatralische ist nicht durch Blut, nicht durch Temperament, nicht durch Phantasie legitimiert. Komödiantisch ist Werner Krauss. Theatralisch ist Eugen Klöpfer. Der Komödiant kann noch so sehr alle Grenzen durchbrechen, er kann sich noch so sehr an Übertreibungen verlieren, sein Dämon wird ihn vor dem Theatralischen bewahren. Der theatralische Schauspieler hat keinen Dämon. Er braucht viel weniger zu machen als der Komödiant und ist doch unechter. Der Komödiant ist der unbürgerliche Schauspieler. (Aber nicht jeder unbürgerliche Schauspieler braucht Komödiant zu sein.) Der Theatraliker ist bürgerlich. (Aber nicht jeder bürgerliche Schauspieler braucht Theatraliker zu sein.)

Das Dimensionen überspannende Temperament von Werner Krauss legitimiert die zynischen Frechheiten, die er in den Shylock hineintreibt. Die zerrissene Bedächtigkeit Klöpfers widerspricht den Nuancen, zu denen er den Shylock hinauftreibt. Klöpfer wetzt das Messer nicht nur an der Sohle, sondern auch an den Stufen, er bringt mit ihm fast die richtende Porzia um, er stößt es in den Fußboden. Das alles aber geht in die Gestaltung nicht auf, keine innere Energie schmilzt die ausbrechenden Gebärden, die heiseren Schreie, das Gurgeln, Krächzen, Lachen und Röcheln in die Figur um. Was bei Krauss Zwang ist, ist bei Klöpfer Zufall. Bei Krauss kam keine Ergriffenheit auf, aber sie war auch nicht notwendig, weil der brennende Fanatismus des Bösen an ihre Stelle trat. Bei Klöpfers altem, gebrochenen Juden, der seine Tochter liebt, war sie notwendig, aber sie kam trotzdem nicht auf.

Klöpfers Shylock wäre in seiner rauhen Kraft ausgezeichnet gewesen, wenn er sich diszipliniert hätte – im Deutschen Theater. Im Großen Schauspielhaus aber hätte ihn auch keine

Selbstdisziplin durchgesetzt, weil Klöpfer nicht körperlich rhythmisch, sondern realistisch zufällig spielt. Klöpfer hat nicht Tempo, nicht Übersetzung in Bewegungsenergien. Bei ihm ist alles wirklich, direkt. Er pausiert, er psychologisiert, er entwikkelt aus Zustand und Milieu – wo Krauss verkürzt und zusammendrängt. Daß Klöpfer kein Raumdarsteller ist, hemmt zwar nicht seinen Shylock, aber seinen Shylock im Großen Schauspielhaus.

Berliner Börsen-Courier, Nr. 133, 20. März 1921

»Die echten Sedemunds«

Staatliches Schauspielhaus

Ernst Barlachs Drama entflieht, wenn man es geistig betrachtet. Es bannt, wenn man es figural sieht.

Sein geistiger Wille heißt: das Gewissen zu wecken und brüllend umgehen zu lassen. Es verschlingt die echten Sedemunds. Das sind nicht nur Vater und Sohn und Onkel, das ist die Familie, das sind alle, die in Laster verstrickt, in Konvention erstarrt, von Gier gepeitscht, von Unglauben umdunkelt bleiben. Das sind Schneider und Leichenkutscher, Polizisten und Schaubudenbesitzer, banale Schützen und verschrobene Narren, die der panische Schrecken aus sich herausjagt. Die echten Sedemunds – das ist eine satte, verfaulte, geschwollene Zeit, gegen die Grude, ein Gregers Werle wie von Strindberg, ein Hamlet wie von Wedekind, den Löwen der Selbstqual losläßt. Der Löwe des Schaubudenbesitzers ist krepiert. Daß er ausgebrochen sei, braucht nur unter die Menge geworfen zu werden, um sie auf der Flucht vor sich selbst durch Hölle, Selbstbezichtigung und Buße zu peitschen.

Wenn Barlach diese Vision gedanklich formuliert, wird er banal. Dann gibt es Wortspiele wie von Shakespeare, aber sie sind unplastisch. Dann gibt es Sentenzen wie von Wedekind, aber sie sind kraftlos. Dann gibt es Bitterkeiten wie von Strindberg, aber sie sind ungiftig. Dann gibt es Erkenntnisse, die – auf ihren Kern zurückgeführt – billig und abgenutzt erscheinen. Daß der junge Sedemund »Adamist« ist, das heißt: »seinem frischen Ursinn vertrauen« will – das ist schlecht geredet. Daß

Grude die neue Zeit heraufführt, eine Zeit, die nicht kleingläubig und flach bleibt, eine Zeit nicht der echten Sedemunds, sondern der echten Grudes – das wird schwächlich gesagt. Wenn Barlach deutet und erklärt, wenn er zusammenfaßt und Fazit zieht, stockt das innere Leben, bricht sich der Strom, verwirrt sich der Kreislauf des Dramas.

Das innere Leben dieser Szenen gestaltet sich nicht im Geistig-Gelösten, sondern im Sinnlich-Befangenen der Sprache. Nicht daß das Drama dunkel ist, hemmt seine Wirkung, sondern daß seine Helle und sein Dunkel entgegengesetzten Ursprung haben. Daß sein Dunkel die Atmosphäre ist, die die Gestalten umschließt. Daß seine Helle die Zeitphraseologie bleibt, die sie nicht durchdringt. Barlach ist Bildhauer, ist Holzschnitzer. Seine Sprache ist nicht das Urelement, aus dem sich das Drama gestaltet. Seine Sprache ist ein Zweites, das zu etwas schon aus anderem Material Geformten hinzukommt. Barlachs Figuren waren da, bevor die Worte über sie kamen. Sie hockten und brüteten, stumpfe, schwere, breite Holzfiguren, unerlöst, aber mit Erlebnis angefüllt, daß ihre Konturen fast platzten. Diese Geladenheit mit Schicksal, dieses Bersten von Träumen fühlte der Bildhauer und gab seinen modellierten Geschöpfen Worte. Er wollte den Druck von ihnen nehmen und lagerte einen neuen Druck über sie hin.

Man muß vor Barlachs Dramen – vor dem »Armen Vetter« wie vor den »Echten Sedemunds« – empfinden, daß sie den umgekehrten Weg gegangen sind als andere Dichtungen: nicht von der Sprache zur Plastik, sondern von der Plastik zur Sprache, um für ihr Verborgenstes aufgeschlossen zu werden. Für jene wirre, schwerfällige und wieder schnörkelige Zeichensetzung der Worte, die bald sinnbildlich, bald naturalistisch, bald in halben Andeutungen, bald in starren Wiederholungen weniger von Mensch zu Mensch gehen als zwischen ihnen steckenbleiben. Das ist das Gespenstertum der »Echten Sedemunds«, daß zwischen den Körpern der Figuren wieder Körper von Worten hocken. Daß die Sätze, die die Figuren erlösen sollten, selbst unerlöst bleiben.

Für dieses Drama sind literarische Wertungen falsch. Man darf es nicht stillos nennen, obwohl bald Dialekt gesprochen, bald pathetisch deklamiert wird. Man darf es nicht unbewegt nennen, obwohl die Gestalten ihre Atmosphäre nicht durchstoßen können. Man darf es nicht unklar nennen, obwohl seine

Sprache nicht fest wird. Denn die Primitivität der Verständigung, das Stocken der Bewegung, das Eingetauchtsein in Dunkel ist der phantastisch-wolkige Reiz des Stückes. Ob »Die echten Sedemunds« von einem Dichter geschrieben sind, weiß ich nicht. Daß sie von einem Künstler geschrieben sind, ist sicher. Aus gestoßenen Worten und gehemmten Bewegungen, aus vergrabenen Blicken und gepreßten Schreien, aus verkrochenen Ängsten und skurrilem Humor bäumt sich ein Drang zur Erlösung, ein Drang zum Kreuz und zur Befreiung vom Kreuz, ein Drang zur Weltqual und zur Überwindung der Qual, der bannt und bezwingt.

Leopold Jessner ging als Regisseur den umgekehrten Weg wie Barlach: er wollte vom Wort zur Plastik. So wesentlich und notwendig das ist, es stellte im Anfang falsch ein. Schärfe und Prägnanz, sonst Forderung und Gesetz, können Barlachs Sätze nicht ertragen. Wedekindsche Sachlichkeit entlarvt ihre Ungeistigkeit. Den Anfang denke ich mir stockender, lastender, mühseliger. Es fehlte die Distanz zwischen den Figuren, es fehlte die Ferne, die Heimlichkeit. Aber je weiter der Abend fortschritt, je spukhafter die Figuren zu einem Gespensterreigen antraten, desto gelöster und phantasievoller wurde die Inszenierung. Um so bezwingender, als sie ohne Mittel der Chargierung und stilistischen Verzerrung auskam und aus Licht und Schatten, aus Weiß und Schwarz nur eine Phantastik der Linien, der Bewegungen, der Tonfälle gab. Um so zukunftsreicher, als diese Inszenierung durch ihre blutvolle Kraft alle Einwände, die gegen das neue Theater als gegen eine Erstarrung des Theaters gerichtet werden, niederschlug.

Zwei Rollen, der junge Sedemund und Grude, wurden von guten Schauspielern schwach gespielt. Lothar Müthel hat sich zwischen dem Liebhaber und Charakterspieler immer noch nicht gefunden. Er wechselt zwischen Glätte und Schärfe. Rudolf Forster hat wieder den Elan des Einsatzes. Aber die Energie des Moments wird nicht fruchtbar für die Spannung der Variation. – Die Barlach-Figuren, die schwerfälligen und humoristischen Narren ihres Schicksals, wurden sicher umrissen und in Bewegung umgesetzt, soweit sie von Ernst Legal, Martin Wolfgang, Julius Brandt und Fritz Hirsch gegeben wurden. Sie wurden vergröbert und verblasen, soweit sie Herr Heinz, Herr Mannstädt und Herr Florath spielten.

Zusammengesetzt wurde das Drama von Fritz Kortner als altem Sedemund. Hier rang sich aus Stocken und Schwerfälligkeit der Ton des Stückes los. Hier wurde das Figurale und Geistige des Dramas organisch ineinandergeschlossen.

Der Tag (Ill. T.), Nr. 77, 3. April 1921

»Von morgens bis mitternachts«

Lessing-Theater

Daß der Expressionismus auf der Bühne »dem Dilettantismus und dem schwindelhaften Bluff« die Tür öffne, liest man jetzt auch von Albert Bassermann (anläßlich des fünfzigjährigen Jubiläums der deutschen Bühnengenossenschaft). So schmerzlich es ist, daß ein repräsentativer Künstler wie er die elementare Kraft einer neuen Ausdruckskunst mit den Phrasen von »Kunsthandwerk«, »blödsinnig« und »verrückt« bedenkt, so günstig ist der Zeitpunkt, diese Banalität zurückzuweisen. Der Kritiker habe schon ein ganz leises Sehnen »nach einem reizvollen Bühnenbild und nach saft- und blutvollen schauspielerischen Leistungen«? Nun, das Sehnen nach dem reizvollen Bühnenbild kann es um so eher unterdrücken, als die saft- und blutvolle schauspielerische Leistung es überflüssig gemacht hat. Denn nicht deshalb wich das Bühnenbild dem architektonisch gegliederten Raum, um das schauspielerische Können durch den schauspielerischen Bluff zu verdrängen, sondern um das Können nur dann zu bestätigen, wenn es von innerer Kraft getragen wird. Das »Bühnenbild« war nötig zu einer Zeit, als das klassische Drama von Schauspielern gespielt wurde, die seine tragische Unerbittlichkeit verbürgerlichten, weil sie aus der psychologischen Welt Ibsens kamen. Für diese Schauspieler, die sich immer wieder an Stühlen und Tischen stützten, die ihre Phantasie am Spiel mit Requisiten aufbessern mußten, für diese Schauspieler war das vollständige, überladene »Bild« nötig, damit man das Aussetzen des Stromes nicht merkte. Heute aber, wo Bassermann es »bei der Kunst« nicht schön findet, müßte er hemmungslos begeistert sein, weil er die Sehnsucht nach blutvollen schauspielerischen Leistungen durch seine Kollegen Krauss und Kortner so überraschend erfüllt sieht. Heute könnte er sich über einen phantasiereichen Szenenaufbau freuen, wie ihn Jessner in den beiden letzten Szenen der »Echten Sedemunds« gewagt hat.

Der Expressionismus, den Bassermann ablehnt, war niemals Expressionismus. Als man die Sätze skandierte und die Worte monoton hämmerte, als man die Laute hackte und punktierte – da konnte man nur von einer Übersetzung der chargierenden, episodistischen Schauspielkunst in andere, präzisere Ausdrucksmöglichkeiten sprechen. Der Expressionismus, der für die Zukunft arbeitet, ist mit diesem Namen seltener belegt worden, obwohl er das Schlagwort erst bestätigt. Er bedeutet: nur den Ausdruck herauszutreiben, der den Aufbau, die Komposition der Szene trägt. Diesen organischen Gestaltungswillen hat man selten elementarer durchbrennen sehen als eben jetzt, wo Agnes Straub in den »Kräften« einen einzigen Spannungsbogen über fünf Szenen schlagen kann, weil das tragische Erleiden der Rolle in ihr stark genug ist, die menschliche Motivierung zu schaffen; wo Fritz Kortner als alter Sedemund Höllenvisionen gewaltig emporreißt.

Das als wesentlich herauszuarbeiten, was die dramatische Bewegung und Steigerung trägt, ist die Grundlage neuer Theaterkunst. Darum verfehlte Jessner die ersten Szenen der »Echten Sedemunds«: die Überschärfung zerschnitt den Aufbau des Aktes. Darum überwältigte der Schluß: Aus stockender Schwere rang sich Revolution und Empörung los. Darum kam Barnowsky einer organischen Regie beinahe nahe mit seiner Inszenierung von Georg Kaisers »Von morgens bis mitternachts«: die hastige Punktierung des Moments war seltener geworden zugunsten der szenischen Totalität. Man wurde für diesen Eindruck um so empfänglicher, als zuerst forcierte Schauspieler die Auftritte zerknallten und Hitze statt Intensität gaben. Dann aber war durch Abstimmung der Darsteller aufeinander eine Einheitlichkeit des Tones und der Gebärde erreicht, die man im Lessing-Theater nur selten kennt. War es eine Inszenierung, die auch durch die letzten Steigerungen bestätigt wurde? Nein. Aber es war eine Inszenierung, die die bekannte und erlernbare Mathematik des Vorläufer-Expressionismus so diskret beherrschte, daß sie weder ablenkte noch erstarrte. Erst wenn man an die letzten Forderungen dieses besten Stückes von Georg Kaiser denkt: an sein fieberndes Tempo, an die eisige Glut seiner gehirnlichen Leidenschaft, an die brennende Virtuosität seiner Technik, die hier so verzehrend ist, daß sie sogar über den

Kitsch der Todesvision, der Ecco-homo-Verlegenheit und über die seelische Leere hinwegrast – erst wenn man an diese kalte Leuchtkraft des betäubenden Stückes denkt, fühlt man, daß Barnowsky sich das auch hier nicht abringen konnte, was er innen nicht hat: Besessenheit und Phantasie. Aber man muß trotzdem gestehen, welchen Fortschritt die Entwicklung des Theaterausdruckes gemacht hat: von der verfehlten Inszenierung dieses Dramas im Deutschen Theater, die im Dekorativen und Schauspielerischen flachster Naturalismus war, bis zu dieser, die César Klein in Dunkel hüllte und kostümlich durchgestaltete, in der die Schauspieler auf Sachlichkeit ausgingen.

Auch Herr Alexander Granach, der als Neuling in Berlin den Kassierer spielte. Herr Granach schien zuerst nur Hitze, zuletzt nur Deklamation zu haben. Zwischen Anfang und Schluß aber gab sich ein Schauspieler aus, der an letzter Eindringlichkeit nur durch seine Stimme gehindert wurde, die zu weit im Rachen sitzt. Herr Granach ist eine starke Begabung. Er hat Bühnenblut. Er hat Dichtigkeit der Gestaltung (und trotzdem Variationsmöglichkeiten). Er belichtet die Szene (vielleicht zu sehr). Aber er hat erst dann eine Entwicklung, wenn es ihm gelingt, die Intensität fruchtbar für die letzte Steigerung zu machen, also aus der Schärfe auf die Gipfelmomente zu gelangen. Hier ließ die Eindringlichkeit gerade da nach, wo sie am notwendigsten war: im Sechstagerennen und im Heilsarmeebild. Sie ließ nach, um der angestrengten Pathetik Platz zu machen. Herr Granach ist ein Beispiel sowohl für die Gefahren des starren Expressionismus (er wird oft heftig statt glühend) wie für die Möglichkeiten des produktiven Expressionismus (er gestaltet den inneren Vorgang).

Beispiele nur für die Gefahren waren in dieser Vorstellung: Maria Fein (als Dame), Ernst Kohlhauer (als Sohn), Rudolf Klein-Rogge (als Bankdirektor) und Julius E. Hermann (in verschiedenen Rollen).

Der Expressionismus stirbt? Der Expressionismus, der nie lebendig war, bleibt tot. Der Expressionismus aber, der das große, seelisch gelöste und rhythmisch gebändigte Theater will, beginnt erst zu entstehen – auch wenn man den Namen auf ihn nicht mehr anwendete.

Der Tag (Ill. T.), Nr. 88, 16. April 1921

»Ein Sommernachtstraum«

Großes Schauspielhaus

Den »Sommernachtstraum« auf der Bühne in das Gleichgewicht seiner Teile: der Rüpel-, der Liebhaber-, der Elfenszene zu stellen, ihn aus dem Gefühl für seine kompositorische Harmonie zu inszenieren, wäre eine auch erfolgsichere Aufgabe, wenn nicht Reinhardts berühmte Vorstellung den Zuschauer in Berlin und – durch die Beeinflussung selbst der Provinzaufführungen – auch im Reich seit Jahren anders eingestellt hätte. Diese Inszenierung zuerst des Neuen Theaters, die ich nicht, dann des Deutschen Theaters, die ich in verschiedenen Fassungen gesehen habe, spielte die irdisch begründete, sphärisch hinauflangende Komödie nicht aus ihrem Wesen: aus der strömenden Variation der Sprache, sondern gleich aus dem, was die Sprache erst hervorrief – aus dem Milieu: Wald, aus der Situation: der Einzelszene. Sie überwand auf diesem Wege die unmotivierte Hoftheaterserie vollständig, sie war eine hinreißende Schöpfung der Theaterphantasie, die jede Wirkung da herausarbeitet, wo sie aus der Umwelt und dem einzigen Wort (ohne Berücksichtigung der rhythmischen Zusammenhänge) zu folgern ist. Sie kam auf demselben Wege jetzt zum Hoftheater zurück. Denn man braucht nur das Milieu, die Situation, das losgelöste Wort stärker zu betonen, und man hat wieder – die Feerie (für die Elfenszenen), die effektvolle Soloszene (für die Liebhaber), die Einzelkomik (für die Rüpelauftritte). Das Deutsche Theater überwand die Hofbühnentradition nicht dadurch, daß es sie tilgte, sondern dadurch, daß es sie durch Elemente der Dichtung motivierte. Das Große Schauspielhaus führte den »Sommernachtstraum« zur Hofbühnentradition zurück, indem es die alte Inszenierung ohne Motivierung des Dichterischen zeigte.

Ist Reinhardt ärmer geworden? Kaum. Die Aufführung blühte und leuchtete im humoristischen Detail. Hier hatte sie Einfälle, Erfindung und Phantasie. Aber wir würden der Aufführung im Deutschen Theater heute mit anderen Augen und Ohren gegenübersitzen – wieviel mehr dieser neuen, die die Bestandteile der früheren Vorstellung selbständig machte und deshalb hüllenlos preisgab. Das Theater erschöpft sich schneller als andere Künste. Wiederholungen sind abgebraucht, auch wenn sie noch so variiert werden.

Wenn hier Leander und Demetrius, Hermia und Helena aus einzelnen Worten Wirkungen holen, wenn sie durcheinandersprechen, wenn sie die Köpfe aneinanderstoßen, wenn sie ihre Gefühle bald lyrisch ernst, bald realistisch parodistisch nehmen, so ist das eine Belebung um der momentanen Wirkung willen, die heute aufreizt, weil sie den Rhythmus zerstört. Hinzu kommt, daß Herr Dieterle als Demetrius sich zu dieser realistischen Auflösung der Verse mühsam zwingt, weil sein Talent die Rhetorik will (während das ehrliche, ungebrochene Temperament von Paul Hartmann selbst darüber hinwegkommt).

Liselotte Denera fesselt auch als Hermia wieder, wenn sie fest und draufgängerisch bleibt, sie stört, wenn sie lyrisch wird. Anni Mewes steht den Versen der Helena hilflos gegenüber (aber ich habe sie in Wien ausgezeichnet in einer realistischen Charge gesehen).

Gertrud Eysoldt gab wieder den Puck. Sosehr sie die Sprechtechnik hat, sich in diesem Hause verständlich zu machen, es wäre besser, wenn sie die Rolle an Helene Thimig gegeben hätte. Denn ich glaube nun einmal, daß diese große Künstlerin nicht die Rollen spielen muß, die sie wie die Titania zum Singsang verleiten, sondern die, die ihre humoristischen, lausbubenhaften Kräfte entfesseln. (Niemals habe ich Molièrerollen reizender gesehen als von ihr.)

Diese Vorstellung war eine Vorstellung der Schauspieler, nicht der Inszenierung. Sie entfalteten sich, sie spielten sich aus. Nicht Raoul Lange, der als Oberon anfangs von Reinhardt auf überflüssige Charakteristik gestellt zu sein schien, um später desto hemmungsloser dem Pathos zu verfallen. Aber nicht dem lyrischen Pathos, das früher den Oberon zu Moissis echtesten und leuchtendsten Rollen machte, sondern der phonetischen Rhetorik, die den Klang ohne die Motivierung des Sinnes und des Rhythmus hinausläßt. Diese Rhetorik ist im Großen Schauspielhaus auch für die Überwindung der akustischen Hemmungen falsch (obwohl sie irrtümlich gefordert wurde): Raoul Lange war der einzige, den man nur mühsam verstand.

Denn räumlich war das Spiel beherrscht. Der »Sommernachtstraum« paßt nicht in das Haus, weil seine Teile durch das Spiel auf Vor- und Hinterbühne auseinandergerissen werden. Aber für lineare Stücke sind die Möglichkeiten erst jetzt von neuem geschaffen: die Vorbühne gibt den Schauspieler frei, das Publikum ist durch die Umwandlung der einen Arenahälfte zum Parkett näher herangesetzt, und die Hinterbühne kann architektonischer Abschluß sein. Im »Sommernachtstraum« mußte sie noch Waldweben hergeben (die Dekoration von Hans Meid wäre höchstens eine Buchillustration gewesen). Im »Sommernachtstraum« mußte sie noch Mondschein und Sternenzauber zeigen. Im »Sommernachtstraum« mußte sie noch Ballettgruppen aussenden (damit beide Bühnen durch Stimmungszauber verbunden wurden). Aber dieses Ballett drängte sich so vor, daß es zur Operneinlage wurde. Und zu einer miserablen! Diese konventionellen kitschigen Reigentänze waren von Eugenie Edouardowa, erster Solotänzerin des ehemaligen kaiserlich russischen Balletts in St. Petersburg einstudiert? Dann verstehe ich nicht, wie dieses Ballett im Film »Sklaven der Sinne« einen so präzisen und disziplinierten Eindruck machen konnte. (Vielleicht ist seine Bedeutung der Nationaltanz.)

Das Spiel auf der Vorbühne verlangt Präzision. Darum ist es falsch, wenn Egeus in der Einleitungsszene schon seitwärts beim Hinaufstolpern der Treppe wie zufällig zu sprechen anfängt: er hat erst zu beginnen, wenn er im Zwang der Szene steht. Darum war es meisterhaft, wie Werner Krauss den Flaut spielte: sachlich, gemessen, hinreißend sparsam. Die Kraft der inneren Verwandlung war so überwältigend, daß der breite Krauss zart, schüchtern, mädchenhaft erschien (und erst im letzten Akt das Andenken Victor Arnolds nicht auslöschen konnte).

Hermann Thimig übertraf als Zettel seinen Vorgänger Waßmann besonders deshalb, weil er nicht Allerweltskomik, sondern die unverwechselbare Komik dieser Gestalt spielte: des kleinen Handwerkers, der vom Theaterteufel besessen ist, der sich überall vordrängt, alles an sich reißt, nirgends sich entbehrlich glaubt. Diese innere Komik trug Hermann Thimig mit einer Leichtigkeit, Spielfreude und Liebenswürdigkeit nach außen, die noch strömender, noch funkelnder sein wird, wenn die Unruhe der Premiere gewichen ist. (Von den anderen Rüpeln gefiel mir am besten Max Kronert als Wand: bescheiden in der Absichtslosigkeit seiner Wirkungen.)

So war Reinhardt am glücklichsten wieder im Komischen: hier gibt es keinen Regisseur, der ihn erreichte. Und so war er am schwächsten im Lyrischen: hier wurde gezogen und deklamiert bis zum Unerträglichen. Hinter dieser Vorstellung stand kein dramaturgisches Gefühl, kein Sprachgewissen, kein Tempoempfinden. Die Zeitmaße verschoben sich. Die Gewichtsverteilung hörte auf. Und so hinreißend die Musik von Mendelssohn ist – ich wäre da für Striche, wo ein Ballett die Möglichkeit erhält, sich auszubreiten.

Berliner Börsen-Courier, Nr. 183, 21. April 1921

»Die Weber«

Großes Schauspielhaus

Vielleicht ist erst das die Bestätigung eines Kunstwerkes, daß es die Wirkung, die es ins Leben gestrahlt hat, aus dem Leben zurückerhält. Ich meine das nicht in dem banalen Sinne, daß eine Tendenz, die durch die Entwicklung der Zeit bekräftigt wurde, der Dichtung von außen neue Effekte zuträgt. Ich meine, daß ihr geheimster schöpferischer Wille: ihr Geist und ihr Menschenausdruck atmosphärisch die Zeit durchdringt und so sehr Bestandteil des allgemeinen Fühlens und Denkens wird, daß das Publikum ihn noch einmal schafft.

Um alle großen Dichtungen ist dieses Geheimnis der doppelten Produktivität. Wenn sie ihre Zeit gestaltet haben, werden sie selbst von späteren Zeiten gestaltet. Wenn sie die Vorstellung der Menschheit bereichert haben, werden sie selbst wieder von dieser Vorstellung bereichert. Sie wachsen. Sie werden Überlieferung. Sie werden Sage. Der Lichtkreis von Anonymität, den sie um sich tragen, schließt sie gegen den Wandel des Urteils und des Geschmacks ab.

Von den deutschen Dramen der letzten fünfzig Jahre haben zwei die Schöpferkraft dieser höheren Anonymität: Gerhart Hauptmanns »Florian Geyer« und »Weber«. Gewiß war gerade gestern an manchem Einzelfall zu spüren, daß die gewaltige Wirkung der »Weber«-Vorstellung auch auf die Revolutionsstimmung des Tages zurückging, daß das Stück als Tendenzdichtung des Augenblicks empfunden wurde. Aber was in der Tiefe das in seiner politischen Gesinnung vielfältig gemischte Publikum zusammenschloß, war nicht die aktuelle Revolution eines Programmes, es war die ewige Revolution des Gefühls.

Die Revolution als Aufruf, als Protest, als brennender Haß ist in dem fortreißenden Gedicht von Heine: »Die schlesischen Weber«. Die Revolution der Menschenliebe, die Empörung des Erbarmens ist in Hauptmanns Drama.

Daß die Aufführung mehr das Gedicht von Heine als das Drama von Hauptmann spielte, war durch das Große Schauspielhaus gegeben. Weil alle fünf Akte der »Weber« in Zimmern vor sich gehen, also nur auf der geschlossenen Bühne zur Geltung kommen, mußte der Schauplatz ausschließlich auf die Hinterbühne verlegt werden (zu dem Arenaparkett des »Sommernachtstraums« war noch ein Orchesterparkett gekommen). Weil aber auf der Hinterbühne wegen der großen Entfernung von den Rängen nicht wie sonst auf der Guckkastenbühne zu spielen war, mußte als Aufführungsstil der frontale Ausdruck der Arenadarstellung gesucht werden. So entstanden Widersprüche zwischen der inneren Stärke des dichterischen Wortes und der äußeren Kraft der Darsteller. Dialekt kann nur als Dialog zwischen Partnern oder als intime Anrede ans Publikum gesprochen werden. Nicht als ein Pathos, das aus sich selbst lebt.

Bevor man sich mit dieser Aufführung auseinandersetzt, muß man sie hoch über das Niveau der Berliner Sommerbühnen heben. Bevor man zu Karl Heinz Martins Regie Stellung nimmt, muß man das Zufallsensemble in Betracht ziehen, mit dem er arbeitete. Dann war es erstaunlich, wie sehr ihm eine Zusammendrängung der Akte gelang. Er verfiel manchmal in Einzelnuancierungen, die nicht dann auffielen, wenn man an die Dichtung, aber dann, wenn man an die Anlage der Darstellung dachte. Doch dieses Ausgleiten in Nuancen sprengte nicht den Fortschritt der Handlung.

Die Arbeit des Regisseurs war mehr an den Schauspielern als am Drama zu messen. Denn gerade an den schlechtesten Darstellern wurde Martins Arbeit erkennbar. Herr Fritz Richard war in der kleinsten Rolle der Schrecken vieler Vorstellungen. Hier spielte er den alten Baumert und war nur noch da unerträglich, wo er Gefühl zu geben hatte. Dann verwechselte er sachliche Gestaltung eines bemitleidenswürdigen Menschen mit sentimentalem Betteln um dieses Mitleid. Wenn aber Herr Richard aufbegehrte und von Stuhl zu Tisch taumeln konnte, so war er ausdrucksstärker als sonst, weil die körperlichen Stützen, die ihm Martin gegeben hatte, über seine Schwächen hinwegführten.

Wilhelm Dieterle gab den Moritz Jäger. An ihm war der Widerspruch der Vorstellung am deutlichsten erkennbar. Wenn Herr Dieterle von Martin auf sprachliche Akzentuierung zurückgeführt worden war, wenn er taktmäßige Einschnitte und rhythmische Bindungen machen konnte, spielte er straffer, sicherer als sonst. Wenn er realistische Nuancen geben, sich den Schnurrbart streichen, bramarbasierend schäkern sollte, merkte man, daß er sich etwas abzwang, was ihm innerlich nicht lag. Weil Dieterle den Moritz Jäger in einen pathetischen und einen naturalistischen Teil auseinanderfallen ließ, behielt er die Steigerung nicht in der Hand und verlor sich zum Schluß an Lärm und Unruhe. Die Präzision, die er anfangs im Sprachlichen hatte, zeigt Dieterles Weg für die Zukunft: rhythmische Gliederung, körperliche Spannung als Ausdruck und Beherrschung zugleich. Dann wird der Vortrag des Weberliedes über das Mechanische des Vorlesens hinauskommen, und unterhalb der Unbeholfenheit das elementar Drohende einer eruptiven Natur geben. Dann wird Dieterle detaillierende Nuancen nicht mehr nötig haben, weil er sie durch sprachliche Akzentuierung ersetzen kann.

Werner Krauss als alter Hilse hob sich kraft seiner Persönlichkeit über alle hinaus. (Obwohl man das Gefühl bekam, daß er durch den Dialekt in der letzten Auswirkung der Persönlichkeit gehindert wurde: Krauss faszinierte mehr durch die Bannkraft der körperlichen Verwandlung als durch die Variationen des Tonfalles.)

Der Erfolg des Abends war ungeheuer. Die elementare Innigkeit der Dichtung, ihre Menschenandacht, ihre revolutionäre Liebeskraft übertrug sich trotz dieser Darstellung, die gerade das Menschliche tilgte, um die Wirkungen auf sich zu stellen. Aber wird es heute auch in einem anderen Raum eine im wesentlichen Hauptmann nähere Darstellung überhaupt geben können? In einzelnen Leistungen, in der Dämpfung der Grundfarbe. Doch daß der Naturalismus heute noch fruchtbar für die Schauspielkunst wird, glaube ich nicht. Zur Zeit seiner Herrschaft bestätigen ihn die führenden Schauspieler. Heute widersprechen sie ihm. Und es kann keine bessere Antwort auf die Frage geben, als daß gerade die schwachen Schauspieler in dieser Vorstellung gefördert, die starken gehemmt wurden.

Früher war die Beurteilung des Schauspielers auf das Detail eingestellt. Wenn man sich dahin zurückfinden wollte, könnte man einige hysterische Schreie von Helene Burger, die Diskretion Paula Ebertys erwähnen, müßte man sich auf die Kritik von Masken und realistischer Sicherheit des Dialekts beschränken. Wenn man aber auf das Wesentliche ausgehen will, so gibt es nichts, was im Gedächtnis bleibt, außer dem Genie Gerhart Hauptmanns, das, obwohl es durch die Darstellung unerlöst blieb, durch seine Selbstherrlichkeit siegte.

Der Tag (Ill. T.), Nr. 143, 22. Juni 1921

»Der Herr, der die Maulschellen kriegt«

Kammerspiele

Als Theaterpolitiker müßte man dieses Spiel von Leonid Andrejew schrankenlos loben, weil es in die Leere des Sommerspielplanes menschliche Töne trägt. Als Theaterkritiker muß man – die Wahrheit sagen.

Andrejews Einstellung der Welt gegenüber ist journalistisch. Journalistisch, wenn er das Slawentum seiner Menschen stimmungsvoll beredet. Journalistisch, wenn er in diesem Stück ein Bild, ein Symbol zur Wirklichkeit macht und dadurch entwertet. Dieses Bild ist: der tragische Mensch als Clown. Dieses Symbol ist: der Schmerzensträger als Spaßmacher. Indem Andrejew den Herrn, der von einem Nebenbuhler um seine Frau und seinen literarischen Ruhm betrogen ist, nicht sinnbildlich, sondern buchstäblich zum Zirkusclown macht, verflacht er ein menschliches Gleichnis zum konventionellen Klischee. Man spreche nicht von Shakespeares Narren. Sie erhalten Bedeutung durch den Platz, der ihnen in der Komposition des Dramas (oder der Komödie) angewiesen ist. Sie kontrastieren zum Ton des Ganzen oder fangen ihn auf und leiten ihn weiter. Der Narr im »Lear« hat Schicksal, weil Lear selbst Schicksal hat. Man spreche nicht von Wedekind. Hetman und Nicolo werden tragisch mißverstanden und deshalb Clown und deshalb Narr. Niemals aber hätte Shakespeare den Narren zur Mittelpunktsfigur gemacht. Er schrieb »Hamlet«. Andrejew hätte den »Prinzen als Hofnarren« geschrieben. Niemals hätte Wedekind (auf seiner Höhe) den Schicksalsträger als Clown dadurch um seine tragische Pointe gebracht, daß er ihn mit sentimentaler Romantik auch in den sozialen Kontrast zur Zirkuswelt stellte, daß er mehr den vornehmen Herrn gab, der sich freiwillig erniedrigt, als den Fanatiker, den die ewige Banalität der Welt (weil sie ihn einordnen muß) zum Spaßmacher umlügt.

Als Andrejew eine Kontrastfigur zum Helden, ein tragisches Mißverständnis zur romantischen Laune machte – hatte er sein Drama schon ans Feuilleton verraten. Was Gleichnis ist, wurde ihm Stoff. Was letzte tragische Konsequenz sein kann, wurde ihm Anfang. Dieser Journalismus, der eine tragische Ironie zum realen Vorgang aufpulvert, der ein Symbol als Milieu verwertet, hatte notwendig die Verkitschung auch im einzelnen zur Folge. Als Andrejew ein menschliches Sinnbild realisierte, mußte er es mit Sentimentalität aufschwemmen, um es greifbar zu machen. Weil er den tragischen Narren im Wesentlichen der seelischen Einstellung banalisierte, mußte er ihn auch im Detail einer romanhaften Handlung banalisieren. Und es ist gleichgültig, festzustellen, wie weit er sich verloren hat.

Trotzdem hätte die Aufführung ein künstlerischer Erfolg werden können, wenn sie von einem Regisseur konzentriert worden wäre. So wurde sie nur noch mehr beschwert und in die Sentimentalität hineingerissen. Man versuchte auf falschen Wegen: mit Pausen, mit Feierlichkeiten, mit Tempoverschleppungen Tschechow zu spielen und entlarvte dadurch – Andrejew.

Eugen Klöpfer war hier, wo er eine Gestalt nicht aufzubauen brauchte, sondern Gefühlsmomente geben konnte, wundervoll. Er war ebenso rauh wie weich, ebenso männlich wie kindlich. Aber auch ihm kann nicht dringend genug geraten werden, diese echte Menschlichkeit nicht durch Pausenhinweise, nicht durch Tempobeschwerungen abzuschwächen. Auch er wird erst zu seiner letzten Wirkung kommen, wenn er den reinen Gefühlsausdruck, den er hat, nicht durch Dehnung erweicht, sondern durch Sammlung versachlicht.

Eugen Klöpfer hat sich vertieft. Hermine Sterler hat sich verhärtet. Ihre Verhaltenheit ist prachtvoll. Aber sie versagt noch im Entscheidenden: über die Monotonie dieser Verhaltenheit durch Ausdruckssteigerung hinauszukommen. Ihr Ausdruck bleibt stecken, bevor er den Körper durchdringt, bevor er sich mimisch übersetzt. Ihre vornehme Menschlichkeit ist noch nicht frei für die Gestaltung geworden.

Auch Margarete Schlegel hat sich noch nicht freigespielt.

Oder bedeutet ihr Schwanken zwischen menschlichen Tönen und billigem Klischee Oberflächlichkeit?

Ernst Gronau wäre als hochstapelnder italienischer Graf gut gewesen, wenn er eine Szene zu spielen gehabt hätte. Da die Rolle durch alle vier Akte ging, ermattete sie an den schauspielerischen Wiederholungen.

Berliner Börsen-Courier, Nr. 322, 13. Juli 1921

»Masse Mensch«

Volksbühne

Masse Mensch – das ist nicht als Gleichsetzung, sondern als Gegensatz gemeint. Der Mensch steht über der Masse, weil die Masse noch nicht zum Volk erlöst ist. Ernst Toller schrieb in der »Wandlung« sein eigenes Drama. Damals war es das Erlebnis des Krieges, das ihn zum Revolutionär gewandelt hatte. Jetzt ist es das Erlebnis der Revolution, das ihn die Masse überwinden machte. »Gott war Moloch. Staat war Moloch. Masse war Moloch.«

Der Charakter des Künstlers ist sein Werk. Tollers Charakter ist seine Tat. Toller übernahm mit seiner ganzen menschlichen Existenz die Verantwortung für seine revolutionäre Handlung, und die revolutionäre Handlung übernimmt die Verantwortung für sein Drama. Es empfängt seine Legitimation nicht durch sich, sondern durch die Lebensgeschichte seines Dichters. Daß Ernst Toller von dem Münchener Geiselmord erschüttert war, ist die menschliche Erschütterung seiner Dichtung. Nach den Konjunkturliteraten der Revolution ein Ehrlicher der Revolution, dessen menschliches Bekennertum in der »Wandlung« noch die Glut zum Kunstwerk hatte.

Aber dasselbe, noch so gewandelte revolutionäre Gefühl ist zu eng, um zwei Stücke zu tragen. Die Symbole, die Tollers Abkehr von der Masse und seine Wandlung zum Volk und zum Menschen findet, sind schwach. Die geistigen Zusammenfassungen sind fast erschreckend banal. Gewiß, ehrliche, glühende, fanatische Banalität ist besser als verlogene Geistigkeit. Aber heute, wo die Revolution als Empfindung verblaßt ist, muß die schöpferische Idee kommen. Dieses Stück aber ist ohne schöpferische Idee und ohne schöpferisches Symbol. Es ist von einem Idealisten geschrieben, der resigniert.

Toller findet am Schluß seine stärkste Szene. Zwei gefangene Frauen stehlen aus der Zelle der abgeführten Revolutionärin deren Brot, deren Spiegel, deren Tuch: sie hören die Salve, die der Revolutionärin den Tod bringt, und legen erschüttert Brot, Spiegel und Tuch an ihre Stelle zurück. Toller ist in diesem Stück gegen jede Gewalt, mag sie vom Militär, mag sie von der revolutionären Masse kommen. Der Täter darf nicht andere für eine Idee, nur sich selbst opfern. Und das Opfer der Revolutionärin wirkt in den Seelen der gefangenen Frauen fort und bringt sie zur menschlichen Besinnung.

Aber das ist mehr gesehen als gehört. Tollers Drama ist pantomimisch stark und sprachlich schwach. Die Bewährung des Dramas ist sein verborgenes lyrisches Element. »Masse Mensch« ist ohne Lyrik, ohne Klang, so sehr Toller gerade hier Stille und seelische Melodie erstrebt. Die sprachlichen Verkürzungen sind gewaltsam. Der Rhythmus ist gehackte Prosa. So wirkt das Stück weder als ein Stück der Empörung noch als ein Werk der friedlichen Idee, die »Gemeinschaft, werkverbundene freie Menschheit« will.

Jürgen Fehling, der Regisseur, wollte die Lyrik dem Stück zurückgeben und bettete seine Bilder in eine Musik von Heinz Thiessen. So sehr das vor den Gefahren bewahrte, in der Inszenierung eine Wiederholung der »Wandlung« zu geben, so sehr unterbrach es den Aufbau des Dramas. Ich hatte mir die Aufführung dichter, geschlossener gedacht. Ich hatte geglaubt, daß Fehling durch Wildheit und Sturm über den Mangel an Lyrik hinwegbringen wollte. Fehling ging den umgekehrten Weg: er löste das Ganze auf und gestaltete das einzelne Bild für sich. Er kam an manchen Stellen zu überraschender lyrischer Melodie (wie in dem Traumbild der Wachen). Fehling war in der sprachlichen Komposition selbständig, fern von allen Martinschen Überspitzungen (höchstens das Spukbild der Börse wurde teils sprachlich überschärft, teils bildlich zerrissen). Fehlings Leistung war in der Licht-, Wort- und Gebärdenkomposition um so außerordentlicher, wenn man an die miserablen Schauspieler denkt, mit denen er arbeiten mußte. In Fehling liegt die Zukunft der Volksbühne. Er verliert sich nicht in Einseitigkeiten. Er hat empfindliches Tongehör (das nur manchmal seelische Stille mit melodramatischer Feierlichkeit verwechselt). Er ist im

Bildlichen nicht ganz so selbständig, aber besonders glücklich da, wo es gilt, die Szene in Bewegung aufzulösen. Die Aufführung von »Masse Mensch« war die beste Aufführung dieser kurzen Spielzeit.

An Mary Dietrich konnte man die Arbeit des Regisseurs deutlich erkennen. Ihre Manier war weggebrannt. Nur daß Mary Dietrich den Ausdruck nicht aus sich herausspinnen kann. Er bleibt in ihr stecken. Technisch ausgedrückt: Sie kann die Töne nicht hochtreiben. Mary Dietrich setzt den Ton nicht auf den des Partners oder des Chors, sondern läßt ihn wieder herunterfallen. Sie beginnt und endet jedesmal zu tief. Darum ist der Aufbau einer Szene mit ihr unmöglich.

Der Tag (Ill. T.), Nr. 230, 1. Oktober 1921

»Othello«

Staatliches Schauspielhaus

Von allen Tragödien Shakespeares ist »Othello« diejenige, die früher auf dem deutschen Theater am eindeutigsten psychologisch gespielt wurde, und doch shakespearenah blieb. Das war nicht darin begründet, daß Othello als Gestalt eine Entwicklung hat, die man psychologisch zerlegen, sondern darin, daß man bei dem – scheinbaren – Mangel rhythmischer Kontrastszenen, die Auftritte, ohne (wieder scheinbar) die Form zu verletzen und die Gewichtsverteilung der Szenen zu verschieben, retardieren und auseinandernehmen konnte. Man durfte etwa die große Szene zwischen Othello und Jago im dritten Akt durch ein doppeltes Beiseitesprechen ausnuancieren und begründen: Othello ist mit Generalstabskarten beschäftigt und hört nur halb zu, Jago steht lauernd im Hintergrund und spricht erst nach mimischer Vorbereitung und Überlegung. Man durfte »Unwahrscheinlichkeiten« überdecken, Motivierungen erfinden, Milieu und Atmosphäre hinzutun: So kam Max Reinhardt zu seiner Inszenierung.

Aber gerade an diesem Werk bewies Jessner, daß in Wahrheit nur die Inszenierung aus der dramatischen Form die Inszenierung des dramatischen Kernes bedeutet. Zwar läßt sich über Striche innerhalb der Szene streiten, aber wesentlich war, daß durch die Einfügung der rhythmischen Kontrastszenen (des Herolds, des Narren, der Musikanten) die Dynamik der Tragödie wiederhergestellt wurde. Daß durch die Leidenschaftlichkeit, mit der das Drama in der Szene Rodrigo-Jago-Brabantio aufgerissen wurde, sofort der Anschlag für die Tragödie gegeben war. Das psychologische Theater motiviert, erklärt das Seelische und schwächt es dadurch ab. Das rhythmisch-architektonische Theater gibt die Voraussetzungslosigkeit des Seelischen und verstärkt es dadurch. Tragödie ist elementarer Schicksalseinbruch. Dieser »Othello« war Einbruch. Seine Bedingungen wurden nicht nachträglich motiviert, sie wurden mit ihm geschaffen.

Die Aufgabe, das Drama aufzureißen, hatte Albert Steinrück als Jago. Er überraschte durch die sprachliche Vehemenz. Aber wenn er, eine Stufe höher als Rodrigo stehend, diesem die Hand auf den Kopf legte, so spürte man schon an der Gezwungenheit seiner Haltung, an dem Widerstand, den der Körper gegen die Gebärde leistete, daß Steinrück auch sprachlich erstarren mußte. Denn die Sprache variiert sich nur im Rhythmus des Körpers. Steinrück akzentuierte präziser, schärfer, zielsicherer als sonst, aber er wiederholte sich. Dennoch spricht seine Diszipliniertheit sowohl für Jessner wie für ihn, besonders, wenn man an Max Pohl als Brabantio denkt. Pohl versuchte zwar, im Tempo mitzugehen, aber nur, nachdem er sich an eingelegten, den Text zerreißenden Jammer- und Klagelauten Mut dazu geholt hatte. Elsa Wagner zeigte trotz überraschend starker Töne zwischendurch die Einseitigkeit des scharfen Sprechens: sie wurde spitz und schrill.

Fritz Kortner war Othello. Seine Gestaltung gehört, vom letzten Akt aus gesehen, zum Großartigsten, was ich auf der Bühne erlebt habe. Wie hier bald in hellen Dissonanzen, bald in dumpfen Harmonien die Zerrüttung eines schwerblütigen Menschen sich körperlich fühlbar auf den Hörer übertug, das überwältigte. Das überwältigte um so mehr, als diese wehen, gezogenen, heulenden Töne als zusammengesetzter, schaupielerischer Ausdruck neu waren. Nicht so zwingend ist das Bild dieses Othello, wenn man es vom ersten Akt her nachzieht. Die Tonwelt, in die Kortner Othellos Liebe, seine Versunkenheit, Befangenheit, Zartheit eingehen ließ, stand künstlerisch unter anderen Gesetzen als die Tonwelt seiner aufgewühlten Szenen. Die Gestalt hatte sich hier noch nicht gesetzt, sie war noch nicht in den Körper zurückgesunken und blieb so in ihrer Unbetontheit betont. Es fehlte die innere Weiterleitung. Aber ich liebe im Entwicklungszusammenhang eines Künstlers fragmentarische Leistungen, weil gerade sie am Beginn von neuen Möglichkeiten zu stehen pflegen und ihr Tasten eine Gewähr für das organische, ausgeruhte Schaffen der nächsten Jahre ist.

Auch Johanna Hofer hatte Töne, die vorwärtswiesen. Wie sie »Weide, Weide, Weide« sprach, das war fast ein Marschrhythmus des Schmerzes. Wie sie Wehes verklingen ließ, das war von Lyrik unterströmt. Aber immer wieder muß man diese Schauspielerin auf ihre matten Einsätze in den dramatischen Bewegungsszenen hinweisen. Hier ist der Ton zu tief. Und die Schwäche des Gehörs ist so deutlich, daß man fast in Versuchung kommt, vom Parkett aus die richtigen Einsätze zu geben.

Ein erfreuliches Zeichen für den Ensemblewillen des Staatlichen Schauspielhauses bleibt es, daß Karl Etlinger den Narren (und reizend), daß Arthur Kraußneck den Lodovico (und repräsentativ) spielte.

Ein Problem ist immer noch Emil Pirchan, der hier zwar mit den weißen Stufen und der weißen Säule, mit dem weißen Bett gegen den schwarzen Rundhorizont Unvergeßliches schuf, aber vorher mit dem entsetzlichen herzförmigen Einschnitt in die Wand, die die große Othello-Jago-Szene abgrenzte, mit den Versatzstücken, die die erste Zypernszene seitwärts abdeckten, von neuem versagte. Wie kann er ferner Desdemona vor dem Senat in ein so kitschiges Kostüm zwingen? Wie kann er sie in Zypern mit Chrysanthemen wie eine Filmdiva auftreten lassen?

Der Tag (Ill. T.), Nr. 262, 13. November 1921

Erstes Gastspiel von Mitgliedern des Moskauer Künstlertheaters

Theater in der Königgrätzer Straße

Als Stanislawski zuerst mit dem Moskauer Künstlertheater nach Berlin kam, begann Reinhardt ins Deutsche Theater überzusiedeln. Eine Epoche der Theatergeschichte liegt abgeschlossen zwischen diesem Datum und heute, wo die abgesprengte Haupttruppe Stanislawskis ohne ihn selbst nach Kriegs- und Revolutionsirrfahrten zurückkehrt.

Tschechows »Drei Schwestern« geben ein Lebensbild und ein Seelendrama. Wo beide sich durchdringen, wo die enge Atmosphäre der russischen Provinzstadt das Seelenschicksal der drei Schwestern bedingt, ist das Drama dichterisch ergreifend. Wo beide auseinandergehen, wo das Milieu Schilderung und das Schicksal Rede wird, ist es feuilletonistisch zerfließend.

Was spielten die Moskauer Künstler? Zwei Akte lang schien es, als ob sie nur das Lebensbild spielten. Als ob sie – in den Offiziers- und Frühstücksszenen – einen russischen »Rosenmontag« gäben. Kommen und Gehen, Tellerklappern, Scherze bei Tisch, Stimmengewirr lenkten nicht hin auf die Seelenhandlung, sondern verschütteten sie. Als Stanislawski selbst diese Aufführung überwachte, wird das Schellengeläut der nahenden und abfahrenden Schlitten, das Weg- und Vorschieben des Türriegels für jeden auftretenden und abgehenden Besucher im Klang berechnet, in der Lautstärke ausgewogen, im Einsatz genau festgelegt; als Stanislawski selbst Regie führte, wird die Komik bedachte Variation der Grundmelodie gewesen sein. (Jetzt wurde sie manchmal Einlage, Charge.) Unter Stanislawski werden die Masken nicht als Masken, die Perücken nicht als Perükken gewirkt haben. Unter Stanislawski wird der Raum eingeteilt, wird der Abstand der Personen voneinander berechnet, werden die Gänge, die Pausen akzentuiert gewesen sein. Aber auch wenn man Stanislawski nicht gesehen hat, kann man sagen: Selbst in der Vollendung hätte diese Kunst der Vollständigkeit, dieses Ergänzen der Handlung durch minutiöse Geräusche, dieses Ausspielen jeder Situation, jeder Nebenhandlung (oft mit Zigarette und Kneifer) heute nicht den Erfolg wie vor sechzehn Jahren.

Das bestätigt der Erfolg der letzten Akte. Denn im dritten Akt begannen die Russen das Seelendrama zu spielen. Oberstleutnant Werschinin erzählt, die Partner sind, übermüdet von einer Brandnacht, eingeschlafen, Mascha, die er liebt und die ihn liebt, tritt ein, er spricht weiter – jetzt nur zu ihr, ihre Gesichter leuchten, er singt ein paar Takte, sie antwortet, Offiziere treten ein, sie brechen ab, aber das Leuchten bleibt zurück, und am Schluß des Aktes schlägt Werschinin hinter der Szene dieselben Takte an, Mascha fliegt ihm zu. Das ist in seiner Einfachheit, in der Führung der Melodie überwältigend. Hier hatte Herr Katschalow (der sonst manchmal wie ein veredelter Josef Klein erschien), hier hatte vor allem Frau Knipper-Tschechowa (die –

vielleicht neben der Germanowa – die einzig bedeutende Kraft der Truppe ist) ihren hinreißendsten Moment. Von dieser unvergeßlichen, erschütternden Szene belebt sich die Aufführung vorwärts und rückwärts. Von diesem reinen und tiefen Menschenklang her vibrieren die ersten und die letzten Szenen. Von hier aus läßt sich die Aufführung uminszenieren. Hier zeigt sich, daß man das Milieu hätte tilgen, die umständliche Vorbereitung jedes kleinen Auftrittes streichen und die Nebenhandlungen auf das Drama der drei Schwestern hin hätte konzentrieren können. Hier sah man, daß die umständliche vollständige Zimmerausstattung verwirrend gewesen war. Daß mehr Schweigen und Stille um die Personen und damit mehr Atmosphäre im »Milieu« gewesen wäre, wenn man es in die Menschen selbst, statt um sie herum, gelegt hätte.

Der Tag (Ill. T.), Nr. 275, 30. November 1921

»Der gestiefelte Kater«

Volksbühne

Diese Aufführung ist seit Monaten die erfreulichste Bereicherung des Berliner Spielplanes. Ob auch das Publikum der Volksbühne sie als Bereicherung empfinden wird, muß sich zeigen.

Die Volksbühne hat heute ohne Zweifel das ehrlichste Publikum Berlins. Es fehlen die Schieber. Es fehlen die Snobs. Aber gerade ein solches Publikum fühlt sich leicht betrogen. Es hat, wie es die Vertrauensseligkeit der Naivität besitzt, sich schon zum Gedanken »Theater«, »Bühne«, »Schauspieler«, »Beleuchtung«, »Drama« hinzugeben, auch das Mißtrauen der Naivität, wenn mit jenen Begriffen ironisch gespielt wird. Es reagiert unwillkürlich auf die Verulkung des Theaters wie auf eine Verulkung seiner selbst. Ihm gehen die Voraussetzungen für die Ironie überhaupt ab, weil Ironie Distanz verlangt. Ihm gehen die Voraussetzungen für die Ironisierung des Theaters im besonderen ab, weil seine Beziehung zum Theater gerade darin besteht, das Theater heilig ernst zu nehmen. Gewiß, auch dieses Berliner Publikum läßt sich vom »gesunden Menschenverstand« kontrollieren. Aber es rebelliert nicht gegen die »Unwahrscheinlichkeit« des Theaters überhaupt, sondern gegen die »Unwahrscheinlichkeit« einer Handlung. Wo Ludwig Tieck im »Gestiefelten Kater« die Handlung ironisiert, reagierte das Publikum der Volksbühne sofort. Wo er das Theater ironisiert, mußte es sich erst gewöhnen. Es versteht nicht, daß das pfeifende Publikum im Stück mit Melodien und Einlagen aus der »Zauberflöte« gebändigt wird, weil es diese zum Teil nicht kennt. Es versteht nicht den Witz mit dem Ballett und der rettenden Dekoration, weil es selbst schon der Dekoration fast entwöhnt wurde. (Also weiter ist als das Publikum Tiecks. Wir empfinden diesen Witz heute eher als eine Satire auf einen gewissen Teil der Kritik, der sich ohne Dekorationen nicht wohl fühlt.)

Das Publikum der Volksbühne mußte sich an die bunte Bewegung des Ganzen, an die stoffliche Komik halten. Und es ist das entscheidende Verdienst des Regisseurs Jürgen Fehling, daß er das Publikum der Volksbühne zum Mitgehen zwang und gleichzeitig das Berliner Theater überhaupt bereicherte. Das Verdienst war zuerst ein dramaturgisches: Fehling kürzte, besonders in den literarischen Parodien, und fügte populäre Worte ein. Hier aber begann sofort sein Verdienst als Regisseur. Wie er die Einfügungen setzte, wie er sich nirgends aufhielt, wie er weiter trieb, das ordnete auch die Banalisierung in den Zug des Ganzen ein.

Die Ironie Ludwig Tiecks und das geistige Temperament Jürgen Fehlings begegnen sich. Wie Tieck sich über Theater, Schauspieler, Kritik, Drama und im speziellen über den »Gestiefelten Kater« lustig macht und sich erst recht über das Publikum lustig macht, das sich über das von ihm lustig gemachte Stück lustig macht – dieses Überschlagen der Ironie entbindet Fehlings ungewöhnliche Elastizität. Wenn Reinhardt Theater- und Schauspielkunst in seinen Nestroy-Aufführungen ironisierte, so ironisierte er Einzelheiten (am falschen Platz). Aber Ironie, die verweilt, macht sich wichtig. Ironie und Parodie werden nur durch Gefühl für Gleichgewicht möglich gemacht. Fehling hat Gefühl für Gleichgewicht. Fehling hat Tempo. So rettete er der Ironie die Treuherzigkeit. So gab er der Parodie die Selbstverständlichkeit zurück. Und brachte es darüber hinaus sogar fertig, das Stück in ein präzise aufgebautes, rhythmisch akzentuiertes Finale ausklingen zu lassen. Wie der Monolog des verzweifelten Dichters vom Orchester, vom Pfeifen und Pochen des wütenden Publikums taktmäßig unterbrochen und gegliedert wurde – darin lag Meisterschaft (wenn auch die Schauspieler dem Regisseur zuletzt im Lärmen durchzugehen schienen). Fehling muß Grabbes »Scherz, Satire, Ironie und tiefere Bedeutung« und Büchners »Leonce und Lena« inszenieren. Ob er für Hans Sachs naiv genug ist, weiß ich nicht. Zwar habe ich dessen Fastnachtsschwänke selten so sicher gespielt gesehen wie »Der fahrende Schüler bannt den Teufel«, der den Abend einleitete. Aber vielleicht gehören stärkere, aus sich selbst produktive Schauspieler dazu, um einen gewollt primitiven, marionettenhaften Stil aus der Regieabsicht und der Starre zu erlösen.

Was haben die Berliner Bühnen in dieser Saison gebracht? Das Lessing-Theater nichts. Meinhard und Bernauer außer dem Russengastspiel nichts. Das Staatstheater eine Inszenierung: »Othello«. Das Deutsche Theater eine Inszenierung: »Traumspiel« und einzelne bedeutende Schauspielerschöpfungen. Die Volksbühne allein hatte den Ansatz zum Repertoire. Möge sie Schauspieler bekommen! (Aber auch diese sind unter dem Regisseur Fehling, wenn man von dem verunglückten »König Lear« absieht, besser geworden.)

Der Tag (Ill. T.), Nr. 1, 1. Januar 1922

Molière-Abend

Deutsches Theater

Das Zeitlose einer dramatischen Dichtung liegt nicht im Inhalt, sondern in der Form. Es ist also Unsinn, das Zeitlose in Molière heute, dreihundert Jahre nach seinem Geburtstage, dadurch beweisen zu wollen, daß man die Vorgänge des »Tartuffe« in die Gegenwart verlegt.

Zur Form des Stückes gehört in der Aufführung das Kostüm seiner Darsteller. Es braucht nicht das Kostüm der Entstehungszeit zu sein, aber es muß ein Kostüm sein, das dem Schauspieler den Bewegungsrhythmus erlaubt, dem der Sprachrhythmus des Stückes entspricht.

Niemals wurde die Notwendigkeit des neuen Theaters schlagender bewiesen als gestern, wo man sie zu widerlegen dachte. Niemals erschien notwendiger der Zusammenhang zwischen Geste und Wort, zwischen Sprache und Körper als gestern, wo man Molières präzise Verse mit saloppen Konversationsgesten sprach (und dadurch das Menschliche, das man retten wollte, verflachte). Das Menschliche bei Molière ist nicht die einzelne Figur, das Menschliche ist der Geist, der die Figuren zusammenhält, ist der Ton, der Rhythmus, die Angriffsrichtung. Als diese zersplittert wurde, als man inhaltliche Banalitäten spielte, bewies man nicht die Ewigkeit Molières, also des geistigen Kämpfers, sondern die Ewigkeit Blumenthals, also des Publikumschriftstellers.

Heute, wo der Schauspieler bei Ibsen und Wedekind sich keine Zigarette mehr anzündet, rauchte er sie bei Molière. Heute, wo man im modernen Konversationsstück vermeidet, Hutweglegen, Handschuhan- und ausziehen zu Nuancen auszubeuten, dröselte man damit Molière auf. Man zerstörte die Körperlichkeit der Verse und mußte sie auf dem Umwege über Mätzchen wieder (und fälschend) einführen. Was bei Molière lückenlos Ineinanderhaken der Verse ist, wurde durch realistisches Detail verwischt. Man hob die Distanz der Form auf und wies eben dadurch auf die Distanz des Inhalts hin (den man näher bringen wollte).

Gerade die Schauspieler, die präzises rhythmisches Gefühl und strenges Formempfinden haben, hingen in der Luft und mußten durch Drücker gegen die Löcher ankämpfen, die im Dialog entstanden, wie Agnes Straub als Dorine (die als Emilia im »Othello« gezeigt hat, wie solche Rollen zu spielen sind). So verlor Max Gülstorff als Orgon die Bestimmtheit des Ausdrucks, die er im Kostüm, wie sein Hofmarschall Kalb gezeigt hat, haben kann. (Aber er war ergreifend, als er, unter dem Tisch hervorkriechend, den Betrug des Tartuffe merkt: er muß George Dandin geben – aber im Kostüm). Und Hans Brausewetter konnte den Rhythmus nur deshalb durchhalten, weil er kurze Szenen zu spielen hatte.

Allein Eugen Klöpfer zog aus der Kostümlosigkeit Vorteile. Er hat mehr Ausdrucksvermögen als Formgefühl. Hier, wo er einen scheinheiligen Eindringling wie einen heuchlerischen Schieber, wie einen frömmelnden Emporkömmling von 1922 spielte, war er von unerhörter Eindringlichkeit und oft überwältigender Komik. (Hätte man Molière gespielt, wäre Werner Krauss mit seinem untrüglichen Formempfinden die richtige Besetzung gewesen. Klöpfer gab einen meisterhaften Dusterer.)

Den Schluß des Abends bildete die antiquierte Stegreifkomödie »Scapins Schelmenstreiche«. (Es ist ein Beweis für Molières

Künstlertum, daß seine Publikumsscherze heute gequält erscheinen. Goldoni hatte die Harlekinade im Blut und kann deshalb noch mit ihnen wirken.) Während man im »Tartuffe« Schauspieler, die Kostüme tragen können, in moderne Kleider steckte, steckte man hier einen Schauspieler, der nur im Straßenanzug möglich ist, ins Kostüm: Paul Graetz. Paul Graetz kämpft mit Händen und Füßen gegen das Kostüm und gegen Molière. Dieser Kampf war komisch, nicht der Schauspieler. (Paul Graetz ist Komiker überhaupt nur auf einem beschränkten Gebiet. Er kann ausgezeichnet in gespannten Episodenrollen sein.)

Woher kommt das Theaterchaos der Gegenwart? Regisseure und Theaterdirektoren, die als Persönlichkeiten sich nicht künstlerisch durchsetzen können, wollen »originell« sein. So bluffte Erich Ziegel in den Hamburger Kammerspielen mit den »Räubern« in Gegenwartskleidung und einem Monokel-Franz-Moor. So ging Ivan Schmith diesen Weg jetzt in Berlin weiter. Er hätte diesen Mut kaum gefunden, wenn man der Hamburger Scharlatanerie geschlossen entgegengetreten wäre. (Ich las aber nur eine Kritik, die den Schwindel durchschaute.)

Der Tag (Ill. T.), Nr. 19, 22. Januar 1922

»Die Wölfe«

Deutsches Theater

In einer Zeit der zunehmenden Verwahrlosung wirkt dies fast fünfundzwanzig Jahre alte Ideen-Schauspiel von Romain Rolland wie eine Tat. Nicht als ob die Gedanken neu oder faszinierend wären, nicht als ob es durch seine Gestaltung oder durch seine dichterische Kraft hinrisse, aber es zeugt von einer geistigen Reinlichkeit, die heute verloren ist. Nicht die Idee selbst, sondern der Mensch wird Ereignis: der Mensch, der hinter der Idee steht.

Es ist unwesentlich, nachzuweisen, daß dieses Schauspiel, das während der Französischen Revolution in Mainz spielt, als Drama konventionell und schülerhaft ist. Es ist unwesentlich, auf die professorale Sprache, auf die Eindeutigkeit des Geschehens hinzuweisen. Wesentlich ist, heute zu sagen, wie sehr der

Bühne geistige Reinlichkeit wieder not tut. Wesentlich ist, ein Theater in dem Mut zum Repertoire zu bestärken. Eine leise Wandlung ist bemerkbar: Der zynische Reißer hat sich erschöpft. Der Geist hat wieder Erfolgschancen.

Es geht in Romain Rollands Revolutionsschauspiel nicht um Aristokraten und Bürger, nicht um das Recht oder Unrecht der Revolution, sondern um den Konflikt zwischen Gesinnung und skrupelloser Brutalität, zwischen Gerechtigkeit und Vaterland. Wenn der Kommandant Teulier, der Sprecher Rollands, der Gerechtigkeit den brutalen Volksgeneral Verrat opfern will (der einen unschuldigen Aristokraten hinrichten läßt), so stellt der Kommissar des Konvents, Quesnel, das Vaterland über die Gerechtigkeit und über die Ehre seines Namens: Er kennt die Unschuld des Aristokraten und läßt das Urteil dem populären General zuliebe doch vollziehen. Die Auseinandersetzung zwischen Teulier und Quesnel ist das Drama, und der rohe Truppenführer Verrat, ein früherer Schweineschlächter, ist nur da, um Quesnel und Teulier die geistige Auseinandersetzung zu ermöglichen.

Im Deutschen Theater versuchte Eugen Klöpfer, den Verrat zur Hauptfigur zu machen. Er nahm den Partnern das Wort aus dem Munde. Er schnitt Werner Krauss die Rede ab. Er dichtete seinen eigenen Text. Er erfand Schimpfworte. Er legte Szenen ein, die vom Gang des Stückes ablenkten. Wenn er Papiere durchflog, spielte er Idyll mit den Statisten, er schrie: Seid nicht so neugierig!, er schrie: Sauhunde!, kurz, er glaubte in einer Repertoirevorstellung des Großen Schauspielhauses zu sein. Ich geriet einmal in eine solche Zufallsaufführung des »Götz«, in der Klöpfer niemanden zu Worte kommen ließ, in der er mit eigenem Text (Abwandlung des Satzes: Schlagt sie tot!) den Beifall der Galerie entfesselte. Klöpfer, der gerade in dieser Spielzeit sich herrlich entwickelt hat, fiel diesmal in seine Lessing-Theater-Zeit zurück. Er muß sich wieder disziplinieren.

Krauss als Quesnel setzte sich, obwohl auch manchmal zu laut, gerade durch seine Ruhe, gerade durch seine Beherrschung durch. Eine menschlich ebenso gespannte wie gehaltene Leistung.

Wilhelm Dieterle spielte den Teulier besonders im Beginn überraschend straff und beherrscht. Es ist eine Freude zu sehen, wie Dieterle sich entwickelt. Er versuchte, die Rede zu gliedern und zu steigern (aber auch er wurde zu laut). Dieterle ist weniger Persönlichkeit als Talent. Deshalb bleibt es gefährlich, ihn chargieren zu lassen. Teulier ist Gelehrter, ist Mitglied der Akademie der Wissenschaften. Dieterle spielte den Gelehrten äußerlich (nach dem Muster von Bruno Decarlis Robespierre mit pedantisch dozierender Hand). Aber sosehr diese Haltung seinen Körper straffte, sosehr blieb die Hand ohne Ausdruck, sosehr wies diese Charakteristik darauf hin, daß Dieterle innerlich die geistige Überlegenheit nicht hatte. Trotzdem – das Talent setzte sich durch. Das Talent beherrschte die Szene.

Die Regie führte zum erstenmal an seiner neuen Wirkungsstätte Berthold Viertel vom Landestheater in Dresden. Der Eindruck war zwiespältig. Während auf der einen Seite, besonders in den Massenszenen, chargiert wurde (Gerhard Ritter!), wurde auf der anderen Seite straff gegliedert, fanatisch und fortreißend gespielt. Die geistige Diskussion wurde in Handlung aufgelöst. Was an Theaterwirksamkeit hinzukam, wurde an geistiger Noblesse getilgt. Der Adel des Bekenners, die Schwermut des Idealisten, die Trauer des Gerechtigkeitsfanatikers ging verloren. Aber vielleicht ist es heute noch nötig, den Geist auf dem Umwege über den Effekt einzuschmuggeln. Und daß einmal wieder schauspielerische Temperamente aufeinanderkrachten, riß – unabhängig vom Stück – hin. Ob das Rhabarber der Volksszenen auf Theaterverliebtheit eines Literaten oder auf Premierenbesessenheit der Schauspieler zurückzuführen ist, ob Viertel eine aufbauende Persönlichkeit ist, kann sich erst bei späteren Inszenierungen zeigen. Arbeitsfanatismus übertrug sich auch in dieser Vorstellung, und manche Gliederung bei Dieterle, einige echte Töne des sonst manierierten Aribert Wäscher sprachen für ihn. Der Lärm und die Massenszenen sprachen gegen ihn.

Der Tag (Ill. T.), Nr. 45, 22. Februar 1922

»Judith«

Deutsches Theater

Die menschlich-heroischen Kontraste des Judith-Dramas bloßzulegen, seine seelisch-geistige Struktur herauszuarbeiten, bedeutet nicht: Hebbel zu überhebbeln, also zu intellektualisieren, sondern im Gegenteil: die Vorbedingung für seine Versinnlichung zu schaffen. Indem man die Idee Judith gegen die Idee Holofernes setzt, gibt man erst der schauspielerischen Phantasie den Stoff, an dem sie gestaltend sich entzünden kann. Der Schauspieler muß von der dramaturgischen Bedeutung der Gestalt besessen sein. Die Idee muß visionär und so körperhaft werden.

Deshalb war die Aufführung Berthold Viertels, wo sie, wie in den Szenen zwischen Judith und Holofernes auf die kämpferischen Kontraste der beiden Hauptfiguren gestellt blieb, leidenschaftlicher und sinnlicher als Reinhardts Aufführung. Reinhardt ging den umgekehrten Weg: Er versinnlichte durch historisches Milieu. Er türmte sich selbst Hemmungen auf, durch die er zum Wesentlichen nicht mehr durchstoßen konnte, und hatte diese Hemmungen wieder nötig, um den Bruch in den schauspielerischen Leistungen zu überdecken. Viertel hatte als Judith eine Schauspielerin, die der Stützen des Milieus und des Stils nicht bedurfte. Wenn aber Reinhardt in der Hinaufgipfelung der großen Volksszene von dem modernen Theater viel vorausgenommen hatte, indem er die Gruppen band, steigerte, zur Daniel-Szene anschwellen und dann wieder abschwellen ließ, führte Viertel gerade hier die Melodie des Stückes nicht weiter. Trotz der Gruppierungen an einer Klagemauer entlang, die die Konzentration ermöglicht hätte, war das Spiel nicht konzentriert. Es blieb ohne tonliche Komposition, unrhythmisch und zufällig. Ausgezeichnet, daß der Hauptmann des Holofernes gespenstisch durch die Juden wie durch Luft hindurchging. Aber die Reaktion blieb aus. Die Leidenschaft, die in Judith und Holofernes fessellos ausbricht, muß hier gestaut sein, unterirdisch weitergehen und nur in der Daniel-Szene herausschlagen. Hier fehlte die Einbeziehung in den Rhythmus des Ganzen und damit völlig die Fanatisierung.

Heinrich George spielte, bevor er mit dem Holofernes in das Engagement des Deutschen Theaters trat, an den Hollaender-

Bühnen schon in »Jedermann«, »Scheiterhaufen« und Kaisers »Europa«. Er schwankte damals zwischen einem undiszipliniert lärmenden und einem knappen, schroffen Ausdruck. Als Holofernes riß er sich überraschend zusammen. Die Töne saßen, der Körper war gestrafft. Aber diese Konzentration schien mehr auf dem Umwege der Stilisierung als auf dem unmittelbaren Wege der schauspielerischen Gestaltung erreicht, mehr Einstellung als Phantasie zu sein. George hatte ironische und despotische Töne. Aber die Ironie blieb oft Pointe, der Despotismus Kommandoton. George ist vielleicht mehr Kraft als Persönlichkeit und muß deshalb, um zu gliedern, die Monotonie oft durch willkürliche Pausen umgehen. Trotzdem: das Deutsche Theater hat eine neue Kraft.

Agnes Straub entfesselte die Judith. Die nach innen geschlagene religiöse Flamme brach hervor und entzündete sie ganz. Judith war von ihrer Sendung besessen und wurde von ihr über sich selbst hinausgerissen. Sie war geschüttelt von Visionen. Jäh und hart wechselten die seelischen Bilder. Agnes Straub hatte es nicht nötig, beiseite zu sprechen und sich in »à-parts« zu kommentieren. Indem sie im bald medusenhaft versteinerten Gesicht, bald im flammenden Wechsel der Mienen religiöse Besessenheit, Bewunderung für Holofernes, Haß, sinnliche Schauer und ausbrechenden Wahnsinn gestaltete, bedurfte sie keiner Motivierung sprunghafter Entschlüsse. Sie waren da und setzten die Szene in Flammen. Über diese Rolle hinaus – es war die Lösung für das Beiseitesprechen überhaupt. Und im stürzenden Chaos niemals den Aufbau der Gestalt und der Szene verloren zu haben – wurde das Ereignis dieser Judith. Welch eine Penthesilea, welch eine Lady Macbeth entfaltet sich hier!

Von dieser Vorstellung ging, obwohl Berthold Viertel nicht die Kraft zu der einheitlich durchgehenden Komposition des ganzen Dramas gefunden hatte, Arbeitsfanatismus und Kunstwille aus. Gesteigert war Hans Schweikart, präzisiert Hans Brausewetter, auf sich zurückgeführt Paul Günther. Aber dazwischen wurde wieder, wie in den »Wölfen«, chargiert. Und Carl Hannemann als Daniel war fanatisch nur im Zusammenbruch nach dem »Steiniget ihn!«, nicht im Ausbruch selbst, der konventionell blieb. Viertel ist ein besessener Regisseur, aber er muß sich klar über die schauspielerischen Ausdrucksmittel werden.

Der Tag (Ill. T.), Nr. 62, 14. März 1922

»Vatermord«

Junge Bühne im Deutschen Theater

Einen der stärksten Theatereindrücke der Spielzeit hat man dem Idealismus einiger Schauspieler, der Arbeitsleidenschaft eines Regisseurs, der eruptiven Kraft eines jungen Dichters zu danken. Von der Vorstellung ging eine solche Bannkraft aus, daß das Publikum sich während des Spiels musterhaft ruhig verhielt und das Pfeifen am Schluß von orkanartigem Beifall niedergefegt wurde. Es war eine Mittagsaufführung. Aber vielleicht wird sie die Repertoirepolitik der Direktoren von Grund aus ändern. Diese Vorstellung hätte im Winter in den Kammerspielen einen Serienerfolg haben und den Beweis führen können, daß der finanzielle Erfolg, den die Theater brauchen, nicht nur das abgelegte Kulissenstück, sondern auch die gärenden Wagnisse Unbekannter belohnt – wenn diese Wagnisse Kraft haben.

Arnolt Bronnens Drama »Vatermord«, während des Krieges geschrieben, also in einer Zeit, in der die Deklamationsdramen und »Oh Mensch«-Tragödien grassierten, hat Kraft. Diese Kraft liegt nicht in der stofflichen Brutalität des Stückes, sondern in dem kalten Fanatismus, mit dem Bronnen den Stoff in die letzten Konsequenzen stößt. Indem Bronnen den Sohn gegen den Vater hetzt, indem er Mutter und Sohn in blutschänderischer Liebe zusammenführt, scheint er mit grausamer Energie sich gleichzeitig von diesem Stoffkreis zu befreien. Bronnen hat ihn mit der Suggestionskraft des bösen Blicks gesehen. Er hat sich von diesem Alpdruck gelöst. Es war sein Weg zur dichterischen Freiheit.

Aber selbst wenn Bronnen diese Freiheit nicht finden sollte: sein dunkelgreller Einakter ist die Explosion eines Talents. Dieser Talentausbruch wird mißverstanden werden. Aus formalen und aus stofflichen Gründen. Aus formalen Gründen: weil das Stück, im Ausdruck scheinbar naturalistisch, die »Lebenswärme« des Naturalismus vermissen läßt. Aus stofflichen Gründen: weil man die Kraßheit der Vorgänge für rohe Effekte halten wird. Aber der Ausdruck ist nur im Sprachbild, nicht im Sprachvorgange naturalistisch. Wenn man die Sprachlaute liest, die Bronnen als Zwischentöne schreibt: die Konsonanten oder gehäuften Vokale, wird man sie als zufällige Naturlaute auslegen wollen. Gerade sie sind aber nur Zeichen dafür, wie eruptiv, wie berstend, wie sprengend Bronnens Sprache, wie körperlich sie empfunden ist. Daß Bronnen naturalistische Satzzeichen gebraucht, um die Sprache zu akzentuieren, ist die erste Verwirrung (für den, der nur lesen, aber nicht hören kann). Daß er ein scheinbar naturalistisches »Milieu« gibt, ist die zweite. Denn nun weckt er die Erinnerung an die psychologischen Dramen: Wer auf alte dramaturgische Vorstellungen eingeschworen ist, vermißt die Psychologie und merkt nicht, daß dies Drama »Kräfte« heißen könnte. Man sucht bei Bronnen »Seele«, meint aber »Psychologie« und übersieht die stoßende Energie, das schleudernde Temperament des Dramas. Man sucht bei Bronnen Umwelt und erlebt deshalb nicht das Raumproblem. Im »Vatermord« ist aber für die Bedingtheit durch das Milieu der Schrecken des Raumes getreten. Wie gleichlaufend mit dem Rhythmus der Menschen sich drei Räume bekämpfen, in denen die Familie haust, das ist das dramaturgische Erlebnis des Stükkes. Denn diese Räume haben nicht, wie bei Strindberg, melodramatische Gespenstigkeit, sie sind nicht, wie im naturalistischen Stück, verschiedene Schauplätze – sie sind Energien, in die sich die dramatischen Ereignisse übertragen. Sie werden vom Menschen, nicht der Mensch durch die bestimmt.

In der ausgezeichneten Ensembleaufführung unter Berthold Viertels Regie wurde gerade dieses Problem unwichtig genommen. Das tiefer gelegene Zimmer war nicht nur von der Mehrzahl der Plätze aus überhaupt nicht zu sehen, es fehlte auch die Gliederung der Zimmer. Die Räume hatten nur die zufällige Beziehung des Vorhandenseins, aber keine kompositorische Beziehung zueinander. Vielleicht hing es auch damit zusammen, daß der Vorstellung im Anfang die sprengende Kraft fehlte. Hanns Heinrich von Twardowski, der seit seinen Anfängen im Lessing-Theater an Disziplin des Ausdrucks zugenommen hat, der in manchen Filmen gespannt war und bei Sternheim Stilgefühl hatte, hielt hier die Steigerungen noch nicht durch. Er verwischte die Einschnitte. Er unterbrach den Strom. Scharfe, spitze, ironische Rollen liegen ihm besser als gefühlsgeladene.

Alexander Granach als Vater war – von seiner eigenen Entwicklung aus gesehen – außerordentlich. Niemals war er so gelöst. Niemals hatte er so den Übergang von seinen grellen zu seinen weichen, von seinen lauten zu seinen leisen Tönen. Von seiner Rolle aus gesehen fehlte ihm etwas das Drohende, Gefährliche, Lastende. Agnes Straub als Mutter riß den gefährlichen Schluß mit einer Ausdruckskraft ohnegleichen über alle Gefahren hinweg. Wie hier eine Kleinbürgerin in shakespeareschem Maße wuchs, wie aus einer Luise Fessel eine Lady Macbeth wurde, das gehörte zu den ungewöhnlichsten Leistungen selbst dieser wahrhaft produktiven, zu einer neuen Entwicklung aufbrechenden Künstlerin.

Daß die Junge Bühne mit dem leidenschaftlichen Willen des im Sprachlichen vortrefflichen Regisseurs Viertel, mit dem Idealismus der Schauspieler endlich einmal der Verkommenheit der Berliner Theaterverhältnisse eine Tat entgegengestellt hat, die einem neuen Dichter galt, das ist ein Ereignis, das nicht ohne Folgen bleiben kann.

Berliner Börsen-Courier, Nr. 270, 12. Juni 1922

Der Dramatiker Bert Brecht

Niemals war die Spannung zwischen dem Erlebnis einer Zeit und seinem Ausdruck so groß wie in unserer Gegenwart. Die Unproduktivität aber wurde so lange noch nicht zum verurteilenden Richterspruch über die Epoche, als die Erschlaffung selbstverständliche Reaktion auf die Nervenüberspannung der Kriegsjahre war. Man beschimpfte die aufsteigende Generation und fühlte nicht, daß sie schwerer als irgendeine seit hundert Jahren zu kämpfen hatte. Nicht so sehr um ihre materielle Existenz. Nicht so sehr um ihre geistige Geltung. Sie mußte kämpfen um das, was noch keiner Generation – ausgenommen der nach dem Dreißigjährigen Kriege – versperrt war: um das Erlebnis selbst. Das Grauen der letzten Jahre war nicht der Absturz einer Nation, sondern die Unfähigkeit, Elementares elementar zu erleben. Die Energien waren so aufgebraucht, daß man apokalyptische Ereignisse wie Unannehmlichkeiten des Alltags hinnahm. Nicht der Schmerz ist das Schlimmste, sondern die Empfindungslosigkeit gegen den Schmerz.

Nur wenn man das geistige Schicksal der letzten Jahre so versteht, findet man einen Weg zum Drama der Gegenwart. Nur wenn man das Gespenstische der Zeit darin fühlt, daß sie ihren eigenen Lärm nicht hört, ihre eigene Grimasse nicht sieht, begreift man ihre Dichter. Sie waren isoliert und versuchten über Räume hinweg, die kein Erlebnis durchdrang, ihre Sprache in die Zeit zu recken. Der Krampf war notwendig und mußte in dem Augenblick gelöst werden, wo die Zeit selbst sich zu lösen begann.

Es ist kein Zweifel, daß diese Lösung sich vorbereitet. In der Lyrik begann sie. Im Roman setzte sie sich fort. Und nun beginnt das Wunder. Zufälle gibt es nicht. Aber auch wer nervenmäßig spürte, daß die Zeit aus ihrer unproduktiven Erstarrung heraus wollte, wer schon bei Bronnen den Drang zur Gestaltung und die Stoßkraft des Temperaments empfand, ist überwältigt durch die geistige Verwandlung, die der geniehafte Mensch durch seine erste Tat hervorruft. Der vierundzwanzigjährige Dichter Bert Brecht hat über Nacht das dichterische Antlitz Deutschlands verändert. Mit Bert Brecht ist ein neuer Ton, eine neue Melodie, eine neue Vision in der Zeit.

Nicht das ist das künstlerische Ereignis, daß Bert Brecht in seinem ersten Stück »Trommeln in der Nacht« Zeitereignisse gestaltet, die bisher beredet wurden. Das Ereignis ist, daß die Zeit als Hintergrund, als Atmosphäre auch in den Dramen ist, die jenseits aller stofflichen Aktualität sind. Brecht ist in seinen Nerven, in seinem Blut vom Grauen der Zeit durchdrungen. Dieses Grauen ist als fahle Luft und halbes Licht um Menschen und Räume. Es ballt sich in den Spielpausen und in den Szeneneinschnitten. Es läßt die Figuren frei und schluckt sie wieder ein. Die Gestalten phosphoreszieren.

Brecht empfindet das Chaos und die Verwesung körperlich. Daher die beispiellose Bildkraft der Sprache. Diese Sprache fühlt man auf der Zunge, am Gaumen, im Ohr, im Rückgrat. Sie läßt Zwischenglieder weg und reißt Perspektiven auf. Sie ist brutal sinnlich und melancholisch zart. Gemeinheit ist in ihr und abgründige Trauer. Grimmiger Witz und klagende Lyrik.

Brecht sieht den Menschen. Aber immer in seiner Wirkung auf den anderen Menschen. Niemals steht bei ihm eine Gestalt isoliert. Seit langem hat es in Deutschland keinen Dichter gegeben, der so voraussetzungslos die tragischen Notwendigkeiten hatte: die Verknüpftheit der Schicksale, die Einwirkung der Menschen aufeinander.

Das Geniezeichen Brechts ist, daß mit seinen Dramen eine neue künstlerische Totalität da ist, mit eigenen Gesetzen, mit eigener Dramaturgie. Seine Dramen – schon »Trommeln in der

Nacht«, mehr noch »Baal« und »Im Dickicht« – sind neue dichterische Weltkörper. Die Gesetze aufzuzeigen, nach denen sie kreisen, das neue Raumgefühl (der Raum steht drohend hinter den Menschen und überwächst sie), die neue Szenenführung festzustellen, bleibt einer anderen Arbeit vorbehalten. Heute gilt es, einen Dramatiker zu verkünden, der seit Wedekind das aufwühlendste Erlebnis ist. Der scheinbar die Verwesung gestaltet und mit dieser Gestaltung Licht verbreitet. Der scheinbar zynisch ist und mit seinem Zynismus erschüttert. Der jung ist und schon in alle Tiefen gesehen hat. Den man seine Lieder und Gedichte selbst zur Klampfe vortragen hören muß, um den aufpeitschenden Rhythmus seiner Sätze zu fühlen. Der den nackten Menschen reden läßt, aber mit einer Sprachgewalt, die seit Jahrzehnten unerhört ist. Beim ersten Worte seiner Dramen weiß man: Tragödie hat begonnen.

Brecht zuerst aufgeführt zu haben ist ein theatergeschichtliches Verdienst der Münchener Kammerspiele. Otto Falckenberg hatte für die düstere Melodie des Stücks das Ohr, nur nicht überall die Schauspieler, die sie durchhalten konnten. Manche, wie der provinzielle Herr Gluth, verwischten die elementaren Bilder dieser Sprache, als ob sie ihnen im Augenblick – naturalistisch – einfielen. Falckenberg hatte das Empfinden für die Stellungen der Personen zueinander, aber nicht die Dekorationen – oder nicht die entsprechende Bühnenweite, die die Personen perspektivisch einordnete (was bei Brecht entscheidend ist).

Aber Falckenberg hatte den Darsteller für die Hauptrolle. Herr Erwin Faber spielte den zurückkehrenden Kriegsgefangenen, der seine Braut in den Armen eines aufdringlichen Schiebers findet, mit einer verwirrten Gespanntheit, die wundervoll war. Hier ist ein Schauspieler, der ebenso gelöst wie intensiv ist. Der kein Wort spricht, das nicht körperlich legitimiert wird. Den gefährlichen Schluß: der Kriegsgefangene wendet sich von der Revolution ab und seiner abgefallenen Braut zu, konnte er noch nicht tragen. Vielleicht lag das aber auch an unglücklichen, von Brecht selbst veranlaßten Strichen und an einem hier etwas verwischten Arrangement. Auf jeden Fall ist hier ein Schauspieler, den Berlin dringender braucht als die matten Herren aus Frankfurt.

Neben Faber war es Herr Hans Leibelt, der den Schieberbräutigam mit Präzision und menschlichem Unterton spielte, während Max Schreck, der vom Staatstheater wieder in München gastierte, billiges und aufgesetztes Gespenstertheater machte.

Berliner Börsen-Courier, Nr. 467, 5. Oktober 1922

»Liliom«

Theater am Kurfürstendamm

Ein Boulevardschriftsteller braucht nur einen dichterischen Stoff zu wählen, und die meisten rufen: »Im Grunde ist er doch ein besserer Mensch.« Franz Molnár brauchte nur die Vorstadtlegende »Liliom« zu schreiben, und man hielt ihn für einen verhinderten Dichter. Aber gerade »Liliom« deckt die Grenzen des Salonfeuilletonisten auf. In seinen Gesellschaftslustspielen vertritt Molnár eine Gattung, die unerträglich zu werden beginnt. Aber er beherrscht diese Gattung. Im »Liliom« vertritt Molnár eine Gattung, die gilt. Aber er beherrscht diese Gattung nicht. Die falschen Töne in den Salonplaudereien sind echt. Die echten Töne im Volksstück sind falsch.

Wenn Molnár den Ringspielausrufer Liliom, das Dienstmädchen Julie »schlicht« reden läßt, so ist das die Schlichtheit des Feuilletonisten, der Beobachtung an die Stelle von Erlebnis und deshalb Beschreibung an die Stelle von Gestaltung setzt. Der Salonfeuilletonist kann in der betrachtenden Skizze »volkstümlich« sein, weil die Form der lockeren Skizze zwar stilistisch, aber nicht menschlich verpflichtet. Ein Volksdrama, eine »Vorstadtlegende« jedoch verlangt die menschliche Verpflichtung des Erlebnisses und die künstlerische Gestaltung.

Die Zeit hat gegen Liliom gearbeitet. Als man ihn vor Jahren sah, hatte man zum mindesten den Eindruck einer fundierten Theaterarbeit. Heute erscheint das Mißverhältnis zwischen Empfindung und Ironie so groß, daß auch der Eindruck des Handwerks zerstört wird. Immer muß sich der witzig pointierende Schriftsteller, wenn er gefühlvoll wird, zu weit an die Sentimentalität hingeben und sich auf dem Rückweg zur Ironie verirren. Molnár setzt tragische Zuspitzungen als empfindsame szenische Pointen. Am peinlichsten dort, wo Liliom sich freut, daß Julie Mutter wird; wo Julie an der Leiche Lilioms ihre Liebe gesteht; wo Liliom, vom Himmel beurlaubt, von Julie nicht erkannt wird. Der phantastisch-ironische Himmelsakt bleibt im Einfall stecken. Phantasie und Ironie durchdringen sich nicht. Wehmütiger Humor wird taktloser Spaß – wie dort, wenn der eine Gestorbene auf die Erde will, um seinen Sohn Oskar zu sehen. Und der berühmte dichterische Moment zum Schluß – Lilioms Tochter spürt Lilioms Schlag als Liebkosung – ist novellistische Überpointierung umgewandelt in szenische Überpointierung.

Wo das Werk die Skizze zugesteht, wie in Nebenfiguren, hält es stand. Wo es Drama sein will, wie in der Handlung zwischen Liliom und Marie, gibt es nach. Die Nebenfiguren sind die besten Rollen. Die Nebenfiguren werden deshalb auch am besten gespielt: Ilka Grüning ist eine skizzierende Schauspielerin und deshalb als Frau Muskat sicher und wirkungsvoll auf dem Boden der Charge. Paul Morgan kommt mit seiner improvisierenden Begabung für den Strizzi Ficsur aus.

Die Hauptfiguren haben wenig Bühnenakustik. Lucie Höflich spielte in stummen Momenten wundervoll die Julie. Im Ton wurde sie manchmal stumpf und trug deshalb nicht immer über das Unechte der Rolle hinweg. Lucie Höflich war echt – aber ohne innere Spannung, die das Skizzierte hätte überwinden können.

Max Pallenberg in einer Ensembleaufführung zu sehen war eine Freude. Aber man tat Pallenberg Unrecht, als man seine Possenrollen bekämpfte. Pallenberg wird kraft seiner selbstherrlichen Phantasie schöpferisch am banalsten Text. Wenn aber ein Darsteller ein Genie der Posse ist, sagt man: Er muß den König Lear spielen. (Wie man von dem Salonplauderer Molnár sagte, er muß Dichtungen schreiben. Wie man von dem genialen Volkskomiker Karl Valentin sagt: Er muß Molière spielen.) So gab es bei Pallenbergs Liliom Szenen, in denen er – als Gegenschlag gegen seine Possenrollen – zu weit in die Sentimentalität ausrutschte. Er machte dann Innerlichkeit mit leisem, langsamem Ton – ohne Zwischentöne und Variationen.

Darin wurden die Darsteller durch die Regie bestärkt. Aber dieses schwache, undichte, geredete, ironisierende Stück hätte zusammengedrängt, gestrichen und beschleunigt werden müssen. Statt dessen wurde jedes Wort belastet, gezogen und durch Pausen betont.

Berliner Börsen-Courier, Nr. 543, 18. November 1922

»Die Macht der Finsternis«

Centraltheater

Nichts wäre falscher, als wenn man die Vorstadttheater – das Zentrum ist theatralisch Vorstadt geworden – wegen ihres guten Willens und ihres Fleißes von oben herab lobte, als wenn man ihnen ermunternd auf die Schulter klopfte. Diese Bühnen werden von Aufführung zu Aufführung wichtiger nicht nur für das Gesamtbild des Berliner Theaterlebens, sondern auch für die Erneuerung des Theaterwillens. Sie haben ein Publikum, das wenig gesehen hat und eben deshalb für den künstlerischen Spielplan zu gewinnen ist. Immer noch besteht der alte Irrtum, daß man dem primitiven Publikum Schund bieten müsse, weil es nicht für »Höheres« geschult sei. Gerade weil dieses Publikum ungebildet im Sinne des Wissens, also auch unverbildet ist, gerade deshalb gibt es sich jedem Eindruck hin. Weil es wenig kennt, kennt es auch nicht den Unterschied von Schund und Kunst, von Niedrigem und Höherem. Deshalb kann ein Spielplan, wie ihn das Centraltheater pflegt, nicht überschätzt werden. Er ist produktiver für den Zuschauer als der des Neuen Volkstheaters, der literarische Experte an Stelle dramatischer Schlagkraft setzt. Der Spielplan des Neuen Volkstheaters ist gebildet, der des Centraltheaters, falls er nicht von seinem Wege abirrt, packend. Er überrumpelt den Zuschauer mit legitimen Wirkungen. Der Feind der Kunst ist nicht die Unbildung, sondern die Halbbildung. Die Halbgebildeten gehen zu Schweinereien ebenso wie zu literarischen Ausgrabungen. Die Ungebildeten sind wie die Gebildeten für die elementare Kunst empfänglich.

Im Sinne dieses Repertoires gehört Tolstois »Macht der Finsternis« zur elementaren Kunst. Und im Sinne dieses Publikums wäre es richtig gewesen, das Drama auch elementar zu spielen: fanatisch, besessen von den Mächten der Finsternis und des Lichtes. Und hier, bei der Aufführung setzt die Kritik ein – weil sie dieses Theater ernst nimmt. Erwin Piscator legte als Regisseur das Gewicht auf das Requisit statt auf die Triebkraft des Russischen. Er gab russische Gewohnheiten (die dem Kriterium der ethnologischen Echtheit oder Unechtheit unterlagen), nicht den russischen Dämon (der das allgemein Menschliche, das Zeitlos-Sinnbildliche der Tragödie herausgebracht hätte). Dramaturgisch gab er den Aufbau des Dramas insofern richtig, als er im vierten Akt die Beseitigung und Tötung des neugeborenen Kindes spielen ließ (und nicht die abschwächende Szene, die die Wirkung von Nikita und Anissja weg auf Nebenpersonen, auf Anjutka und Mitritsch ablenkt). Die regiemäßige Möglichkeit aber versäumte er: hieraus den Aufbau des Ganzen abzuleiten: Nikita in das (fast shakespearische) Entsetzen vor dem Morde hineinzusteigern und dadurch den Abklang des fünften Aktes zu gewinnen. Je leidenschaftlicher man »Die Macht der Finsternis« spielt, desto stärker kann man nachher die Macht des »Lichtes« spielen. Wenn man vorher alle Leidenschaften entfesselt, nimmt man dem Schluß das Lehrhafte, das Beispielhafte, das Aufgesetzte. Man gewinnt aus der Leidenschaft des Bösen die Leidenschaft des Guten. Man gibt nicht ein Schauspiel mit moralischem Ausgang, sondern eine Tragödie, in der das Bekenntnis denselben visionären Aufbruch des Gewissens bedeuten kann wie im »Macbeth« die Nachtwandlerszene der Lady. Man kann in der »Macht der Finsternis« das Milieu in die Intensität der Vorgänge, in die Spannung zwischen den Personen herübernehmen.

Im Centraltheater blieb das Milieu neben den Vorgängen, und die Darsteller spielten es – jeder für sich – noch einmal. Sie spielen »arme Leut« statt »besessene Leut«, sie spielten »Plaudereien an russischen Kaminen« statt »vom Teufel geholt«. Und im letzten Akt griff Nikita körperlich nach jedem, an den er seine Büßerworte richtete, statt frei zu knien und sich nur nach der Richtung der Personen zu wenden.

Herr Alland (Nikita) ließ sich indisponiert melden. Ich entdeckte eher eine zu große Munterkeit an ihm. Er spielte Dorfheld. Er spielte Einwohnerwehr. Er spielte Hitler-Soldat. Herr Alland ist nicht ohne Begabung – aber alles ist ohne Zwang, ohne innere Konsequenz. Er spielt durch alle Klischees des Heldendarstellers hindurch, statt sich auf seinen Ton und seinen Körperausdruck zu konzentrieren. Rose Liechtenstein wäre eine durchschnittlich wirksame Anissja gewesen, wenn sie nicht die ganze Rolle auf einen Ton gespielt hätte.

Berliner Börsen-Courier, Nr. 35, 21. Januar 1923

»Aus dem Leben der Insekten«

Theater in der Königgrätzer Straße

Meinhard und Bernauer haben mit ihrem neuen Ausstattungsstück mehr Glück gehabt als mit »Savonarola«. Denn die phantastische Komödie des tschechischen Dichters Karel Čapek ist nur als Unterlage für szenische Wirkungen zu beurteilen. Und diese Wirkungen wurden von Emil Pirchan vortrefflich ausgenutzt. Diese Spielerei mit Farben und Tönen, die Schmetterlings-, Käfer- und Ameisenwelt, in der Kostüme und malerische Effekte Selbstzweck sind, liegen Pirchan. Er hat selten so zarte und getönte Bilder geschaffen. Und es gelang ihm als Regisseur, auch die Darsteller in der Hand zu behalten. Das Ganze war ein geschmackvolles Atelierfest.

Leider wurde dazu kein improvisierter, sondern ein festgelegter Text gesprochen. Und dieser Text wollte bedeutungsvoll sein. Er gibt das menschliche Leben auf das der Insekten übertragen. Aber gibt er Gleichnisse? Er gibt sie so wenig, daß das erste Bild »Schmetterlinge« als ein banales erotisches Konversationsstück erscheint – in dem Kokotten und Lebemänner auf einen Schmetterlingsball gezogen sind. Josef und Karel Čapek finden keine selbständige Ausdrucksform für ein spielerisches und symbolisches Tierstück, sondern sie übertragen die abgegriffenen Arten des Theaterstückes auf das Tierleben. Josef und Karel Čapek spiegeln nicht das menschliche Leben im Tierischen, sondern das tierische in der Literatur, die das menschliche Leben spiegelte. So geht es bei den »Schmetterlingen« wie bei Rudolf Lothar und bei den »Ameisen« wie bei Georg Kaiser zu. Josef und Karel Čapek haben alles dem Kostüm überlassen. Und so gern man die Szenen sieht, in denen sich etwas wie die Spielfreude des tschechischen Volkes befreit, etwa die der Mistkäfer und des Parasiten – hier sitzt der Kostümwitz und hat Bühnenschlagkraft –, so banal sind die Reden des Landstreichers, der die Vorgänge der Insekten kommentiert! Wir haben in den letzten Jahren keine literarische Mode mitgemacht, die hier nicht wieder auftauchte. Da will eine Insektengruppe ans Licht – sie spricht Hasenclever. Da gehen die Ameisen in den Krieg – der Landstreicher redet wie Toller. Da wird die ganze »Oh Mensch«-Vokabulatur von neuem ausgepackt. Ein Weg durch die Literaturgeschichte von Molnár bis Kaiser, als buntes Tier-Bilderbuch, herausgegeben von Josef und Karel Čapek.

Die Aufführung war vortrefflich. Albert Steinrück hatte die Phrasen des Landstreichers zu reden. Man empfand lange nicht seine rauhe, geschlossene Kraft so wohltuend wie hier, wo es sich darum handelte, billige Rhetorik ins Schauspielerische umzusetzen. Die Insekten sind darstellerisch auch nicht immer dankbar. Den Molnár-Teil vertrat nicht ohne Humor Charlotte Schultz. Am besten waren Frida Richard und Hans Herrmann als Mistkäferpaar. Hier waren Sprache und Körperausdruck – ohne Verstellung – phantastisch gesteigert. (Auch Gertrud Richard scheint Talent zu haben.) – Daß man das Ganze trotzdem nicht rein als Bühnenstück nehmen konnte, daran ist die unselige »tiefere Bedeutung« schuld. Diese Insekten leben nicht im Walde, sondern krabbeln an den Scheiben des Literaten-Cafés.

Berliner Börsen-Courier, Nr. 71, 11. Februar 1923

»Bürger Schippel«

Lessing-Theater

Es spricht für Sternheims beste Komödie, daß eine Aufführung bald ihre stilistisch-formalen, bald ihre tendenziös-aggressiven, bald ihre lustspielmäßigen Elemente betonen kann. Und so sehr man der Meinung war, daß gerade heute das Satirische, das sein Ziel verloren hat, hinter dem rein Lustspielhaften zurücktreten würde, so sehr erlebte man – stärker als jemals – neben den Komödienszenen die revolutionäre Aggressivität. Das lag an der peitschenden Wildheit Alexander Granachs. Granach spielte nicht (wie Abel) einen ironischen Spitzbuben, Granach spielte den mit Sprengstoff geladenen Proletarier. Seine scharfen, schneidenden, aufbegehrenden Töne waren seit dem »Vatermord« nicht so variiert. Eine schauspielerische Gestaltung, ebenso faszinierend durch die Stoßkraft wie durch den Reichtum des Ausdruckes. Wie Granach seine Grellheit auch komödienhaft abwandelte, wie er mit derselben Besessenheit beim Duell einen angstverzerrten Clown spielte, mit der er vorher den wilden Revolutionär gegeben hatte, wie er die Übergänge traf, wie er die Rolle sprachlich und körperlich in Fluß hielt, wie er zum Schluß aus dem Angsttraum fast tragisch verloren erwachte und sofort wieder in die Groteske umschlug – das war fabelhaft. Eine Leistung, strotzend von elementarer Komödiantenleidenschaft.

Im übrigen war die Besetzung nicht überwältigend, obgleich Hermann Vallentin als Hicketier einen sehr guten, beherrschten Abend hatte. Aber man braucht nicht an Victor Arnolds herrlichen Wolke zu denken, um Herrn Julius E. Hermann mittelmäßig zu finden. Die alte Geschichte: Herr Hermann sah wie ein betulicher, verschrobener Kleinstadtbürger aus, um im Spiel sofort hinter seiner Maske und seiner Kleidung zurückzubleiben. Ähnliches ist von Martha Hartmann (Frau Hicketier) und von Eugen Rex (Krey) zu sagen. (Charakteristik: Stockschnupfen.) Hubert von Meyerinck kam zu stärkerer Wirkung als sonst, weil seine Schlaksigkeit dem Tonfall des Fürsten zufällig entgegenkam.

Obwohl die Aufführung so in einen Possen- und einen Revolutionsteil auseinanderfiel, war sie doch eine Erholung nach den vielen regielosen Aufführungen der letzten Zeit. Die frühere, hervorragende »Bürger Schippel«-Aufführung der Kammerspiele ist eine der wenigen Aufführungen Reinhardts, die Tradition angesetzt haben. Diese Inszenierung braucht nicht kopiert zu werden, und doch kommt kein Regisseur über die Klaviereinlagen Wolkes, über das Zylinderzeremoniell beim Duell hinweg. Karl Heinz Martin bildete die Aufführung trotzdem im Tempo und der Szenenführung selbständig durch. Freier und gelöster als seine früheren, zu absichtlichen Sternheim-Experimente; ungezwungener auch als seine Wedekind-Aufführung im Staatstheater.

Berliner Börsen-Courier, Nr. 83, 18. Februar 1923

»Alt-Heidelberg«

Deutsches Theater

Niemand wird es Felix Hollaender verargen, wenn er ein Zugstück aufführt. Niemand wird es dem »Verein Berliner Presse« verargen, wenn er eine Vorstellung zu seinem Besten geben läßt. Aber das Zugstück darf nicht auf Gefühlen aufgebaut sein, die heute aufreizen. Und die Wohltätigkeitsveranstaltung sollte zum Anlaß die Uraufführung eines jungen Dichters nehmen. Statt den Kitsch für ein Wagnis zu halten, das man durch eine Sondervorstellung entschuldigt, sollte man eine problematische Dichtung für ein Wagnis halten, für das man sich in einer Wohltätigkeitsveranstaltung einsetzt. Eine Veranstaltung zugunsten des Vereins Berliner Presse – welche Gelegenheit wäre es gewesen, Brechts »Baal« aufzuführen.

Daß man statt dessen Meyer-Försters »Alt-Heidelberg« gab, ist zuerst als Tatsache abzulehnen. Die studentische Jugend steht heute im Kampf um ihre Existenz. Und man führt ein Stück auf, in dem die verlogensten Phrasen von Jugend und Freiheit geredet werden. Die erledigte – durch einen Weltkrieg, durch eine Revolution, durch grausam harte Nachkriegsjahre erledigte – Phraseologie von Jugend und falschen Idealen wird wieder aufgezogen. Eine Vokabulatur, die von der Zeit gerichtet wurde, wird von neuem als Ziel aufgesteckt. Und wo die Jugend zugrunde geht oder daran ist, sich neue Lebensinhalte zäh zu erkämpfen, wird das deklamierende Nichtstun gepriesen. Das Theater braucht von Zeit zu Zeit den Reißer. Meinetwegen den rohen, den faustdicken Reißer. Aber einen Reißer, der idealistisch tut, der eine verlogene, fälschende Romantik aufpflanzt, sollte es selbst in der Not von sich weisen.

Fast noch bekämpfenswerter als die Tatsache der Aufführung ist die Situation, deren Konsequenz die Vorstellung ist. Die Desorganisation des Deutschen Theaters, das Engagement stümpender Regiedilettanten, dessen Folge wieder die Unlust, Lähmung und Flucht der Schauspieler war, mußten einen Zustand herbeiführen, der schließlich nur »Alt-Heidelberg« als Ausweg sah. Und während Klassiker mangelhaft und führerlos vorbereitet wurden, an »Alt-Heidelberg« verschwendete man eine Besetzung, die man für ein anspruchsvolles Werk nie zusammengebracht hätte. »Alt-Heidelberg« mußte es sein, das Werner Krauss als Dr. Jüttner seit langem wieder auf die Bühne zog und ihn zu einer unvergleichlichen, die Gestalt, die Szene beherrschenden, durch die fanatische Ausdruckskraft menschlich gesteigerten Meisterleistung begeisterte. »Alt-Heidelberg« mußte es sein, das Gülstorff und Paul Graetz nebeneinander auf die Bühne brachte. »Alt-Heidelberg« mußte es sein, das Hans Brausewetter bestätigte. Brausewetter stand nicht beim Studentenulk im Mittelpunkt. Hier hatte er nur einen faszinierenden Moment, als er zum erstenmal das Gasthaus betritt und mit sich aufhellendem Gesicht »Gaudeamus« hört. Aber je unerträglicher, tränenseliger das Stück wird, desto gehaltener, desto männlicher spielt Brausewetter. Menschlich stark, weil im Ausdruck gebändigt, gegliedert, unverwischt und niemals ins Private entgleitend. (Die Kathi gab Grete Mosheim anfängerhaft und provinziell.)

Der Beifall tobte. Aber zum Schluß setzte grelles Pfeifen ein. Wenn die Vorstellung selbst nicht durch Pfiffe gestört, wenn das Mißfallen erst am Schluß geäußert wird, gibt es nur ein Mittel, es niederzukämpfen: den Applaus. Obwohl dieser im Deutschen Theater das Seinige tat, hielt es ein Schupooffizier für notwendig, gegen den Attentäter – eine Dame – einzuschreiten. Beschämende Szenen spielten sich ab. Die Dame sollte in Schutzhaft genommen werden. Leute aus dem Publikum riefen im Korridor: »Schneidet ihr die Haare ab!« oder »Einigkeit tut not!« oder »Werft sie den Schwarzen im Ruhrgebiet vor«. So weit also sind die Berliner Theaterverhältnisse heruntergekommen, daß die Einigkeit in der Anerkennung des Kitsches unter körperlicher Bedrohung gefordert wird. Daß sich zwar keine Hand rührt, wenn es die Werke der kämpfenden Jugend zu fördern gilt, daß Wagnisse verhöhnt und von vornherein sabotiert werden dürfen; daß aber der Schund unantastbar bleiben soll.

Berliner Börsen-Courier, Nr. 93, 24. Februar 1923

»Olympia«

Junge Bühne

Die zweite Aufführung der »Jungen Bühne«, der zweite Erfolg. Wieder kam eine Vorstellung zustande, die im regulären Theaterbetrieb heute unmöglich geworden ist: dem Werk hingegeben, vom Werk ergriffen, am Werk wachsend, das Risiko der Erfolglosigkeit tragend und eben deshalb den Erfolg erzwingend.

Die Tragikomödie »Olympia«, wie die Bezeichnung im Buch, das Drama »Olympia«, wie sie auf dem Theaterzettel lautet, erhellt ebenso den Weg des Dichters Ernst Weiß wie den Weg des Dramas. Ernst Weiß wurde bekannt durch seinen Roman »Die Galeere«. In ihm sind die Elemente des Dichters vorgebildet: die Literaturkonvention der Zeit und das persönliche Künstlertum, das sie einschmelzen will. Die Literaturkonvention in der »Galeere« ist der schildernde, ausmalende Teil. Wieweit Ernst Weiß ihn innerlich überwunden hat, zeigt, daß er in diesen Partien nichtssagender bleibt als viele Routiniers, die die stimmungsvolle Schilderung noch im Blute haben. Wo Weiß vom Thema ergriffen wird, wird er in Wahrheit »ergriffen«, fortgerissen, über sich hinausgesteigert. Landschaft ist die Seele des Menschen. Die Umwelt verbrennt in der Empfindung. Hier steht der Dirnenroman »Tiere in Ketten«. Der »Expressionismus« wurde für eine unepische Kunstform erklärt – obwohl Dostojewskijs Romane schon in der tiefsten Bedeutung expressionistische Epen sind. Ernst Weiß ist in keinem Schulsinn, doch von innen der »Expressionist« des Romans. Aber nun geschieht das Merkwürdige, daß Ernst Weiß, dessen epische Visionen ungeheuer, dessen Phantasie ebenso ausschweifend wie bändigend ist, mit dem persönlichen Erlebnis gleichzeitig die literarische Sprache der Zeit gestaltet. Oder: daß er, in eine literarische Zeit gestellt, sein individuelles Künstlertum wie zur Auseinandersetzung mit dem dichterischen Thema zur Auseinandersetzung mit der literarischen Vokabulatur der Zeit zwingt. Das Dirnenthema gewinnt bei ihm weitere Perspektiven als bei irgendeinem anderen Dichter der Gegenwart – aber es verleitet auch zu einer literarischen Betonung der Kontraste: Dirne – Heilige, Dämon – Bürger. Wo Weiß diese in der Zeit liegenden Akzentuierungen überwindet, glühen schöpferische Ekstasen. Und es wäre Weiß überwältigend gelungen, die Gestalt der Dirne Olga-Olympia in den außerordentlichen Tigerroman »Nahar« aufgehen zu lassen, wenn er den Übergang vom Mensch zum Tier überhaupt nicht betont hätte.

Ernst Weiß kämpft in sich den Kampf der gegenwärtigen Dichtung aus: den Kampf zwischen Literatur und Kunst. Wenn er die Gestalten des Romans »Tiere in Ketten« im Drama »Olympia« wiederaufleben läßt, so ist diese Neugestaltung weit von jeder »Bearbeitung« entfernt. Weiß wird von neuem vom Stoff, vom Thema, von den Gestalten ergriffen – und dieser Epiker schafft ein Drama, das in sich dramatischer ist als viele Dramen abgestempelter Dramatiker. Denn die vier Figuren des Romans: die besessene, von der Liebe zum Zuhälter Michael besessene Dirne Olga-Olympia, dieser Zuhälter, die Dirne Maja, die Olga verdrängt, der Doktor Kühn, der Olga zu sich nimmt, dem sie wieder entflieht – ordnen sich von selbst zu dramatischen Gegenspielern. Sie sind Gegensätze untereinander: schematisch ausgedrückt »Bürger und Dämon«, wie das Stück zuerst hieß. Sie sind Gegensätze in sich: der Bordellwirt Michael war früher Offizier, die Dirne Olga ist gleichzeitig die religiös besessene Olympia, die Dirne Maja ist die bürgerliche Hauswirtin, der Bürger Kühn verteidigt vor sich selbst seine »Ordnung« gegen die fessellose Olympia. Wie diese Personen außer sich geraten und in sich zurückgeschleudert werden, wie sie sich gegenseitig in ihre brennenden Kreise ziehen und sich wieder abstoßen, das ist in einem rhythmisch gesteigerten Tempo gestaltet, das hinreißt. Hier ist das Stoffliche (das Milieu) nur Anlaß, um die Personen seelisch aus sich herauszuschleudern, hier ist es oft restlos in seelische Spannung übertragen.

Dieses Drama ist auf Töne gesetzt. Man muß die Worte nicht für sich, sondern in der Bewegung hören. Wenn man sie einzeln aufnimmt, finden sich manche Überbetonungen (die wieder banal wirken). Die Worte: Höllensturz und dämonisch dürften nicht fallen. Ebenso ist der Aufschwung, die Ekstase reiner, wo sie aus dem Tierisch-Menschlichen hervordrängt und die Personen hinaufschleudert, als wo sie sich in reineren Sphären bewegt: Der Kirchenakt ist blaß und unpersönlich.

Weiß hat szenische Phantasie und szenische Bewegung. Er hat nicht immer (wie in den Romanen) sprachliche Bildkraft. Die Szenen sind gesehen. Die Worte sind gehört. Sie türmen sich auf. Sie haben die unendliche Melodie. Dieses Auftürmende hatte die außerordentliche Vorstellung (im Renaissancetheater) – die beste, die man seit langem in Berlin sah. Karl Heinz Martin hat seit der »Wandlung« keine so elementare, durchkomponierte Aufführung geleitet wie diese. Sie war ebenso fern vom Geschmäcklerischen wie vom Stilisierten. Und war in den Gipfelszenen hinaufgebaut. Diese Szenen wurden von Agnes Straub und Heinrich George getragen. Agnes Straub, phänomenal in den Steigerungen, ergriffen von der Gestalt, ergriffen vom Stück und über ihre früheren Rollen noch weit hinauswachsend. Heinrich George, darstellerisch freier als seit langem (nur manchmal auch brutal als Schauspieler), Wort und Körpersprache zu vollkommener Einheit zusammenschmelzend. Eine Aufführung vom Willen zur Sache getragen, den in den kleinen Rollen Franziska Kinz und Hanns Heinrich von Twardowski (dieser nur zu sehr auf Ekstase, statt auf Ruhe gestellt) ebenso erfüllte wie die Hauptdarsteller. Daß der Erfolg, den die »Junge Bühne« mit »Vatermord« hatte, sich bei der »Olympia« wiederholte, ist ein Zeichen, daß der erste Erfolg kein Zufall war. Die »Junge Bühne« (unter der Leitung von Moriz Seeler) hat den stehenden Bühnen, die aus sich heraus die Kraft zum Ensemblespiel nicht mehr aufbringen, gezeigt, daß immer noch Idealismus, immer noch Werktreue das schöpferische Element des Theaterspiels ist. So bleibt nur zu hoffen, daß die »Olympia« wenigstens jetzt in den Spielplan eines stehenden Theaters aufgenommen wird. Der Beifall für den Dichter, für die Aufführung, für Agnes Straub war ungewöhnlich.

Berliner Börsen-Courier, Nr. 132, 19. März 1923

Das Moskauer Kammertheater

Nach seinen Pariser Vorstellungen hat das Moskauer Kammertheater jetzt mit Wildes »Salome« sein Gastspiel im Deutschen Theater eröffnet.

Als Alexander Tairoff, der Direktor und Regisseur, im Winter sein prinzipielles Programm entwickelte, sagte ich: »Wieweit diese Versuche den Gefahren der Konstruktion nahekommen, wieweit ihnen das Glück der Gestaltung blüht, können erst die

Aufführungen selbst entscheiden.« Die Aufführung der »Salome« entschied sich für die Konstruktion.

Was Alexander Tairoff will, berührt sich eng mit den Erneuerungsversuchen des deutschen Theaters. Er will fort von der Schauspielkunst des Zufälligen, des Dilettantischen, also des »Privaten«. Was er aber in der »Salome« gab, vermied nicht das »Dilettantische« nach einer anderen Seite. Wenn bei Stanislawski, wenigstens in manchen Vorstellungen, die Berlin *nach* der Revolution sah, fast ein Dilettantismus des Zufälligen vorherrscht: ein Schauspieler wird ins Stück gestellt, weil sein Typus eine »Ähnlichkeit« mit der Rolle aufweist – so ist in dieser »Salome«-Aufführung oft ein Dilettantismus des Zwanges zu finden, der auf einem Umwege wieder im Privaten endete. Die Schauspieler, auf eckige Gesten, auf abgezirkelte Bewegungen gedrillt, standen, sobald sie die steife Haltung aufgaben, privat, vom Ausdruck verlassen, herum. Dieser Aufführung fehlte der entscheidende Beweis für ihre Entwicklungsfähigkeit. Die Übergänge von der Ruhe zur Bewegung waren Stellungswechsel, vorgenommen von Schauspielern, die sich zwischen starren Posen bei einem »Rührt euch!« erholten. Und selten sah man so viele unkörperliche Darsteller in einer Aufführung zusammen, die ausschließlich auf Körperausdruck angelegt sein wollte.

Man muß zwischen den prinzipiellen Einwänden und denen gegen die schauspielerischen Einzelbegabungen unterscheiden. Prinzipiell ist zu sagen, daß Tairoff die Idee des Ausdruckstheaters malerisch-dekorativ abbiegt. Er will Raumtheater und diesen Raum gestalten, rhythmisch gliedern durch das intensive Spiel des Schauspielers. Dann hat er die dynamische Verstärkung durch fortgezogene und wieder zugezogene Vorhänge nicht mehr nötig. Und wenn er diese Verstärkungen, die im Grunde nicht dynamische Verstärkungen, sondern Stimmungsverstärkungen sind, doch als notwendig empfindet, so muß er den Schauspieler so steigern, daß die Verengung oder Vergrößerung des Spielraumes sich organisch aus dem Intensitätswechsel der Darstellung ergibt. Gerade die Einschaltung stärkerer oder schwächerer Energiespannungen aber konnte ihm mit diesem schauspielerischen Material nicht glücken. Nicht mit Alice Koonen, die als Salome gespreizt deklamierte und innere Vorgänge körperlich nicht zu übertragen vermochte. Nicht mit Nikolai Zeretelli, der als Jochanaan eine Heldenbaritonpartie, nicht mit Iwan Arkadin, der als Herodes eine Baßbufforolle spielte.

Was an dieser Vorstellung interessiert und das Gastspiel des Moskauer Kammertheaters trotzdem zu einem Ereignis macht, liegt in den Zeitumständen und in der allgemeinen europäischen Theatersituation. Daß man in Rußland, dem Urland der naturalistischen Schauspielkunst, sich radikal vom Naturalismus abgekehrt hat, ist für die deutsche Bühne auch dann von Wichtigkeit, wenn diese Abkehr anfangs noch so große Irrtümer mit sich bringt. Daß Alexander Tairoff und vielleicht entschiedener noch ein anderer revolutionärer russischer Regisseur: Meyerhold nicht mehr naturalistisch spielen können, ist entscheidend. Die Irrwege sind scheinbar größer als bei uns, aber ein Durchgang. Wenn man die Aufführung der »Salome« mit modernen deutschen Vorstellungen vergleichen will, so kann man etwa sagen, daß Martin und Taut in der »Jungfrau von Orleans« ähnliches mit unerhört stärkerem Gelingen versuchten, daß das Kunstgewerbliche bei uns höchstens in der »Savonarola«-Vorstellung bei Meinhard und Bernauer so wenig vermieden war. Dabei muß man in Betracht ziehen, daß die Bildersprache der »Salome« dem russischen Tonfall Hemmungen bereitet – wie überhaupt das Theater Alexander Tairoffs in seiner Beziehung zum Drama noch besonders zu betrachten sein wird. Die Fragen des Theaters sind wieder in Fluß gekommen. Erkennen wir auch in Abwegen noch den Willen zur Erneuerung und gewinnen wir auch noch aus der Erkenntnis mißlungener Halbheiten Erfahrungen der Entwicklung.

Berliner Börsen-Courier, Nr. 163, 8. April 1923

Das Russengastspiel im Deutschen Theater

Nichts ist bezeichnender für das russische Theater von heute, als daß es bei seiner radikalen Abkehr vom Naturalismus geistig bereits dort steht, wo das deutsche Theater hält, das nach Brahm Reinhardt gehabt hat, daß es praktisch aber nach Stanislawski etwa durch die Station Reinhardt hindurchgeht. Genauer gesagt: daß es ein dekorativ-stilisierendes Theater mit der Ästhetik des Raum- und Ausdruckstheaters begründet. Daß die Russen auf der Bühne zugleich konservativer und revolutionärer als wir sind, hat seine Gründe darin, daß sie zwei Traditionen hatten, die getrennt weitergebildet wurden: die darstellerische Stanislawskis und die tänzerische des Balletts. Während bei uns die Periode Reinhardt entweder durch Stilisierung umgangener oder durch Unterstreichung verschärfter Naturalismus war, scheint sie bei den Russen (ohne daß ich sie im entferntesten mit Reinhardts Leistungen vergleichen will) keine Berührung mehr mit dem Naturalismus zu haben, weil dieser für sie nicht wie für Reinhardt zu überwindender Ausgangspunkt, sondern überwundener Gegenpol ist. Die verschiedenen Anfänge führten aber zu einem ähnlichen Ziel: zum farbigen dekorativen Schauspielertheater, zum Theater an sich. Innerhalb dieses Theaters sind die Russen weiter als Reinhardt war, weil sie, vom Ballett ausgehend, dieses Theater ohne Rückfälle in den Naturalismus rhythmisch durchbilden konnten. Wir aber haben – wenigstens in unseren besten Inszenierungen – dieses Theaterprinzip überwunden.

Das Buch von Alexander Tairoff (im Verlag Kiepenheuer erschienen) heißt »Das entfesselte Theater«. Dieser deutsche Titel, der keine Übersetzung des russischen ist, betont das Reinhardtische der Versuche noch stärker, als es der Inhalt tut. Der Titel war gerade für uns irreführend, weil er bei uns auf ausschweifende Einfälle (Orpheus, Sumurun), bei Tairoff auf das Grundsätzliche angewandt wird. Auch er kommt fast zu einer Negierung des Dramas. Wieder sind die Gründe andere als in Deutschland. Reinhardt gab mit Recht dem Drama die Theaterwirkung zurück. Tairoff sucht die Theaterwirkung jenseits der »Literatur«. Ihre Berührungen liegen in der Pantomime. Reinhardts beste Leistungen lagen aber nicht in dem losgelösten Theater. Tairoffs beste Leistungen liegen im losgelösten Theater.

Seine entwicklungsfähigste Leistung ist die Inszenierung der »Zwillingsschwestern« (Giroflé-Girofla). Eine prachtvolle Vorstellung. Wie hier die Ensembleszenen aus der Musik in Bewegung umgesetzt waren, wie bei äußerster Präzision im einzelnen eine äußerste Gelöstheit im ganzen herrschte, das blieb meisterhaft. Daß das Orchester nicht vollkommen war, daß nicht immer gut gesungen wurde, sagt nichts gegen das Wesentliche dieser Aufführung. Niemals war in Berlin eine Operettenvorstellung in den Ensemble- und Chorszenen so beschwingt. Niemals war der Begriff »Chor« und »Statist« so restlos aufgehoben. Es gab gewiß Operettenvorstellungen, die »lebendig« inszeniert waren, in denen der Chor »spielte«. Dieses »Spiel« aber war grundsätzlich verschieden von dem »Spiel« der Russen. Hier lösten sich nicht Solo- und Ensemblenummern ab, hier entfalteten sich alle aus demselben Bewegungsgesetz. Es entstand keine Lücke, es entstanden Bewegungsvariationen, die sich zwangsläufig aus sich selbst ergaben.

Berliner Börsen-Courier, Nr. 176, 16. April 1923

»König Lear«

Großes Schauspielhaus

Undankbarkeit, Verrat, Treulosigkeit, Glaube, Vertrauen, Freundschaft – als sie noch nicht moralisch, sondern elementar empfunden wurden, als sie den Menschen noch zu erschüttern vermochten, war die große Zeit der Tragödie. Daß man primitive Gefühle ins Philiströse, Urinstinkte ins Kleinbürgerliche umdeutete, verarmte eine Zeit, die in ihren Handlungen sich wieder emporreckte, aber – intellektualisiert – den Seelenraum nicht fand, der ihren Geschehnissen gemäß ist. Daß Glaube eine Angelegenheit der Sofaecke, daß Verrat eine Selbstverständlichkeit nicht der Verräter, sondern des Verratenen wurde, daß man auf Erlebnisse nicht mehr reagierte, machte die Zeit unproduktiv. Und nichts ergreift bei Shakespeare mehr, als daß das Primitivste seine Menschen fällt. Bei Shakespeare erschüttert der Verrat die Elemente, und die Treue stellt die Harmonie des Weltalls wieder her. Es gibt kein religiöseres Drama als »König Lear«, weil Bosheit, Tücke, Mord und Blendung nur den leidenden Menschen in Einklang mit den Elementen bringt. Bei Shakespeare haben Undankbarkeit und Liebe noch ihren schöpferischen Seelenraum. Sie haben die Kraft, magische Visionen, apokalyptische Bilder zu zeugen. Sie haben die Flamme, heroisch empfinden zu lassen, was heute schulmeisterlich geworden ist.

Die Aufführung brachte es fertig, den »König Lear« aus seinem magischen Seelenraum in die kleinbürgerliche Gemütssphäre zu drängen. Nicht wegen, sondern trotz des Großen Schauspielhauses. Denn wie die Vorstellung anfing – hatte sie in der Raumverteilung der Szene den inneren Raum der Tragödie. Wenn vor riesenhaftem Stufenbau unter dröhnender Musik die Paare antreten zur seelischen Schlacht, wenn oben der König erscheint – da ist architektonische Gliederung gleichzeitig innere und äußere Tragödienexposition geworden. Wenn aber die bildhaft suggestive Goneril von Gertrud Eysoldt zu sprechen beginnt – da ist der Auftakt zu allen Mißverständnissen. Die Gemessenheit der Bewegungen kommt durch die Sprache nicht ins Fließen, sondern die Sprechweise, ziehend, jedes Wort betonend, und damit die sprachlichen Bilder – die Bilder sind der Seelenraum des Dramas – zerstörend, verhärtet sich an der Starre der Gebärden. Das wird um so quälender, je mehr das Drama aus dem Repräsentativen ins Seelische kommt. Jeder sagt seinen Vers auf. Nicht seinen Vers, sondern seine einzelnen Sätze. Und wo die Szene zur türmenden Komposition sogar dann verführen würde, wenn türmende Komposition ein Fehler wäre, breiten sich nebeneinander stehende oder ineinander verschlungene Solisten aus.

Als Werner Krauss oben, müde, belastet als König Lear erschien, glaubte ich, es wäre eine Vision: den kleinen Menschen im riesigen Raum zu zeigen. Ich glaubte, er wolle die schon erloschene innere Flamme vom Schicksal anfachen lassen und ein König des Leides, des Wahnsinns werden, weil er kein König der Macht mehr war (auch als er sie noch besaß). Aber Krauss ging weder diesen noch einen anderen inneren Weg. Auch er setzte – sorgfältig ausgearbeitet – Szene neben Szene. Dieser Lear war überall da gut, wo er jenseits der Sprache spielte. Wo Krauss den Versraum mit Gängen und rauhen Schreien durchstieß, wirkte er stark. Lear aber kann wesentlich nur aus den Visionen der Sprachbilder gespielt werden. Nur wer den Lear hört, gestaltet seine Hintergründe, wird ergriffen von der religiösen Flamme, die ihn durchrast und verbrennt. Krauss ging oft ins Wehleidige hinunter. Und manchmal schien es fast, als ob dieser herrliche Künstler nicht von einem inneren Königtum des Schmerzes, sondern von dem sentimentalen eines vertriebenen Königs spräche. Krauss sang dann: »Einst spielt ich mit Zepter, mit Krone, mit Stern.«

Es war die letzte Schauspielaufführung des Großen Schauspielhauses. Sie zeigte in der räumlichen Ausgestaltung durch den Erbauer des Theaters, durch Hans Poelzig, in der Anfangsszene und später in den Auftritten bei Goneril und Regan (Blendungsszene) zum erstenmal, wie die Bühne architektonisch zu gliedern ist. Es gehört zur Tragik dieses Hauses, daß es in der letzten Aufführung zum erstenmal räumlich beherrscht schien. Die erste Tragik war, daß ein richtiges Prinzip: das architektonische Raumtheater, durch die Dimension des Hauses diskreditiert wurde. Die zweite, daß kein Regisseur aus den grundsätzlich anderen Bedingungen dieses Hauses, sondern jeder aus denen eines vergrößerten Guckkastentheaters spielte. Die dritte, daß auch diesmal der Regisseur die Intentionen des Architekten nicht erfüllen konnte (und die falschen, raumzerreißenden Auftritte aus dem Publikum heraus wieder einführte, die mit dem Wesen des Raumtheaters nichts zu tun haben). So wurde die letzte Schauspielaufführung noch zu einer Übersicht über alle Möglichkeiten und Mißverständnisse des Hauses. Selbst dort, wo in den Ansätzen, wie von Heinrich George als Gloster, Maria Fein als Regan, ja manchmal sogar von Raoul Lange als Edmund, raumhaft gespielt worden wäre, wenn auch sie nicht sprachlich gedehnt hätten.

Berliner Börsen-Courier, Nr. 186, 21. April 1923

Brecht und das Münchener Staatstheater

»Im Dickicht« ist Bertolt Brechts drittes und reichstes Drama. Ein Polizeibericht aus dem Chinesenviertel Chikagos ist Vision, ein Kolportagestoff apokalyptisches Gleichnis geworden. Brecht »deutet« weder einen Kriminalfall, was »beobachtende« und psychologisierende Dichter, noch gibt er Effekte, was Sensationsdramatiker getan hätten. Brecht taucht hinter den Vorfall. Er stößt ihn ins Chaos zurück. Er gibt nicht das Ende, das analysierende Dramatiker auch dann geben, wenn sie »Erklärungen« für ein Ereignis suchen: jede Erklärung geht vom Resultat aus und führt es schrittweise an den Anfang zurück. Brecht gibt nicht den Anfang, den Effektschreiber bringen, wenn sie Voraussetzungen für spannende Vorgänge schaffen: die Ereignisse entwickeln sich dann aus einem einmaligen Vorfall zu einer fortlaufenden Handlungsreihe. Brecht gibt die Atmosphäre, in der Unerhörtes, die Luft, in der Undeutbares geschehen muß. Er gibt mit den ersten Worten eine dritte Welt, in der der Kampf zwischen Menschen auf einer anderen Ebene, »in den Lüften«, sich abrollen muß.

Hier kann man nur ja oder nein sagen. Man spürt sofort die Suggestionskraft der Sprache, oder man bleibt dem ganzen Drama gegenüber unempfänglich. Man spürt den Strom zwischen den Menschen, oder man findet alles »unklar«. Wie der Kampf zwischen dem malaiischen Holzhändler Shlink und dem Leihbibliotheksangestellten George Garga mit vertauschten Waffen ausgefochten wird, wie der Zerstörer: der Malaie, mit Selbstentäußerung und Liebe, der Verteidiger, der Weiße, mit Haß und Empörung vorgeht, das ist eine der kühnsten dichterischen Visionen. Die Gestalten fließen ineinander über. Sie sinken unter und tauchen auf aus der fauligen, flimmernden Atmosphäre des »Dickichts« (des Chikagoer Chinesenviertels), sie vertauschen sich im halben Licht, sie zerfleischen sich und suchen Beziehungen zueinander. Aber je enger sich ihre Kreise ziehen, desto ferner werden sie sich, und nicht einmal im Haß kommen Shlink und Garga zueinander.

Die dramaturgische Aufgabe diesem Drama gegenüber ist nicht die: »Klarheit« zu schaffen. »Klarheit« würde das Beste: die Atmosphäre des Stückes, zerstören. Sie ist eher: ein rhythmisches Gleichgewicht zwischen den Szenen herzustellen. Denn Brecht wird oft so weit fortgetrieben, daß die Bühnenzeitverhältnisse der Szenen ins Schwanken geraten. Daß er breit ausgespielte Szenen auf kurze setzt, ohne daß dieser Wechsel rhythmischen Zwang hat. Der Regisseur Erich Engel hat in der inneren Konzentration des Kampfes zwischen Shlink und Garga oft Hervorragendes geleistet. Er hat überall das Atmosphärische, das Dämmernde, das Visionäre gelassen. Gegen den Schluß hin wären aber manche Szenen in ihren Zeit- und Tempobeziehungen zueinander noch auszugleichen gewesen. Das hätte die Übersichtlichkeit der dynamischen Personenbeziehungen gefördert, ohne daß Ansprüche an »logische« Klarheit aufgekommen wären. Nicht Gliederung nach schulmäßigen Akten, nach »Verständlichkeit«, nach Abgrenzung der Personen, nach Bühnentechnik, nur Auswiegung der langen und kurzen Szenen, des dynamischen Wechsels, ist die dramaturgische Forderung, die man an Brecht stellen muß. Die Forderung, die sich nicht aus einem dramaturgischen Dogma, aus einer szenischen Regel, sondern aus seinen Dramen selbst ergibt: aus ihrem Balladencharakter, aus ihrer Strophengliederung, aus ihrer sprachlichen Suggestionskraft. Die rhythmisch-bildhafte Suggestion der Sprache auf die Suggestion der rhythmischen Szenenfolge übertragen – und Brecht ist nicht nur die stärkste visionäre Kraft, sondern auch der größte Szenenbeherrscher des jüngeren deutschen Dramas. Mit allen Rätseln und allem Chaos, mit allem Dunkel und allem Licht einer verwesenden und aus der Verwesung wieder aufsteigenden Zeit – das Chaos durch Gestaltung und Form überwindend.

Berliner Börsen-Courier, Nr. 220, 12. Mai 1923

Es ist ein großes Verdienst des Generalintendanten Zeiß, unter den gegebenen Verhältnissen in München die Aufführung des »Dickicht« gewagt zu haben. Brecht ist zwar Augsburger, und in dem Stück kommt keine einzige politisch ausdeutbare Bemerkung vor, aber der Kampf, der heute, wo man hinsieht, in Deutschland geführt wird, hat kaum noch etwas mit politischen Einstellungen zu tun. Es ist ein Kampf gegen das Unbequeme, Unkonventionelle, gegen das Unphiliströse, Irrationale auf allen Gebieten. Die rücklaufende Welle ist so gewaltig, daß sie die geistige und seelische Produktivität überhaupt wegschwemmen möchte, weil alle Selbstzufriedenen unbewußt merken, daß die Produktivität an sich gegen Genügsamkeit und Genießen gerichtet ist und Ausdruck eines kommenden, alle rationale Vernunft überbrandenden Weltgefühls wird. Und Brechts dämonisch nihilistisches, über die Ränder quellendes, chaotisch reiches, wucherndes Drama, in dem die Menschen vampirhaft einander aussaugen, in dem Wohltaten zerstören, in dem man vor der Einkreisung des Guten ins Gefängnis flieht, in dem der Sumpf Licht ausstrahlt und die Gestalten mit schwankenden Umrissen in die Dämmerung zurücktauchen, aus der sie kommen – Brechts flackendes Drama, in dem auch vereinzelte Banalitäten einen unheimlichen Unterton haben, mußte die Ruhe eines Staatstheaters jäh durchbrechen. Aber was Jessner kaum gewagt hätte und Hollaender nicht gewagt hat, Zeiß hat sich für die Aufführung auf dem nicht ungefährlichen Münchener Boden eingesetzt und Erich Engel die Regie gegeben. Das »Dikkicht« ist im Grunde nur mit faszinierenden, bannenden Persönlichkeiten zu spielen. Dann kann man George Garga in der

Einleitungsszene langsam, mit gespenstischer Ruhe einkreisen lassen, dann kann man den Kampf zwischen Shlink, dem Malaien, und Garga, dem Weißen, in immer wildere Temposätze hineinsteigern. Engel mußte zu scharf, zu stürmisch, zu fortissimo einsetzen – weil der Kampfcharakter mit unpersönlichen Schauspielern nur durch Lebhaftigkeit und Agilität auszudrükken war. Besonders der Gegenspieler Shlink – eine Krauss-Rolle wie wenige – konnte bei dem guten, aber nicht intensiven Schauspieler Otto Wernicke nur schwer Träger der dramatischen Spannung werden. Und Herr Karl Graumann stand der visionären Welt Brechts so fremd gegenüber, daß er aus Verlegenheit zum Spiel mit Wäscheleinen griff und eher den stelzenden Invaliden aus dem »Goldenen Kreuz« (»Je nun, man trägt, was man nicht ändern kann«) gab, als einen verkommenen, verfaulenden Bewohner des »Dickichts«. Trotz mancher Darsteller aber, die zogen und schleppten, riß Engel die Vorstellung zusammen und erreichte mit den suggestiven Dekorationen von Caspar Neher (die seine Bühnenbilder zum »Käthchen von Heilbronn« im Berliner Staatstheater weit übertrafen) unheimliche Konzentration. Erich Engel ist heute eine der stärksten, ehrlichsten, persönlichsten Regiebegabungen. Er ist – nach »Scherz, Satire ...« und dem »Dickicht« – in seinen Ausdrucksmitteln gelöst und variabel. Er ist dramaturgisch überlegen. Man gebe ihm Schauspieler, die den Ausdruck in der Ruhe durchhalten und nicht – wie hier manchmal – Spannungslöcher entstehen lassen, und seine »Dickicht«-Inszenierug wird meisterhaft. Aber Engel hatte für den Garga Erwin Faber, der mit seiner flackernden Inbrunst, mit seiner jähen Wildheit der bannende Brecht-Spieler ist. Er hatte für die Schwester Maria Koppenhöfer, die über tote Punkte (sie leitete den Ausdruck nicht in den stummen, abseitigen Momenten weiter) immer wieder durch starke, persönliche, aus der Tiefe kommende Ausbrüche hinwegbrachte. Er hatte für die Mutter Luise Hohorst, die die Rolle zwar wie viele an diesem Abend in einen stillen und einen aufgesetzt-visionären Teil zerfallen ließ. Er hatte für die Geliebte des George Garga eine junge Anfängerin, Charlotte Krüger, die, vor allem sprachlich noch unfertig und mit ihrer Unintensität die Vorstellung manchmal fast gefährdend, dennoch begabt zu sein scheint.

Berliner Börsen-Courier, Nr. 221, 13. Mai 1923

»Der arme Vetter«

Staatliches Schauspielhaus

Ernst Barlachs Drama »Der arme Vetter« hat die entscheidende Probe bestanden: es ist mit der Zeit gewachsen. Als es 1918 erschien, ergriff es wie das Drama eines Menschen, der lange stumm war und die Sprache erst fand, als er schon zu viel erlebt hatte. Die Sprache, die für den seelischen Ausdruck erst am Ende einer langen Entwicklung befähigt ist, schien ihre ersten Laute sofort für die letzten seelischen Erfahrungen hergeben zu sollen. Barlachs Werk hatte den Augenaufschlag eines Urmenschen, der in halbwachen Träumen das göttliche Geheimnis der Seele ahnt und sich und der Welt von dieser Ahnung Rechenschaft abzulegen beginnt. Oder es wirkte, als ob die Sprache nicht das Gestaltungsmittel sei, sondern zu etwas Gestaltetem hinzuerfunden wäre; als ob Barlach Figuren, die er vor seinem inneren Auge schon als Bildwerk vollendet sah, nachträglich reden machte. Oder: als ob holzgeschnitzte Einzelfiguren und Gruppen wechselnd zusammengestellt und verschiedenen Lichtwirkungen ausgesetzt wurden, als ob das Licht sie belebte und veränderte, als ob der Raum (der Schauplatz) von Einfluß sei, nicht das Geschehen.

Aber dieses atmosphärische und scheinbar unerlöste Drama hat produktive, weiterwirkende Kräfte in sich. Sein geheimer Seelenklang schwang der Zeit entgegen. Sein Gleichnis wurde durch die Jahre tiefer. Sein menschlicher Adel in der Trübung der Tage reiner.

Dieses Drama hat das Geheimnis der produktiven Umlagerung. Es wächst durch alle Schichten hindurch. Und wenn Hans Iver, der arme Vetter, am Strande der sich ins Meer verlierenden Nordelbe, auf der Heide und im Wirtshaus unter den Nebeln eines fröstelnden Osterabends mit platten, grausam banalen, tierisch brutalen Durchschnittsmenschen zusammentrifft, die alle auf denselben Dampfer warten, wenn sie an ihm sich enthüllen und tiefer in ihre Dumpfheit hinabgestoßen oder heller erleuchtet werden, so wird aus diesem Kampf zwischen Höhe und Tiefe, zwischen dem Abglanz des Jenseits absichtslos ein Gleichnis des ewigen Kampfes zwischen Licht und Dunkel. Die Menschen, Ausdruck der brauenden Atmosphäre einer Flußniederung und diese Atmosphäre wieder schaffend, real im Boden der Landschaft wurzelnd und an die Sterne reichend, sich stemmend gegen alles Überwirkliche und sich auflösend in die Unendlichkeit, verweben sich, durchdringen sich und finden ihr geheimnistiefes Ziel in der Beziehung, die zwischen Siebenmark, dem festen, anständigen, aber von der Höhe wieder hinabsinkenden Durchschnittsmenschen, seiner Braut, Fräulein Isenbarn, und Hans Iver schwebt, einer Beziehung, die ein erotisches Spiel in das letzte Gleichnis hinaufhebt, wo der eine Mensch nur noch Sinnbild, nur noch seelischer Akzent des anderen ist, wo Irdisches sich am Himmel sublimiert und Himmlisches am Irdischen erst sichtbar wird.

»Der arme Vetter« ist das adligste und männlichste Drama unserer Tage. Die Aufführung muß durch alle Schichten dringen: von den platten Banausen bis hinauf in die Welt, wo Siebenmark und Iver fast in den Lüften kämpfen, wo die Menschen, wenn sie sich mit anderen schlagen, Schlachten mit ihrem eigenen Dämon ausfechten. Jürgen Fehling führte sie durch diese Schichten. Und wenn zu Beginn manche Figur vielleicht zu isoliert schien, wenn in der ersten Wirtshausszene noch einige Details ablenkten, am Schluß der Höhenkampf manchmal zu monoton geriet und zuletzt die konzentrierenden Striche fehlten, so ändert das nichts an der Fülle und Geschlossenheit, an der Gegenständlichkeit und Phantastik der ganzen Aufführung. Ein vorwärtstreibender, ein bereichernder Abend. Schauspieler, die sonst in sich selbst verschlossen blieben, wie Erwin Kalser, waren gelöst. Dieser Darsteller, kunstnäher, geistnäher als viele andere, ist ein tragischer Fall: er kann sich nicht ausdrücken. Diesmal hatte er nicht nur den vornehmen menschlichen Ton (der oft ans Langweilige grenzte), diesmal hatte er mit Variationen der Sprache körperliche Variationen, diesmal hatte er Phantastik und seelische Beredsamkeit. Ebenso schien Johanna Hofer bereichert. Sie fand an der Situation Stützen für ihren Ton, sie hatte echte Ausbrüche und fiel nur in den Höhenszenen etwas in den blassen Singsang zurück.

Heinrich George gab den Siebenmark. In allen Szenen der Diesseitigkeit prachtvoll knapp und geschlossen, fest und menschlich umgrenzt. In allen Szenen, wo er sich mit seinem anderen Selbst schlägt, wo er sich über sich hinausdrängen will, körperlich suggestiv, sprachlich gewaltsam. George fehlt zum letzten sprachliche Phantasie. Er preßt dann den Ton. Er arbeitet mit quantitativer, nicht mit seelischer Steigerung.

Die kleineren Rollen, wie fast immer bei Fehling, vollendet: Elsa Wagner eine diskret-phantastische mannstolle Frau Keferstein, Albert Florath ein derb-vergnüglicher Schiffer, Ernst Gronau ein skurill verzerrter Herr Engholm, Ernst Legal ein beizender Herr Voß. Eine ebenso reiche wie bescheidene Aufführung, die auch im Bühnenbild wesentlicher gestaltet war, als es dem sonst oft ins Oberflächliche abgleitenden Rochus Gliese jemals glückte.

Berliner Börsen-Courier, Nr. 239, 24. Mai 1923

»Die Freier«

Staatstheater

Das Deutsche mußte seinen poetischen Ausdruck in einer anonymen Zeit finden. In einer Zeit, die dem Menschen gestattete, privat zu bleiben. Nachdem Goethe den deutschen Geist aus seiner privaten Existenz herausgeführt und in den europäischen Organismus eingegliedert oder mehr: durch die Europäisierung des deutschen Geistes den europäischen zu seiner Umlagerung gezwungen hatte, mußte der deutsche Geist sich sofort gegen den Ansturm politischer Aktualität behaupten und – zog sich in der Romantik wieder auf sich selbst zurück. Diese Selbstbeschränkung war eine Bereicherung, was das spezifisch Deutsche, eine Verengung, was das Europäische anbetrifft (sosehr auch gerade die Romantik fremde Literatur einsog und neu gestaltete). Indem das Deutsche aus den Beziehungen zur realen Welt, aus den Beziehungen zur Zeit gelöst wurde, sank es zwar tiefer in seine eigene Wesenheit zurück und gelangte wieder an die verborgenen Quellen seines inneren Daseins, aber es verschüttete sich den Ausweg in die Zukunft. Als die deutsche Innerlichkeit nicht mehr versuchte, die äußere Welt zu durchdringen, als sie sich von der Wirkung auf das Politische (in der weitesten Bedeutung) abdrängen ließ, obwohl viele diese Notwendigkeit und gerade 1848 spürten, machte sie sich unproduktiv für die deutsche Zukunft. Und obwohl in der Romantik die geistig-seelischen Voraussetzungen für die deutsche Einheit geschaffen wurden, die Isolierung der deutschen Innerlichkeit war der tiefste Grund, daß das Deutsche, auf die Probe der Zeit gestellt, sich nicht behauptete, sondern auseinanderbrach. Die Innerlichkeit, aus dem lebendigen Wechsel der Zeit gelöst, war Beschaulichkeit geworden. Sie konnte sich eines aktiveren Jahrhunderts nur durch ihre gewaltsame Betonung (Sentimentalität) oder durch ihre gewaltsame Verleugnung (Brutalität) erwehren.

Die deutsche Romantik war eine Herrlichkeit ohnegleichen. Aber sie war auch eine Gefahr ohnegleichen. Sie bestärkte den Deutschen in der Verachtung der Außenwelt. Gerade indem sie ihm seinen eigenen Seelenbezirk öffnete, schloß sie ihn auch in diesen ein. Der Deutsche sah sich nur noch in poetischer Verklärung. Seine Innerlichkeit wurde selbstgerecht. Das machte ihn politisch und schließlich auch künstlerisch steril.

Als die Gefühle der Zeit nur die Maske der Sentimentalität zukehrten, begannen die Schriftsteller, die Maske für das Gesicht und das Gefühl überhaupt für Sentimentalität zu halten. Die Epoche der Literaten begann. Man verachtete große Gefühle, weil man sie für romantische Verschleierung hielt. Man pries die Technik, weil man in ihr den Ausdruck für die Zeitbeziehung zu haben glaubte. So schlug die Romantik in ihr äußerstes Gegenteil um – und wurde wieder Romantik, wieder Isolierung. Denn die Betonung der Technik wurde bald ebenso einseitig wie die Betonung der Innerlichkeit. Die Romantik der Seele wurde die Romantik der Maschine und mußte als Gegenwirkung die Romantik der – Seele zur Folge haben. Diesen Kreislauf muß der deutsche Geist verlassen, wenn er europäisch, wenn er künstlerisch wieder produktiv werden will. Und in allem Wirrsal und Chaos ist es das Glück, zu spüren, wie das Gefühl wieder frei wird, ohne sich romantisch, wie der Geist wieder aktiv wird, ohne sich mechanisch zu isolieren. Deutschland beginnt wieder elementarer zu erleben. Es ist die Vorbedingung für die Überwindung seiner schöpferischen Krisis.

Eichendorffs Lustspiel »Die Freier« ist gewiß zu leicht, um es mit diesen prinzipiellen Fragen zu belasten. Aber es kommt in einer künstlerischen Situation nach Berlin, die die Perspektiven von selbst ergibt. Aus diesem Zusammenhang gelöst, wird es Anlaß zu einem der hübschesten Abende in dieser Sommerspielzeit. Es ist das Verdienst des Bearbeiters Otto Zoff, es für die Bühne entdeckt zu haben (wenn ich auch glaube, daß Eichendorff die Rotters noch nicht gekannt und deshalb kaum gesagt hat: »Laß die Hosen herunter!«). Es ist ein Verdienst des Sommerdirektors Illing, mit dieser Aufführung der Operettenverführung Widerstand geleistet, es ist ein Verdienst des Spielleiters Ernst Legal, die Vorstellung publikumswirksam inszeniert zu haben. Allerdings hätte das mit einheitlicheren Mitteln geschehen können. Legal gab einen possenhaften und einen lyrischen, einen spielerischen und einen schwärmerischen Teil. Für die mangelnde Operette suchten Aida Stuckering (vom Stadttheater in Düsseldorf) und Magda Simon (von den Kammerspielen in Hamburg) zu entschädigen. Es ist eine der falschesten Theaterüberlieferungen, daß Frauen schauspielerisch begabter seien als Männer. Gerade das Entscheidende: das Tonfallgehör haben Frauen selten. Wobei es übertrieben anspruchsvoll wäre, von den Männern in dieser Aufführung Tonfallgehör zu erwarten. Immerhin vertrat Ernst Proeckl die liebenswürdige Theaterkonvention (Herr Menzel vertrat das Schiller-Theater). Und Hans Brausewetter wäre vollkommen gewesen, wenn es eine schauspielerische Leistung wäre, so auszusehen, wie sich der »Dichter die Figur gedacht hat«. Gerade wer an Hans Brausewetter glaubt, muß ihn vor Überlastung warnen. Brausewetter verwischt in der letzten Zeit bedenklich den Ausdruck. Er spielt sein eigenes Klischee. Wahrscheinlich würde er in festeren, unschwärmerischen männlicheren, unjungenhaften Rollen sich finden.

Herr Karl Kyser spielte Temperamentersatz. Ernst Legal hatte, wenn er monologisierte, als einziger den Ton, der zwischen Spielerei und Lyrik die Mitte hielt. Aber wie er von diesem Ton aus das Stück nicht inszeniert hatte, gab er den Ton auch selbst in lebhafteren, aktiveren Stellen zugunsten einer falschen Schärfe und Überprägnanz auf.

Berliner Börsen-Courier, Nr. 309, 5. Juli 1923

Das Schauspielertheater

»Die Räuber« im Centraltheater

Die Operetten- und Schwankdirektion Adler im Deutschen Theater, in den Kammerspielen und im Großen Schauspielhaus hat bereits ihre erste finanzielle Krisis hinter sich – führende Schauspieler der Hollaender-Bühnen spielen als Protest Schillers »Räuber«. Daß die Operette, der Schund, der Reißer, im Übermaß geboten, nicht zugkräftig bleiben kann, diese Warnung, in der vorletzten Spielzeit immer wieder ausgesprochen, hat sich in der abgelaufenen Saison erfüllt. Der Schund hat sich selbst umgebracht. Die Direktoren haben nicht nur diese materielle Situation, sondern auch die ideelle Gegensituation verkannt, weil sie das Symptomatische weder in der einen noch in der andren Bewegung spürten.

Wer einer Bewegung gerecht werden will, muß die Folgen übersehen können. Wer eine Bewegung produktiv erhalten will, muß die Ansätze der Entwicklung von den Ansätzen der Zerstörung unterscheiden. Jede Idee trägt den Lebenskeim und den Todeskeim in sich. Der Lebenskeim des Schauspielertheaters heißt: Fanatismus der Schauspieler. Der Todeskeim: daß auch dieser Fanatismus modisch abgelenkt wird.

Daß die Schauspieler heute das produktive Element des Theaters sind, und nicht die Direktoren, das ist zuletzt oft bewiesen worden. Das bewies auch die »Räuber«-Aufführung. Die Szenen in den böhmischen Wäldern waren nicht nur durchschlagender, als wenn sie Herr Schmith, Herr Reich oder Herr Revy inszeniert hätten, sie waren auch disziplinierter. Die Begeisterung der Räuberszenen traf sich mit der Begeisterung der Darsteller. Alles hängt für die Zukunft des Schauspielertheaters davon ab, wie es die Begeisterung schöpferisch macht für Dramen, in denen Begeisterung nicht auch das dichterische Element ist. Welche Führer aus ihnen herauswachsen. Ob sie den »Stil« mit elementarem Ausdruck bereichern. Gestern schien es, als ob das Ensemblespiel auf Grund eines fertigen Präzisionsstiles erreicht wäre, als ob die Begeisterung noch nicht stilsprengend und dadurch formbildend geworden wäre. Es war ein Beweis für die Blutnotwendigkeit des neuen Theaters, daß eine Schauspielertruppe aus sich heraus exakt spielte. Die Exaktheit aber war so auf die Spitze getrieben, daß die Weiterbildung erschwert schien.

Das Schauspielertheater ist ein revolutionäres Theater. Damit seine Flamme rein bleibe, damit sie auch die Winterspielzeit durchdringe, muß es sich vor der Mode bewahren. Wie Zuchtlosigkeit eine Epidemie, kann auch Fanatismus eine Epidemie werden. Diese Gefahr kommt von außen, nicht von innen. Die Gefahr liegt in einer snobistischen Dramaturgie. Gerade das Schauspielertheater, das eine Vorstellung ohne namentlichen Regisseur herausbrachte, hätte es nicht nötig gehabt, sich eine »Bühnenbearbeitung« machen zu lassen. Denn die Bühnenbearbeitung legte für eine revolutionäre Aufführung – eine unrevolutionäre Fassung zugrunde. Diese Grenzen sprengende Aufführung wählte den Schluß, den Schiller als Konzession an feudale Intendanten geschrieben hatte. Einen unverträglichen Schluß, in dem Karl mit hochmütigen Moralphrasen über den vor ihn hingeschleppten Franz Gericht hält. Einen Kotzebue-, einen Spießer-, einen Rotter-Schluß. Wer dem Schauspielertheater eine Zukunft wünscht, muß es vor diesen Sensationszutaten bewahren. Der Irrtum in der Bühnenbearbeitung ist wesentlich. Er kann deshalb nicht bagatellisiert werden. Es ist ein Zuschuß Kurfürstendamm zu diesem elementaren Komödiantentheater. Und wenn er überhandnimmt, der Todeskeim. Auch die Rotters begannen einmal als Protestler und verfertigten Bühnenbearbeitungen (»Penthesilea«).

Berliner Börsen-Courier, Nr. 330, 17. Juni 1923

Eine in der Tendenz gute Bewegung schadet, wenn sie falsch angesetzt wird, mehr, als wenn sie gar nicht begonnen wäre. Ein verfehlter Protest ist schlimmer als gar keiner. Wenigstens im Augenblick. Für die Entwicklung kann jeder revolutionäre Irrtum fruchtbarer sein als konservatives Beharren – wenn er erkannt wird.

Kunstfanatismus ist, modisch ausgenutzt, ebenso abwegig wie Kunstzynismus. Die Schauspieler der »Räuber« haben den Idealismus, die Bearbeiter sehen die Konjunktur. (Auch Max Reinhardt in Wien gründet ein Schauspielertheater.)

Der Idealismus als Konjunktur – diese Wendung aussprechen heißt: die Gefahr verringern. Daß aber der Idealismus überhaupt Konjunktur wurde, das ist wieder ein Zeichen dafür, wie weit der fanatische Kunstwille bereits vorgedrungen ist –

vom Reich nach Berlin und von Berlin wieder ins Reich: selbst Mitläufer können ohne ihn nicht mehr auskommen.

Das Schauspielertheater ist gegründet worden nicht nur als Protest gegen den Betrieb, sondern auch gegen die schlechten Regisseure (besonders der Hollaender-Bühnen). Wenn es ohne Regisseur die »Räuber« spielte, so ist das nur scheinbar ein Widerspruch. Denn im selben Grade, wie sich der Haß gegen die Regielosigkeit kehrte, kehrte er sich gegen die Betonung des Regisseurs. Anonymität des Regisseurs wünschen heißt nicht Regielosigkeit wünschen. Der Widerspruch begann erst, als man die Betonung der Regie vermeiden wollte und spielte, als ob ein überbetonter Regisseur, wie Gustav Hartung, die Vorstellung geleitet hätte. Man wollte Gemeinschaftsgeist und spielte auf die Spitze getriebenes Individualitätstheater. Als während des Schauspielerstreiks »Kabale und Liebe« in der Bötzowbrauerei gespielt wurde, wurden die Darsteller über das Detail der Reinhardtschen Regie hinweggerissen: eine neue Totalität des Schauspielerischen entstand. Als das Schauspielertheater »Die Räuber« aufführte, spielte es Regie in Anführungsstrichen. Es schuf nicht aus dem darstellerischen Temperament die Ausdrucksform, sondern ließ das Temperament in einen fertigen Stil eingehen. (Der Weg Darmstadts und Frankfurts – hier erklärlich, weil George in der Hauptsache die Darstellung geleitet hat.)

Eine schauspielerische Gemeinschaft brauchte nicht unbedingt einen »Fachmann«, einen »Routinier«, einen Regisseur zum Direktor zu haben. Wenn seine Gemeinschaft organisch, seine Besessenheit echt ist, kann die Führerschaft sich von selbst herausbilden. Dann würde es ein wirkliches Theater werden, für das Leistung und Kunstanschauung dasselbe ist. Dann würde kein Theater mit von außen engagierten Regisseuren, sondern ein Theater entstehen, das den Zwang zum Ensemble und zur Regie in sich trägt.

Diese produktive Kraft scheint das Schauspielertheater nicht zu besitzen. Die Mitglieder werden irritiert durch ihre Dramaturgen, die vielleicht Willens-, vielleicht Intellektualitätsbeziehungen zu der neuen Theaterform haben, aber keine inneren Zwangsbeziehungen.

Das Schaupielertheater ist ein Symptom, das nicht wichtig genug genommen werden kann. Die Sommerdirektion Adler im Großen Schauspielhaus, im Deutschen Theater, in den Kammerspielen ist trotz aller Beschwichtigungsversuche über die Schwierigkeiten noch nicht hinaus. Noch immer ist keine endgültige Regulierung der Schauspielergagen getroffen. Noch immer schleppt man sich mit Vertröstungen und halben Versprechungen hin. Dieses Fiasko der Operetten- und Schwanksaison legt dem Schauspielertheater verstärkte Verpflichtungen auf. Es hat den Beweis für das künstlerische Erfolgstheater in der Hand. Es kann ihn nur durchführen, wenn es gleich im Anfang die Rotter-Keime abstößt. Wenn es sich dagegen wehrt, daß der Fanatismus Geschäftskonjunktur wird (und sich totläuft), wie die Operette bloße Geschäftskonjunktur wurde (und sich totlief).

Berliner Börsen-Courier, Nr. 334, 19. Juli 1923

Wenn es heute Schauspieler gibt, die ein Recht auf ein Schauspielertheater hätten, so wären es elementare Komödianten wie Alexander Granach und Heinrich George. Die Unruhe, die die Schauspieler überall ergriffen hat, ist ja nicht nur auf die allgemeine Unrast des künstlerischen Menschen, sondern darauf zurückzuführen: daß dem Schauspieler heute nicht mehr die psychologischen Arbeitsbedingungen geschaffen werden. Die Irritierung durch Nichtregie, das heißt subalterne Regie, und Überregie, das heißt preziöse Regie, ist so groß, daß eine elementare Umwälzung der Theaterverhältnisse aus diesem Grunde ebenso erfolgen mußte wie aus wirtschaftlichen und sozialen Gründen. Man brauchte keinen Augenblick an der Zukunft des Schauspielertheaters zu zweifeln, wenn die Ehrlichkeit einer fanatischen Proteststimmung genügt, um Niveau zu halten. (Daß das Schauspielertheater schon heute, schon nach wenigen Tagen bei gewissen Sommerdirektionen Angstzustände hervorgerufen hat, die sich im sofortigen Ansetzen von Strindbergs »Totentanz« im Trianontheater und Wedekinds »Büchse der Pandora« in den Kammerspielen äußerten, ist eine fast humoristische Begleiterscheinung. Selbstverständlich macht man Kunst nicht, wenn man »literarische« Stücke herausschleudert, um so weniger dann, wenn der Billigkeitsgrund so durchsichtig ist wie beim »Totentanz« mit seinen drei Personen.)

Aber erst wenn sich die Proteststimmung zum Werkgefühl, erst wenn sich der Kampfruf zum Schaffensdrang verdichtet hat, besitzt das Schauspielertheater in sich Kraft, künstlerisch zu bestehen. Jetzt hat es nur Kraft, weil es gegen die anderen ist. Jetzt hat es nur Gegendruck.

Die Proteststimmung schlägt auch durch das Spiel von Alexander Granach. Granach spielt weniger aus sich selbst, als gegen etwas Fremdes. Er spielt selten innere Vorgänge, sondern fast immer private Revolutionen. Privat nicht in der Bedeutung zufälliger, unverwandelter, unschauspielerischer Gegebenheiten, sondern privat in der Bedeutung persönlicher Stimmungen, persönlicher Bekenntnisse, persönlicher Exaltationen. Granach ist immer der verwandlungsbereite, der Rolle hingegebene, der schöpferisch erregte Komödiant. Aber der Furor, mit dem er sich in die Gestalt stürzt, bleibt neben der Gestalt spürbar. Die Wut gegen die Verschluderung des Theaters bleibt neben der Rolle sichtbar. Granach gebraucht die dichterische Figur zum Herausschleudern privaten Ingrimms. Die prachtvolle Aggressivität seines Temperaments setzt sich nicht immer gestalterisch um, sondern wirkt als aktivistischer Überschuß jenseits des Dramas. (Sie ging in der Rolle restlos auf im »Bürger Schippel«.)

Granach hat Werkgefühl – aber nur, wenn er Gegenkräfte spürt, die er überrennen muß. Granach ist die Beruhigung des Werkgefühls zu wünschen. Erst dann findet er den Ausgleich seiner Mittel. Den Ausgleich zwischen den grellen Trompeten und den zischenden Flüstertönen. Jetzt spielt er oft eine Szene gegen die andere aus. Jetzt weiß man am Anfang der Rolle oft nicht, wohin die Gestalt geführt werden soll. Jetzt stehen die Teile oft in keinem organischen Zusammenhang miteinander. (Im »Vatermord« war dieser Ausgleich gefunden.) Granachs Reichtum bleibt: daß seine Wildheit elementar ist und deshalb jede Zukunftsmöglichkeit in sich trägt. Granachs Mangel ist heute, daß er für diese elementare Wildheit sich noch manchmal mit unpersönlichen Ausdrucksformen begnügt und sprachlich ins Phonetische, körperlich ins Illustrative abgleitet (und deshalb die körperlich faszinierenden Szenen seines Franz Moor nicht mit der Gliederung der Rede in Einklang bringt. Er macht die Rede ausschweifend durch improvisierte Gebärden und stört wieder phantastisch suggestive Gebärden durch phonetische, gezogene, nur »gesprochene« Sätze).

Heinrich George ist handwerklich sicherer. Heinrich George hat Werkgefühl (das nicht nur im Protest spürbar wird). Georges Gefahren liegen auf anderem Gebiet. Was Granach an Beweglichkeit zuviel, hat George an Beweglichkeit zuwenig. George hat einen feststehenden Tonfall, den er nicht immer in Fluß bringt. George hat einen auffallenden Sprechrhythmus. Aber dieser Rhythmus bleibt oft Hilfsmittel. Georges Prägnanz ist die Prägnanz des Kommandotons. Georges Konzentration ist die Zusammendrängung, die Berufsmenschen (in diesem Falle: Soldaten) in ihrer Sprache haben. Darum zerfallen Georges Rollen in statuarische oder zapplige Figuren. George stellt entweder seine eigene Siegesallee (Karl Moor) oder seine eigene Simplizissimuskarikatur (»Improvisation im Juni«). Darum kann er im Gefühl entweder zu hart und laut oder zu weich werden (für beides sind Karl Moor und der alte Miller Beispiele. Simson und – prachtvoll – der Michal in der »Olympia« und der Siebenmark im »Armen Vetter« wuchsen zusammen). George hat große Möglichkeiten. Er ist ein Werkschauspieler. Werk aber muß für ihn heißen: Lösung, Befreiung in der Rolle, Hingabe in musischer Freiheit.

Daß die Kraft des Schauspielertheaters heute im Protest liegen muß, ist klar. Die Probe aber wird sein, ob es ihm gelingt, den Fanatismus in die ruhige Arbeitssphäre hinüberzuretten. Die Probe wird sein, ob es die Kraft hat, eine geniehafte Begabung wie Elisabeth Bergner über alle Gefahren des Startums hinwegzubringen und doch produktiv zu halten. In Elisabeth Bergner liegen alle Möglichkeiten und alle Gefahren. Selten war es so in die Hand einer Künstlerin gelegt, sich zum Höchsten zu entwickeln oder zur – nur unendlich begabteren – Orska. Man fühlt bei Elisabeth Bergner immer den Reichtum, nicht immer den Zwang. Die Begnadung, nicht immer die Widerstandsfähigkeit (gegen die Wirkung dieses Beschenktseins). Wenn es dem Schauspielertheater gelingt, Elisabeth Bergner vor den Gefahren der Sensationserfolge zu bewahren, dann hat es sich als produktive Idee bewiesen.

Diese produktive Steigerung und Befreiung der schauspielerischen Zusammenarbeit fehlt selbstverständlich heute noch. Auf sich, auf seine besten Möglichkeiten zurückgeführt, war allein Herr Leonard Steckel, der als Roller nicht mehr zwischen wüsten Ausbrüchen und gespannten ruhigen Momenten schwankte, sondern sich losmachte von den Extremen im Zwang zum Ensemblespiel. Wenn das Schauspielertheater seine Freiheit als Verantwortung, als Zwang, als Verpflichtung spürt, wird es in sich gefestigt sein. Und mit dem Werkgefühl wird die neue Freiheit kommen – die Freiheit, mit einem Regisseur zu gehen.

Berliner Börsen-Courier, Nr. 341, 24. Juli 1923

»Überteufel«

Die Junge Bühne im Staatstheater

Greuel, Verbrechen und Schrecken sind in der großen Tragödie der Durchgang für Gleichnisse. Sie sollen nicht stoffliche Roheiten sein, aber sie sollen auch nichts bedeuten (im moralischen, im rationalistischen Sinne). Sie schaffen den magischen Raum, in dem die Menschen phosphoreszieren. Sie schaffen die Atmosphäre, in der die materiellen Grenzen verwischen und der Mensch in heroische Sinnbilder hineinwächst. Der nächtliche Königsmord im »Macbeth«, die Schrecken im »Lear« und »Richard III.« – sie stehen im Mißklang oder im Einklang mit den elementaren Kräften der Natur. Aber die Natur ist nicht stimmungsvolle Begleitung oder schrille Kulisse. Die Natur ist das Maß der Taten. Die Elemente gehen in die Sprache, in die Visionen der Menschen ein, die sich richten oder gerichtet werden, weil sie die metaphysischen Folgen ihrer Verbrechen in den Stürmen und Flammen des Alls sehen. In apokalyptischen Gleichnissen werden die stofflichen und moralischen Wertungen verbrannt.

Bei Hermann Essig sind Greuel und Verbrechen Roheiten. Aber nicht Roheiten aus Berechnung, nicht Roheiten aus Absicht, sondern Roheiten aus Schwäche. Die Untaten im »Überteufel« sind umgekehrte Sentimentalitäten. Ein naiver Dichter ist sich des Entsetzens nicht bewußt und häuft Untat auf Untat, wie ein anderer Philiströsitäten. Aber im Umgang mit Dämonen (von deren Dämonie er im Anfang nichts weiß) wird er plötzlich über sich selbst hinausgerissen, und die entfesselten Verbrechen begehren – wieder scheint der Dichter nichts davon zu wissen – ihr eigenes szenisches Klima. Das Grauen wird selbstherrlich, tritt neben den Dichter und schafft sich einen Ausweg, wie die gespenstische Hochzeit, in der alle Elemente einer späteren Dramatik lagern (ohne daß Essig den sprachlichen Ausdruck für diesen Nachtspuk schon besäße). Essigs »Überteufel«, dieses Drama, in dem alle Verbrechen übereinandergetürmt werden, in dem eine Frau ihren ersten Mann ins Zuchthaus bringt, ihm einen Ehebruch unterschiebt, ihn wegen Blutschande verleumdet, in der der zweite sich auf der Hochzeit erschießt, in dem über geschlechtlichen Grenzen hinaus die Triebe entfesselt sind, birgt in sich nicht nur alle Themen, sondern auch alle Ausdrucksmöglichkeiten der letzten »Dramatik«. Aber alles ist noch nebeneinander gelagert, nichts wirkt sich aus, kein Motiv kommt zur organischen Entfaltung. Und wie Essig von einem Stoffkomplex beherrscht wird, dessen Ausmaße er innerlich nicht sieht, so schwankt er zwischen allen Dramenarten. Komödie liegt neben Tragödie, bürgerliches Schauspiel neben Groteske, Ätzendes neben Lyrischem. Selten kommt eine Szene zu ihrer eigenen Farbe. Fast niemals schwingt sich ein Vorgang aus und schafft sich sein sprachliches Gleichnis, seinen sinnbildlichen Raum. Und doch ist der »Überteufel« nicht nur deshalb »interessant«, weil er zeigt, wieviel die Dichtung seitdem an sprachlicher Ausdruckskraft, an Wortsuggestion hinzugewonnen hat. Er ist auch das Zeugnis für einen tragischen deutschen Dichter, der sich, wie andere Träumen und Verworrenheiten, Greueln hingibt. Der »Überteufel« ist verspielt im Entsetzen, harmlos im Verbrechen, naiv in der Krampfhaftigkeit – und bei allem (wie in den letzten Bildern) visionär (ohne letzte sprachliche Sensibilität).

Aber dieses starke und schwache Chaos ist eine hinreißende Unterlage für einen dramaturgisch gliedernden und bauenden, für einen straffenden und zusammenfassenden Regisseur. Leopold Jessner bewältigte die Schwierigkeit in einer hervorragenden Aufführung. Hier gelang Jessner, was er oft versuchte: straff und gelöst, präzise und mannigfaltig, knapp und reich zu sein. Zum erstenmal fand er wieder den Ausgleich zwischen den Senkungen und Hebungen der Szene, zwischen dem Rhythmischen und Melodischen. Und wenn er für die szenischen Visionen bei Essig Unterlagen fand, die sprachliche Vereinfachung war fast allein sein und der Schauspieler Werk. Die Prägnanz war nicht starr. Die Variationen nicht ausschweifend. Wie er Lachen, Husten einsetzte (und niemals, Einfälle illustrierend, wiederholte, sondern alles weitergehen ließ und im Fluß hielt) – das war meisterhaft. Jede Gestalt hatte ihr Gesicht und trieb die Aktion weiter.

Ernst Gronau spielte den zweiten Mann der Frau Weber, des Überteufels. Außerordentlich, wie diese behutsame, schwankende Figur szenisch einsetzt und verankert wurde, wie hier ein dramatisches Gegengewicht leise, fast lautlos zur gespenstischen Bedeutung kam. Agnes Straub spielte den Überteufel mit einer Sicherheit, die unfehlbar auf der Grenze zwischen Komödie und Tragödie ging. Sie hielt die stilistische Einheit, die Essig nicht erreicht hat. Eine Gestaltung, gleich suggestiv im Visuellen wie im Akustischen. Die blecherne Stimme, der peitschende Tonfall wiederholte das Bild des gespenstisch schwankenden, unruhig dahinfahrenden Körpers. Die Gestalt hatte die Realität der Phantastik.

Eine vortrefflich besetzte Vorstellung. Gerda Müller habe ich niemals so unmittelbar gesehen, wie in den sinnlich überrumpelnden Auftritten der Kellnerin Johanna. Hanns Heinrich von Twardowski sprach den Sohn fester als sonst. Und wenn auch Wilhelm Dieterle zu sehr mit seinen Mitteln prunkte und Eugen Klöpfer sich in Gefühlsrollen vor dem Schleppen der allzu tiefen Töne in acht nehmen muß – es war eine ausgeglichene Ensemble-Vorstellung. Der Beginn der Spielzeit nimmt das gute Ende der vorigen auf.

Berliner Börsen-Courier, Nr. 448, 24. September 1923

»Vom Teufel geholt«

»Die Truppe« im Lustspielhaus

Ein phosphoreszierendes Stück. Eine nervenlose Aufführung. Magische Szenen. Klobige Regie. Bei Knut Hamsun sind die Menschen isoliert, und daß sie aus ihrer monomanischen Abgeschlossenheit herausgerissen werden, ist ihr Untergang. Bei Berthold Viertel lärmen die Menschen aufeinander los, und daß sie ihre innere Welt nicht ausstrahlen, ist die Wirkungslosigkeit der Vorstellung.

Vom Teufel werden in dieser Tragikomödie die Menschen geholt, sobald sie aus ihrer Einsamkeit heraustreten. Aber sie müssen ihre Welt durchstoßen, um sie zu spüren. Sie sind so eingeschlossen in sich, daß sie sich duellieren wollen, um jemand außer sich zu erkennen, wie Leutnant Lynum. Wenn die Gestalten sich einander nähern, verbrennen sie. Die Ichsucht ist ihr Explosionsstoff. Sie sind seelisch verschollen und tragen diese Verschollenheit gleichzeitig als Maske. Wenn ihr Inneres aufgebrochen wird, zerreißt auch das äußere Gesicht.

Dieser magische Gestaltenkreis ist um die alternde Variététänzerin Juliane Ghile gezogen. Als er sich von ihr löst, wirft sie sich einem Neger in die Arme. Die Menschen leuchten, und es ist das Leuchten der Verwesung. (Nur der brutale Egoist Blumenschön durchbricht den Bann.) Die Menschen entladen sich ebenso extrem nach außen, wie sie extrem nach innen gewandt waren. Sie grimassieren, weil sie ihr Antlitz verstecken wollen.

Diese doppelte Welt des Innen und Außen kann nur vor Theatralik bewahrt werden, wenn die seelische Distanz zwischen den Personen erhalten bleibt. Diese seelische Distanz drückt sich auf der Bühne in den Stellungen und in der Wortführung aus. Aber Viertel hatte weder ein Gefühl für die Stellungen der Personen zueinander noch für die Kontrastierung und Überleitung des Dialoges. Wenn ich annahm, daß er ein Zimmerregisseur sei, so muß auch das eingeschränkt werden: Viertel ist ein Zimmerregisseur nur, wenn drei Personen auf der Bühne stehen. Er ist ein Schauspielerregisseur nur, wenn die Schauspieler von sich aus eine Szene aufbauen können. Was Jessner im »Überteufel« restlos gelang: die Pausen im richtigen Moment und im richtigen Ausmaß zu setzen, das wäre Vorbedingung für eine Inszenierung Hamsuns. Bei Viertel paßte der Dialog nicht zu den Stellungen, die Pausen nicht zu den Worten. Es war schmerzhaft, wie die Gänge in die Reden der Partner hineinplatzten. Es war schmerzhaft, wie wenig Gehör Viertel für die Akustik des Stückes (und des Lustspielhauses) hatte. Wenn es ein alter Regiefehler ist, innerlich dramatische Stücke durch Verhärtung äußerer Handlungseffekte »bühnenwirksam« zu machen (statt die inneren Geschehnisse so intensiv werden zu lassen, daß sie sich übertragen), so hat Viertel diesen allgemeinen Fehler noch verstärkt.

Ist Viertel ein Ensemblebildner? Es ist gut, daß er mit jungen Leuten arbeitet. Es ist gut, daß er ohne Stars inszeniert. Aber sein Ensemble hat keine innere Gemeinschaft. Es ist nicht aus einem einheitlichen schauspielerischen Ausdrucksgefühl gewählt. In dieses Ensemble paßt Leonard Steckel mit seinem drohend gespannten Ton (obwohl Viertel nicht der richtige Regisseur für ihn ist). In dieses Ensemble paßt Martin Wolfgang (obwohl sein alter Ghile über den Eindruck der ersten Szene nicht hinauskam). In dieses Ensemble paßt Ludwig Andersen (obwohl er den Musiker Fredriksen zu sehr auf E. T. A. Hoffmann spielte und sich deshalb für die letzte Szene die menschliche Steigerung wegnahm). In dieses Ensemble paßt nicht Herr Ernst Martens, der als Nabob aus Argentinien hohlen Hoftheaterlärm vollführte. In dieses Ensemble paßt nicht Mea Steuermann. Wenn es die entscheidende Talentprobe für einen Schauspieler ist, ob er kurze Einwürfe machen kann, dann hat Mea Steuermann kein Talent. Sie bringt allenfalls rhetorische Stellen mit dem Ersatzausdruck der sentimentalen Heroine. Sie bringt niemals einen knappen Satz, weil es für diesen kein Klischee gibt. Wenn es ausschlaggebend ist, ob ein Schauspieler auf der Bühne stehen kann, dann versagte Mea Steuermann auch hier. Sie nimmt niemals eine präzise Stellung ein. Sie verwischt jeden Ausdruck durch einen Verlegenheitsgang. Um sie herum entstehen im Dialog Löcher, weil sie niemals einsetzt, niemals den Dialog weitertreibt, immer den Ausdruck, wenn sie nicht gerade schreit, vertröpfeln läßt.

Mit starker Begabung behauptete sich Walter Franck als Blumenschön. Wenn Viertel diese Rolle auch viel zu lärmend angelegt hatte und Franck, der in seinen Gastrollen am Staatstheater leicht starr blieb, in äußerer Bewegung zu viel machte, so wurde von ihm doch der Dialog geführt. Die Charakteristik ging weiter. Und gerade die kurzen Einwürfe, die präzisen knappen Sätze sprechen für die schauspielerische Begabung von Walter Franck. Franck muß sich nur vor Übertrumpfungen der Brutalität hüten wie vor Übertrumpfungen der Starrheit.

Berliner Börsen-Courier, Nr. 473, 9. Oktober 1923

Das neue Schiller-Theater

»Ein Volksfeind«

Wenn man das neue, das staatliche Schiller-Theater vom Ensemble aus betrachtet, so muß man Jessners Inszenierung von Ibsens »Volksfeind« allein darauf ansehen, wieweit es ihm gelungen ist, die Mitglieder der Staatsbühne und des Schiller-Theaters auf eine gemeinsame Ausdrucksform zu bringen. Wer das zum größten Teil übernommene Charlottenburger Ensemble in der letzten Zeit der Pategg-Direktion gesehen hat, konnte den entscheidenden Fortschritt weniger daran erkennen, wie die Mitglieder spielten, als daran, wie sie nicht spielten. Unter Pategg wurden alle veralteten schauspielerischen Klischees gleichzeitig verwandt. Man zerräusperte die Sätze – und hielt es für

Natürlichkeit. Man begann bei jedem neuen Satz die Szene von vorne – und hielt es für Selbstverständlichkeit. Man machte, wenn man nicht zu sprechen hatte, stumme Spielastik durch Beschäftigung mit Nebendingen. Man schwieg nicht und hörte nicht zu, sondern kehrte sich von den Partnern ab, betrachtete die Dekoration, schlug Bücher auf, lenkte vom Spiel auf seine Privatbeschäftigung ab. Man zerriß die Gliederung von Massenszenen durch Volksgemurmel. Eine schauspielerische Verwüstung ohnegleichen.

Unter Jessner versuchte man, von diesen Angewohnheiten zu lassen. Man bemühte sich, bestimmt zu sprechen, die Szene weiterzutreiben, nicht aus dem Spiel zu treten, dem Partner zugekehrt zu bleiben. Aber Paul Kaufmann, angewiesen auf die Ersatzschauspielkunst mit überflüssigen Requisiten, also Requisiten, die weder den Dialog akzentuieren noch zur Charakteristik der Gestalt notwendig sind, stand als Schiffskapitän Horster verlegen herum und sprach Sätze, die im Stück vom Partner unterbrochen werden müssen, mit gehobener Endsilbe, so daß man von vornherein wußte: sie sind nur Stichwort für eine Unterbrechung des anderen. Herr Willy Eberhardt als Hopstadt verschluckte nur mühsam die unterdrückten Zwischenlaute und Interjektionen. Auch Marianne Stoldt (zweifellos eine Theaterbegabung im herkömmlichen Sinn) ließ sentimentale Bibbertöne immer wieder in die sachlich gestrafften Perioden hineinrutschen. Die erzieherische Arbeit Jessners ist trotz allem erstaunlich. Die Bequemlichkeit der Darsteller war überwunden. Sie gingen mit. Sie hielten das Tempo der Aufführung nicht auf. Aber sie legitimierten es auch nicht durch Ausdruck.

Hier liegt der Kern der Frage. Kann es gelingen, das alte Personal des Schiller-Theaters so weit zu bringen, daß es die gereinigte Darstellungsform nicht schülerhaft, sondern blutmäßig anwendet? Die Frage wird schwer zu bejahen sein. Zum mindesten muß im Schiller-Theater tägliche Probenarbeit geleistet werden. Probenarbeit unter Regisseuren, die sich nicht widersprechen, sondern sich ergänzen. Diesen einheitlichen Regiestab heranzuziehen, wird die nächste und unumgängliche Aufgabe Jessners sein. Er selbst hat das Beispiel gegeben und sich mit seiner ganzen Autorität für die Vorstellung eingesetzt. Nun gilt es, auf dieser Linie weiterzugehen und das Theater organisch zu durchdringen.

Dazu gehört auch die Verschmelzung mit den Mitgliedern

des Staatstheaters. Viele Schauspieler aber auch hier, auf die Probe der Präzision gestellt, geben die Charakteristik auf und sprechen nur Text – oder lassen die Präzision als Überschärfung in die Charakteristik eingehen, wie Robert Taube als Peter Stockmann.

Für sich stand Eugen Klöpfer als Volksfeind. Klöpfer geht – und besonders in einer Rolle, die ihm so gut liegt wie diese – von der Vision der Gestalt aus. Von der Gestalt, wie sie aussieht, wie sie lebt, wie sie gekleidet ist, wie sie in ihrer Umgebung wurzelt. Diese innere Einstellung zur Rolle hat die außerordentliche Suggestivität der Gestalt in ihrem ersten Auftritt zur Folge – aber auch den Mangel an Gliederung und Einteilung. Klöpfer gab sich schon zu Beginn so aus, daß er die Figur kaum noch entwickeln konnte und deshalb an szenischen Höhepunkten in den Ersatzausdruck ausrutschte. Er wurde laut statt stark und (bei der Stelle: »Peter, du bist doch der gemeinste Plebejer«) statt menschlich entrüstet sentimental. Es war prachtvoll, wie Klöpfer die Gestalt hinstürmte – diesmal auch im Tempo beschwingt und unaufhaltsam. Aber um wieviel künstlerischer wäre es gewesen, wenn er im Sturm auch die Gliederung, im Ausbruch auch die beherrschte Form gehabt hätte.

Wenn man das neue Schiller-Theater vom Spielplan aus betrachtet, wird ebenso große Arbeit zu vollbringen sein. Der – allerdings schon muffig gewordene – »Volksfeind« war für diesen Zweck ein guter Anfang. Um die beiden Staatstheater künstlerisch organisch zu verbinden, ist die Frage der Schauspielschule ebenso akut geworden wie die Frage des Repertoires und der Regie.

Berliner Börsen-Courier, Nr. 494, 20. Oktober 1923

»Rausch«

Lessing-Theater

Das Atmosphärische von Strindbergs Drama: den Rausch zwischen den Menschen, den Rausch von Paris ohne Stimmungsbetonung, ohne melodramatisches Dehnen aus der Tonführung des Dialoges, aus der Gliederung der Auftritte heraufbeschworen zu haben, ist das Verdienst dieser Aufführung. Wie Fritz

Kortner den Maurice anlegte, wie er ihn durchführte und mit den Schattierungen der Rolle auch die Szenen schattierte, gegeneinander absetzte und ineinanderfließen ließ, das war schauspielerische und dramaturgische Gestaltung zugleich. Was Kortner in der letzten Zeit zu oft auffällig zeigte: die Akzentuierung der szenischen Einschnitte, die Betonung der Architektur, die Verteilung der Gewichte, hier hatte sich der dramaturgische Instinkt wieder von aller Absicht befreit und war schöpferisches Element geworden. Hier war die Akzentuierung als Hilfsmittel verschwunden (die Akzentuierung als Merkmal für das schauspielerische Gedächtnis, als Kennzeichen für einen zurückgelegten Rollenabschnitt, als Haltestelle für den Ansatz eines neuen Szenenkomplexes). Die Gestalt war so »gehört«, daß man sie auch wieder »sah« (und nur an starken Stellen den Körper noch als Widerspruch und Hemmung spürte). Aus leisen Übergängen, aus zarten Lautverschiebungen baute sich eine von Liebe, Leben und Kunst berauschte Gestalt auf, die sich in der szenischen Bewegung entwickelte und zu ihrer seelischen Bestimmung im Ablauf des Dramas kam. Wie Kortner am Schluß sich befreite und die Szene in Heiterkeit auflöste, wie die Figuren um ihn herum zu einem lockernden, entlastenden Finale gruppiert waren (selten hat man im Lessing-Theater so gute Stellungen gesehen), da war mit der Rolle gleichzeitig das Stück, da war mit dem Seelischen gleichzeitig die Form gegeben. Und man sah, daß das, was bei Strindberg moralisch oder kirchlich zu sein schien, eine Schicht tiefer als heitere (fast ist man versucht zu sagen: als mozartische) Auflösung in Dur-Tonart erscheint. Nur wäre es nötig gewesen, den Adolphe und den Abbé ebenfalls leichter, von Anständigkeit und Religion ebenfalls ein wenig »berauscht« zu spielen (also als atmosphärisches Gegenspiel, da sie als ethisches zu schwach sind). Aber Theodor Loos und Paul Bildt sprachen noch logisch dozierend, moralisch begründend.

Auch Gerda Müller setzte zu scharf, zu sehr auf »Dämonie« gestellt ein. Die Unmittelbarkeit, die sie im »Überteufel« hatte, verbarg sie wieder hinter Posen, hinter Schlangenbewegungen. Wenn es doch gelänge, ihre starke Begabung endgültig von aller Stilisiererei und maskenhaften Erstarrung zu befreien. Die betonte Beweglichkeit zu Beginn ist nämlich nichts anderes als der Gegenschlag gegen die maskenhafte Starre (zum Beispiel des stereotypen Spiels mit dem aufgerissenen Mund). Wo Gerda

Müller von Verschnörkelungen absieht, ist sie prachtvoll. Sie hat alle Eigenschaften für eine präzise, vorwärtstreibende, auf das Wesentliche losspielende Schauspielerin und sucht den Kern ihrer Begabung zu verdecken. Wenn Gerda Müller ohne Umwege spielt, hat sie in der Bestimmtheit ihres Ausdruckes Form. Wenn Gerda Müller sich aufmacht, verwechselt sie Form mit Stilisieren. Ihrem ungewöhnlichen Temperament, ihren ungewöhnlichen Mitteln ist der Regisseur zu wünschen, der sie rücksichtslos durcharbeitet, der sie von den Extremen der tänzerischen Unrast und der verhärteten Erstarrung auf das Wesen: auf die gleitende Ruhe und organische Bewegung zurückbringt.

Barnowsky hatte dadurch, daß er die schauspielerische Arbeitsatmosphäre für die Vorstellung schuf, daß er nach der dekorativen Verirrung bei »Wie es euch gefällt« wieder auf César Klein zurückgriff und mit ihm das Drama etwa in die Manet-Zeit zurückverlegte (auch hier wurde nicht stilisiert, sondern Ausdrucksform geschaffen), dem Erfolg den Boden bereitet. In allem Wirrwarr, in allem deprimierenden Chaos der Gegenwart: In Berlin wird wieder künstlerisch Theater gespielt, und das Deutsche Theater wird sich beeilen müssen, den Anschluß nicht zu verlieren.

Berliner Börsen-Courier, Nr. 496, 22. Oktober 1923

»Eduard der Zweite«

Eröffnung des Schauspielertheaters

Christopher Marlowes »Eduard II.« ist kein Trauerspiel, sondern ein Bündel von Trauerspielen. Wenn der Usurpator Mortimer triumphierende Reden hält, denkt man an »Richard III.«. Wenn er mit der Königin Isabella zusammenhockt, sieht man Macbeth und Lady Macbeth. Wenn Eduard der Krone entsagt, hört man »Richard II.«. Die englische Tragödie ist hier noch, kurz vor Shakespeare und schon zu seiner Zeit, gierig nach Entladungen, nach dem Kampf um des Kampfes willen, nach Lärm und Gerauf. Zwei Personen treten auf, schon tobt ihr Blut. König und Lords begegnen sich, schon ist der Konflikt entfesselt. Menschen blicken sich an, schon rast der Haß zerstörend oder die Liebe.

Es ist das Urklima der Tragödie. Maßlos und ungedämmt schäumen die Leidenschaften. Das Drama kennt nur Gewitter, nur Sturm, nur Springflut. Es gibt nur Hoch und Niedrig. Nur Edel und Gemein. Eine Herrenwelt, eine Mörderwelt. Eine heroische, eine tierische, eine grandiose, eine nächtige, eine glühende, eine schwarze Welt.

Eduard II. liebt seinen äffischen Freund Gaveston, die Lords morden ihn. Eduard köpft die Lords. Mortimer entflieht zu Eduards Gemahlin. Beide werfen den König in den Kerker, lassen ihn umbringen. Der Mörder wird erstochen. Der junge Eduard III. fordert den Kopf Mortimers. Soviel Personen, soviel Stoffe zu Dramen. Soviel Szenen, soviel Motive zu Tragödien. Das Chaos bleibt Chaos. Der Wirbel der Zeit gliedert sich nicht im Drama. Shakespeare erst schafft die heilige Harmonie. Hinter Blut und Mord geht die neue Ordnung auf. Und zwischen Lärm und Kampf bettet sich die Stille. Marlowe hat nur die Affekte, Shakespeare die Totalität. Marlowe hat das Theater der Zeit, Shakespeare die Welt. Vor Marlowe sieht man heute noch nur sein Publikum sitzen, roh, genußfreudig, den Menschen des Dramas verwandt. Bei Shakespeare sehen wir allein das in sich ruhende Kunstwerk. Marlowe ist Übergang, Shakespeare ist Ewigkeit. Aber Marlowe hat das aus Kraft, was unsere Zeit aus Schwäche hat. Man spürt gerade im Rohen, gerade im Ungeschlachten die Produktivität einer Epoche: in unserem Drama die Sehnsucht zur Produktivität. Aber daß diese Parallele sich aufdrängt, daß Marlowe ähnliche Motivhäufungen und Überstopfungen wie unsere Dramatiker zeigt, das läßt uns die Armut der Gegenwart erkennen. Man sucht durch Gewaltsamkeiten Schwäche zu überdecken, macht aber auch den Ausblick in eine produktive Zukunft frei: Die Ansätze zur wirklichen Kraft sind da. (Es wäre nicht schwer, auf innere Zusammenhänge zwischen Marlowe und Brecht hinzuweisen. Es ist kein Zufall, daß Brecht »Eduard II.« bearbeitet.)

»Eduard II.« ist ein Schauspielerstück. Aus der Leidenschaft zum Theater geboren, wendet es sich an die Leidenschaft der Darsteller. Es sind Szenen darin für das Urkomödiantentum. Davon lebte in der Aufführung aber nur in einer Rolle etwas auf: in der Rolle des Königsmörders. Wie Alexander Granach als Lightborn in roter Bluse, mit wüstem Schnurrbart herumsprang, grinste und gluckste, da konnte man an alte Clown- und Groteskthcater denken, an Grauen und Komik zugleich. Heinrich George hatte als Mortimer die Wildheit mehr in der Lautstärke als in der Phantasie. George hatte starke Mittel und schwachen Ausdruck. Er muß wieder gedämpfte Rolle, wie den Siebenmark, mit einem ihn auf sich selbst zurückführenden Regisseur, wie Fehling, spielen. Jugendliche und überhitzte Rollen verleiten ihn zum Forcieren.

Bei dem Lärm ging die Unterscheidung der Darsteller verloren. »Eduard II.« ist ein monotones Stück. Es war gefährlich, es mit monotonen Schauspielern zu besetzen. Auch Ernst Deutsch (in der Titelrolle) überspannte sich. Er hatte keine Übergänge, keine Senkungen. Karl Heinz Martin verstärkte als Regisseur die Gefahren der Schauspieler und des Dramas. Gerade mit Darstellern ohne Modulationsfähigkeit hätte er Schweigen zwischen die Worte senken, gerade mit ihnen hätte er die Ausbrüche stauen müssen. Die Vorstellung war nicht aufgebaut, sondern hochgetrieben, nicht konzentriert, sondern verengt. (Die Szenenlösung war vortrefflich: ebenso einfach wie eindringlich.)

Aber auf die einzelne Vorstellung kommt es hier nicht an, sondern auf den Geist, aus dem sie geschaffen wurde. Ausgezeichnet ist, daß erste Mitglieder kleine Rollen übernahmen. Das darf aber keine Demonstration, keine Geste bleiben. Es muß fruchtbar gemacht werden für Aufführungen, in denen produktive kleine Rollen sind (in denen also Elisabeth Bergner und Karl Etlinger wirklich das Stück stützen könnten). Sonst bleibt es bei der Ankündigung: Zur Jubiläumsfeier wirken erste Kräfte in kleinen Rollen mit. Und notwendig ist, daß das Schauspielertheater unter einem wirklichen Führer seine Selbständigkeit behält. Schon hört man wieder von einer Verschmelzung mit dem Deutschen Theater. Das Schauspielertheater muß seine Idee auf die Probe stellen. Geht es nicht, war es ein fruchtbares Experiment. Kann das Deutsche Theater nicht allein bestehen, wird auch das für die Entwicklung fruchtbar. Nur wenn Wege zu Ende gegangen werden, kann das Theater gerettet werden. Vermischungen sind unproduktiv. Koalitionen gibt es in der Kunst nicht, weder kleine noch große.

Berliner Börsen-Courier, Nr. 518, 3. November 1923

Toller und Brecht

Zu zwei Leipziger Aufführungen

Der Zufall, daß das Alte Theater in Leipzig am Abend vor der Brecht-Uraufführung Ernst Tollers Tragödie »Hinkemann« gab, belichtete blitzhaft die dramatische Situation. Nicht nur, weil beide Dramen durch den Gegensatz der Motive verwandt sind (»Hinkemann« hat durch einen Schuß im Kriege seine Männlichkeit verloren, »Baal« ist übermännlich), sondern auch, weil Brecht und Toller an die Wurzel künstlerischer Produktivität und Unproduktivität führen.

Das dichterische Erlebnis ist kein Erlebnis aus Mitgefühl. Mitgefühl ist eine Privatempfindung. Mitleid ist eine Zuschauerempfindung. Es war der dramaturgische Irrtum der letzten Jahrzehnte, die Seele des Dramatikers daran zu erkennen, wie er mit seinen Figuren leidet. Die Erschütterung des Dramatikers ist eine elementare. Shakespeare hatte nicht Mitleid mit Macbeth oder Lear, als er sie schuf. Er wurde ergriffen, im wörtlichen Sinne »ergriffen«, »erfaßt« von dem Schicksalskomplex, der sich auftat, von dem Weltgleichnis. Mitleid allein stellt sich dem dramatischen Organismus (weil es mit einzelnen Figuren fühlt, aber nicht eine Welt aus sich herausstellt) entgegen.

Ernst Toller bleibt nur der mitfühlende (oder mithandelnde) Zuschauer. Er empfindet echt – aber als unter der Welt leidender Privatmann oder Agitator (der im künstlerischen Sinn auch wieder ein Privatmann: ein aktiv teilnehmender Mann aus dem Publikum bleibt). So erlebt Toller niemals ein organisches dramatisches Zentrum. Und dieser Mangel an dramatischer Erlebnisfähigkeit, diese Unfähigkeit, einen tragischen Komplex zu erleben, macht ihn auch menschlich taktlos. Im »Hinkemann« werden mit peinlichster Deutlichkeit die Leiden des seines Geschlechtes beraubten Mannes beredet. Da der Ausgleich in einer höheren, künstlerischen Welt fehlt, da keine neue, dichterische Wahrheit geschaffen wird, bleibt alles in rationaler Banalität und wird gerade durch die nur menschliche Echtheit, durch die nur mitfühlende Liebe unecht und geschmacklos.

Toller, vom dramatischen Motiv nicht ergriffen, den Fall »Hinkemann« nur herausgreifend aus den Klagen über die allgemeine Ungerechtigkeit der Welt – Toller hat weder den großen Zorn, der das Drama im agitatorischen Sinne parteiisch, aber grandios parteiisch und ungerecht hätte machen können, noch die bindende Kraft, die einer höheren Gerechtigkeit dient. Toller hält für dramatische »Gerechtigkeit«, wenn er nach allen Seiten gleichmäßig Urteile fällt. Toller ist gerecht, weil er gerecht Stellung nimmt. Der Dramatiker aber ist nur gerecht, wenn er im dramatischen Organismus die Gewichte richtig verteilt. Bei Toller geht alles durcheinander. Wenn er in der »Hinkemann«-Tragödie nicht weiter weiß, wird über Pazifismus geredet, wenn das zu Ende ist, über Parteipolitik. Alle Leitartikel der letzten Jahre finden sich im »Hinkemann« wieder. Ein ohnmächtiges, aufreizendes Geschwätz.

Toller ist typisch für den unproduktiven Dramatiker. Brecht ist typisch für den produktiven. Tollers Stück geht über die Ufer, weil ihm nichts einfällt, Brechts »Baal« schwillt an, weil ihm zu viel einfällt. Wie Brechts Kurve sich vom »Baal« bis zu seinem neuen, unerhört starken Drama »Eduard II.« abzeichnet, das soll im nächsten Kapitel gesagt werden.

Berliner Börsen-Courier, Nr. 578, 10. Dezember 1923

Es kann unmöglich der Sinn des »expressionistischen« Dramas gewesen sein, auf dem Umweg über stilistische Experimente wieder zum naturalistischen Mitleidsdrama zurückzukehren. Oder bedeutete tatsächlich manche ekstatische Deklamation nichts anderes als das Grundgefühl des Naturalismus: soziales Mitleid – in eine neue Form gesteckt? Wenn man Tollers »Hinkemann« und Werfels »Schweiger« sieht, wenn man auf eine innere Vorstellungswelt, auf die Erlebnisschicht stoßen will, die hinter diesen wieder zu einer Handlung zurückkehrenden Dramen steht, so erkennt man, daß die Wendung zu kontrollierbaren Gestalten die Wendung zum Drama des Mitleids bei Toller, zum psychologischen Problemdrama bei Werfel bedeutete. Beide trugen den »Expressionismus« wie eine Mode, hinter der sie ihr überaltertes Empfinden verbargen. Toller wurde in der »Wandlung« durch das Zeiterlebnis zum agitatorisch-ekstatischen Ausdruck getrieben. Aber bereits in seinen nächsten Stücken stand die Ausdrucksform nicht unter dem Zwang der inneren Vorstellung. Und Werfel übernahm sich schon im »Spiegelmensch«. Wie es sich rächt, wenn ein Künstler das Gefühl für seine Form verliert, so noch mehr, wenn Halbkünstler über ihre Maße hinausgehen. Als Toller und Werfel sich auf ihren Empfindungskreis einschränken wollten, fanden sie nicht mehr zurück. Das Drama des um sein Geschlecht gebrachten »Hinkemann« ist unecht wie das Drama des aus seiner geistigen Sicherheit geschleuderten »Schweiger«. Roheit tritt an Stelle der Kraft, Konstruktion an Stelle der Spannung, Verlegenheitsgerede und Vollständigkeitsdrang an Stelle der organischen Entwicklung.

Die Produktivität eines Dichters erkennt man an seinem Verhältnis zu alten Stoffen. Werfel erfindet im »Schweiger« eine »nie dagewesene« Fabel – und ist doch in jedem Zug epigonenhaft. Brecht entzündet sich an Marlowes »Eduard II.« – und ist doch in jedem Zug schöpferisch. Daran, wie ein Dichter Vorgänger übernimmt, wie er fremde Bestandteile einschmilzt, ja geradezu wie er die Probe der Anlehnung besteht, sieht man seine Selbständigkeit. Man kann im »Baal« oft an Büchner denken, man kann an deutsche Lyriker wie etwa Georg Heym erinnert werden – immer tragen die Sätze, die Gedichte, die Szenen das unverwechselbare Zeichen Brechts. Die suggestive Nacktheit der Sprache, die visionäre Kraft – sie gehören ihm. Und sosehr der »Baal« in einem Übermaß von Szenen wuchert – im Entscheidenden wächst er zusammen: im Motiv und im sprachlichen Bild. Der unheilbare Bruch in Tollers »Hinkemann« ist, daß realistischen Motiven eine bildhafte Szenenform aufgezwungen wird. Im »Baal« ergibt sich das Sinnbildliche unmittelbar aus dem Motiv. Baal wächst von sich selbst in die Natur: in die Wälder, in die Wiesen, in den Himmel, in die Erde. Fruchtbarkeit und Verwesung. Genießen und Verfall. Bei Toller gibt es nirgends eine Entwicklung aus dem tragischen Motiv. Toller weicht ihm aus, um gewaltsam wieder zu ihm zurückzubiegen. Brecht wird von seinen Gesichten oft entführt – aber immer spürt man die unsichtbare Macht, die ihn zum Ursprung zurückzieht. Das Motiv kann versickern, aber plötzlich bricht es unterirdisch wieder hervor. Gerade dieser Strom unterhalb des Dramas spricht nicht nur für seine dichterische, sondern auch für seine dramatische Produktivität. »Baal« ist noch ganz auf das Sichergießen einer Gestalt gestellt. Aber wie diese Gestalt doch auf die Vielfalt von Nebenfiguren bezogen wird, das deutet schon vor, daß Brecht auch den dramatischen Komplex erlebt. Im »Dickicht« erlebt er gerade den Komplex: Garga lebt nur durch Shlink und Shlink nur durch Garga. Und wie Brecht in »Leben Eduards II.« aus dem Tragödienbündel von Marlowe die eine Tragödie gewinnt, wie er aus dem einen Motiv, der Liebe Eduards zu Gaveston, das Schicksal des Königs sich erfüllen läßt, wie der Kampf immer weitere Kreise zieht, wie er »in den Lüften weitergeht«, wie aus der Gaveston-Handlung Mortimer und die Königin als Hauptgestalten und Träger der Gegenaktion hervorwachsen und unmerkbar die Gedanken des Königs zu dem schon toten Gaveston zurückgetrieben werden – das zeugt von einer wachsenden dramaturgischen Einsicht, die nur auf Grund des zentralen dramatischen Erlebnisses gewonnen werden konnte. Brecht erlebt den dramatischen Komplex, den dramatischen Organismus. Darum gibt es hier auch keine selbständige, eingesprengte Lyrik mehr (wie im »Baal«), darum spannt sich der Bogen über ganze Akte. Großartig, wie der Schlachtakt gegliedert und zur letzten Steigerung hinaufgeführt ist: zu dem strophenhaften Rachegesang Mortimers und der Königin. Großartig, wie eine Ballade (vom Untergang Trojas) zu stärkster szenisch-dramaturgischer Bedeutung kommt.

Toller schreibt als letztes Werk die Komödie »Der entfesselte Wotan«. Eine Zeitsatire und doch antiquiert, modern und doch epigonenhaft, gegenwärtig und doch steril. Brecht schreibt als letztes Werk »Eduard II.« nach dem alten Marlowe und doch von gegenwärtigster, wildester Kraft. Nach stärksten Schauspielern verlangend, deren Suggestionskraft, von der Sprache ausgehend, die ganze Gestalt durchdringt. Denn »Baal« verlangt wesentliche Schauspieler. Daß er sie für »Baal« nicht hatte, schädigte die Wirkung in Leipzig.

Berliner Börsen-Courier, Nr. 579, 11. Dezember 1923

Leipziger Theater

Dr. Alwin Kronacher, der Direktor des Alten Theaters in Leipzig, hat ein verdienstvolles Repertoire. Er wagt etwas für neue Autoren. Das soll ihm bei der Trägheit, in die die Berliner Theater wieder zu versinken drohen, auch dann als Verdienst angerechnet werden, wenn die innere Beziehung zu diesem Spielplan manchmal zu fehlen scheint. Das erkennt man an seiner Regie. Ihm fehlt gerade das Entscheidende: der blutvolle, persönliche Zug. Kronacher übernimmt alles vom modernen Theater, was man übernehmen kann: Licht, konzentrierte Szenerie. Aber da er es nur übernimmt und nicht in sich weiterbildet, bleibt alles dünn und oft – mißverstanden. Kronachers Inszenierungen wirken: wie Hartung dividiert durch Dr. Bruck. Kronacher geht nicht von einem Zentrum aus, beeinflußt also weder das Szenische noch das Schauspielerische von einer dramaturgischen Grundvorstellung her. Er hat keine Sicherheit für Striche, die innere Linie eines Dramas herauszuheben (selbst Tollers »Hinkemann« hätte durch Striche gestärkt werden können), und keine Sicherheit in der Führung der Schauspieler. Nun ist es gewiß unmöglich, Herrn Lothar Körner als Baal erträglich zu machen. Herr Körner grölt – Brecht verlangt sprachliche Sachlichkeit. Herr Körner arbeitet mit Nebentönen – Brecht verlangt Klarheit. Herr Körner chargiert körperlich (geht mit wankenden Knien) – Brecht verlangt Selbstverständlichkeit. Aber auch unabhängig von Brecht – Herr Körner ist ein Schauspieler, wie man ihn in Leipzig nicht mehr erwartet hätte. Er arbeitet mit allen Mitteln des Provinzmimen: hohlen, tiefen Tönen, er kopiert Wegener, er bramarbasiert. Wenn man also das Spiel Körners dem Regisseur keineswegs zur Last legen kann, so doch vielleicht die Art, wie Herr Zeise-Gött Charakteristik durch Stimmverstellung zu geben glaubte. Zweimal: im »Hinkemann« als Budenbesitzer, im »Baal« als Ekart, versuchte Herr Zeise-Gött sich als Charakterspieler durch Unkenntlichmachung zu legitimieren. Er spielte für die erstaunte Bewunderung jenes Publikums, das, zum Zettel greifend, ausruft: »Nein, das ist ja Zeise-Gött; ich hätte ihn nicht erkannt; großartig, wie er sich verstellen kann.« Herr Zeise-Gött, unfähig, sich nach einer Vision innerlich zu verwandeln, kommt auf dem Wege zur falschen Lebensähnlichkeit zur äußersten künstlerischen Unechtheit. Was bleibt übrig von der Vorstellung des »Baal«? Henny Porten unter dem Pseudonym Thea Kasten? Vielleicht in einer kleinen Rolle ein unfertiger Anfänger: Fritz Wendel. Bestimmt: Margarete Anton und Rudolf Fernau. Margarete Anton überzeugte als Sophie Barger von ihrem Künstlertum mehr als am Berliner Staatstheater in der Rolle der Eboli. Hier hatte sie alle falsche Ekstase, allen Krampf verloren und wirkte durch den Aufbau ebenso wie durch die Eindringlichkeit der Sprache. Rudolf Fernau fiel wieder (wie in Berlin als Marchbanks) durch die Präzision seines Ausdruckes und durch das Taktgefühl für den Dichter auf. Auch ihm wäre es zu wünschen, daß er aus Leipzig fortkäme, damit er zu seiner künstlerischen Präzision auch die technische und sprachliche Sicherheit erlangt. Die sprachliche Sicherheit hatte in überraschender Weise Herr Eugen Aberer in den Anfangsstrophen des Chorals vom großen Baal. Aber im »Hinkemann« zeigte sich, daß diese sprachliche Schärfe nicht den Körper durchdringt, daß dieser vielmehr fast unbeteiligt daneben spielt.

Was hat Kronacher sonst für Schauspieler? Den Hinkemann spielte Herr Wilhelm Engst, der zu den Darstellern gehört, die nicht die Rolle, sondern das Mitleid mit dem Schicksal der Rolle spielen. Herr Engst jammerte so, daß die Teilnahme des Parketts nicht mitkonnte. Maria Lorenz ist ohne Talent. Herr Herbert Hübner hatte als Paul Großhahn einen suggestiven Auftritt. Aber er bestätigte mit seinem Spiel diesen Auftritt nicht, sondern wurde konventionell und betonte sich selbst.

An ursprünglichem Theaterinstinkt ist Fritz Viehweg, der Direktor des Leipziger Schaupielhauses, Kronacher überlegen, aber im Geschmack, in der Durchbildung des Spielplanes, im Willen zum Kampf unterlegen. Er spielt die alten Scharteken. Ich sah zwei Akte einer Nachmittagsvorstellung von Björnsons »Wenn der junge Wein blüht« – mit konventionellen Darstellern herkömmlich, aber in dieser Herkömmlichkeit ehrlich gespielt. Der Charakterdarsteller Franz Stein ist unergiebig und spielt, um diese innere Starrheit zu verdecken, preziös. Aber am Vormittag sah ich bei Viehweg eine von Hermann Scherchen musikalisch und szenisch geleitete Aufführung von Igor Strawinskys »Geschichte vom Soldaten«. Ein Ereignis. Scherchen hatte für diese abwegige Theaterform aus Pantomime, Rezitation, Schauspiel und Musik eine ungewöhnlich suggestive Lösung gefunden. Fabelhaft, wie die Leipziger Schauspieler von der Musik besessen waren. Und bei dem schwachen Text dieses starken, faszinierenden Werkes mußte man an die Balladen von Brecht denken. Er hätte etwas für die körperlich akzentuierte, aufpeitschende, hinreißende Musik Strawinskys: die Phantastik und die Sprachform. Den Text von Ramuz und Hans Reinhardt las Herr Josef Krahé im Herkömmlichen geschmackvoll und sicher vor (als Schauspieler bleibt er im »Jungen Wein« ausdruckslos; er kann nicht gehen). Aber das Ereignis war der Teufel des Herrn Hans Böhm. Er hatte für die Musik Strawinskys eine erstaunliche Körperphantasie und Ausdruckspräzision, die sich in der Sprache fortsetzte. Ein moderner Schauspieler, der wahrscheinlich auch in anderen nicht so scharf akzentuierten Rollen ein Gewinn wäre.

Leipzig hat trotz aller philiströsen Widerstände kein hoffnungsloses Publikum. Wer in der Vormittagsvorstellung für Arbeiter den begeisterten Beifall für Strawinsky und Scherchen, wer am Brecht-Abend das begeisterte Mitgehen der Jugend – trotz allen Skandales – erlebt hat, weiß, daß auch hier sich eine neue, fanatisch ans Licht drängende Generation regt.

Berliner Börsen-Courier, Nr. 580, 11. Dezember 1923

Bert Brechts Drama »Baal« mußte nach seiner Uraufführung im Alten Theater in Leipzig auf Intervention des Oberbürgermeisters vom Spielplan abgesetzt werden. Immer häufiger werden in letzter Zeit Eingriffe von Behörden in die künstlerische Freiheit der Theater. Direktor Alwin Kronacher hat den rühmenswerten Mut, in Leipzig für gegenwärtige Autoren einzutreten. Bei ihm haben Döblin, Kaiser und Brecht Uraufführungen erlebt. Einschreitungen gegen diese Abweichungen vom Hergebrachten liegen nicht im Interesse der Entwicklung und nicht einmal im Interesse der Tradition. Wie soll ein Direktor sein Publikum kennenlernen, wenn er es nicht auf die Probe stellen darf? Wie soll ein Dichter die dramaturgischen Schwächen und Stärken seines Werkes erkennen, wenn er es nicht auf der Bühne sieht? Für ihn wird die Ablehnung ebenso zu einer produktiven Erfahrung wie die Zustimmung. Aber Vorbedingung ist: daß es zur Ablehnung oder Zustimmung überhaupt kommt. Gerade darunter hat Deutschland früher gelitten, daß es keine Erfahrung zu Ende machen konnte, daß es um die Konsequenzen gebracht wurde. Und jetzt, wo wir politisch die fürchterlichen Konsequenzen wirklich zu tragen haben, sollen wir geistig die Konsequenzen einer künstlerischen Bewegung nicht erleben dürfen? Die Konsequenzen, die wir erleben müssen, um uns geistig-künstlerisch durchzuringen? Kein Ministerium, kein Magistrat hütet die Tradition, wenn er sie dem Kampf entzieht. Und die künstlerische Gegenbewegung wird aus einer offenen, klaren eine geheime, bohrende Bewegung. Verbote unterdrükken nicht die Entwicklung – sie schädigen nur die geistige Ehrlichkeit auf beiden Seiten.

Berliner Börsen-Courier, Nr. 585, 14. Dezember 1923

»Scherz, Satire, Ironie und tiefere Bedeutung«

Deutsches Theater

Eine alte Inszenierung mit neuen Schauspielern umzuschaffen ist immer eine Klippe für den Regisseur. Auf der einen Seite besteht die Gefahr, die Rolle mit dem Schauspieler zu identifizieren, der sie früher spielte. Auf der andern: durch den neuen Schauspieler so weit von der ersten Inszenierung abgebracht zu werden, daß auch die Grundvorstellung irritiert, also nicht weiterentwickelt, nicht von neuem produktiv gemacht, sondern unorganisch abgebogen wird. Diese zweite Gefahr wurde für den, der Erich Engels außerordentliche Inszenierung von Grabbes »Scherz, Satire, Ironie und tiefere Bedeutung« in München gesehen hat, gestern in den Szenen des Teufels erkennbar. Man soll das Maß für eine schauspielerische Gestaltung aus ihr selbst und nicht aus dem Vergleich mit einer anderen nehmen. Wenn aber, wie hier, Kortner als Teufel das Bild der Inszenierung nach allen Seiten zerriß, wenn er, in sich selbst unsicher, aus keiner inneren Vorstellung heraus die Rolle aufbaute, so hat man das Recht, den Teufel Erwin Fabers in München zu erwähnen, durch den die Inszenierung Engels erst ihre Bindung, ihre Bestätigung erhielt.

Das Ereignis jener Aufführung war, daß ein herrlich hingeschludertes genialisches Werk wie Grabbes Komödie einen durchgehenden Rhythmus erhielt, der es nicht einengte, und einen steigenden Aufbau bekam, der es nicht starr machte. Die Satire war nicht mehr nur geschrieben, sondern bühnenmäßig gehört. Faber erfüllte die Intentionen Engels mit einer stählernen Elastizität. Er gab – vor Tairoff – die Erfüllung Tairoffs nicht durch Dressur, sondern durch Intuition. Kortner verirrte sich leider nach seinem herrlichen Maurice im »Rausch« völlig. Er war derb – ohne daß die Drastik ihm stand (wie sie Jannings steht). Er spielte mit dem Schweif – selbstverständlich. Aber gerade wie er das tat, zeigte seine Unkörperlichkeit. Niemals ging die Bewegung aus dem Körper hervor. So sprach er breit, wenn er eine kurze Geste machte. So ging die Regiegliederung der Teufelsszenen verloren. Und hier, nur hier schlichen sich Geschmacklosigkeiten ein, die bestimmt nicht zu Erich Engel passen. Kortner ist einer der herrlichsten Schauspieler, die wir haben. Aber immer noch ist seine Stellung zum Ensemble und zur Regie umstritten. Ich glaube, daß Kortner einen Regisseur, der eine feste Vorstellung hat, wie Erich Engel, durch seine Art, die suggestiv ist, auch wo sie irrt, unfrei macht. Ich glaube, daß Kortner dort am freiesten ist, wo ein schwacher Regisseur von ihm befruchtet und geleitet werden kann. Dann läßt er vom Regisseur sich kritisch kontrollieren und beeinflußt ihn wiederum durch seine mimische Produktivität. Es ist entscheidend, daß heute die richtigen Leute zusammenkommen. Erich Engel ist mit Jessner und Fehling die stärkste Hoffnung des Theaters. Aber in dem Augenblick, wo er in Berlin Boden faßt, wo ihm hoffentlich am Deutschen Theater große Vollmachten eingeräumt werden, muß er sich entscheiden, mit wem er den Weg gehen will.

Erich Engels Stärke zeigte sich gestern in den Szenen ohne Teufel. Hier bewährte er sich doppelt, weil er seine Münchener Inszenierung aufnahm und doch weiterbildete, doch lebendig erhielt. Herrlich, wie die Trinkszene herauskam. Herrlich die Ermordung der Schneidergesellen. Herrlich die letzte Szene der Naturforscher. Herrlich die Mollfels-Auftritte. Prachtvoll der Schluß. Hier hatte Engel Schauspieler, die mit ihm gingen und doch die Inszenierung bereicherten. Außerordentlich Walter Franck als Mollfels. Er ging in seiner melancholischen Komik mit künstlerischem Takt auf der Grenze von echtem und satirischem Gefühl. Eine Meisterleistung. Reizend Hans Herrmann als Rattengift, immer in der Luft mit seinen Beinen, mit seinen hohen Tönen. Prachtvoll Max Gülstorff als Schulmeister (und dabei von einer bei ihm ungewohnten Präzision des Ausdrukkes). Sehr gut Walter Brandt als Mordax.

Wenn der große Erfolg des Abends weiterwirkt, wenn Erich Engel auch ferner zu wesentlichen Werken und Schauspielern kommt, kann man an das Deutsche Theater wieder glauben.

Berliner Börsen-Courier, Nr. 601, 23. Dezember 1923

»Viel Lärm um nichts«

Staatstheater

Man hat Shakespeares südliche Komödien als italienische Nächte, als szenische Bemerkungen zu Feuilletons von Heinz Herald und Arthur Kahane inszeniert. Man hat Shakespeares Komödien als »Zwillingsschwester« von Ludwig Fulda, als »Renaissance« von Koppel-Ellfeld mit eingelegter Musik von Mozart inszeniert. Aber Bühnenmusik, die ein Potpourri von Nummern zusammenstellt, die einen »Strauß bekannter Melodien« flicht, ist nicht organischer als die herkömmliche Kinomusik, die klassische Kompositionen wahllos aneinanderreiht. Fehling benutzt für seine »Viel Lärm um nichts«-Aufführung eine Tanzmusik von Johann Sebastian Bach, und wie diese Musik variiert wird, das ist fast ein Musterbeispiel für Bühnenmusik. Diese Musik bleibt nicht Begleitung, nicht verbindende Illustration. Sie nimmt das Spiel auf. So wird das Fest nicht Balleinlage mit Konversation, sondern ein straffer, niederländisch drastischer, aus der Szene hervorwachsender Tanz, den die Worte wie formelhafte Sätze eines Reigenspiels akzentuieren. So ist das Ganze: leidenschaftlich auf Körper und Sprache gestellt, aus einer einheitlichen Grundvorstellung heraus empfunden, und in dieser Grundvorstellung reich abgewandelt und gehalten.

Eine hinreißende Aufführung. Shakespearischer als alle Lustspieldarstellungen seit der »Komödie der Irrungen«. Wie damals braucht Fehling auch jetzt nur das durch Stoff abgegrenzte Halbrund der Bühne mit Stufen. Aber aus dem Spiel wächst die Landschaft des Humors, die nicht italienisch, sondern englisch ist. Man riecht das Meer. Aber nicht das Mittelmeer, sondern die Nordsee. Dem Darsteller sind keine Hilfsmittel gegeben. Er muß ohne Stützen aus Wort und Körper die Rolle bauen. Trotz gelegentlicher Übersteigerungen und Verdickungen, die bei einer Inszenierung, die so ungeheure Anforderungen an die Spannkraft und Elastizität der Darsteller stellt, nicht ausbleiben können – selten hat man ein Shakespearisches Lustspiel so aus der Sprache erlebt. Und wenn man gesagt hat, daß das Wort Shakespeares in den humoristischen Szenen tot ist (man schließt dann von einer das Wort zerstörenden Inszenierung auf die Dichtung zurück), so erlebt man hier die zeugende Lebendigkeit des Wortes, die körperliche Plastik der Sprache. Hier türmten sich die verschlungenen und verpackten, die gequaderten und geschichteten Sätze. Wortgewitter des Humors. Wortorkane der Komik. Schlechte Sprecher wurden mitgerissen. Und Carl Ebert als Benedikt gelang es, die Kurven der Sätze, die Drehpunkte der Perioden, den Fall der Passagen zu bringen. (Nur daß dieser Benedikt mehr Grundlage für eine Gestaltung als diese Gestaltung selbst war.) Der Strom, die Bewegung der Aufführung setzte selten aus. Agnes Straub war seit ihrer Emilie im »Othello« und dem »Glas Wasser« in einer Komödienrolle nicht so frei wie hier als Beatrice. Sie beherrschte und führte nicht nur das Tempo. Sie löste es und brachte es in einem Vielfachen von Variationen. Sie steigerte und retardierte. Sie hatte die Phantasie und die Ausdrucksfähigkeit, die Bewegung der Szene und die Charakteristik der Gestalt zu halten. Albert Florath hat nur die Ruhe für den Holzapfel. Er isoliert ihn und braucht, da er nicht viel Abwechslung in seiner Komik zeigt, Zeit, sich zu entfalten. Aber dann ist er prachtvoll: zäh, schwerfällig, drastisch verwachsen mit seinem Kostüm und den riesigen Hosen.

Man hat in Berlin Shakespeares Lustspiel auf wienerisch und berlinisch (im Sinne des Kurfürstendamms) gesehen. Man hat ihn süddeutsch und allgemein theatralisch gesehen. Aber eins fehlte: das Norddeutsche. Fehling kann dies norddeutsche Shakespeare-Theater schaffen, das nicht eng im landsmannschaftlichen Sinne ist, aber den norddeutschen Humor produktiv für das deutsche Theater überhaupt macht. Fehlings Intentionen werden dann völlig rein herauskommen, wenn er Pirchans Neigung für süßliche Farben kontrolliert und gegen seine eigene Neigung, in feierlichen Szenen pathetische Reigen zu stellen (im »Hannele« und hier in der Szene am Grabmal), unerbittlich ist. Das deutsche Theater kann wieder zusammenwachsen, wenn die richtigen Männer mit den richtigen Schauspielern an die richtige Stelle kommen. Es besitzt drei Künstler, die organisch durchbildende Fähigkeit haben: Jessner, Fehling, Erich Engel.

Berliner Börsen-Courier, Nr. 2, 1. Januar 1924

»Dantons Tod«

Deutsches Theater

Max Reinhardts »Danton«-Aufführung war seine jüngste, »modernste« Inszenierung. Sie kam ohne dekorative Ablenkung aus. Sie war nur aus Licht und Dunkelheit aufgebaut und allein aus dem Schauspielerischen entwickelt. »Dantons Tod« war eine der wenigen, vielleicht die einzige Vorstellung Reinhardts, die die endgültige Ausschöpfung, die endgültige Prägung einer Dichtung für die Bühne bedeutete. Endgültig heißt auf dem Theater zwanzig Jahre. Aber Büchners »Danton« fordert wahrscheinlich weniger Gestaltungen heraus als Shakespeare, als Kleist, als Büchners eigener »Woyzeck«: Rhetorik und Attitüde – und seien sie so herrlich wie im »Danton« – sind weniger produktiv für das Welttheater als das runde, in eigener Kraft schwingende Drama. (Das ist auch der Grund, warum das französische Versstück und Sensationsschauspiel bei aller Anregung zu schauspielerischen Variationen für die Erneuerung der Szene unfruchtbar bleiben. Man erlebte es, als Tairoff »Adrienne Lecouvreur« aufführte.)

Es lag also keine innere Notwendigkeit vor, gerade den »Danton« wiederaufzunehmen. Es sei denn, daß man die fabelhafte Rhetorik der Danton-, Robespierre- und St.-Just-Szenen mit rein sprachlichen Mitteln bewältigen wollte. (Das Sprachliche blieb bei Reinhardt noch machmal überladen.) Nun spielte aber den Robespierre ein vortrefflicher Chargenspieler: Ernst Gronau, der die ausgezeichnete Gliederung der Reden durch den Regisseur von sich aus nicht füllen konnte und allenfalls für eine Szene, niemals für ein dominierendes Gegenspiel ausreichte. Das Experiment, Rudolf Fernau den St. Just spielen zu lassen, war für den Schauspieler selbst fruchtbar: Er lernte seine Möglichkeiten kennen, er gewann daraus für andere Rollen. Aber Rudolf Fernau, der Ausdrucksfähigkeit hat, verschluckt noch Silben und Worte. Es war falsch, ihn auf Diskretion anzulegen (die ihn in seinen Fehlern, nicht in seinen Vorzügen bestätigt).

Hier liegt der Grundfehler der Aufführung. Spannungslose Diskretion bleibt Untertreibung, die ebenso auf die Nerven geht wie Übertreibung. Die Zurückhaltung der Aufführung wirkte gewaltsam, wie künstliche Aussparung, um die große Rede Dantons vor dem Revolutionstribunal stärker hervortreten zu lassen. Jede Szene stand – sorgfältig und künstlerisch durchgearbeitet – für sich. Sie nahm weder die Bewegung der vorigen Szene auf, noch leitete sie zur nächsten über, noch kontrastierte sie gegen diese. Tempo-Variationen, dynamische An- und Abschwellungen aber sind für »Dantons Tod« Gestaltungserfordernis, weil Büchner selbst die Szenen unbekümmert um ihre Maßbeziehungen nebeneinandergesetzt hat. Trotzdem sind Abstufungen ohne Gewaltsamkeit zu finden, zum mindesten aus dem Gegenständlichen jeder Szene: aus dem Wechsel der epikuräisch genießenden und der politisch-revolutionären Auftritte (wenn auch beide Szenengruppen breit rhetorisch bleiben).

Man kann heute eine Aufführung nicht isoliert betrachten. Sosehr die »Danton«-Inszenierung Erich Engels alles übertraf, was vor seiner Berufung ans Deutsche Theater im letzten Jahr dort gespielt wurde, sowenig war sie ein Hinweis auf die Zukunft des Deutschen Theaters. Die Aufführung blieb in der räumlichen Gestaltung durch Oscar Strnad hinter der Reinhardts zurück. Sie war reaktionärer, kitschiger (sogar ein Fliederbusch war da, der wohl Üppigkeit andeuten sollte). Und in der großen Tribunal-Szene wurde auf der Galerie ein Sonderauftritt – die Verjagung der rebellierenden Zuschauer durch Soldaten – gespielt, der in keiner kompositorischen Beziehung zur Anlage des Aktes stand. (Ähnliche Szenen liebte der Regisseur Barnay.) Und wenn hier auch die Rede Kortners ausgezeichnet mit dem Trampeln und Klatschen der Menge instrumentiert, wenn der Durchbruch des Temperaments, die Steigerung der Perioden kolossal war, die Szene wirkte dennoch als Soloeffekt, weil die Zurückhaltung der anderen Auftritte das Gegenteil von dem bewirkte, was sie sollte: Sie wirkte nicht als Vorbereitung, sondern als Abspannung, die das Tribunal als Überrumpelung empfinden ließ. Im übrigen hätte Kortner einen seiner stärksten Abende gehabt, wenn der Bruch zwischen Zurückhaltung und Ausbruch nicht so groß und schließlich gewaltsam gewesen wäre.

Eine gehemmte Vorstellung, die zum Schluß in der vortrefflich gegliederten Hinrichtungsszene einen Höhepunkt gehabt hätte, wäre nicht Johanna Hofer als Lucile tonlos geblieben. Diese das Stück abschließende Rolle verlangt eine Darstellerin mit Gehör, die den Ton ausschwingen lassen kann. Johanna

Hofers Monotonie zerriß den Aufbau. Was Gerda Müller an schauspielerischer Gestaltungskraft fehlt: einen inneren Vorgang zu entwickeln, zu variieren und durch ein Stück zu tragen, besitzt sie an rezitatorischer Kompositionsfähigkeit: sie kann die in sich abgeschlossene Rede der Grisette Marion gliedernd sprechen. (Im Körperlichen ging die Darstellung dieser Szene allerdings zu weit.) Als Persönlichkeit setzte sich Karl Etlinger in der Rolle des Souffleurs Simon durch.

Berliner Börsen-Courier Nr. 104, 1. März 1924

»Leben Eduards des Zweiten von England«

Uraufführung in den Münchener Kammerspielen

Nichts scheint schwieriger zu sein, als in der erregten Atmosphäre des Theaters das Tatsächliche zu erkennen. Brechts »Eduard II.« hatte in München unwidersprochenen Erfolg. Da aber in irgendeiner Ecke, als der größte Teil des Publikums längst draußen war, eine Dame einen Herrn ohrfeigte, kann man in einem Berliner Bericht lesen: »Das Publikum in seiner Mehrzahl lehnte Werk wie Aufführung ab.« Eine Episode wird zum Theaterskandal aufgebauscht, der echte Beifall unterschlagen, und der Erfolg der Dichtung – Erfolg trotz betrunkenen Hauptdarstellers – zum »Spektakel um Brecht«.

Man ist durch die Literarisierung des Dramas, durch Psychologie, Problem und Stil dem Theater so entfremdet, daß man auch dann ein Drama als Literaturstück in Gegensatz zum Publikum bringen möchte, wenn dieses Drama eben aus dem intuitiven Instinkt für das Publikum geschaffen ist. Was ich bei der »Empörung des Lucius« negativ gesagt habe, auf Brecht trifft es positiv zu. Er spürt das Publikum der Straße, der Sportpaläste, der Sechstagerennen, der Boxkämpfe. Er erlebt seine Feindschaft, seine Vorliebe, seine Erregung, seine Erschlaffung produktiv mit. Er überwindet das Publikum durch Gestaltung. Er läßt unbewußt die Energien der Masse in seine Arbeit einströmen.

Brecht schafft Publikum. Sosehr er die entfesselten Instinkte der Masse kennt, sowenig wäre damit getan: auf wilde Wirkungen auszugehen. Wilde Wirkungen, wüste Exzesse würden auf der einen Seite die »Gebildeten«, auf der anderen die Emporkommenden abstoßen. Die ersten, weil sie auf Problematik eingestellt sind. Die zweiten, weil sie »Wüstheit« auf der Bühne als eine Herausforderung, nicht als eine Bestätigung erleben. Die Distanz der Bühne, das unbewußte Gefühl, hier etwas anderes sehen zu müssen als im Leben, macht die Masse mißtrauisch. Es sind innere Vorgänge, die sich scheinbar widersprechen. Die Masse fühlt – bei nur roher Stofflichkeit – die Distanz aufgehoben und rebelliert gegen die Identifizierung. Gleichzeitig aber hält sie nur krasse, stoffliche Effekte – weil auf dem Theater dargestellt – für Phantasie, also für unwahrscheinlich. Zwischen »Sichgetroffenfühlen«, also »Überwahrscheinlichkeit«, und »Sichnichtzurechtfinden«, also »Unwahrscheinlichkeit«, schwanken die Publikumslaunen hin und her.

Die Begabung des wahren Dramatikers ist es, den Punkt zu finden, in dem die Gegensätze der Publikumsseele sich berühren. Man findet ihn nicht durch Nachgeben vor »niedrigen« Instinkten. Man hat ihn, wenn die individuelle Begabung sich mit der überindividuellen Masse berührt. Das Drama taumelte zuletzt ziellos zwischen Massenkonzession und Massenverachtung. Der Dichter war esoterisch. Der Schriftsteller liebedienerisch. Jetzt ist die Zeit reif für Dichter, die als organischen Bestandteil ihres Talents das Erlebnis des Publikums haben. Die Skandale um Brechts »Baal« und »Dickicht« waren Skandale gegen Unwahrscheinlichkeit und Überwahrscheinlichkeit. Skandale gegen mißverstandene »Literatur«, aber auch Abwehr gegen den Griff, den das Publikum an der Kehle spürte. Der Erfolg von »Eduard II.« ist – wie der von »Trommeln in der Nacht« – der Erfolg des Zeiterlebnisses. Nicht im Sinne der Aktualität, sondern im Sinn von Erkenntnis der anonymen Publikumsleidenschaften.

Zu diesem Publikumsgefühl steht es nur scheinbar in Widerspruch, wenn Brecht sein Drama »Historie« nennt. Historie bedeutet nicht »historisches« Schauspiel, nicht Geschichte im zeitlichen Sinn, sondern Geschichte als Mitteilungsform. Historie wie Ballade, wie Moritat. Der Stoff ist kolportagehaft, jahrmarktsmäßig gesehen: »Leben Eduards des Zweiten von England« – und doch gestaltete Form. Der Stoff ist weder durch Stil ausgetrieben (wie bei Hofmannsthal, wenn er alte Dramen bearbeitete), noch Rohmaterial (wie fast immer zuletzt, wenn ein

Drama überhaupt einen Stoff hatte). Brecht hat Marlowe nicht »bearbeitet«. Das alte englische Drama »Eduard II.« ist wieder als Stoff, als Urmaterial erlebt und von neuem Gestalt geworden.

Wenn ein Dramatiker vor zwanzig oder noch vor zehn Jahren an Marlowe gekommen wäre, hätte er die Homosexualität des Königs als »Problem« behandelt. Brecht interessierte sich für die Homosexualität Eduards überhaupt nicht. Die Liebe des Königs zu dem proletarischen Günstling Gaveston ist nur der Folgen wegen da. Verwirrung, Krieg, Verbannung, Flucht, Mißhandlung, Rebellion, Erniedrigung des Königs und doch nicht Thronentsagung, seine Ermordung und Sühne – das alles wird Anlaß zu grandiosen, balladenhaft dunklen, wilden, suggestiven Bildern – der erste Ansatz zu einem großen Drama, der in Deutschland seit Jahren zu spüren ist. Zu einem Drama, obwohl äußerlich die Form der Moritat gewahrt wird. Der berufene Dramatiker zeigt sich darin, daß – obwohl das Nacheinander über Jahrzehnte scheinbar willkürlich verteilter Auftritte durch Szenenüberschriften wie »Königin Anna lacht ob der Leere der Welt« noch besonders betont wird – die Figuren der Gegenhandlung, die Königin Anna und besonders Mortimer immer stärker, einheitlich führender, verbindender herausgearbeitet werden. Über die Akte, besonders über den phänomenalen Schlachtakt, sind Bogen gespannt. Über das ganze Drama ist der Bogen gespannt.

Während aber die Gegenfigur des diplomatisch-tückischen Mortimer, genannt »Der Aal«, immer schärfer hervortritt, wirkt der König zuletzt mehr durch die balladenhaften Situationen, durch die er geführt wird, als durch den eigenen Reichtum. So großartig die Szenen sind, in denen er zur Abdankung vergeblich gezwungen wird, so ergreifend die Szene ist, als ihn sein Begleiter Baldock verrät, Eduard selbst fehlt die letzte schmerzliche Tiefe des Ausdrucks. Er ist zum Schluß weniger als Gestalt denn als Anlaß zu einzelnen Balladen erlebt: »Der König Eduard geht von einer Hand in die andere.« Hier, für das Erlebnis der tragischen Gestalt, müssen Brecht noch innere Erfahrungen zuwachsen. Sonst könnte er dahin kommen, die tragische Situation eher zu haben als den tragischen Menschen.

Dies scheint auch das Problem des Regisseurs Brecht zu sein. Ob Brecht große, ungebrochene, durchkomponierte Szenen zwischen wenigen, isolierten Gestalten als Spielleiter anlegen und durchhalten kann, darauf gab die Aufführung keine Antwort. Daß er aber als Regisseur unmittelbares Theatergefühl hat, eine Bretterbeherrschung, die den letzten Winkel der Bühne durchdringt, das ist nach den balladenhaften Szenen sicher. Hier hat er eine primitive Eindringlichkeit, eine gelöste Selbstverständlichkeit, eine Prägnanz und Elastizität, die verblüfft. Wie die Ensembleszenen – und gerade diese – aufeinander abgestimmt sind, wie Reden gegliedert, die Personen zueinander in Beziehung gesetzt werden, wie ein Grundton angeschlagen und abgewandelt wird – das ist ebenso persönlich wie zwingend. Maria Koppenhöfer als Königin zwar war nicht aus ihren eigenen Bedingungen entwickelt, sondern auf den Brechtton festgelegt, der ihr nicht lag (wie überhaupt Brecht kein Regisseur für Frauen zu sein scheint, sonst hätte er die katastrophale Schauspielerin für den jungen Eduard nicht durchgehen lassen. Ein ähnlicher Fall wie die Ebinger in den »Trommeln in der Nacht«). Als Verräter Baldock aber war Hans Schweikart weit über seine Berliner Rollen hinaus zu einer menschlich legitimierten Gestaltung getrieben. Im Mörder Lightborn war die ungewöhnlich präzise Begabung von Kurt Horwitz, im Balladenverkäufer der persönliche Ton von Josef Eichheim zur starken Geltung gebracht.

Den Gaveston spielte Erich Riewe mit einer Diskretion und richtigen Verteilung der Akzente, daß man den Eindruck einer reinen, innere Vorgänge klar gliedernden Begabung erhielt. Ob das Talent des Herrn Riewe umfassend ist, kann man erst nach Rollen sagen, die erkennen lassen, ob seine Diskretion innere Entscheidung (also intensiv) ist. Den Eduard gab Erwin Faber in der Schlacht- und Fluchtszene mit herrlicher Elastizität und Spannkraft. Wie er den Fluch aufbaute, wie er die Töne spannte und losschnellte – prachtvoll. Herr Faber gehört nach Berlin. Dort wird er auch von Ansätzen zur Undeutlichkeit und Überhastung befreit werden, dort wird er die Schlußszenen des Eduard nicht mit Abgleiten in die Ersatzschauspielkunst des Mitleids (mit der Gestalt) und des physischen (statt seelischen) Alterns spielen.

Vielleicht war diese Senkung zum Schluß aber nur durch die Sabotage des Partners Oskar Homolka zu erklären. Herr Homolka ist gewiß eine Begabung. Sie zeigte sich auch hier an der Mischung von Pfiffigkeit und Brutalität, mit der (sichtbar unter dem Einfluß von Brecht) die Gestalt angelegt war. Aber Begabung verpflichtet. Und so elementar scheint sie nicht zu sein, daß sie diese Exzesse der körperlichen Betrunkenheit rechtfertigte. Herr Homolka taumelte aus offener Bühne, wenn er nicht einzuschlafen schien. Der Text entglitt ihm. Er säuselte oder brüllte. Es war das Dreisteste, was ich jemals auf der Bühne gesehen habe. (Dabei kam nicht Phantastik, sondern seelische Trägheit zum Vorschein.) Herr Homolka kann vorläufig noch nichts. Vom Sprechen hat er keine Ahnung. (Der Erfolg als Kaiser Jones ist zum größten Teil auf das unkontrollierbare Niggerdeutsch zurückzuführen.) Es ist skandalös, wenn ein solcher Anfänger nicht Verantwortungsgefühl dem Dichter, seinen Mitspielern gegenüber hat. In jedem anderen Beruf würde eine solche Disziplinlosigkeit mit Disqualifikation geahndet werden. Herr Homolka hätte es fast fertiggebracht, das Erlebnis des Abends zu zerstören: das Erlebnis eines produktiven Menschen, das Erlebnis des Dramatikers und Theatermenschen Bert Brecht.

Berliner Börsen-Courier, Nr. 140, 22. März 1924

»Anarchie in Sillian«

Matinee der Jungen Bühne im Deutschen Theater

Arnolt Bronnens neues Drama fand in einer Mittagsvorstellung echten, unwidersprochenen Beifall. Den Abendspielplan der Berliner Bühnen aber beherrschen die alten Scharteken. Gewiß ist vieles besser geworden. Es gab eine Kornfeld-, zwei Kaiser-Uraufführungen. Und wenn der sensationelle Premierenerfolg von »Kolportage« sich geschäftlich noch nicht so ausspricht wie Operetten- und Schauspielererfolge, so liegt das an der sterilen Organisation der Theater selbst. Das Starsystem, das trotz letzter Erfolge abwirtschaftet, hat das Publikum so vom Drama weg an Schauspielernamen gewöhnt, daß sich der Erfolg von Stükken erst herumsprechen muß. Aber die Front schließt sich. Nach Brecht in München, Kaiser in Berlin jetzt Bronnen mit der »Anarchie in Sillian«. Theatererfolge wieder auf der trächtigen Grundlage des wurzelhaft Dramatischen. Erfolge, die ein an Boxkämpfe und Sechstagefahren gewöhntes Publikum überrennen. Erfolge aus der Zeit. Produktive Erfolge für die gestaltende Überwindung der Zeit.

Arnolt Bronnens Drama hieß ursprünglich »Verrat« und war über den privaten Anlaß nicht hinausgekommen. Der Weg von diesem privaten Titel »Verrat« zu dem objektivierenden »Anarchie in Sillian« ist der Weg des Dramas. Verrat – enger, bronnennäher: eruptiv, böse, jäh. »Anarchie in Sillian« balladenhaft, brechtnäher: mit Ausblick, Perspektiven, Weite. Entscheidend ist das Kraftzentrum des Dramas. Wie von der Mitte aus: vom Kampf der Männer um die Frau, die Ströme durch das ganze Stück geleitet werden, wie der Raum: das Kraftwerk Sillian, die Elektrizität, die Maschinen, die mechanischen Kräfte hierzu nicht etwa nur in Parallele gestellt, sondern treibend, retardierend und wieder treibend eingesetzt sind – das zeugt von einem elementaren Theaterinstinkt, der alle Mächte der Gegenwart in seinen Dienst stellt. Die Zeit der »Maschinenstürmer«, die Zeit der Seele als Protest gegen die Materie ist vorbei. Man überwindet die Maschine nicht, indem man sie bekämpft. Man überwindet sie, indem man sie in den gestaltenden Willen aufnimmt. Man kommt über die Zivilisation nur hinweg, indem man sie nicht als intellektuellen Fortschritt, sondern als einen neuen barbarisch gewalttätigen Anfang nimmt. Bronnen hat dieses barbarische Anfangsgefühl. Er schreibt das brutale Drama der »Kräfte«. Die Anarchie bricht im Kraftwerk Sillian aus, als es nur durch letzte Willenskonzentration gegen den von außen hereinbrechenden Streik gerettet werden kann. Die Anarchie durch das Weib, die Entfesselung der Maschinen, die Tötung der anarchistischen Mächte: des proletarischen Technikers Grand, der Sekretärin Bergan, und die Beherrschung der Maschinen. Dieser Weg irrt nur in seinen letzten Ausläufern ab. Er ist dramaturgisch meisterhaft abgewandelt. Meisterhaft wie die mechanischen und menschlichen, die triebhaften und geistigen Kräfte gegeneinander- und ineinandergreifen. Phänomenal der Ausgleich von Spannung und Entladung, von Retardieren und Steigerung. Wenn dieses Drama nicht in der geistigen Perspektive aufgesetzte Deklamationen (in den Reden des Ingenieurs Carrel), in der Charakteristik Übermotivierungen hätte, wäre sein Kreislauf geschlossen. Es ist unnötig, daß die kämpfenden Männer Carrel und Grand Verbrecher sind. Diese Begründung ist nicht mehr vom Kraftzentrum des Stückes gespeist, sondern stammt aus der Konvention. Es ist unnötig, daß Gott angerufen wird (metaphysische Sätze sind bei Bronnen unecht). Ein geistloses Drama – aber von jener Brutalität, die dem neuen Geist den Boden urbar macht. Ein seelenloses Drama – aber ein Drama, das in seiner barbarischen Wildheit der Seele mehr Boden bereitet, als literatenhafte Proteste.

Die Aufführung stand unter dem Bann der phänomenalen Leistung von Walter Franck als Grand. Franck hat das brutale Äußere dieser Figur. Aber wie er nie mit seinem Äußeren protzte, wie er seine Physis gestaltete, wie er Tücke und Humor, Zynismus und elementare Wut, Pfiffigkeit und Dumpfheit mischte, wie es ausbrach und wieder verstummte – grandios. Selten hat man, seitdem Krauss nach Amerika gegangen ist, eine Leistung gesehen, in der die Fülle gesammelt ist und die Natur sich so durch Gestaltung legitimiert. Franck gehört schon heute zu den ersten Berliner Schauspielern.

Die übrige Darstellung war weniger ausgeglichen. Heinz Hilpert ist gerade für Stücke, die so bis in letzte zwischen Eruption und Zurückhaltung ausgeglichen sein müssen, nicht der zusammenfassende Spielleiter. Er bewältigte weder den Schrecken des Raumes, noch die Stellungen der Schauspieler. (Außerdem müssen die technischen Lichteffekte gerade hier auf das Präziseste ausprobiert sein.) Maria Eis ist eine schöne, aber kalte und scheinbar leere Darstellerin. Sie schwankt als Bergan zwischen Ausdruckskonvention und privater Nervosität. Auch Franziska Kinz (als Cel) ist noch nicht ausgeglichen. Aber wenn sie Koketterie manchmal überbetont und daraus nicht den selbstverständlichen Übergang zum Ernst findet – die Momente sind so stark, daß sie von neuem bezwingt.

Hanns Heinrich von Twardowski, so straff er einsetzte und so gut es für ihn ist, von den blassen Jünglingen wegzukommen, ist kein Darsteller für den sich selbst und die Anarchie überwindenden Ingenieur. Er spricht hackend die Worte, aber nicht die Vorgänge, die hinter den Worten stehen. Er bleibt undeutlich, so deutlich er die Sätze spricht. Er überträgt sich nicht und läßt, wenn er schweigt, in der Spannung nach. – Trotzdem ein neues, ein großes Verdienst der Jungen Bühne.

Berliner Börsen-Courier Nr. 166, 7. April 1924

»Die Nibelungen«

Staatliches Schauspielhaus

Hebbels »Nibelungen« aus einer Grundvision zu inszenieren, ist eine fast unmögliche Aufgabe. Es haben sich vor die Siegfried-Sage so viele primitive, feststehende, von Schule und Überlieferung gespeiste Bildvorstellungen geschoben, daß es schon als Wagnis erscheint, Recken ohne Felle, Bettvorleger und wallende Bärte zu spielen. Hinzu kommt, daß die beiden ersten Teile: »Der gehörnte Siegfried« und »Siegfrieds Tod«, dichterisch nicht aufgeblüht sind (Glanz, Naivität liegen Hebbel nicht: die Liebesszenen zwischen Kriemhild und Siegfried hätte nur Kleist schreiben können), daß erst in »Kriemhilds Rache« die wahrhaft große, die wahrhaft deutsche Tragödie beginnt. Das Theater hat es vor diesem dritten Teil leichter: er kann aus der dichterischen Vision gespielt werden, und dieser Vision stehen keine Hemmungen der Konvention und erstarrten Schulvorstellung im Wege.

Trotzdem muß auch für den Beginn eine Möglichkeit jenseits der Wagnerei gefunden werden. Jürgen Fehlings Verdienst ist es, diesen Weg erkannt und begonnen zu haben. Wenn er alles lastend, schwer, barlachhaft nimmt – so fehlen innerhalb dieser Anlage die Variationen und Kontraste. Fehling spielt ohne Dekorationen auf Würfeln und Blöcken in einer neutralen Urlandschaft. Das hätte sofort bezwungen, wenn die Abstufung im Licht gelungen wäre. Hier liegt ein entscheidender Fehler. Man kann nicht elf Akte in Schwärze tauchen, um so weniger, als die Gegensätze der Beleuchtung schon durch die Szenen selbst bedingt werden. Wenn man Siegfriedszenen vor freigelegtem Rundhorizont, unter grellem Licht und klarem Himmel und schwarz nur Brunhilds ersten Akt, den Dom und »Kriemhilds Rache« gespielt hätte, dann wäre nicht nur für das Auge des Publikums die Abwechslung, sondern auch für den inneren Weg der Tragödie die äußere Andeutung dagewesen.

Zweitens die Kostüme. So richtig es war, von Fellen und Methörnern wegzukommen, so gefährlich war es, die Monotonie noch einmal durch die Kostüme zu betonen. Es müssen Unterschiede gefunden werden, Unterschiede nach dem Charakter der Rolle, nach den Körpern und Bewegungen der Darsteller.

Emil Pirchan aber hat für diese Unterschiede keine Phantasie. Man kann nicht den Gunther von Robert Taube so armselig anziehen, daß seine Langweiligkeit noch betont wird. Man kann nicht den breiten George in weite Bluse und Pumphosen stekken, daß sein Hagen noch bürgerlicher und behäbiger wird. Daß Hagen bartlos war: gut. Aber dann hätte George eine streng anliegende Perücke tragen müssen, die seinem Gesicht, dem für diese Rolle die Suggestionskraft fehlt, wenigstens Form gegeben hätte.

Drittens die Besetzung. Es ist unbegreiflich, daß in diesem männerreichen Stück nicht Walter Franck, der jetzt noch zum Ensemble des Staatstheaters gehört, eine Hauptrolle gab. Er wäre Hagen gewesen, weil er Bannkraft hat. George wäre dann für den Gunther in Betracht gekommen, den er lastend, dumpf, brütend hätte spielen können. Wenn George, den man nicht dringend genug vor der Hin- und Herspielerei warnen kann – er gehört ans Staats-, nicht ans Residenztheater –, wenn George als Hagen vom Lärm, von der Unruhe wegzubringen wäre, könnte auch Franck den Gunther spielen (auf der Linie seines Mollfels). Einen Siegfried gibt es heute kaum, also muß man sich mit Ebert begnügen, der gestern wieder an das Hoftheater Waldemar Staegemanns erinnerte (nur straffer sprach). Als Brunhild ließ Ida Maria Sachs alle Töne in eine hohle Tiefe fallen, statt zielend, drängend, emportreibend zu sprechen. Eine schwere Belastung der Vorstellung.

Was vielleicht den Grund in diesen Besetzungsmängeln hatte: die inneren Beziehungen der Personen zueinander waren nicht klargelegt. Erst in balladenhaft gebundenen Szenen: Dom, Volkers Nachtgesang, Etzels Gastmahl, Untergang der Nibelungen, kam Fehling auf seine eigene Höhe. Diese Szenen waren außerordentlich. Vorher wechselte zu oft feierliches Psalmodieren (die Ute von Rosa Bertens) gegen wildes Tempo. Die dynamischen Beziehungen der Personen, die Kraftverhältnisse der Tragödie wurden hierdurch oft irritiert. Aber Elsa Wagner gab eine ebenso dumpfe wie ausbrechende Frigga. Kraußneck einen ergreifenden Rüdeger. Alexander Granach einen peitschenden Etzel. Und Leo Reuß war als Volker für seine Verhältnisse diszipliniert.

Die ganze Vorstellung aber wurde reich und groß durch die Kriemhild von Agnes Straub. Wenn das Wort »meisterhaft« noch einen Sinn hat – auf diese Gestaltung trifft es in seiner tiefsten Bedeutung zu. Diese Kriemhild war meisterhaft in jenem adligen Werksinn, der dem Theater fast verloren war. Aus ihrem Spiel erhellte sich die innere Gliederung der Tragödie. Sie war eine andere den Brüdern, eine andere Ute, eine andere Brunhild, eine andere Siegfried, eine andere Hagen gegenüber. Wie sie sich von ihrer Sippe löste, wie langsam der Schmerz vereiste und innen der Weg der Rache begann, das gehört zu den größten Erschütterungen, die das Theater der letzten Jahre zu verleihen hatte. Dabei war alles mit einer seelischen Erfahrung ausgewogen und gegliedert, jede Spannung gehalten, jede Stummheit reich, dabei stieg der Schluß in eine dem Irdischen entgleitende Transparenz, die Agnes Straub selbst bisher noch nicht hatte. Eine begnadete Schöpfung. Genial in der Intuition, durch innerliche Werktreue bestätigt.

Berliner Börsen-Courier Nr. 170, 9. April 1924

»Fahnen«

Volksbühne

Im Programmheft wird die Entscheidung des Oberstaatsgerichts von Illinois gegen die Chikagoer Anarchisten (17. September 1887) abgedruckt, die Alfons Paquet den Anstoß zu seinem Drama gab. Was in dieser Entscheidung als Bericht über die Vorgänge auf dem Chikagoer Heumarkt, über die Arbeiterversammlung zur Durchsetzung des Achtstundentages, über die Auflösung der Versammlung durch die Polizei, über Bombenwürfe und den Tod von sieben Polizisten steht, wird nicht als Keim zu einem dramatischen Motiv empfangen. Der Bericht geht nicht in eine neue Ordnung ein, es setzt sich nicht sprachschöpferisch um. Der Bericht wird nicht produktiv für einen künstlerischen Organismus. Er wird »Anlaß« zu einem Nacheinander und Nebeneinander von Dialogen und Vorgängen. So entsteht ein doppelter Bruch: das Nebeneinander der dramatischen Elemente Wort und Geschehen, das Nacheinander des Bildablaufs. Vom Zentrum her sieht der dichterische Vorgang so aus: Paquet wurde durch die Entscheidung des Gerichts angeregt, die Vorgänge, die zu dem Anarchistenprozeß geführt haben, zu »deuten« und die Deutung in »Vorgängen« zu geben. Als er aber »deutete«, hatte er sich schon des Schöpfertums begeben. Er suchte nach inneren Zusammenhängen, nach psychologischen Entwirrungen der Polizeiberichte, der Arbeiterberichte. Er war der Anwalt (nicht im banalen Parteisinn, sondern in der menschlichen Bedeutung), er war der Gegenstaatsanwalt. Diese Einstellung aber selbst in ihrer hohen, ungetrübten Form stellt sich dem dramatischen Erlebnis, dem Erlebnis des dramatischen Komplexes entgegen. Paquet nimmt das Verfahren wieder auf und stellt den Prozeß dar. Er empfängt nicht aus dem Bericht die Vision eines Kampfes, der weitere Kreise zieht, dessen Ende in keinem logischen Zusammenhang mit dem Anfang steht. Paquet muß entweder reden oder handeln lassen. Die Rede wird nicht handlungstreibend und die Handlung nicht sprachtreibend.

Was aber Paquet vom innerlich getriebenen Dramatiker entfernt, das entfernt ihn auch vom falschen, vom posierenden Dramatiker. Toller würde dieses Drama ebenfalls nicht als Motiv empfangen, aber er würde trotzdem mit dem Requisit des gleichnishaft erlebenden Künstlers gearbeitet haben. Er würde Symbole aufsetzen, lyrische Exaltationen einschieben, er würde sich sprachlich überspannen. Paquet überspannt sich nicht. Der Chronikstil kommt zu keiner Form, aber er verleugnet sich auch nicht. Die Moritat wird nicht sinnbildlich (wie bei Brecht), aber sie gibt sich auch nicht auf. Paquet steht innerlich zu seinem Werk, zu der Formlosigkeit seines Werkes, zu der Gesinnung seines Werkes. Diese Ehrlichkeit, diese Bescheidenheit, diese Reinheit tat in der menschlichen und künstlerischen Verwüstung ringsum wohl.

Daran hatte die Aufführung der Volksbühne ihren Anteil. Auch sie war ehrlich (ohne die Schmockereien und Mätzchen, die sonst die Volksbühne in dieser Spielzeit diskreditierten). Erwin Piscator ist zwar noch kein Regisseur für die verwilderten Darsteller der Volksbühne. Und es ist fraglich, ob er getürmte, zu einem Bogen gespannte Szenen aufbauen kann. Aber hier gelang ihm im Bildnerischen (mit dem ebenfalls zum ersten Mal ohne Kinkerlitzchen arbeitenden Maler Suhr) Ausgezeichnetes selbst dann, wenn man zugibt, daß es für diese Art der bildhaften Dämmerinszenierung viele Vorbilder gibt. Das schmälert die Verdienste der Aufführung keineswegs. Es fehlte der Darstellung die Straffheit, den Auftritten die Prägnanz.

Aber es wurden auch nicht stilisierende Gewaltsamkeiten an die Stelle des inneren Aufbaues gesetzt.

Ein Irrtum waren die ansagenden, die Szenen titulierenden, teils erklärenden, teils verstärkenden Lichtbilder zu seiten der Bühne. Ich könnte mir bei einer dramatischen Moritat hiervon sehr wohl eine Wirkung denken. Dann müßten aber die Szenen selbst greller und schlagkräftiger sein. Dann dürften die Bilder nicht seitwärts das Auge abziehen und verwirren. Das bedächtige Tempo des Werkes verträgt die Kinoverstärkung nicht.

Schauspielerisch standen unter dem möglichen Niveau: Herr Hollmann als Industrieherr, Herr Johann August Drescher als einer der Anarchisten und viele kleine Rollen. Besser als sonst sprach Herr Hannemann den Prolog. Eine explosive Rolle, die ihr lag, spielte Fränze Roloff als Mulattin. Und ausgezeichnet war Leonard Steckel als bestechlicher Polizeikapitän Shaak. Gefühlsrollen, wie Kaisers Pfandleiher, oder Ausbruchsrollen sind für Steckel nichts. Aber drohende, heimliche, gestaute, hintergründige Gestalten wie dieser zweideutige Polizist befreien ihn zu seinem Ausdruck; zu dem gespannten, drohenden Ton, zu dem lauernden, bohrenden Blick. Hier verpulvert Steckel sein Temperament nicht in überhitzte Ekstasen, hier setzt er es hinter Ruhe, Zurückhaltung und ist vortrefflich.

Berliner Börsen-Courier Nr. 248, 27. Mai 1924

Die Wallenstein-Trilogie

Staatstheater

Der angebliche Bruch in Schillers Wallenstein-Drama, daß eine heroische und eine bürgerliche Tragödie sich widersprechen, daß eine Familienkatastrophe in eine Weltkatastrophe nicht hineinwächst (wie im »Macbeth«, im »Lear«), sondern, umgekehrt, die Katastrophe »Wallenstein« durch die Katastrophe »Max – Thekla« eingeengt wird – dieser Bruch scheint durch frühere Aufführungen in Schillers Dichtung erst hineinoperiert worden zu sein. Max und Thekla wurden aus der Schicksalsverknüpfung gelöst, es bildete sich ein Idyll innerhalb der Tragödie, das erst im dritten Akt von »Wallensteins Tod« in die Aktion hineingerissen wurde. Max und Thekla waren keine Tonkontraste (wie idyllische Szenen in Shakespeares Dramen), sondern Niveaukontraste: sie befriedigten die bürgerlichen Gefühle der Zuschauer und lenkten von der tragischen Erschütterung auf Sympathie und angenehme Traurigkeit ab.

Leopold Jessner hat Max und Thekla in die Unerbittlichkeit der Tragödie gestellt. Durch Striche und – intuitiv – durch Stellungen. Durch Striche, indem er in den »Piccolomini« der Thekla vor allem die Verse gibt, die sich auf Wallensteins Sternenturm beziehen (und nur im Monolog der Thekla den Ton verfehlt: das Gedicht »Der Eichwald brauset« wird mit Bruchstücken des Monologes »Dank dir für deinen Wink« zusammengeflickt). Durch Striche, indem er die Szene des schwedischen Hauptmanns auf Thekla und den Hauptmann konzentriert und den Familienauftritt wegläßt. Aus dem Niveaukontrast wird der Tonkontrast. Die Tragödie wird verschärft, nicht aufgehalten. Die Schicksalsverknüpfungen von Max und Thekla erreicht Jessner noch suggestiver durch Stellungen: durch die Stellungen der Gräfin Terzky. Wie diese zu Wallenstein steht, um Max und Thekla mit Blicken und Mienen den Kreis des Schicksals ziehend, wie sie immer mehr in die Wallenstein-Tragödie hineinwächst – das ist die shakespearische Verknüpfung eines Hausuntergangs mit einem Weltuntergange.

Jessners ungewöhnlicher dramaturgischer Instinkt hat sich niemals so restlos in Raum, Bewegung und Schauspielkunst umgesetzt. Schon wie er »Wallensteins Lager« an die »Piccolomini« anschließt: als Auftakt, nicht als selbständiges Vorspiel, ist eine dramaturgische Tat, wenn auch keine schauspielerische. Herr Florath bleibt als Wachtmeister merkwürdig unsicher, Leonard Steckel überhitzt den Kapuziner und Max Schreck ist als Erster Kürassier nur physiognomisch gut: auf seinem Gesicht malt sich der Schrecken des Krieges, in seinen Reden nicht.

Mißglückt ist César Klein das überladene astrologische Zimmer und der Bankettsaal in den »Piccolomini«. Man kann gewiß das Bankett selbst hinter die Szene verlegen. Dann muß der Raum klar auf die Spielmöglichkeit der Hauptakteure gegliedert sein. Diese Bogenhalle blieb unbelebt und ließ die lauschenden Diener als Detektive heranschleichen. Daß dieser Akt am schwächsten wirkte, lag auch am Illo des Herrn Witte. Herr Witte kann gewiß eine kurze Dialektrolle, wie im »Armen Vetter«, spielen. Als Illo gibt er noch nicht einmal einen Wachtmeister. Die richtige Besetzung wäre wahrscheinlich Herr Fritz Valk gewesen, der als Buttler (Georges Roll) sein großes Talent nicht auswachsen ließ, weil er – wie in Darmstadt als Saul – zu sehr mit dynamischen Kulissenmitteln arbeitet, zu wenig innerlich disponiert und aufbaut. Aber Granach als Isolani ist ausgezeichnet: phantastisch und witzig, in der Intuition lebendig, in der Zeichnung scharf. Hier liegen seine Rollen. Und Carl Ebert war selten so gut wie als Oktavio. Vom Schauspieler aus gesehen, ein großer Fortschritt. Ebert kam von der Sonorität weg und spielte sachlich, ruhig, in der Haltung überlegen, in den Stellungen vom Regisseur vortrefflich geleitet.

Jessners Starts waren immer die fünften Akte. Wie er aber den letzten Aufzug von »Wallensteins Tod« noch über den groß angelegten dritten Akt hinaussteigert, das ist eine produktive Tat. Der dritte Akt spielt nicht im Zimmer, sondern in zwei weiten Hallen, die Schauspieler zu unerhörten Leistungen befeuernd, den Auftritt der Pappenheimer Kürassiere zu gewaltiger Wirkung steigernd. Wallenstein in Eger – die Zugbrücke ist heraufgezogen. Deveroux und Macdonald – vor der Windfahne auf der Bastion (eine etwas billige, aber fabelhaft wirkende Symbolik). Der Schlußakt in einer Vorhalle. Jetzt erst wird klar, warum Jessner Wallensteins ersten Auftritt in den »Piccolomini« mit ungeheurem Prunk gestaltet. Hier ist die Vereinsamung erschütternd. Wallenstein und die Gräfin Terzky nahe beieinander und voneinander abgekehrt, Wallenstein und Gordon, der Diener, die Gräfin Terzky, der Auftritt Oktavios. Dieser Akt ist von Wallenstein und der Gräfin so heroisch und menschlich so reich angelegt, daß der Abschluß fast klein wirken müßte. Aber Jessner hat den Mut, ihn breit ausspielen zu lassen. Wallensteins Leichnam zwischen den Truppen, der Abgang der Gräfin Terzky – die Gefahr ist die Überreichung des Briefes an Oktavio. Aber dieser Brief bringt eine neue Steigerung. Er wird aus der Mitte von einem zum anderen weitergereicht, bis er links zu Gordon kommt. Jeder liest ihn. Jeder zuckt zusammen. Und Gordon überreicht ihn langsam: »Dem Fürsten Piccolomini«. Eine Kleinigkeit. Aber ein wesentlicher Bestandteil des szenisch-dramaturgischen Aufbaues. Das Gegenspiel schwingt aus. Der Akt kann sich ausatmen.

Ein Abend, der mehr war als eine ausgezeichnete Aufführung. Ein schöpferischer Abend, der eine heroische Theaterkunst wiedererstehen ließ. Der das Drama durch die produktive Vermittlung der Regie, der Schauspielkunst von neuem zu einem elementaren Erlebnis des Publikums machte. Ein Abend, von dem eine neue Zeitrechnung des Theaters beginnen kann. Der, wie er sich in den Gipfelleistungen manifestierte, wie Dramaturgie und Struktur: Fülle, Phantasie und Überschuß wurde, noch besonders gepriesen werden muß.

Der dramaturgischen Einfügung der Thekla-Max-Szenen kam die Besetzung nach zwei Richtungen hin zugute. Thekla spielte Sonik Rainer, eine junge, neue Schauspielerin, deren warme Begabung sich nicht ausströmt, sondern verschlossen hält. Sonik Rainer ist körperlich noch gebunden, aber ihr echter, menschlich gegründeter Ton, ihre persönliche Sprechmelodie lassen sofort an sie glauben. (Körperliche Gebundenheit hindert sie nicht am Ausdruck wie Lina Lossen. Man erlebte kurz hintereinander zwei Rollen von ihr: die Frau Henschel, die sie liegend spielen konnte, prachtvoll. Die Herzogin von Friedland matt und unsicher.) Leo Reuß gab den Max. Diese Besetzung nützte nicht dem Max als Rolle, aber dem Max in der Gliederung der Aktion. Leo Reuß fehlt aller Glanz, alles fortreißend Persönliche. Aber dafür belastet er den Max auch nicht mit Sondersympathien. Er lenkt nicht ab. Er ist hier der präzise, klar sprechende, sachlich exakte, zuletzt aus der Bahn geworfene Offizier. Von seinen früheren Leistungen her gesehen, ein Gewinn, weil Reuß sich nicht mehr überspannt, überhitzt. Vom Stück aus gesehen, eine darstellerisch klare Erledigung einer dramaturgisch eingeordneten Rolle. Auch Paul Günthers Questenberg ist vorläufig mehr eine dramaturgische Funktion als eine überschießende Gestalt. Dabei ist Günther intensiver, bedeutender und auch dramatisch durchschlagender als jemals. Er muß sich nur noch von der Stilisierung, die dem Questenberg als Hilfsmittel zugute kommt, freispielen. Eine starke Begabung scheint der junge Veit Harlan zu sein, der allerdings noch durch einen Sprachfehler behindert wird. Aber wie er zuerst den zweiten Jäger, nachher den Rittmeister Neumann mit persönlichem Ausdruck lud, ließ darüber hinweghören.

Man hat oft behauptet, daß die Gestalt von Schillers Wallenstein widerspruchsvoll sei: für sich die Treue der anderen in Anspruch nehmend und selbst falsch, weltentrückt und hinterlistig, Heros und Hausvater, Soldat und Bürger. Wenn Werner Krauss nichts anderes getan hätte, als scheinbar logische Widersprüche in seelische Zusammenhänge hinaufzuführen – sein Wallenstein wäre eine theatergeschichtliche Tat geworden. Sein Wallenstein war mehr. Krauss hob ihn in eine Welt, wo Taten in der Einbildung schon vorausgenommen und deshalb in der Wirklichkeit nicht auszuführen (oder nur mit kleinlichen Mitteln auszuführen) sind. So bleibt er adlig, auch wenn er sich menschlich verstrickt. So bleibt er rein, auch wo er falsch ist. Ja, dieser Wallenstein wird leuchtender, seelisch schlackenloser, innerlich gehobener, je tiefer er äußerlich sinkt: ein Weg, der dichterisch nur in Shakespeares »Richard II.« gestaltet ist. Wenn Krauss dem Questenberg gegenüber nicht glauben will, daß der Oberst Suys von ihm abgefallen sei (die Worte: »Was tat der Suys?« kommen arglos aus der Ferne), so ist schon das ein Ton, eine Abgekehrtheit, die immer tiefer, immer innerlicher wird. Welche Kurven, welche Höhen hat dazwischen die Gestalt! Krauss bäumt sich auf: »Die Sterne lügen nicht!« Er kommt wankend mit großem Gang von hinten bis ganz vorn an die Rampe nach dem »Vivat Ferdinandus!« und spricht tonlos: »Laß unsere Regimenter sich fertig halten.« Erschütternd, wenn er um Max kämpft. Erschütternd, wenn ihm hier die Gräfin Terzky entgegenwächst. Wenn Krauss: »Max, bleibe bei mir!« mit einem seelischen Ausdruck spricht, den er früher nie hatte, wenn Agnes Straub die Worte mit differenziertestem Mienenspiel begleitet, so ist eine seelische Korrespondenz, ein Gipfel der Theaterkunst erreicht. Aber Krauss kommt im letzten Akt noch darüber hinaus. Er nimmt, wie er alles geistig und seelisch vorwegnahm, auch den Tod vorweg und ist nirgends lebenstrunkener, als wo er vom Tode berauscht ist. Wenn aus der Ferne die Bankettmusik Illos herübertönt, Krauss im Takt zu schreiten, zu tanzen beginnt und Gordon (von Kraußneck wundervoll gegeben) in die Arme sinkt: »Wie doch die alte Zeit mir näher kommt« – das ist die Erschütterung der großen Tragödie. Wie er den Tod als ein neues Leben empfindet – wundervoll. Und wie die Straub und Krauss voneinander Abschied nehmen, leise stammelnd, wie die Straub gegen das Ende hin immer entrückter wird und der Realität ebenso entwächst wie Wallenstein, wie die letzten Worte zur Zwiesprache mit dem toten Wallenstein werden – erschütternd.

Das Staatstheater wurde oft ein Regietheater gescholten. Der »Wallenstein« zeigt: daß es ein Dichtertheater ist, denn die Wirkungen der Aufführung waren aus dem Dichter genommen.

Daß es ein Intendantentheater ist, denn es hat schon in den wenigen Wochen der neuen Saison einen Spielplan aufgebaut. Daß es ein Regietheater im weiteren Sinne ist, denn Jessner hat eine Kraft der Gliederung und eine Fülle der Phantasie entfaltet wie niemals. Daß es ein Schauspielertheater wird, denn die Hauptrollen werden schöpferisch weitergedichtet. Daß es ein Publikumstheater ist, denn die Zuschauer wurden verwandelt, zum Publikum umgeschmolzen, erhöht, gesteigert, von dem Wunder »Theater« ergriffen.

Berliner Börsen-Courier Nr. 483 und 484, 13. und 14. Oktober 1924

»Dickicht«

Deutsches Theater

Wenn man später auf dieses Stück von Bert Brecht zurücksehen wird, so wird man erkennen, wie sehr gerade in diesem Werk das Anfangsgefühl ausgedrückt ist. Das Anfangsgefühl nach einer erlebnisarmen, bildungsreichen, nach einer seelisch laschen, technisch angespannten Zeit. Krieg und Revolution trafen auf eine Menschheit, die durch Zivilisation so mechanisiert war, daß sie elementare Ereignisse nicht mehr elementar empfinden konnte. Das Drama konnte nicht wieder einsetzen, wo es abgebrochen war. Es konnte den Amerikanismus nicht leugnen, nicht weglöschen. Notwendig war aber, ihn nicht als Verfeinerung, nicht als Entwicklungsstufe zu sehen, ihn also nicht wieder historisch zurückzubeziehen, sondern als neuen, primitiven Anfang zu empfinden. Die letzte technische Präzision des Zeitalters konnte nur dann künstlerisch zeugungsfähig werden, wenn es gelang, sie als Barbarei zu erleben. Als eine Urzeit, die produktiv wird für einen neuen seelischen Beginn.

Alle neueren Dichter setzen sich – ob bewußt oder unbewußt – mit dieser Situation auseinander. Döblin in seinem Roman »Berge, Meere, Giganten«, Georg Kaiser, indem er die Präzision technisch zur letzten, sich selbst aufhebenden Konsequenz führte und damit einen neuen Anfang freigab. Ernst Barlach, indem er in der erschütternden »Sündflut« apokalyptische Visionen gegen die Zeit schrieb. Arnolt Bronnen, indem er Menschen in technisch außerordentlich gebauten Akten elementar zur Entladung bringt. Bert Brecht, indem er der Zeit die trächtigen dramatischen Stoffe heranführt.

Das »Dickicht« ist in der Stofferfindung, im Wurf unerhört. Es gibt den Sumpf, das »Dickicht« der Großstadt wie das Dikkicht des Urwaldes. Hier ist das Anfangsgefühl, das die naturfernste Weltstädt wie eine neue Natur, wie unwegsames, unentdecktes Urland zeigt. Der Seelenkampf wird zum wilden Sportkampf. Garga, der weiße Leihbibliothekangestellte, und Shlink, der malaiische Holzhändler, kämpfen mit vertauschten Waffen. Der Zerstörer, der Malaie, mit Selbstentäußerung und Liebe. Der Verteidiger, der Weiße, mit Empörung und Haß. Der Untergang einer Familie, wie das Stück jetzt im Untertitel heißt, in Form eines seelischen Boxmatches. Ein geistiger Zerfleischungskampf über zehn Runden. Im »Dickicht« sind die rohesten Elemente einer brutalen, hemmungslosen Zeit angesetzt, um eine geistige Schlacht zu schlagen.

Die Atmosphäre dieser Schlacht fasziniert. Die Menschen sinken unter und tauchen auf aus der fauligen, flimmernden Atmosphäre des »Dickichts«: Chikagos und seines Chinesenviertels, sie Vertauschen sich im halben Licht, sie zerfleischen sich und suchen sich zu finden. Die Schönheit, die Poesie des »Dikkichts« liegt in der dichterischen Eroberung einer fernen, barbarischen, modernen Märchenstadt. Eine Farbigkeit ohnegleichen, eine üppig pflanzenhafte Geilheit tut sich zwischen schimmligen, verschmutzten Häusermauern auf. Eine tropische Hitze, eine arktische Kälte liegt wechselnd über einer gigantischen, technisch barbarischen Stadt. Brechts Zukunft: wo er seelisches Klima auch ohne Exotik schaffen wird, Exotik als Schmuck, als Verlegenheit ist schon hier überwunden. Sie auch als formales Prinzip zu überwinden, wird Brechts Entwicklung sein.

Den Weg des Dramas zwischen barbarischen Stoffen und seelischer Umschöpfung (die nicht Motivierung, nicht Zerfaserung bedeutet), den verführerisch schönen Weg des »Dickichts« zum Ziel einer wesentlichen Dramatik zu erkennen, die Folgen für das Theater, für die Schauspielkunst zu sehen, wird notwendig sein.

Berliner Börsen-Courier, Nr. 512, 30. Oktober 1924

Die Mißverständnisse, denen Brecht immer wieder begegnet, liegen in dem Gegensatz von Phantastik und Seele, der im

»Dickicht« kompliziert wird durch die Variation: Phantastik-Exotik. Die technische, die industrielle, die maschinelle Welt muß zuerst phantastisch erlebt werden, bevor sie seelisch zeugungskräftig wird. Erst müssen die neuen Dimensionen atmosphärisch erobert, erst müssen Luftschichten geschaffen werden, bevor seelisches Licht sichtbar werden kann. Die Phantastik wuchert im »Dickicht«. Herrlich. Fahles Dämmern, Chinaviertel, Chikago, die Lyncher. Diese Phantastik aber scheint nachträglich auf Klarheit und auf Seele kontrolliert worden zu sein. Die neue Fassung des »Dickicht« ist straffer und übersichtlicher als die frühere Münchener Fassung. Es ist ohne Vergleich der nicht vorhandenen Bücher schwer festzustellen, ob, wie es mir schien, diese Zusammendrängung auf Kosten der sprachlichen, der lyrischen Momente geschehen ist. Brechts stärkste Suggestion geht aber von seiner Sprache aus. So entsteht der seltsame Widerspruch, daß ein Drama auf viele unklar wirkte, weil es mehr auf »Klarheit« bearbeitet war. Man hat den Eindruck: die Phantastik hat sich nicht selbst geklärt, sie wird auf Seele und Menschlichkeit zurückbezogen. (Die betonte »Einsamkeit« der Menschen.) Es wird vieles direkt gesagt, was früher bildhaft gesagt wurde.

Ich liebe die Schönheiten des »Dickicht«, sein Phosphoreszieren, seine Dämmerluft, seine tropische Glut. Der Weg zur Seele – notwendig für das neue Drama – geht aber nicht durch Melancholien, ebensowenig wie Phantastik sich in Exotik erschöpfen darf. Melancholie, das ist der seelische Ausdruck, der der kämpferischen Welt des »Dickicht« widerspricht. Exotik ist ein Formprinzip, in dem die Phantastik leicht erstarrt. Das »Dickicht« ist im Stoff, in der Kolportagekraft des Stoffes (Kolportage als Beginn ist notwendig) und in der phantastischen Sprachgewalt modern, zukunftsträchtig. Aber das Seelische entspricht nicht immer der Phantasie, sondern hat ein kleineres Format. »Dickicht« ist in der Vision von unheimlicher Bannkraft. Über nur formale Stellen, die durch die Exotik bedingt sind, wird Brecht hinwegkommen, denn er ist ein produktiver Mensch. Dieser Reichtum kann nur dann zur Gefahr werden, wenn Brecht nicht entschlossen die Nabelschnur, die ihn mit seinen bisherigen Werken verbindet, durchschneidet. Die immer wieder nachschießende Triebkraft seines Talents verleitet ihn dazu, nichts endgültig abzuschließen. Die Labilität seiner Begabung bringt ihn auch vor beendeten Werken zu immer neuen Umdichtungen. Brecht bekümmere sich nicht mehr um seine fertigen Stücke. Er stoße diese Komplexe von sich ab, um in sich Raum zu schaffen für neue. Zuerst für die sich vollendende Komödie »Mann ist Mann«!

Die Aufführung war eine Ensembledarstellung seltenen Ranges. Erich Engel legte gleich die erste Szene, den Einsatz des Kampfes zwischen Shlink und Garga, suggestiver an als in München. Dort ein überhetztes Prestissimo. Hier ein langsames, bannendes Einkreisen. Überhaupt kam die Raubtierschönheit der Dichtung oft wundervoll heraus. In der locker gespannten Schauspielkunst: Fritz Kortner als Shlink – eine seiner stärksten Schöpfungen. Gewiß kam er auf dem Umwege über die Exotik, über das Malaientum, über das Chinesentum zum Ausdruck der Gestalt. Wie er aber den leisen, hohen, schmeichelnden Ton abwandelte, wie er ging, wie er stehenblieb, das war zum ersten Mal eine körperlich und sprachlich gleichmäßig gelöste und frei gewordene Figur. Im Monolog des Schlusses der sprachliche, beim Giftselbstmord der physiognomische Höhepunkt der Leistung. Ihm gegenüber Walter Franck als Garga am leidenschaftlichsten in den abklingenden, in den stillen, verschlossenen Momenten. Wundervoll. Bei lauten Stellen muß er sich neuerdings vor Überhastungen hüten.

Die Regie des »Dickicht« wird immer darauf ausgehen müssen, den phantastischen Stil der Figuren nicht so herauszutreiben, daß die Führung der Vorgänge überwuchert wird, den sprachlichen Stil nicht auf Kosten der Plastik zur literarischen Linie werden zu lassen. Die Aufführung war reich an produktiven Beweisen hierfür. Paul Bildt als »Individuum« Smile, genannt »Der Wurm«, hatte den Stil Brechts in der Vollendung. Er war varieténah, amerikanisch, grotesk. Ein Gauner als Clown – herrlich. Ungewöhnlich in der Ausdrucksschärfe und Beweglichkeit. Ihm nahe Lothar Müthel als »Pavian« – elastisch, gespannt, abschnellend, die Erfüllung seiner Begabung gebend, die immer mehr nach den scharfen, charakteristischen Rollen als nach den Liebhabern ging. Die ätzenden, zynischen, grotesken Leistungen fielen niemals aus den Vorgängen und dem Ton der Szene heraus. An der vermiedenen Gefahr erkannte man die Begabung und das Taktgefühl des Regisseurs. Einen ähnlichen Stil versuchte auch Walter Fried als Vater. Es gelang noch nicht immer. Es blieb bei der Absicht, bei der Mühe, die Chargierung zu vermeiden.

Auch die andere Gefahr: die literarische Linie, wurde fast immer überwunden. Sie wäre restlos überwunden worden, wenn die Arbeit Erich Engels noch zu seiner letzten Zusammenfassung und Hinaufgipfelung geführt hätte. (Es fehlten Tempovariationen.) Bei Gerda Müller konnte man genau die Literatur und die Dichtung der Gestalt (Marie Garga) unterscheiden. Wenn Gerda Müller »Gott« sagt, so spricht sie die literarische Konvention eines vergangenen Dramas, spielt sie den Stil, nicht den Ausdruck. Wenn sie in der Likörbude ausbricht, so ist sie im gespannten, gleitenden Ton brechtisch. Hier war sie ausgezeichnet wie immer in rein sinnlichen Auftritten (»Überteufel«). Franziska Kinz spielte ausdrucksmäßig ihren Widerpart. Ihre starke Ausdrucksbegabung kommt nur manchmal durch sprachliche Vernachlässigung und Dialektanklang der »Flamme« Hans Müllers nahe.

Ungewöhnlich gut war die Aufführung in den räumlich und farbig gegliederten Dekorationen Caspar Nehers. Die phantastischen Kostüme waren körperlich empfunden.

Berlin hat wieder eine Theaterkunst oder könnte sie haben, wenn der gute Wille überall vorhanden wäre, sie aufzunehmen.

Berliner Börsen-Courier Nr. 513, 31. Oktober 1924

»Der eingebildete Kranke«

Die Komödie

Max Reinhardts Rückkehr nach Berlin ist publikumspsychologisch entscheidender als künstlerisch. Sein Weggang hatte dem Theater als solchem, dem Theater als einer Angelegenheit des öffentlichen Interesses, dem Theater als Treffpunkt, dem Theater als erhöhter, gesteigerter Unterhaltung Abbruch getan. Max Reinhardt war so sehr zu einem Begriff, zu einem Sinnbild geworden, zu einem Sinnbild der Theaterkunst – jenseits von Leistungen und einzelnen Aufführungen –, daß seine Übersiedlung nach Wien – wiederum jenseits seiner eigenen Vorstellungen und den Vorstellungen anderer – als ein Mißtrauensvotum für die Bühne überhaupt betrachtet wurde. In dieser Wirkung auf das Publikum, gerade in einer Zeit, wo das Theater der Atmosphäre und der psychologischen Unterstützung bedurfte, lag der Schaden von Reinhardts Flucht (bei wankenden deutschen Geldverhältnissen). In der gegenteiligen Wirkung liegt der Nutzen seiner Rückkehr (bei stabilisierter deutscher Währung).

Kampf ist notwendig. Kampf ist fördernd. Er ist auch die Voraussetzung für die Produktivität des Publikums. Berlin war eine Theaterstadt, als Reinhardt und Brahm sich gegenseitig Konkurrenz machten. Berlin ist eine Theaterstadt, wenn Reinhardt und Jessner sich Konkurrenz machen. Das Publikum wird entflammt. Das Publikum nimmt Stellung. Es gibt wieder eine Theaterleidenschaft, ein Für, ein Gegen.

Wenn in der bloßen Tatsache von Reinhardts Berliner Tätigkeit eine Erhöhung des Theatergefühls liegt, so liegt sie kaum in der Gründung der »Komödie«. Die neue Bühne am Kurfürstendamm wendet sich gerade an den unbeweglichsten, unnaivesten Teil des Berliner Publikums. Ein Gesellschaftstheater? Aber, selbst wenn man glaubte, daß eine Gesellschaft, die nicht mehr existiert, durch ein Theater gebunden, geeinigt, geschaffen werden könnte, so nur durch ein Theater, das eben die zersplitterten Gesellschaftsgruppen von heute zusammenführte und zu einem neuen Publikum umbildete (im Gegensatz zum Volksbühnenpublikum). Das würde kein historisch gerichtetes, sondern ein gegenwärtiges Theater sein. Kein Schloßtheater, sondern ein Jazzbandtheater. Jazzband, Tanzgirls, sind schöpferischer für ein »Gesellschafts«-Theater der Zukunft als Versuche, eine neue Gesellschaft in Anlehnung an alte Gesellschaftsformen zu bilden; eine Geldaristokratie in Anlehnung an eine Hofaristokratie zu schaffen.

Im »Diener zweier Herren« brachte die Fülle der Regie-Improvisationen, die durch den Truffaldino Hermann Thimigs in ständiger Bewegung gehalten wurden, darüber hinweg. In »Aimée« war es die reine, tiefe Gestaltung Helene Thimigs, die den Abend über den Anlaß erhöhte. Im »Eingebildeten Kranken« gab es trotz himmlischer Einzelheiten Max Pallenbergs keinen Zusammenhalt, kein durchgreifendes Erlebnis. Wenn Pallenberg entzückt vom Fieber, entzückt von der Pest schwärmt, wenn er mit Louison zankt, in der Enttäuschung über die Frau verstummt, wenn er quängelt und krächzt und wieder tonlos wird – so ist das in der Liebenswürdigkeit und Derbheit herrlich. Aber es bleibt isoliert. Es erhält keinen Zustrom vom Partner und wiederholt sich.

Gute Schauspieler, aber sie spielen aneinander vorbei. Sybille Binder allerdings wird niemals auf Töne und Kadenzen gestellt werden können, weil ihr das Gehör fehlt. Aber Else Eckersberg, obwohl in Kostümrollen immer etwas unsicher, hat doch Gehör, hat doch schauspielerische Durchschlagskraft. Hier hängen ihre Sätze, ihre Bewegungen in der Luft. Sie treibt nicht, obwohl die Toinette das aktive Element der Handlung ist. Und wenn sie den Arm ausstreckt, läßt sie ihn in der Pose verharren. Sie findet sich in der Verkleidungsszene als Arzt. Dieser Auftritt ist aber auf dem Umwege über die Stimmverstellung am leichtesten zu spielen.

Manchmal scheint es, als ob Reinhardt Sprechduette, Sprechterzette angestrebt hätte. Da sie aber nicht tonlich, sondern auch realistisch ausnuanciert sind, fehlt es ihnen an präziser Komposition. Nur einmal kommt etwas Ähnliches zustande, wenn Egon Friedell und Pallenberg sich begrüßen. Und Hubert von Meyerinck als Thomas Diaforius wandelt seinen privaten Tonfall an der Rolle ab. Er ist in solchen Rollen ruhiger und disziplinierter geworden. Er versucht, aus dem Wort zu spielen, was in dieser Aufführung viel sagen will. Denn die schauspielerische Verwahrlosung ist groß – gerade weil alles einstudiert, ausprobiert, festgelegt ist. Einem schwachen Talent wie Fritz Delius als Liebhaber der Frau ist ein salopper Konversationston aufgezwungen, der ihm nicht liegt. Wilhelm Dieterle als Berald läuft an der Rampe auf und ab, Hände in den Taschen, als ob er sich als Direktor überlegte, wie er die Gagen seiner ehemaligen Mitglieder zahlen solle. Und sogar das Kind Louison spricht altklug, pointiert im Tonfall Max Reinhardts. Die Aufführung ist das Gegenteil einer Ensemblevorstellung, weil dieselben Mitglieder, die zu einem Ensemble hätten zusammengeschweißt werden können, aneinander vorbeispielen, jeder auf eine andere Ausdrucksform festgelegt. Aber diese entspricht nur selten der individuellen Veranlagung.

Berliner Börsen-Courier Nr. 559, 28. November 1924

»Katalaunische Schlacht«

Uraufführung in Frankfurt a. M.

Wie fast immer für die Dichtung die Weltstadt oder das Land fruchtbar geworden sind, so bauen heute am Drama die Extreme: das amerikanisierte Berlin, die ruhende Kleinstadt, das ruhende Dorf. Man schreibt aus der Zeit und kommt, wenn man den Nerv der Gegenwart getroffen hat, über die Gegenwart hinaus. Man schreibt jenseits der Zeit und kann auf diesem Wege zeitlos werden.

Die Großstadt wurde – vor dem Kriege – als äußerste Schöpfung der Zivilisation empfunden. Ihr Ausdruck war in der Kleinkunst: das Feuilleton, die psychologische Skizze, im Drama: das sondierende Gesellschaftsstück, das mondäne Schauspiel. Die Großstadt wird jetzt nicht als verfeinertes Ende, sondern als brutaler Beginn empfunden. In der Kleinkunst trat an die Stelle des Feuilletons die »Kurzgeschichte«, die Abenteuernovelle, also das Wildwesterlebnis der Großstadt. Im Drama tritt an die Stelle des zerlegenden oder empfindsamen Problemstücks das entfesselte Kampfstück. Die Großstadt als Gefechtsfeld: Brechts »Dickicht«. Die Zeit als »Katalaunische Schlacht«: Bronnens neues Drama. Daneben aus dem zeitlosen Lande kommend: Barlachs episch erhabene »Sündflut«.

Das neue Grunderlebnis der Großstadt, der Zeit, setzt sich stofflich, ausdrucksmäßig und technisch um. Stofflich, indem Anfangsstoffe, Urstoffe wieder heraufkommen. Sie waren verschüttet durch »erfundene« Sonderfälle, verschüttet durch psychoanalytische Spezialuntersuchungen. Sie drängen jetzt hervor, oft unkenntlich, verdorben, entstellten Antlitzes. Aber sie drängen hervor. Sie wollen wieder gestaltet werden. Es ist ein – chaotischer, roher – Beginn. Aber es ist ein Glück, ihn zu erleben. Ausdrucksmäßig ist alles stärker, jäher, aufreißender geworden. Sachlich farbig wie bei Brecht. Sachlich architektonisch wie bei Bronnen. Technisch wird mit Mitteln gearbeitet, die als außerkünstlerisch nur empfindet, wer auf dem Standpunkt steht, daß die Erfindungen der Ingenieure und Elektrotechniker, der Gelehrten und Experimentatoren Luxus- und Bequemlichkeitserfindungen sind.

Bronnens Drama hat die Substanz der Zeit, den Ausdruck der Zeit, die Technik der Zeit. Es beginnt im Unterstand: »Tanks nach Chateau-Tierry«. Der zweite Akt spielt in einer Pariser Kinologe: »Die Überlebenden«. Der dritte auf einem Südamerikadampfer: »Das Grammophon«. Karl und Kenned, zwei Brüder treffen sich vor dem Zusammenbruch der deutschen Front im Schützengraben. Sie erkennen sich kaum. Karls Begleiter ist eine Frau: Hiddie. Die letzten Insassen des Grabens: Mellermann, Wung und der Franzose Margin kreisen um diese Frau. Kenned, der Hauptmann, schickt Karl ins Trommelfeuer zurück. Hiddie gleitet zu Kenned hinüber. Sie fliehen. Karl, von beiden geopfert, fällt. Seine Leiche wird geplündert. Die Überlebenden treffen sich in Paris. Ein Gespenstertanz um die Frau. Je mehr sie hinüberwill zu Kenned, desto mehr verfällt sie Karl. Je mehr die Vampyre des Schlachtfeldes sie einkreisen, desto rasender entflieht sie zu dem Toten. Sie erschießt Kenned, denn er will sie töten. Und sie wagt nicht zu sterben, um dem Gefallenen nicht zu begegnen. Auf dem Ozeandampfer verfällt sie den Vampyren. Karl jagt sie. Karl wird in jedem Manne ihr lebendiger. Sie tanzt, und aus dem Grammophon ertönt die Stimme des Toten. Die Stimme, die Worte des Verröchelnden auf dem Schlachtfelde. Jetzt hat sie den Mut zu sterben. Auf den katalaunischen Gefilden kämpften sie miteinander. Auf den katalaunischen Gefilden begegnen sie sich.

Dieser Stoff ist in manischer Besessenheit heruntergeschrieben. Schmucklos, »poesielos«. Mit jedem Wort rast die Handlung weiter. Durch jeden Satz stoßen sich die Vorgänge vorwärts. Mellermann, Wung, Margin, der Deutsche, der Elsässer, der Franzose kämpfen untereinander um Hiddie und jagen gemeinsam – bis zum Schluß des zweiten Aktes – die äußeren Geschehnisse auf die Bahn, die Hiddie innerlich hinabtreibt. Der Sexualfall ist nicht Ablenkung vom Motiv der »Katalaunischen Schlacht«: er bringt es zum Ausdruck, er setzt es um. Er ist nicht Verengung: die Hintergründe der Zeit wachsen um die Personen. Es ist zum mindesten ein handwerkliches Meisterstück, mit sechs Personen ein Drama durchzuführen, das immer in Bewegung bleibt, und fast ohne sprachliche Sinnbilder, mit zielendem, treibenden Dialog Raum und Atmosphäre zu geben. Aber das war Bronnens Begabung schon im »Vatermord«: Die Gestaltung der dramatischen Atmosphäre durch Bewegung. Durch Zeitablauf Raumvorstellungen zu schaffen.

Wenn sich das Verhältnis zum dramatischen Stoff, zum dramatischen Ausdruck geändert hat, so hat sich auch das Verhältnis zur dramatischen Technik geändert. Diese Erkenntnis setzt sich schwerer durch. Ein seltsamer Widerspruch: Hat ein Dichter Überschuß an Bildkraft, wirft man ihm Mangel an Können vor. Hat er Können, nennt man ihn Macher. Ohne feste Grundformen der Gattung muß jeder Dramatiker wieder von vorn anfangen und wird unsicher gemacht, weil er nicht aus seiner individuellen Veranlagung heraus beurteilt wird. Von den positiven Eigenschaften sieht man nur die negative Gegenseite. Beim farbigen Überschuß nicht den produktiven Reichtum, sondern nur den vorläufigen Mangel an Struktur. Bei disziplinierter Technik nicht die szenische Architektonik, sondern den Mangel an farbigen Bildern. Bronnens Bühnenbeherrschung ist stupend. Erst im dritten Akt lockert sich das Gefüge, Mellermann, Wung, Margin breiten sich zu sehr aus. Ihre Worte überwuchern die Technik der Bewegung. Diese Technik ist die Schwanktechnik der Seiten- und Hintertüren, aus denen die Personen heraustreten, wenn der andere hereinwill. Die Unruhe dieser Türtechnik kann dramaturgisch durch Striche und Arrangement leicht mit den Worten und der szenischen Spannung in Einklang gebracht werden, mit der szenischen Spannung auf den Höhepunkt: des toten Karl Stimme ertönt aus dem Grammophon. Dieser Versuch, eine technische Erfindung dramatisch aktiv in die Handlung einzusetzen, wird man reißerhaft finden, wenn man Radio, Grammophon als zivilisatorische Fortschritte, als mechanische Endentwicklung erlebt. Sobald man sie in der Umwertung nach einem neuen Anfangsgefühl hin sieht, sobald man spürt, welche Rolle Grammophon und Radio (für den amerikanischen Farmer eine Selbstverständlichkeit) bei den Generationen spielen werden, die die Welt ohne sie nicht kennen, weiß man, daß sie ins Drama als Hilfsmittel eingehen werden, nicht als Stimmungsfaktor, wie schon oft, sondern als Einschnitt, als Akzent, als Handlungsfaktor, wie die Gespenstertechnik Shakespeares. Man vergißt bei der Beurteilung des gegenwärtigen Dramas, seiner Technik und seines Tempos, daß Jahrtausende hindurch das Tempo der Welt sich nicht geändert hatte, daß man sich zur Zeit Goethes noch im selben Verhältnis fortbewegte, wie bei den Griechen, daß das Zeitgefühl des Dramas sich kaum änderte. Seit hundert Jahren erst ist durch Dampf und Elektrizität die Wandlung eingetreten. Und erst seit kurzem tritt sie ins dramatische Bewußtsein. Erst seit Georg Kaiser setzt sie sich in dramatischen Raum um.

Die »Katalaunische Schlacht« ist ein Ergebnis des großen Theaters. Ein Gewinn für einen dramaturgischen Regisseur wie Jessner. In Frankfurt hatte sie in Richard Weichert den Regisseur gefunden. Räumlich war alles trotz Caspar Nehers Szenenentwürfen verniedlicht. (Vielleicht wären die Szenengliederungen besser geglückt, wenn Neher die Ausführung selbst hätte überwachen können.) Regiemäßig war alles auf einen gedämpften Plauderton abgestimmt. Die Einschnitte waren verwischt. Die Personen dramaturgisch nicht hervorgehoben. Karl muß im ersten Akt groß sterben. Er ist neben Hiddie die Hauptperson, weil die Wirkung des Abwesenden über zwei Akte gehen muß. Hier war er szenisch herausgestellt, darstellerisch nicht akzentuiert. Herr Odemar spielte ihn nebenbei. Die Handlung muß sich in Spiralen hinaufdrehen. Jeder Szenenabklang, jeder neue Szenenansatz führt Hiddies Angst weiter. Jeder Ausbruch, jedes Verstummen, entwickelt sie mehr gegen das Ende. Hier begann Hiddie jedesmal von vorn. Mühsame Steigerung und Nachlassen, wieder Steigerung, wieder Nachlassen. Ellen Daub ist einer solchen Rolle in keiner Weise gewachsen. Sie ist sympathisch, gewiß eine menschliche angenehme Salondame, die nicht outriert. Aber sie kann nicht treiben. Sie wiederholt sich, wird monoton und gefährdet den dritten Akt durch bald lyrisches, bald ekstatisches Deklamieren. Von den Männern reichte niemand aus. Nicht Franz Schneider als Kenned, der einen überverschärften Salonton pflegte. Nicht Herr Spanier als Mellermann, der sich auf seinen geklebten Vollbart verließ. Nicht die wahrscheinlich begabten Josef Keim als Wung und Carl Heinz Jaffé als Margin, die sich zersplitterten und nicht drohend, sondern niedlich bleiben.

Man soll moderne Dramen nicht in Städten zur Uraufführung bringen lassen, die von dem jagenden Rhythmus, der jene treibt, nicht erfüllt werden. Die Zeit für Berlin als führende Theaterstadt kommt mit Notwendigkeit auch für die Uraufführungen wieder. Die Weltstadt, das Land sind auch für das Theater fruchtbar. Berlin und die Wanderbühnen. Die großen Städte dazwischen werden ihre guten und wichtigen Aufgaben in der Weiterleitung, in der Schaffung einer Tradition sehen. Frankfurt und Richard Weichert waren da glücklicher, wo sie Bronnens »Anarchie in Sillian« nachspielen konnten. Die dramaturgische, die räumliche, die darstellerische Gliederung war übersichtlicher. Und wenn Herr Odemar auch wiederum nur den Text aufsagt (entlarvend, wie ausdruckslos, unkörperlich er nach der Armbanduhr sieht), so hatten Ferdinand Hart und Renée Stobrawa doch die Durchschlagskraft von Schauspielern. Ferdinand Hart ist kein Heldendarsteller. Als Tell übernimmt er sich. Wahrscheinlich hat er komisches Talent. Die drastischen Stellen seines Grand waren die besten. Fritta Brod als Vergan stilisiert. Sie gibt Linie, oft sehr fein, sehr vornehm. Aber sie bleibt dünn im Ausdruck, die Spannung läßt nach.

Das einzige Verdienst der Aufführung der »Katalaunischen Schlacht« ist, daß man die großartigen Theatermöglichkeiten des Dramas durch die falsche Regiezeichnung hindurchschimmern sah. Bronnen beginnt hier schon den Weg aus der Sexualpathologie herauszufinden. Die Novelle »Napoleons Fall« zerfällt noch in die sachlich starken Bewegungsbilder der englischen und preußischen Truppenmärsche und die aufgetriebene Betonung der sexuellen Vorgänge. In der »Katalaunischen Schlacht« geht äußerer und innerer Vorgang bis auf die Abweichungen des dritten Aktes zusammen. In dem letzten noch ungedruckten Stück Bronnens, den »Rheinischen Rebellen«, liegen seine beiden Wege offen: der Weg von der Pathologie zur menschlichen Dichtung und der Weg zum großflächigen, technischen Theater. Die Akte heißen: Köln, Mainz, Trier, Koblenz, Aachen.

Berliner Börsen-Courier Nr. 565, 2. Dezember 1924

»Der Widerspenstigen Zähmung«

Schiller Theater

Das Theaterproblem der »Widerspenstigen Zähmung« ist allein ein dramaturgisches. Nicht die »Roheit« der Zähmung, nicht die »Unterwerfung« der Frau erschwert heute Wiedergabe und Wirkung (denn in Wahrheit wächst Katharina durch die Schlußrede weit über Petrucchio hinaus). Die Schwierigkeit liegt ausschließlich in dem dramaturgischen Zwischenstadium des Werkes.

Es bleibt unwichtig, zu wissen, ob alles in der »Widerspenstigen« von Shakespeare ist, wo Überarbeitung, wo eine alte Textunterlage vorherrscht. Entscheidend ist allein, in welche Bestandteile das Lustspiel als Regiebuch, als Rollenbuch für die gegenwärtige Bühne zerfällt. Von hier aus erscheint das Stück als ein teils nur skizziertes, teils ausgeführtes Komödienmanuskript. Ausgeführt in den improvisatorischen Partien: in den Passagen der Diener, der Komiker, in der Begleithandlung Lucentio-Bianca. Ausgeführt in der Hauptpartie des Petrucchio. Skizziert in der Hauptpartie der Katharina. »Der Widerspenstigen Zähmung« hat als Buch den seltsamen Widerspruch: sie erscheint festgelegt in den Teilen der Commedia dell'arte, nicht festgelegt an den Kurven der Haupthandlung. Sie wirkt wie der Übergang vom reinen Schauspielerstück zum Dichterstück. Oder: Das Schauspielerische ist in der Rolle der Katharina nicht überall zum Dichterischen aufgeblüht, hat das Dichterische nicht gleichmäßig angeregt. (Vielleicht aus dem Grunde, weil die Katharina nicht von einer Frau, sondern von einem Mann gespielt wurde?)

Die Katharina ist die einzige Rolle, die eine Entwicklung hat, und die einzige Rolle, die sich nur selten »ausspielen« kann. Ihr Text ist in entscheidenden Szenen nur angedeutet. In der Knappheit nicht einmal formuliert. Es ist, als ob Shakespeare die Inhaltsskizzierung der Rede, nicht den Ausdruck gegeben hätte. (Im Gegensatz zu der fabelhaft formulierten Beatrice in »Viel Lärm um nichts«.) So kann Katharina die Übergänge nur mit mimischen Blitzlichtern beleuchten (schauspielerisch fast eine »expressionistische« Rolle). Allein in diesem Widerspruch zwischen den breit ausladenden Szenen des Petrucchio und den fast eingeschnürten der Katharina liegt der Eindruck der »Roheit« des Stückes begründet. Die Widerspenstigkeit der Katharina ist mehr in den Erzählungen der anderen vorausgesetzt, als in ihren eigenen Worten und Situationen gestaltet. Würde sich Katharina in Shakespeares Text ausspielen wie ihr Partner, dann würden die Wetten, die Geldabmachungen des Petrucchio als Brutalitäten einer überwundenen Zeit nicht einmal mißverstanden werden, sondern allein als dramaturgische Struktur wirken: als Zwang zum organischen Ablauf vorher festgelegter Vorgänge, als Zwang zum organischen Gegenspiel der Katharina. (Man braucht nur an die dramaturgischen Gliederungsversuche neuer Dramen zu denken, um sofort den Berührungspunkt zu finden.)

Max Reinhardt betonte in seiner Inszenierung großartig das Improvisatorisch-Clownhafte des Stückes. Ludwig Berger entdeckte in dem Werk die Bewegungsmusikalität. Durch die fließenden Gänge und Gesten, durch verschwebende Gruppen, durch Bewegungsduette, -terzette, durch Bewegungsensembles erstand die Zartheit der Melodie, die auch dieses Lustspiel als shakespearehaft ausweist. Die musische Leichtigkeit Shakespeares auch in diesem Werke gezeigt zu haben, ist das bleibende Verdienst der Aufführung. Berger gibt eine gesprochene Bewegungsoper. Die Rankenfiguren erscheinen als die Grundtypen der Spieloper: lyrische Liebhaber (Luccentio), Baßbuffo (Gremio), Tenorbuffo (Biondello). Eine reizende Aufführung, deren Variationen durch die im ersten Anblick etwas zu spielerische, in den Verwandlungen und Raummöglichkeiten aber ebenso musikalische dekorative Anlage Rudolf Bambergers ausgezeichnet unterstützt werden.

Die Vorstellung ist so beschwingt, daß sie Entgleisungen wie Petrucchios »Du, du liegst mir im Herzen«, wie Grumios »Zavaliere« nicht nötig gehabt hätte. Sie wird in den Seitenrollen am besten ausgedrückt durch Veit Harlans Biondello: jungenhaft draufgängerisch und dabei immer präzise in der Bewegung, im Einsatz und im Ausspielen, durch Leonard Steckels Gremio: buffohaft in der Maske, in stereotypen Gesten und Gängen, durch Rudolf Fernaus Lucentio: frei gespielt und schwärmerisch gelöst. (Nur muß sich Fernau vor Übertreibungen der Schwärmerei, der Leichtigkeit hüten, die dann leicht »süß« werden können.) Hubert von Meyerinck, dem klassische Rollen nicht liegen, ist für seinen Tranio durch sein Einspringen entschuldigt.

Agnes Straub überwand den Bruch in der Katharina durch mimische Mannigfaltigkeit. Fabelhaft, wie sie alle Übergänge als innere Vorgänge nicht nur zum deutlichen, sondern auch zum leichten, beschwingten Ausdruck brachte, wie sie Andeutung Gestalt werden ließ, wie Shakespeares Geheimschrift sichtbar wurde. Am leuchtendsten zum Schluß, in dem sie das Lustspiel menschlich-seelisch und dramaturgisch in seinen Ablauf zusammenfaßte und ausklingen ließ.

Carl Ebert hat als Petrucchio gegen frühere Rollen an breiter Behaglichkeit gewonnen. Für die bramarbasierenden Stellen fehlt es ihm an inneren Glanz, um sie gleichzeitig liebenswert zu machen.

Maria Paudler ist für gehobene und lyrische Rollen ungeeignet. Sie braucht derbere Charakteristik, um dem Kitsch zu entgehen. Leo Reuß gab den dramaturgisch schwach eingeordneten Hortensio. Er spricht klarer als früher.

Hoffentlich bleibt die Aufführung der »Widerspenstigen« nicht isoliert. Welche Möglichkeiten hätte das Staatstheater, wenn es Jessner, Fehling und Berger zu organischer Arbeit verbände und das Ensemble an diesen drei sich ergänzenden Regisseuren lebendig erhielte.

Berliner Börsen-Courier Nr. 22, 14. Januar 1925

»Wer weint um Juckenack?«

Volksbühne

Die Tragikomödie von Hans J. Rehfisch mußte bis in die kleinste Provinzstadt dringen, bevor sie die Lethargie der Berliner Direktoren überwand. Dabei sind die drei Akte keineswegs revolutionär. Aber der Autor ist noch nicht abgestempelt, hat noch keinen Berliner »Kassenerfolg« gehabt. Man wagt das Neue selbst dann nicht, wenn es aus einer vertrauten Theateranschauung heraus geschrieben ist.

»Wer weint um Juckenack?« ist die dramatische Arbeit eines Schriftstellers, dessen große Bühnenbegabung mit seiner persönlichen Sehnsucht nicht in Einklang steht. Das Menschliche sucht sich einen Ausweg neben dem Talent. Die Gebärde der Menschen ist eine andere als ihre Sprache. Die Szenen laufen in anderen Kurven als die Gestalten. »Wer weint um Juckenack?« ist eine Komödie auf Nebengleisen.

Der Obersekretär der Staatsanwaltschaft Juckenack ist fast an einem Herzkrampf gestorben. Er erwacht und sieht, daß niemand seinen Tod beweint hätte. Jetzt wird er, der Verschlossene, zum überströmenden Wohltäter. Ein Hürchen rettet er finanziell, einen Schieber bewahrt er vorm Gefängnis – aber auch sie danken ihm nicht. Er stirbt. Wer um ihn weint, ist bestellt vom Versicherungsagenten.

Es ist, als ob eine Gestalt von Gerhart Hauptmann ein Erlebnis Georg Kaisers gehabt hätte. Ein dumpfer gläubiger Mensch wird aus der Bahn geschleudert, über sich hinausgerissen. Jemand, der naturalistisch breit spricht, wird in eine verkürzende Handlung gestellt. Aber weder die Anforderungen, die die Gestalten an detaillierende Ausmalung, noch jene, die die Szenen an das Tempo stellen, erfüllt Rehfisch aus sich selbst. Er läßt schleppend mit volkstümlichen Alltagsfüllseln sprechen, als ob er 1890 lebte – und diese Sprachwendungen sind gekünstelt. (»Da tun Sie doch bitte das Mädel bloß mal angucken!«) Er steigert pathetisch und verlangt Gebärden des großen Dramas (stürzt ins Knie: »Ich beuge mich vor Ihnen«).

In dieser Tragikomödie läuft die Mitleidsdichtung aus und nimmt noch einmal alles mit, was an ihrem Wege gelegen hat: von Gerhart Hauptmann bis Ernst Toller. Sie versucht in einem zu geben, was in der Entwicklung Jahrzehnte auseinanderlag: die Gestalt und die Erlösungsgebärde, Menschlichkeit und Tendenz. So werden die Szenen gebrochen und die Gestalten aufgetrieben. So werden Alltagsdinge, wie berufliche Beförderungen, als charakterisierende Nebenzüge verwandt (aber nicht szenisch ausgenutzt). So werden, wie in einer engen Familientragödie, Erinnerungsdaten in einen Stock geschnitzt, wenn der Ausdruck bedeutend werden müßte.

Der seelische Raum, der um die Personen ist, weitet und verengt sich beständig. Daß das Werk trotzdem seiner Wirkung sicher ist, kommt von der unleugbaren Theaterbegabung, die sich in Rehfisch gegen die eigenen Hemmungen immer wieder durchsetzt. Diese Begabung würde ganz frei werden, wenn Rehfisch eine moderne Komödie schriebe. Eine Komödie zwischen Berlinern, zwischen neuen Reichen, zwischen Angehörigen einer echten und einer Talmigesellschaftsklasse. Rehfisch hätte die Begabung zu dem allgemeinen Theaterstück in der Richtung Dumas, Sardou. Wohin seine Sehnsucht geht, das Volksstück, wird er kraft seines Talentes, aber nicht kraft seiner Persönlichkeit schreiben können.

Trotzdem war die Aufführung der Volksbühne ein großes Verdienst. Das größte seit der Aufführung der »Fahnen«. »Wer weint um Juckenack?« war ursprünglich von der Tribüne geplant. Das Publikum der westlichen Bühnen ist kaum noch aufnahmefähig, wenn es sich nicht um Sensationen handelt. Die Wirkung in der Volksbühne war ein neuer Beweis dafür, wie sehr dieses unbeschriebene Publikum für das Theater fruchtbar zu machen (und wie wenig diese große Gelegenheit bis heute ausgenutzt) ist. Wenn die anderen Theater schon längst kein Publikum mehr haben, weil es durch die Wiederholung immer derselben Stücke abgenutzt ist, wird die Volksbühne immer noch entwicklungs-, immer noch wandlungsfähig sein. Deshalb muß hier auf lange Sicht mit jungen Leitern und Schauspielern gearbeitet werden, nicht mit abgenutzten. Nun hat die Volksbühne zwar junge Schauspieler, aber diese sind oft innerlich so alt wie Gerhard Ritter, der den Versicherungsbeamten mit allen Klischees gab, oder wie Adolf Manz, der den Staatsanwalt mit allen tiefen und hohlen Tönen versah, die die Konvention überhaupt aufzuweisen hat.

Unter der Regie von Erwin Piscator war unter den alten Mitgliedern der Volksbühne Johanna Koch-Bauer als Zimmervermieterin auf eine einheitliche Ausdrucksform gebracht, auf eine gespenstische, lautlose, huschende Schärfe. Und Gustav Froehlich hielt wenigstens den Typus des Schiebers fest.

Für Gerda Müller war eine handfeste Rolle ein großer Gewinn. Manchmal stieß sich noch der Ausdruck der Rolle mit ihrem Stil. Aber allmählich löste sich beides ineinander auf. Gerda Müller wurde leicht, frei, selbstverständlich. Heinrich George war als Juckenack herrlich. Er ist kein Phantast auf Anhieb. Deshalb geriet der Anfang in seiner phantastisch-jenseitigen Voraussetzung noch etwas gezwungen. Sobald George aber wieder Bürger sein und aus diesem dumpfen Kleinbürgerlichen ins Unwirkliche wachsen konnte, war er wundervoll. Seine heisere Stimme, sein schweres Gesicht bekamen inneren Glanz. Herrlich der Humor. Herrlich die Sachlichkeit. (Keine Mitleidsschaupielkunst.)

Wenn die Volksbühne diesen Abend nicht als eine isolierte Ehrentat betrachtet, sondern im Hinblick auf neue Leistungen sieht, steht sie mit Piscator als Regisseur an einem wertvollen Beginn.

Berliner Börsen-Courier Nr. 54, 2. Februar 1925

»Prinz Friedrich von Homburg«

Staatliches Schauspielhaus

In Reinhardts vortrefflich angelegter Aufführung des »Prinzen von Homburg« wurde das Soldatisch-Knappe herausgearbeitet, zum Beispiel in der Befehlsausgabeszene des ersten Aktes. Dieselbe Aufführung wurde dann in den ersten Tagen des Krieges auf Schwung und Tirade umgestellt. Zwischen Sachlichkeit und Arie schwankten noch mehr die früheren Darstellungen. Niemals wurde die Komposition des Schauspiels gespielt.

»Der Prinz von Homburg« ist ein absolutes Kunstwerk, ohne Vergleich in der deutschen dramatischen Literatur. Es gibt nur eine Parallele: in der Oper »Figaros Hochzeit«. Wie von dieser längst alle Aktualität des Stofflichen abgefallen ist, wird auch der »Prinz von Homburg« erst dann in den letzten Geheimnissen seiner Form geahnt werden, wenn er im politischen Tagesstreit nicht einmal zu Mißverständnissen mehr Anlaß geben kann. Das Wunder des »Prinzen von Homburg« ist die restlose Übereinstimmung von dramatischer Technik und Form, von Charakteristik und Szenenführung, von Spannung und Entspannung. Wenn es zuerst nur die Technik der dramatischen Steigerung zu sein scheint, daß der Kurfürstin der Tod des Kurfürsten, dann seine Rettung durch Froben gemeldet wird, so fühlt man bald, wie diese berechtigte, von Schiller oft verwandte Technik hier viel mehr ist: die Melodieführung der Szene. Inhalt ist so sehr Form geworden, daß die Worte jenseits ihrer Sinnbedeutung einen absoluten Tonwert haben. Das ist unbewußtes Ziel aller Dichtkunst. Aber nirgends im deutschen Drama ist das Schöpferische so souverän, ist Sprache so sehr vom mitteilenden Inhalt abgezogener Ausdruck geworden.

In diesem Sprachbereich ist dramaturgische Weisheit (dramaturgische Weisheit eines Dichters, der kaum eins seiner Dramen auf der Bühne sah), künstlerische Vollkommenheit. Stoffliche Spannung wird musikalische Thematik. Dramatische Kontraste sind Gegensätze der Tonart. »Der Prinz von Homburg«, der scheinbar durch alle Gattungen des Dramas hindurchspielt: durch romantisches Märchen und vaterländisches Schauspiel, durch Tragödie und Lustspiel, der »Prinz von Homburg« ist in Wahrheit das reinste, einheitlichste Kunstwerk des deutschen Theaters. Er hat das geheime Gesetz der Auflösung der Tonarten begriffen: in der tiefsten Trauer der Kurfürstin die Liebesszene Homburgs und der Natalie, neben der Erregung die Ruhe, neben dem Ausbruch das Schweigen (das oft Lyrik ist). Wenn man die klassische Dramatik bis Kleist (stark verallgemeinert und summarisch) auf die Typengegensätze: jugendlicher Held, Charakterspieler, Freundesdarsteller, Sentimentale, Heroine, derber Vater festlegen wollte, so hat der »Prinz von Homburg« diese Rollentypen zur letzten individuellen Vollendung gebracht – wie Mozart in »Figaros Hochzeit« die feststehenden Typen der

Buffooper individualisierte und variierend abschattierte, auf vorgezeichnetem Grunde ein neues Haus errichtete. Der Gegensatz des Gesetzes, vertreten durch den Kurfürsten, und des Gefühls, vertreten durch den Prinzen, ist gleichzeitig im »Homburg« der Kompositionskontrast von Ruhe und Bewegung.

Daß Ludwig Berger die Komposition des Werkes gespielt hat, ist eine Tat, die nicht überschätzt werden kann. Zum erstenmal gab es auch von der Bühne her nicht eine patriotische Handlung im Märchengewande oder ein Soldatenschauspiel mit Lustspielszenen, oder eine sentimentale Tragödie mit gutem Ausgange. Zum erstenmal schwang die Dichtung im Gleichgewicht ihrer Kräfte. Bergers Regie hatte beschwingte Ruhe, lebendige Stille, selbstverständliche Stärke. Sie hatte Gefühl für Tempoabwandlungen, für lyrische Einschnitte, für das Ausspielen, für das Anziehen, für die inhaltliche, für die musikalische Thematik der Szenen. Die Harmonie des Werkes übertrug sich, obwohl Paul Hartmann gegen den Fall, gegen den Bau der Sätze spielte. Es gibt heute keinen Prinzen von Homburg. Wahrscheinlich ist Hartmann der einzige, der ihn darstellen kann. Aber er spielt menschlich und künstlerisch Schiller. Hartmanns physische Natur, seine natürliche Atemführung schon widerspricht den Kleistischen Perioden. Hartmann kann zum Beispiel nicht einmal die einfachen, in der Struktur Schiller angeähnelten Verse sprechen:

> Und wie ein Schiff, vom Hauch des Windes entführt,
> die muntere Hafenstadt versinken sieht,
> so geht mir dämmernd alles Leben unter.

Hartmann reißt Bild und Folgerung auseinander. Dabei wirkt er fabelhaft. Er »trägt« für das Publikum. Aber die seelische Führung, die musikalische Linie wird irritiert. Hartmann spielt Schiller im Zickzack, nicht Kleist in geordneter Vielfalt.

Kleist stellt Anforderungen, die nur durch stetige Pflege erfüllt werden können. Darum befremdet oft selbst die beste Besetzung. Werner Krauss schien sich zuerst nicht wohl zu fühlen. Er spielte »Denkmal«: starr und mit festgefahrenen Tönen. In der Szene mit den Generälen war er prachtvoll in der Knappheit. Aber es fehlte ein Rest Überlegenheit, Freiheit. Krauss spielte ausgezeichnet die dankbare Szene. Aber die Gestalt entfaltete sich nicht. (Otto Laubinger ist sehr schwach als Hohenzollern. Er hat es zwar unter Berger zu einer Sprachdisziplin gebracht. Aber er blieb unkleistisch: er rezitierte und spielte nicht die Vorgänge durch die Sprache hindurch.)

Am besten Sonik Rainer als Natalie und Arthur Kraußneck als Kottwitz. Sonik Rainer, mit ihrem ursprünglichen Talent, überträgt ihre Persönlichkeit sofort ins Schauspielerisch-Technische. Sie gliedert und führt die Sprache, sie verschiebt das Tempo, sie bringt die Akzentuierung der Szene. (Man lasse sie bald das Klärchen spielen.) Arthur Kraußneck, bis auf zwei allzu treuherzige Momente – ein wundervoller Kottwitz. Nicht in der runden, allseitigen Charakteristik, sondern in der Linienführung der Rede. Herrlich, mit wahrhafter Meisterschaft abgetönt die Rede an den Kurfürsten. (Sprachlich klar sind nur Leo Reuß als Sparren und Fritz Valk als Mörner.)

Ausgezeichnet in ihrer musikalischen Tönung und Raumgliederung die Dekorationen von Rudolf Bamberger. Nach der grauenhaften Darstellung von Kaisers »Von morgens bis mitternachts« wieder ein großer Abend des Staatstheaters.

Berliner Börsen-Courier Nr. 76, 14. Februar 1925

»Pankraz erwacht«

Matinee der Jungen Bühne

»Pankraz erwacht oder Die Hinterwäldler«, ein Stück aus dem fernen Westen – Carl Zuckmayer trägt das »Dickicht« der Großstadt wieder zurück in den Urwald. Zuckmayer, der durch seinen »Kreuzweg« dichterisch legitimiert wurde, hat hier den Willen zum Stoff und dramatischen Motiv. »Pankraz« ist ein Zeichen für die erwachende Produktivität des Theaters. Der Zeitton schwingt mit. Aber auch ein Zeichen für die Gefahren: Romantik als Ausweg, Exotik als Hilfsmittel.

Die Männer sitzen im »Dickicht« des Urwaldes. Nur zwei Frauen mit ihnen: die Töchter des Ansiedlers und Seeräubers Pankraz. Pankraz nimmt seine eigene Tochter Alit. Pankraz erschlägt seine Tochter Alit. Ein Wildwest-Gauner, der angebliche »Kaplan«, gesteht auch diesen als seinen Mord, weil er schon wegen eines anderen hingerichtet wird. Pankraz geht darüber hinweg. Pankraz bleibt Herr im Dickicht.

Was in diesem Stück anzieht, ist seine Jungenhaftigkeit,

seine Unbekümmertheit. Der Mangel an Problematik. Die Abkehr von der »Literatur«. Was dieses Stück aus der Kampflinie für das junge Drama herauszieht, ist der Umstand, daß Zuckmayers Verachtung der Literatur wieder »Literatur« wird.

Zuckmayers Sprache gibt oft sehr schöne schmückende Bilder. Sie ist poetisch. Sie schildert, sie malt, sie läßt ausklingen. Sie verwendet zur Charakteristik und zur Atmosphäre verschiedene Mittel. Sie charakterisiert oft durch direkte Alltagswendungen, zum Beipiel in der Gestalt des Deutschen Bembe. Sie gibt Atmosphäre durch Lyrik. Aber die Charakteristik selbst schafft nicht immer die Atmosphäre. Es gibt bei Zuckmayer dramatische Sprachbilder und verzierende Sprachbilder. Einmal ein wundervolles dramatisches. Alit sagt: »Ich träume, wir sind in einem Schiff, das unterging, und die grüne Nacht spült überm Meeresgrund. Dann sehe ich lebendige Gewächse im Fenster klettern, tierköpfige Fische und Quallen von unsagbarem Geleucht. Manchmal treiben tote Menschen vorbei, an Planken geklammert, in brüchige Segel genäht – und der Sägefisch kratzt ganz leise an den Wänden; wenn er ein Loch sägt, müssen wir beide ertrinken.« Hier ist die erotische Situation zwischen Alit und dem Indianer Teton restlos ins sprachliche Bild übergegangen. Die innere Wandlung geht in den Worten vor sich. Die Worte treiben einem Ziel zu. Wenn aber Judith spricht, ist es oft Lyrik als schönes Plakat, aber doch als Plakat.

Zuckmayer hat Theaterbegabung. Die Szene, bevor der Kaplan gehängt wird, ist in ihrer frechen Knappheit und sprachlichen Gelenkigkeit ausgezeichnet. Sie eröffnet den Ausblick auf Zuckmayers Zukunft: die Komödie. Zuckmayer hat im Grunde nicht Kraft. Deshalb grenzt seine Derbheit, seine Drastik, seine Leidenschaft oft an Kraftmeierei. Aber er hat Frechheit und Lyrik. Aus diesen scheinbar widersprechenden Elementen könnte er ein einheitliches Werk schaffen. Die Lyrik als sprachzeugende, die Frechheit als stoffliche Macht. Die Frechheit, zur Sachlichkeit diszipliniert, hätte die Romantik verhärtet. Die Lyrik, als schöpferischer Sprachboden, hätte die Sachlichkeit lebendig, locker, frei gemacht. Wenn Brecht im »Dickicht« selten der Exotik als romantischer Ausflucht verfällt, wenn seine Sprache die Situation der Personen aufreißt, so gibt Zuckmayer keine Auseinandersetzung mit der Welt, sondern Weltflucht.

Und je wilder es zugeht, desto schwächer und dünner wird die dichterische Persönlichkeit.

Zuckmayers lebendige Begabung muß gefördert werden. Die allgemeine Theatersituation, das Versagen der ständigen Theater zwang die »Junge Bühne« zu dieser Vorstellung. Richtiger wäre »Pankraz«, nach Aufführungen von Barlach, Brecht und Bronnen, im regulären Spielplan plaziert gewesen. »Die Hinterwäldler« sind ein mitgehendes Stück und als solches in ihrer Zeitwichtigkeit nicht zu unterschätzen. Die exponierte Herausstellung in eine Vortruppbühne stellt es in ein falsches Licht. »Pankraz« ist kein Kampfobjekt.

Das mindert nicht das Verdienst der »Jungen Bühne« und ihres Leiters Moriz Seeler. Das Verdienst wäre noch entschiedener gewesen, wenn man einen anderen Regisseur als Herrn Hilpert hätte gewinnen können. Herr Hilpert spielte gerade Zuckmayers Schwäche: das Kraftmeiern. Herrn Hilperts Aufführungen lärmen, auch wenn sie leise sind. Herr Hilpert hat kein Gefühl für die innere Melodie der Szene. Statt aus der Tonführung der Auftritte die Effekte herauswachsen zu lassen, gab Herr Hilpert Effekte und dazwischen Lyrik. Seine Leistung ist als Energie jedes Lobes wert. In einem mit anderen Problemen belasteten Theater dies nicht leichte, auch technisch anspruchsvolle Stück überhaupt in festen Umrissen (wenn auch dekorativ flüchtig) herausgebracht zu haben, ist eine Arbeit – aber jenseits des Künstlerischen.

Schauspielerisch stand Rudolf Forster als kalter, zynischer Graf im Mittelpunkt. Noch niemals war dieser immer exponiert spielende und deshalb oft überschärfte Darsteller so vollkommen, so faszinierend. Rolle und Gestaltungsmittel deckten sich völlig. Rudolf Forster brachte dabei schauspielerisch oft absolut Neues. Die erste Liebesszene mit Judith, jenseits aller Brunst gespielt, kalt, überlegen, und doch mit unterhöhlter Willenskraft, in wenigen Silben, im geringen Zucken des Gesichts ausgedrückt – glänzend. Rudolf Forster macht die Mittel des Varietés für die Bühne künstlerisch fruchtbar. Er gibt die Gestalt, in fabelhafter Körperübersetzung, in fabelhafter Freiheit und Überlegenheit. Eine Bereicherung der Schauspielkunst, doppelt begeisternd für den, der Rudolf Forster oft auf Irrwegen zu sehen glaubte.

Nächst Forster fand sich Granach. Wenn Granach Exaltationen zu spielen hat, übernimmt er sich und schreit private Empörungen in die Lüfte. Er ist ein Darsteller von Seitengestalten. Als Kaplan war er wieder Schauspieler, charakteristisch, scharf, witzig, lebendig.

Wenn man von Max Schreck, der den alten Florymont mit abgelegten Stadttheatertönen spielte, von Otto Brefin, der den Indianer zu lyrisch, von Leonard Steckel, der den Deutschen (eine George-Rolle) zu scharf gab, absieht, fesselten auch sonst die Schauspieler. Mathias Wieman fiel wieder durch seine dumpfe Schwere auf. (Auch er hätte den Bembe spielen können.) Walter Franck war vorübergehend matt, aber in der Gedämpftheit wundervoll. Gerda Müller als Judith klar, nur manchmal glatt, Erika Meingast sehr fein abgetönt als Alit.

Die Aufnahme, zuerst nicht ohne Widerspruch – man erwartete »Literatur« und schrie: »Es lebe Karl May!« – war zum Schluß ungewöhnlich freundlich.

Berliner Börsen-Courier, Nr. 78, 16. Februar 1925

»Die Kameliendame«

Deutsches Theater

»Die Kameliendame« von dem jüngeren Dumas soll man nicht hochmütig ablehnen. Sie hat für das Theater typische Grundfiguren geschaffen und diese in typische, auf das Drama weiterwirkende Grundsituationen gestellt. Diese Grundsituationen haben noch heute Gültigkeit, so unerträglich die menschlichen und moralischen Sentiments geworden sind.

Eine Bühnenbearbeitung hätte auf die Situationen zurückgehen, die Sentimentalität aufheben und variieren müssen. Die Bearbeitung von Theodor Tagger entscheidet sich nicht. Was sie hier an Sentimentalität wegnimmt, tut sie dort hinzu. Die Situationen, die Kontraste werden verwischt. Wenn man der Kameliendame den Grafen streicht, den Herzog – ich glaube völlig – verschweigt, nimmt man ihr selbst die Charakteristik. Wenn man die kokottenhaften Elemente unterdrückt, unterstreicht man den »Edelsinn« (der peinlich ist, wenn er nicht kontrastiert wird). Den fünften Akt ruiniert man völlig. Er wird zu einem Monolog der Marguerite, während das alte Stück die Grundlage gibt, daß ihr früheres Leben noch einmal zu ihr in Beziehung treten kann: Gaston, Nichette, die gerade geheiratet hat. Marguerite tritt ans Fenster, das Haus wird lebendig. Sie redet sich selbst Hoffnung ein. Sie ist in einen stetigen Wechsel äußerer Situationen gebracht, die die gleichbleibende innere Situation: ihr langsames Schwächerwerden, ihr Sterben kontrastieren. Diese dramaturgisch richtige Berechnung wird durch die Isolierung der Marguerite, durch die Verurteilung des Armand zum Statisten zerstört.

Allerdings spielte Elisabeth Bergner schon vom zweiten Akt an auf diese Isolierung hin. Sie hob die Grundsituation, die der Bearbeiter sprachlich und motivisch hätte verstärken müssen, von sich aus noch einmal auf. Sie umging Stück und Gestalt, um zu sich oder vielmehr zu ihren anderen Rollen zu kommen. Die Faszination ging von ihrem ersten Auftritt aus. Aber sie konnte sie künstlerisch nicht verstärken. Wie immer war auch diesmal Elisabeth Bergner eine unvergleichliche Meisterin der Übergänge, der gleitenden Stimmungen, der gebrochenen Töne. Wenn sie in halbes Lachen übergeht, wenn eine Erinnerung aufleuchtet, wenn sie zuletzt ihr Gesicht mit letzter Liebesgewißheit in den Kissen verbirgt, ist sie herrlich. Wo sie aber den Ausdruck halten soll, war sie gestern auffallend leer. Sie hat »Innerlichkeit« zu einem solchen artistischen Raffinement ausgebildet, daß sie zu diesen halben, unausgesprochenen Übergängen zurück will, wo sie sich zu einer großen Empfindung, einem starken Ausdruck bekennen mußte. Elisabeth Bergner zog sich auf »Innigkeit« zurück. Sie »tat so, als ob«. Aber »Innerlichkeit« aus künstlerischer Verlegenheit – das ist mindestens ebenso gefährlich wie Theatralik. Zum Hilfsmittel, zum Arrangement wird, was Wesen, was Fonds, was Voraussetzung sein muß (und dann erst gestaltet werden kann). Elisabeth Bergner spielte wesentlich ohne die Voraussetzung des Wesens.

Elisabeth Bergner ist im Begriff, ihre Mittel durch Wiederholung abzunutzen. Sie hatte als Marguerite Gautier nicht einen Moment, den sie nicht schon in »Wie es euch gefällt«, im »Kreise« gehabt hätte. Aber auch innerhalb der »Kameliendame« wiederholte sie nicht nur die einzelnen Sätze, die einzelnen Worte, sondern auch die Nuancen. Sie kennt nicht die Ökonomie der Nuance. Wenn sie immer wieder in den Spiegel sieht (ob sie noch schön sei), wenn sie immer wieder die Satzenden fallen läßt, immer wieder halbe Töne anwendet, so geht das notwendige Kunstmittel des Kontrastes verloren. Auch leise Stellen können seelisch aufdringlich wirken, wenn sie sich nicht am Gegensatz ausgleichen. Auch eine große Schauspielerin muß in ihren Wirkungen versanden, wenn sie sich aus der belebenden, Wechsel schaffenden Situation herauslöst und, ohne Partner, für sich hinspricht. Diese Vorstellung der »Kamiliendame« fand, bildlich gesprochen, bei herabgelassenem Vorhang statt.

»Die Kameliendame« ist großes Theater. Man kann daraus nicht ein graues Kammerspiel machen, wie es Bernhard Reich versuchte. Lothar Müthel ist in schärferen, beweglichen Charakterrollen besser denn als Liebhaber. Ernst Gronau ist kein Vater Duval. Paul Günther ging wieder wie Werner Krauss.

Es wäre an sich gewiß nicht schlimm, daß das Deutsche Theater »Die Kameliendame« aufführt. Aber Reißer sind nur durch Erfolg zu legitimieren. Wenn sie diesen Erfolg nicht haben (sehr gut waren die Kostüme von Ilse Fehling), dann denkt man über die Situation des Deutschen Theaters nach. Es ist skandalös, den »Coriolan« auszumieten, um diese Halbheit plazieren zu können. Man kann auch Geschäfte mit Kunst machen. Immer dann, wenn sie in der inneren und äußeren Organisation des Theaters verankert sind. Sich diese Organisation zu schaffen, wird die nächste Aufgabe des Deutschen Theaters sein. Zum Startheater ist es zu gut.

Berliner Börsen-Courier Nr. 118, 11. März 1925

»Die Sündflut«

Staatliches Schauspielhaus

Ernst Barlachs Drama »Die Sündflut« und die Aufführung des Staatstheaters sind nicht mit dramaturgischen, nicht mit Maßstäben der Bühnentradition, des Bühnenfortschritts zu messen. »Die Sündflut« ist ein Ereignis jenseits des Gewohnheitstheaters. Ein Zeitereignis. Ein Ereignis gegen die Zeit. Ich habe die Uraufführung in Stuttgart, die Vorstellung des Staatstheaters gesehen. Beide Male geschah dieselbe Verwandlung. Das Publikum, zuerst im äußersten Widerspruch zur Dichtung, im Widerspruch durch sein Dasein, durch seine Zusammensetzung, durch seine gesellschaftliche Einstellung, das Publikum wurde allmählich berührt, verwandelt, umgeschichtet. Vielleicht ist das Wagnis, »Die Sündflut« aufzuführen, in Berlin noch größer als im Reich. In Berlin, wo alle Kräfte am Werk sind, das Theater wieder dem Geist des Kurfürstendamms, der Operette, dem spritzigen Feuilleton auszuliefern. In Berlin, wo jeder Spekulation, jedem Kitzel Zutreiberdienste geleistet werden. Es wäre unaufrichtig, die Theater wegen ihrer Spielpläne anzugreifen, wenn man nicht gleichzeitig sagte, wie schwer es ihnen oft von der Kritik gemacht wird, vom Operettentrott, vom dramatischen Geplausch, von der Routine abzuweichen.

Es ist ein Ereignis, daß ein Werk wie Barlachs »Sündflut« nicht nur ergriffen angehört, sondern auch beklatscht wird, obwohl die keusche, ringende Gläubigkeit der Dichtung äußere Zeichen des Beifalls nicht herausfordert. Es ist ein Ereignis, daß Worte von der Bühne gesprochen werden, die weder literarisch im snobistischen Sinne noch anreißerisch im Parvenüsinn sind. Ein wesentlicher Abend. Unterschieden von den meisten Ereignissen, die in seiner Nachbarschaft auf Bühnen und in öffentlichen Veranstaltungen angesiedelt werden. Das Theater, das starke, grelle Gegenwartstheater, und das große, gebundene, formgebende Theater haben ihr beherrschendes Recht. Aber es gibt Erlebnisse, die die Grenze verrücken, die andere Maßstäbe, andere Ansprüche schaffen. Werke, die nur mit sich selbst zu vergleichen, nur aus sich zu beurteilen sind. Werke, die schwächer als die geringste, technisch bewältigte Posse sind, und sie doch um Kunstwelten übergipfeln.

Es ist billig, festzustellen, daß die »Sündflut« kein Drama ist. Entscheidend bleibt, zu empfinden, daß sie trotzdem erschütternd, trotzdem groß, trotzdem wesentlich ist. Es ist sinnlos, zu beweisen, daß sie dem üblichen Theater widerspricht. Sie wollte ihm nicht entsprechen. Sie wollte widersprechen. Barlach ist nicht einzuordnen, weil ihn mehr noch als die Äußerung des Erlebnisses das Erlebnis selbst von anderen unterscheidet. Barlach hat nicht das akustische, das visuelle Erlebnis eines geprägten, literarisch fixierten Gottesbegriffes. Ihm ist Gott nicht die Vokabel, die selbsttätig Assoziationen weckt und deshalb über seelische Unproduktivität und künstlerische Ohnmacht hinwegtäuschen kann. Barlach hat das religiöse Anfangserlebnis. Er erlebt vor dem Stoff das Gefühlschaos, das ihn abgelagert, den Kampf, der ihn geschaffen hat. Barlach ist verzweifelnder, hoffender, abgewendeter Mensch, bevor er Künstler wird. Literaten sind immer Literaten. Das heißt: was sie sehen, was sie hören, setzt sich ihnen automatisch in Literatur um. Dichter sind immer Dichter. Das heißt: was sie sehen, was sie hören, setzt sich in Dichtung, in Kunst um. Barlach ist der einzige, der nicht Dichter ist, sondern Dichter wird. Von dem man sich denken kann, daß er monatelang zögernd, tastend, fast hilflos, fast dilettantisch schreibt, bis ein Erlebnis übermächtig wird und ihn zur Auseinandersetzung, zur Gestaltung zwingt. Barlach ist benachbart den privaten Dramatikern, die ihre Ichgefühle szenisch aufteilen und für Gestaltung ausgeben. Barlach ist durch eine ewige Kluft von ihnen getrennt, weil er in Tiefen aufgewühlt wird, in denen das private Erlebnis schon gleichnishafte, religiöse Kraft hat. Nicht, worin sich die »Sündflut« mit anderen Werken berührt, sondern worin sie sich unterscheidet, bleibt zu erkennen.

»Die Sündflut« ist das Drama eines erschütterten, in den Grundmauern seines Wesens erschütterten Menschen. Barlach trägt ab, was die Zeit aufgeschichtet hat, und beginnt von vorn. Er sagt: »Herde, Sonne, Lende, Opfer«, als ob diese Worte, seitdem Luther die Bibel übersetzt hat, nicht gesprochen wären. Er gibt Noah einen Humor frommer Einfalt, als ob es niemals geistliche Spiele gegeben hätte. Wenn Gott Noah in der Gestalt eines Bettlers besucht, beide sich ansehen und Noah sagt: »Bist Du noch am Leben, alter, armer Vater, warum schleppst Du Dich so schwer durch die Welt?« und der Bettler antwortet: »Die vergangene Zeit hat mich vergessen, und ich habe sie verloren, bin verirrt und verlaufen. Doch nun bin ich bei Dir, Noah, mein Sohn« –, so ist das von einer Einfalt und Schlichtheit, wie man sie in der dramatischen religiösen Dichtung und in der bildenden Kunst seit langem nicht erlebt hat. Und wenn Calan, der gegen Gott kämpft und der wahre Religiöse ist, geschlagen in seinen Herden, geschlagen in seinem Herrentum dasteht und seinen geschundenen Knecht Chus sein Kind nennt, so ist es der Einzug in die große Stille, in die große Einsamkeit, in die Helle nach der Erblindung.

Diesen Weg zu Gott in der Aufführung zu zeichnen, diese Erhöhung in der Erniedrigung, diese innere Sündflut und Läuterung zu spielen, ist für die Bühne eine so schwierige Aufgabe, daß darüber im Prinzipiellen noch gesprochen werden muß.

Die Stuttgarter Aufführung begann laut, preisend, pathetisch: die Engel sprachen »Hanneles Himmelfahrt«. Die Berliner Aufführung Jürgen Fehlings begann barlachisch: dumpf, stockend, schwer. Fehling schuf alle Vorraussetzungen für das Drama, aber das Drama selbst spielte er nicht. Er gab wundervoll den Beginn: Gott und die Engel (obwohl die Engel nicht glücklich kostümiert waren), Noah und Calan, Noahs Begegnung mit dem Bettler, Noah und die Nachbarn, Noah und seine Söhne. Hier war die einzelne Gestalt unterschiedlich herausgestellt. Hier war der Ton angeschlagen. Die dramatische Gruppierung zwingend. Aber aus diesen Voraussetzungen wurden im zweiten Teil nicht die Konsequenzen gezogen. Die Gestalten wuchsen nicht empor. Sie verkleinerten sich. Es wäre falsch, wie es in den »Echten Sedemunds« falsch war, Barlach auf geistige Schärfe, auf Klarheit, auf Bedeutung zu spielen. Denn der begriffliche Sinn ist Barlachs Stärke nicht. Aber es wäre notwendig gewesen, die Vorgänge in den Gestalten zu spielen. Calan, der Streiter gegen Gott, sagt zum Schluß: »Auch ich, auch ich fahre dahin, woraus ich hervorgestürzt, auch an mir wächst Gott und wandelt sich weiter zu Neuem – wie schön ist es, Noah, daß auch ich keine Gestalt mehr bin und nur noch Glut und Abgrund in Gott – schon sinke ich ihm zu – Er ist ich geworden und ich Er – Er mit meiner Niedrigkeit, ich mit seiner Herrlichkeit – ein einziges Eins« – diese Himmelfahrt im Untergang, diese Erhöhung im Strudel der verschlingenden Fluten wurde nicht gespielt.

Vielleicht lag es an der Besetzung, daß die »Charakteristik« nicht vom Fleck kam und die inneren Vorgänge nicht deutlich wurden. Von außen betrachtet: Die Organe waren nicht zu unterscheiden. Von George, Steinrück über Granach zu Witte – dasselbe heisere Organ, dieselbe mangelhafte Sprechtechnik, dasselbe Verwischen der Akzente. Barlach ist nicht mit schauspielerischer Routine zu spielen. Er muß schlicht, simpel gesprochen werden. Aber Heinrich George als Noah keuchte die Einfalt, sprach fast immer im verschleierten Falsett, atmete zu laut. Steinrück als Calan, der vortrefflich begann, langte in den Schluß nicht hinauf. Und Fritz Valk, der, von sich und seiner Entwicklung her gesehen, gefaßter, disziplinierter war, chargierte die göttliche Bettlergestalt. Es ist natürlich ungerecht, in diesem Zusammenhang von Oscar Sauer zu sprechen. Aber etwas von seiner leuchtenden Einfalt hätte der Noah, etwas von seiner stillen Ruhe hätte der vornehme Reisende, hätte der Bettler haben müssen.

Die deutschen Schauspieler können nicht mehr ruhig spielen. Sogar die Schlichtheit gab sich aufgeregt (George). Die Schrekken der Sündflut konnten nicht berichtet werden, weil die Darsteller selbst (Witte) gespensterten, stockten, absetzten, wieder begannen, wieder absetzten. Selbst der lapidare Satz »Es war wie eine Posaune und die alte Zeit fiel um« wurde nicht klar gesprochen, weil Veit Harlan als Japhet auch hier charakterisierte. (In den Szenen des Anfangs war er ausgezeichnet.) Es wurde soviel mit verstellter oder verdeckter oder überanstrengter Stimme geredet, daß die wenigen Worte, die Carl Ebert klar und einfach als Engel sprach, wie eine Wohltat wirkten.

Fehling steckte zu sehr in der Arbeit drin. Er verlor sich. Er fand nicht die kontrollierende Distanz und damit nicht die Erkenntnis notwendiger Striche, notwendiger Heraushebungen, notwendiger Steigerungen. Das nimmt dem Werke Barlachs nichts von seiner Ungewöhnlichkeit, nichts seiner feierlichen Größe. Es war kein Abend des Kurfürstendamms. Es gehörte Mut und Bekenntnis zu dieser Aufführung. Die Rache des Feuilletons blieb dann auch nicht aus. Die Verfallserscheinungen des Theaters sind die Verfallserscheinungen der Kritik.

Berliner Börsen-Courier Nr. 162 und 163, 6. und 7. April 1925

»Juarez und Maximilian«

Uraufführung in Magdeburg

Das Ende Kaiser Maximilians von Mexiko ist der Stoff zu Franz Werfels neuem Drama: der Historie »Juarez und Maximilian«. Werfel hat die Bezeichnung »Dramatische Historie« und die Gliederung in »Drei Phasen und dreizehn Bilder« gewählt, um auf der einen Seite die dokumentarische Treue seiner Arbeit anzudeuten, auf der anderen ihre Form gegen das streng gebaute »Drama« abzugrenzen.

Die dokumentarische Treue gegen die Geschichte kann für die Beurteilung nur so weit in Betracht kommen, als sie maßgebend für den künstlerischen Ausdruck, für die künstlerische Form geworden ist. Historische Wahrheit ist unwesentlich, solange Wahrheit nur Richtigkeit, Tatsächlichkeit bedeutet. Sie wird wesentlich für die Wirkung aufs Publikum, für die dramaturgische Erkenntnis, wenn Tatsächlichkeit auf der Bühne einen Tatsachenstil schafft. Die dramatische Historie ist eine Form (zwischen Epos und Drama), die heute viel umworben wird. Wieweit hat Werfel sie geschaffen? Wie hat er sie erfüllt?

Werfel gibt die letzten Jahre Kaiser Maximilians von Mexiko (von 1865 bis 1867) in Bildern, deren Zwischenräume nicht der dramatischen Zeit, sondern der realen Zeit angehören. Die Zwischenräume sind nicht die durch die dichterische Komposition bedingten Pausen und Ruhepunkte, nicht die Einschnitte des dramatischen Aufbaus. Was wegbleibt, ist wirkliche Zeit, sind wirkliche Ereignisse, sind wirkliche Taten. Brecht hat im »Leben Eduards des Zweiten von England« etwas Ähnliches gewollt, die Zeitübergänge angesagt, den sachlichen Chronikstil versucht. Werfel gibt nicht epische Chronik, sondern dramatischen Roman. Hier liegt der Bruch seines Werkes. Es ist der Widerspruch von Roman und Epos, von Theater und Drama, Erfindung und Realität.

Franz Werfels »Juarez und Maximilian« ist das echteste, das wärmste, das menschlichste, das beste seiner Dramen. Es ist nicht konstruiert wie der »Schweiger«, nicht kraftmeiernd wie der »Bocksgesang«, nicht verblasen wie »Der Spiegelmensch«. Aber gerade in seiner Qualität liegen seine Schwächen. Werfel hat erkannt, daß die Geschichte des Erzherzogs Maximilian von Österreich, der als Bruder Kaiser Franz Josefs auf den mexikanischen Thron kommt, der viel zu edel ist, um sich rücksichtslos durchzusetzen, zu schwach, um Einflüsterungen zu widerstehen, der von Napoleon dem Dritten preisgegeben wird, der sich zwischen die Parteien seines Landes setzt, der verraten und erschossen wird – daß diese Geschichte eines adligen, getriebenen Menschen nur episch zu bewältigen ist. Daß Werfel also Maximilian von Österreich und Mexiko nicht im üblichen Sinne dramatisiert hat, ist sein Verdienst, ist Gefühl für den Stoff, ist Entwicklung über seine früheren Werke hinaus. Der Fehler liegt – richtig verstanden – nicht im »Undramatischen«, sondern in der Verkennung des Epischen und des Theatralischen. Des Epischen – denn die Chronik, die Historie wirkt bei Werfel nicht durch sich, sondern durch Erfindungen. Ich weiß nicht, ob es »wahr« ist, daß der republikanische Gegengeneral Porfirio Diaz, als Diener verkleidet, dem Kaiser eine Botschaft des Bürgerpräsidenten Juarez bringt. Ich weiß nicht, ob die Prinzessin Salm-Salm, als Offizier verkleidet, ins Lager des Kaisers kam. Aber ob wahr oder nicht – beides wirkt wie romanhafte Erfindung. Das ist das entscheidende. Die »dramatische Historie« könnte voller Erfindungen, voller geschichtlicher »Unwahrheiten« sein, aber diese müßten, nach Absicht und Anlage des Werkes, tatsächlich, berichtend, episch wirken. Bei Werfel wirken Stellen, die vielleicht geschichtlich wahr, richtig sind, wie erfundene Romanpartien.

Epische Elemente im Drama – das sind referierende, sachliche, dokumentarische Elemente. »Historie« ist Formelement. Werfels Historie ist – wahrscheinlich – historisch. Aber die Kontrolle des Historischen liegt außerhalb; die Kontrolle der »Historie« liegt innerhalb des Werkes. Werfels Dichtung, von außen kontrolliert, mag stimmen. Von innen kontrolliert, offenbart sie Unstimmigkeiten. Dem Roman bleibt die Erfindung eines Falles, eines Problems anhaften. Das Epos erhebt sich über den Fall, über das Problem. Der Roman ist immer auf die Realität bezogen, empfängt von ihr Glanz oder Mattigkeit, wird von ihr bestätigt oder abgelehnt. Der Roman steht zwar in sich geschlossen da, soweit der Fall abläuft, das Problem zu einem Resultat geführt wird, die Schicksale gut oder traurig ausgehen. Die Erfindung rundet sich ab, die Einfälle werden ausgenutzt, die Vorgänge zu Ende erzählt. Das Epos beginnt erst, wo der Roman aufhört. Die Erfindungen, die natürlich da sind, treten zurück, die psychologische Untersuchung hört auf, das Problematische verschwindet. Das Epos hat seine eigene Realität: Die Realität des Berichtes. Der Roman erfindet und tut, als ob die Erfindung wahr ist. Das Epos erfindet, tut aber nicht »als ob«, sondern kennt nur eine Wahrheit: die der Wiedergabe. Der Roman täuscht über das nur Erzählte hinweg. Das Epos gibt gerade die Erzählung. Kleists »Marquise von O.« hat gewiß einen einmaligen, einen speziellen Einfall, aber sie steigt über das Romanhafte, das Novellistische ins Epische hinauf – allein durch die Kraft, die Wahrhaftigkeit, die Intensität des Berichtes.

Werfels dramatische Historie gehört nicht der Zwischenform von Epos und Drama, sondern von Roman und Theater an. Romanhafte Einfälle werden ins Theatralische transponiert: wie das geheimnisvolle Erscheinen des Porfirio Diaz, wie die Auftritte der Prinzessin Salm-Salm. Das Dokumentarische wird auf Nebenfiguren, auf Bühnenanweisungen isoliert und bleibt szenisch unverständlich. Dafür nur wenige Beispiele: Der Direktor des Staatsmuseums zu Mexiko hat mit seinen paar Worten weder dramatisch-treibende noch episch-sachliche Bedeutung. Er ist nur ein »Belegexemplar« für das Milieu. Die Kaiserin Charlotte trägt in ihrem letzten Bilde »tiefe Trauer um ihren Vater, Leopold von Belgien«. Da aber der Vater weder in der Handlung noch im Dialog eine Rolle spielt, ist die Trauerkleidung dramatisch nicht nur überflüssig, sondern irritierend. Denn man schließt von der Trauerkleidung auf einen Vorfall im Drama zurück, nicht auf einen Vorfall, der außerhalb des Dramas liegt.

Bei Werfel verflüchtigt sich das Epische zum Romanhaften, das Romanhafte zur szenischen Stimmung, zum Milieu: Mexikanische Nächte, Lagerleben, Abschiedstrauer. Aber Werfel hat einen starken dramatischen Gedanken: Er läßt den republikanischen Gegenspieler, den Bürgerpräsidenten Juarez, hinter der Szene, er bezieht alle Vorgänge auf ihn, er läßt ihn unsichtbar agieren, den Gegenstoß führen, aber nicht auftreten. Nur müßte gerade dieser Einfall die Handlung zusammendrängen, die Vorgänge steigern, die Breite abkürzen. Nur müßte gerade dieser Einfall das Romanhafte dramatisch akzentuieren, szenisch einteilen. Das geschieht nicht. »Juarez und Maximilian« bleibt ein romanhaftes Milieustück, das nach allen Seiten durchgespielt wird, mit einem dramatischen Einfall, der nicht ausgenutzt wird. Es wendet sich in seinen ausgeführten Partien an die Regie Max Reinhardts, in dem nicht herausgearbeiteten Einfall des Gegenspielers an die Regie Jessners.

Im Magdeburger Stadttheater wurde es entstellt. Werfels Werk hat einen Ton und eine menschliche Melodie. Es ist nicht tief, nicht sprachschöpferisch, aber es hat Atmosphäre. Die Atmosphäre des farbigen, sinnlichen wienerischen Theaters. Es ist nicht neu, aber es ist auch nicht verrannt, nicht steril. Es ist etwas für den Theaterdirektor, aber nicht für den Magdeburger. In Magdeburg mißverstand man Jessner, um ein Reinhardtstück zu ruinieren. Man verfälschte Jessners Raumbühne, um mit sinnlos gestellten Treppchen und Podesten ein Milieudrama preiszugeben. Auf der gegliederten Stufenbühne können nur Personen mit dramatischer Funktion auftreten. Ein anmeldendes Hoffräulein, ein stimmungsvoll vorbeigehender Diener sind unmöglich. Füllfiguren, illustrierende Nebengestalten werden hier mißverstanden. Man glaubt an ein Versehen, an falsches Auftreten. Die Stufenbühne legt unbarmherzig die Struktur der Szene bloß.

Die sinnlose Raumgliederung hatte sinnlose Abgänge zur

Folge. Unwichtige Personen, die seitwärts hätten verschwinden müssen, kletterten über Treppentürme hinweg. Die Figuren waren unklar zueinander gestellt. Die falsche optische Gliederung hatte auch eine falsche akustische Gliederung zur Folge: Die Musik wurde selten in der richtigen Stärke, selten im richtigen Tempo eingesetzt.

Die Darstellung – wieder muß gesagt werden, daß in Theatern, die abwechselnd Schauspiel und Oper geben, der Orchesterraum für die Schauspielvorstellungen abgebaut und mit Sitzen belegt werden muß. Es ist selbst für den starken Schauspieler fast unmöglich, über das leere Orchester hinwegzuspielen. Der schwache aber verwildert, gerät bei dem Versuch, sich zu übertragen, Konnex mit dem Publikum zu finden, ins Schmieren. In Mannheim, in Frankfurt a. O., in Magdeburg – immer dasselbe. Ein Teil, besonders der älteren Mimen, hat durch das Spielen in Leere, ins Nichts hinein den Zusammenhang mit seinen natürlichen Mitteln verloren. Die Verzerrung triumphiert.

Was sich allerdings in Magdeburg Herr Michael Pichon als Marschall Bazaine leistete, das war Unfähigkeit auf eigene Verantwortung. Herr Pichon polterte seine Sätze wie ein ausgesungener Baßbuffo. Er spielte den Bürgermeister von Zaardam in französischer Generalsuniform. Er sprach ein paar Worte, gleichgültig, ob sie zusammengehörten, machte eine Pause, gleichgültig, ob ein Einschnitt war, versuchte Mimik und schmetterte, niemand wußte warum, den Schluß irgendeines Satzes, der auch zum anderen gepaßt hätte. Ich habe mich neulich nach der Schmiere gesehnt. Hier war sie. Aber nicht die lebendige, nicht die phantasievolle.

Herr Günther von Sohlern spielte als Erzbischof geschickt den Intriganten auf Gummisohlen, Karen Fredersdorf als Prinzessin Salm-Salm Operette von Hugo Hirsch, Paul Rudolf Schulze der Porfirio Diaz mit dem Brustton des Provinzhelden. (Er lachte noch, wie es im Buche steht: Ha, ha, ha!) In dieser Umgebung wirkte Herr Lutz Altschul, der als Gast aus Wien den Kaiser Maximilian gab, wie ein Künstler. Herr Altschul hatte einen menschlichen, warmen Ton. Nur, daß sich dieser Ton gleichblieb. Monotonie aber ist für die passive Rolle des Kaisers bedenklich. Gerade die Variationen, die Übergänge sind wichtig, Herr Altschul hatte das Material für die Rolle, aus dem – vielleicht – ein Regisseur die Gestalt hätte aufbauen können. Herr Dr. Adolf Winds aber ist dieser Regisseur nicht.

Ich habe jetzt viele Aufführungen im Reich gesehen. Die Arbeitsleistung ist an sich und im Vergleich zu den stagnierenden Theatern Berlins – stagnierend, weil die Kritik stagniert – erstaunlich. Wenn ich aber an Frankfurt a. M., Stuttgart, Breslau, Hannover, Mannheim, Frankfurt a. O. und Magdeburg zurückdenke – so bleibt als Aufführungswert nur die Inszenierung der »Sündflut« in Stuttgart. Man hat mehr Initiative als früher. Aber die schauspielerischen Grundlagen gehen verloren. Wie in Frankfurt a. O. – ich wähle absichtlich ein Beispiel im kleinen – die begabten Schauspieler zwischen salopper Konversation (Ernst Busch als Cäsar) und überpackter Deklamation (Karl Pempelforth als Cethegus) wechselten, wie die Unbegabten nur kopierten, so ist es im großen. Und das Magdeburger Stadttheater unter seinem Intendanten Heinrich Vogeler ist noch nicht einmal soweit. Es steht nach der Werfel-Aufführung – sie gilt sogar als eine seiner besten Darbietungen – vor allem Beginn. (Auch das Publikum schien unlebendig.)

Berliner Börsen-Curier Nr. 184, 23. April 1925

»Der Revisor«

des Deutschen Theaters

Martin Kerb ist seit zwei Jahren am Deutschen Theater als Regisseur engagiert. In diesen zwei Jahren hat er nichts inszeniert und mußte das Recht auf Beschäftigung sich erst durch ein Schiedsgerichtsurteil erkämpfen. Gestern hatte die auf dem Wege der Klage durchgesetzte Inszenierung des »Revisor« einen großen Publikumserfolg.

Nun kann man sich gewiß eine Lage denken, in der es selbst einem gutwilligen Theater unmöglich ist, einen Regisseur zu beschäftigen. Es handelt sich dann um einen Einzelfall, der dem klagenden Regisseur recht gibt, der jedoch für das beklagte Theater nicht symptomatisch ist. Der Fall Kerb – Deutsches Theater aber ist symptomatisch. Wenn Reinhardt selbst oder Erich Engel alle Vorstellungen inszeniert hätten, wenn der Spielplan durch Serienerfolge in allen drei Theatern – Deutsches Theater, Kammerspiele oder Komödie – auf Monate hinaus festgelegt worden wäre, könnte man die Praxis des Deutschen Theaters zwar nicht billigen, aber allenfalls verstehen. Tatsache ist jedoch, daß die Reinhardtbühnen bis auf zwei, drei Serienerfolge aus dem Verlegenheitsspielplan nicht herauskamen. Tatsache ist, daß fast alle Ergänzungsregisseure nur Behelfsspielleiter waren. Das Deutsche Theater war überstopft mit unrentablen Engagements. Statt aber aus diesen widerspruchsvollen, sich im Wege stehenden Verpflichtungen eine Auswahl zu treffen, die sich bewährenden Kräfte zu fördern und für das Institut fruchtbar zu machen, statt dessen gibt man lieber die zahlreichen Engagements verloren, probiert sie nicht aus und verpflichtet zu den vielleicht Überflüssigen bestimmt Überflüssige. Ein Theater, das nicht das Risiko neuer Talente wagt, ist kein Theater. Aber wie grotesk liegt erst der Fall, wenn man, um das Risiko unbekannter Begabungen zu umgehen, sich auf das Nichtrisiko bekannter Unbegabungen einläßt.

Das Deutsche Theater kann nicht durch die Gagenkonvention, wie Max Reinhardt in einem Schreiben meint, gerettet werden. Eine vernünftige Gagenregelung im einzelnen kann sich überhaupt nur auswirken, wenn das Deutsche Theater zentral nach einheitlichen Gesichtspunkten geleitet wird. Alles andere ist Flickwerk. Der Grundschaden dieser Spielzeit liegt darin, daß sie zuerst auf Erich Engel und seine Schauspieler hin disponiert war, daß dann Max Reinhardt kam und für sich wiederum ein anderes Personal in Anspruch nahm. Das Deutsche Theater hatte in dieser Saison zwei einander widersprechende Ensembles. Es gibt nur eine klare Lösung für die Reinhardtbühnen, daß Max Reinhardt selbst auch die direktoriale Verantwortung übernimmt, daß er seine Kräfte nicht zersplittert, daß er sich auf seine Theater konzentriert. Wenn Reinhardt sich aber nicht festlegen, wenn er nur Gastregisseur sein will, dann muß er den Weg für einen von ihm völlig unabhängigen Direktor freigeben. Dann gibt es für den Regisseur Reinhardt nur die Lösung, sich ein Theater für bestimmte Stücke und Inszenierungen zu pachten, wie es in England, in Amerika üblich ist. Beide Prinzipien aber miteinander zu verbinden: das angelsächsische und das deutsche, das Serientheater und das Ensembletheater, das Regietheater und das Direktorialtheater – ist unmöglich. Dies allein ist im Grunde die Krise des Deutschen Theaters. Aus diesem Widerspruch kommen alle Schwierigkeiten, von der »Kameliendame« bis zum »Coriolan«, vom Fall Kerb bis zum Fall Rosen. Wer diese Krise löst, ist der Revisor des Deutschen Theaters.

Wie bewährte sich Martin Kerb als Regisseur? Zweifellos besser als alle Ersatzregisseure des Deutschen Theaters. Wenn man im ersten Akt noch den Eindruck hatte, daß die Stellungen der Personen nicht klar waren, daß zum Beispiel der Abgang der aufgescheuchten Korruptionisten wie Regieverlegenheit wirkte (hier schienen die Gänge für die Darsteller nicht orientierend, sondern irritierend zu sein), so wurden später gerade die Gruppenbildungen, gerade die Auflösungen geschlossener Arrangements in offene (und umgekehrt) freier und lebendiger. Ja, eben von diesen fließenden Gruppen ging ein Hauptteil der Wirkung aus. Sie wurde erleichtert durch die sowohl heimlich verwinkelte, wie breiten Spielraum gewährende Szenerie des Malers Neher.

Die Schwierigkeit war, die Chargen in diesen Wechsel einzugliedern. Einzelcharakteristik durch Bewegung zu geben. Hier fehlten häufig die Übergänge. Kerb schien manchmal eine Bewegungsidee, wie das Hochsteigen des falschen Revisors auf Sofaetagen und seinen Absturz, gegen das nur Idyllische zu setzen. Kerb hatte eine Vorstellung von Gogols »Revisor«. Das ist heute schon viel. Und er konnte sie übertragen. Dabei spielten allerdings die Schauspieler oft nach entgegengesetzten Darstellungsprinzipien. Paul Bildt als Postmeister gab restlos groteskes Bewegungsspiel. Carl Elzer als Kreisrichter behaglich-kleinbürgerliches Idyll. Margarete Kupfer als Frau des Polizeimeisters, Richard Leopold und Harry Berber als Bobtschinsky und Dobtschinsky suchten beides treffend zu vereinen. Friedrich Kühne blieb bei seinem bekannten Intriganten auf Gummisohlen, war aber diesmal geschlossen und wirksam.

Hermann Thimig bot als Truffaldino im »Diener zweier Herren« eine der wenigen Schauspielergestaltungen, von denen man »vollkommen« sagen kann. Sie war restlos. Restlos in der Beherrschung und Einordnung jedes Gliedes, jedes Tons in die Gestalt. Restlos in der unerschöpflichen und geschlossenen Mannigfaltigkeit. Als Chlestakow war er nicht so glücklich. Er verfiel, wenn er nicht Anhalt am szenischen Arrangement hatte, wie in der Renommierszene und später bei der doppelten Liebeserklärung, in den Typus des allgemeinen Lustspielgecken, des Dümmlings. Erstaunlich Hermann Vallentin als Polizeimeister. Erstaunlich, wie er zu einer fast phantastischen, fast unheimlichen Wirkung kam, obwohl er für diesen korrumpierten Kleinstadttyrannen nichts anderes tat, als seine unbeirrbare Routine mit Intensität und Energie zu füllen.

Das Deutsche Theater hat im Falle Kerb Unrecht bekommen. Der Regisseur hat sich bewährt. Aber eine andere Gefahr, eine Gefahr für die Theater überhaupt, taucht auf. In Frankfurt am Main wurde Direktor Hellmer zu einer Haft-, später Geldstrafe verurteilt, weil er eine Schauspielerin, die für eine bestimmte Rolle verpflichtet war, nicht in dieser Rolle beschäftigte. Das Schiedsgericht urteilte, daß ein Direktor während der Proben einem Darsteller die Rolle nicht abnehmen dürfe. Ein unhaltbares Urteil, gegen das im Interesse eines einheitlich geführten Theaters nicht scharf genug protestiert werden kann.

Berliner Börsen-Courier Nr. 199, 30. April 1925

»Monsieur Trulala«

Deutsches Künstlertheater

Musikalischer Schwank ... Gesangstexte ... Musik ... Regie ... musikalische Leitung ... Dekorationen und Kostüme ... Tänze ... Toiletten ... Hüte ... Schuhe ... Seiden ... – am Schluß verbeugten sie sich alle, und man wußte nicht: applaudierten sie dem Publikum oder das Publikum ihnen. War Hugo Hirsch das Publikum oder das Publikum der Komponist? War der musikalische Schwank von Baruch und die Kostüme von Richard Keßler? Waren die Gesangstexte von Behmer und die Toiletten von Kurt Robitschek? Max Adalbert und Curt Bois antworteten mit dem Couplet: »Deine Sorgen möcht' ich haben.«

Der große Erfolg Max Adalberts als Monsieur Trulala schien denen unrecht zu geben, die ihm oft geraten haben, sein altes Rollenklischee zu vermeiden und sich in fixierten Aufgaben zu sammeln. Es ist wahr: Einen solchen Erfolg, wie gestern, hat Adalbert lange nicht gehabt. Soll er also doch ausschließlich seichtes Zeug spielen? Vielleicht bedurfte er, um so phantasievoll zu improvisieren, um so bezaubernd ekelhaft, so faszinierend überlaunig zu sein, der sparsameren Partien und Erfolge der letzten Monate. Vielleicht ist die Erfrischung seiner erfinderischen Gaben gerade der größeren Rollenenthaltsamkeit mit zu verdanken. Max Adalbert war gestern der Souverän seiner Kunst. Er raste klassische Verse herunter, und es war, als ob man ähnliches nie von ihm gehört hatte. Er trat als sittenstrenger Gebieter eines Schneiderateliers auf (für Staat und Kirche) – und man glaubte, ihn so gottergeben noch nicht gesehen zu haben. (Er hat die Moulin-rouge-Vergangenheit des »Monsieur Trulala«.) Die Szenen waren endlos, aber Adalberts Eingebungen überstürzten sich. Wortreihen werden niedergemäht, nur Konsonanten, Zischlaute, fauchende Muskeln bleiben übrig. Die Wirkung ist, als ob man jede Silbe verstanden hätte. Der Sieg der künstlerischen Persönlichkeit (neben der sicheren Routine von Trude Hesterberg, die immer mehr an Gisela Schneider-Nissen erinnert, neben belanglosen Partnern) wird evident.

Curt Bois ist ein Tanzkomiker ersten Ranges. Wenn er – diesmal als König von Patalonien, ebenfalls mit Moulin-rouge-Vergangenheit – die Worte, die Musik in Schritte, in Tanzfiguren aufgeteilt, wenn er gleitet, sich steift, sich verzieht, sich dreht, kreiselt und springt, ist die Entwicklung der Operette vorgezeichnet: der Knock-about-, der Jazzband-Operette. Wenn Bois immer Hugo Hirsch singen und tanzen muß, ist die Gefahr, daß er ins Banal-Gefällige abbiegt.

In Adalbert und Bois hat Berlin die Möglichkeiten eines Musikclown-Theaters von erstem Rang. Warum immer Hugo Hirsch? Warum den zuerst fabelhaft wirksamen zweiten Akt in der letzten Hälfte so dehnen, so aus allen Proportionen bringen? Warum den dritten so leer laufen lassen? Man könnte aus dem Gegensatz Adalbert – Bois eine bestimmte Possenart ablesen. Aus dem Gegensatz von festgelegter Typenkomik (Adalbert) und wechselnder Bewegungskomik (Bois) ein neues Schwankschema, einen neuen Operetten-Grundriß herleiten. In der Nummer »Deine Sorgen möcht' ich haben« – war es angedeutet. Wer setzt es fort?

Berliner Börsen-Courier Nr. 204, 2. Mai 1925

»Die Exzesse«

Junge Bühne. Die Spielzeit

Ein Riesenerfolg. Ein Riesenkrach. Was die Leute an diesem Sonntagmittag im Lessing-Theater aufregte, was zu Exzessen des Applauses, des Pfeifens, der Bravo-, der Pfuirufe führte, es war nicht nur ein von Herrn Oskar Kanehl, dem Dramaturgen des Lessing-Theaters im eigenen Hause inszenierter Skandal, von Herrn Oskar Kanehl, der bei Bronnen den piekfeinen Salonton vermißte; der zeigen wollte, daß er nicht nur die Claque zu kommandieren versteht, der für seine Störungsversuche von Moriz Seeler, dem Leiter der Jungen Bühne, im Parkett geohrfeigt wurde – es war der Gegensatz, der diese ganze Spielzeit durchzog, den aufgezeigt, kämpferisch fruchtbar gemacht zu haben, ihre wahre Leistung bleibt. Ob »Chocolate Kiddies«, ob Strawinsky, ob »Dickicht«, ob »Exzesse« – das Theater des gesicherten Wissens, der Erfahrung, der Bildung ist eingestürzt, und alle Versuche, es lebendig zu machen, scheiterten. Was heute Erfahrung ist, ist nicht allgemein zugänglicher Besitz, der sich auf Gruppen, auf Schichten, auf Individuen verteilt, der sich spaltet und neue Bindungen eingeht, was heute Erfahrung ist, bleibt auf Parteien, Programme beschränkt, greift nicht durch, wird nicht allgemein. Zwischen den Gegnern bleibt ein leerer Raum.

In diesen leeren Raum stürzt sich das Theater. Es will die neue Verbindung mit dem Publikum. Es hat sie, scheinbar, in Amerika. Es sucht sie in Europa. In Amerika geht es kampflos, weil die Zuschauermassen traditionslos sind. In Deutschland gibt es Kämpfe, nicht sosehr, weil Tradition und Nichttradition sich befehden, sondern weil auch junge Menschen, junge Parteien so mit politischen Ersatzmeinungen, Ersatzanschauungen belastet sind, daß sie alles im Widerstreit oder in Übereinstimmung mit ihren Dogmen empfinden. Das Theater wird im luftleeren Raum zwischen den sich befehdenden Klassen nur sichtbar, wenn es deren Ansichten zurückzuwerfen scheint, oder wenn die zersplitterten Gruppen ihre Teilmeinungen ihm aufdrängen, in das Spiel hineinsehen.

Bronnens »Exzesse« sind unmittelbares Theater. Aus Anschauung entsprungen, nicht aus Anschauungen. Aus einer einheitlichen Anschauung, die noch die geringste Nebengestalt bereichert und einordnet. Dieses Lustspiel wird bleiben. Es bringt mit der Fülle im einzelnen zugleich eine neue Form. Es beginnt auf einem Berliner Bahnhof und endet auf ihm. Hier sehen sich Lois und Hildegard und werden vom Chef ihres Bankhauses, er nach Bozen, sie nach Stralsund, geschickt. Am Schluß stürzen sie sich wieder auf dem Bahnhof in die Arme. Und dazwischen liegt ein Spiel der Spannungen, des An- und Abstoßens, durch jede Einzelheit – man ist versucht zu sagen: mit souveräner Meisterschaft – hindurchgeführt. Die Spannung zwischen Liebenden, ihre Entfernung, ihre Annäherung ist hier zum erstenmal ins Räumliche transponiert. Spannung in Bozen, Spannung in Stralsund. Dazwischen Berlin. Aber das Zueinanderdrängen und Voneinanderzurückweichen, das Auf und Ab der Hauptpersonen überträgt sich auf die erotischen, politischen und sozialen Exzesse aller Gestalten. Etwas Außerordentliches geschieht: Menschen, Schichten, Städte, Landschaften werden lebendig, allein durch den Liebeskampf zwischen den Hauptgestalten. Selten ist ein Thema so voll, so stark abgewandelt, so durch alle Tonarten hindurchgespielt worden. Ein großartiges, nie aussetzendes, auf viele Figuren gesetztes Bewegungsspiel. Es ist drei Jahre alt und ist mit diesen Jahren gewachsen. Wenn es ein Problem war, die einzelne Figur rund auszuzeichnen und doch ins Auf und Ab der Aktion zu stellen, sie für sich und als dramaturgische Funktion zu geben – hier ist es fast spielend leicht gelöst.

Die Aufführung der Jungen Bühne ist ein bleibendes Verdienst Moriz Seelers, obwohl sie regiemäßig mißlungen war. Heinz Hilpert hatte mit einigen hervorragenden Schauspielern auf Kosten der Gesamtwirkung umwerfende Augenblickswirkungen herausgeholt. Aber sie warfen auch das Stück um. Vielleicht mußte erst eine falsche Aufführung kommen, um die Möglichkeiten der richtigen zu zeigen. Diese Möglichkeiten müssen herausgearbeitet werden. Hilpert gab einen köstlichen Bierulk, eine Jubiläumsnachtvorstellung in oft großartiger Besetzung. Hilpert umging gerade das Bewegungsspiel, gerade das Übergreifen der Spannungen, gerade die Korrespondenz der Szenen, gerade das Hinüber und Herüber zwischen Hildegard und Lois. Diese wurden von Walter Franck und Gerda Müller statt drängend, treibend, platzend, exzedierend: sentimental und verschwommen gespielt. Ohne Humor, ohne elementaren Ausdruckswillen, rezitatorisch, einmal sogar expressionistisch stilisiert! Gerade diese Szene ist bezeichnend für den Irrtum Hilperts. Eine Szene über Kreuz. Selbstbegegnung: vier Menschen im Raum, Lois 1 und 2, Hildegard 1 und 2. Daraus wird ein lyrischer Schmachtgesang, rechts und links im farbigen Licht – und die Selbstverdoppelung fehlt gänzlich. Es liegt nur auf diesem Wege, wenn der politische Krach in Bozen fast ganz gestrichen wird, wenn man den Abtanz und Aufbruch wegläßt, obwohl gerade hier die Auflösung der Spannungen, der Zusammenschluß des Ganzen sich auch formal andeutet. Eine Szene, wie der »Aufstand in Bozen« wird später einen ähnlichen Theatererfolg haben, wie jetzt in »Scherz Satire«: der Auftritt zwischen Mordax und den Schneidergesellen.

Es bleiben Einzelleistungen: Klöpfer, reizend und diskret als Tante in Tirol, alle Gebirgsweiber und ihre Darstellerinnen gleichzeitig treffend. Maria Paudler als Bauernschlampe, sofort besser, wenn sie nicht süße Mädel zu spielen hat. Lotte Stein als zelotisches Fräulein Schnicke. Veit Harlan, vortrefflich als Bauernjunge, Aribert Wäscher, an dem ein künstlerischer Verjüngungsprozeß vor sich gegangen ist, seitdem er nicht mehr in Ekstase macht, sondern figural charakterisiert, Hanns Heinrich von Twardowski als Konsul, dem ebenfalls die Entwöhnung von schwärmerischen Jünglingen gut bekommt.

Maßgebend für die ganze Aufführung aber hätte Curt Bois als Berliner werden müssen. Er brachte wirklich Charakteristik durch Bewegung. Und wie fein abgetönt, wie wandlungsreich. Herrlich. Hier war die Berührung mit den internationalen Theaterbestrebungen. Hier war ein Durchblick in das moderne Theater. Daß es sich durchsetzen wird, ist nach dieser kampfreichen Spielzeit, an deren Beginn Brechts »Dickicht«, die beste Aufführung eines modernen Stückes, in deren Mitte der »Wallenstein« und Barlachs Werke, an deren Ende die »Rheinischen Rebellen« und die »Exzesse« standen, sicher. Die Fronten sind aufgerissen. Das Privattheater hat abgewirtschaftet. Neue Formen kommen auf. Die Theater gehen zugrunde. Das Theater steigt auf. Skandale, wie dieser, die in Herrn Kanehl die Rotters und eine ganze Theatergesinnung treffen, sind nützlich. Und wenn man durch das entfesselte Theater hindurchgegangen ist, wird auch wieder ein Glaube dasein, der bindet und zusammenschließt.

Berliner Börsen-Courier Nr. 262, 8. Juni 1925

»Gesellschaft«

Komödie

Die Dramen John Galsworthys haben schon vor dem Krieg in Wien starken, in Berlin mäßigen Erfolg gehabt. Das liegt vielleicht daran, daß in Wien die bequemen Nebenbegabungen Boden fassen müssen, bevor die revolutionären Originale durchdringen: Björnson vor Ibsen, Sudermann vor Hauptmann, Galsworthy vor Shaw. In Wien muß zuerst die Tradition befriedigt werden: das gepflegte, gemütvolle Konversationstheater. Galsworthy kommt ihm entgegen. Er wirkt wie ein Wiener aus London.

Das Thema der »Gesellschaft« allerdings ist kein Wiener Theater. Das jüdische Problem spielt – oder spielte wenigstens bis vor kurzem – in Wien keine Rolle. Es galt als gelöst. Aber Galsworthy nominiert es auch nur. Er läßt in die Londoner Klubs nach dem Krieg einen »jungen neuen Reichen« eindringen. Dieser junge neue Reiche ist Jude: Ferdinand de Lewis. Die Handlung brauchte aber um nichts geändert zu werden, wenn der »Eindringling« kein Jude wäre. Hauptmann Dancy schenkt Ferdinand de Lewis ein Pferd. Dieser verkauft es. Hauptmann Dancy stiehlt ihm auf dem Landsitz des Lord Windsor den Erlös. De Lewis deckt alles auf. Die Klubmitglieder halten zusammen. Prozeß. Die gestohlenen Scheine werden in der Vorstadt an den Nummern erkannt. Die Advokaten legen die Verteidigung nieder. Hauptmann Dancy erschießt sich.

Galsworthys Drama ist übermotiviert. Wenn de Lewis ein gewöhnlicher Mister Smith wäre, ein Emporkömmling der Nachkriegszeit – die Konflikte könnten dieselben sein. Galsworthy erzählt den Groschenroman von gestohlenen tausend Pfund und entfaltet im Aufrollen der Geschichte nicht das Wesenhafte des Konfliktes. Galsworthy gibt den Privatroman de Lewis, wenn de Lewis seine Szene hat, den Privatroman des Hauptmann Dancy, wenn dieser im Mittelpunkt steht, niemals des einen Schicksal in bezug auf den anderen, selbst dann nicht, wenn beide auf der Bühne zusammenstoßen. Galsworthy läßt wohl Spannung entstehen, aber unabhängig von den Gestalten. Die Frage bleibt den ganzen Abend nur: »Kommt es heraus?« Es wird nicht der Groschenroman auf der Bühne lebendig – das könnte durchaus seine Reize haben. Dazu ist Galsworthy zu anständig. Es wird aber auch das Zentralproblem nicht lebendig – dazu ist Galsworthy, was sein Glück ist, nicht parteiisch, aber auch, was sein Unglück ist, nicht frei genug. Die jüdische Akzentuierung bleibt ein pikanter Reiz, wird nicht wesentlich. Die Kolportage ist nur im Anschlag da, kommt nicht zu ihrer eigenen Form. »Gesellschaft« bleibt ein bürgerlicher Sonntagsroman, aufgeteilt in Szenen und Gespräche, zu schwach zur Stellungnahme, zu schwach zur überlegenen Parteilosigkeit, unausgesprochen, unentschieden.

Der Reiz liegt in Nebenfiguren, die die Tradition des englischen Romans seit Dickens fortsetzen. Der Reiz liegt für einen Regisseur wie Max Reinhardt in der epischen, nicht dramatischen Atmosphäre. Diese Atmosphäre war in der Komödie von einer Dichtigkeit wie zu Reinhardts glücklichsten Zeiten. Ein schauspielerischer Vollklang ohnegleichen. Gewiß, das Stück wurde über seine Bedeutung gedehnt und belastet. Dafür stand hinter jedem Satz, hinter jeder Szene etwas anderes: menschliche Erfahrung. Reinhardt wurde zum novellistischen Erzähler, zu einem in Wien geborenen Thomas Mann der Bühne. Schon wie das erste Gespräch im Schlafzimmer des Lord Windsor geführt wurde, wie der Lord sich entkleidet, behutsam, bedacht – in Bühnengebärden umgesetzte Schilderung. Detailschilderung, aber meisterhaft.

Selten hat Reinhardt in der letzten Zeit so schlackenlos mit Schauspielern gearbeitet wie diesmal. Schwache, wie Hanna Ralph und Werner Hollmann, waren gestützt. Stärkere waren bei Eigentümlichkeiten gepackt und spielten mit ungewohnter Plastik. Paul Hartmann arbeitet manchmal mit überscharf gespannten Hals- und Gesichtsmuskeln. Das war von Reinhardt benutzt, zur Charakteristik gesteigert: Hauptmann Dancy schluckt Ausbrüche herunter, verbeißt sein Temperament. Hartmann stand da, sprach mühsam, war ungewöhnlich gut. Else Ekkersberg hat parodistische Anlagen. Reinhardt nützt sie für ein plapperndes Salondämchen. Else Eckersberg mokiert sich, schwatzt, verulkt – kostbar. Das Benutzen von Privatzügen, oft Reinhardts Gefahr, ist hier einmal schöpferisch geworden.

Ernst Deutsch gibt den de Lewis. Ich hatte Weltschmerz gefürchtet. Aber Ernst Deutsch spielte kalt, berechnend, dann wieder innerlich berührt, intellektuell, höhnisch, fast frech, dann wieder menschlich gepackt, in sich zurückgeworfen. In der Mischung meisterhaft. Seine stärkste Leistung. Wie waren die Klubmenschen individualisiert! Heinrich Schroth sachlich, gemessen als General. Georg Schnell als Lord – ein besonders glücklicher Einfall von Reinhardt, wie Schnell das Verhör im Klub führte, wie er mit halbem Rücken zu Dancy saß, wie der Raum ausgenutzt wurde. Fabelhaft das Advokatenbüro: Klöpfer, wie fast immer in den Mitteln nicht wählerisch, aber von großartiger Eindringlichkeit. Besser denn je Carl Goetz als italienischer Weinhändler, nicht wie manchmal sich auf das Mitleid der Zuschauer verlassend, sondern gestaltend – ausgezeichnet. Und eine Entdeckung Richard Romanowsky als Kolonialwarenhändler Gilman. Schon wie er auftrat, mit schiefem Kopf, wie er sich in dieser Dickensfigur vortastete, die Worte halb zurücknahm, dann vorstieß, wie er dasaß, zuhörte, wieder sprach – wundervoll. In einer kleinen Rolle ein beispielloser schauspielerischer Reichtum, mit Weisheit und Ökonomie verteilt. Gegen ihn spielte Friedrich Kühne als Gendamerieinspektor nur Charge, wenn auch noch so wirkungsvoll. Schade, daß die herrliche Helene Thimig diesmal spitzig und krampfig blieb.

Eine schauspielerische Glanzvorstellung. Wie Paul Otto auf Schloß Windsor den Lord reserviert gab, wie Harry Berber und Rudolf Weinmann in den winzigen Partien der Diener sich benahmen und sprachen: ein Adelssitz wurde lebendig. Man soll dankbar sein für diesen Abend, auch wenn er einem antiquierten Werk galt. Man soll aber auch nicht vergessen, daß Berlin für Uraufführungen nichts mehr zu tun scheint. Daß ein »Demetrius«-Drama von Alexander Lernet-Holenia in Leipzig, daß Emil Burri in Hannover uraufgeführt wird, daß Brechts »Baal« in Berlin unbekannt ist und in Münster und anderen Städten systematisch gearbeitet wird.

Berliner Börsen-Courier Nr. 452, 26. September 1925

»Don Juan und Faust«

Theater in der Königgrätzer Straße

»Don Juan und Faust« wird noch in den ersten Sammelausgaben zu Grabbes besten Dramen gerechnet. Man wirft den Bühnen nicht vor, daß sie an »Scherz, Satire ...«, an »Hannibal« vorübergehen, sondern daß sie »Don Juan und Faust« vernachlässigen. Es war die Zeit, als eine idealistisch-deklamatorische Phraseologie für dichterisch, für glühend, für poetisch gehalten wurde.

»Don Juan und Faust« hat aber, wenn man die Tragödie nach Jahren wieder liest, auch im Sinne einer veralteten Definition weder Schwung noch Poesie. Grabbes Sprache bleibt dürr, die Verse klappern. Große Empfindungen werden durch Renommage ersetzt, Humor durch Kritik dieser Renommage. Grabbe, hineingeboren in eine zwischen Klassik und Romantik schwankende Zeit, wandte ihre Ausdrucksformen an, ohne innerlich dazu berechtigt zu sein. Er entwertete sie durch Übersteigerung, die nicht Kraft ist, sondern Unsicherheit. Der Dramatiker Grabbe kommt in szenischen Epigrammen anderer Werke zur Geltung, in der Verkürzung, nicht in der Vervollständigung. Aber man hielt die epigrammatische Schlagkraft für fragmentarische Zersetzung und Verschleuderung des Talents. Wo Grabbe seiner eigenen Form, seiner erzenen dramatischen Schlagkraft nahekam – und diese ist das einzige, was von ihm in die Zukunft gewirkt hat –, fand man seine privaten, zerstörenden Laster wieder: die Trunksucht. Wo er in der alten Form stümperte und dem Wortrausch unterlag, glaubte man beinahe so etwas wie Disziplin zu erkennen.

Literatursatire war ein beliebtes Thema der Romantik. Man nahm bereits fixierte dichterische Gestalten, nicht um sie im Grundstoff umzuschmelzen, neuzubilden, weiterzuentwickeln, sondern um ihre literarische Form aufzulösen. Man nahm nicht fertige Dramen als Material, um sie in einen neuen Organismus eingehen zu lassen (wie es Shakespeare tat). Man nahm alte Organismen, um aus ihnen neues Material zu gewinnen. So entstanden entzückende Spielereien, wie Tiecks »Der gestiefelte Kater«, wie Grabbes »Scherz, Satire ...«.

Grabbes »Don Juan und Faust« ist romantische Literatursatire als Tragödie. Einer der auffälligsten Irrtümer der Weltliteratur. Grabbe erlebt fixierte Gestalten nicht in stofflicher Urform, sondern in der vorhandenen literarischen und musikalischen Geltung. Für seinen Faust gibt es keine anderen Voraussetzungen als Goethe. Für seinen Don Juan keine anderen als Mozart. Witz kann sich an etwas entzünden, was außerhalb der Gestalt liegt. Tragik kann nur in sich selbst wurzeln. Grabbe aber plustert Figuren tragisch auf, deren Existenz außerhalb ihrer selbst liegt: in den Werken anderer Dichter.

Als Grabbe »Don Juan und Faust« in der Anlehnung an ihre geprägte Form konzipierte, war das Schicksal der Tragödie bereits entschieden. Faust und Don Juan werden nie zu dramatischen Antithesen. Sie gehen ineinander über. Und wenn ihr Gegensatz auch formuliert zu werden scheint – »wozu übermenschlich, wenn du ein Mensch bleibst«; »wozu Mensch, wenn du nach Übermenschlichem nicht strebst?« –, so bleibt das eben sprachliche, wird nicht szenische Formel. Szenische Wirkung geht nur von der Ironie aus – weil die Ironie die legitime Ausdrucksform für das Spiel mit literarischen Figuren ist. (Obwohl diese Ironie hier schwach bleibt, ihre dramaturgische Bedeutung für das Thema wird nicht erkannt; die Ironie ist ein Privatulk des Dichters: Bierzeitung.)

Die Bühnenexistenz von »Don Juan und Faust« heißt: Maskenspiel. Man müßte den Mut haben, auch den Faust zu entpathetisieren, ihn als tragischen Clown, als exzentrische Maske zu geben, ihn zu typisieren. In der Besetzung des Faust mit Friedrich Kayßler lag die größte Gefahr für die Aufführung. Kayßler spielte menschlich: Goethe; schauspielerisch: Hoftheater. Es bleibt schmerzlich, daß die starke Persönlichkeit Kayßlers sich auf der Bühne mit unpersönlichen Mitteln zu übertragen sucht: durch tiefe knurrige Deklamation, durch bürgerlich verbittertes Pathos. Auf tieferem Niveau gefährdete Dieterle den Gouverneur: er spielte Gutzkow. Fritta Brod hatte durchaus etwas von der Maskenstarre, die für die Donna Anna von Grabbe nötig ist. Aber es schien nicht künstlerische Absicht, sondern Unaufgelöstheit der Begabung zu sein.

Viktor Barnowsky hat in dieser toten, nur äußerlich lebhaften Spielzeit fast als einziger bisher ein Niveautheater zu führen versucht. Das wird ihm nicht vergessen werden. Unterschiede der Anschauung treten so lange zurück, als man auf der anderen Seite nicht Leistungen sieht. Barnowsky hat sich für keine

Äußerungsform Grabbes klar entschieden. Er umgeht das Maskenspiel mit einer romantisch bunten, außerordentlich sorgfältigen, dekorativ farbigen Inszenierung. (Bühnenbilder von César Klein.) Aber Rudolf Forster als Don Juan gab: Maskenspiel. Bleich, wächsern, marionettenhaft. Dabei geriet er nur selten in die Sackgasse der Stilisierung (Stilisierung als Ersatz des Ausdruckes). In der Sackgasse war er, wenn er Liebesszenen spielte. In der Freiheit des Ausdrucks, wenn er glossierte, wenn er die Tragödie sarkastisch nahm. Aus diesem Sarkasmus aber fand er einen Ausweg in das Grauen des letzten Aktes. Eine Marionette wurde aufgerissen, Mienen verzerrten sich, Starre wurde fratzenhaft lebendig – großartig. Forster und mit ihm Kortner als schwarzer Ritter, als Satan, zeigten, daß auch hier die Dramatik Grabbes nicht im Übersteigern, Vervollständigen, sondern in der epigrammatischen Verkürzung liegen muß. (Die Aufführung war sonst undramatisch, auf Stimmung inszeniert, die Grabbe nicht hat.) Kortner war prachtvoll. Er hatte einen Ton zwischen Pathos und Witz, den er mit souveräner Leichtigkeit abwandelte und in Gebärde umsetzte. Er machte die Ironie zu einer dramatischen Person. Eine große Leistung. Kortner ist jetzt wieder in einer produktiven Zeit. (Etlinger als Leporello kämpfte erfolgreich mit dem dürren Text.)

Trotz allem: einer der glücklichsten Abende der Spielzeit.

Berliner Börsen-Courier Nr. 464, 3. Oktober 1925

»Hannibal«

Staatstheater

Grabbes »Hannibal« auf die Bühne zu bringen ist eine besondere dramaturgische Schwierigkeit. Grabbes stärkstes, männlichstes Drama hat eine außerordentliche dramatische Schlagkraft im einzelnen bei aussetzender Bewegung im ganzen. Fast jede Szene ist in großen Gegensätzen gedacht. Aber die Gegensätze laufen sich in jeder Szene aus und müssen in der nächsten wieder neu eingestellt werden. Was man Grabbe oft vorgeworfen hat: das Fragmentarische seiner Szenen, wäre in Wahrheit seine Stärke, wenn dieses Fragmentarische zur eigenen Form käme (wie etwa bei Büchner). Grabbe aber komponiert riesige Spracharien in knapp, hart antithetisch angelegten Auftritten. Diese sprachlichen Bögen, die er spannt, tragen nicht die szenischen Bögen. Es ist, als ob über einer klaren, sachlichen Eisenkonstruktion ein unklarer, verwirrender Stuckbau errichtet würde.

Jessners Stärke ist die Eisenkonstruktion. Wo er den Grundriß zeigen konnte, war seine Inszenierung nicht nur klar, sondern auch gefüllt. Antithetisch scharf und doch nicht kalt; hart und nicht dürr. So stand der Auftritt des römischen Konsuls hervorragend in der Raumgliederung, auffallend in der sprachlichen Plastik und schaupielerisch von Kraußneck wundervoll gehalten. Kraußneck vereinigte Haltung des Amtes mit menschlichem Reichtum. Herrlich.

Ein anderer Gipfel: Hannibal kommt zum erstenmal wieder nach Karthago, er wirft sich vor den Großvater Barkas, aus der Ferne kommen die römischen Tuben. Hier war nicht nur der tonliche Kontrast herausgearbeitet: In die Elegie der Heimkehr schlägt die Dramatik des nahenden Kampfes. Hier war, über Jessners bisherige Art hinaus, im dramatischen Kontrast gleichzeitig die menschliche Bindung gestaltet. Die Gruppe Hannibals, Alittas, Barkas wundervoll, obwohl Fritz Valk hier und in anderen Szenen zwischen naturalistischer Alterscharakteristik und Deklamation hin und her schwankte.

Aber der Dramaturg Jessner wollte die Szenenkomposition auch im Stuckbau Grabbes zeigen: und hier lagen die Schwächen der Aufführung. Zuerst ein äußerlicher Grund. In einer Zeit der Revuen und der großen Opern, von denen jede zweite exotische Bilderbogen gibt, kann man nicht mit Turbanen, Fruchtkörben, Winzerfesten, Fackeln arbeiten, auch wenn sie künstlerisch und literarisch richtig sind. Jessner hätte für die Marktszene in Karthago, für die Winzerszene in Italien andere, neutrale Kostüme wählen müssen. Die Bühneneinteilung von Siegfried Sebba war räumlich oft vortrefflich, dekorativ oft kunstgewerblich. Es ist gut, daß man unter den Bühnenmalern Berlins endlich einmal ein neues Gesicht sieht. Aber Siegfried Sebba zeigte in den Farben leider altes Theater. César Klein verläßt sich dekorativ auf billige, farbige Romantik ohne Raumdisposition. Sebba gibt unter Jessners Leitung Raumdisposition, aber mit dekorativen Verkitschungen.

Jessner läßt durch diese Stukkatur des Äußeren oft die große innere Anlage einer Szene stören. Alitta zündet Karthago an. Eine großartige in Bewegung aufgelöste und von Agnes Straub mit furiosem Ausdruck gesteigerte, gehaltene Szene. Aber die Jungfrauen tragen lächerliche Opernfackeln. Die schauspielerische Großartigkeit der Szene kommt nicht zum vollen Ausklang.

Jessner wächst neben der Klarheit auch die Fülle zu. Um so schärfer muß man ihn auf seine Nebenwege aufmerksam machen. Das Winzerfest ist Opernschablone. Die Ineinanderlegung der ersten und zweiten Szene: Bearbeitung im üblichen Sinne.

Grabbes »Hannibal« ist in seinen wertvollen Partien ein ehernes Männerstück. Eine nationale Tragödie, der – in den Szenen des Prusias – nicht das scharfe Satyrspiel fehlt. Bitter in seiner Anklage, bitter in seinem elegischen Heroismus. Aber es birgt auch die Gefahr der Monotonie, wenn die entscheidenden Männerrollen nicht individuell besetzt sind. Es gibt im Staatstheater zu viele sonore Organe. Herr Laubinger ist von den früheren Hofschauspielern höchstens durch den geringeren Grad seines Talents unterschieden. Und so viel höher Carl Ebert steht, so sicher er spielt – für den Scipio fehlt ihm die selbstverständliche Härte, die kalte Überlegenheit.

Werner Krauss als Hannibal ist in der gesammelten Ruhe wundervoll. Um ihn ist eine magische Trauer, ein lyrischer Heroismus, von dem man nicht weiß, durch welche Mittel er erzeugt wird. Hannibal sinkt von Beginn des Dramas an seinem Ende zu. Krauss gibt herrlich den Helden eines kleinen Volkes, das sich übernommen hat. Auch um ihn ist etwas von dem Kaufmann, der in die Bahn des Soldaten geschleudert ist und der an dieser Erkenntnis zugrunde geht. Krauss ist herrlich. Am wundervollsten wieder in pantomimischen Momenten. Hasdrubals, seines Bruders Kopf wird ihm zu Füßen geworfen. Er grüßt ihm militärisch nach, wie beim Sterben »dem schwarzen Pilot«. Erschütternd.

(Eine andere Frage bleibt, ob Krauss' wunderbare Leistung dramaturgisch nicht durch zu viele Pausen und Dehnungen gelähmt hat und ob es für seine Zukunft gut ist, wenn er immer Rollen spielt, die ihn zur Feierlichkeit anhalten.)

Neben ihm, der Straub war es ein neuer Schauspieler: Gad Shelaso (früher am Palästinatheater), der eine persönliche Melodie mit körperlicher Ausdrucksfähigkeit und menschlicher Liebenswürdigkeit verband. Hoffentlich geht er der Grundgefahr aus dem Weg, die Melodie routiniert werden zu lassen.

(Florath war ein phantastisch träger, unheimlicher Krämer als Melkir, Ferdinand Hart hielt als Gisgon wenigstens die Szene. Und Erwin Faber war in der scharfen witzigen Zeichnung des Prusias endlich wieder so gut, wie ich ihn in München sah.)

Berliner Börsen-Courier Nr. 490, 19. Oktober 1925

»Die Geburt der Jugend«

Junge Bühne im Lessing-Theater

Wenn man nach Frankreich, nach England kommt, die erste Frage, sobald das Gespräch aufs Theater gerät, ist die: »Ja, bei euch, da gibt es Dichter und Regisseure, da wird etwas gewagt, da sind Kämpfe, aber bei uns? Alles steril. Alles, wie es war. Keine Bewegung.«

Wenn nun ein Franzose, ein Engländer nach Berlin kommt, ins Theater will, die Spielpläne überblickt, dann sieht er das, was er zu Hause als überlebt, als stagnierend empfunden hat, hier noch einmal und schlechter. Das französische Lustspiel wird in Paris leichter, akkurater; das englisch-amerikanische Melodrama im Ursprungsland sachlicher, schlagender gespielt als in Berlin. Der Ausländer sieht von der Bewegung in Deutschland – in Deutschland selbst nichts.

Und doch ist diese Bewegung da. Und doch ist diese Bewegung so stark, daß sie die Dunstschicht, die literarisches Gezänk und Lethargie der Bühnenleiter darüber legen möchte, durchstößt. Ein Trägheitsnebel umhüllt das deutsche Theater. Eine Dumpfheitswolke lastet auf den Bühnen, aber das Licht dringt durch und zeichnet sich am Rand ab. Man sieht den Lichtrand im Ausland. Gewiß, man kennt draußen nicht immer die wesentlichen Namen. Gewiß, man ist über Einzelheiten desorientiert. Aber daß man die lebendige Kraft, die Bewegung draußen spürt, diese Wirkung in die Ferne, spricht mehr für den andrängenden Gegenwartswillen des deutschen Theaters als alle Augenblicksleistungen in Berlin.

Bronnen hat »Die Geburt der Jugend« mit neunzehn Jahren geschrieben. Sie hatte in der Matinee einen Erfolg wie vor vielen Jahren Wedekinds Jugendwerk »Die junge Welt«. Also war die Vorstellung ein Ereignis? Man muß genau zwischen Pflichten eines Repertoiretheaters und den Pflichten einer Kampfbühne unterscheiden. Wenn man die Gesamtsituation des deutschen Theaters im Auge hat, sich der Verantwortung für das Ganze bewußt ist, ergibt sich etwa folgendes Bild. Bronnen ist als Erscheinung durchgesetzt. Wenn eine Bühne ein neues Werk von ihm ablehnt, ein Werk, das Bronnen heute verantwortet, das ihn gegenwärtig ausdrückt, so ist es Pflicht der Kampftruppe, es durchzusetzen. (Das gälte heute der »Katalaunischen Schlacht«.) Ist es aber ein Werk des Neunzehnjährigen, ein Werk, dessen Vorstellungskomplex im »Vatermord« zur Vollendung gekommen ist, so bleibt es entwicklungsgeschichtlich interessant – also eine Gelegenheit zum fünfzigsten Geburtstage, oder es bleibt eine Repertoireangelegenheit. Und das ist das Ergebnis dieses Mittags. »Die Geburt der Jugend« hätte in dieser Bearbeitung und Besetzung Erfolg in jedem Repertoiretheater gehabt, wenn es ein solches gäbe, wenn man einen deutschen Spielplan hätte.

»Die Geburt der Jugend« ist kein Kampfobjekt. Sein revolutionäres Ziel ist heute keines mehr. Seine literarische Form ist im »Vatermord« stärker ausgeprägt. Was aber aus diesem Jugendwerk herausschlägt, ist die ursprüngliche dramatische Begabung von Bronnen. Er sieht Gestalten und treibt sie in szenischer Bewegung auseinander. Und mehr: »Die Geburt der Jugend« hat Luft. Wenn man von den Gewaltsamkeiten des Buches absieht, wenn man auf die Grundsituationen geht, welche Zartheit der Empfindung, welches Gefühl für Objektivität, für legitimierte Konstraste. Es strömt zwischen den Menschen, und das Unausgesprochene ist wertvoll. In der Revolution entlädt sich das Temperament Bronnens, aber dieses Temperament überhitzt sich. In der Verflechtung der Menschen untereinander, nicht in den Ausbrüchen, aber in dem Uneingestandenen der Pubertätskämpfe, in den humoristischen Zwischenlichtern zeigt sich der Gestalter.

Es sind nicht die Ohrfeigen, nicht die Flaschen, die Vätern an den Kopf fliegen, es ist – trotz der Enge, trotz der Abgeschmacktheiten – der persönliche Fonds, der Bronnen auch hier legitimiert.

Die Junge Bühne spielte statt der vier Akte nur drei. Sie ließ die Geburt der Jugend weg, sie gab nur die Wehen. Nun ist der Schlußakt, der in wilden Rhythmen Jugend und Alter in den Schlachtreihen gegeneinander formiert, zwar rein faschistisch.

Aber auch hier gibt es eine Naturnähe, eine erdfühlende Kraft, die großartig ist, die aber wieder in Unreife, ja ins Leer-Vokabelhafte umschlägt, wenn sie ausklingt in den Ruf aller: »Wi-i-ir Gott«!

Die Junge Bühne spielte das Repertoirestück »Geburt der Jugend« und spielte es vortrefflich. Der Regisseur Friedrich Neubauer ließ verkünden, daß er die Verantwortung für die Vorstellung ablehnte. Mir wäre es lieber gewesen, er hätte vor seiner Inszenierung der »Jungfrau von Orleans« die Verantwortung niedergelegt. Hier spielten junge Schauspieler – und nicht ein falscher Ton. Eine Wohltat. Twardowski, im »Methusalem«, im »Jungen Aar« verzerrt, hier einmal wieder gesammelt, echt, stark, auf seinen eigenen Grund gesetzt. Veit Harlan, ein prachtvoller Gegensatz, proletarisch wild, explosiv und ausgezeichnet beherrscht. Leonard Steckel mit diskretestem und sicherstem schauspielerischem Humor. Rudolf Fernau zur Klarheit diszipliniert (nur zum Schluß führte er die Rolle nicht aus der Leichtigkeit des Anfangs weiter, sondern mit Nebenmitteln. Er drückte und preßte.) Reizend im Ansatz Camilla Spira, zum erstenmal als Begabung erkennbar Till Klokow. Klar im Umriß ohne Faxen Aribert Wäscher, gut Walter Werner, amüsant Lotte Stein.

Die Gegenfigur, den jugendlichen Oberlehrer Bruck, gab Mathias Wieman. Wundervoll. Mit stiller, persönlicher Bannkraft. Mit Atmosphäre. Seine Begabung ist stark. Wieweit der Umkreis dieser Begabung reicht, wird davon abhängen, ob er auch aus sich herausgehen kann. Er begann zum Schluß etwas nachzulassen.

Eine Aufführung für Schauspieler. Dadurch ein Gewinn, auch wenn es an einer letzten Zusammenfassung fehlte, auch wenn es kein neues Werk war.

Berliner Börsen-Courier Nr. 584, 14. Dezember 1925

»Der fröhliche Weinberg«

Theater am Schiffbauerdamm

Beifallsstürme vom Parkett bis zu den Rängen, von den Rängen bis ins Parkett wieder hinunter – so einig sah man das Publikum bei keinem französischen Schwank, bei keinem amerikanischen Melodrama. Fünf Jahre hat Carl Zuckmayer bis zu diesem Erfolg gebraucht: vom Dezember 1920 bis zum Dezember 1925, von der Uraufführung des »Kreuzweg« im Staatstheater unter der beschwingten Regie von Ludwig Berger bis zur Uraufführung des »Fröhlichen Weinberg« unter der handfesten Regie von Reinhard Bruck.

»Erde als Kraft, die die Menschen bindet. Erde als Kraft, die die Menschen erhöht«, war ein Motiv des »Kreuzweg«; ist, ins Komödienhafte gewandt, das Motiv des »Fröhlichen Weinberg«. Weinlese, Keilerei, Verlobungen. Abend, Nacht und Morgen. Einfache Gliederung nach Tageszeiten. Luft und Sprache des »Datterich«, aber voller, jungenhafter, ländlicher. Eine dichterisch gesehene Welt durch Possenmittel zur Wirkung gebracht.

Dichterisch: Das ist die Atmosphäre des Stückes, seine heimliche Melodie, der Gesang der Erde. Dichterisch: Das ist das Gefühl der Lebensbeherrschung, das Glück des Daseins – bis an die Grenze, wo die Nebenerscheinungen, die Nebenbegriffe beginnen. Wo Kraft in Krafthuberei, Lebensfülle in Gesundheitsprotzerei umkippt, und Liebeslyrik Goldschnitt erhält. Wo ein zweites Stück von Zuckmayer »Unter der blühenden Linde« oder »Im Duft der Akazien« oder »Alt-Heidelberg« heißen könnte, wenn der Dichter den Versuchungen des Erfolges nicht Widerstandsfähigkeit entgegensetzt. Wer für Zuckmayer ist, muß rechtzeitig vor dieser Möglichkeit warnen.

Die Possenmittel, die diese Welt publikumsgängig machen, sind an der Tradition der letzten Jahrzehnte gebildet und meistens gekonnt. Die Handlung wird paarweise geführt, paarweise verwirrt und paarweise zum guten Schluß gebracht. Das ist wirksam. Das ist gut, wo es gekonnt ist. Manchmal macht Zuckmayer es sich zu leicht. Besonders im zweiten Akt. Wenn der Vorgang nicht weitergeht, werden Lieder gesungen. Wenn die nicht vorwärtsbringen, Witze und Anekdoten erzählt. Hier fehlt die Bewegung aus der szenischen Anschauung heraus. Die Keilerei schließlich zieht zwar, ist ein Schlager, aber sie kann den Mangel in der Anlage dieses Aktes nicht verdecken.

Der märchenhafte Erfolg wird für Zuckmayers Zukunft fruchtbar werden, wenn er sich klar bleibt über die Mittel, mit denen er erzielt wurde, wenn er erkennt, daß er die Atmosphäre des Stückes oft durch andere Mittel erreicht als die Komik, daß er seine dichterisch-sprachliche, lyrische Begabung oft für die Luft und Umwelt einsetzt, daß er die Komik manchmal durch bloße, eingesprengte Aktualitäten und Alltagswendungen erzielt, durch Alltagswendungen, die nicht mehr in der Mundart, in der Sprachmelodie seiner rheinischen Heimat aufgehen. Wenn Zuckmayer die starken, reinen, vollen Szenen des »Fröhlichen Weinberg« Wegweiser für seine neuen Stücke sein läßt, die strömenden Auftritte, in denen der Humor unmittelbar aus der Anschauung, aus der Sprache quillt, in denen Atmosphäre und Aktion, Situation und Spaß eins sind, dann ist auch seine künstlerische Zukunft gesichert.

Die Aufführung am Schiffbauerdamm betonte leider ausschließlich die Possenwirkungen. Daß sie den Erfolg nicht abschwächte, ist gut. Aber wenn die Schauspieler den Dialekt beherrschen, so war das ihre einzige Rettung, ihr einziges Wirkungsmittel. Wenn sie ihn nicht beherrschten, trugen sie menschlich und künstlerisch eine so fremde Welt mit sich (wie Winterstein, wie Käthe Haack), daß die Einheitlichkeit gestört wurde. Allein Julius Falkenstein behauptete sich als düpierter, lächerlicher Stadtmensch und Bräutigam kraft seiner Persönlichkeit. Für den Regisseur Dr. Bruck ist die Operettenregie keineswegs schlecht gewesen. Er beherrschte von der Routine aus den Schwank vortrefflich. Aber er gab ein Durcheinander an schauspielerischen Hilfsmitteln, vom Röllchenverlieren bis zum Biedermannsbaß, daß man an gute alte Chargenzeiten des Theaters erinnert wurde.

Im übrigen muß auf ein groteskes Taschenspielerstückchen hingewiesen werden, das Herr Dr. Kerr in einigen polemischen Klammern anzubringen versucht hat. Geängstigt durch die Aussicht auf den Erfolg, den vielleicht doch einige von ihm abgelehnte, verhöhnte Dramatiker haben könnten; darauf aus, die letzten, kümmerlichen Reste seiner Autorität zusammenzukratzen, macht er nicht nur in Versen Liebeserklärungen an Autoren, die er ein paar Absätze vorher noch verwarf – das wäre immerhin noch erfreulich. Nein, er scheint jetzt mit einemmal Zuckmayer – gegen mich auszuspielen, um schnell zur Stelle zu sein, wo ein Erfolg winkt. Nun, zum Leidwesen des Herrn Dr. Kerr, konnte man, mit einigem Instinkt und einiger Witterung begabt, schon beim »Pankraz« erkennen (wie ich damals schrieb): »Zuckmayer hat Theaterbegabung. Die Szene, bevor der Kaplan gehängt wird, ist in ihrer frechen Knappheit und sprachlichen Gelenkigkeit ausgezeichnet. Sie eröffnet den Ausblick auf Zuckmayers Zukunft: die Komödie.« Auch von seiner Jungenhaftigkeit und Unbekümmertheit konnte man damals bereits einiges lesen. Aber Herr Kerr muß viele Rollen spielen. Er muß als Holzbock den früheren Direktor der Goethe-Bühne, den verschollenen Herrn Peterson feiern. Er muß als Charlotte Birch-Pfeiffer das rührende Volksstück von dem edlen Helden Lherman dichten, der von einer schwarzen Clique rücklings gemeuchelt werden soll. Er muß als Sonja, Königin der Mannequins, sich drehen und wenden, um zu zeigen: Seine Glitzerperlen sind die besten. Er muß als Mussolini jeden verdammen, der nicht den faschistischen Gruß beherrscht. Kurz: Das Startum der Kritik ist dieselbe Zersetzungserscheinung wie die Starwirtschaft auf der Bühne.

Berliner Börsen-Courier Nr. 600, 23. Dezember 1925

»Einen Jux will er sich machen«

Theater in der Königgrätzer Straße

Elisabeth Bergner spielt Nestroys Christopherl, also endlich einmal eine Rolle, die ihrem Wesen nahe liegt: liebenswürdige Clownerie. Aber Elisabeth Bergner ist durch märchenhafte Erfolge so verwöhnt, daß sie ihre Wirkungen kaum noch in der Auseinandersetzung mit der Rolle, sondern in der Umgehung der Rolle sieht. Im »Kreidekreis« umgeht sie Ausbrüche durch rührendes Piepsen (sie gibt darstellerische Schwäche für ein menschliches Plus aus). Bei Nestroy zieht sie wiederum fast alle Wirkungen aus der geschickten und graziösen Ausnutzung von Mängeln. Elisabeth Bergner hat kein Gehör und kann nicht singen. Wie bringt sie Couplets zum Erfolg? Indem sie auf ihre stimmlichen und musikalischen Mängel hinweist. Der Privatkontakt mit dem Publikum ist gefunden. Ein Erfolg auf der Basis »Wie lieb, wie rührend«. Oder: im Ensemblesatz hört man sie nicht; sobald aber eine Pointe kommt, wird diese gebracht. Natürlich wird das Publikum durch die Überraschung eines lauteren Tons gefangen.

Elisabeth Bergner versteckt sich in den undankbareren Momenten, um in den dankbareren desto mehr aufzufallen. Gewiß, das alles wird mit reizvollem Charme, mit »bestrickender« Grazie gemacht, in der Bewegung bezaubernd. Wer aber die künstlerische Substanz zu erkennen gewohnt ist, wer der schauspielerischen Gestaltung auf den Grund gehen will, spürt, daß die Wirkung, mit der Elisabeth Bergner sich auf dem Gipfel ihrer Erfolge zufriedengibt, die Wirkung eines unendlich begabten Kindes auf eine zahlreiche Familie ist. Es ist die Wirkung: »Nein, wie reizend in Hosen; wie entzückend, sie ist unmusikalisch und singt doch; wie himmlisch, sie kann sogar Wiener Dialekt.« Elisabeth Bergner hat eine humoristische Begabung ersten Ranges. Sie sollte sie aber mit ihrem Wert, nicht mit ihren Mängeln bestreiten. (Wie sie in rührenden Rollen endlich die Wirkung der »Hilflosigkeit« aufgeben sollte. Und Elisabeth Bergner dürfte nicht Anlaß zu verschluderten Vorstellungen geben, wie diese es war.)

Über die mäßige Besetzung des Zangler mit dem polternden Herrn Spira, der Madame Knorr mit der theatralischen Marietta Olly könnte man hinweggehen, wenn das Ganze durchgebildet worden wäre. Aber wie falsch waren die Stellungen. Wie war Etlinger behindert, der in den Kammerspielen den Melchior schon einmal vollkommen spielte. Wie war Rudolf Forster beengt, der außerordentliche Ansätze zu einem Nestroy-Spieler und im besonderen zum Weinberl hat. (Von den Frauen ist nur Dagny Servaes zu erwähnen.) Nestroy muß schlagend, klappend gespielt werden. Ob an dieser auseinanderfallenden Vorstellung der Regisseur Leo Mittler, ob die Überstopfung der Barnowsky-Bühnen mit Premieren schuld ist, bleibt nicht ohne weiteres zu erkennen. Tatsache ist aber, daß die doppelte Rechnung: auf der einen Seite mit Stücken (»Die neuen Herren«, »Der dreizehnte Stuhl«), auf der andren mit Stars (Bergner) eine Belastung und Verwirrung hervorrufen, die Auswirkung sowohl der Stückerfolge wie der Schauspielererfolge unterbinden muß. Der »Fröhliche Weinberg« hat bewiesen: Auch ein Stück kann um des Stückes willen »gehen« – sogar bei miserabler Besetzung (was aber keine Aufforderung zu schlechten Vorstellungen sein soll).

Berliner Börsen-Courier Nr. 2, 2. Januar 1926

»Ostpolzug«

Staatliches Schauspielhaus

Eine großartige Eingebung Arnolt Bronnens läßt uns über Jahrtausende hinweg König Alexander und einen modernen Alexander nach Osten ziehen. König Alexander, der in Alexandria Eschata vom Heere zur Umkehr gezwungen wird. Den modernen Alexander, der den Gipfel des Mont Everest erreicht. »Unerklärliches stand vor uns, und wir erschraken«, sagt der große Alexander der Vergangenheit. »So geschehen die Taten, die Ereignisse langsam, manche Wünsche werden jahrtausendealt, aber unaufhaltsam wachsen die Organe ins Unsichtbare hinein, und der Gewinn der Unsterblichkeit ist nahe«, sagt der kleine Alexander der Gegenwart.

Wenn in »Ostpolzug« nur diese Sätze stünden, er wäre wertvoller als das meiste, was in den letzten Jahren geschrieben und geduldet wurde. Eine Generation, durch den Weltkrieg losgerissen aus allen Bindungen der Überlieferung und Entwicklung, jäh einem Schicksal gegenübergestellt, das sie über sich selbst hinausriß, ohne Erfahrung, es sei denn die des Lebenseinsatzes, bevor die Verantwortung für das Leben sich bilden konnte, eine Generation ohne Nachbarschaft, weil die ihr voranschreitende fast vernichtet wurde, ohne Übergang, weil sie im Frieden gleich auf die übernächste Generation stieß, die noch im Bildungszusammenhang mit den Vorkriegsjahren stand, diese Generation muß sich nicht nur mit ihren Vorgängern auseinandersetzen, wie es jede mußte, sie muß überhaupt erst den Boden finden, auf dem sie selbst steht. Sie muß gleich erobern und hat doch kaum die Stellung, aus der sie vorstoßen, sie muß sofort offensiv sein und hat doch kaum, was sie verteidigen kann.

Dieser Vorstoß aus dem Unbekannten ins Unbekannte ist das gleißende, bebende Abenteuer einer Jugend. Keine Andacht – denn was hat sie anzubeten? Kein Gefühl, denn woran soll sie sich entzünden? Keine Ruhe, denn woraus soll sie ihre Kraft saugen? Aber wenn der Bewegung das idealistische Räsonnement fehlt, das das Ziel aufzeigt, das Perspektiven gibt, so fehlt ihr auch die Romantik, die sie verschwommen macht. Kalt, klar und oft zynisch stößt sie vor. Eine arme Zeit? Wenn man sie als Ziel – eine reiche, wenn man sie als Anfang sieht.

Diesen herrlichen Anfangswillen, dieses Eroberungsbewußtsein macht Bronnens »Ostpolzug« zu einem Ereignis des Theaters. Ja, es geht über Geschmacklosigkeiten, über Albernheiten hinweg, wie beim »Sieg von Kabul«, ja, das Groteske und Heroische reißt oft Widersprüche des Niveaus auf, herrlich ist trotzdem der Zug dieses Schauspiels. Der große Mensch unterliegt. »Die Größe meiner Zeit ist ungeheuer«, sagt Alexander. Aber er bewältigt sie nicht. Der neue Alexander jedoch, der Betrüger, der Zyniker, wird gepackt, emporgerissen von seiner Aufgabe. Er sieht kein Ziel und wird doch hingezogen. »Auf einem Weg, den ich hasse, in einem Leben, das ich immer wieder fürchte, da es nicht mein eigenes ist, und das immer wieder mitten in meinem Herzen vergeht.« So steigt Alexander. So erlebt Alexander den »Triumph der Möglichkeit«. Er jagt mit Autos durch Hochwasser hindurch. Er stürzt ab. Aber kalt, unromantisch kommt er zum Ziele und erreicht den Gipfel des Mont Everest. Die Mechanik der Zeit wird nicht beklagt, nicht bewundert. Aber sie ist Antrieb. Sie wird in den Willen aufgenommen. Ein neuer Heroismus wird geboren. Ob künftige Geschlechter Werke wie den »Ostpolzug« noch kennen werden, ist gleichgültig. Er ist dennoch ein Anfang. Die Gegenwart wird gestellt. Und schon ist das ein Triumph.

Berliner Börsen-Courier, Nr. 50, 30. Januar 1926

Bronnens Schauspiel geht den erregenden Weg der Sprache. Die Sprache ist die Bewegung, der Zug, der Anstieg, oft im wörtlichen Sinne. »Autokolonne durch Nepal« – die Szene spielt auf einem durch Hochwasser jagenden Auto. Nicht wie schon oft Szenen im fahrenden Zug spielten; die Sätze rollen, rasen, stokken, sausen. Ein Bild spielt während des Absturzes vom Gletscher. Die Sprache ist die Wegrichtung des Stückes.

Leider wurde diese Wegrichtung im Staatlichen Schauspielhaus nicht gespielt. Jessner muß gedankt werden, daß er den »Ostpolzug« gab. Ihm müßte noch mehr gedankt werden, wenn er die ausgezeichneten Grundlagen der vorigen Saison ausgebaut, statt abgebaut; ihm wäre am meisten zu danken, wenn er nicht nur eine wundervolle, sondern auch eine treffende Inszenierung des »Ostpolzuges« geschaffen hätte. Herrliche Bilder von Robert Herlth und Walter Röhrig, die alle Erfahrungen ihrer Filmtätigkeit auf die Bühne übertragen haben; aber Bilder, die vervollständigten, die nicht die Landschaft, nicht den Weg der Sprache gaben. Bilder, die (prachtvoller) Selbstzweck waren; falsch und technisch umständlich. Das Technische aber ist eine Vorbedingung für die Aufführung des »Ostpolzugs«. Er verträgt nicht Zwischenvorhänge, die Lärm machen und aufhalten. Er verträgt nicht minutenlanges Sichumziehen des Darstellers. Wozu die Titelvignetten vor jedem neuen Bild, wie das früher bei schlechten Filmen üblich war? Wozu die sorgfältige Kostümierung, die Zeit stahl? Das Stück ist scharf und fest umrissen. Die Aufführung löste die Umrisse auf und romantisierte. Gewiß, eine großartige Leistung Jessners und seiner Architekten, aber eine falsche, irritierende, vom Charakter des Stückes ablenkende Inszenierung.

Schwerer treffen manche Striche. Gleich im ersten Alexanderbild fehlte die wichtigste Stelle: »Die Größe meiner Zeit ist ungeheuer ...«, in einem späteren Bild fehlten oder kamen nicht heraus Sätze wie: »Weil fernhin rasende Büffelherden seit Stunden in meinen Ohren dröhnen ...« Statt ihrer wurde ein unwichtiger und von Bronnen nicht gewollter »Einzelfall« gespielt: die Ermordung des Klitus. Das ging so weit, daß Kortner entscheidende Sätze, die Alexander umstoßen, die ihn Entschlüssen näher bringen, hinter der Szene sprach – weil hinten die Armee anzunehmen war! Wandlungen, die im Antlitz und in der Stimme Alexanders vorgehen, beiläufig für die Bühnenarbeiter!

Kortner hat Außerordentliches geleistet, wenn man ihn rein vom physischen und psychischen Durchhalten, von der Spannkraft des Gedächtnisses beurteilen, wenn man den Einsatz für das Werk in Rechnung stellen will. Aber Kortner hat gerade in der letzten Zeit sich künstlerisch so entwickelt, daß man ihn schädigt, wenn man ihn nicht höher einschätzt. Und der »Ostpolzug« ist so schwierig, daß man seine Darstellungsart aufzeigen muß. Als Kortner die Rolle übernahm, dachte ich, er würde treiben, er würde den Weg gerade dieser Stücke gehen. Statt dessen zerstörte Kortner die Zielrichtung der Satzgruppen, sprach ständig gegen ihren Rhythmus, gegen ihren Bau. Er zog, wie Werner Krauss. Wenn aber Werner Krauss schleppt und Pausen macht, so kann er sie halten, füllen. Von Kortner ging keine Bannkraft aus. Seine Stärke ist die Sprache. Statt dessen wollte er durch »Sein« wirken. Dieses aber übertrug sich nicht. Ihm fehlt die physiognomische Eignung für den Alexander. Alexander muß in beiderlei Gestalt einen anderen Eroberertyp vertreten. Hell, nervös, zynisch, stählern und elastisch zugleich. Kortner hätte diese Wirkung auf dem Weg über die Sprache erreichen können. Als er sie schleifen und auseinanderfallen ließ, zerstörte er auch den Typus. Es bleibt schade, daß Krauss für moderne Rollen nicht zu haben ist. Er wäre doch die richtige Besetzung gewesen.

Kortner und Jessner haben Bedeutendes gewollt, während rings die Reaktion tobt. Aber wir müssen weitergehen. Wir müssen die Werke der Gegenwart im Stil der Gegenwart sehen. Und so gewiß der »Ostpolzug« nicht der Anfang von Dramen mit nur einer Person sein darf, so gewiß muß dieses Zeitwerk zeitlich dargestellt werden. Sachlich, scharf und lebendig, vielleicht ohne Aufwand, aber körperlich suggestiv. Gerade weil nur eine Person die Dramatik bestreitet, darf die szenische Umwelt weder im Optischen noch im Akustischen stimmungsvoll, verschwimmend sein, sie muß die Aktion der Sprache herausfordern, wie die Aktion der Sprache sie erst schafft. Hier gab es Rede und Spuk. Es darf aber weder isoliertes Wort noch isolierte Gespensterei geben, sondern Dialog mit Widerständen, die überwunden werden. Nicht Ruhe, sondern Weg. Nicht Bild, sondern Bewegung.

Berliner Börsen-Courier, Nr. 51, 31. Januar 1926

Brecht-Aufführung

Junge Bühne

Um Brechts Frühwerk »Baal« wurde gestern mittag im Deutschen Theater nicht etwa gekämpft, sondern vorbereiteter Skandal gemacht. Indirekt ermutigt durch die Kritiken des Herrn Kerr, der in ähnlichen Fällen den Beifall für Dichter und Werk zu verschweigen pflegt, um schadenfroh auf Pfiffe und Zwischenrufe hinzuweisen, glaubten skandalsüchtige Theaterbesucher die Pflicht zu haben, sich zu entfesseln. Es gab einst eine Kritik, die das Publikum zu führen suchte. Heute stellt sie sich unter das Publikum. Herr Kerr schnüffelt sogar neuerdings nach »Schweinereien«, nicht etwa in Boulevardstücken, nicht etwa in seinen eigenen hanebüchenen, dummdreisten »Caprichos«, sondern bei Bronnen, und fördert so die Wiedereinführung der Zensur. Beim »Baal« machte Herr Kerr sogar einige geglückte Versuche, höchst persönlich durch provozierendes Lachen und Reden die Vorstellung zu stören.

Es ist von fast gespenstischer Komik, sich mit solchen Kindereien überhaupt auseinandersetzen zu müssen – wo es um andere Dinge geht. Aber heute werden die Werke verstellt durch Eitelkeiten, Nebengezänke, privaten Egoismus. Der wegzuräumende Schutt ist ungeheuer. Daß Brecht ein Dichter ist – im Grunde zweifelt niemand daran. Aber Prestigefragen stehen höher als die Interessen des deutschen Theaters. Welcher Wurf ist »Baal«! Baal, der Vergeuder, der Fresser, der Säufer; Baal, der die Frauen nimmt und wegwirft; Baal, der sich aufbläht und verfault; Baal, der alles benutzt, alles einschlingt, alles mitnimmt, was seinen Weg kreuzt; Baal, der das Leben aufsaugt, der seine Wurzel in alles senkt: in Aas, in Gemeinheit, in Empfindsamkeit, und doch unfruchtbar bleibt; die verschlingende Kraft, die nicht schöpferisch wird, üppig und doch nicht zeugend, Baal, entgeistert und angeekelt von der schwangeren Frau. Baal, der doch Himmel und Sterne, Luft und Licht über sich und Wald und die ewige Fruchtbarkeit der Natur um sich hat.

Brecht selbst ist über dieses Stück längst hinaus. Aber die dichterische Kraft, mit der Häßlichkeit und Verwesung in den Ablauf der Natur gestellt sind, wirkt auch heute noch. »Baal« ist ein Stück der losen Szenen. Im Fragmentarischen liegt sein Reiz. Es ist kaum faßlich, daß ein Dichter, der so begann, der den »Baal« vor den »Trommeln«, vor dem »Dickicht«, vor dem »Eduard«, vor »Mann ist Mann« schreibt, nicht gefördert wird, daß das »Dickicht« heute noch nicht gedruckt ist, die Balladen heute noch nicht herausgegeben sind, daß »Mann ist Mann« nicht längst aufgeführt wurde. Man verlangt fertige Dramen – aber wie soll ein Dichter sich entwickeln, wenn man von ihm am Beginn schon das Ende verlangt? Man verlangt einen eigenen Ton – aber wo ist er, trotz Anregungen, die jeder fruchtbare Mensch aufnimmt (nur der sterile schließt sich ab), wo ist er faszinierender als im Choral vom großen Baal, als in der Sprache dieser dramatischen Szenen.

Wenn ein Werk, über das ein Dichter durch neue Stücke hinweggekommen ist, um Jahre zu spät und vom Dichter selbst aufgeführt wird, so drängen sich zwischen den Dichter und das frühe Stück seine neuen Werke. Das war auch an der Überarbeitung des »Baal« zu erkennen. Er ist jetzt eine dramatische Biographie geworden, durch Szenenansagen auf Tatsachengehalt gestellt. Personen sind durchgeführt, die früher nur Nebenbedeutung hatten, wie Emilie Mäch. Kontraste sind hineingebracht, die sonst kaum angedeutet waren, wie das Auftauchen der Riesenstädte, das Nahen einer eisernen, steinernen, mathematischen Zeit hinter der versinkenden Naturwelt des »Baal«. Das Werk ist so vielfach überzeichnet. Brecht hat es von seinem gegenwärtigen Standpunkt inszeniert, für ein Theater, das es noch nicht gibt. Brecht hatte schon seit Jahren die Idee eines Rauchtheaters. Eines einfachen Theaters, wo die Zuschauer rauchen und trinken wie im Varieté. Für dieses Theater paßt die Technik der Szenenansage. Man ist anders eingestellt. Man läßt sich nicht seelische Komplikationen, sondern dramatische Tatbestände vorführen, einfach, naiv und primitiv. Es kann ein Weg sein, unter vielen anderen, die das Publikum, die ein anderes Publikum ins Theater führen.

Die Vorstellung war in der Anlage großartig. Zwischen den einfachen Wanddekorationen von Caspar Neher wurde sachlich gespielt. Zuletzt fehlte die Zusammenfassung, die Straffung durch Striche und Tempo. Weil bei den Schwierigkeiten, die einer solchen Sonderaufführung begegnen, nicht zusammenhängend probiert werden konnte? Aber Paul Bildt als Baals Freund Ekart gab in Maske, Haltung, Blick und Sprache den Ton, die Atmosphäre des Stückes vollendet wieder. Wer Bildt oft in konventionellen Stücken konventionell gesehen hat, weiß, daß sich hier Dichter und Darsteller gefunden haben. Ausgezeichnet und von einer ungewohnten Eindringlichkeit bei aller Einfachheit Hanns Heinrich von Twardowski als Johannes und Ansager. Überraschend gut, wenigstens zum Schluß, Sybille Binder als verwüstete Emilie. Sollten ihre Aufgaben auf anderen Gebieten als der Salonrolle liegen? In der stummen Bewegung (nicht beim Sprechen) sehr fein Blandine Ebinger; gehalten Gerda Müller als Sophie; eindringlich Helene Weigel. Zeichnerisch gut Margo Lion als Soubrette; witzig im Anfang Kurt Gerron als Mäch.

Den Baal spielte Oskar Homolka bewundernswert in allen vitalen, humoristischen und zynischen Möglichkeiten. Was ihm fehlte, was aber für den Baal nötig bleibt, ist Magie. Gerade was über Baal ist: Luft, Sterne, Himmel, gibt Homolka nicht. Er bleibt im Privattypus befangen. Technisch drückt sich das in mangelnder Sprachbehandlung aus. Brechts Wirkung kommt vom Wort her. Homolka wird leicht nicht nur akustisch undeutlich, sondern auch ausdrucksmäßig unklar. Man versteht das Ziel einer Szene nicht mehr.

Es war trotz allem ein Ereignis. Dieser Mittag der Jungen Bühne wird ihrem Leiter Seeler nicht vergessen werden.

Berliner Börsen-Courier Nr. 76, 15. Februar 1926

»Sturmflut«

Volksbühne

Das politische Stück in Deutschland – mit Recht war es unbeliebt geworden. Während Schiller in den »Räubern«, im »Fiesco«, in »Kabale« und »Carlos« die großen zeitbewegenden Leidenschaften gestaltete, die Personen über ihre Privatexistenz hinaus an die treibenden, epochebildenden Ideen und Kräfte heranführte, während Kleist in der »Hermannsschlacht« individuelle Charakteristik und nationale Empfindung in einen faszinierenden Haßgesang hinein steigerte und im »Homburg« die Harmonie von Persönlichkeit und Staat fand, während Hauptmann in den »Webern« Privatschicksal und allgemeine Not gestaltete, versackte das politische Stück später mehr und mehr. Es wurde dogmatisch eng oder menschenbeglückend unbestimmt, beschränkt oder uferlos. Es wurde vom Parteisekretär oder vom Literaten geschrieben. Politik wurde aus den geistigen und seelischen Zusammenhängen gelöst. »Politik für die Politik« hätte ein Schlagwort lauten können wie »Die Kunst für die Kunst«. Die Politik wurde vereinzelt, wie in Deutschland alles vereinzelt wurde: Technik, Wissenschaft, Theater, Bildung.

Alfons Paquet ist von dieser Vereinzelung der Politik auf der Bühne ebensoweit entfernt wie von der dichterischen Einordnung der Politik in ein höheres Ganzes. Paquet gibt die Politik direkt, aber mit ihren Hintergründen, mit ihren epochalen Ideen, mit ihren Zusammenhängen. Er gibt die russische Revolution. Das ist das Dokumentarische seines Stückes. Er gibt eine Fabel: das ist das Sinnbildliche der »Sturmflut«. Die russische Revolution – mit Erwähnung paralleler Ereignisse aus der deutschen Revolutionsgeschichte: Flotte, Scapa Flow, Erschießung der Matrosen. Die Fabel: Das zerstörte, von der Sturmflut bedrohte, im Schlamm der Überschwemmung fast versinkende Petersburg wird von Granka Umnitsch, dem Helden seines Dramas, an den Juden Gad verkauft, hinter dem ein anderer russischer Revolutionär, Sawin, hinter dem England steht. Granka verkauft, um Geld für die Weltrevolution zu bekommen.

Zwischen der Auswirkung dieser Fabel und der dokumentarischen Tatsachendarstellung besteht ein Bruch. Er zieht sich durch die Personen, die erstens ihre Privatexistenz haben, zweitens politische Exponenten, drittens Symbole sind, ohne daß jedesmal klar wird, was sie als Privatpersonen, was sie als Politiker, was sie als Symbol sagen. In den »Fahnen« blieb Paquet bei dem undichterischen, aber starken, wirkenden Dokument. In der »Sturmflut« (schon dieser Titel ist teils wirklich, teils symbolisch gemeint) verwischt er die Grenzen.

Aber diese Grenzübertretung ist wieder das Erregende des Werkes. Paquet wagt noch nicht, auch die großen treibenden Kräfte dokumentarisch zu geben. Er gibt, als einziger seit langer Zeit, auf der deutschen Bühne eine große politische Typologie. Eine personelle und eine ideeliche Typologie. Er gibt den Taktiker: Sawin, den elementaren Triebpolitiker: Granka Umnitsch. Er gibt die zivilisatorische Kolonisation: England. Er gibt den Aufstieg des Barbarisch-Triebhaften zu einer schöpferischen Kultur. Er gibt Stadt. Er gibt Wald und Land. Aber Paquet individualisiert seine Typologie und streckt sie nachträglich. Das ist ein ähnlicher Vorgang wie in Döblins kühn und großartig angelegtem Roman »Berge, Meere und Giganten«. Auch dort werden Typen als Privatexistenzen genommen und müssen, um ihre sinnbildliche Bedeutung zu erreichen, künstlich aufgetrieben werden. Dem Prunkenden, Makarthaften, in das die außerordentlichen Intentionen Döblins hineingeraten, entspricht bei Paquet Wagnerisches: die Frauengestalt Rune Lewenclau.

»Sturmflut« als eine sachliche Darstellung gegenwärtiger politischer Typen, als ein im Wurf grandioses, revolutionäres Weltbild bewegt das Interesse in jedem Moment. Weil Paquet keine Dichtung, sondern eine Bühnenwirkung schreiben wollte, hätte er weder Individualisierung noch die Verallgemeinerung nötig gehabt, weder die sprachliche Charakteristik noch die sprachliche Symbolisierung. Die Verdeutlichung, die »Verwirklichung« liegt hier in der Dimension. Aber nicht in der sprachlichen, die eine ganz andere Anlage der Vorgänge, der Personen voraussetzen würde, sondern in der räumlichen Dimension. Die sprachliche Dimension würde Menschen und Handlung zur Bedingung haben, die von Anfang an außerhalb des Dokumentarischen stehen. Wenn Paquet die Menschen auch in der Sprachgebärde zu vergrößern sucht, weist er ihnen einen anderen Raum zu, als sie mit ihrer realen Existenz füllen können. Er vergrößert diese Distanz, wenn er gleichzeitig durch Verwertung anderer technischer Mittel die räumliche Dimension zu vergrößern sucht. Er zieht die Außenwelt durch den Film hinein. Hier liegt eines der fesselndsten Probleme des Werkes. Paquets »Sturmflut« ist eins der bewegendsten Bühnenereignisse des Winters.

Berliner Börsen-Courier, Nr. 88, 22. Februar 1926

Vor dem Kriege wurde im Neuen Schauspielhaus, dem heutigen Theater am Nollendorfplatz, der französische Schwank »Eine Million« aufgeführt, in dem der Film die Handlung (eine Detektivgeschichte) unterbrach und fortsetzte. Ein Glas Wasser, auf der Bühne an den Mund gesetzt, wurde im Film zu Ende getrunken. Hier war der Film spaßiger Trick. Damals ein großer Erfolg, heute schon von fast allen vergessen.

Erwin Piscator gab vor Monaten im Großen Schauspielhaus die Arbeiterrevue: »Trotz alledem!« Ungeheure Wirkung, wenn die Ereignisse auf den Film übersprangen, wenn Lenin sprach; ungeheure Wirkung, wenn Einzelpersonen auf der Bühne durch Massenversammlungen auf der Leinwand abgelöst wurden. Jetzt geben Paquet und Piscator dem Film in der »Sturmflut« entscheidende Aufgaben. Das Problem der Dimension dringt auch auf die Bühne. Der Film ist nicht mehr, wie bei dem französischen Detektivschwank, Trick oder stilistische Nuance. Der Film ist dramaturgische Funktion.

Funkmeldungen: Revolution in China – auf der Leinwand im Hintergrund chinesische Massenversammlung; Rede Lloyd Georges – Lloyd George spricht im Film. Das ist nicht billige Ergänzung, nicht Abschwächung der Phantasie. Die Phantasie wird in andere Richtung gerissen. Die Umschaltung vom Akustischen zum Optischen ist von ungeahnter Wirkung. Oder im Anfang: die Bühne ist der Strand, der Hafen, der Platz von Petersburg. Der Film: Schiffe, Meer, Überschwemmung. Oder am Schluß: Kampf. Oder zwischendurch: unbewegter Hintergrund, der plötzlich lebendig wird, Kontraste oder Parallelfälle aus anderen Revolutionen, oder Flugzeug, steinerne Stadtschluchten, Wald.

Das Mittel des mitspielenden Films ist für das Theater so neu, daß selbstverständlich noch nicht alles geglückt ist. Manchmal setzt der Film die Handlung fort. Ergänzung, Vervollständigung statt dramaturgischer Funktion. Wenn George als Granka Umnitsch zuerst auf dem Turm auftaucht – faszinierend. Seine Gegenwart wird für die andern eingeschaltet: hier hat der Film eine dramaturgische Bedeutung. Wenn George aber im Wald reitet, wenn er davongeht, weit, endlos, so ist das eine Fortsetzung, eine Dehnung. Das neue Mittel ist schon so wesentlich, daß die Verwischung des dramaturgischen Zwekkes sofort auch eine falsche seelische Lagerung herbeiführt. Granka auf dem Turm, China, Meer – die unbürgerliche Großartigkeit des Werkes wird aufgerissen. Granka entfernt sich traurig: die sentimentale Verbürgerlichung beginnt. Der Film darf im Schauspiel nicht Empfindungen geben, nur Dokumente; nicht das allmähliche Abschreiten von Entfernungen, sondern das unvermittelte Aufreißen der Dimension. Wenn Granka geht, spürt man nicht mehr eine neue Dimension in der Beziehung zur Bühne, man denkt an einen selbständigen Film.

Von allen Seiten muß heute das Theater berannt werden. Paquets und Piscators Weg ist nicht der einzige, aber ein wichtiger. Nicht Kunst, sondern dokumentarische Aussage; während alles, was sonst als Revolutionsdrama oder als Tendenz über die Bühnen ging, eben von der Literatur, eben von umfrisierter Kunst seine Wirkung nahm. Wo Paquet schwach bleibt, ist er es nicht, weil er kein Dichter wird, sondern weil er noch zu sehr Dichter ist: in der Romantisierung der Rune und des Gad. Sie ist fast Walküre, er fast ewiger Jude. Das ist wieder Verbürgerlichung, weil Bürgerflucht. Die Personen müssen beziehungslos zum Bürgerlichen sein.

Piscators Regie hat diese Unbekümmertheit. Er vertreibt jedes Sentiment von der Bühne. Ausgezeichnet, wie jetzt an der Volksbühne gesprochen wird, klar, sachlich, bestimmt. (Karl Hannemann als schwankender, plündernder Matrose besonders gut.) Außerordentlich Heinrich George. Wenn man bedenkt, was sonst an falscher Diskretion, an falschen Tränen in Berlin geleistet wird – eine durch ihre nüchterne Klarheit, männliche Sicherheit, durch ihren sachlichen Humor faszinierende Gestaltung. Georges Granka Umnitsch zerfließt nur einmal, im Walde. George spielt einen Volksmenschen, keinen posierenden Heros.

So gelingt es ihm mühelos, über den Bruch zwischen Privatexistenz und der Bedeutung der Rolle hinwegzukommen. Er spielte dokumentarisch. Das war für Alexander Granach besonders schwierig, weil Gad die persönliche und symbolische Existenz zu oft wechselt. Granach spielte diszipliniert, gebändigt und fein eine Charge. Das Problem umging er. Noch größer waren die Gefahren für Ellen Widmann, die Darstellerin der Rune. Sie fand, ohne sich mit der Rolle auseinanderzusetzen, wenigstens eine klare, besonders am Schluß wirksame Diktion. (Marija Leiko war durch Heiserkeit behindert.) Leo Reuß gab den Engländer: kühl, knapp, zusammengefaßt, eine seiner stärksten Leistungen.

Dieser Abend der Volksbühne war mehr als ein Theaterabend, obwohl scheinbar die technischen Möglichkeiten dominierten. Aber das war das Wunder: das Theater entfaltete sich mit allen technischen Mitteln, mit einer aktualisierenden Regie, mit außerordentlich gesteigerten Ensembleszenen, und die Wirkung war tiefer, innerlicher als die manchen Kammerspiels. Das ist der Beweis für Piscator, der Beweis für Paquet. Paquet ist als Persönlichkeit größer als sein Werk. Man spürte Welt und Weite, Völkerschicksal, Erdschicksal. Noch nicht geformt. Aber als Material. Neue Stoffkomplexe kommen herauf, die eine andere Art der Verdeutlichung verlangen. Die Bereicherung der Bühnenmittel dient einer Bereicherung der Anschauung, die mechanische Vervollkommnung einer Erweiterung des Erlebnisbezirks. »Sturmflut« war ein Durchbruch.

Berliner Börsen-Courier, Nr. 89, 23. Februar 1926

»Viktoria«

Komödie

Das Gesellschaftsstück ohne Gesellschaft, das in der »Komödie« gepflegt wird, ist jetzt von Reinhardt selbst zersetzt worden. Als es eine geschlossene Gesellschaftsschicht gab, waren beständig die Formen, in denen sich das Leben abspielte: die Art der Begrüßung beim Eintritt, beim Verlassen des Salons, die Einleitung der Gespräche, das Überreichen von Aufmerksamkeiten. Diese Konvention der Haltung, dieses Floskelhafte des Benehmens parodiert Reinhardt musikalisch. Er bindet die konventionellen Gesprächsgruppen durch Klavierbegleitung. Er läßt den Sprechton an den Höhepunkten der Gesellschaftsphrase in Gesang übergehen. Eine sehr ulkige Wirkung. In der Oper: Rezitative mit Überleitung zum Gesang. Hier in der Salonwirklichkeit: Lebensformen, erstarrt (oder aufgelöst) zu Kunstformen. Doppelte Parodie. Das Gesellschaftsstück gegen die Gesellschaft.

Wenn Reinhardt diese Inszenierung vor Jahren herausgebracht hätte, könnte man heute, nach der Sintflut der Revue-, Kabarett- und Operettenschlager sagen, er habe neue Ausdrucksmöglichkeiten vorweggenommen. Heute schafft er keine Vorform, sondern eine Nachform. Alle Anregungen der letzten Theaterjahre durchmischen das dünne Konversationsstück. Ich sah ein anderes Lustspiel von W. S. Maugham in London. Sorgfältig aufgereiht Dialog an Dialog. Mit Haltung gebracht. Solide, elegant, steif, unendlich langweilig. Natürlich – auch Maugham gibt schon Gesellschaftssatire. Satire aus dem Sicherheitsgefühl derselben Gesellschaft, die ironisiert wird. Wenn Reinhardt die Satire noch einmal parodiert, so hat auch er weder im Anlauf noch im Ziel einen Angriffswillen. Er spürt das Ende des Konversationsstücks, nicht weil die Schichten, die es trugen, zerschlagen sind, nicht weil sich geistige Tendenzen verändern und verschärfen, sondern weil sein artistisches Können daran keinen Halt mehr findet. Er parodiert seine eigene Galsworthy-Inszenierung. Eine fabelhafte Ironie auf die Oberflächlichkeit der Zeit. Das Stück: Viktorias erster Mann ist gefallen, sie heiratet dessen Freund, aber der erste Mann war nur in Gefangenschaft, er kehrt zurück, nun wollen beide die Frau loswerden, während sie wiederum mit einem lyrisch schmachtenden Schieber ausrückt. Die Regie: Tanz ist das Zeichen der Zeit, also wird ein Tanzlehrer eingefügt; alles tanzt, alles macht Sport. Alles bewegt sich nach dem Takt des Klaviers. Vier Männer, die auf Viktoria warten, zucken mit den Händen, mit den Beinen ihre Ungeduld, minutenlang bis zum stampfenden, schlagenden Rhythmus. Alles ist leicht, alles blödelt, alles albert. Aber die letzte Ironie ist, daß diese Welt so liebenswürdig, so vollkommen ist, so befriedigt, daß dahinter nicht mehr steht, daß die Satire ein Ideal darzustellen scheint, die Leere als Ziel bleibt, die Parodie in ihrer artistischen Vollkommenheit für die Welt wirbt, gegen die sie sich richtet.

Die Meisterschaft Reinhardts ist auf ihrer Höhe. Auf ihrer gefährlichen Höhe. Eine »Farce« dauert dreieinhalb Stunden. Aber selbst diesen Mangel, dieses fehlende Gefühl für richtige Maße, für richtige Zeiten kann Reinhardt überwinden: durch die Vollkommenheit der Einlagen. Er hat Curt Bois, und wahrscheinlich ist die tänzerische Idee der Inszenierung sogar beeinflußt worden durch das Erlebnis dieses Schauspielers. Curt Bois – die Beine, die Kniekehlen sind Ausdruck wie die Füße, der Körper knickt und schlängelt sich, die Bügelfalten beben. Ungeduld, alle Glieder schnellen, springen, gleiten, schieben. Ein vollkommener Bewegungsstil, der aber erst fruchtbar für den Darstellungsstil als solchen werden kann, wenn er nicht für Tänzerrollen eingesetzt wird. Curt Bois ist ein Tanzkomiker – folglich gibt er einen Tänzer. Die wesentlichere Folge wäre: also wird der Bewegungsstil für die Komödie überhaupt gefordert.

Die Ansätze sind hier überall. Paul Otto, der mit seiner Nüchternheit in diese englische Welt ausgezeichnet paßt, Curt Goetz, der mit trockener Nonchalance aller Verlegenheit gewachsen ist und sich prachtvoll in den Stil des Ganzen fügt, Richard Romanowsky als Schieber, alle gehen mit. Romanowsky, unvergeßlich in »Gesellschaft«, spielt für Berlin zum erstenmal eine große Rolle. Seine Art kommt in zusammengefaßten Chargen, wenn er seine Mittel auf kleinem Raum verteilen kann, stärker zur Geltung. Aber seine Drolerie warf auch hier um, wenn sie auch mehr Privatspaß blieb. (Köstlich Gülstorff als Scheidungsrechtsanwalt.)

Die Hauptrolle spielte eine ungarische Darstellerin, Lili Darvas; sehr schön, anmutig, aber keine Schauspielerin. Auch Hedwig Bleibtreu wirkte mit. Sie war immer als Heroine am Burgtheater eine bürgerliche Schauspielerin. Hier hatte sie eine bürgerliche Mutterrolle und war sicher, klar. Eine Konversationsschauspielerin in einer Aufführung gegen das Konversationsstück. (Adele Sandrock wiederholte ihre erprobten Wirkungen.)

Berliner Börsen-Courier Nr. 110, 6. März 1926

»Das Grabmal des unbekannten Soldaten«

Kleines Theater

Drei Personen. Der französische Soldat, der von der Front zu seiner Hochzeit beurlaubt wird. Sein Vater. Seine Braut. Der Soldat wird vorzeitig zurückberufen. Nur vier Stunden kann er bleiben. Diese vier Stunden sind das Stück.

In diesen vier Stunden kämpft der Geist der Front mit dem Geist der Heimat. Nicht in thematischen Auseinandersetzungen, nicht in Abstraktionen, sondern in der Abwandlung der menschlichen Beziehungen zwischen Vater, Sohn, Braut. Das psychologische Kammerspiel, das sonst nur Privatverhältnisse variiert, angewandt auf ein großes, allgemeines Thema. Eine alte Form, ein neuer Inhalt.

Aber nun geschieht etwas Seltsames. Je zarter und diffiziler die seelischen Schwankungen sind, desto drohender wird die Stimme der Schlachten. Je wandelbarer und relativer Mensch zu Mensch steht, desto unwandelbarer, absoluter steht die Front, das Elementarereignis des Krieges. Aus dem geschmeidigen, seelischen Kammerspiel wird das Schicksalsdrama der Kriegsjugend. Eine novellistische Studie wird zur sachlich bitteren Anklage (ohne »Tendenz«). Ein psychologischer Einzelfall, geschehen im Oktober 1915 einem französischen Urlauber, zum literarischen Grabmal für den Unbekannten Soldaten.

Die Braut schwankt zwischen nachlassender Liebe zum Soldaten und kaum noch schlummernder zum Vater. Trotzdem feiert sie die Hochzeitsnacht ohne Hochzeit mit dem Sohn. Es kommt doch der Friede, der ihr die Sicherheit der früheren Liebe zurückgibt? Er kommt nicht. In der Heimat der Wechsel, das Bedürfnis der menschlichen Natur nach Veränderung; im Felde die Starrheit, das Eine, das Absolute. Nächste Stufe: die

Generationstragödie. Der Vater bittet das Mädchen, bei ihm zu bleiben. Das Alter klammert seine Kraft an die Jugend der Frau. Aber die männliche Jugend ist draußen auf sich allein gestellt. Ein männliches Stück. Ein verantwortungsvolles Stück. Ein gerechtes Stück.

Ein konservatives Stück. Es bleibt in der Form ein zwischen Psychologie und Rhetorik nicht immer ausgeglichenes französisches Theaterstück. Paul Raynal wird zu beredt. Er sagt das Stumme. Er beredet das Schweigen. Paul Raynal gleitet auf der einen Seite ins Allzuprivate, auf der anderen ins Deklamatorische. Allzu privat ist, wenn der Vater im dritten Akt um die Tochter kämpft. Allzu gehoben ist, wenn die Tochter den Soldaten fast auf ein mystisches Podest stellt. Es gibt Längen. Es gibt ermüdende Stellen. Es ist die Wirkung des »Trotzdem«. Paul Raynal kann sich die Theaterromantik, die leise Hinneigung zu süßlichen Verklärungen leisten. Er verleugnet nicht den Rostand-, nicht den Mignonbestandteil des französischen Theaters. Aber er ist von dem neuen Inhalt so ergriffen, daß die Wirkung echt bleibt. »Das Grabmal des unbekannten Soldaten unter dem Triumphbogen.« Raynals Werk ist ein Denkmal der Ehrfurcht. Die Stimme des Krieges ertönt, ohne daß Feinde, ohne daß Regierungen, ohne daß Vorgesetzte angegriffen werden. Unrevolutionär, aber mit erschütternder dokumentarischer Macht. Mit den Mitteln der konventionellen Bühne, aber durchstrahlt von menschlichem Glanz. Umständlich, aber erfüllt von männlichem Verantwortungsgefühl. Verloren an psychologisierende Einzelheiten, aber überbraust von einer ehernen, schreitenden, dröhnenden Melodie.

Die Aufführung leitete Berthold Viertel. Es war vielleicht die beste Vorstellung, die er seit dem »Vatermord« geschaffen hat. Ihm liegen ethische Werke und Stücke mit wenigen Personen. Es war ergreifend, weil alle Routine ausgeschaltet blieb. Gewiß, man kann sich manches Detail geschmeidiger, manchen Übergang subtiler denken. Diese Einwände aber versagen vor der tiefen, wahrhaft produktiven Anständigkeit des Ganzen, vor der menschlichen, geistigen und sprachlichen Führung.

Günther Hadank gab den Soldaten. Er ist ein unergiebiger, unfarbiger Schauspieler. Aber die Grenzen wurden hier zum Wert. Hadank spielte mit einer unerbittlichen Sachlichkeit; sein oft gespenstisch unbelebtes Gesicht begann zu leuchten – eine ergreifende, menschliche Übertragung. Sein unnuanciertes Organ begann zu vibrieren, zu strahlen. Ein Erlebnis, weil das Erlebnis einen Schauspieler gepackt hatte, der sich gegen die Armut seiner Mittel durchsetzte, ja diese Armut schließlich selbst künstlerisch erhöhte.

Auch Sybille Binder macht eine Wandlung durch (was schon beim »Baal« zu erkennen war). Sie ist von den Regisseuren meistens falsch behandelt worden. Ihr wurden Töne aufgesetzt, sie wurde in Lebhaftigkeit hineingetrieben, die sie schauspielerisch nicht verarbeiten konnte. Hier spielte sie einfach. Der Grundton war nicht Erregung, sondern Ruhe. Es ging nicht in die Tiefe. Aber es war eine überraschend schlichte, menschlich und künstlerisch vornehme Leistung.

Albert Steinrück ist zweifellos die größte schauspielerische Begabung in dieser Vorstellung. Aber gerade er fand, vielleicht eben von seiner Begabung her, am wenigsten die Mitte zwischen Privatexistenz der Rolle und ihrer Bedeutung.

Berliner Börsen-Courier Nr. 134, 20. März 1926

»Mord«

Deutsches Theater

Walter Hasenclevers Weg zum journalistischen Stück geht noch über falsche Problematik. »Mord« – die zeitungsmäßig aktuelle Aufrollung eines Falles mit allen Auswirkungen und Sensationen. »Mord« – die psychologische Konstruktion einer Gedankensünde mit allen Spitzfindigkeiten und Überdrehungen. Aber nicht nur, daß die Problematik des Gedankenmordes etwas abgenutzt ist – sie wird hier nicht motivisch durchgebildet und verwirrt den journalistisch aufgemachten Fall des Eisenwerkbesitzers, der im Bett einer Dirne die Leiche ihres Zuhälters findet, als Mörder verhaftet, zum Tode verurteilt und wieder freigelassen wird, weil die inzwischen geflüchtete Dirne den Mord zugibt.

Das journalistische Thema heißt allein: Die Verurteilung eines Unschuldigen, die Darstellung der Begleitumstände, die Spiegelung der vermeintlichen Tat in der Presse, in der medizinischen Wissenschaft, in der Anwaltsauffassung, im Publikum. Daß der Fabrikdirektor sich des Gedankenmordes an seiner eigenen, lebenden Frau schuldig fühlt, hat weder mit dem Tatsachen- noch mit dem Anklagematerial des Stücks etwas zu tun. Das Tatsachenmaterial müßte sich auf die Darstellung des Prozeßgangs mit den Ausstrahlungen in die Tageswelt beschränken. Das Anklagematerial auf die aus dieser Abwicklung sich ergebenden Mißstände. Hasenclever aber, der zum ersten Male sieht, wo seine Bühnenbegabung liegt, wohin ihn sein dramatischer Weg führen könnte, ist im Tatsächlichen nicht einfach und deshalb im Anklagenden nicht wuchtig.

Hasenclever erfindet. Er konstruiert einen psychologischen Sonderfall, statt einen banalen Sachfall zu geben. Er wollte gleichzeitig Dichter und Journalist sein. Dieser Widerspruch hindert die gleichmäßige Wirkung seines Schauspiels. Hasenclever will den menschlichen Fall vertiefen und verflacht dadurch die Sachdarstellung. Er vertauscht zwei Wahrheiten: die künstlerische und die reale. Er erschwert die Übersicht. Hasenclever gibt eine dichterische Erfindung nur, damit die reale Wahrheit nicht verglichen, nicht kontrolliert werden kann. So hebt er das Gesetz der phantasiegeschaffenen und der wirklichen Realität auf. Sein Stück hängt in der Luft.

Aber es sind satirische, schmissige Szenen in diesem Stück, die für die Bühnenmöglichkeiten Hasenclevers von neuem sprechen. Man muß es jetzt oft sagen: die Dramatiker verkennen ihre Lustspielbegabung. Hasenclever zeigt sie in den satirischen Szenen des Psychoanalytikers, in den Auftritten des Spielklubs. Hasenclever ist kein dramatischer »Dichter«, aber vielleicht ein dramatischer Tagesschriftsteller, ein Verfasser aktueller Revuen (wenn er den »Dichter« mit allen Resten in sich getilgt hat).

Die interessante Aufführung leitete Erich Engel. Eine der besten Vorstellungen der Spielzeit. Erkenntlich an der Beherrschung des Raumes, an der Beeinflussung der Darsteller. Der Raum wurde von Erich Engel und dem Bühnenmaler Neher in Weite und Tiefe, in Verengung und Vergrößerung unschematisch und variabel ausgenutzt. Musterbeispiel: der gleichzeitige Schauplatz der drei Hotelzimmer. Hier gab es nicht ein starres Nebeneinander, nach der bekannten Puppenstubenart, sondern eine Komposition aus seitlichem Schlafzimmer, breit ausladendem Speisesaal, unten davor Lesezimmer und rechts ein Teil leere Bühne. Es war eine Inszenierung des beweglichen Raumes, der sich durch das Spiel, durch die Darstellung von selbst zu erweitern oder zu verengen schien.

Die Darstellung war oft hervorragend. Am besten Leonard Steckel als analysierender Psychiater. Eine entzückende Mischung aus Eitelkeit, falscher Sachlichkeit, menschlicher Neugier und wissenschaftlicher Leere. Wie war das schauspielerisch umgesetzt, in Bewegung gehalten! Die Schaffung eines neuen Typus (wie es bei Molière Arzttypen gab), einer ständigen, modernen Komödienfigur. Ähnlich Paul Bildt als Anwalt. Maria Koppenhöfer als Dirne: sie ist physiognomisch bezwingend, sprachlich etwas unvariabel; sie erschöpft ihre Art leicht im Lauf eines langen Abends. Reizend Hans Hermann Schaufuß als Redakteur. Bannend Walter Franck als »Roulettegeist« (warum sieht man ihn jetzt so selten auf der Bühne?).

Eugen Klöpfer spielte den unschuldigen Mörder; am stärksten in Augenblicken leiser, schmerzlich-überlegener Ironie, wie in der Szene mit dem Untersuchungsrichter, mit dem Arzte. In der großen Gerichtsszene nicht immer ausgeglichen zwischen der Versunkenheit des Privatmenschen und dem Pathos des Anklägers. Ausgezeichnet sein Ensemblewille.

Eine Fehlbesetzung war Charlotte Schultz in der Rolle der Dame. Sie ist keine Salon- und keine Innigkeitsdarstellerin, sondern eine Schauspielerin für derbe Rollen. Rudolf Fernau spielt manchmal etwas nervös, darunter leidet seine Deutlichkeit.

Ferdinand Bonn gab als revolutionärer Setzer einen Michael Kohlhaas von Ganghofer.

Das Ganze ein wundervoll abgetöntes, lebendiges, zwischen Ruhe und Bewegung vortrefflich ausgeglichenes Ensemblespiel.

Berliner Börsen-Courier, Nr. 140, 24. März 1926

Auch ein »Faust«

Volksbühne

Wenn Alexander Granach als Mephisto mit Chapeau claque bei Marthe Schwerdtlein Kondolenzbesuch macht, wenn Heinrich George als verjüngter Faust in blondem Vollbart und dunklem Sakko erscheint – man glaubt: der Bühnenarchitekt Pilartz habe in der Zwischenpause seine Rolle übernommen – wenn Leo Reuß als Valentin beinah in der österreichischen Uniform des Weltkrieges auftritt, dann vermutet man, daß Faust anders als bisher gespielt werden solle, aktiver, frecher, gegenwärtiger. Aber die Aktivität ist nur äußere Beweglichkeit. George rast und poltert als alter Faust im Kreise, über Stufen in die Höhe, hinab, von links nach rechts und wieder zurück. Der unruhige, gefangene Geist? George gibt anfangs mehr einen angeschlagenen Schmeling im Boxring. Er keucht; er pustet; er stolpert. George sieht den Faust unpathetisch. Das ist gut. Er spielt einen bärtigen Handwerker. Er will Dürer geben, Hans Sachs. Schlichte Stellen stehen auf der Höhe dieser Intention. In Fausts Verhalten zu Wagner kommt fast etwas wie Zärtlichkeit, wie Bedauern, nicht so umfriedet leben zu können. Ein bürgerlicher Gelehrter. Am besten beim Werk, wenn er die Bibel übersetzt. Aber aus der stillen Sachlichkeit findet George keinen Weg ins Stürmende, Unbehauste, Lyrische. Dann lärmt er wie am Anfang oder wird weichlich, wehleidig wie beim Ertönen der Osterglocken, wie in der Einsamkeit, wie in der Verzweiflung. Man kann Faust auf viele Weisen spielen. Nur muß man sich entschließen. Wenn George ihn von seinem herrlichen Fuhrmann Henschel, von seinem prachtvollen Granka Umnitsch her hätte fassen, wenn er einen schlichten Werkmeister, wenn er ein Volksstück hätte geben wollen, hätte er sich zur Durchführung entschließen müssen. George aber arbeitete mit uneinheitlichen Mitteln. Den Stürmer Faust charakterisierte er mit körperlicher Überagilität; die geistige Haltung, die sprachliche Fassung ging verloren. Den versunkenen Faust gab er fast bewegungslos, nur auf die Zartheit des Worts sich verlassend.

Wenn man eine Dichtung neu, traditionslos geben will, muß man selbst wenigstens eine Grundanschauung haben. Fritz Holl hatte als Regisseur diese Grundanschauung nicht. Es war eine ausgezeichnete, lebendige, anregende »Faust«-Vorstellung, wenn man an die Klassikeraufführungen der früheren Volksbühnenjahre denkt. Es war eine unsichere, unüberzeugende Vorstellung, wenn man an die Aufgabe denkt, die Holl sich selbst gestellt hatte. »Faust« – zeitlos, dann eben auch Revolution und Versachlichung der Darstellung, nicht allein kostümliche und dekorative Änderungen. Sonst wirken auch diese nur wieder als pikante Nuancen. Gewiß, Alexander Granach hat für den Mephisto glänzende Maskeneinfälle, köstliche Situationswitze, aber die ganze Rolle ist nicht disponiert. Im Himmelsvorspiel denkt man: fabelhaft. Beim ersten Auftritt in Fausts Stube:

möglich. Später wird man hin und her geschleudert. Granach hudelt, wie meistens, sprachlich. Er muß sein Organ beherrschen, er muß Ökonomie lernen. Er gab sich wieder zu früh aus, rannte leer über lange Strecken hin, packte dann mit einem Male und galoppierte schon wieder von neuem los.

Selbst Franziska Kinz als Gretchen litt unter dieser Ziellosigkeit. Gretchen ist am schwersten in einen »modernisierten« Faust einzuordnen. Solange Franziska Kinz das »richtige« Gretchen spielte, das Schulgretchen, das Traditionsgretchen, war sie wundervoll. Der Anfang, der König in Thule – zart, fein, innig, ohne die peinlichen Nebenbegriffe des »Innigen«, ungewollt, ergreifend. Schließlich wurde auch sie aktiv, überschärfte die Rolle, ohne von innen her dazu berechtigt zu sein, wurde sprachlich nervös, ungenau, hudlig; verlor sich im Kerker an szenische Theatralik mit ungefüllten Gängen; zerstörte die Anlage der Gestalt.

Was wollte die Volksbühne? Einen sachlichen, modernen Werkfaust? Dann hätte die Versachlichung radikal durchgeführt werden müssen. In der Architektur, die Pilartz bald, wie im Studierzimmer, mit freier Raumphantasie anordnete, bald, wie bei den Gretchen-Marthe -Räumen, durch Puppenstubenmätzchen verkleinerte. In der Musik, die Wolfgang Zeller zwischen Stimmungsmalerei und Geräuschakzentuierung hin und her schwanken ließ. In der Sprache, die Fritz Holl bald singend-pathetisch, wie im Vorspiel, bald sachlich-knapp, bald nüchtern-salopp, bald einheitlich durchkomponiert, wie in der geglückten Domszene, behandelte (die Gretchen die Worte des bösen Geistes aus der Liturgie heraushören ließ). In der Rollenbesetzung, die den Humor stadttheaterhaft, die Tragik entweder untertrieben oder übertrieben brachte. Die Volksbühne ist auf dem Wege. Aber vom Ziel ist sie noch weit entfernt.

Berliner Börsen-Courier, Nr. 160, 7. April 1926

»Fegefeuer in Ingolstadt«

Junge Bühne im Deutschen Theater

Marieluise Fleißer, aus Ingolstadt in Bayern, ist so begabt, daß es bisher weder gelang, einen Verleger noch einen literarischen Preisrichter für sie zu interessieren. Ihre Prosastücke »Der Apfel«, »Stunde der Magd«, »Zwischen Schlaf und Schlaf« offenbarten eine epische Kraft, die weit über novellistische Reize hinausging. Marieluise Fleißer schreibt sachliche, scheinbar trockene Berichte. Aber von ihrer Berichterstattung geht eine seltsame Suggestion aus. Das Wort ist wieder Bild geworden. Die Darstellung Gleichnis. Marieluise Fleißer hat die entscheidende Begabung der dichterischen Erzählerin: die Mitteilung sofort als Ausdruck zu geben. Dieses ursprüngliche Material- und Werkgefühl bleibt das Wesen ihrer Begabung.

Marieluise Fleißer ist schöpferische Gestalterin, seit Else Lasker-Schüler die erste wieder in der deutschen Dichtung. Und seltsam: Else Lasker-Schüler schreibt das (zu Unrecht vergessene) Drama »Die Wupper«, in dem eine Landschaft, ein Menschenschlag nachtwandlerisch sicher in dramatischen Gestalten und szenischer Bewegung gefaßt wird. Marieluise Fleißer schreibt das Schauspiel »Fegefeuer in Ingolstadt«, das ihre Heimat in einer Fülle von intuitiv geschauten Figuren dramatisch bannt. Eine Atmosphäre, allein erzeugt durch die Menschen, ein Milieu, allein sichtbar an der Farbe der Personen. Der junge Roelle – von einer Meisterin geformt. Dieser hysterisch Gequälte und hysterisch Quälende, von Sexualfoltern Geschüttelte, von religiösen Verzückungen Emporgerissene, dieser religiöse Heuchler und wahrhaft Bußfertige, Komödiant und Wahnwitzige, dieser wollüstig Beichtende, dieser Flagellant – wie leicht hätte er zu ekstatischen Deklamationen verführt. Bei Marieluise Fleißer ist er gesehen und gestaltet, wie der kleinste Ministrant gesehen und gestaltet ist. Gleichzeitig tragisch und humoristisch, erdig und phantastisch, bäurisch und priesterlich.

Hier horchen die Menschen aufeinander, keiner entrinnt dem Nachbarn; äußerste Brutalität steht neben äußerster Schüchternheit. Hysterischer Ausbruch neben finsterer Verschlossenheit. Eifersüchtig ist man noch auf die Leiden des andern. Das

Entscheidende des Stückes ist aber immer noch nicht diese Dichtigkeit der Gestalten und der Atmosphäre, das Entscheidende ist, daß hier noch in der Bigotterie die Wurzeln tiefster Frömmigkeit, im Drang zur Lüge der Drang zur Wahrheit liegt, daß hinter diesen gebundenen Menschen eine seelische Kraft der schöpferischen Befreiung aufleuchtet. Alle bekämpfen sich, schlagen sich und die anderen. Trotzdem ist ein Glanz der Freiheit über dem stickigen Brodem. Was diese Menschen beengt, was sie einschnürt, was sie beschränkt macht, ist zugleich auch eine unbewußte Ahnung des Schöpferischen. Ein Licht wandelt über sie hin. »Fegefeuer in Ingolstadt« ist ein katholisches Stück, ein bayerisches Stück. Man versteht Hitler und Kahr. Man versteht aber auch die gläubige Stille und Frömmigkeit. Diese triebhaften, süchtigen, ausbrechenden, in sich zurücksinkenden Menschen stoßen oft an die Grenze, wo sie beinahe Künstler werden. Ihre Phantasie beschäftigt sie ständig. Sie alle sind gebundene Schöpfer, Flagellanten, weil sie sich nicht gestalten können, getrieben von dem Drang, auf sich, auf andere einzuwirken. Bayern, der Urboden großer schauspielerischer Begabungen.

Das alles ist von Marieluise Fleißer noch nicht immer szenisch bewegt, noch nicht zur letzten Straffheit geführt; das leidet noch an Motivwiederholungen und Kreuzungen. Aber der Kern ist unangreifbar. Eine wesentliche Begabung. Das ist das Entscheidende. Die Sprache ist so einfach, so bildhaft im Wort, daß es stilistische Unterschiede zwischen tragischen und humoristischen Szenen nicht gibt. Die schauspielerisch ausgezeichnete, volle Aufführung der Jungen Bühne hatte hier noch einen Bruch. Sie verallgemeinerte manchmal im Humoristischen, entwurzelte den Protasius, den Gerasius, um sie in einer grotesken Stilwelt anzusiedeln. Aribert Wäscher und Twardowski waren, von ihrer eigenen Entwicklung her gesehen, vortrefflich: im Stück standen sie isoliert. Die Groteske setzt, etwa seit der »Dickicht«-Aufführung, Tradition an; sie darf nicht Schema werden.

Fabelhaft war Erwin Faber als Ministrant, platzend von komödiantischer Lust. Sein großer Münchener Erfolg als Grabbes Teufel wurde wieder lebendig. (neben ihm gut Rudolf Fernau.) Walter Franck als Vater wundervoll, wenn er nicht manchmal gezogen hätte. Maria Koppenhöfer, knapp, sachlich, fast referierend, den Ton des Stückes genau treffend als Olga, Helene Weigel als eifersüchtige, beiseite gestellte Schwester, eindrucksvoll, nur etwas zu nachdrücklich.

Es fehlte dieser hervorragenden Leistung der Jungen Bühne, diesem begeisterten Werk der Schauspieler und ihres Regisseurs, Paul Bildt, nur eines: die letzten ruhigen Proben des Zusammenfassens (und Streichens). Die Schauspieler entfalten sich herrlich. Die Zurückführung auf den Vorgang, die Entwicklung der Akte fehlte noch. Wenn das möglich gewesen wäre, dann wäre Mathias Wieman als Roelle vollkommen gewesen. Er ermattete zuletzt etwas. Wer aber seinen ersten Akt sah, diese Mischung aus Verbohrtheit und hochfahrendem Zynismus, aus Bigotterie und echter Angst, aus Hohn und Qual, wer diesen fast leichten Ton hörte, mit dem er das Schwerste nahm, der weiß, wieviel reicher Wieman auch schauspielerisch geworden ist, wie das Ganze noch gewonnen hätte, wenn von hier aus weitergespielt und entwickelt worden wäre.

Berliner Börsen-Courier, Nr. 192, 26. April 1926

»Die fleißige Leserin«

Renaissance-Theater

Vom »Fröhlichen Weinberg« bis zu Coué, von Fern Andra bis zur Wigman – alles, was einen Kino-, Theater- und Tanzabendbesucher erfreut, alles, was in hundert Magazinen steht, verschlingt »Die fleißige Leserin«. Theodor Tagger hat nie gewußt, was er geben sollte. Er spielte Theater, auch Theater. Dieselben Stücke, dasselbe Genre wie die anderen, nur in schlechteren Aufführungen. Eine überflüssige Bühne. Jetzt zum ersten Male hat sie ihre Existenzberechtigung erwiesen. Jetzt endlich ist sie ihrer Stückgattung begegnet.

Der schmale, engsitzige Zuschauerraum des Renaissancetheaters, die Nähe der Bühne, ihre geringe Tiefe, die schwierigen Abgänge – alles gibt den Vorstellungen hier den Charakter einer Familien-, einer Privatveranstaltung. Warum aus dieser Gegebenheit nicht die Spezialität des Theaters nehmen? Geschlossene, distanzierte Stücke widersprechen dem Hause. Die lockere, aufgelöste Form kommt ihm entgegen. Wenn der Schauspieler sich hier direkt mit dem Zuschauer in Verbindung setzen kann, hört der Raum auf zu hemmen und beginnt anzuregen.

Tagger ist ein Literat. Die Gegend in der Nähe der westlichen Kino-, Operetten- und Sprechtheater ist reich an Boheme, reich an Kino- und Theaterpublikum. Wenn dieses mit einer Parodie dessen, was es im Winter sehend und lesend verschlungen hat, gepackt wird, muß das Renaissance-Theater »gehen«.

Die literarische Parodierevue ist ein Genre, das es in Berlin bisher nicht gab. Marcellus Schiffer hat als Verfasser und Regisseur schon mit dem ersten Versuch einen durchgreifenden Erfolg gehabt. Vom Titelblatt über die Inserate, Bilder, Novellen, Abhandlungen bis wieder zu den Inseraten gibt es in einundzwanzig Szenen die vollständige Nummer eines Magazins. Eine Idee, die als Theaterganzes betrachtet sein will. Eine Leistung, an der vom Improvisierten noch die Laune geblieben ist. Am besten: die Parodie auf den »Fröhlichen Weinberg«, vor allem aber die Wigmanparodie der »Tanzgruppengrippe«, der hinreißende Tag aus dem Leben einer Filmdiva, die durch Inserate und Bilder zerrissene Novelle »Der Schrei aus dem Nordsüdexpreß«. Gewiß, der Wortwitz könnte manchmal noch schärfer treffen. Aber wie lebten die Schauspieler auf. Twardowski übersetzte seine eigenen Parodien in Körpersprache. Köstlich, wenn er den Jochen aus dem »Fröhlichen Weinberg« als Bleichenwang gibt. Vortrefflich, wenn er Fern Andras Leben blasiert, einfältig, monoton ansagt. Hinreißend Margo Lion in einem französischen Chanson. Mit seiner zeichnerischen parodistischen Phantasie dominiert Leonard Steckel. Colette Corder ist echter unecht als Fern Andra selbst.

»Die fleißige Leserin« ist die amüsanteste Sommerunterhaltung Berlins. Nur glaube ich, daß das Instrument für die Parodienmusik Paul Strassers nicht das Klavier ist.

Berliner Börsen-Courier, Nr. 218, 12. Mai 1926

Asta Nielsen im Kleinen Theater

Asta Nielsen auf der Sprechbühne. Und im Film? Nichts macht die Kapitulation des europäischen Films vor Amerika eindeutiger, als daß Asta Nielsen heute keine Rolle, kein Engagement findet. Immer wieder wurde versichert, daß kein Vertrag mit amerikanischen Produktionsfirmen der deutschen Filmindustrie ihre Unabhängigkeit rauben könne. In Wahrheit ist etwas viel Entscheidenderes geschehen. Der Frauentypus des amerikanischen Films, das glatte, runde, unbedeutende, lächelnde, blonde Puppengesicht hat sich in Europa schon so weit durchgesetzt, daß geniale Schauspielerinnen nicht mehr beschäftigt werden, wenn sie diesem Durchschnittstyp nicht entsprechen. Die Könner, die Persönlichkeiten des amerikanischen Films – wir wollen gern von ihnen lernen. Wir wollen auch den Durchschnittstyp hinnehmen, wenn er nicht die Offensive gegen unsere eigenen Begabungen ergreift. Aber daß er die Talente vertreibt, daß er ein Genie wie Asta Nielsen um die Existenz bringt, das erst ist der Skandal.

Die Öffentlichkeit ist träge geworden. Wer regt sich noch darüber auf, daß Asta Nielsen seit langer Zeit in Deutschland keinen neuen Film drehen durfte. Von der Kritik wird im Film keine Wandlung kommen; sie läuft hinterher. Von den Unternehmern auch nicht. Sie setzen den Durchschnittsgeschmack beregelmäßig zu tief an. Aber vielleicht vom Publikum? Schon beginnt es zu revoltieren. Die Besuchsziffern bei antiquierten amerikanischen Mittelfilmen sind lehrreich. Bald wird die Gegenmode beginnen. Ist die Filmindustrie vorbereitet?

Asta Nielsen also steht jetzt in Berlin, wie damals in Leipzig, auf der Sprechbühne. Über das schlechte Stück ist kein Wort zu verlieren. »Rita Cavallini«, Schauspiel in drei Akten von E. Sheldon, deutsch von Sil Vara, Regie: Gregor Chmara – das larmoyante Liebeszwischenspiel einer großen Sängerin im New York des neunzehnten Jahrhunderts. Ich habe über Asta Nielsen nach der Leipziger Aufführung geschrieben. Derselbe Glanz, derselbe Zauber liegt auch heute über ihrer Darstellung. Es mag sein, daß die lange Gastspielreise einige Verstärkungen hineingezeichnet hat. Aber was vermögen Kleinigkeiten, was vermag selbst das schlechte Stück, was die oft verwischte Aussprache gegen den Eindruck, daß endlich einmal wieder ein Ingenium über die Berliner Bühne geht. Man gebe Asta Nielsen eine lockere Improvisationsrolle, einen weiblichen Clown – der Erfolg müßte sensationell werden. Die Zartheit ihrer Liebesszenen, der Glanz ihres Schmerzes ist ebenso unvergleichlich. Aber der monotone Text arbeitet ihnen entgegen. Operette und Possenschund wälzen sich anerkannt über die Berliner Bühnen. Und dieses Ereignis sollte in der allgemeinen Sommerlethargie untergehen?

Berliner Börsen-Courier, Nr. 362, 6. August 1926

Piscators »Räuber«-Inszenierung

Staatstheater

Wenn der Vorhang aufgeht, vernimmt man nicht: »Aber ist Euch auch wohl, Vater?«; wenn er niedergeht, nicht: »Dem Mann kann geholfen werden!« Alles Private ist in dieser Aufführung gestrichen. Alles Politisch-Dokumentarische betont.

Erwin Piscator gibt die »Räuber« also nicht, als ob sie eine erfundene, gedichtete Handlung hätten, sondern als ob sie ein tatsächliches Revolutionsereignis darstellten. Er nimmt dem Stück die Fabel und gibt ihm Sachlichkeit. Man hat hier im Grunde nicht die Inszenierung eines Klassikers, kein Regieproblem vor sich, sondern die Aufführung eines neuen Revolutionsschauspiels nach den »Räubern«, weil moderne Revolutionsstücke fehlen. Die Aufführung packt unmittelbar. Sie weist nicht Wege der Schiller-Regie, sondern Wege einer möglichen Dramengattung: des dokumentarischen Zeitstücks. Sie erledigt die deutsche nachrevolutionäre Tiradendramatik, die Verbrüderungsdeklamatoren, die pazifistischen Bühnentroubadoure und zeigt mit Schärfe und Klarheit, wie das politische Drama in einer Zeit aussehen müßte, die zur *künstlerischen* Bewältigung gegenwartspolitischer Ideen noch nicht die Distanz hat. Diese »Räuber«-Inszenierung, die scheinbar die Selbstherrlichkeit des Regisseurs dem dichterischen Werk gegenüber auf ihrer Höhe zeigt, bedeutet in Wahrheit die Überwindung des Auffassungs-Spielleiters, die Überwindung des formal experimentierenden Regisseurs. Diese Vorstellung, deren zweiter Teil als Schiller-

Darstellung einfach schlecht ist, wird wesentlicher als zehn harmonisch gelungene Inszenierungen, weil sie die einzige ist, die seit langer Zeit dem Theater statt ästhetischer Finessen wieder Inhalt zuführt, Substanz.

Als Piscator in den beiden ersten Akten der »Räuber« den Revolutionär aus privatem Sentiment, Karl Moor, zugunsten des systematischen Revolutionärs, des Revolutionärs aus Gesinnung, Spiegelberg, abschwächte, war es unausbleiblich, daß die drei letzten Akte, in denen das Privatschicksal Karl Moors vorherrscht, nachlassen mußten. Im ersten Teil fast allein die herrliche Revolution der Masse – im zweiten Teil mußte die ideologische Romantik Karl Moors nur noch mehr auffallen. Striche, zu denen Piscator vom Standpunkt des Gegenwartstückes berechtigt war, treiben den Widerspruch bei Schiller erst recht heraus.

Piscator spielt manche Szenen nicht nacheinander, sondern übereinander. Unten in der – von Traugott Müller herrlich gebauten – Zwingburg der Grafen Moor wird Hermann von Franz kostümiert, um unerkannt den falschen Bericht vom Tode Karls überbringen zu können; oben sprechen gleichzeitig Amalie und der alte Moor. Das schlägt ein. Denn beide Auftritte werden von derselben Spannung zusammengehalten. Wenn das Übereinander und Nebeneinander wiederholt wird, verbreitet es Nervosität. Es verlangt Klarheit – aber die Schauspieler blieben undeutlich. Erwin Faber kann den Franz Moor anlegen, nicht ausführen. Er hat vielleicht das Bild der Gestalt, aber nicht die Sprechtechnik, seine Intentionen deutlich zu machen. Faber findet von dem rein phonetischen Sprechen, dem er eine Zeitlang verfallen war, schwer zum Ausdruck zurück. Seine Rolle wäre, in der gewohnten Inszenierung der »Räuber«, nach seinem Teufel bei Grabbe, nach seinem Ministranten bei der Fleißer, der Spiegelberg gewesen.

Aber durch diese Aufführung ging der alte Widerspruch von Mitteilung und Ausdruck. Was Piscator wollte: das sachlich berichtende Stück, das durch die Eindringlichkeit des Tatsachenmaterials überzeugt, ist von Schauspielern, die in einer anderen Schule aufgewachsen sind, schwer zu treffen. Carl Ebert als Karl Moor kam diese Entpathetisierung oft zugute. Mir ist es lieber, er sagt schlicht: »Sei mir gegrüßt, Vaterlandserde«, als daß er jubelt. Maria Koppenhöfer als Amalie – hart, im Schloß verkümmert, hatte ihren stärksten Augenblick in dem revolutionären

Aufschrei am Schluß des ersten Aktes: »In den Staub mit dir, du prangendes Geschmeide ...« Diese Worte sind mir noch in keiner »Räuber«-Darstellung aufgefallen. Es ist allerdings zu hoffen, daß die Besetzung der Amalie mit dieser vortrefflichen Schauspielerin nicht typisch für ihre Beschäftigung werden wird. Maria Koppenhöfer ist keine Sentimentale.

Die stärkste Bedeutung bekamen in der Anlage dieser Aufführung Spiegelberg und Roller. Spiegelberg, der zielbewußte Revolutionär, der Kommandeur einer roten Armee, angewidert von den romantischen Phrasen des Karl: Paul Bildt ist vortrefflich. Roller, Vertreter der Masse, gehetzt, gewürgt; aufpeitschend seine Befreiung: Veit Harlan ausgezeichnet. Als Gegengewicht wirkungsvoll Albert Patry: die »Magistratsperson«, die hier als Vertreter der Wehrmacht auftritt.

Es wäre verhängnisvoll, wenn andere Regisseure den bewundernswerten Vorstoß Piscators in das Zeitdrama als stilistisches Experiment betrachten und nachahmen würden. Wenn sie das moderne Kostüm, das in Wahrheit nur ein angenähertes Kostüm ist, wahllos nachahmen und dadurch zum artistischen Trick erniedrigen würden. Wenn sie sich anmaßten, alte Werke ohne weiteres mit Jazzmusik zu versehen, weil Edmund Meisel, der Komponist des Potemkin, hier eine aufpeitschend großartige Musik geschrieben hat, die die Revolution nicht als dankbare Piece, sondern als Erlebnis bringt. Wenn sie den herrlichen Einmarsch der »Räuber«, Spiegelbergs Glorifizierung und ergreifenden Tod als Abklatsch wiederholen, wenn sie, was bei Piscator Erlebnis, Weltanschauung ist, zur Nuance umfälschen, wenn sie aus Eisenstein Tairoff machen sollten (der seine andersliegende Bedeutung hat).

Piscator hat, wie in der »Sturmflut«, das Theater von neuem zum Zeiterlebnis gemacht. Die Kritik, deren einzige Wollust es ist, Keime zu erkennen und zu pflegen, wache darüber, daß diese Begabung nicht vom Betrieb des Gewohnheitstheaters eingeebnet, aufgesogen wird.

Berliner Börsen-Courier, Nr. 426, 13. September 1926

Brecht-Uraufführung in Darmstadt

»Mann ist Mann«

Als Melchior Vischer vor Jahren eine Chaplin-Groteske schrieb, ein Lustspiel, in dem Chaplin persönlich auftritt, beging er einen entscheidenden Fehler. Er setzte ein Ausdruckmittel als dramatischen Stoff ein. Er erfand Chaplin-Erlebnisse für die Bühne, statt die Ausdrucksmöglichkeiten des Films auf ein bühnendramatisches Thema anzuwenden. Das Theater wird nicht aufgelockert, wenn man ihm Vorgänge und Personen aus Filmen zuführt. Das ist derselbe Grundirrtum, den der Film beging, als er Szenen aus Theaterstücken herausschnitt und abphotographierte. Der Film kann die *Darstellungsmittel* des Theaters bereichern, den Krampf lösen, den Witz von der säuerlichen Karikatur, der versalzenen Parodie frei machen und dem Theater Leichtigkeit und Humor zurückbringen.

Es bleibt ein leeres Bemühen, solange die innere Disposition zu dieser Freiheit nicht vorhanden ist. Brechts »Mann ist Mann« steht zu Kriegs- und Pirandello-Stücken wie Chaplins »Goldrausch« zum amerikanischen Abenteuerfilm. Beide überspringen das Zwischenstadium der Parodie und geben gleich den Humor. Bei beiden ist der Ausdruck kein technisches Experiment mehr, sondern Wesens-Wiedergabe. Und wenn »Mann ist Mann« sich heute noch nicht ebenso unmittelbar überträgt, so erklärt sich das leicht: die Wortszene ist, im Gegensatz zur Filmszene, gleichzeitig Bild und Bedeutung; solange also die Welt noch das Problem des militärischen Menschen, das Problem des Kollektiv- und Individualmenschen tragisch und philosophisch betrachtet, kann sie sich nicht auf Humor umstellen. Die Zeit steht zum Thema »Mann ist Mann« allenfalls satirisch. Bei Brecht sind, wie bei Chaplins »Goldrausch«, alle satirischen Nebenbeziehungen abgefallen.

»Mann ist Mann«: Der Packer Galy Gay in Kilkoa geht aus, einen Fisch zu kaufen, gerät unter die Soldaten einer englischen Maschinengewehrabteilung, die ihren vierten Mann beim Einbruch in eine Pagode verloren haben; sie verwandeln ihn, damit nichts gemerkt wird, in diesen vierten Mann. Galy Gay wird Jeraiah Jip; erst nennt er sich so, zuletzt ist er es. Wer am Morgen als beschauliches Individuum auszog, marschiert am

Abend als Nummer unter Tausenden, als Kollektivbegriff, als Soldat nach Tibet. Mann ist Mann.

Damit es soweit kommt, wird er wie eine Maschine, wie ein Auto, abmontiert und neu aufmontiert. Diese Montage findet in sechs Nummern statt. Draußen bricht die Armee auf. Die Zeit drängt. Drinnen in der Kantine bauen die Soldaten einen lebendigen Mann um. Was ist gegen den Menschen als Maschine in Stücken und Gedichten deklamiert worden! Hier ist es Komödienmotiv.

Es gibt außerordentliche Momente. Die Soldaten, die böse, systematisch beginnen, werden zuletzt angerührt von dem Ungeheuerlichen, das sie getan haben, und geben dem verwandelten Galy Gay eine Pause der Besinnung. Diese Atempause kann nur ein Dichter schreiben: »Der Mann, den wir brauchen, eine kleine Zeit muß er haben, weil es für die Ewigkeit ist, daß er sich verwandelt.« Sie halten ein. Sie sitzen und warten.

Es war unnötig, daß Brecht der Aufführung einen (von der Kantinenwirtin gesprochenen) Prolog vorangehen ließ. Denn gerade die Exposition ist meisterhaft. Die erste Szene schlägt alle Motive des Stückes an. Sie hat eine Ruhe und Anmut, die unvergleichlich in der Bühnenliteratur der letzten Jahre bleibt. Wie köstlich, wenn Galy Gay der Kantinenwirtin den Gurkenkorb nachträgt – der Mann, der nicht nein sagen kann. Es gibt nur wenige Stellen, die sprachlich noch nicht aufgesogen sind, einige Banalitäten, wie des Sergeanten: »Ei, wer kommt denn da!« Der Einbruch in die Pagode: hier stimmt Wort und Bewegung nicht immer zusammen. In der Pagode: der Ulk des Priesters, der den echten Jip zum Gott macht, bleibt billig. Einige Sätze im Monolog Galy Gays: »... bin ich der beide«, »... und ich, der eine und der andere ich« sind überflüssig und die einzigen, die das Thema ins Pirandelleske abgleiten lassen.

Brecht ist der erste deutsche Bühnendichter, der die Mechanik des Maschinenzeitalters weder feiert noch angreift, sondern selbstverständlich nimmt und dadurch überwindet. Er baut mechanische Montageszenen und findet eine Heiterkeit der Anschauung, eine Grazie des Tons, die um so mehr für seine Zukunft sprechen, als er die innere Freiheit in einer Zeit fortgesetzter Angriffe und äußerer Mißerfolge fand, in der andere gallig geworden wären.

Die Aufführung am Hessischen Landestheater in Darmstadt war ungewöhnlich anständig. Jacob Geis leitete sie, der erste

Dramaturg, der ein Stück von Brecht annahm, in München den »Baal«; der für das »Dickicht« seine Stellung am Münchener Staatstheater verlassen mußte und durch alle Anfeindungen seinen Weg ging. Diese Werktreue prägte sich auch in der Vorstellung aus. Es tat wohl, produktiver Kunstgesinnung zu begegnen. Sie ist selten geworden. Diese Brecht-Aufführung war die »richtigste«, die stilistisch deckendste Aufführung, die ich überhaupt in der Provinz sah. Geis, einer der besten Dramaturgen Deutschlands, und deshalb natürlich nicht in Berlin, muß also auch ein Regisseur sein.

Ernst Legal als Galy Gay war am Anfang entzückend. Er hatte eine darstellerische Anmut, die er in den scharfen Berliner Rollen kaum zeigen konnte. Nachher übernahm er sich etwas; es fehlten die Hintergründe. Aber der menschlich zarte Beginn, der Jubelausbruch, als er sich zum ersten Male in seinem Leben gefühlt hat – reizend, ja hinreißend.

Im übrigen spielte Robert Klupp deutlich und genau den Soldaten, der den Umbau Galy Gays leitet. Auch sonst waren fast alle gut ins Ensemble gefügt. Nur die Kantinenwirtin versagte: Bessie Hoffart, die an entscheidenden Stellen unklar blieb, in ihren Worten nicht den Vorgang exponieren konnte und den Auftritt des betrunkenen Sergeanten Bloody Five in der Luft hängenließ. Als dieser Sergeant spielte sich Max Nemetz am Anfang frei, um nachher wieder einem Wegener-Gebrummel zu verfallen. Aber wer wollte selbst gegen die regiemäßig (vielleicht auch dramatisch) noch nicht restlos gelöste Schlußszene etwas sagen? Was Darmstadt leistete, ist jeder Bewunderung wert. Vorwürfe treffen nur Berlin. In Darmstadt machte Caspar Neher die vortrefflichen Bühnenbilder. In Berlin findet er kein Engagement. Hier ist ein heiteres Stück. Berlin sucht heitere Stücke und führt dieses nicht auf. Hier ist ein wirksames Stück. Es hat Erfolg in Darmstadt. Inzwischen rennen die Berliner Dramaturgen, die Berliner Direktoren ratlos umher, schimpfen auf die schlechten Zeiten oder nehmen übel oder lassen sich überraschen.

Berliner Börsen-Courier, Nr. 451, 28. September 1926

»Mensch und Übermensch«

Lessing-Theater

Für die große Krise des europäischen Theaters bedeutet Shaws Komödie »Mensch und Übermensch« ein frühes und besonders interessantes Merkmal. Shaw hatte als einer der ersten die Notwendigkeit erkannt, das Bühnenstück inhaltlich aufzufrischen. Er war in einer ästhetischen Zeit der einzige politische Dramatiker. Aber er schrieb für ein Publikum, das das Theater als unverbindlichen Genuß, als zu nichts verpflichtende Abendunterhaltung betrachtete. Das war für Shaw der Antrieb, auf der einen Seite den Stoff so zu durchleuchten, daß Werke entstanden, die in ihrer Heiterkeit musisch waren, deren Witz Formelement wurde und ohne Preisgabe des Sachlichen ästhetische Wirkungen erzielte. Das war auf der anderen Seite der Anlaß, Werke, deren Wert allein im Inhaltlichen liegen konnte, ästhetisch schmackhaft zu machen, durch literarische Rückbeziehungen zu verdünnen.

Eine solche Komödie ist »Mensch und Übermensch«. Shaw wollte einen Inhalt diskutieren und ein Don-Juan-Stück schreiben. Aber der Inhalt ist etwas durchaus anderes als das Don-Juan-Stück. Der Inhalt, daß das Weib der Jäger, der Mann der Gejagte ist – diese Umkehrung steht zu dem Don-Juan-Thema kaum in der Beziehung des Gegensatzes und würde als moderne Ausdeutung überhaupt nicht gemerkt werden, wenn nicht im dritten Akt ein Traum eingesprengt wäre, der die Personen in der Maske von Don Juan, Teufel, Donna Anna, Komthur auftreten ließe.

»Mensch und Übermensch« hieße als bloßes Lustspiel viel besser (nach den Hauptfiguren) »Ann und Jack«: dann müßte alle »Bedeutung« wegfallen, und man hätte die vielleicht amüsante Jagd der Frau nach dem Mann, von England bis nach Südspanien. Es hieße als Diskussionsthema: der neue Mann und die neue Frau. Dann würden die Gewichte anders verteilt werden müssen: Der Chauffeur Straker, der kühle, praktische, tätige Mann, wäre entschiedene Konstrastfigur zum redenden, schreibenden »Umstürzler« John Tanner geworden. Ebenso wie die Gegensätze der klaren bewußten Violet zur instinktiven sprunghaften Ann deutlicher sich ausgeprägt hätten. Oder das

Stück wäre ein literarisierendes Spiel »Der neue Don Juan« geblieben, ein ästhetisch-amüsanter Scherz mit Namen und historischen Parallelen.

»Mensch und Übermensch« – dieser Titel ist, wie das Stück vorliegt, fast unverständlich. Shaws Komödie bleibt interessant, weil in ihr die Krise des europäischen Theaters vielleicht zum erstenmal akut wird. Die Notwendigkeit neuer Inhalte. Die Beharrung des alten Publikums. Die Notwendigkeit verpflichtender Wahrheit. Der Zustand unverbindlicher Form.

Auf dem Wege zu einem großen Zeitwerk bringt Shaw hier schon Figuren und Ansichten. Da aber die Zeit noch nicht so weit war, daß diese Ansichten ein Kunstwerk schaffen konnten, hätte das reine Diskussionsstück hier wahrscheinlich stärker gewirkt als die Mischung aus Rede, billiger Handlung und billiger Rückbeziehung auf ein altes Thema: Don Juan.

Der Bühne bietet »Mensch und Übermensch« so viel Hemmungen, daß der Versuch Karl Heinz Martins zur handgreiflichen Zusammendrängung, zur Beschleunigung immerhin ein Weg ist. Eugen Klöpfer tat es wohl, einmal eine hurtige, unsentimentale Rolle zu spielen. Wie immer hatte er schon bei seinem ersten Auftritt die Bühne und das Publikum in der Gewalt. Sein sieghaftes Komödiantentum drang durch. Allerdings galoppierte er manchmal über die Sätze hinweg, wie der bekannte Reiter über den Bodensee. Er schien nicht immer zu wissen, welche gefährliche Strecken er hinter sich gebracht hatte.

Carola Neher ist früh in Berlin berühmt geworden. Man hüte sich, sie durch Überschätzung in eine Position zu treiben, die sie später nicht halten kann. Sie hat alles, was man für drollige, schmissige Rollen wünschen kann: persönlichen Charme, persönliches Temperament, Laune und Witz. Aber ihr fehlt die Gestaltungskraft dem dramatischen Vorgang gegenüber. Sie spielt mehr eine Figur für sich, als eine Figur in einem dramatischen Gefüge. (Entzückend Karl Etlinger als Räuberführer in der Sierra Nevada.)

Berliner Börsen-Courier, Nr. 466, 6. Oktober 1926

»Neidhardt von Gneisenau«

Deutsches Theater

Dieses Schauspiel von Wolfgang Goetz unterscheidet sich von »patriotischen« Schauspielen durch die männliche Gesinnung. Es schönfärbt nicht die Militärs. Es zeigt, wie jeder auf jeden eifersüchtig ist, wie jeder gegen jeden intrigiert. Und es versucht, in diesem Durcheinander von Sonderinteressen, Mittelmäßigkeit und Kriecherei die Tragödie Gneisenaus zu zeichnen, der immer an zweiter Stelle steht und in Wahrheit immer der Erste ist. Gneisenau wird auch von Eitelkeit gequält, von Ruhmgier zernagt, aber er geht den Weg einer Sendung. Er opfert sich, unwillig, herrisch, jähzornig, aber gespannt von leidenschaftlicher Sachliebe, mit Mut zum Verrat, zur Revolte, wenn die Idee es vorzeichnet. Ihn belohnen der Geist und die Tat. Das Volk und der Hof belohnen Blücher.

So anständig und nobel die Haltung von Wolfgang Goetz ist, so bleibt das Grundgefühl seines Stücks doch sentimental. Es entsteht nicht die harte Tragödie des Genies, sondern das empfindsame Trauerspiel des Verkannten. Des Verkannten in jedem Lebensschicksal. Des Menschen, der nicht gelebt, nicht geliebt hat. Die Zurückführung auf die banale Entsagungslinie. So kommt es zu einer vielleicht schneidend-ironisch gedachten, aber wehleidig gestalteten Liebesszene zwischen Gneisenau und einer Marketenderin. So ist der Tod Scharnhorsts im üblichen Historienstil angelegt. So rutschen durch die Einführung der Feldmarschälle Möllendorf und Kalckreuth Fridericus-Erinnerungen in das Gneisenau-Drama hinein. Selbstverständlich gehört das zum Zeitbild. Selbstverständlich ist das keine Publikumskonzession. Aber es ist – sprachlich – Rückerinnerung. Rückerinnerung an das preußische Gymnasium, wie der Moment, in dem der König von seinem Sohne Wilhelm spricht.

Wolfgang Goetz hat zum alten Preußentum schon so viel Distanz, daß er die schaffenden von den hemmenden Kräften unterscheiden, daß er die Enge und die Größe der preußischen Idee erkennen kann. Aber er drückt sich im Jargon der Vergangenheit aus. Seine Sprache ist traditionell. Die Zeitelemente bleiben in ihr stoffliche Reminiszenzen. (So, wenn von den Dichtern gesprochen wird.) Wolfgang Goetz schreitet mit dem

Rücken vorwärts; das Gesicht ist der hinter ihm liegenden Zeit zugewendet. Er spricht Gedanken der Zukunft im Sprachschatz der Vergangenheit. Er reiht oft vortrefflich gesehene Genrebilder an einen ebenso starken dramatischen Gedanken. Aber es fehlt die Umschmelzung.

Die Aufführung war handfest und vortrefflich. Militärstücke haben, wenn sie nicht wie der »Prinz von Homburg«, wie »Die Soldaten« von Lenz vielfältig getönt und abschattiert sind, festliegende Tongrundierungen. Daran hielt sich der Regisseur Hilpert. Darum wurde es seine beste Aufführung. Erstaunlich die Fülle der kleinen Rollen. Oskar Homolka liegt gewiß nicht ein intrigierender preußischer Generaladjutant, trotzdem hatte er glänzende Momente. Paul Hörbiger bleibt für den Kaiser Franz etwas zu »volkstümlich«, dennoch war er köstlich. Paul Otto ist ein nüchtern lustiger Rittmeister von Zastro. Lotte Stein eine durchschlagend spaßige Breslauer Querulantin. Einen kassierten Leutnant und Haarkünstler gibt ein mir unbekannter Schauspieler Egon von Lama gut in der servilen und doch menschlich berührten Vordringlichkeit. Zufall oder Gestaltung? Als Marketenderin sieht man Sonik Rainer wieder. Leutnant von Scharnhorst ist Mathias Wieman.

Friedrich Wilhelm III. ist Curt Junker vom Landestheater in Stuttgart. Sehr fein in der unsicheren Beschränktheit. Ahnungen, Gedanken, Menschlichkeiten kamen für Momente hoch, trauten sich nicht hervor und tauchten ins Unterbewußtsein wieder hinab. Um Junker entscheidend beurteilen zu können, müßte man ihn einmal vollständige Sätze sprechen hören. Der König spricht nur angedeutete. Gronau und Gülstorff diesmal als alte Feldmarschälle etwas billig, Wallburg als Blücher zu sehr Posse von Arnold und Bach.

Werner Krauss sind in der langen Pause seit dem Hannibal neue Kräfte hinzugewachsen. Eine Episode der Verhärtung ist vorüber. Im vorigen Jahr seine faszinierendste Filmgestaltung in den »Geheimnissen einer Seele«. In diesem Jahr seine reichste Bühnenrolle: der Gneisenau. Nichts von verschleppter Feierlichkeit. Fülle des Details, strömende Größe, Grazie und Humor, Jähzorn und Fanatismus, Galligkeit und hellsichtige Erkenntnis – eine Vielfarbigkeit des Charakters, wie sie Krauss noch in keiner Rolle hatte. Nie zusammengestellt, alles aus der ersten Vision geboren; aber diese Vision abgewandelt, immer im feurigen Fluß gehalten. Krauss durchspielt die ganze Skala.

Er vermag eine banale Lebensnuance zu geben und wirkt doch bedeutend. Er ist der einzige Schauspieler, der auf der Bühne den führenden Menschen gestalten kann, das Genie, dem man die Taten glaubt. Wie verbrennt er den König mit seinem Blick. Welche Wirkung, wenn er, nach Leipzig, die Mütze über die Augen zieht, aus Scham über die Undankbarkeit der anderen, wie er aus derselben Bewegung beim Klang des Fahnenmarsches, aus Scham über sich selbst, gerufen vom Geist, von der Idee, die Mütze hochschiebt und blickt: Sterne, Ewigkeiten. Hier wäre das Publikum vor Raserei fast auf die Bühne gesprungen.

Schade, daß Krauss nicht auch zeitwichtigere Rollen spielt. Aber, neulich Kortners dunkler Jack, jetzt der geniehafte Gneisenau von Krauss – es gibt noch große Schauspielkunst in Berlin.

Berliner Börsen-Courier, Nr. 502, 27. Oktober 1926

»Der Diktator«

Lessing-Theater

Es ist schwer, von diesem Abend in Ruhe zu sprechen. Eine Darstellung, die alle Verführungskünste des Theaters entfesselt; ein Dichter, Jules Romains, der mit seiner Komödie »Doktor Knock« in Berlin früher berechtigten Erfolg hatte; ein Stück, das ein interessantes Thema behandelt; ein Publikum, das sich in Beifallsausbrüchen nicht erschöpfen kann – und doch ein Eindruck der Verlegenheit und des Entsetzens.

»Der Diktator« ist der Sozialist Denis, der in einer konstruierten Phantasiemonarchie das Ministerium stürzt und, vom König zur Neubildung der Regierung aufgerufen, mit den bestehenden Mächten paktiert. Denis verrät seine Ideale, seine Freunde. Er macht die Wandlung zum Machthaber, zum Diktator durch. Er rettet den König.

Es ist nicht Wandlung der Grundsätze, nicht Umbildung der Prinzipien, nicht Umbau einer Weltanschauung auf Grund von tiefgrabenden Erkenntnissen, was sich vollzieht. Der Sozialist wird Charmeur, ohne daß Jules Romains zu dieser Entwicklung Stellung nimmt. Denis ist angetan von der liebenswürdigen

Menschenfängerkunst des Königs. Er plaudert mit der Königin. Er versteht die Ängste hoher Herrschaften. Er wird mitleidig. Er wird Ordnungsfanatiker. Ein Charakterdrama? Dann müßte Denis in seiner Brutalität und Schwäche, in seiner Wandlung und Hemmungslosigkeit individualisiert sein. Er bleibt aber ohne Farbe und Umrisse. Ein konstatierendes Schauspiel? Dann müßte einmal mindestens zu spüren sein, daß hier ein objektives Beispiel für tatsächliche Ereignisse aufgestellt wird. Ein politisches Kräftespiel? Erst recht nicht. Politische Prinzipien treten nicht zum Kampf an, Grundsätzliches wird nicht ausgetragen.

Denis bleibt zu schwach, um Lenin, zu schwach, um Mussolini zu sein. Diktatur des Proletariats, Diktatur des einzelnen – diese Gegensätze werden nicht einmal angerührt. Die politische Situation des Stückes erlaubt Denis, als er in die Regierung berufen wird, alle seine Prinzipien zu verwirklichen. Warum tut er es nicht? Weil er an der umbildenden, revolutionierenden Macht seiner sozialistischen Grundsätze irre wird? Sie werden nicht einmal erprobt. Es kann also im dramatischen Sinne nichts dafür, nichts dagegen bewiesen werden.

Keine Idee gewinnt Macht, organisiert um und macht den Träger dieser Idee zum Diktator. Keine Persönlichkeit wächst an der Idee und behält, nach dem Siege des Gedankens, nur die Macht ohne die Idee. Alles vermischt sich. Der Verrat um des Erfolges willen wird als Sieg der Ordnung ausgegeben. Die Korruption durch Eitelkeit, hervorgerufen durch die Schmeicheleien des Königs, spreizt sich als Tendenz, den Staat vor Erschütterungen zu bewahren. Niemals wird die Lüge als Lüge, der Schwindel als Schwindel gekennzeichnet. Immer wird in liebenswürdige Unverbindlichkeit, in private Sentiments, in treuherzige Jugenderinnerungen abgebogen.

Ein Stück aus dieser Zeit, unfreiwillig charakteristisch, gespenstisch in seinen Kompromissen, die sich als Grundsätze maskieren. Von diesem »Diktator« kann man die ganze Kompaßlosigkeit der Epoche ablesen. Einer Epoche, die keinen Standpunkt hat und damit noch wichtig tut. Die von der Phraseologie der Vorkriegszeit angefressen wird und sich gern zersetzen läßt. Die mit gewinnenden Höflichkeitsformen Weltideen zu erledigen trachtet und mit süßester Verbindlichkeit infam und brutal ist. Die Internationale der Reaktion.

Der Eindruck des Stückes wurde durch die glänzende Besetzung der Hauptrollen nicht umgestoßen. Albert Bassermann hat seinen Gneisenau gefunden. Die Freude, daß er wieder in Berlin und eine neue, immerhin interessante Rolle spielt, kann nicht über die Schäden des Dramas hinwegbringen. Im Gegenteil: Bassermann setzt sie erst ins weißeste Licht. Er entfaltet sich so herrlich, durchströmt jeden Moment so mit mimischem Leben, strahlt so von Charme, Liebenswürdigkeit, spielt so hinreißend große Theaterszenen, daß er für eine Rolle Sympathien wirbt, die durch scharfe Charakteristik angeprangert werden müßte.

Sein Gegenspieler, der Revolutionär Fereol, ist Walter Franck. Wundervoll in der hoffnungslosen Hoffnung auf einen späteren Sieg der Revolution, nach seinem Tode. Wundervoll in der stumpfen Gedrücktheit, in der fanatischen Dumpfheit seines Wesens. Neulich Jahnns Richard, gestern der Fereol, warum wird dieser Schauspieler, der nur zwischendurch manchmal aussetzt, nicht häufiger und wesentlicher beschäftigt?

Entzückend gleichmütig spielt Curt Goetz den König, ohne Drücker und Verschärfungen, ein einziges Bonmot, köstlich. Neben diesen Hauptrollen fiel unter den Revolutionären als Gastwirt am Anfang Szöke Szakall durch körperlich akzentuierte Komik, Hans Jungbauer als Fiorigny durch einige fanatische Töne, Carl Hannemann durch den Versuch einer Charakteristik auf.

Die Frauen haben im »Diktator« keine Bedeutung. Die Königin war Sybille Binder, Denis' Geliebte Franziska Kinz. Regie: Karl Heinz Martin.

Ein Abend theatralischen Glanzes und theatralischer Betörung.

Berliner Börsen-Courier, Nr. 600, 24. Dezember 1926

»Kilian oder Die gelbe Rose«

Staatstheater

Paul Kornfeld hat in dieser Komödie die Berührung mit dem großen Publikum gefunden. Das ist wertvoll für ihn. Er kommt aus der Isolierung heraus. Er spürt die Reaktion auf sein Werk. Ihm wachsen Kräfte zu.

Es ist eine der wenigen kritischen Freuden, wenn ein Künstler in produktive Jahre zu kommen scheint. Aber es verdoppelt die Verantwortung. Kornfeld verulkt in seiner Komödie die ästhetisch-philosophischen Salons mit ihren hysterischen Bewunderungsweibern, den Phrasenhumbug modischer Propheten, den kritiklosen Kultus der Berühmtheiten. Gerade heute ein dankbares Thema. Kornfeld wohnt in Frankfurt, der Darmstädter Weisheitsschule benachbart. In Berlin hofiert man ausländische Mittelbegabungen. Schreibt Kornfeld eine Zeitkomödie? Wo sind die Schmarotzer der Nachkriegsjahre, die sich durch internationale Literaturbeziehungen hinaufwinden? Wo sind die politischen und philosophischen Nachschwätzer? Wo ist das »Eine Hand wäscht die andere«? Alle Typen, die Kornfeld im Salon der Frau Samson den Buchbindermeister Kilian mit dem Philosophen Natterer verwechseln läßt, alle diese windigen Phrasenhelden könnten jedes historische Kostüm von den »Lächerlichen Preziösen« bis zur »Welt, in der man sich langweilt« tragen, nur nicht das von 1926.

Also ein zeitloses Stück? Ein zeitflüchtiges Stück. Eine Stilkomödie. Aber der Stil wird nicht zur Form, saugt die Aktualität nicht auf, hebt sie nicht über die Zufälligkeiten des Tages hinweg. Der Stil entfernt das Stück von der Realität, ohne ihm eine neue Wirklichkeit zu geben. Er macht das Lustspiel unscharf und gibt doch alle Komik in falschem Geradezu. Das ist der Bruch. Unwirklichkeit der Figuren und direkte, unübertragene Witze. Literarische Haltung ohne Durchdringung des Stofflichen. (Unsichtbare) Kostümierung der Gestalten und modern gekleidete Witze.

»Kilian oder Die gelbe Rose« hat kein geistiges und noch weniger ein dramatisches Zentrum. Wo steht Kornfeld? Ich denke dabei nicht an eine Tendenz, sondern an den Punkt, von dem aus er seine Welt sieht. Kornfeld hat diesen Punkt nicht und entwickelt deshalb auch die Komödie nicht dramatisch. Die Personen exponieren sich nacheinander, nebeneinander. Das könnte, wie in »Palme« einen formalen Reiz haben. Hier ist die Anlage zu breit. Es fehlt jede dramatische Bewegung. Die Handlung bleibt stehen; nur die Reden schrauben sich hinauf. Bald ist der ernste Forscher und Apparatemensch Kummer, bald sind die bewundernden Schwätzer, bald der Philosoph Natterer selbst Kilians Gegenspieler. Aber niemals folgt ein Auftritt aus dem anderen. Niemals hat ein Geschehnis weitertreibende Konsequenz für andere Geschehnisse. »Kilian oder Die gelbe Rose« ist die Komödie, in der kein Auftritt und kein Abgang motiviert und verankert ist. Sie ist ohne Raum geschrieben. Ohne geistigen Raum: Die Personen stehen nicht bühnenmäßig zueinander, höchstens dialogisch. Wenn der falsche Natterer, der Buchbindermeister Kilian, mit dem echten Natterer zusammenstößt, so ist die Witzwirkung groß. Scheinbar eine dramatische Situation, in Wahrheit ein isolierter Dialog, von Paul Kornfeld glänzend geführt.

Erich Engel tat recht, diesen Dialog durch einen Szenenwechsel zu einer besonderen Situation zu steigern. Sonst hatte er die schwierige Aufgabe, die Personen räumlich anzuordnen, gegeneinander aktiv zu machen. Er verlor sich dabei in manche abgebrauchte Possenspielerei. Engel, der in »Scherz, Satire ...« Reden meisterhaft in Bewegung umsetzte, der in »Lulu« vortrefflich die Kurven der Handlung zeichnete, konnte hier kaum Akzente und Einschnitte machen. Was er hätte machen können, waren Striche. Er machte zu wenige.

Aber die schauspielerische Aufgabe ist hier: Rede körperlich, bewegt zu machen. Es gelang ausgezeichnet Aribert Wäscher als exaktem Professor Kummer. Es gelang amüsant Mathilde Sussin und Frigga Braut als hysterischen Weibern. (Fräulein Ellen Herz paßt nicht in dies Ensemble.) Die Dialogführung gelang sehr fein: Wolf Trutz als Natterer. Menschlich sympathisch Paul Apel als Vierfuß; menschlich schlicht Walter Werner als Samson.

Die falsche Bewegung, den Possenklamauk lieferte Franz Weber durch Halskomik. Jacob Tiedtke spielte den Kilian: schlicht und vital, sehr wirkungsvoll, aber leider etwas monoton. Tiedtke ist eine alte Liebe von mir. Aber ich glaube, daß zum Kilian mehr schauspielerische Phantasie und Bewegungskomik gehört. Tiedtke gab darstellerisch das Naheliegende. Dieses allerdings mit persönlicher Kraft und elementarer Energie.

»Kilian« ist Paul Kornfelds »Mann ist Mann«. Aber nicht thematisch, sondern beiläufig gesehen. »Kilian« ist Paul Kornfelds Zeitsatire ohne Zeiterkenntnis. Ein ausgezeichneter Schriftsteller hat sein Publikum gefunden. Das ist ein Ereignis. Wenn er sein Publikum behalten will, muß er seine Komödien dramatisch zentral, nicht drumherum schreiben.

Berliner Börsen-Courier, Nr. 56, 3. Februar 1927

»Der mutige Seefahrer«

Thaliatheater

Ein großer Erfolg der gesammelten Werke von Georg Kaiser. »Der mutige Seefahrer« oder »Kolportage« oder »Kanzlist Krehler« oder »David und Goliath« oder »Zweimal Oliver«. Auch stilistisch liegt alles nebeneinander: bürgerliches Lustspiel und Commedia dell'arte, Rührstück und Groteske, verkürzte Telegrammsprache und redselige Ausführlichkeit.

Dieses Anfängerstück hat Georg Kaiser lange verborgen gehalten. Als er es hervorholte, griffen die Theater im Reich sofort zu. Berlin zögerte. Das hatte immerhin ein Gutes: »Der mutige Seefahrer« wurde nicht vor dem blasierten Publikum einer Glanzbühne, sondern vor unverbildeten Zuschauern in der Dresdner Straße gespielt. Das Thaliatheater, unter der Direktion von Hans Felix, ist der Volksbühne angegliedert. Hier hatte es seinen Erfolg, weil es nicht Stücke nachspielte, sondern ein handfestes Theaterwerk andern Berliner Bühnen vorspielte. Einen Erfolg des Stückes und der Darstellung.

»Der mutige Seefahrer« ist der Kolonialwarenhändler Lars Krys. Für ihn und seine Brüder Jens und Niels trifft ein Brief aus Amerika ein, von Joe Jefferson, einst Jepsen und ebenfalls aus der dänischen Kleinstadt wie die drei Brüder. Jefferson ist todkrank und will Lars oder Jens oder Niels drüben bei sich haben. 600000 Dollar sind sein Erbe. Jens und Niels drücken sich vor der Fahrt. Lars will hinüber. Sein Dampfer geht unter. Jefferson wird gesund, kommt gerührt nach Dänemark, um die Witwe zu versorgen und zu heiraten. Aber Lars ist natürlich nicht gefahren, hatte Angst und wagt sich auch jetzt erst später hervor. Trotzdem Erbschaft, Wohlgefallen, Freude und sogar ein Brautpaar.

Reizend ist die Unbekümmertheit, mit der alle Harmlosigkeiten verwendet werden. Ein hingespielter Schwank, hingespielt mit den alten Requisiten und Masken des Theaters. Verliebt in die Kulisse, verliebt in den Leimgeruch und Staub einer Vorstadtbühne. Aber Kaiser ist schon in seinen Anfängen viel zu hellhörig, als daß er nicht doch etwas von der Zeit einfließen ließe. Hier ist es der Kampf zwischen kleinstädtischem Detailgeschäft und großstädtischer Warenhausfiliale. Liebesszenen sind auch hier Kaisers Sache nicht. Aufgesteift Literarisches kündigt sich am Schluß an, wenn Lars den Amerikaner verwirrt. Sonst schlägt aus jeder Szene die Komödienlust des Dichters. Kaiser hatte das Pech, daß seine Erlöserstücke, wie »Hölle, Weg, Erde«, breit diskutiert und seine Schwänke als beinahe unverzeihliche Nebenwerke behandelt wurden. Gerade die Lustspiele sind Kaisers echteste Bühnenstücke. Die leichten, flinken Schwänke sind ohne Pose, beweglich, fettlos, durchtrainiert.

Von diesem Sportgeist der Lustigkeit war die Aufführung erfüllt. Der Regisseur Josef Gielen leitete im vorigen Jahr an der Dresdner Staatsoper die vortreffliche Vorstellung von Kurt Weills Oper »Der Protagonist« (Text von Kaiser). Jetzt leitet er im Thaliatheater den »Mutigen Seefahrer«. Gewiß, manche Nuancen machen sich selbständig. Salfner als Lars und Else Bäck-Neft als seine Frau schleppen zu sehr. Sonst wird alles auf hurtige, manchmal optisch durchgebildete Komik gestellt. Das Erscheinen des riesigen, durch einen Mantel märchenhaft vergrößerten Diegelmann ist glänzend eingesetzt und vortrefflich gegen den kleinen beweglichen Jens Krys gestellt. Ihn spielt Erich Ponto vom Dresdner Staatstheater. Ich sah ihn in Dresden als Schluck. Ein Darsteller von ursprünglicher Verwandlungslust. Ihn durchfiebert die Rolle. Es gibt keinen toten Punkt. Bis in die Fingerspitzen wird alles Ausdruck, beweglicher, elastischer, schnellender Ausdruck. Ein Schauspieler von Phantasie und handwerklichem Können. Man ist angeregt und sicher bei ihm. Er kann, was er will. Im hurtigsten Tempo ist Deutlichkeit. Manchmal macht er zuviel. Manchmal schlägt leise die Provinzroutine durch. Aber Pontos ursprüngliches Schauspielertum, der Fonds seiner Phantasie ist noch unverbraucht. Vielleicht wachsen in dieser nuancierenden Kunst keine Begabungen nach. Es ist Burgtheater. Aber bestes Burgtheater. (Eine Naiv-Sentimentale spielte taktvoll Maya Hart.)

Berliner Börsen-Courier, Nr. 102, 2. März 1927

»Gewitter über Gottland«

Volksbühne

Was Erfolg hatte, lag zwischen den Szenen. Ehm Welks Schauspiel spielt im Mittelalter. Erwin Piscators Regie trug den Stoff durch alle Zeiten. Ehm Welk bringt den Kampf zwischen der kapitalistischen Hansa und dem kommunistischen Bund der Vitalianer. Piscator zeigt diesen Kampf unter anderem Namen in allen Jahrhunderten. Ehm Welks Drama spielt in Hamburg und auf der Insel Gottland. Piscators Aufführung spielt in der ganzen Welt.

Es beginnt mit der filmischen Erläuterung der politischen, religiösen Machtverhältnisse und der sozialen Struktur des Mittelalters. Historischer Aufriß. Text in der Mitte. Figuren- und Städtebilder des Mittelalters auf Leinwandflächen links und rechts von der Bühne. Der Aufriß ist für eine Inszenierung, die historische Parallelen und Zusammenhänge aufzeigen will, notwendig. Aber auch nüchterne Sachverhalte müssen fürs Theater komponiert werden. Hier blieb es bei einem umständlichen Nebeneinander. Schon hier mußte gestrichen werden. Dabei gab Piscator selbst das zündendste Beispiel, wie ein Zusammenhang erklärend und zugleich wirksam dargestellt werden kann. Die Personen des Schauspiels, darunter Störtebecker und Asmus, gehen im Film auf den Zuschauer los und im Schreiten wechseln sie die Kleider: die Revolution in der Geschichte der Jahrhunderte, bis aus Asmus Lenin geworden ist. Hier ist der Film großartig verwandt; eine Perspektive wird aufgerissen, nicht durch lehrhafte Illustrationen, sondern durch Bewegung.

Schließlich beginnt das Drama. Der Verfasser Ehm Welk ist viel herumgekommen. Er hat die Welt gesehen und Geschichte erlebt. Er ist kein Jüngling mehr, sondern ein Mann. Von dieser menschlichen Erfahrung und politischen Erkenntnis hat sich im Drama »Gewitter über Gottland« wenig niedergeschlagen. Geschichtliches und Persönliches hat sich in flachen Historienstil verflüchtigt. Störtebeker, eine Art Baltikumoffizier der Seefahrt, verarmter Ritter, wird von Michelsen und Asmus Ahlrichs, den Führern der Vitalianer, in Dienst genommen. Aber durch die Erfolge des Meerkrieges wird Störtebeker selbständig. Ihm ist die Idee der Vitalianer »Gottes Freund, aller Welt Feind«, gleicher Besitz, gleiches Recht für alle, ihm ist die Gemeinschaft nichts. Er will die Macht. Er will die Krone – und wird von Asmus, dem Fanatiker der kommunistischen Idee, den Hamburgern ausgeliefert.

Das ist in treuherzig veraltetem Ritter- und Zunftdeutsch geschrieben. Mit Sentiment und falscher szenischer Lyrik (der Schluß). Und mit unendlichem Radau. Kaum kommen zwei Menschen zusammen, schon gibt es Krach. Es ist das monotonste Stück, das ich kenne. Den Stil kann man ändern, Wiederholungen und Bombast streichen. Aber über den monotonen Lärm kommt kein Regisseur hinweg.

Die Monotonie wurde das Verhängnis der Aufführung. Im Prinzipiellen hat Piscator Fabelhaftes geleistet. Die Durchdringung des Stoffes, die Herausarbeitung der Zusammenhänge, die Spannung über Jahrhunderte. Prinzipiell hat er diesmal auch den Film sicherer verwandt als in der »Sturmflut«. Nicht mehr Fortsetzung der Handlung, sondern dokumentarische Erweiterung: Moskau, Shanghai. Wenn Fehler unterlaufen, so können sie leicht verbessert werden. Es ist z. B. falsch, die Erzählung von Störtebekers Hinrichtung filmisch vorwegzunehmen. Man versteht den Film nicht und merkt erst eine Viertelstunde später bei den Worten, wie es gemeint war. Dann muß der Film besser gemacht, schlagender gestellt sein. (Technische Mängel der Aufführung sind vielleicht darauf zurückzuführen, daß zwei Stunden vor Beginn durch die Prüfungskommission noch ein Viertel des Films entfernt wurde. Manches schien auch noch nicht zu Ende geprobt zu sein. Solche Werke verlangen mehr Probenzeit, als der Berliner Betrieb übrigläßt.)

Eine großartige Aufführung in den Intentionen des Regisseurs. Aber am ungeeigneten Objekt. Es wäre besser gewesen, man hätte Ehm Welks »Kreuzabnahme«, eine Auseinandersetzung zwischen Tolstoianismus und Leninismus, angenommen. Ein der Bearbeitung bedürftiges, aber auch bearbeitungswürdiges Stück. Es ist in der weltpolitischen Kampfstellung klarer, technisch einfacher und leiser. »Gewitter über Gottland« – hier müssen die Schauspieler schreien. Granach als Asmus in einer Leninmaske ist am Anfang gesammelt und nach innen gekehrt wie seit Jahren nicht. Aber die Ausbrüche sind grell wie immer. George als Störtebeker hat Humor (Humor darf in einem Stück wie diesem nicht fehlen). Im Affekt jedoch schreit er, daß man die Besinnung verliert. Außerdem kann er den Text nicht. Helene Ritscher in der einzigen Frauenrolle ist eine schwere Fehlbesetzung. Sie hat ihre Ausdruckskraft verloren. Nur Erwin Kalser wandelt den Ton ab. Ihm kann man zuhören.

Großartig ist das Arrangement, schwach die akustische Gliederung der Vorstellung. Hierfür muß Piscator mehr Zeit bekommen. Es bleiben Bilder, die mit Traugott Müller geschaffen wurden. Es bleibt nicht das Stück. Andere Dramen und akustische Abwandlungen – das ist für Piscators Entwicklung notwendig.

Berliner Börsen-Courier, Nr. 140, 24. März 1927

»Der Arzt am Scheidewege«

Deutsches Theater

Schauspielerischer Reichtum und Zucht. Ein ungewohntes Erlebnis in Berlin. Ensemble trotz Stars. Und die Stars sich gegenseitig befeuernd.

Oskar Homolka spielt den Arzt, der sich entscheiden muß, ob er den stillen Durchschnittsmenschen, den Kassenarzt Blenkinsop, oder den genialen Halunken Dubedat heilen soll. Er entscheidet sich gegen den Künstler. Viele Motive durchkreuzen sich. Das stärkste ist die Eifersucht: Er liebt Frau Dubedat. Wenn man von der Rolle ausgeht, kann man sagen: Es fehlt Homolka die Suggestion einer geistigen Bedeutung. Wenn man vom Schauspieler ausgeht: eine wundervolle Gestaltung. Homolka war diszipliniert, Maske, Haltung, Sprache ohne Risse und Entgleisungen. Ein Mann. Ein Mensch. Sogar ein Berufsmensch mit Hintergründen und Geheimnis.

Dubedat: Ernst Deutsch. Auch er hätte den Doktor Ridgeon spielen können. Er wächst in diese Rollen hinein. Als Dubedat ist er wahrscheinlich der beste, der heute denkbar ist. Aber er bleibt etwas steif. Er wirkt nicht bohemehaft, sondern gut situiert. Kein unbekümmerter, sich verschleudernder, sondern ein arrivierter Maler.

Die Ärzte um ihn herum: meisterhaft. Auch die kleinen Rollen: Paul Hörbiger als Loony Schutzmacher, hier nicht mit der falschen Diskretion von »Germaine«, sondern mit der Zurückhaltung, die bei jedem Wort und Gang den Charakter zeichnet. Theodor Loos arbeitet als Armenarzt mit denselben Mitteln. Er kommt an der Reinhardt-Bühne zu seinen richtigen Rollen. Als Sir Patrick Cullen ist Heinrich Schroth schauspielerisch zuverlässig.

Otto Wallburg und Werner Krauss. Hier ist der Überschuß der Aufführung. Wallburg als Blinddarmoperateur mit der Süffisance und Geschwollenheit des erfolgreichen Gesellschaftsarztes. Dabei naiv, gutmütig, aufdringlich gesund; sogar elegant und englisch. Hier bewies sich der Komiker, und – zum erstenmal – der Gestalter Wallburg. Werner Krauss stürzt auf die Bühne als Sir Ralph Bloomfield Bennington. Ein Genie bornierter Eitelkeit. Verfolgt von seiner Dummheit, wie andere von Geist und Eingebung. Ein Phantast des Mittelmaßes. Hinter Frauen und Patienten her, immer auf der Flucht vor sich selbst. Schuldbewußt und verbrecherisch. Zerstört beim Tode Dubedats und fast verblödet. Krauss, durch Unruh in die Gefahr der Starrheit gebracht, brach hier üppig aus. Fülle und Intuition und äußerste Disziplin.

Die Jennifer spielte früher Tilla Durieux; jetzt Carola Toelle. Früher gab man solche Rollen der interessanten, heute der angenehmen Frau. Mehr als ein Besetzungs-, ein Geschmackswandel. Carola Toelle ist schauspielerisch farbiger geworden. Ihr fehlt die Selbstverständlichkeit des Schlusses. Sie bleibt empfindsam.

Zwei kleine Rollen: Frida Richard und Hermann Speelmans. Beide vollkommen: die Richard als brummiges Faktotum frei von jeder Konvention. Speelmans als Reporter von einer unverschämten Berufspenetranz. Köstlich.

Erich Engel erwies sich hier als ein Schauspielerführer. Im Tempo war manches zu breit. Das Shaw-Repertoire ist bald abgespielt. Was dann?

Berliner Börsen-Courier, Nr. 144, 26. März 1927

Kindertheater

in den Kammerspielen und im Berliner Theater

Früher war den Söhnen berühmter Väter nichts unangenehmer, als daß sie eben die Söhne berühmter Väter waren. Heute wird hieraus schnell ein Programm, eine Reklame, ein Grundsatz gemacht. Während sich der Kritiker noch scheut, Klaus Mann entgelten zu lassen, daß Thomas Mann sein Vater ist, zielt er selbst schon darauf hin, aus seinen Familienbeziehungen Gewinn zu schlagen. Klaus Mann hat die »Revue zu vieren« gedichtet, seine Schwester tritt darin mit ihrem Gatten Gustaf Gründgens auf. Onkel Pringsheim macht die Musik, Thea Sternheim die Bühnenbilder und Pamela Wedekind singt zur Laute.

Die Dichterkinder etablieren sich als Generation. Unter dieser Firma schreiben und spielen sie. Unter dieser Firma führen sie Fehden. Unter dieser Firma wollen sie beurteilt sein. Auf die Neugier, die Klatschsucht des Publikums wird spekuliert. Die vier sind Schlagzeilen und Unterschriften illustrierter Sensationsblätter. Lebende Magazinbilder. Bevor das Werk da ist, nehmen sie sich selbst historisch. Plaudern geschmeichelt und taktlos aus ihrem Leben; machen Literaturgeschichte ohne Literatur. Nichts Privates existiert, das sie nicht preisgeben. Ihr Leben ein einziges Interview. Ihre Tätigkeit eine einzige Chronik. Ihre Erlebnisse ein einziges Journal.

So entsteht diese Tourneerevue zu vieren, in der Klaus Mann peinlich, geschwätzig und glatt Zeitschlagworte umkost. Keine Vokabel, die hier nicht vorkäme. Keine Tendenz, die er nicht streifte. Manchmal ernst, manchmal ironisch – eine Abiturientenzeitung über Schullektüre. Was bei Klaus Mann der Plan einer Revue ist, deren Aufführung an der Eifersucht einer Frau scheitert, hieß bei Wedekind Zirkus. (Klaus Mann als Schauspieler spricht wie eine Kreuzung von Wedekind und Toni van Eyck.) Kämpferische Ideen werden versüßlicht. Eine Limonadenjugend. Kindliche Greise.

Für dieses Altersheim eine Generation verantwortlich zu machen, wäre absurd. Klaus Mann redet von Generation und Epoche – aber er ahnt nicht einmal seine Altersgenossen. Er spricht von Ideen – aber ihren Inhalt gibt er nicht an. Er möchte in Zeitaltern denken und denkt kaum in Schulstunden.

Diese Unfähigkeit, die sich prinzipiell nimmt, diese Leere, die sich repräsentativ gebärdet, wird von unverantwortlichen Freunden beklatscht und gepriesen. Auch eine Begabung wie Erich Ebermayer versinkt in der Familiensentimentalität. Keine Härte, keine Widerstandsfähigkeit, nur weichliche Gefühlsduselei. Daheim in der Gartenlaube zwitschert Herzblättchens Zeitvertreib ins Universum hinaus.

Und schauspielerisch? Erika Mann wirkt damenhaft und distinguiert. Man wundert sich, daß sie diesen Betrieb mitmacht. Gustaf Gründgens ist ein grober, undifferenzierter Schauspieler. Pamela Wedekind kann Worte darlegen, nicht eine Rolle darstellen. Sie disponiert vortrefflich inhaltliche Sätze, kann aber nicht menschliche Situationen spielen. Dann grimassiert sie körperlich und sprachlich. (Am besten das Lautenlied.)

Von denen, die nicht zur Familie gehören – doch wer weiß es –, ähnelt einem Schauspieler am ehesten Hans Deppe als Photograph. Nicht unsympathisch Martin Kosleck.

Die Abende der Dichterkinder. Im Berliner Theater die »Komödie um Mittag« von Fred A. Angermayer. Eine sterile Kaiser- und Sternheim-Kopie. Dürr, gelblich, sprachlich aufreizend. Die krampfartige Fortsetzung der »Komödie um Rosa«. Die bekannten Stadtväter, der bekannte Wohltäter, die bekannte Satire – eine selbst in der Karikatur versunkene Welt. Für etwas allerdings könnten diese drei Akte bleiben. Wenn man später kennenlernen will, welche Verhunzungen die deutsche Sprache hinnehmen, welche penetrante Geschmacklosigkeiten sie erdulden mußte, dann kann man dieses anmaßende Literatenprodukt vorzeigen.

Das Stück hat keine Bewegung und Entwicklung. Es ist deshalb schauspielerisch undankbar. Lotte Stein versuchte die Schwierigkeiten durch Maskendrastik zu umgehen. Erwin Kalser als Mittag versuchte sogar zu spielen, darzustellen, Schauspielkunst zu zeigen – aber er mußte farblos bleiben.

Im übrigen: Provinzkomik. Bei Ruth Poelzig weiß man nicht, ob Begabung oder Regie fehlt. Fritz Alten spielte dreißig Jahre Schiller-Theater, also Georg Paeschke.

Berliner Börsen-Courier, Nr. 204, 3. Mai 1927

»Musik«

Schiller-Theater

Großartig, wie das Staatstheater sich jetzt sammelt und zu Leistungen strafft. Erich Engels Aufführung von »Musik« ist nicht nur eine der besten Wedekind-Inszenierungen, sie gehört zu den wertvollsten Aufführungen, die ich überhaupt gesehen habe. Wertvoll durch die Art, wie Wedekinds Schauspiel, ohne Umbiegungen und Ausdeutungen, als ein Dokument seiner Zeit gespielt, wertvoll durch die Sicherheit, mit der eine in Berlin oft falsch beschäftigte Schauspielerin durchgesetzt wurde. Wertvoll durch die Führung und Abstimmung der Darsteller.

Photographien zeigen Wedekind und seine Aufführungen als Ausdruck der Plüschmöbeljahre. Auch andere Theaterbilder aus dieser Epoche spiegeln in der Szenerie, im Kostüm ihre Zeit. Man lächelt, findet sie albern oder geht daran vorüber. Bei Wedekind stockt einem der Atem. Die Grimasse gegen eine kleinbürgerliche Welt. Zusammengepreßte Lippen, aufgerissene Augen. Der Gefangene einer Spießbürgerumgebung. Wedekind macht die steife Haltung einer Zeit mit und tötet sie, indem er ihre Gebote befolgt. Protest durch Überkorrektheit, Protest durch genaueste Lebensführung. Erschütternd.

Erich Engels Aufführung war Protest durch Tatsächlichkeit, Angriff durch dokumentarische Wiedergabe. Durch den aufgerissenen Bühnenraum heulen und wimmern die Klaviere der Konservatoristinnen. Die Schauplätze, die Bewegungen, die Sprache, alles ist wie hinter Glas. Unheimlich wirklich und – distanziert. Wenn im Anfang Mathilde Sussin und Maria Koppenhöfer nebeneinander sprechen, abgekehrt, jede die andere scheinbar verstehend und doch mißverstehend, jede in ihre Welt eingeschlossen und vergeblich gegen die Wände rennend – meisterhaft. Mathilde Sussin als Else Reißner scheint sich mit jedem Satz selbst zu belügen, sie redet, redet, spricht hin; wie sie sich bewegt, leer und anständig und doch gestört – ausgezeichnet.

Maria Koppenhöfer als Klara Hühnerwadel ist prachtvoll. Sie steht immer unter dem Einfluß eines Abwesenden (ihres Lehrers Reißner), gelähmt, starr. Sie spricht gläsern, geborsten. Der Schweizer Tonfall wird Kunstmittel. Er drückt Enge, Abhängigkeit aus. Niemals werden die Sätze frei. Sie stocken, winden sich hinauf. Gelähmte Glieder, gelähmte Zunge. Großartig. Dann im Gefängnis. Drohende Melodie. Gesprochener Revolutionsfilm. Die Klara gehört zu den Rollen, die mit hysterischen Aufschreien, mit den Ersatzmitteln der Schauspielkunst zu spielen und deshalb nicht immer als Talentprobe zu werten sind. Maria Koppenhöfer spielt sie aus diesem hysterischen Nebengebiet weg und in die Linie der Kunst hinüber. Bäurisch, gefährlich, proletarisch. Hier liegen ihre Rollen. Sie braucht planmäßige Führung. Vom Münchner »Dickicht« bis zur »Musik« ist ein Weg. Aber er führt nicht über repräsentierende Kostümrollen.

Aribert Wäscher als Reißner zeichnet meisterhaft die Zeit und ihre Unverantwortlichkeit. Ein wandelnder Plüschmöbelenthusiast. Er wäre auch schauspielerisch vortrefflich, wenn die Rolle nur eine Szene hätte. So ist in jedem Auftritt der erste Eindruck entscheidend. Das Kostüm und die Bewegung. Aber Wäscher tut, als ob er immer denselben Text zu reden hätte. Das ist nicht der Fall.

Paul Bildt, der jetzt an seine Rollen gekommen ist, war als Lindekuh schwächer. Er charakterisierte. Er spielte eine körperliche Absonderlichkeit, statt die naturgegebene Revolte gegen Plüschmöbel zu geben – durch finsteres Bekennertum, durch fanatisches Mitmachen. Bildt spielte nicht Wedekind, sondern den Schauspieler Franz Weber. Dieser war als Gefängnisdirektor sicher und knapp, also vortrefflich.

Für Bildt gab Engel zu viel Spielanweisungen: Requisitenablenkung durch Buchaufschlagen. Das ist hier überflüssig. Ausgezeichnet: Dunskus als Aufseher, Frigga Braut als Aufseherin, Rosa Bertens als Mutter, über der der Strudel der Lächerlichkeit zusammenschlägt.

Berliner Börsen-Courier, Nr. 214, 9. Mai 1927

»Der Snob«

Komödie

Bassermann spielte den Snob jenseits von Sternheim, jenseits vom Typus als fabelhafte Theaterrolle. Ralph Arthur Roberts gibt die Gattung, die Zeiterscheinung »Snob«: den Menschen, der geistig über seine Verhältnisse lebt, einen beziehungslosen Burschen, der großartiger erscheinen will, als er ist. Bassermann drang über die Rampe, überschwemmte Stück, Rolle und Zuschauer mit rauschenden Einfällen, strotzend in Laune und komödiantischer Urpracht. Roberts spielt richtig, Zug um Zug, den Streber, den Emporkömmling, aber er bleibt hinter der Rampe. Bassermann gab ein farbenlärmendes Gemälde. Roberts eine haargenaue Federzeichnung. Bassermann erspielte für sich einen überschießenden schauspielerischen Triumph; Roberts für Sternheim einen Stückerfolg.

Wo Bassermann aus seinem Temperament Situationen schafft, die Rolle durch Kälte- und Wärmegrade der Erregung jagt, bleibt Roberts in einem gleichmäßigen Klima. Er spielt jeden Auftritt mit der gleichen Gelassenheit, beinah im gleichen Tempo. Roberts spaziert durch die Rollen, pflückt sparsam Nuancen, steckt sie mit Nonchalance an, genau im richtigen Moment, genau an der richtigen Stelle.

Das »Spazierengehen« ist fast wörtlich zu nehmen. Roberts wandert zum Partner, entfernt sich, fast immer mit denselben gemessenen Schritten, mit sparsamen Bewegungen, sparsamen Gesichtsveränderungen: der Mund wird schief, die Augen kneifen sich zu, blinzeln, werden wieder starr. So gelingt ihm auch hier, schreitend, wandernd, der Snob: der pöbelhaft Vornehme, der ordinär Aristokratische, der Talmimensch, der geistig zu hoch Wohnende. Eine treffende Genauigkeitsleistung, ohne letzte Durchschlagskraft. So ist auch die Regie von Roberts. Die Schauspieler gehen aufeinander zu, voneinander weg: Promenadenregie.

Ein großer Erfolg für Sternheim. Das Stück funkelte wieder. Es schien durch die zeitliche und schauspielerische Distanz gewonnen zu haben. Es saß. Es wirkte. Tiedtke als alter Maske: ein blühendes Ekel, eine feiste Aufdringlichkeit, brutal und sentimental, verlogen bieder: köstlich. Nach dem Kilian eine Selbstbesinnung, eine Selbstbefreiung.

Theodor Becker versuchte als Graf Palen zum erstenmal eine gemessene, alte Rolle. Die Erfahrungen des Dresdener Hoftheaters wurden in ihm lebendig. Er spielte eine ganze Generation von »noblen Vätern«. Aber gut (ohne seine frühere Überladenheit). Wenn man von der einfachen Mutter Frida Richards absieht, waren die Frauen schwächer. Anni Mewes ist nicht für Komtessen geboren, eher für kesse Berlinerinnen. Lea Seidl war (besonders in dem schlecht sitzenden Reitkleid des zweiten Aktes) nicht zu beurteilen. Unsicherheit oder Ausdrucksunfähigkeit?

Berliner Börsen-Courier, Nr. 230, 18. Mai 1927

»Der Hexer«

Deutsches Theater

Ein glänzendes Kriminalstück. Spannung, doppelte Spannung, dreifache Spannung. Spannung: Wer ist der Hexer? Doppelte Spannung: In welchem Akt wird der Rechtsanwalt Messer von dem unbekannten Hexer ermordet werden? Dreifache Spannung: Ist der Polizei-Oberinspektor Bliß, auf den mehr und mehr der Verdacht gelenkt wird, am Ende doch nicht der Hexer? Rechtsanwalt Messer ist im Dunkel ermordet worden. Detektiv Wembury war im Zimmer, Polizeiarzt Lomond und Hakkitt, ein entlassener Sträfling. Sie hören Schreie, Fall, Gelächter, Gepolter. Ist Bliß eingedrungen und geflohen. Wer hat es getan? Da wird im nächsten Bild dem harmlosen Polizeiarzt Bart und Perücke abgerissen. Er ist der Hexer, der vielfache Mörder. Er ist der totgesagte, aus Australien heimgekehrte Abenteurer, Schreck aller unsicheren und heimlichen Existenzen. Denn selbstverständlich mordet der Hexer nicht ohne edle Motive. Er rächt die Unschuld, und selbstverständlich entkommt er.

Edgar Wallace ist Engländer. Er hat selbst ein abenteuerliches Leben hinter sich. Und etwas von dieser Unberechenbarkeit ist in seinem Stück. Es ist nicht nur die Spannung an sich – obwohl sie genügen würde –, es ist die journalistische Unbekümmertheit, die Helligkeit, Gewitztheit, die gefangennimmt. Wirkungen eines Menschen, der weit herumgekommen ist. Eine Begabung, wie sie in Binnenländern schwer, in Kolonialländern leicht aufkommt.

Die Aufführung wurde von hervorragenden Schauspielern getragen. Der Regisseur Heinz Hilpert ist immer dann gut, wenn die Texte nicht anspruchsvoll, nicht literarisch sind. Diese Vorstellung wird vortrefflich sein, wenn sich die letzten Unsicherheiten des Textes und des Tempos ausgeglichen haben. Hilpert ist eine Theaterbegabung für unkomplizierte Stücke, seien es Militärdramen, deren Töne festgelegt sind, seien es spannende Detektivreißer. Welche Fülle von Schauspielern! Albert Steinrück, physiognomisch großartig als morphiumsüchtiger, verbrecherischer Anwalt. Werner Schott, früher als Burgtheaterliebhaber oft steif und krampfig, wird in schlichteren Rollen frei und leicht. Ernst Gronau spielt den Polizeiinspektor Bliß herrlich auf Täuschung. Jeder schleichende Schritt, jeder lauernde Ton scheint zu sagen: Ich bin der Hexer. Er gibt diskret den Schmierentypus des maskierten Verbrechers und ist – wirklich ein Polizeiinspektor. Sehr amüsant.

Oskar Homolka stellt den gutmütig schlauen Oberarzt, einen scheinbar närrischen Schotten dar, die Harmlosigkeit selbst. Nur manchmal, wenn er von der tapsigen Polizei als Detektiv benutzt wird, merkt man an der Freude am Bespitzeln, daß er etwas anderes ist. Aber die Täuschung geht bis zum letzten Moment. Reizend. Neben ihm entzückend Hörbiger als Sträfling. Ein Strizzi. Österreichisch. Von Nestroy. In kleineren Rollen: Heinrich Schroth und Mathias Wieman, Hermann Speelmans und Hans Deppe. Eine ausgezeichnete Besetzung. Als Frau des Hexers repräsentativ Hanna Ralph. Eine Sommersaison, die schauspielerische Kräfte entfesselt, läßt man sich gern gefallen. Direktion Emil Lind.

Berliner Börsen-Courier, Nr. 246, 28. Mai 1927

»Papiermühle«

Kammerspiele

Zu den leichten Stücken von Georg Kaiser »Kolportage«, »Der mutige Seefahrer« kommt jetzt die »Papiermühle«. Der Biograph und Kritiker Raymond Duchut verfolgt das Privatleben des Dichters Ernest Ollier. Wer ist die Frau, mit der Ollier im Sommer vorher im Landgasthaus »Papiermühle« war? Wer ist das Vorbild seiner Francesca? Duchut schnüffelt, Duchut zappelt sich ab, Duchut notiert, bis ihm gesagt wird: Es war Francine, seine eigene Frau.

Ein gewichtsloser Schwank. Dichter, Kritiker? Das ist nebensächlich. Die Menschen werden aus ihrer Art nicht bewegt. Theatertradition ist alles. Wesen und Beruf? Was geschieht, könnte genauso zwischen Advokat und Staatsanwalt vor sich gehen. Es sind die ständigen Spielfiguren, wie König, Bauer und Dame, diesmal Dichter und Kritiker. Nur Bühnenkontrast. Nur Kennfarbe. Nur Signal. Es sind die ewigen Schwankrequisiten der Bühne.

Wer in diesem Lustspiel Aufschlüsse sucht, ein Problem behandelt sehen will, auf psychologische Entdeckungen »über das Verhältnis zwischen Kritiker und Dichter« ausgeht, kommt nicht auf seine Rechnung. Da aber so viele Berufe abstrapaziert wurden, wenn im Grunde nur Masken und Typen, die alte Commedia dell'arte, die alten Harlekine gemeint waren, wäre der Ernst komisch, mit dem man es übelnähme, daß auch der Kritiker in dieses Possenschema gerät.

Wenn Georg Kaiser mit den Mittelpunktfiguren nicht auskommt, schiebt er andere ein, Spießer, gleichfalls alte Typen, gleichfalls ewiges Schwankrequisit. Aber bewundernswert bleibt immer die Unbekümmertheit, mit der er dem Theater dient, mit der er dem Publikum Situationen hinwirft. Eine Handgelenkübung. Eine Etüde. Papiermühle ist der Schauplatz. Papier sind die Literaten, Papier Dichter und Kritiker. Papier ist das Stück. Nur daß Papier von Georg Kaiser noch immer Bühne heißt.

Man langweilt sich höchstens einmal: wenn im zweiten Akt zwischen dem Dichter und Francine dialogisch aufgeholt wird, was wir situationsmäßig aus dem ersten Akt schon kennen. Der Erfolg in den Kammerspielen war überraschend. Überraschend, weil »Papiermühle« Dessert ist, eine Nachtvorstellung wie »Was Sie wollen«, ein dreiaktiger Einakter, ein gesprochenes Vaudeville. Ein artistischer Spaß, nicht für feierliche Sessel, sondern für eine »Kleinkunstbühne«, die man zu beliebiger Stunde besuchen, zu beliebiger Zeit verlassen kann. Entzückendes Kabarett, delikate Kammerrevue.

Eine reizende Vorstellung. Otto Wallburg als Duchut nicht nur in unausschöpfbarer Laune, sondern meistens sogar textdeutlich, mit Aussparung und Einschnitten spielend. Überschuß und Disposition. Grete Mosheim, drollig verlegen, ohne Überstürzung. Lothar Müthel entfaltete sich in seiner ersten Szene farbig. Später schien er nervös zu werden. Er kurbelte an und fand nicht immer das Gleichgewicht, das seine letzten Rollen auszeichnete.

Einen frechen Provinzknirps mit Pariser Tick spielte Heinz Rühmann. Umwerfend wie in den »Lockvögeln«, und diesmal bestimmt ohne Zufallskomik. Jeder Satz, jede Pause, jede Bewegung saß. Eine köstliche Präzisionsleistung. Nur manchmal hat man für Sekunden das Gefühl, daß die Provinzjungen, die er darstellt, noch Reste von Provinzroutine abzustreifen haben.

Regie führte, frei von früherer Problematik, sicher, klar und schauspielerisch beschwingt, Berthold Viertel. Die Bühnenbildner waren von dem Darmstädter Theatermaler Arthur Pohl. Lustig, aber noch mit kunstgewerblicher Farbenspielerei. Die Begabung könnte man erst nach anderen Aufgaben beurteilen.

Berliner Börsen-Courier, Nr. 248, 30. Mai 1927

»Hoppla, wir leben!«

Piscator-Bühne

Revolutionäre, zum Tode verurteilt, sitzen im Gefängnis. Der Präsident der Republik begnadigt sie. Karl Thomas wird wahnsinnig. Als er nach acht Jahren aus dem Irrenhaus entlassen wird, findet er seinen Genossen Kilman als Minister. Eine veränderte Welt. Die Revolution ist vergessen. Vom Krieg lernen die Schüler nur Siege. In die Ministerien klettern die alten Beamten. Der Kriegsminister wird Präsident. Und die Rebellen von damals verstehen alles, billigen alles. Hoppla, wir leben!

Ernst Toller, der ähnliches durchgemacht hat wie Karl Thomas, der in Festungsjahren so auf sich zurückgeworfen wurde, daß er die Welt außen, auch später noch in der Freiheit, nicht verarbeiten konnte, Ernst Toller beginnt zu sehen und, was er sieht, darzustellen. Auf diesem Wege liegt das aufwühlende Justizbuch. Auf diesem Wege liegt sein Theaterstück »Hoppla, wir leben!« Der Blick für Gestalten hat sich verschärft. Toller versucht den Aufriß der Zeit. Er geht durch die Schichten. Er will die politische Struktur des gegenwärtigen Deutschland geben: von links nach rechts, vom Kommunismus bis zu den Völkischen. Zum ersten Male möchte er ideologische Phrasen hinter sich lassen und die Bedingungen darstellen, unter denen diese Menschen leben und *so* geworden sind. Er möchte den Fluch der Macht zeigen, der Macht, die ein selbständiges Wesen wird, wenn jemand zu ihr emporsteigt, die etwas Überpersönliches ist: Nicht der Mensch hat die Macht, sondern die Macht hat den Menschen. Toller versucht auch, die Atmosphäre zu geben, in der jemand zum politischen Mörder wird. Aber nur, um von neuem seine Schwäche als Dramatiker zu zeigen.

Ein Rechtsorganisierter soll den sozialdemokratischen Minister Kilman erschießen. Er haßt ihn aus Tradition, aus persönlicher Feindschaft. Wie wird diese Tradition, diese persönliche Feindschaft dargestellt? Dem Onkel General wurden die Achselklappen vom Soldatenrat abgerissen. Dieser Soldatenrat war – Kilman. Objektivierung und empfindsames Familientheater.

Ferner: Im Theatersinne ist Toller eine wirksame humoristische Figur gelungen, der Kleinstadtquerulant Pickel. In welcher Welt wurzelt Pickel? Wie ist er einzugliedern? Kleinbürger, Bauer? Er ist einzugliedern in den »Dorfbarbier«. Seine Komik: Er schwärmt für die Postkutsche gegen die Eisenbahn. Ein vorsintflutlicher Humor in einer Zeit, in der fast jedes Dorf in der Nähe einer Kleinbahn liegt, ein vorsintflutlicher Humor in der Zeit von Auto und Flugzeug.

Den Blick auf die Welt hat Toller diesmal gehabt. Aber auf dem Wege zum Theater wird diese Welt wieder unscharf. Die Konturen verschwimmen. Die Sprache wird blaß. Toller kann nicht formulieren. Er verzerrt die Dimensionen. Er will in einem gut gedachten Hotelakt die entnervende, entseelende Phantastik des technischen Zeitalters geben und läßt auf der Radiostation den – Herzschlag eines Ozeanfliegers hören! Toller romantisiert das Mechanische. Ihm genügt nicht die Phantastik der Präzision, er muß auch hier noch den »Herzschlag belauschen«.

Erwin Piscator ist frei von dieser Romantik. Er weicht nicht aus. Er gibt dem »gemütlichen« Stil Tollers das stählerne Gerüst seines Szenenaufbaues. Zwei Etagen links, ein Spielraum in der Mitte, zwei Etagen rechts – das ist alles, was Traugott Müller und Piscator an Apparat brauchen. Aber dieser Apparat mit verschiebbaren durchsichtigen Wänden, mit Projektionsflächen und Filmschleiern vorn und hinten, dieser Apparat gibt alles her. Es ist Reichspräsidentenwahl – Lichtfluten von Wahlzetteln rieseln herab, sekundenlang tauchen rückwärts die Massen auf der Straße auf. Später: Gesichter verzerren sich, Worte flirren vorbei. Eine phänomenale technische Phantasie hat Wunder geschaffen.

Wie ordnet sie sich dramaturgisch ein? Der Film (von Curt Oertel und Piscator) ist für sich fabelhaft. Aber er leidet im Verhältnis zum Stück an Vollständigkeit. Es wäre wirksamer, wenn aus den Jahren 1919–1927 nur *Schlagbilder* genommen würden, *hindeutend* auf das Stück, das den Film aufnehmen und steigern müßte. Das Stück fällt aber ab. Die *Auswahl* wäre also nötig gewesen, weil Toller den Film in der *Konstruktion* seines Dramas nicht zu verankern vermag. Filme und Bühne können sich im Prinzip ausgezeichnet ergänzen, wenn der Film die Dokumente für die Handlung heranschafft, wenn er Erweiterung, Perspektiven gibt. Hier wird man manchmal verwirrt, weil der Film als Dokument und als Symbol nicht auseinandergehalten wird. Manchmal *bedeutet* der Film etwas, manchmal stellt er chronologisch dar, ohne daß der Einsatz zwingend wäre. So mißglückt die großgedachte Schlußszene: Die Revolutionäre, wieder im Gefängnis, verständigen sich durch Klopfen. Karl Thomas antwortet nicht mehr. Er hat sich erhängt. Die Worte, die sie klopfen, gleiten als geisterhafte Lichtbuchstaben vorbei. Wundervoll, aber unklar. Weiter wird der Irrenarzt in übermenschlicher Verzerrung gefilmt. Außerordentlich, aber verwirrend. Er ist nicht wichtig genug, um vergrößernde Symbolisierung zu vertragen. Diese Vergrößerung hätte Karl Thomas und Kilman zukommen müssen, weil sie die Gegenwelten vertreten.

Allerdings war Leonard Steckel, der diesen Irrenarzt mit schauspielerischer Intuition und ökonomischer Beherrschung seiner Mittel in den Film hinaufspielte, außerordentlich. Dieser

Eindruck stellt sich sonst nur noch einmal ein: als Kate Kühl ein formuliertes und deshalb zündendes Chanson von Walter Mehring sang.

Alexander Granach in einer Hauptrolle ist immer eine Gefahr. Als er unter Jessner den Nicolo, als er unter Holl den Puck, als er jetzt unter Piscator den Karl Thomas spielte – jedesmals dieselbe handwerkliche Unzuverlässigkeit. Er schrie nicht. Dafür zerdrückte und zerquetschte er alle Sätze. Dafür spielte er über alle Einschnitte hinweg. Die Maske der Figur wurde deutlich. Die Vorgänge nicht. Was wollte Granach? Einen Vorgang inhaltlich wiedergeben? Dafür sprach er zu undeutlich. Einen Menschen charakterisieren? Dafür war er schauspielerisch zu oberflächlich. Wo er spielte, war leerer Raum. Hier ist Entwicklung nur bei äußerster Zucht möglich. Aber darauf wartet man seit Jahren.

Die Schauspieler hatten sich noch nicht alle an das Szenengerüst gewöhnt. Es wäre eine Gefahr, wenn es auch für andere Stücke beibehalten würde (Kreisler-Bühne). Paul Graetz als Pikkel spielte Solorolle. Sybille Binder blieb, als Proletarierin, viel zu mondän im Ton, Oscar Sima als Kilman saftig für eine Episode, aber ermüdend für den ganzen Abend. Ernst Busch ein Gesicht; es bleibt fraglich, ob auch ein Ton.

Die Piscator-Bühne ist heute die einzige Bühne, die Aufgaben gibt, die zur Stellungnahme zwingt. Noch die Revuedirektoren ziehen ihre beste Wirkung aus der Parodie Piscators. Eine Persönlichkeit ist da. Über die Struktur des Theaters ist noch zu schreiben.

Berliner Börsen-Courier, Nr. 414, 5. September 1927

»Troilus und Cressida«

Deutsches Theater

Eine Schauspielervorstellung. Kein Theater in Berlin hat diesen farbigen Reichtum an Komödianten. Wenige Bühnen wissen ihre Mitglieder so dankbar herauszustellen. Kleine Rollen ergiebig zu gestalten, Appetit auf Nebenpartien zu machen – früher Max Reinhardts und nach ihm Fehlings und Engels Begabung –, das versteht das Deutsche Theater heute wieder vortrefflich. So weckt es die Lust am Ensemble im Schauspieler selbst, die Freude am Zusammenspiel auch dann, wenn Reinhardt nicht Regie führt.

Dieser Teil der Auffrischungsarbeit ist geleistet. Das Theaterspiel macht den Darstellern wieder Freude. Der Funken springt über. Die Verantwortung vor dem Werk fehlt noch, das Wissen um seine Haltung, seine Proportionen, seine Form. Herrliche Schauspieler, losgebunden von einer Regie, die jeder schauspielerischen Intuition begeistert nachgeht, von einer gesunden, primitiven, hemdsärmeligen Regie. Da legt Jacob Tiedtke den Kuppler Pandarus hin, schwammig, lüstern, süßlich feist, und nicht nur grölend, nicht nur auf die Stimme drückend, nicht nur auf die gegebene Wirkung des Körpers sich verlassend – abwechslungsreich schattierend, farbig und erfinderisch. Da gibt Oskar Homolka einen Thersites: Jeder Satz zündet, jeder ekelspeiende, haßgeschwärzte, hohngeifernde Satz eines Bastardmenschen, eines Pöbelmenschen, der Recht hat, der Wahrheit hat gegenüber dem Klopffechtertum der Fürsten und Helden. Technisch spricht Homolka viel sauberer und akzentuierter als früher. Eine Figur von phantastischer Vitalität und darstellerischer Prägnanz. Da ist Blandine Ebinger, die als Kassandra sprachtechnisch seit der Ophelia bedeutend zugelernt hat. Da ist Cäcilie Lvovsky als Andromache, während Agnes Esterhazy als Helena Offenbach in Budapest gibt.

Es ist nicht schwer, isolierte Wirkungen aus den Griechenszenen herauszuholen. So komisch Paul Hörbiger als Nestor, Ferdinand Bonn als Agamemnon, Fritz Kampers als Ajax ist, die Mittel der Parodie bleiben billig. (Paul Otto konversiert als Odysseus undeutlich.) Shakespeares Griechenwelt stellt sich in dieser Wiedergabe, in der Inszenierung von Heinz Hilpert, als ein wildes Komödiantenstück dar, in dem antike Helden zu schauspielerischen Improvisationen benutzt werden. Als Gerüst für mimische Extempores. Als ein Stegreifspiel genialer Bretterhelden. So scheint es aus allen Stilarten und Stückgattungen zusammengekramt. Bald Heldengesang, bald Heldenparodie. Nichts ist geglättet, besänftigt, nichts wird auf Shaw hin zivilisiert – das ist gut. Aber die Tragödie, die »Troilus und Cressida« ist, die bittere, schwarze Tragödie, wird nicht gespielt. »Troilus und Cressida« ist vielleicht das einzige Trauerspiel mit dem Vorzeichen der Komik. Tragisch durch das, was komisch ist. Diese Helden sind nicht die Parodien von Helden. Shakespeare ist niemals, in keinem Werke parodistisch. Daß diese Helden Helden sind und doch so erbärmlich, so falsch, so tückisch, so infernalisch gemein, zu jedem Verrat bereit, zu jedem Betrug fähig – das ist der tragische Sinn des Stückes, das ist der Weltpessimismus Shakespeares. »Troilus und Cressida« ist eine Tragödie, gegen die »Hamlet« sanft, »Othello« ein beschaulicher Privatfall und »Romeo und Julia« ein unglückliches Idyll bleiben.

Daß das Drama diese finstere Farbe nicht auf der Bühne annahm, diese schattentiefe Welttrauer, diesen nachtdunklen Welthaß und Welthohn, durch den Kontrast der grellen, der weißen Komik, hat seinen Grund in der schwächlichen Ausgestaltung der »ernsten« Rollen. Erwin Faber als Diomedes und Lothar Müthel als Achill kamen zwar dem Wesentlichen nahe: der Doppeldeutigkeit ohne Parodie, der falschen Leere ohne Karikatur, aber Rehmann als Hektor, in der einfarbigsten, menschlich reinsten Rolle blieb trocken. Und Mathias Wieman und Margarethe Köppke ... Margarethe Köppke schien zuviel Respekt vor der klassischen Partie zu haben. Die Munterkeit und drollige Schärfe, die ihre Begabung früher aus der unglücklichen »Antonia«-Vorstellung heraushob, war geschwunden. Statt dessen blieb eine unentschiedene, zaghafte Lieblichkeit übrig, eine sprachliche Verschwommenheit. Margarethe Köppke ist begabt, ist ein durchschlagendes Bühnentemperament. Warum machte sie von diesem Temperament gestern so wenig Gebrauch?

Mathias Wieman als sehnsüchtiger, gehemmter Troilus – wunderbar. Ein herrlicher Beginn. Aber im Verlauf des Abends wartet man auf einen entschiedenen Ton, auf straffere Gesten, straffere Körperführung. Wieman vergißt das Ende der Sätze abzuschließen. Er macht keinen Punkt; senkt den Tonfall, statt ihn zu heben. Eine menschliche Begabung, die aus sich herausgehen muß. Sonst geht es ihm später wie Kayßler.

Ein lebendiger Theaterabend. Wirksam, aber uneinheitlich. Uneinheitlich wie die Dekorationen, die der begabte Arthur Pohl aus allen Perioden des Deutschen Theaters zusammengesucht zu haben schien. Einheitlich wie die Übersetzung von Hans Rothe. Klar, aber dünn, sprechbar, aber ohne die Schatten, die das hintergründige Werk Shakespeares und wenn auch nicht die Übersetzung von »Troilus und Cressida« so doch sonst oft Übersetzung Schlegels hat.

Berliner Börsen-Courier, Nr. 430, 14. September 1927

»Fünf von der Jazzband«

Staatliches Schauspielhaus

Fünf von der Jazzband – vier nehmen ein Mädchen hinzu, das sie durcheinanderbringt: Sie sind nicht mehr »ein Mann«. Sie setzen das Mädchen ab: Mann ist wieder Mann.

Eine graziöse Regiepartitur. Ihre Handlung, daß sie Handlung hat. Das Mädchen wird im Gasthaus aufgegabelt und zum Konzert nach Dinard mitgenommen. Es soll die Pauke schlagen und verpatzt es. In diesen beiden Bildern wird die szenische Bewegung allein aus dem Motiv der Jazzband gewonnen. Geläufigkeit der Worte, hin und her schießende Gänge, beschwingte Situationskomik. Das Konzert mit der drollig Pauken schlagenden Jessie, der entzückende Abgang der fliehenden, aber noch immer muszizierenden Gruppe – solange das Lustspiel ohne Substanz ist, hat es seinen Ton, seine szenische Form.

Aber schon in dem besten, im zweiten, im Konzertbild sitzt der dramatische Knacks. Die Bewegung der fliehenden Jazzband ist reizend. Der Fehler liegt in der Motivierung: ein Kleid wird für Jessie gestohlen. In die ruhig laufende Maschine wird plötzlich ein falscher Gang eingeschaltet. Der Motor wird schadhaft, rattert und spuckt. Nun kommt »Lustspielhandlung«, banale Liebesanträge, eine Schwankszene mit vertauschten Schuhen im Hotelgang. Jetzt werden Einfällchen nachgestopft, und zuletzt steht alles still.

Joachimson hat mehr als eine nur gefällige Begabung: Er kann das Auf und Ab einer Szene musikalisch liniieren. Sobald er aber die fließende Bewegung aufgibt und konkret werden will, überhebt er sich leicht. Die Sprache, sobald sie Inhalte (gefühlsmäßige oder geistige) geben will, wird taub. Der Ton schlägt nicht mehr an. So kommt das Chanson im fünften Bild zu keinen Konturen. Und das Ende, das in die Bewegung des Anfangs zurückgleiten will, findet nicht mehr den Anschluß. Der letzte Satz – der Neger spricht endlich eine zusammenhängende Periode –, der als Endglied einer *Bewegung* reizend hätte wirken können, bleibt jetzt isolierte, feuilletonistische Pointe.

Joachimson wird, wenn er seine Begabung richtig erkennt, reizende szenische Libretti schreiben können. Dieses wurde von Erich Engel zum Blühen gebracht. Selten hat man eine Aufführrung von ähnlicher Vollendung gesehen. Jeder Satz erhielt seine mimische Fassung. Jede sprachliche Parallelität, jede Situation, jede Gruppe wurde immer wieder neu gewendet. Eine Fülle der Einfälle in ständigem Fluß. Durch alle Bühnenwinkel wurde hindurchgespielt: in die Tiefe, in die Breite, von unten nach oben, obwohl fast alles sich auf dem flachen Bühnenboden begab. Aber in den Hotelakt ist ein Aufzug einkomponiert, und wie dieser Aufzug die Bewegung aufnimmt, das ist nur mit einer fabelhaft geschnittenen Filmpassage zu vergleichen. Die gleitende Linie, die Joachimson aufgibt, Engel führt sie weiter. Wie eine Tür spielt, wie das schwache Chanson durch das Einschalten einer Lampe plötzlich gestützt, wie alles sichtbar wird – das ist nicht nur ein optischer Genuß, das ist auch eine dramaturgische Leistung. Immer werden die Drehpunkte der Situationen herausgehoben, alles wird übersichtlich, federnd, elastisch. Die Schauspieler, eine Gruppe, sich lösend, sich wieder zusammenfindend: Walter Franck ruhig, Paul Bildt glatt, Franz Weber so unchargiert wie noch nie, Veit Harlan liebenswürdig und Maria Paudler bezaubernd in einer entzückenden Mischung von Clownerie und Schüchternheit, von Ulk und Verwirrung.

Bühnenbilder: Caspar Neher. Vortrefflich wieder in der farbigen Gliederung der Spielräume. Berlin hat Caspar Neher an Essen verloren. Nicht, daß Neher in Berlin keine Aufträge gehabt hätte. Im Gegenteil. Aber die notwendige zentrale Stellung, die ihm die Möglichkeit gegeben hätte, ein Theater nach seinen szenischen Ideen *einheitlich* mit der Regie aufzubauen, gab ihm nicht Berlin, sondern Essen. Ein großer Verlust.

Berliner Börsen-Courier, Nr. 446, 23. September 1927

»Justiz«

Deutsches Künstlertheater

Stücktitel und ihre Änderungen, auch sie sind Theatergeschichte. Als Shaws erste Komödie vor zwanzig Jahren in Barnowskys Kleinem Theater aufgeführt wurde, hieß sie »Heuchler«, moralisierend, Ibsen-Zeit. Dann nahm sie den Namen »Die Häuser des Herrn Sartorius« an. Die Zeit ist auf dem Wege, sachlicher, gegenständlicher zu werden. Aus der Komödie heuchlerischer Menschen wird die Komödie des Besitzes. Heute heißt sie treffend »Zinsen«. Eine finanzielle Einrichtung, eine kapitalistische Institution ist Angelpunkt des Stücks. Komödie als Dokument. Zeittheater 1927.

Galsworthys Drama hieß schon vor dem Kriege »Justiz«; war also gedacht als Drama über eine Institution, als Schauspiel über eine staatliche Einrichtung, allgemeingültig, mahnend, dokumentarisch. Das deutet der Titel an. Das Stück selbst bleibt enger Privatfall. Ein gutartiger, anständiger Schreiber fälscht einen Scheck, um für eine Frau, die von ihrem Manne mißhandelt wird, und für sich Geld zur Flucht zu erhalten. Es kommt heraus. Sinnesverwirrung wird dem Sekretär nicht zugebilligt. Urteil: drei Jahre Zuchthaus. Grausamer Strafvollzug. Einzelhaft. Schließlich Freiheit und doch keine Freiheit. Polizeiaufsicht. Arbeitsmöglichkeiten sind verrammelt. Er fälscht ein Zeugnis. Wiederverhaftung. Todessturz ins Treppenhaus.

Ein mahnendes Schauspiel ohne Überzeugungskraft. Edel gemeint, notwendig in der Tendenz. Aber schwach und dürr in der Durchführung. Galsworthys Drama wirkt quälend, ohne aufzurütteln. Es fehlt der Zuschuß Temperament, der die Wirkung ins Gehirn, ins Gefühl der Zuschauer hinübergeleitet hätte. Es fehlt die grandiose Rücksichtslosigkeit, die den Fall erweitert und gültig gemacht hätte.

Im Rahmen des bürgerlich gemessenen Schauspiels kann man nicht gegen die Justiztradition von Jahrhunderten anrennen. Dazu bedarf es andrer theatralischer Ausdrucksmittel. Ein sandiges Stück, das die Schauspieler im Trockenen läßt. So entstand eine unlustige Aufführung. Regie: Karl Heinz Martin? Regie: der Inspizient. (Wie sollte Martin für diese Inszenierung Zeit gehabt haben, wenn er heute abend die Opernpremiere »Jonny spielt auf« leitet?)

Ernst Deutsch als Sekretär. Er läßt sich, wie immer in der letzten Zeit, zur Figur herab. Ein gemessener Gast, viel zu sorgfältig angezogen für einen armen Schlucker. Ernst Deutsch verleiht den Rollen die Gnade seiner Darstellung wie einen Orden. So ging es dem Dubedat, so ging es dem Prinzen Heinz, so ging es jetzt dem Falder.

Wie modrig und quälend diese Vorstellung ist (wenn man von den leisen, allerdings im Privaten befangenen Tönen von Carl Goetz absieht) spürt man zwei Stunden später noch einmal bei den »Blauen Blusen« im Piscator-Theater am Nollendorfplatz. Auch hier ist Tendenz, Aktualität, Propaganda. Aber wie erfrischend und elektrisierend! Arbeiterkabarett aus Rußland. Darstellung aus dem Alltag selbst. Hier kann sich niemand herablassen, weil nicht der Star eine (revolutionäre) Rolle übernimmt. Hier ist es die Arbeit selbst, die sich darstellt. Arbeit, Politik, Lebensbedingungen im neuen Rußland, wiedergegeben in Gruppen, Tänzen, Liedern, Menschen, die mit dem neuen Staat geworden sind, drücken ihn aus. Überkommene Ausdrucksformen fallen ab, alte Volkslieder werden verhöhnt, Propaganda gegen die Wolgamädchen beim Wolgawein. Aber diese Arbeitersänger und -tänzer formieren bald eine Lokomotive, bald Maschinen, bald geben sie die Zeitungen und ihre Entstehung wieder, bald den Nachwuchs der Roten Armee. Heiter, sicher, fast schon überlegen.

Als das russische Schauspiel »Das Mandat« im Renaissance-Theater aufgeführt wurde, sah man, daß das Überkommene Handlungsschema nicht bereit ist, neue Inhalte aufzunehmen, in Rußland ebensowenig wie im England Galsworthys. Die russische Komödie war plump, wie das englische Schauspiel philiströs ist. Aber hier in der Form des agitatorisch-heiteren Kabaretts liegen die Möglichkeiten der Zeitdarstellung, wie sie beim dokumentarischen *Schauspiel* in der Verbindung mit dem Film und der Reportage liegen.

Eine erfrischende Nachtvorstellung. Hiermit kann man sich auseinandersetzen. Galsworthy – das alte Theater ist müde geworden. Artistische Vollkommenheit kann ohne Substanz einer neuen Zeit nicht bestehen. Und diese Zeit wieder ist noch zu bewegt, als daß sie für das große Theater schon artistische Vollkommenheit finden könnte. Sie hat sie im Kleinen: bei dem Arbeiterkabarett der »Blauen Blusen«. Auf die anderen deutschen Verhältnisse übertragen: Von den deutschen Industriezentren her kann das Theater belebt werden, nicht von den »Kunststädten«. Eine alte Wahrheit fand neue Bestätigung.

Berliner Börsen-Courier, Nr. 472, 8. Oktober 1927

»Die Wupper«

Staatstheater

Als vor achtzehn Jahren Rudolf Blümner Else Lasker-Schülers »Wupper« dem Deutschen Theater empfahl, wurde ihm geantwortet: »Ein ausgezeichnetes Stück, schade, daß es zehn Jahre zu spät kommt.« Es war die Zeit, als man Hofmannsthal als Dramatiker überschätzte. Dann wurde das Schauspiel, zehn Jahre darauf (als es demnach schon zwanzig Jahre »zu spät kam«) in demselben Deutschen Theater vom Jungen Deutschland gegeben. Es war die Zeit des mißverstandenen Expressionismus. Sie konnte den großen Erfolg nicht verhindern.

Else Lasker-Schülers »Wupper« kam in Wahrheit zwanzig Jahre zu früh. Jetzt erst wird sie von der Zeit erfüllt. Was früher von einem als »phantastische Ballade«, vom anderen als detaillierender, nachzeichnender Naturalismus angesehen wurde, erscheint heute als visionäres Dokument der wilhelminischen Epoche. Aus dem Märchen ist Wirklichkeit geworden. Der Mythus ging voraus, und die Historie wuchs ihm nach. Das Drama einer Frau, zerfahren und wirr? In einer Zeit, als die neuromantischen Männer eine L'art-pour-l'art-Bewegung schufen, als sie weltfremd träumten und kunstgewerbliche Ornamente schnitzten, hielt der Blick einer Frau der Zeit stand. Sie sah die zerfallenden alten, die aufsteigenden neuen Schichten und formte ihre Geschichte. Else Lasker-Schüler, die einzige schöpferische Dichterin im Deutschland der letzten Jahrzehnte, rettete auch die Ehre des deutschen Dramas.

Else Lasker-Schüler (aus Barmen-Elberfeld) nahm für das Theater eine Landschaft voraus. Sie entdeckte die Dramatik des Industriebezirks, der wir uns heute erst auf dem Umweg über ehrwürdige Festspiel- und traditionelle Kunststädte wieder zuwenden. Der Wurf der Entdeckung war zugleich der Wurf der Gestaltung. Das oft mißleitete und abgelenkte Drama muß heute langsam im Stofflichen nachholen, was hier schon im Dichterischen erreicht war.

Im »Wupper«-Drama wird eine ganze Schicht von innen zerfressen. Damals sah man den Spuk der Herumtreiber. Heute sieht man die gigantische Realität des Industriehintergrundes. Damals ging man über die Szenen im Fabrikantenhause hinweg. Heute sind sie die Schicksalstragödie des Bürgertums. Das Haus der Frau Sonntag zerfällt in sich selbst. Keine Revolution dringt dagegen an. Aber seine Bewohner wissen nicht, wohin mit sich selbst. Sie haben kein Ziel mehr und keinen Sinn. Trägheit und Standesdünkel zerfrißt die Tradition. Lüste und Gier, Hochmut und starrer Kastengeist – eine Familie stürzt. Ein Höllensturz. Dieser Teil des Stückes kam in der Aufführung von Jürgen Fehling zum erstenmal heraus. Wie diese Familie im verschnörkelten Gartenhaus beim Frühstück sitzt, der Proletariersohn abseits, in gebührender Entfernung – meisterhaft. Wie später in das verödete Zimmer der Verfall dringt – aufwühlend. Welche schauspielerischen Leistungen! Lucie Höflich als Frau Sonntag: gemessen, mit leicht betonter Kühle und Steifheit, und doch empfindet sie noch echt die Tradition und wird erschüttert durch den Verfall – wundervoll. Ihre Tochter Marta, schon haltlos, schon weggeworfen, eine bisher unbekannte Schauspielerin gab sie, frivol, sinnlich, zynisch, mit einer Fülle starker Züge – außerordentlich: Viktoria Strauß. Dann die Dienstmädchen: Elsa Wagner, die alte, kanpp und fabelhaft; Margarethe Schön, die junge, hier in einer Charakterrolle nach ihren blassen Liebhaberinnen nicht wiederzuerkennen.

Auf der Gegenseite mußte man sich erst zurechtfinden. Im Arbeiterviertel trieb Albert Florath als Großvater Wallbrecker zuviel Charakteristik, er wurde undeutlich. Die Exposition verlor an Klarheit, die Vorgänge wurden nicht herausgehoben. Auch die Herumtreiber: Pendel-Frederich, Lange Anna, der gläserne Amadeus waren nicht gefaßt und stilistisch nicht eingeordnet. Aber dann die Mutter Pius: Alexandra Schmidt. Sie behauptete im Schauspiel den Eindruck des Films (Pique Dame). Wie sie die alte Kupplerin und Kurpfuscherin mit bösem Blick, fahlem Antlitz ohne Unterstreichung gab, wie sie sich an ihre Opfer heranschob, heranäugte, herankitzelte – ein unheimlicher Realismus. Lucie Mannheim als Lieschen Puderbach – seit sie nicht mehr lyrisch zu sein braucht, ist sie eine erste Schauspielerin geworden.

Eine wachsende, eine steigende, eine sachlich-phantastische Aufführung. Fehling entzündete sich an der Aufgabe. Wie war Günther Hadank (der beste der Männer) gegen Lothar Müthel gesetzt. Hadank sachlich, zurückgestemmt, Müthel schmerzlich-schwärmend, zerbrochen. Eine dramaturgische Aufführung schon in der Besetzung. Sie machte in den Seitenfiguren zuviel chargierende Stimmung. Sie machte in den handelnden Hauptfiguren das Werk klar. Ein Ereignis, eine Tat.

Berliner Börsen-Courier, Nr. 486, 17. Oktober 1927

»Dorothea Angermann«

Deutsches Theater

Das Erlebnis einer Hauptmann-Premiere ist schon seit Jahren schmerzlich. Gerhart Hauptmann hat zu viele Werke geschaffen, die Zeiten überdauern, als daß schwächere Dramen seine Bedeutung verdunkeln könnten. Was deprimiert, ist etwas anderes, ist bedenklicher als ein schwaches Drama, symptomatischer als ein mattes Werk.

Gerhart Hauptmann ist schon lange und staatsoffiziell seit seinem sechzigsten Geburtstage die repräsentative Figur des Deutschen Theaters. Er ist sichtbar für Europa und die Welt. Jede Äußerung von ihm wird nach Amerika gekabelt. Für jedes Wort von ihm wird draußen eine ganze Literatur, ja beinah ein ganzes Volk verantwortlich gemacht.

Fühlt sich Hauptmann selbst für diese Äußerungen verantwortlich? Sie sind oft von erschreckender Banalität. Aber auch das ist nicht das schlimmste. Jeder schöpferische Geist hat das Recht auf die Pause. Das schlimmste ist, daß auch diese Bekenntnisse wie orphische Urworte kolportiert werden, ohne daß Hauptmann sich dagegen wehrt. Das Tragische ist die Widerstandsunfähigkeit gegen die Umgebung. An jede offizielle Persönlichkeit drängen sich Nutznießer des Ruhms heran. Gerhart Hauptmann wird von ihnen luftdicht gegen seine Zeit abgeschlossen. Die Existenz, die Hauptmann in Interviews und Artikeln führt, ist blamabel. Die Literatur, die dafür verantwortlich gemacht wird, ist Hauptmann entfremdet. Die geistige Epoche, die dafür büßen muß, ist Hauptmann unbekannt. Eingeweihte wissen Bescheid. Zeitschriften glossieren die Tragikomik dieser Zustände. Aber das Ausland? Eine Oberschicht versucht die deutsche Literatur zu vertreten, die geistig nicht mehr repräsentationsberechtigt ist, weil sie den Zusammenhang mit dem Volk und der Jugend verloren hat.

Es ist die Tragödie der deutschen Dichtung, daß die Führer

nicht Tradition bilden, sondern nur Anhänger und Gegner schaffen. Die Gegner sind oft ebenso stupide wie die Anhänger. Die Gegner sehen nur schwarz, die Anhänger nur weiß. Diese Zweiteilung ist die Einbruchsstelle der Korruption. Gegner und Anhänger sind empfänglich für jede Zuträgerei. Kämpfe werden nicht offen ausgetragen, sondern hinter den Kulissen geschlichtet oder weitergeleitet. Zustimmung wird nicht produktiv, sondern stumpft ab. Rückgrate brechen. Geheimbünde machen sich breit. Aus Gegnerschaft wird Übelnehmerei. Aus Anhängerschaft Clique. Bei Jubiläen, Festreden und offiziellen Diners werden die Meinungen erweicht, die Verantwortung aufgehoben.

Nichts ist bedenklicher für das geistige Deutschland, als daß die Erscheinung Gerhart Hauptmanns heute in den Bereich eines Hofstaates gehoben ist, daß hier die breiteste Gefahr für die literarische Aufrichtigkeit liegt. »Dorothea Angermann« ist kein Stück, das durch dramaturgische Korrekturen zu stützen wäre.

Die ganze Menschenschicht, aus der das Schauspiel gewachsen ist, scheint dramatisch verbraucht, die Konflikte abgenutzt, die Handlung kahlgefressen. Auch wenn »Dorothea Angermann« in den neunziger Jahren spielen soll – es ist für diese Zeit kein Dokument, weil es in keinen geistigen Raum gehoben ist, der es bewahrt und keimkräftig erhalten hätte. »Dorothea Angermann« ist ein privates Familienereignis geblieben und als solches weder interessant noch charakteristisch, noch dauerhaft.

Ein Museumsabend trotz einer meisterhaften Aufführung. Aber Meisterschaft braucht durchaus nicht immer am Platze zu sein. Meisterschaft kann sich, am falschen Objekte, auch aufdrängen. Gestern drängte sie sich auf. Reinhardt modulierte jede Gestalt aus, faßte jede Szene wieder zusammen. Trotzdem schien das Stück überspielt zu werden. Das Drama barst und riß. Es ist kein Zufall, daß den größten Beifall Oskar Homolka als Koch hatte. Die einzige Rolle, die nicht aus dem Bereiche einer sentimentalen Weltanschauung kam, wurde am sichersten, am selbstverständlichsten gespielt, am leichtesten vom Publikum aufgenommen. Homolka ist herrlich im Aufstieg.

Man kann heute traurige Privatfälle auf der Bühne nicht ertragen. Selbst wenn Kayßler als Bruder in Amerika noch herber geworden wäre – seine Wirkung, in Wien groß, mußte in Berlin nachlassen. Sogar Werner Krauss, der die unmöglichste Figur, einen Meister Anton, der gleichzeitig Helmer ist, durch Humor zu retten suchte, konnte auf die Dauer gegen die Rolle nicht an. Er stellte herrlich einen lärmenden, von Vitalität platzenden Gefängnisdirektor hin. Ein Ereignis für sich. Die Gestalt blieb trotzdem unerklärlich.

Mathias Wieman spielte einen deutschen Professor. Unter der Leitung von Reinhardt charakterisierte er. Während er sonst die Rollen oft in sich hineintrieb, trieb er sie jetzt zu weit aus sich heraus. In der Mitte zwischen dem Troilus und diesem Herbert Pfannschmidt liegt sein Weg.

Helene Thimig als Dorothea Angermann. Mit irren, suchenden, haltlosen Blicken, mit scharfer, vom Erlebnis gehärteter, angerauhter Stimme. Herrlich. Jeder Satz war gestaltet, durchleuchtet. Kein Zufall, keine Empfindsamkeit. Höchste Meisterschaft. Um der Thimig willen lohnte sich der Abend. Um ihrer Entwicklung willen. Wenn aus diesem Bilde noch die letzten Grellheiten getilgt und atmosphärisch eingeordnet sind, werden sich ihr neue Möglichkeiten ergeben.

Stärker als die Anheizung vieler Szenen sprach für Reinhardts Regie, wie Paul Henckels als Dr. Weiß und ehemaliger Zuchthäusler scheu und immer rückwärts ging, wie Charlotte Schultz eilig, mitleidig boshaft sagte: »So allein, Dorothea?«

Berliner Börsen-Courier, Nr. 490, 19. Oktober 1927

»Rasputin«

Piscator-Bühne

Ein stärkerer Abend als die Eröffnungsvorstellung. Ein konsequenterer Abend. Solange es *Dichtungen* für das politische Theater noch gibt, ist es ehrlicher, diese Dichtungen auch nicht vorzutäuschen. Solange *Dramen* für die aktuelle Bühne noch nicht existieren (und wahrscheinlich *kann* es sie wegen der zeitlichen Nähe nicht geben), ist es klarer und offener, sich auf die *reportagehafte* Zubereitung der Stoffe zu verlassen. Toller hatte auch einen Zeitstoff gefunden. Aber er färbte ihn empfindsam um. Er durchrankte die Sprache mit Poesie, statt den dramatischen Kern umzuschmelzen. Eine Halbgattung zwischen Dichtung und Reportage. Eine Mischform und deshalb mürbe und schwach.

»Rasputin« ist Rohstoff, ungeformt, aber auch unverziert. Ein Reißer, aber ein offener Reißer. Offen allen dramaturgischen Eingriffen. A. Tolstoi und P. Schtschegolew haben ein rohes Szenarium gegeben. Ein Szenarium, in das soviel Tatsachengehalt paßt, wie das Theater hineintun will. Keine Form wird zersprengt. Keine ästhetische Kontrolle wird verletzt. Der Verfall des Zarenhofes. Die Assoziationen ergeben sich von selbst.

Welch eine Zeit! Welch ein Untergang! Weltkrieg, 1917. Lokkerung und Auflösung der russischen Front. Korruption und Desorganisation im Innern. Adel und Bürgertum sind angefressen. Das Volk hungert. Am Zarenhofe betet man. Am Zarenhofe herrscht Rasputin, der bäurische Mönch. Gesundbeter und Dieb, Wundertäter und Schürzenjäger. Rasputin, der mit seiner rohen Kraft den schwachen Zaren und die hysterische Zarin niederhält, Rasputin, der sie mit seinem mystischen Gefasel wiederaufrichtet. Rasputin, der, vom Fürsten Jussupow vergiftet, immer noch nicht stirbt, der mit zwei Kugeln im Leib immer noch nicht stirbt, immer noch sich erhebt und erst tot ist, als der Vergiftete, Erschossene unters Eis der Newa geworfen wird. Rasputin – dieser Mystizismus zerfrißt in anderen Gestalten fast alle Höfe der Weltkriegsmächte. Flucht ins Übersinnliche, weil die impotente Phantasie längst nicht mehr das Grauen der Wirklichkeit faßte. Der Krieg entstand durch den Mangel an Vorstellungskraft.

Dem Mangel an Vorstellungskraft möchte Piscator für eine ganze Generation abhelfen. Er zeigt den Krieg, seine Wirkungen, seine Ursachen. Er »fängt immer von vorne an« – er sagt es selbst. Er gibt die Romanows. Er gibt die Leibeigenschaft, den Hunger, die Tyrannei. Film, der über die herabgelassene Gazefläche läuft, Film, der über die geschlossene Kugel rinnt, die die Bühne umschließt, die sich öffnet, oben, unten, mitten, seitwärts, um das Stück, um die Zwischenszenen freizugeben. Die Zwischenszenen: von der Waffenindustrie bis Lenin, von russischen Bauern bis zum Dreikaiserauftritt (Nikolaus, Wilhelm, Franz Josef), von desertierenden Soldaten bis zu General Foch.

Das ist oft vortrefflich eingeschnitten, auf den Punkt genau eingesetzt (nur klappt oft die Verbindung zwischen Wort und

Film nicht), aufrüttelnd, alarmierend, lähmend, peinigend, vorwärtsstoßend. Das läßt nicht los. Das zwingt standzuhalten, Stellung zu nehmen. Das macht das Ausweichen unmöglich.

Die Fragestellung ist also eine andere als sonst bei Theaterabenden. Es ist müßig zu sagen: Es gibt rundere, vollkommenere Vorstellungen. Das ist wahr. Es gibt reichere, tönendere Abende. Richtig. Aber wer wird ein Ergebnis mit einem anderen vergleichen, mit dem es weder in einer positiven noch negativen Vergleichsbeziehung steht. Dieser Abend trägt den Maßstab in sich selbst.

Wo erreicht er den Zweck, den er sich selbst gesetzt hat: den Zweck der politischen Aufhellung? Wo erreicht er ihn nicht? Er erreicht ihn nicht, wo er die Mittel des Films und der Bühne durcheinanderwirft. Die Massendarstellung der russischen Revolution ist im *Film* eindringlicher als auf dem Theater. In den letzten Bildern wäre es ökonomischer in der Zeit und zweckdienlicher in der Deutlichkeit gewesen, wenn man zwischen die Szenen Rasputins und der Zarin nicht mehr *Wortauftritte* von Massen, sondern nur die Filmbilder der Massen gesetzt hätte. Purischkjewitsch in der Duma kann bleiben. Mit allem anderen am Schluß fort. Fort mit den Matrosen (soweit sie bei Tolstoi nicht vorkommen). Fort auch mit der letzten Szene. Der Sieg der Bolschewisten und Lenins wäre faszinierender und, dramaturgisch gemeint, kürzer und schneller im *Film* erfolgt. Das *Wort* ist hier abgebraucht. Schlagwort ohne Inhalt. Der Film hätte eine grandiose Apotheose ermöglicht. Danton fand schon kurz nach seinem Tode einen Dichter. Büchner verarbeitete tatsächlich gehaltene Reden, geschichtliches Rohmaterial und schuf doch ein Kunstwerk. Heute ist die Geschichte so ungeheuer, daß ähnliches fast unmöglich wird. Aber wir haben ein Mittel, das keine Zeit sonst hatte: den Film. Piscator, ein Meister des Films, hat sich hier im Mittel vergriffen.

Sonst wurde der Zweck von Piscator aus erreicht. Die Regie setzte sich auch schauspielerisch um: Anton Edthofer einfach und persönlich als Fürst Jussupow. Er hatte wieder Geheimnis um sich, das er in seinen Kammerspielrollen vor Jahren verloren hatte. Ausgezeichnet in seiner zarten Eindringlichkeit Oscar Sima als Spitzel, als Deserteur, als Soldat. Hervorragend Erwin Kalser in der schweren Rolle des Zaren. Schwäche wurde körperhaft. Jeder Ton, jede Bewegung (das Greifen zum Bart) charakteristisch und einprägsam. Kalsers beste Rolle. Sybille Binder zu mondän als Wyrubowa. Tilla Durieux als Zarin zuerst überraschend diszipliniert und gut, später nachlassend.

Wegener gibt den Rasputin. Älteste Schule. Mit tiefen Theatertönen. Hoftheater auf der revolutionären Bühne. Man muß die beziehungsreiche Pause vor dem Wort »Judaskuß« gehört haben, um zu spüren, welch ein veralteter Schauspieler Wegener ist.

Piscator hat einen großen Erfolg gehabt. Seine Aufgaben: nicht zu erstarren, sich mit jungen Schauspielern zusammenzutun. Er ist durch eigene Kraft hochgekommen. Welche technische Phantasie hat er (mit Traugott Müller) Wirklichkeit werden lassen. Jetzt ist seine Aufgabe, sich an das richtige Publikum mit den richtigen Mitarbeitern zu wenden. Ein Aufrüttler. Mehr als nur ein Theatermann.

Berliner Börsen-Courier, Nr. 530, 11. November 1927

»Das Fossil«

Renaissance-Theater

Carl Sternheims »Fossil«, das 1923 auf dem Land in Preußen spielt und traurig mit Revolverschüssen endet, ist außerhalb Berlins schon aufgeführt worden. Ein Erfolg war es nicht. Weil es ein aggressives politisches Schauspiel ist? Oder weil es die gehackte Sternheimweise durch Überkonsequenz erledigt?

Sternheims tragische Feudalsatire wurde steril, weil sie keinen nährenden Grund unter sich fühlte. Sternheim, der in seinen ersten scharfen Komödien eine *existierende* Welt, die Welt des Vorkriegsbürgertums angegriffen hatte, greift im »Fossil« eine Welt an, die abgestorben ist. Mit derselben Technik, mit der er in der »Hose« und im »Schippel« der literarischen und politischen Zeit vorauskämpfte, will er hier der literarischen und politischen Wandlung nachkämpfen. Darin liegt der Grundfehler des Stücks, der die Unfruchtbarkeit der Szenen und der Sprache notwendig zur Folge hat.

Man kann nicht eine geschichtliche Tatsache, den Zusammenbruch der Militäraristokratie, mit possenhaften Einfällen satirisch aufputzen. Vorausschauende Komödien kann man dichten: ätzend, gallig, mit lustspielhafter Motivbehandlung, wie Sternheim seine Anfangsstücke schrieb. Rückschauende Stücke verlangen Material, Durchleuchtung der Zusammenhänge, Tatsachenboden. Sternheim schafft Zeit und Geschichte nicht heran. Er gibt keine Belege. Er schnürt das Deutschland von 1923 sofort zu einer grotesken Spielfigur ab, zum General der Kavallerie Traugott von Beeskow, der mit zuckender Augenbraue, einem Grammophon, das Militärmärsche spielt, und einem Schaukelpferd, das er säbelklirrend besteigt, die große Zeit nachträglich aufrecht hält. Sternheim verengt die Welt von 1923 durch eine Gegenfigur, einen adligen Salonkommunisten, dem die romanhafte Tochter des Generals ein kommunistisches Manuskript entwendet und verbrennt. Groteske Karikaturen und eine lächerliche Groschenhandlung – was blieb Sternheim anderes übrig, als er sich auf sein Schema verließ und die Welt, die Zeit, die er als Mitspieler brauchte, aus den Vorgängen ausschloß. Er stellte sich mit seiner kleinen Erfindung vor die Zeit. Er nahm ihr durch Romanereignisse die Echtheit und die Sprache. Was Wunder, daß das »Fossil« niemand versteht als Sternheim selbst! Was Wunder, daß es der Zeit die Sprache verschlägt und nur starre, gespreizte Formeln übrigbleiben. Der Stoff des »Fossils« – die grollende Schicht der Militäraristokratie auf dem Lande, heimliche Fäden von Völkischen und Kommunisten hinüber und herüber, Versuche, sich in der Welt zurechtzufinden, Rückzug und Erstarrung – dieser Stoff ist so groß, daß die Possenhandlung doppelt ärmlich erscheint. Sternheim als umgekehrter Gustav von Moser. Nötig wäre aber gewesen ein Zeitstück mit Zwischenschaltungen und Durchblicken durch alle Schichten, vom Land zur Stadt, vom Alter zur Jugend. Eine Kinderszene hat Sternheim auch: den Auftritt schnoddriger, zynischer Generalsenkel. Es ist die beste, weil lustigste, unmanierierteste Szene. Aber sie hätte dramaturgische Bedeutung erst, wenn sie in den richtigen Zusammenhang gebracht wäre.

Gustav Hartung hatte seine Premiere als Direktor des Renaissance-Theaters. Hartung weicht seinem starren früheren Stil aus, aber er überwindet ihn nicht. Er weicht ihm aus durch gedehnte Diskretion, getragenes Flüstern, durch pathetischen Kammerton. Mit dem »Fossil« ist wenig anzufangen. Max Gülstorff gab und konnte nur geben die Maske des Generals. Hilde Körber und Karl Balhaus spielten erfrischend die Kinder, Hermann Speelmans drastisch einen Chauffeur. Franziska Kinz wäre ausgezeichnet gewesen, wenn sie nicht zuviel obstruses Zeug hätte sprechen müssen.

Was ist der Weg Hartungs? Er will die Individualprobleme der Zeit geben? Aber das »Fossil« hätte erst gewirkt, wenn es ein kollektivistisches Gegenspiel gehabt hätte. Monotonie ist noch keine Diskretion. Gezogene Deklamation bleibt gezogene Deklamation, auch wenn nicht geschrien, sondern geflüstert wird.

Berliner Börsen-Courier, Nr. 556, 28. November 1927

»Mann ist Mann« in Berlin

Volksbühne

In derselben Zeit, als im Staatstheater der alte Holberg unter Pfeifen und Pfui-Rufen durchfiel, kam in der Volksbühne der junge Bert Brecht zu seinem ersten durchschlagenden Massenerfolg. Lieber kriecht man in Berlin in die modrigsten Manuskriptkisten, lieber läuft man den seichtesten Boulevardschlagern nach, als daß man an den Erfolg eines deutschen Dramatikers glaubt. Der Zusammenbruch einer lavierenden Spielplanpolitik, hier immer vorhergesagt, ist offenbar. Die Erfolgschancen von »Mann ist Mann« waren von Menschen mit Bühneninstinkt immer zu spüren.

Brechts Lustspiel ist vor das richtige Publikum gekommen. Vor das unverbildete, offene, naiv reagierende Publikum der Volksbühne. Auch hier unkten die »Kenner« und Vorstandsmitglieder. Auch sie wurden von dem Erfolg überrannt. Die Volksbühne ist flottzumachen, wenn sie in die richtigen Hände kommt. Die Volksbühne kann zu einem Zentrum des aktiven Theaters werden, wenn sie politisch und künstlerisch lebendiger geführt wird.

Es ist noch viel zu tun. Brechts »Mann ist Mann« wird – nicht bei den einfachen Zuschauern, aber bei den verbildeten – immer noch Mißverständnissen ausgesetzt sein. Solange die Welt noch das Problem der Kollektiv- und Individualmenschen tragisch und philosophisch betrachtet, kann sie sich nicht auf Humor umstellen. Die Zeit steht zum Thema »Mann ist Mann«

allenfalls satirisch. Bei Brecht sind alle satirischen Nebenbeziehungen abgefallen.

»Mann ist Mann«: der Packer Galy Gay in Kilkoa geht aus, einen Fisch zu kaufen und gerät unter die Soldaten einer englischen Maschinengewehrabteilung, die ihren vierten Mann verloren haben. Sie verwandeln ihn, damit nichts gemerkt wird, in diesen vierten Mann. Galy Gay wird Jeraiah Jip. Zuerst nennt er sich so. Nachher ist er's. Wer am Morgen als beschauliches Individuum auszog, marschiert am Abend als Nummer unter Tausenden, als Kollektivbegriff, als Soldat nach Tibet. Mann ist Mann.

Damit es soweit kommt, wird er wie eine Maschine, wie ein Auto abmontiert und neu aufmontiert. Eine Montage in sechs Nummern. Draußen bricht die Armee auf. Die Zeit drängt. Drinnen in der Kantine bauen die Soldaten einen lebendigen Mann um. Was ist gegen den Menschen als Maschine in Stükken und Gedichten deklamiert worden. Hier ist es Komödienmotiv.

Brecht ist der erste deutsche Bühnendichter, der die Mechanik des Maschinenzeitalters weder feiert noch angreift, sondern selbstverständlich nimmt und dadurch überwindet. Brechts Entwicklung geht immer mehr auf Schmucklosigkeit und Sachlichkeit. Immer mehr hat er aromatische und atmosphärische Wirkungen von sich getan. Immer mehr sich vom Exotischen und »Farbigen« befreit. Immer mehr strebt er einer Dichtung zu, die ohne Metaphern zu haben, Metapher ist. Man kann sogar, zur Beruhigung, bei Goethe in den Maximen und Reflexionen einen Satz finden, der ähnliches andeutet: »Es gibt eine Poesie ohne Tropen, die ein einziges Tropus ist.«

Brecht gehört zu der Theaterbewegung, die auf der einen Seite von Piscator, auf der anderen von Erich Engel geführt wird. Auch er zapft Gefühl ab. Auch er geht an gegen die individualistische Empfindsamkeit. Auch er wird immer mehr zu einer *direkten* Gestaltung der Zeit kommen. Erich Engel hat hier eine Inszenierung geschaffen, die man das komödienhafte Gegenstück zu Piscators Revolutionsaufführungen nennen könnte. Wie er das Individuum Galy Gay in der Masse Mensch untergehen läßt – das ist eine Regiedichtung, die den Weg Brechts zu Ende schreitet.

Engel widerlegt – und das ist das Wichtigste – die Legende von der Unklarheit Brechts. Er entdeckt die *mimische* Deutlichkeit der Sprache. Noch ist dieser außerordentliche Versuch – gewagt an einem nicht immer ausreichenden schauspielerischen Material –, manchmal im verschleppten Tempo, in einer banalen Improvisation steckengeblieben. Für die *Entwicklung* eines darstellerischen Stils ist diese Aufführung eine ungewöhnliche Tat. Denn der Stil entwickelt sich aus der Sache, aus dem Inhalt, nicht, wie manchmal noch in Darmstadt, aus einer Stil*idee.*

Den gedanklichen Inhalt bringt Engel in der Deutlichkeit der *Vorgänge* zum Ausdruck. Er spielt eine mimische Parabel. Und wagt dabei sogar die saftige Ausspielung des Elefantengeschäftes (das sonst schüchtern in den Hintergrund versteckt wird). Manches rutscht noch aus. Der Schluß des Stückes ist, auch dramatisch von Brecht her, nicht ganz in den sinnfälligen Vorgang aufgegangen. Er bleibt Bild oder Epilog. Daß der umgebaute Galy Gay jetzt auch in der *Funktion* des Jeraiah Jip gezeigt wird, das wird zwar angedeutet, geht aber in der musikalisch-balladenhaften Umkleidung der Szene (Rückfall ins Atmosphärische) unter.

Heinrich George als Galy Gay: wundervoll. Er spielt Schwere mit einer himmlischen Leichtigkeit. Er ist der Elefant, der ins Laufen kommt. Welche Liebenswürdigkeit, welche Zartheit! Lange hat man George nicht so ohne Sentiment gesehen, so befreit und hingegeben komödiantischer Beweglichkeit. Welche Wohltat für ihn ein Regisseur! Welche Wohltat für ihn Disziplin!

Hans Leibelt als Sergeant füllte die vortreffliche Anlage der Figur nicht immer aus. Er *belebte* die Regieanweisung nicht selbständig. Helene Weigel sprachlich ausgezeichnet als Marketenderin, klar und gefährlich (bis auf einige zu laute und outrierte Stellen).

Es kann nicht schlecht stehen um eine Sache, die mühelos mit den Bewegungen auf verschiedensten geistigen Gebieten zusammenkommt. Brecht berührt sich auf der einen Seite mit dem Ausdruck des Films (Chaplin, Buster Keaton), auf der anderen mit den versachlichenden Bestrebungen der Musik (Klemperer, Hindemith, Weill), auf der anderen mit Piscator. Was bisher getrennt nebeneinander- und auseinanderlief, das verbindet sich. Piscator, Engel, Brecht mit den Schriftstellern und Schauspielern einer Gemeinschaft. Und dazu Caspar Neher. Seine Dekorationen gehören zu dem Fabelhaftesten, was ich gesehen habe. Diese sachliche, spielgemäße Aufteilung des

Raumes, und diese malerische Versinnbildlichung! Es gibt eine Zeitbewegung. Es gibt Künstler, die zusammengehören. Die Zeit der Vereinzelung ist vorbei.

Berliner Börsen-Courier, Nr. 8, 5. Januar 1928

»Zwölftausend«

Deutsches Theater

Von Bruno Frank ist in diesen Tagen die »Politische Novelle« (im Rowohlt-Verlag) erschienen, in deren noblen, aristokratischen Ton die politische Gegenwart einbricht. Politische Novelle: europäische Novelle. Achille Dorval, das ist Aristide Briand, unterhält sich mit dem deutschen Staatsmann Carmer, für den es Züge unter unseren Politikern kaum gibt, über Frankreichs und Deutschlands, über Europas Zukunft. Man wird angerührt von einer müden Trauer um etwas, was verloren scheint, von einem fernen Schimmer, der über der Sprache liegt, von gepflegter Form und literarischer Haltung. Eine edle, reife, resigniert männliche Erziehung.

Der Dramatiker Bruno Frank gibt auch Literatur, aber Literatur aus Literatur gezogen, die dann gewaltsam in die Gegenwart gerissen wird. Der leise Bruno Frank wird laut (aus Schwäche). Der zarte Künstler wird grob (aus Angst vor der Bühne). Der bedachte Erzähler wird brutal (aus Hemmung).

Aber Bruno Frank rückt trotz aller krampfhaft an die Zeit herangetriebenen Vorgänge das Drama der zwölftausend verkauften Landeskinder uns doch wieder fern, ferner als uns heute Schillers Kammerdienererzählung in »Kabale und Liebe« ist. Der Dramatiker Bruno Frank bleibt zweifacher Versuchung unterworfen. Der Novellist gibt der geschmäcklerischen Verliebtheit in die Zeit Friedrichs des Großen nach, und der Wirkungswille hat den Nutzen davon: Alle, die durch die Darstellung des Duodezhofes vor ihren monarchistischen Kopf gestoßen sind, atmen erleichtert auf, als der preußische Oberst mit der Huldigung an den Alten Fritz beginnt.

Ein interessantes Erlebnis: Der ästhetisch eingestellte, kulturhistorisch bestimmte, auf Atmosphäre reagierende Dichter ist Konzessionen an den breiten Geschmack, an geistige Unausgesprochenheit leichter ausgeliefert als der Dichter, der aus einer festen, klaren, *politischen* Welteinstellung kommt. Der vornehme Bruno Frank als ein lärmender Massenlieferant des Serientheaters.

Bruno Frank macht als Dramatiker einen Rückzug, um einen Vorstoß machen zu können. Was bei Schiller revolutionäres Zeitstück war – er kannte diese Fürsten, er erlebte diesen Landes- und Volksverrat, ihm brannten die Erfahrungen auf den Nägeln –, das wird bei Bruno Frank Rückerinnerung, krachendes Genrebild, kulturhistorisch reizvolles Gemälde. Die »Zwölftausend« *heute* hätten geheißen: Legionen in Kurland oder Fremdenlegionäre oder Niederwerfung von Aufständen nach 1920 oder politische Verfolgungen 1927 oder Landesverratsprozesse.

Im Deutschen Theater hielt man sich, unter der Regie von Heinz Hilpert, an die dankbaren Rollen. Dankbar der Herzog, der die Zwölftausend an England verkauft: Albert Steinrück ist ungewöhnlich gut; auf seinem verwitterten Gesicht spiegelt sich alles, Genußsucht, ordinäre Wut, Rachsucht und Feigheit. Wenn man an die ersten Reinhardtjahre des Deutschen Theaters zurückdenkt: wie hat Steinrück sich wiedergefunden, wie hohl und äußerlich ist Wegener geworden! Dankbar der englische Unterhändler: Paul Otto hat wieder seinen kühlen, sachlichen Ton und erfreut durch seine schauspielerische Exaktheit. Dankbar die kleine Rolle des Ministers: Paul Hörbiger zeichnet ihn beweglich und farbig. Dankbar vor allem der preußische Oberst: Mathias Wieman spielt ihn mit einer ebenso männlichen Zurückhaltung wie Bestimmtheit.

Werner Krauss. Er gibt die Undurchsichtigkeit eines Menschen, der alles durchschaut, alle Gegenzüge bedenkt, Konterminen legt und selbst nicht zu durchschauen ist. Leise, unheimlich, aber unheimlich in seiner scheinbaren Empfindungslosigkeit gegen die Schandtaten des Herzogs, subaltern, gehorsam, willig führt er den Sekretär bis zur Entdeckung seiner Tat – dann schwemmt ein Tränenstrom alle Haltung hinweg. Ein Erlebnis. Trotzdem wünsche ich Werner Krauss andere, modernere Rollen. Krauss ist auf dem deutschen Theater eine Klasse für sich, mit niemandem vergleichbar. Wir wollen ihn in zeitgemäßen Rollen sehen. Hier, so außerordentlich er war, schob er sogar einige treuherzige Dialekttöne ein, die er nicht nötig hat, die ihm nicht einmal liegen.

Dagny Servaes spielte mit guter Haltung und gesammelter Energie eine Lady Milford von Sudermann.

Berliner Börsen-Courier, Nr. 86, 20. Februar 1928

»Singende Galgenvögel«

Piscator im Lessing-Theater

Ausgesprochene Weltanschauungen und ausgesprochene Persönlichkeiten fordern mit jeder Kundgebung und Tat Entscheidungen heraus. Farblose Ideen und Naturen werden niemals Grenzen berühren, Urteile heranzwingen. Konziliante Gedanken und Menschen schaffen mit ihren Leistungen und Handlungen nicht Maßstäbe, nach denen sie über sich selbst zu Gericht sitzen. Führer schaffen sie und stehen und fallen nach dem eigenen Gesetz.

Die Bedeutung Piscators liegt nicht zum wenigsten darin, daß er heute der einzige Theatermensch ist, der sich zur Entscheidung stellt. Andre können mit halben Kräften Halbes leisten; es fällt kaum auf, weil das Gute, Bessere und Schlechte keine Kontrolle in sich hat und dem Geschmack des einzelnen Beurteilers unterworfen ist. Geschmack ist willkürlich und relativ. Ideen und Bekenntnisse sind absolut.

Damit ein Wille sich verankert, Pläne sich stabilisieren und eine Gesinnung wirkt und wächst, bedarf es der Überleitung vom Persönlichen zum Kollektiven. Piscator war auch hier ein Schrittbereiter. Er stand nicht isoliert, sondern in einer Bewegung. Er kämpfte in Reih und Glied. Er vollstreckte einen Zeitwillen. Aber es liegt an der Struktur eines ungeklärten, individualistisch überspitzten Epoche mit ihrer Jagd auf private Sensationen und interessante Indiskretionen, daß Erfolge, die mit dem Ruhm des einzelnen die *Bewegung* stärken müßten, das Individuum gegen die Masse ausspielen. Das ist nicht Schuld des einzelnen, sondern Schuld der Gegebenheiten, unter denen wir leben.

Alle Ereignisse entwickeln mit ihren positiven auch die negativen Seiten. Die Versammlung im Herrenhaus, die aus dem leidenschaftlich berechtigten Protest gegen die stumpfsinnige Reaktion der Volksbühne entstanden war, trug Piscator hoch und verhalf ihm – das ist ihre kulturpolitische Tat – zum eigenen Theater. Gleichzeitig aber hob sie Piscator so weit hinaus, machte sie ihn so populär, daß Piscator zu ruhiger, stetiger Auswirkung seines Erfolges kaum noch kommen konnte. Es ist lächerlich, heute Piscator vorzuwerfen, daß er nicht im Osten oder Norden spielt. Die Volksbühne hatte ihn abgestoßen, in die Säle konnte er nicht mehr zurück, weil er schon zu sichtbar, zu repräsentativ geworden war.

Trotzdem ist diese Schuld der Zeit, der sich niemand entziehen kann, die letzte Ursache für die Elephantiasis des Unternehmens. Die Erfolge am Nollendorfplatz waren so groß, daß für die nächsten Monate ein zweites Theater hinzugenommen werden mußte. *Mußte*, weil die Organisationen und die Volksbühnenjugend neben dem Serienerfolg des »Schwejk« ihre Stücke verlangten. Es ist eine bedauerliche Entwicklung, aber eine Entwicklung, die durch die Haltung der Volksbühne auf der einen und durch den Sensationswillen der Öffentlichkeit auf der anderen Seite bedingt war.

Piscator spielt im Lessing-Theater Upton Sinclair, der notwendig zum Programm der Piscator-Bühne gehört. Upton Sinclair, der in Amerika, in dem kapitalistisch durchorganisiertesten Lande der Erde, in seinen Schriften einen Mut beweist, der der wahre Heroismus unserer Zeit ist. Upton Sinclair, der erst jetzt wieder in dem (im Malik-Verlage erschienenen) Buche »Die goldene Kette« tausend Kunstthesen zertrümmert. Aber die »Singenden Galgenvögel« sind ein Gebrauchsstück. Der Gesang der politischen Gefangenen in den kalifornischen Zuchthäusern, der die Wächter und Polizeimannschaften fast irrsinnig macht, der Gesang soll, wie es im Buch steht, auf das Publikum übergreifen. Es ist ein Stück für Massen, die es angeht. Der Zuschauer ist der Chor des Dramas. Das gegebene Schauspiel also für die Volksbühne oder für Saaltheater im Osten und Norden. Im Lessing-Theater ist es falsch placiert. Hier tritt die umgekehrte Wirkung ein. Das Publikum, das noch eben bei Saltenburg teils gutes, teils schlechtes Startheater gesehen hat, ist so auf artistische Wirkungen eingestellt, daß es durch Sinclair nicht ethisch getroffen und ergriffen wird (wie die Wirkung auf jedes primitive Publikum sein würde), sondern nur die ästhetische Reizlosigkeit des Dramas spürt, nur empfindet, daß der gerade, große, einfache, wahrhaftige Sinclair hier unter dem Einfluß des deutschen stilistischen Expressionismus geraten ist. Es fühlt sich gelangweilt durch die abgebrauchte Traumtechnik und kommt nicht auf das Wesentliche: auf das Schicksal der politischen Gefangenen, auf die Qualen in den Gefängnissen, auf den schmucklosen Heroismus des »Roten Adams«.

Die ästhetischen Gefahren wurden durch die Aufführung vergrößert. Die Klippe des Stückes ist die Monotonie. Also schrieb Edmund Meisel eine stumpfe Bumsmusik, ohne den Charakter und die dramaturgische Akzentuierung der Musik auch nur zu ahnen. Piscator kann nicht alles allein machen. Im Gegenteil: Die Fruchtbarkeit seines Theaters zeigt sich erst, wenn die zentralen Ideen sich anderen mitteilen, wenn andere sie *produktiv* weiterentwickeln. Ernst Lönner ist wahrscheinlich ein tüchtiger Hilfsregisseur. Ein besserer, fähigerer Berthold Held Piscators. Aber er wendet alle technischen Mittel zu schematisch an: die Musik, den Film, das Licht. Besonders ungeschickt den Film, der hier manchmal, wie bei den Ratten im Gefängnis, Nebenschrecken zu gruseligen Hauptschrecken machte.

Der Erfolg lag diesmal bei Alexander Granach. Granach, der sich schon im »Rasputin« als Lenin diszipliniert hatte, läßt diese neue Selbstzucht und künstlerische Gewissenhaftigkeit jetzt auch einer großen Rolle zugute kommen. Er ist scharf, schneidend, ohne zu schreien. Er ist farbig, phantasievoll, aufbegehrend, revolutionär, und hat sich doch so in der Hand, daß er die Akzente verteilt und richtig einsetzt.

Auch sonst fielen unter den jungen Mitgliedern manche auf. So Leopold Lindtberg als Spitzel Ike: einprägsam in der Stille und dem genauen Einsatz der hohen Töne. So Werner Kepich (wenn er es war) als Offizialverteidiger. So Gerhard Bienert als Jake. Erwin Kalser spielte einen Pfarrer. Renée Stobrawa die Frauenrolle.

Dieser Abend hat das Gute, daß er klärt. Piscator wird das wissen. Er wird sich entscheiden und sich mit den produktiven Begabungen des deutschen Theaters zusammentun. Dann beginnt die wahrhafte Epoche des politischen Theaters.

Berliner Börsen-Courier, Nr. 106, 2. März 1928

»Konjunktur«

Piscator im Lessing-Theater

Leo Lanias Komödie hat viele Wandlungen durchgemacht. Zuerst war sie ein Balkanlustspiel mit politischem Hintergrund, ein Intrigenstück im Stil von Scribe, angenähert der Operette, die lustige Witwe des Petroleums.

Je mehr sich aber Lania und das Theater mit dem Stoff des Stückes: mit dem Kampf um die Erdölquellen in Albanien beschäftigen, desto deutlicher wurde es, daß das Thema »Petroleum« keine beiläufigen, anekdotischen Privatverwicklungen vertrüge, daß es eine neue Anordnung des Stoffes, eine andere Ausdrucksform verlange, daß das Schema des halb mondänen, halb possenhaften, pointierten Dialogstückes unzulänglich sei. Das alte Stück war an Kulissenrollen orientiert, das neue sollte sich am Stoff orientieren.

Petroleum? In Albanien werden Erdölquellen entdeckt. Sofort beginnen Bodenspekulationen, kleine und große Banditen zanken und morden; italienische, französische, englische Gesellschaften greifen ein; der Völkerbund übernimmt das Protektorat; Aufstände, Putsche. Wirtschaftliche Auseinandersetzungen großen Stils. Kampf zwischen der amerikanischen Standard Oil Co. und der englisch-holländischen Royal-Dutch-Shell Co. Einmischung der interessierten Mächte; Weltinteressen. Im Hintergrund Weltkrieg.

Ein epischer Stoff von gigantischen Ausmaßen. Die Entstehungsgeschichte eines Krieges aus Spekulation und Wirtschaft. Kleine Ursache, große Wirkung. Bei Scribe ein Glas Wasser. Heute die Entdeckung einer Ölquelle. Bei Srcibe private Intrigen; heute Kampf von Wirtschaftsgruppen. Es ist klar, daß man anders geschichtete Gruppenkonflikte nicht mit den Mitteln eines höfischen Kabalenstücks darstellen kann.

Lanias »Konjunktur« ist diesen Weg vom Glas Wasser zum Petroleum gegangen. Der erste Akt: Drei Strizzis legen sich in der Mittagshitze auf den Boden; sie fühlen Feuchtigkeit, sie riechen: Petroleum. Sie nehmen den Fleck »in Besitz«, schreiben auf eine Planke »Bodenverwertungs-AG«. Schon kommen andere. Der Handel beginnt. Die Stelle wird umzäunt. Hütten werden aufgeschlagen. Film: das Öl quillt; das »Große Journal« telegrafiert. Überschriften machen Krakeel. Phrasen verdecken die wahren Gründe. Ein ausgezeichneter Anfang. Ein Anfang aus dem Nichts. Es ist, bildlich gesprochen, noch keine Bühne da. Sie entsteht mit den Vorgängen. Eine Pantomime schlägt das Thema an; epische Berichterstattung setzt es fort. Mit dem Stoff ist der Stil da. Eine beispielgebende Gemeinschaftsarbeit zwischen Textschreibern, Regisseur, Bühnenarchitekten, Schauspielern. Wenn die Komödie sich von hier aus verbreitert und weitere Kreise gezogen hätte, so wäre zwar kein Gipfelwerk, keine singuläre Qualitätsleistung, aber etwas Wichtigeres entstanden: ein Schema für künftige Bühnenarbeiten, die um einen Komplex gruppiert sind, ein Grundriß für Gruppenstücke, ein Szenarium für Kollektivschicksale.

Aber nun beginnt der Bruch. Die Landbevölkerung wird unruhig, ein Offizier der albanischen Armee (deutscher Instrukteur) schwingt die Peitsche; sie wird ihm aus der Hand gewunden von Frau Claire Barsin. Dieser Auftritt, diese entwundene Peitsche: das alte Rollenstück beginnt. Der epische Stil, die objektive Wiedergabe, die Sachdarstellung wird durchbrochen. Das private Intrigenspiel, die erfundene Handlung, die mondäne Gesellschaftskomödie setzen ein. Immer wieder versuchen Lania und Piscator das Stück in den epischen Fluß zurückzuleiten; auf die Gruppenmotive zurückzubeziehen. Frau Barsin ist nicht Epos, sondern Roman; also nicht episches Drama, sondern dramatisierter Roman. Das Doppelspiel: Man hält sie für eine russische Agentin, sie ist aber Amerikanerin im Dienst der Standard Oil Co., wird mit alten Mitteln in Szene gesetzt. Die Folgen ergeben sich von selbst. Die Vorgänge rutschen aus; im letzten Akt in die alte Operette. Denn nun verliert auch die »wirkliche« Figur: der Welthochstapler Trebitsch-Lincoln die Glaubwürdigkeit. Auch dieser Gegen- und Mitspieler der Frau Barsin wird romanhaft, wird Balkanposse. Die Vorgänge sprechen nicht mehr, wie am Anfang, für sich selbst. Satirische Nebenbeziehungen, groteske Verdeutlichungen schleichen sich ein. Ein ähnlicher Prozeß wie kürzlich im Eisenstein-Film. Die Zeit drängt zur epischen Bewältigung großer Zeitstoffe. Film und Theater stellen sich um, erneuern ihre Ausdrucksmöglichkeiten. Aber die alten Bühnen- und Filmgesetze verlangen ihr Recht und durchkreuzen mit ihrer Konvention die neuen Ansätze. Leo Lania ist kein Dramatiker. Er ist ein ausgezeichneter Journalist. Wo er in der »Konjunktur« als Journalist arbeitet, kommt er der Sache nahe. Wo er »Dramatiker« sein will, wird er unzulänglich und banal.

Piscators Aufführung ist die stabilste, die er in dieser Saison gemacht hat. Er probiert gewonnene Erfahrungen noch einmal aus; er arbeitet mit dem von ihm selbst geschaffenen Handwerkszeug (wie Traugott Müller mit der vortrefflichen Bühneneinrichtung). Ein solcher Ruhepunkt ist notwendig, auch wenn diesmal der Glanz, der Sturm und die Bewegung fehlen. Die Piscator-Bühne leidet mehr noch als eingefahrene Berliner Bühnen an dem Widerspruch von Experiment und Resultat. Was Piscator und seine Mitarbeiter wollen, ist so grundlegend, daß es im Berliner Premierenbetrieb nicht »fertig« werden kann. Dieser Betrieb aber verlangt »Resultate«. Die Premierenorganisation ist wie vor dem Kriege. Was versucht wird, ist neu. Daraus ergeben sich tausend Widersprüche und Reibungen. Es ist schade, daß Piscators Weg, durch die Umstände veranlaßt, zu schnell, zu jäh war. Experiment und Sensation vertragen sich nicht. Die Aufführung von »Konjunktur« in einer unbeobachteten Experimentierbühne hätte zu den wesentlichsten Versuchen des Winters gehört. Als Sensationspremiere muß sie verpuffen.

Verpuffen, obwohl Roma Bahn, Renée Stobrawa, Joseph Danegger, Kalser, Steckel, Rappard, Granach, Lovric, Kepich vortrefflich aufeinander eingespielt sind. Tilla Durieux spielt »glänzend«, aber am falschen Platz. Curt Bois als Trebitsch-Lincoln ist diszipliniert wie nie. Seine Verwendungsfähigkeit ist fast unbegrenzt; obwohl bei ihm das *politische* Gegenspiel zugunsten einer sauberen Theaterleistung zurücktritt.

Berliner Börsen-Courier, Nr. 170, 11. April 1928

»200 000«

Granowsky im Theater des Westens

Das Moskauer Jüdische Akademische Theater ist mit keiner deutschen Bühne zu vergleichen, weil es unter Voraussetzungen entstanden ist, die bei uns noch nicht zu verwirklichen waren. Es wäre also billig, zu sagen, daß die Aufführungen des Regisseurs Granowsky besser oder schlechter als Berliner Vorstellungen seien. Sie sind anders im Resultat, weil sie schon in den Grundlagen anders sind.

Granowskys Theater ist aus einer Schauspielschule entstanden. Junge Menschen kamen zusammen, studierten das Theater, arbeiteten, probierten. Wochenlang, monatelang, jahrelang. So bekamen sie Gewalt über ihren Körper. So wurden sie Sänger, Tänzer, Schauspieler. So bildeten sie eine Gemeinschaft, der sie dienten. Der einzelne war nichts, das Theater alles.

Es ist hier oft gesagt worden, daß es wenig Sinn hat, einzelne Berliner Vorstellungen zu loben oder anzugreifen, wenn man sich nicht bewußt ist, daß die Grundlagen unseres Theaterspiels geändert werden müssen. Die Schauspielschulen, an denen (oft große, oft kleine) Begabungen (oft gut, oft schlecht) herangebildet werden, haben ihren Sinn verloren, weil jeder Schüler sofort in ein Engagement kommt, dort diesem Regisseur, am anderen Theater jenem ausgeliefert und von Bühne zu Bühne durch alle Stile und Auffassungen gejagt wird. In Rußland (und schon Stanislawskis Theater kam so zustande) entwickelt sich meistens aus den Jungen und Anfängern, aus Ideebegeisterten selbst das Theater. Die Entwicklung geht organisch von der Wurzel bis zur Krone.

Granowsky zeigte als erste Darbietung eine musikalische Komödie frei nach Scholom Aleichem, Bearbeitung und Regie: Alexis Granowsky, Musik von Leo Pulwer, Bühnenbilder: A. Stepanoff, Kostüme: I. Rabitschew. »200000« – ein Volksschwank vom armen jüdischen Schneider, der 200000 Rubel in der Lotterie gewinnt, Gaunern in die Hände fällt, betrogen und wieder arm wird. Das wird mit einem Furor ohnegleichen in Szene gesetzt. Mimische Losgebundenheit und mimische Disziplin ist alles. Gesten werden hundertfach abgewandelt. Die Darsteller spielen jiddisch. Aber ihre Gebärde ist beredter als das Wort. Diese getanzten Szenen sind von einer Deutlichkeit und Plastik ohnegleichen. Wie fegt das durch den Raum, wild, elementar. Seit dem alten russischen Ballett hat man eine solche Körperbesessenheit auf der Bühne nicht gesehen.

Was bei Granowsky bewußter Stil ist, das ist in den Jahren – die Uraufführung war 1923 in Moskau – starr und brüchig geworden. Manches erscheint uns heute, besonders in der schrillen Behandlung der Sprache, in der Dialogbehandlung, gewaltsam und krampfig. Manches ist Unruhe um jeden Preis. Wo aber geschlossene Vorgänge gespielt, also getanzt, gesungen, pantomimisch ausgedeutet werden, etwa eine Brautwerbung, etwa eine Hochzeit, da sind sie gelöst und exakt, phantastisch und wirklich zugleich, genau auf die Sekunden-Geste einstudiert und wieder in eine höhere Freiheit hinübergeleitet. Von der Habima, die hebräisch spielt und strenger aus dem Ritus, aus dem Pathos entwickelt wird, unterscheidet sich das Moskauer Jüdische Akademische Theater durch den Humor und durch den Mut, Gebräuche in aller elementaren Naturverbundenheit und doch distanziert und humoristisch-kritisch abgewandelt darzustellen. Der »Dybuk« der Habima war ein Ereignis. Die anderen Aufführungen waren einseitig pathetisch. Granowsky hebt das Pathos durch Steigerung der Gestikulation, durch den Fanatismus der Geste wieder auf.

Man wird andere Aufführungen abwarten müssen, um zu erkennen, ob die *Entwicklung* der Granowsky-Bühne im Artistischen bleibt oder ob sie auch stoffliche Zufuhr erhalten hat. Wenn man es aus der Ferne beurteilen kann, so macht das russische Theater eine ähnliche Krise durch wie das deutsche. Auch Meyerhold scheint, nach neuesten Nachrichten, sich in der Bearbeitung »klassischer« russischer Bühnenliteratur verfangen und diese mit der Kühnheit seiner Theaterbegabung zu sich herübergezogen zu haben. Auch das russische Theater scheint *Stoffzufuhr* nötig zu haben.

Die herrliche Aufführung Granowskys steht noch vor diesen Problemen. Seine Regiebegabung ist enorm. Sie entzündet sich immer wieder von neuem. Sie ist jung und unverbraucht. Von seinem hingegebenen Ensemble fällt Herr Michoëls als Schneider auf. Er ist in jeder Geste exakt. Aber wie graziös, wie liebenswert, wie vielfältig! Er spielt die Figur nicht nur durch Dialog, Tanz und Musik hindurch; er führt sie auch durch Ausgelassenheit zur Stille, durch Scherz zur Trauer. Herrlich! (Die Frau ist schwächer.) Aber die Tochter und der eine Geselle, Herr Suskin als Heiratsvermittler – reizend, lebendig, unverwüstlich.

Ein großer, berechtigter Erfolg.

Berliner Börsen-Courier, Nr. 172, 12. April 1928

»Katalaunische Schlacht«

Staatstheater

Es sind beinahe vier Jahre her, daß Arnolt Bronnens »Katalaunische Schlacht« vom Staatstheater angenommen wurde. Vier Jahre wurde sie wieder und wieder verschoben oder gegen andere Stücke (»Rheinische Rebellen«, »Ostpolzug«) ausgetauscht.

Man denkt, daß diese Verlegenheitsstrategie der Intendantur die Verpflichtung in sich schlösse, das Stück nun endlich, wo es wirklich angesetzt, wirklich aufgeführt wird, sorgfältig, sinngemäß und »richtig« herauszubringen. Aber genauso verlegen wie die Repertoirepolitik vorher ist jetzt die Vorstellung. Nur daß die Verlegenheit sich hinter der Dreistigkeit des Regisseurs verbirgt. In Frankfurt als Plauderstündchen von Molnár inszeniert, im ersten und dritten Akt vergeblich gestört, am Schluß beklatscht: in Gera bei der Premiere mit tosendem Beifall aufgenommen, dann, nach einer völkischen Hetze, vom Spielplan abgesetzt; in Berlin hin und her geschoben, zum Schluß noch, am Ende der Proben, um drei Tage hinausgezögert, dann in einer stümperhaften Aufführung von Lachen unterbrochen, von Pfiffen begleitet, vom Schlußbeifall gefeiert – das sind die Schicksale der »Katalaunischen Schlacht«. Das erlebt ein deutscher Dramatiker heute und läßt sich doch nicht, von Presse- und Publikumsfehden umtobt, zur Strecke bringen.

Wenn diesmal, nach dem dritten Akt, »Weiter!« gerufen wurde, so verstand man den Krach durchaus. Heinz Hilpert hatte neun Zehntel des Textes gestrichen; die Vorgänge wurden unverständlich, die Sprache zerbrach, die Rollen kamen nicht zur Entfaltung, und was übrigblieb, wurde als lahmer, dürrer Sketch gespielt. Grand Guignol am Gendarmenmarkt – ohne Schauder, ohne Phantasie, ohne Gruseln. Ein amusischer Unteroffizier der Regie hatte im Drama alles niedergetrampelt und weggesäbelt, was den Sinn des Stücks andeutet, und an Stelle der »Katalaunischen Schlacht« eine schwache Ausgabe des »Hexer« inszeniert.

Heute noch, und gerade heute, lebt der erste Akt der »Katalaunischen Schlacht«. Tanks nach Château Thierry – im Schützengraben treffen sich, kurz vor dem Zusammenbruch der deutschen Front, zwei Brüder. Allmähliches Erkennen nach vier Jahren Tod. Verwilderung der Sitten, Zersetzung der Moral. Todesverachtung und Lebensangst; Vaterland, das Glaube geblieben, Vaterland, das Phrase geworden ist. Kenned, der Hauptmann, schickt seinen Bruder Karl, den Oberleutnant, in den Tod, weil er in dessen Burschen eine Frau wittert. Mord, Plünderung und Diebstahl. Der Abhub findet sich. Ein Franzose, drei Deutsche ziehen hinter der Frau her, in der Friedenszeit der Vernichtung, in Paris, auf einem Ozeandampfer. Inflationszeit. Schiebung, Betrug, Selbstzerstörung, bis aus dem Grammophon am Ende die Stimme des Toten, die Stimme Karls sich meldet.

Der erste Akt läßt alle Möglichkeiten offen. Er hat hellseherisch eine Zeit vorausgenommen, die jetzt in Femeprozessen und Inflationsenthüllungen aufbricht. Aber Bronnen hat, das sehen wir in diesem Jahr, das den ersten Akt bestätigt, den zweiten und dritten enger erscheinen läßt, diese Zeit nicht zu Ende gestaltet. Er biegt das Stück in den Tanz um die Frau ab. Er macht aus dem gewaltig ansetzenden Drama des Krieges und der Inflation eine sexuelle Tragikomödie, ein Schauspiel der gehetzten Frau. Der erste Akt: Selten war ein deutscher Dramatiker der Gestaltung seiner eigenen Epoche näher, selten wurde ein Thema stärker, eindringlicher, vielstimmiger angeschlagen. Die anderen Aufzüge: Das Thema wird eingleisiger, verfärbt sich, verengt sich.

Trotzdem sind auch in diesen Aufzügen starke Theaterwerte. In der Pariser Kinologe könnte im Widerspiel von Hiddie, der Frau, und den Verfolgern, von Kinopublikum und Filmfetzen auf der Leinwand ein Abbild der Inflationszeit gegeben werden. Aber hier, wo der Film im Buch vorgeschrieben ist, hier läßt ihn das Staatstheater fort! Hier, wo wenigstens in den Worten, im Dialog der heruntergekommenen Männer, im Monolog der sinkenden, in die »Falle steigenden« Frau ein Hauch der Inflationsverwilderung ist, hier wird jede Andeutung aus dem Text entfernt, und gesprochen werden nur die sprachlich überhitzten Stellen, die Verzerrungen und Verrenkungen (die Bronnen abtun muß). Gespielt werden die Schwächen des Dramas.

Jessner ist jetzt Generalintendant geworden. Er hat jetzt nicht mehr die Entschuldigung eines verschleppenden Apparats für sich. Gewiß, Bronnen hätte sich rechtzeitig wehren, hätte die Textverstümmelung ablehnen müssen. Verantwortlich aber bleibt der Generalintendant. Er muß einen Dichter, an den er glaubt, auch gegen dessen eigene Besetzungsvorschläge führen. Diese Führung vermißt man. Maria Bard, eine reizende Lustspielschauspielerin, konnte von den dramatischen Partien der Hiddie nicht einmal eine Andeutung geben. Lothar Müthel, ausgezeichnet in der scharfen Kennzeichnung des Kenned, Walter Franck, ergreifend als sterbender Karl, konnten sich gegen die falsche Chargierung der anderen Rollen nicht durchsetzen.

Traugott Müllers Bühnenarchitektur war, für sich genommen, vortrefflich, aber sie wurde vom Spiel nicht belebt. Kurt Weill, der in der »Konjunktur« seine große Begabung zu leicht nahm, hat hier eine meisterhafte Bühnenmusik geschrieben, die in der Geräuschverteilung und Melodienführung mit einfachsten Mitteln Vorbildliches leistete. Über »Jessner und das Zeittheater« ist ein phrasenreiches Buch erschienen. Hier hätte Jessner wirklich einmal, schon vor vier Jahren, die Gelegenheit gehabt, Zeittheater zu spielen. Er hat sie damals und heute versäumt.

Berliner Börsen-Courier, Nr. 196, 26. April 1928

»Judas«

Studio der Piscator-Bühne

Der Vormittag, der Erich Mühsams fünfzigsten Geburtstag ehrte, war ein Erfolg der jungen Schauspieler. Studio, das Wort hatte diesmal Sinn. Es war keine Jubiläums-, es war eine Arbeitsvorstellung.

Erich Mühsams »Judas«, geschrieben 1920 im Gefängnis zu Ansbach, ist ein Arbeiterdrama aus den Streiktagen des Jahres 1918. Ein menschlich anständiges, edel kämpferisches, gedanklich nicht immer präzises Stück, das technisch viel straffer und übersichtlicher gebaut ist, als man es von Mühsam erwartet hätte. »Judas«, das ist der Setzer Raffael Schenk, der alles der Idee und Partei opfert. Er läßt seinen besten Freund, den pazifistischen Professor Seebald, von der Polizei verhaften, weil er einen Vorfall braucht, um die Arbeiter revolutionsreif zu machen. Der Aufstand wird zusammengeknallt. Schenk erschießt sich selbst.

Ein Theaterstück nach alter Schule. Aber von Erlebnis erfüllt, echt, fast ergreifend geschrieben; im geistigen Ziel allerdings nicht immer klar. Wenn man heute dieses Drama von Mühsam sieht, bleibt es schwer begreiflich, daß es nicht früher aufgeführt wurde. Es ist ein Drama, das *vor* der Gründung der Piscator-Bühne in Sälen, in Vorstadttheatern hätte aufgeführt werden müssen. Es gehört zu den Stücken, aus deren Darstellung der Gedanke, das Ensemble eines politischen Theaters hätte entwikkelt werden können. Man könnte sich folgenden Weg denken: Junge Leute lesen den »Judas«, sie diskutieren über seine Probleme, besprechen sie mit Kameraden; sie denken an eine Aufführung. Die Vorstellung hat Erfolg. Andere stoßen hinzu. Man probiert ein neues Stück, ein drittes. Nach einem Jahr ist man soweit, regelmäßig spielen zu können. Das Ensemble erweitert sich aus sich selbst. Man versucht, die Stoffe aufzugreifen, die sich jedem gegenwärtigen Menschen aufdrängen. Formprobleme tauchen auf. Man nimmt den Film hinzu. Man hat jetzt ein Theater, das aus Studioanfängen zur geistigen Macht, von der Bewältigung des Einzelschicksals zum Kollektivschicksal vorgedrungen ist.

Diese stetige Entwicklung der Piscator-Bühne hat der Berliner Theaterbetrieb nicht zugelassen. Ich glaube, daß dieser Weg auch unbekannte Schauspieler »premierenreif« gemacht hätte. Gestern waren sie es. Ernst Busch als Setzer. Gang und Gesicht, Wort und Bewegung: Man glaubte dem Schauspieler den Beruf und den Fanatismus. Er gehörte zur Masse und war ein einzelner. Können und Wesen, Mensch und schauspielerische Technik deckten sich. Eine Hoffnung. Eine Ensemblehoffnung.

Leopold Lindtberg spielte einen Russen: elegisch und straff. Er führte auch Regie, klar disponierend, deutlich und eindringlich. Auch hier ist eine Hoffnung. Dann Dora Gerson als Studentin mit knappem, sachlichem Ton. Niemand fiel heraus (nur das alte Theater des Herrn Forest). Einheitlichkeit und Arbeitswille. Es ist ein Geist in diesem Hause. Ihn zu wecken und zu halten muß, fester und klarer als bisher, die Aufgabe der Piscator-Bühne sein, fern von Nervosität und Starunruhe.

Berliner Börsen-Courier, Nr. 202, 30. April 1928

»Der Prozeß Mary Dugan«

Berliner Theater

Wenn man in den Zuschauerraum kommt – in den Zuschauerraum? in den Gerichtssaal! –, ist der Vorhang schon hochgezogen; Reinemachefrauen wischen die Stühle ab; es wird lebhafter: Reporter, Polizisten, Verteidiger kommen. Auf der Bühne gehen die Lichter an: der Prozeß Mary Dugan beginnt. Die Zuschauer im Theater sind die Geschworenen. Akteinschnitte sind Vertagungen und Pausen der Verhandlung.

Drei Akte Gerichtssaal, beinah ohne Zwang und Konstruktion, selbstverständliche Darlegung eines Kriminalvorgangs; auf einem Schauplatz die Vorgeschichte mit allen Verwicklungen, Verzweiflungen und Ausläufern; eine rührselige Familiengeschichte; der ganze altmodische saloppe Apparat der amerikanischen Justizmaschinerie, ein Staatsanwalt, der die Verhandlung so sehr auf die falsche falsche Fährte führt, daß man beinahe glaubt: *er* habe den Mord begangen – und zuletzt war es der erste Verteidiger der Mary Dugan, Mr. West. Alles wird aufgedeckt durch Jimmy. Wer ist Jimmy? Der edle Bruder der noch edleren Mary Dugan, die sich viermal an Männer verkauft hat, um Jimmy Jura studieren zu lassen. Das Studium lohnt sich. Jimmy übernimmt die Verteidigung und beweist Marys Unschuld.

Eine glänzende Theaterunterlage. Bayard Veiller, der Verfasser des »Dreizehnten Stuhls«, kennt das Theater, seine Reißertechnik, seinen Rollenhunger. Er weiß, wie man diese Gattung aufzieht. Unauffälliger Beginn, dann scharfer Akzent, eine Italienerin wird zum Tode verurteilt, behagliches Ausbreiten, Erhitzung, Humor, neues Ankurbeln. Einführung unbekannter Personen, falsche Fährte, Überraschung, Bluff, Ende.

Seit dem »Hexer« wissen auch die Berliner Theater, wie man ein solches Stück aufzieht. »Der dreizehnte Stuhl« wurde noch beiläufig placiert und konnte sich als Erfolg nicht auswirken. »Der Hexer« und jetzt »Der Prozeß Mary Dugan« vorbildlich. Eine »langsame« Vorstellung, um so stärker ist der Druck und die Spannung. Heinz Hilpert ist ein schwacher Regisseur für anspruchsvolle Stücke, aber ein guter für anspruchslose. Kriminalsachen sind seine Spezialität. Hier behandelt er die Schauspieler richtig, setzt sich nicht als »Auffassungsregisseur« in Szene, sondern zieht einfach einen Vorhang auf.

Ein fabelhaftes Ensemble schon in den kleinen Rollen. Die Zeugen: Hermann Speelmans: ein schwammiger Liftboy, Paul Biensfeldt: ein selbstgefälliger Polizeiinspektor, Erich Walter: ein behutsamer Spezialist für Fingerabdrücke, Hilde Hildebrandt: eine kokettierende, Sybil Rares: eine hochmütige Tingeltangeltänzerin, Egon von Lama: ein snobistischer Schneider (köstlich!). Dann: Arthur Mainzer als Gerichtsarzt, sachlicher, trocken geschäftsmäßiger Ton, Winterstein als ruhiger Richter Nash, Homolka als Staatsanwalt: stumpf, gleichgültig, in seinen Fall verrannt, nur die kleinen Beweise anerkennend, die seine vorgefaßte Meinung bestätigen, alle wichtigen Beweise, die auf eine andere Spur führen, vernachlässigend. Homolka hat wieder eine neue, von seinen früheren Gestalten unterschiedliche Figur geschaffen, den Durchschnittsbeamten, bockig, selbstgefällig. (In der Sprachbehandlung ist er wieder etwas träge.)

Hans Brausewetter hatte die Rolle mit Sympathiefang: den Bruder. Er spielt sie »gewinnend«, im Publikumssinne ausgezeichnet, aber mit etwas verwahrloster Sprechtechnik. Ilka Grüning hat die Rolle mit Humorfang: die französische Zeugin, die die Entdeckung beschleunigt. Eine dankbare Rolle, eine dankbare Leistung, umwerfend komisch, ein Sondererfolg. »Meisterhaft« in der gleichgültigen Kühle Paul Otto als Verteidiger und Überraschungsmörder.

Die gefährlichste Rolle hat Lucie Mannheim, weil Mary Dugan in Sentimentalität ertrinken kann. Lucie Mannheim vermeidet die Gefahren. Sie ist in einer außerordentlichen Entwicklung begriffen. Ihr Aufstieg begann, als sie nicht mehr blasse Liebhaberinnen, sondern Charakterrollen spielte. Wie sie als Mary stockt, aus seelischem Schlafwandel erwacht, wie sie die Töne bricht, wie sie versinkt, sich findet, aufschreit – ungewöhnlich. (Neben ihr gut Kitty Aschenbach als Witwe und Mitmörderin. Ein Erfolg für sich Herbert Paulmüller in der stummen Pauseneinlage des Mannes aus dem Publikum.)

Das Berliner Theater, das sich aus dem Publikum herausgespielt hatte, hat sich mit diesem Stück und diesen Reinhardt-Schauspielern wieder hineingespielt. Es ist ein Theater für Sensationen. Dies ist eine.

Berliner Börsen-Courier, Nr. 206, 3. Mai 1928

»Es liegt in der Luft«

Komödie

Eine Warenhausrevue von Marcellus Schiffer. Von der Komödie, vom Publikum dieses Theaters aus betrachtet: Ein reizendes Stück. Luftig, schaumig. Couplets aus dem Handgelenk. Das Warenhaus vom Fahrstuhl bis zur Umtauschkasse, gefällige Sächelchen, mondän, Kurfürstendamm, elegant. Eine Revue für Frauen. Die beste Sommerunterhaltung für gut angezogene Menschen.

Vom Gegenstand, vom Inhalt aus betrachtet: Etwas dünn, etwas einseitig, etwas snobistisch. Das Warenhaus nur in den Luxusartikeln dargestellt, nur als Zeitvertreib gesehen, nur vom Überfluß aus geschildert. An den Gegenständen, die verkauft werden, an den verschiedenen Warenlagern entwickeln sich nicht die verschiedenen Menschenschichten, die verschiedenen Berufsklassen, die kaufen. Weder die Käufer noch die Verkäufer werden in ihrer Existenz, in ihrer Welt geschildert. Wenn das Warenhaus, wie hier, Abbild des »Lebens« sein soll, dann ist es ein verzuckertes Abbild. Ob Reste, ob weiße Woche – alles scheint vom Parfümerie- oder Galanteriewarenlager zu sein.

Von der Zeit aus: Alles wird angetippt, nichts ausgesprochen. Alles wird umschnörkelt, nichts direkt gesagt. Politik? Gewiß, ein Nippeslager. Sexualität, Ehe? Gewiß: ein Scherzartikel. Soziale Frage? Kaum eine Spielware. Geistiger Beruf? Kaum im Fundbüro. Arbeit? Sie liegt nicht in der Luft.

Von der Revue, von der Begabung Marcellus Schiffers aus: Erwachsene in Kinderrollen – der Trick ist durch Bendow bis zum Überdruß abgespielt, so daß er hier, wo er durch das Thema legitimiert sein könnte, nicht mehr wirkt. Als Marcellus Schiffer mit der »Fleißigen Leserin« debütierte, eroberte er für die Revue auch ein neues Stoffgebiet, den aktuellen Tag, die Literatur, die Zeitung. Mit diesem Warenhausspiel scheint er wiederum den Themenkreis zu erweitern. Aber nun zeigt sich, daß fast alle Monsterrevuen bei Haller oder Charell auch Warenhausbilder waren, mit ihren Federn und Perlen und Kleidern und Spielzeugschachteln, daß also die geistreichere, feinere, kultiviertere Arbeit von Schiffer auf der *Bühne*, im *Sichtbaren* sich von diesen höchstens im Niveau, nicht in der Arbeit unterscheidet.

Vom Schauspieler aus: Eine herrliche Vorstellung. Man hat jetzt in Berlin den Ton, die Haltung, die Leichtigkeit, die Eleganz für das Genre. Man hat die Künstler. Margo Lion als Braut auf der weißen Woche, im Parfümerielager, als abgegebener Hund, als Freundin: eine unnachahmliche Mischung von Mondänität und ordinärem Schmiß, von Darstellung und Parodie, von saloppem Nebenbei und böser Schärfe. Marlene Dietrich, in dem hinreißenden, herrlich musizierten Duo und Trio von der »besten Freundin«, von delikater Haltung und müder Eleganz. Willi Prager als Portier in dem reizenden Schlager »Es wird nicht sein ...« von meisterhafter Diskretion und Deutlichkeit, eine Episode für sich, ein Erfolg für sich. Louis Douglas als tanzender Boy mit dem ganzen umwerfenden Furor seiner Rasse.

Aber schon bei Otto Wallburg beginnen die Verlegenheiten. Wallburg ist köstlich, aber er hat keine Rolle, er kann nichts fassen; seine erprobten Wirkungen werden ausgenutzt, mehr nicht. Oscar Karlweis in vielen Verwandlungen: zauberhaft. Warum aber gibt man ihm nichts, seine leichte, schnell ansprechende Begabung zu erweitern? Zuviel Zucker für dies anmutig-liebenswürdige Talent! Man hat Käte Lenz engagiert, ein parodistisches Talent ersten Ranges, in Erinnerung an einen ostpreußischen Trampel im Thielscherschwank. Hier hat sie keine Gelegenheit, ihre komische Kraft zu zeigen. Zuviel Saccharin in der Aufgabe! Ida Wüst kann sich ebenfalls nur wiederholen, und Hubert von Meyerinck ist krampfig.

Von der Musik aus: Hier ist alles erfüllt. Was Mischa Spoliansky komponiert und instrumentiert hat – das geht im zündenden Reichtum der Einfälle, in der Eleganz, in der Verve, im Temperament über alles hinaus, was man in den letzten Jahren als Revuemusik in Berlin hören konnte. Dies war Vollendung. Dies war Ereignis.

Berliner Börsen-Courier, Nr. 228, 16. Mai 1928

»Mein Vater hat recht gehabt«

Komödienhaus

Hofrat Hugo Thimig, Vater von Helene, Hermann und Hans Thimig, früher Komiker und Direktor des Wiener Burgtheaters, hat in Berlin nur selten gespielt; zuletzt in Max Reinhardts Inszenierung des »Diener zweier Herren«.

Hugo Thimig ist ein »Fach«schauspieler. Er spielt das »Fach« des Komikers; mit allen festgelegten Hilfsmitteln des Handwerks, mit allen Requisiten der Tradition. Die Aufteilung der Rollen in die großen Fächer des Charakterdarstellers, Helden, Liebhabers und Komikers, wie sie früher an allen großen Hof- und Stadttheatern üblich war, hatte *ein* Gutes: sie erleichterte technische Grundlagen, typische Gesetze der Schauspielkunst, gab Maßstäbe und Orientierungen an die Hand. Die Fachschauspielkunst unterband die Verwilderung und Verwahrlosung des Bühnenstils. Aber sie förderte die Routine und ließ den Mechanismus leerlaufen, besonders als die Voraussetzungen für die fachlich gegliederte Darstellung: eine übersichtlich geordnete Welt, eine klare Gesellschaftsteilung, eine genau zu überblickende Publikumsschichtung wegfielen.

Wenn Hugo Thimig auftritt, beleben sich drei Jahrzehnte Theatergeschichte. Komiker und Père noble in einer Person. Das hüpfende Stelzen des Ganges, das leicht herausgekehrte Hinterteil – der typische Komiker. Das Bürsten des Haars, der Schritt zum Spiegel, das liebevolle Versenken in die Pflege der Fingernägel – der typische Père noble. Jedes Räuspern und Glucksen, jedes Umkippen in die Fistelstimme, das angeschlagene und ausrollende R, das eingestreute Lachen – das Ha! des tragischen Helden umgemodelt in das Ha, Ha, Ha des Komikers –, alles vertritt eine Welt, die längst versunken ist, und eine Schule, die deshalb keine Nachfolger mehr finden kann.

Hugo Thimig schreibt im »Zwischenakt«, ins Programmheft der Barnowsky-Bühnen, daß er von Schulen nichts hielte und recht auf der Bühne allein »der Mensch« habe. Abgesehen davon, daß man gerade heute die Notwendigkeit und die Gefahren der »Schulen« deutlich erkennen kann: die Notwendigkeit an den typisierenden Leistungen des russischen Films, die Gefahr in der Schematisierung des amerikanischen Filmfrauengesichts.

Abgesehen davon ist Hugo Thimig ohne »Schule«, ohne »Richtung« nicht denkbar. Was heute noch an seiner Bühnendarstellung wirkt, ist allein das Erbteil der großen Komikertradition, der großen Komikerrichtung, der großen Komikerschule des Burgtheaters. Es ist die Technik des Spaßmachers, hinter der das Menschliche, das Individuelle längst verschwunden ist. Auch diese Technik ist überaltert, aus den Fugen gegangen und Selbstzweck geworden. Aber sie ist das, was auf das unkritische Publikum wirkt.

Hugo Thimig hat das große Glück, daß er in Sascha Guitrys Lustspiel »Mein Vater hat recht gehabt« eine Rolle fand, die alle seine Techniken zur Entfaltung brachte. Ein Burgtheaterlustspiel aus der Laube-Zeit, ein halbes Jahrhundert zu spät geschrieben: dieser alternde Bonvivant in mehreren Generationen, diese Ehegeschichte, diese Verlobungsgeschichte. »Mein Vater hat recht gehabt«, daß der Sohn dem Vater nachaltert und erst im Alter fidel und »lebfrisch« wird und erst im Alter richtig liebelt und erst im Alter ein Tausendsassa wird.

Hermann Thimig gab zweimal den Sohn. Er spielte die etwas blassen Rollen höflich, er ließ seinem Vater den Vortritt. Aber noch in dieser Zurückhaltung bewies er seine Schauspielkunst. Johanna Terwin verblüffte durch eine ältere Charge (wie damals im »Kreis«).

Das Ereignis war Maria Bard als Loulou. Zart und frei trat sie in einer leichten, zeichnerischen Rolle, und deshalb ungehemmt und unbelastet auf, entfaltete ein zauberhaftes Gliederspiel, eine pantomimische Drolerie, die sofort über die Rampe wirkte. Eine reizende Lustspielschauspielerin. Eine Begabung (wenn sie nicht schweren Text zu sprechen hat), die zeigt, daß die Frau auf der Berliner Bühne elegant und flüssig spielen kann, ohne in verflachende Typisierung zu verfallen (die im Film sogar so weit geht, daß Leonhard Franks Anna dem glatten amerikanischen Filmgesicht ausgeliefert wird).

Am erstaunlichsten aber ist die Wandlung zur Weltläufigkeit, wenn Egon Friedell als Arzt auftritt. In Wien früher ein Pfeife rauchender, in Pantoffeln durchs Zimmer stapfender Gelehrter, auf der Bühne heute fast ein amerikanischer Filmliebhaber, der Nachfolger Valentinos, und dabei immer noch ein entzückender Schauspieler.

Berliner Börsen-Courier, Nr. 408, 31. August 1928

»Die Dreigroschenoper«

Theater am Schiffbauerdamm

Die alte Bettleroper von John Gay, ein Londoner Sensationserfolg um 1730, gedacht und erfunden als eine Parodie auf die pathetische Händel-Oper, kommt umgeformt und bearbeitet nach Berlin, als die Händel-Oper auch in Deutschland wieder eine Renaissance erlebt hat. Aber heute ist Händel keine Welt mehr, gegen die man kämpft. Heute ist Händel ein Stilexperiment. Ein Engpaß, durch den die Oper wieder ins Freie gelangt ist.

Die Bettleroper, die *heute* Erfolg haben wollte, mußte eine ganz andere Angriffsrichtung haben, zu ganz anderen Werken den Gegentypus schaffen. »Die Dreigroschenoper« von Brecht und Weill bringt den Gegentypus zu Schiffer-Spolianskys »Es liegt in der Luft« und zu Reinhardts »Artisten«.

Die Riesenerfolge der Kammerrevue in der Komödie und des Varietéstücks im Deutschen Theater waren deshalb organisch, weil sie aus den Bedürfnissen des Publikums abgeleitet waren. Aber sie waren, im Falle Reinhardt, mit unorganischen, wenn auch stupende beherrschten, genial abgewandelten Mitteln hergestellt. In Falle Schiffer-Spoliansky waren auch die Mittel organisch. »Es liegt in der Luft« bleibt die geschlossenste künstlerische Leistung, die der Kurfürstendamm hervorgebracht hat.

In der »Dreigroschenoper« tritt zum ersten Male die Gegenwelt mit einem handlichen, unterhaltenden Gebrauchsstück an. Amüsement, das hatten die mondänen Konversationsbühnen gepachtet. Mitreißende, durchdringende Musik, die nahmen die Operettenbühnen für sich in Anspruch. Wir anderen galten als Literaten oder Theoretiker, als »Neuerer« oder bühnenfremde Dogmatiker – obwohl wir nichts anderes wollten, als eine Durchdringung des *ganzen* Theaterkomplexes, als eine Belebung *aller* seiner Elemente: des Schauspiels und der Oper, der Posse und der Operette. Wir wollten nichts als eine Operationsbasis schaffen, von der aus wir den ganzen Bezirk »Bühne« aufrollen könnten. Wir wollten das Theater aus seiner Isolierung herausreißen, in die es geriet, wenn es auf der einen Seite die alten erotischen Dialoge immer wieder abwitzelte; wenn es auf der anderen die »Literatur« als Sondererscheinung, als Sache für Eingeweihte gegen die Unterhaltung auffahren ließ. Die moderne Musik als interessantes Experiment für Fachleute. Die moderne Literatur als artistisches Vergnügen weniger. Die alte Operette, das alte Gesellschaftsstück als die Angelegenheit vieler.

In diesem Zusammenhang kann der Erfolg der »Dreigroschenoper« nicht überschätzt werden. Es ist der Durchbruch eines nicht mondän, nicht snobistisch orientierten Theaters in die Publikumszone. Nicht weil Bettler und Einbrecher darin vorkommen, ohne daß ein Kriminalreißer entsteht, nicht nur weil hier eine bedrohliche Unterwelt auftaucht, die alle sozialen Bindungen mißachtet, sondern weil hier der Ton gefunden ist, der Moral weder bekämpft noch negiert, der Normen nicht angreift, sondern aufhebt, der, mit Ausnahme des eindeutig travestierenden, das Opernschema travestierenden Schlusses, weder parodistisch noch ernst ist, sondern eine andere Welt verkündigt, in der die Grenzen zwischen Tragik und Humor gefallen sind.

Es ist der Triumph der offenen Form. Was Brecht als Bearbeiter, was Weill als Komponist in diesem leichten Nebenwerk geleistet haben, das ist zugleich die Überwindung der Revue zu einer neuen Gattung und die Verschmelzung von Elementen des Varietés (die bei Reinhardt, der immer noch mit seinem Instinkt Kommendes ahnt, unverbunden und verankert bleiben) zu einem lebendigen, theatralischen Ausdruck. Sentimentaler Kitsch und Räuberromantik, der Kampf einer Bettlerbande gegen eine Einbrecherbande – alles dient nur einer neuen, allen Möglichkeiten, allen Inhalten offenen Form.

Dieser Inhalt aber muß kommen. Seit Nestroy sind hier wieder Ansätze zu einer tragisch grundierten, in großen Typen abgewandelten Posse; auch bei Nestroy waren die Grenzen zwischen »Humor« und »Tragik« aufgehoben. Aber Nestroy gab *seine* Zeit, *seine* Menschen, *seine* Stadt Wien. Brecht und Weill hatten vor, für die Stadt Essen eine Ruhrrevue zu schreiben. Die Form liegt hier bereitet. Diese Revue für die Ruhr, eine andere für Berlin muß kommen. Eine Revue der Arbeitenden, nicht der Nichtstuer. Brecht hat die Sprache. Weill hat die Musik aus der Isolierung gerissen. Auf der Bühne wirken wieder Worte, die nicht abgeriffenes Papierdeutsch sind. Auf der Bühne schlägt wieder eine Musik durch, die nicht mit abgegriffenen Harmonien und Rhythmen arbeitet.

Die Aufführung unter der Regie von Erich Engel war im einzelnen nicht ganz fertig. Aber sie stellt wundervolle Schauspieler: Erich Ponto, der unter dieser Leitung alle chargierenden Drückerchen beiseite ließ und als Chef der Bettlerplatte eine Gestalt hinsetzte, von einer Diskretion der Unheimlichkeit. Harald Paulsen, im Sprechen etwas nervös, im Musikalischen entzückend frei; Rosa Valetti von prachtvoller Drastik; Roma Bahn da durchschlagend, wo sie ordinär sein konnte. Kurt Gerron köstlich als Polizeichef im Verbrecherbündnis; Kate Kühl eindringlich in einer Ballade und Lotte Lenya als Verräterjenny ausgezeichnet und vor allem im Stil am klarsten.

Berliner Börsen-Courier, Nr. 410, 1. September 1928

»Gas«

Schiller-Theater

Georg Kaiser wird fünfzig Jahre alt. Die Anregungen, die die verschwenderische Zahl seiner Theaterstücke in die Zeit getragen hat, scheinen einer noch umfassenderen Spanne anzugehören. Es gibt kaum ein Thema, das er nicht angerührt, kaum eine Schauspielform, die er nicht ausprobiert, kaum einen Stil, den er nicht versucht hätte. In einer Epoche, als das deutsche Theater stofflich verarmte und formal verwilderte, hat Georg Kaiser die Bühne an neue geistige Auseinandersetzungen und neue stilistische Probleme gewöhnt.

Georg Kaiser hat Themen und Stilarten so früh und so schnell vorausgenommen, daß sie – in seinen ersten Stücken – schon veraltet erscheinen, bevor sie sich in der langsamen Entwicklung des Lebens, in der zäheren Gewohnheit der Literatur auswirken und durchsetzen konnten. Georg Kaiser überholte die Wirklichkeit durch den Stil. Die Sekundenschnelligkeit seines Blicks, die Überempfindlichkeit seines Gehörs (für kommende Probleme) ließen ihn den Ausdruck und die Form fast schneller als den Inhalt haben. Wenn man heute, zehn Jahre nach der Uraufführung, das Schauspiel »Gas« wiedersieht, so erkennt man, daß der Stil rissig geworden ist, obwohl das Theater sich die inhaltliche Problematik des Stückes erst langsam zu erobern bemüht.

Georg Kaiser ist den umgekehrten Weg gegangen, den heute Drama und Bühne zu gehen sich anschicken. Wenn heute das

Theater sich nicht mehr den Vorgängen verschließt, die unsere Zeit in der Politik, in der Justiz, in der Wirtschaft bestimmen, so sind das Anfänge. Versuche auf lange Sicht. Georg Kaiser ist der *Dramatiker auf kürzeste Sicht.* Ihm verflüchtigte sich ein Thema endgültig zum Stil, bevor es in der sozialen und geistigen Welt durchgekämpft war. Er bereitete nicht vor, er machte keine Stellungen sturmreif. Er machte Minutenrevolten, Sekundenoffensiven, Augenblicksangriffe.

In »Gas« dichtet Georg Kaiser den Kampf zwischen Mensch und Maschine, zwischen Natur und Technik. Aber er eilt über alle Widerstände hinweg sofort bis ans Ende. Er läuft so schnell, daß er künstliche Widerstände einschalten muß, um nicht *zu* schnell das Ziel zu erreichen. Er übertreibt. Technik, Industrie, Maschine, chemische Erfindungen genügen ihm nicht. Er gibt nicht das gigantische Wunder der *wirklichen* technischen und chemischen Möglichkeiten. Er überdichtet die Ingenieure und Chemiker und kommt so, er, der knappe, trainierte, schlanke Geist, in die Nähe des »Metropolis«-Film. Er überspringt das geistige Problem und gibt Fabrik und Siedlung, Arbeiter und Bauer in einer Antithese, die weder der sozialen noch der geistigen Wirklichkeit standhält. Ein erstaunlicher Widerspruch: Kaisers Tempo wirkt ebenso wagnerisch sakral wie Fritz Langs pathetische Feierlichkeit.

Leopold Jessner hat dem Stück Schärfe, Rückhalt und Akzente bewahrt. Die erste Szene bereitet meisterhaft die Explosion vor. Die Arbeiterversammlung ist genau und einprägsam gegliedert. Die Schauspieler sind richtig eingesetzt: Walter Franck gesammelt als Milliardärssohn; Lothar Müthel scharf als Ingenieur; Alexander Granach deutlich als Schreiber; Hans Leibelt realistisch und doch stilistisch gebunden als Regierungsvertreter; Veit Harlan phantastisch markant als Arbeiter mit Gasmaske; Maria Koppenhöfer stark und leidenschaftlich als Arbeiterfrau; Elsa Wagner ergreifend als Mutter; die neue Elfriede Borodin mit einem ausdrucksvollen Gesicht als Tochter.

Das Staatstheater scheint mit Schauspielern für die nächste Saison gerüstet zu sein. Hoffentlich werden sie in stetiger Arbeit zum Ensemble zusammengeschlossen. Hoffentlich gibt es keinen Bruch zwischen Ensemble- und Starvorstellungen. Man liest die Nachricht, daß Kortner eine Kortner GmbH gegründet hat; »Gegenstand des Unternehmens: Die Auswertung der schauspielerischen Tätigkeit des Schauspielers Fritz Kortner und der Schauspielerin Johanna Kortner-Hofer ...« Man mußte in der letzten Zeit wiederholt auf den Geldgrößenwahn der Stars hinweisen. Es ist unerfindlich, wie sich ein Großindustrieller der Schauspielkunst in die Organisation eines staatlichen Theaters einfügen kann. Der große Künstler Kortner ist auf einem gefährlichen Irrweg. Seine Kunst ist auf Regie und Ensemble und moderne Dichtung angewiesen. Was er als Geschäftsführer seines Talents treibt, steuert geradenwegs zum eigenen Theater, zum Barnay-Theater, zur unkontrollierten, regielosen Starbühne. Kortner wird sich entscheiden müssen. Beides kann man nicht. Star *und* Mitarbeiter an einer Dramenepoche, Barnay *und* Brahm ist unmöglich.

Berliner Börsen-Courier, Nr. 422, 8. September 1928

»Die Nacht auf dem Alten Markt«

Theater des Westens

»Die Nacht auf dem Alten Markt« ... Spuk der Lebenden, Spuk der Toten. Keine Handlung. Stimmungen, Bilder. Abend, Dämmerung, Nacht. Dirnen, Betrunkene. Ehefrauen, die ihre Männer nach Hause holen. Zwei Batchen (Narren, Spaßmacher) huschen vorbei. Als einmal betrunkene Musikanten von einer Hochzeit heimkehrten, stürzten sie in den Brunnen und ertranken. Der Batchen lachte. Seitdem muß er wandern.

Frömmigkeit und Hohn. Abendgebet und heilige Ruhe. Aber der Batchen ruft: »Gott ist bankrott.« Zwölf Uhr. Der Batchen weckt die Toten aus den Gräbern. Sie kommen. Sie beten. Sie tanzen. Gestorbene, Getötete. Eine Totenhochzeit. Der Batchen scheucht sie in die Gräber zurück. Sie wehren sich. Noch flattern ihre Arme, ihre Hände über der Erde. Noch greifen sie in die dämmerige Luft. Vorbei.

Ein Maskenzug. Ein mittelalterlicher Totentanz. Fratzenhafte Dämonen. Schiefgeschminkte Lippen. Aufgedunsene Köpfe. Angefressene Gliedmaßen. Eine asiatische Maskenkunst triumphiert. Das menschliche Antlitz verschwindet hinter den Schminkstrichen. Stoffmasken werden verwendet. Aber alle Kunst des Malers und Kostumiers wäre nichts, wenn nicht der Körper selbst sich durch die Bewegung den Masken nachverwandelten. Meisterhaft ein leiser, stockender, tastender Tanz mit langsamen, scheuen, werbenden und zurückstoßenden Bewegungen. Am stärksten immer das Schattenhafte, fast Lautlose, Gebannte, Abwesende. Am stärksten das Jenseitige (und der geisterhaft springende Schauspieler Suskin, nach ihm Michoëls).

Akustisch wird dieser Eindruck gehalten durch das zurückverlegte, auf den höchsten Rang zurückversetzte, durch Chöre verstärkte und unterstützte Orchester und eine drohendere, dunklere Musik von Alexander Krein. Was aber bedeutet dieser große Erfolg für die Zukunft der Granowsky-Bühne? Ist er ein Anfang oder ein Ende?

Ich glaube, er ist kein Anfang. Ich glaube, er ist – auf dieser Linie – nicht entwicklungsfähig. Gerade die Sprechform ist bei Granowsky nicht durchgebildet und elastisch gehalten. Diese Schreie und langgezogenen Rufe, diese abgebrochenen Satzfetzen und gedehnten, künstlich hochgetriebenen, künstlich nach unten verlegten, gesangsmelodischen, aber nicht sprechmelodischen Tonfälle bringen in die Truppe und Aufführungen eine monotone Starre und wächserne Unbeweglichkeit – bei aller äußeren Überbeweglichkeit. Von hier ist der Sprung zu einer lebendigen, blutnahen, variablen Darstellung schwer.

Vielleicht ist es sogar die Tragödie dieses außerordentlichen Moskauer Theaters. Eine Tragödie, deren Ursachen tiefer liegen als im Artistischen. Granowsky hat sein Theater aus der Phantasie und deren Ausdrucksmöglichkeiten eines unassimilierten, produktiven Volkes entwickelt. Oder, wie man in Rußland sagen wird: Es ist das Staatstheater einer nationalen Minderheit; als solches materiell und ideell in jeder Weise gefördert (was allein schon den »Roten General« Hermann Ungars hinfällig macht). Aber je intensiver Granowsky arbeitet, desto selbständiger werden seine Kunstmittel, desto mehr versucht er, die Grundlage seines Theaters zu sprengen. Er stößt durch, möchte sich erweitern. Seine Sprechform erinnert an frühere Reinhardt-Aufführungen. Während die Gestensprache seines Theaters die Sprache seiner Schauspieler und seines Ausdrucksvermögens bleibt, wird die Wortbehandlung allgemein pathetisch, deklamatorisch, als ob Reinhardt die klassische Walpurgisnacht in »Faust II.« inszenierte (nur daß die breit hinhallenden Perioden aufgelöst und zerspalten werden). Künstlerisch will er den Kreis seines Moskauer Publikums erweitern, das Publikum aber erweitert sich nicht. Das Moskauer Jüdische Akademische Theater könnte sich auf Gastspielen in Minsk, in Kiew neue Grundlagen sichern. Aber Minsk lehnt ab; es hat sein weißrussisches jüdisches Theater. Und Granowsky selbst will Hauptstadtbühne sein. Die westeuropäischen Gastspiele verstärken seinen Ruf. Seine Erfolge sind ungeheuer. Mit Recht. Aber eins ist vorauszusehen, daß diese Erfolge , ohne das Publikum, das an den Stücken beteiligt ist, daß diese Erfolge, auf der Basis des losgelösten, artistischen Könnens, nicht ewig sein können. Das ist die Tragödie des großen Theatermannes Granowsky. Seine Erfolge sind so groß, daß er auf seinen Kern nicht mehr zurückfindet. Er muß aber zurückfinden, um sich entwickeln zu können. Er beherrscht jetzt die westlichen Prunktheater. Er muß seine Erde wieder berühren, wenn er diese Stellung behaupten will.

Berliner Börsen-Courier, Nr. 476, 10. Oktober 1928

»U-Boot S 4«

Volksbühne

Ein Abend für die Sonderabteilungen der Volksbühne, die drängender ihr Recht verlangen. Für jene Mitgliedergruppen, die gegen den alten gemächlichen Kurs des Theaters am Bülowplatz revoltierten, die den Kampf um Piscator führten und die Urzelle der Piscator-Bühne bildeten. Die Aufführung von »U-Boot S 4«, im vorigen Jahre vom Studio Piscators geplant, war also nicht die Willensaktion eines Dramaturgen oder Regisseurs. Sie wurde von einer Zuschauergruppe selbst erzwungen. Von den Sonderabteilungen, die heute noch in der Minderzahl sind, aber mit der Jugend die Zukunft für sich haben.

An diesem Abend begriff man nicht den erbitterten Kampf, der in den Zeitungen und Organen der Volksbühne gegen Piscator geführt wird, begriff man nicht die Beschimpfungen seiner Ideen und Leistungen, denn fast alles, vom Programmheft bis zum Stück, zum Film und zur Inszenierung war ohne seinen Vorgang nicht denkbar. Und noch während man vor wenigen Wochen gereizt gegen ihn polemisierte, benutzte man auf Zetteln, die man in Versammlungen verteilte, seine Vokabeln und Schlagworte als Werbemittel – für die Volksbühne.

Wenn Ideen sich langsam, und mit Rückschlägen, durchsetzen, so soll man nicht pedantisch sein und die Nachfolger mit dem Vorbild erledigen. Ein starker Gedanke findet von selbst wieder zu den richtigen Trägern zurück. Hier haben wir es mit der *Leistung* der Volksbühne zu tun. Mit einer Leistung, die den Beweis für die technische, handwerkliche Durchführbarkeit des filmtheatralischen Inszenierungsapparats führte. Ein energischer Regisseur, ein ehrgeiziger Arbeiter, der hemmungslos sein konnte, weil er die Ideen nicht selbst durchdacht hatte, sondern nur auf ihre Verwendbarkeit zu prüfen brauchte, leistete eine gute, solide, problemlose Handwerksarbeit. Zum Ausbau, zur Festigung, zur Beweisführung für Ideen sind Talente wie diese nötig. Gebrauchsbegabungen wie Leo Reuß müssen ein Theater haben; und es spricht weder gegen ihn, daß er mit den Mitteln anderer arbeitet, noch gegen diese Mittel, daß sie handwerklich verwertet werden können.

Günther Weisenborn hat die »Amerikanische Tragödie der sechs Matrosen von S 4« geschrieben, das Trauerspiel der sechs Matrosen, die, um Weihnachten 1927, im Torpedoraum von S 4 erstickten, als ihr Boot vom Alkoholjäger »Pouling« gerammt worden war. Ein Stück, von einem Theatermenschen geschrieben, unter dem unmittelbaren Eindruck des Vorganges. Weniger dichterisch als dramaturgisch. Dramaturgisch in der Einordnung in die Zusammenhänge. Die Welt wird aufgerissen im Film. Dieser Film ist von vornherein in das Stück hineinkomponiert. Er zeigt die Hintergründe auf: Rüstungsindustrie, unverbindliche Friedenspakte und Pressesensationen. Die sechs Matrosen ersticken. Sie übernehmen die Verantwortung mit ihrem Leben. Die Teilnahme der Welt ist unverbindlich. Eine brüchige Ordnung wird am Einzelfall aufgezeigt.

Ob Günther Weisenborn ein Gestalter ist, bleibt unentschieden. Er ist sprachlich oft schwach und blaß. Aber er ist ein Theatermensch, der mit szenischen Mitteln seinen Stoff arrangieren kann. Ein Gebrauchstalent, deshalb notwendig. Hier treibt er das Thema noch zu sehr auf. Die Einleitung ist viel zu lang und umständlich.

In der Aufführung wurde dieser Dispositionsfehler durch die falsche Pause noch deutlicher gemacht. Das Stück muß als *Einakter* gespielt werden. Ebenso verfehlt waren die Anordnung einer Telefonszene in einer Zuschauerloge und das Übergreifen der Reporterauftritte ins Parkett. Das Stück verträgt diese Dimensionen nicht.

Schauspielerisch geriet vieles zu scharf und akzentuiert, anderes wieder zu beiläufig. So mußte der rebellierende Taucher wichtige Worte mit dem Rücken zum Parkett in den tonverschlingenden Rundhorizont hinein sprechen. Wobei die Begabung des jungen Ernst Ginsberg auffiel, der ohne den in solchen Rollen üblichen Krampf spielte. Auch sonst bemerkte man neue Talente: Victor de Kowa, sofort dann packend, wenn er den Leutnantston verließ, Erich Thormann und Hans Baumann (noch etwas theatralisch). Friedrich Gnass gab gegenständlich, wenn auch etwas breit einen »ollen Mariner«, Ernst Karchow einen wahnsinnig werdenden Matrosen.

Bleibt Heinrich George. Er hatte einen seiner besten Abende. Er erhöhte das Militärische zum Ausdruck (Gänge auf der Mole). Er starb ergreifend ohne Sentimentalität, sachlich, fast berichtend. Wundervoll. Nur schmerzlich sieht man Agnes Straub wieder in einer Rolle, die ihr nicht liegt. Will die Volksbühne, wollen die anderen Berliner Direktoren diese große, ungewöhnliche Begabung durch ungenügende, falsche Beschäftigung lahmlegen? Es wäre verantwortungslos.

Für den Film hatte sich Leo Lania als Manuskriptverfasser eingesetzt und verwertete (mit Oertel und Suhr) glücklich die Piscator-Erfahrungen. Höhepunkt: erschütternde Hinrichtungsbilder aus der chinesischen Revolution, dem ergreifenden Tatsachenfilm »Shanghai« entnommen. Die Musik von Wolfgang Zeller lockerte mit Gelingen das Schema Meisels auf.

Die Volksbühne hat mit den *Ideen* Piscators Erfolg gehabt. Sie kann ihn nur ausbauen, wenn sie künstlerisch wieder zentral geführt wird. Sonst erstarrt sie auf *diesem* Niveau, wie sie auf dem Niveau Holl erstarrte.

Berliner Börsen-Courier, Nr. 488, 17. Oktober 1928

»Die Verbrecher«

Deutsches Theater

Ferdinand Bruckners neues Stück »Die Verbrecher« kommt in eine günstige, durch Kriminalfälle und Prozesse aufgelöste Zeit. Der stumpfsinnig Uninteressierte, der eilfertig Dahinlebende kennt das äußere Bild erregender Vorgänge durch Sensationsüberschriften und Zeitungsmeldungen. Der Erschütterte, der durch Wissen Erschütterte weiß, daß die Vorbereitungen zu einem neuen Strafgesetzbuch wichtiger als alle Teilnahme an der *Sensation* der Kriminalfälle sind.

Immerhin: Das Interesse für die Spannungsreize der Kriminalfälle hat das Interesse für die sachliche Reform der Justiz, den Instinkt für Recht und Irrtum vorbereiten und verschärfen helfen. Ein Stück, das die Justiz trifft, trifft heute alle Zuschauer, die durch Sensation erregten, die durch Recht und Unrecht ergriffenen.

Ferdinand Bruckner will beide Gruppen befriedigen. Er will den sensationellen Fall und den ernsten Kampf, die zweispaltige Überschrift des Lokalteiles und die ethische Forderung des Leitartikels. Im ersten Akt gibt er einen Querschnitt durch ein Haus. Frau von Wieg, die für ihre Kinder Ottfried und Liselotte den Schmuck ihres Schwagers zu Geld macht. Die Sekretärin Olga Nagerle, die ein Kind von einem Studenten erwartet. Die Köchin Ernestine Puschek, die sich und dem Kellner Tunichtgut das Kind der Sekretärin unterschieben, der junge Alfred Fischau, der mit Frau Berlessen, der Mutter erwachsener Söhne, durchbrennen will. Diese wieder, der eine homosexuell gebunden und in ein Meineidsverfahren verstrickt, der andere ein leerer Fant und Schürzenjäger.

Diese Personen stehen im zweiten Akt vor Gericht.

Querschnitt durchs Justizgebäude, wie vorher durchs Wohnhaus. Ernestine Puschek hat die Wirtin Kudelka, eine der vielen Geliebten Tunichtguts, erwürgt, aber im Liebeshaß, in der Liebesrache läßt sie es geschehen, daß Tunichtgut zum Tode verurteilt wird. Sie selbst nimmt Gift. Josef Berlessen schwört einen Meineid, aus Scham, seine Homosexualität vor Gericht zugeben zu müssen, und wird verhaftet. Olga Nagerle, die ihr Kind tötet, bekommt acht Jahre Zuchthaus, Fischau Gefängnis und

Bewährungsfrist. Und der Student Kummerer schreibt ein Werk gegen die Justiz.

Wer gewohnt ist, viele, auch ungedruckte Dramen zu lesen, weiß, daß zwei Gruppen in den letzten zwei Jahren wiederkehren: das sexualpathologische Drama – »Krankheit der Jugend«, das politisch fordernde Drama: das Piscator-Stück. Bruckner schreibt hier Krankheit der Jugend plus Piscator-Stück.

Aber »Krankheit der Jugend« ist im Stoff und Thema schon ein Nachzügler, und das Piscator-Stück ist nicht weitergebildet. Bruckner schreibt noch einmal Wedekind, noch einmal Bronnen, unkämpferischer, selbstverständlicher, aber auch banaler. Er ist Arzt, Psychoanalytiker. Ihn interessieren die Sonderfälle; ihn interessiert die pathologische Ausnahme. Das Drama wird aber den Weg zum *Typischen* gehen müssen, oder es kommt nichts vorwärts. Bruckners Stück spielt geistig und seelisch in der Inflationszeit, ohne es zuzugeben. Es kennt nur die medizinisch interessante Jugend. Nicht die typische.

Wenn Bruckner aber Sexualfälle, die in der »Krankheit der Jugend« nur sich selbst darstellten und wichtig nahmen, jetzt mit einer Institution, mit dem Staat, mit der Justiz zusammenstoßen läßt, so spürt er selbst, daß er auf dem alten Wege nicht weiterkann. Aber er kommt auch so nicht weiter. Denn überzeugend, durch den Fall überzeugend sind nur zwei Konflikte: der Prozeß Olga Nagerle und der Kampf gegen den Abtreibungsparagraphen, der Prozeß des Josef Berlessen und der Kampf gegen den Paragraphen 175. Und als packendes Sonderschauspiel besteht im Mittelpunkt die Tragödie der Köchin Ernestine Puschek. Ein Hauptmann-Schauspiel, eine Frau John aus den »Ratten« in einer Wedekind-Welt.

Bruckner ist ein festes, zugreifendes Theatertalent. Das bleibt viel. Aber er hat weder seinen eigenen Ton gefunden noch typische Vorgänge gestaltet. Er gibt packende Bühnenauftritte, geschickte Szenen, aber keine beweiskräftigen Fälle. Das aber *ist* ein Kriterium, weil er selbst den Beweis führen will.

Im Deutschen Theater führte den Beweis die Schauspielkunst. Lucie Höflich als Ernestine Puschek – man muß Jahre zurückgehen, um sich an ähnliches zu erinnern. Ein überwältigender und *legitimer* Erfolg; nicht auf Grund eines läppischen Schmarren, sondern einer wirklichen Rolle erzielt. Wie Lucie Höflich vor Gericht steht, schmerzdurchbebt, rachedurchbebt, liebesentrückt, liebesverrückt – darüber hinaus gibt es nichts mehr. Erschütternd, aufrüttelnd. Neben ihr Hans Albers als Kellner, gebändigt und ins Ensemble gefügt, mit ausgezeichneten, treffenden Zügen. Ein Erfolg.

Im Ensemble viele Bestätigungen und Überraschungen. Eine Bestätigung die feine Frau von Wieg Ilka Grünings, die ergreifend einfache Olga Nagerle von Sonik Rainer, der in sich gekehrte Student von Erwin Faber, der Verteidiger Ernst Gronaus, der Verteidiger Leonard Steckels (ihm wünsche ich bessere Rollen). Die Überraschung: die Tochter Liselotte Phoebe Monnards, sicher und frech; die Kudelka Maria Feins, gut charakterisiert (nur manchmal etwas überzeichnet), das Dienstmädchen von Käte Lenz, begabt, aber etwas billig; der Friseur Hans Deppes.

Physiognomisch gut: die winzige Rolle eines Erpressers (Wolf Dohnberg), die weise Frau (Hedwig von Lorée), der Schürzenjäger Erhard Siedels, der alberne, sadistische, homosexuelle Ottfried von Gustaf Gründgens, aber zu bewußt charakterisiert. Eine Enttäuschung: Walter Gynt, larmoyant, zu österreichisch (er muß komische Rollen spielen); Mathias Wieman, zu feierlich, zu langsam, zu monoton.

Heinz Hilperts Regie verzichtet auf die drei Etagen, für die das Deutsche Theater zu klein ist, sondern baut mit Rochus Gliese zwei Etagen mit Nebenräumen, zerstört dadurch vielleicht die *soziale* Struktur des Hauses, erhöht aber die Wirkung. Im übrigen fehlt es manchmal an Präzision und dramatischer Deutlichkeit (gerade bei Hilpert verwunderlich). Im Gerichtsakt wird Carl Goetz endlich einmal zu schauspielerischem Ausdruck angehalten. Er sitzt aber zu sehr im Dunkeln, um die Rolle abzulesen, und zu weit vom Souffleurkasten, um den Text hören zu können.

Berliner Börsen-Courier, Nr. 500, 24. Oktober 1928

»Romeo und Julia«

Berliner Theater

Die Klassikerdarstellung ist längst in eine Krise eingetreten. Nicht zufällig versagen kurz hintereinander Leopold Jessner beim »Egmont« und Max Reinhardt bei »Romeo und Julia«.

Es ist die Krise der Gefühlsbewältigung, die die ganze Kunst durchzieht. Eine Bewegung, die man in der Dichtung, in der Malerei, in der Architektur, in der Musik erkennen kann; eine Bewegung, die Oper und Drama, also auch Operndarstellung und Schauspielkunst ergreifen muß. Nicht umsonst ist sogar in der deutschen Dichtung, die weniger epische Bestandteile hat als irgendeine Poesie der Weltliteratur, das Anwachsen der berichtenden, epischen Kunst bemerkbar. Nicht umsonst treten in der Oper die direkten, dramatischen Gefühlsexplosionen zurück. Nur in die Aufführungen der Klassiker flüchtet immer wieder das alte Theater.

Das Problem würde allen erkennbar werden, wenn Regisseure diesen Widerspruch zu lösen versuchten, wenn sie zum mindesten spüren ließen, wo die Schwierigkeit und ihre Bewältigung liegen. Aber weder Jessner noch Reinhardt haben sich überhaupt mit der Kernfrage beschäftigt.

Am wenigsten Max Reinhardt. Er hat es leichter als Jessner, denn Shakespeare ist spielbarer als Goethe. Er hat es günstiger, denn Shakespeare hat deutliche epische Partien. Reinhardt läßt den Prolog sprechen – erkennt er damit ein anderes Darstellungsprinzip an? Im Gegenteil: Er läßt den Prolog, einen unzweideutigen *Bericht*, eine einfache Ankündigung, einen ruhigen Vorsprung dramatisch nuancieren, theatralisch ausspielen. Maria Solveig: Jedes Wort ein falscher Ton.

So geht es weiter. Reinhardts Stärke war nie die Sprachbehandlung, seine Schwäche war immer der Vers. Jetzt ist sein Ohr der Sprache ganz entfremdet. Die einfachsten Stellen werden verwischt oder überakzentuiert. Bruder Lorenzo – allerdings mit Ferdinand Hart rätselhaft falsch besetzt – muß aus einer betrachtenden Partie eine dramatische werden. Mercutios Erzählung von Frau Mab wird eine Geräuschimitation.

Reinhardt tauschte neulich, bei Stanislawskis dreißigjährigem

Theaterjubiläum, nicht nur Orden, sondern auch Gedanken. Wieder einmal war von der Krise der Schauspielkunst die Rede. In dieser Aufführung konnte er zeigen, wie ernst es ihm mit diesen Sätzen war. Hier hatte er viele junge Talente zur Verfügung. Wie förderte er sie? Die meisten waren unter anderen Regisseuren schon bewährt. Hier waren sie nicht wiederzuerkennen. Gustav von Wangenheim hatte sich im »Roten General« zu einer klaren, einfachen, ungereizten Darstellung gefunden. Als Tybalt wurde er wieder auf überspanntes Temperament und unmotivierte Töne gebracht. Hans Rehmann konnte früher durch männliche Festigkeit überzeugen. Als Mercutio wurde er von einem Darstellungsstil in den anderen getrieben. Ernst Busch, in Mühsams »Judas« ruhig, stark und packend, zerpolterte und zerschrie hier einen Diener. Twardowski ist kein Benvolio. In dieser Aufführung aber waren nur seine Fehler betont. Falsche Ekstase, falsche Beweglichkeit. Twardowski verwechselte sich mit Harald Kreutzberg. Nur Maria Krahn behauptete sich mit klarem, energischem, motiviertem Ton als Mutter Capulet. Reinhardts »Romeo und Julia«: ein Vernichtungsfeldzug gegen die jungen schauspielerischen Talente.

Wenn in den Regieszenen, in den Massenauftritten alles herausgekitzelt und überlärmt wurde, so behielt Elisabeth Bergner die Julia für sich. Ihr Versagen war kaum noch eine Überraschung. Wenn man von Beginn an deutlicher die Art der Bergner erkannt hätte: ihre graziös umschreibende, spielerisch ausweichende Lustspielbegabung, so hätte die Katastrophe nicht eintreten können. Als man sie zur deutschen Duse gemacht hatte, mußte man an sie die Forderung größerer, wichtigerer, anspruchsvollerer Rollen stellen. Gerade der größte Erfolg der Bergner aber, ihre heilige Johanna, zeigte schon für den, der hören und sehen kann, daß Rollen, die künstlerische Gestaltung und Auseinandersetzung verlangen, über ihre Kräfte gehen. Dennoch setzte man sie der Gefahr der Porzia und jetzt der Julia aus. Wie umging Elisabeth Bergner die Gefahren der Sprache und der Gestalt? Indem sie die meisten Verse strich und was übrigblieb als Geheimnis behandelte. Schon in der fünften Parkettreihe war sie kaum noch zu vernehmen. Ihre hervorragende Unmusikalität (musikalisch sind nur ihre Bewegungen) ließ sie die Verse beliebig senken und heben, beliebig ansetzen, beliebig abbrechen. Elisabeth Bergner hat so wenig Gefühl für Sprache, daß sie schon in den Anfangsworten der Julia strich;

die Gedichtform der ersten Begegnung wurde zerstört. Vom Giftmonolog nicht zu reden.

Der Fall Bergner ist die letzte Inflationserscheinung des Deutschen Theaters. Eine lächerliche Gagenüberwertung bei äußerster Unzulänglichkeit der Gestaltung (wenn die Bergner sich künstlerisch bekennen muß, wenn sie gestellt wird). Die Wertverschiebung hindert das Theater, hindert eine ganze Generation von entwicklungsfähigen jungen Schauspielern. In diesem Zusammenhang paßt es, daß um einen Romeo – vor der Aufführung – riesiger Reklameaufwand getrieben wird, und in Erscheinung tritt: ein nicht unsympathisches, aber keineswegs ausreichendes Talent. Franz Lederer wäre der Benvolio dieser Vorstellung gewesen. Er ist nicht unbegabt. Aber eiserne Zucht müßte ihm seine sprachlichen Manieriertheiten abgewöhnen. In diesem Zusammenhang paßt es, daß Ida Wüst, die eine gute Amme hätte werden können (obwohl sie keine Kostümschauspielerin ist), schließlich sentimental und im Ausdruck unbestimmt war wie die Bergner.

Einen Vorteil hatte die Aufführung. Sie brachte die oft gestrichene Szene der Musikanten bei Julias Hochzeitsmorgen. Aber sie, die in eine moderne Aufführung von »Romeo und Julia« gepaßt hätte, wurde hier auseinandergespielt, obwohl Josef Danegger bestimmt sprach und musikalisch sang.

Eine barbarische Aufführung, die selbst das gute Prinzip der dekorativen Anordnung auf einem Einheitsschauplatze (Ernst Schütte) stillos verwirrte und unklar ausführte. Eine bombastische Aufführung – im Hintergrund der schöne Teich von Schloß Leopoldskron.

Berliner Börsen-Courier, Nr. 504, 26. Oktober 1928

»Studio und Revolte«

Gruppe junger Schauspieler

Sonntag mittag spielte sich im Thaliatheater ein Ereignis ab, das von der größeren Öffentlichkeit unbeachtet blieb und doch zu den bewegendsten Vorfällen des Winters gehörte. Eine »Gruppe junger Schauspieler« gab die »Revolte im Erziehungshaus«, ein Stück von Peter Martin Lampel nach dem Material seines Buches »Jungen in Not« gearbeitet hat. Und diese Gruppe junger Schauspieler, die ohne Reklame, ohne Tamtam an die Arbeit gegangen war, machte mit ihrem ersten Hervortreten alle Forderungen einer Kollektivarbeit wahr, die bisher in Berlin nur eine theoretische oder programmatische oder bluffende Existenz geführt hatte.

Lampels »Revolte im Erziehungshaus« ist keine Dichtung im höheren, künstlerischen Sinne. Aber sie stellt szenische Vorgänge aus den Erziehungsanstalten mit solcher Geschlossenheit und Wucht, mit solcher Überzeugungskraft und Ehrlichkeit dar, daß die Wirkung aufrührender und tiefer war als die der »glanzvollsten« Theaterabende. Lampel gehört zu den wertvollsten Begabungen, die ein Theater, das wirklich im Zusammenhang mit der Zeit arbeiten will, finden kann. Lampel hat den Stoff der Fememorde zuerst in seiner Bedeutung für die Bühne erkannt. Er hat das Thema »Schill« in eine neue Beziehung zu Putschvorgängen nachrevolutionärer Jahre gebracht. Er hat die Not und den Schrecken der Fürsorgeerziehung in ihrer sozialpolitischen Akzentuierung gesehen. Er stellt dar, was man nicht weiß. Er deckt auf – ohne Wichtigtuerei, mit Gerechtigkeit. Bei Lampel sind nicht etwa der Anstaltsdirektor oder der Hausvater sadistische Schurken, sie sind Beamte, die an ihre Erziehungsmethoden glauben. Der eine beschränkt, der andere scheinbar liberal. Aber beide ohne Beziehung zu den Menschen, die sie erziehen. Beide mit festgefahrenen Moralbegriffen, »bessernd« durch Strenge und Grundsätze, ohne Instinkt für das, was in den Jungen erst einmal *befreit* werden muß, damit die Besserungsversuche ansetzen können. Eine Erziehung durch Unterdrückung. Keine Ventile werden geöffnet. Keine Triebe dürfen sich entfalten, damit sie geheilt werden können. Sie sollen *vorher* ertötet, erstickt werden. Die Methode des schärfsten Druckes, des geringsten Widerstandes. Eine Methode des Augenblicks, statt der langen Sicht.

Gewiß ist eine Erziehung, die diesen psychologischen Umweg nimmt, schwer. Gewiß ist das menschliche Material oft schon verdorben und rettungslos ausgeliefert. Aber Lampel schönfärbt in keinem Moment. Er stellt sachlich dar, auch wo er vielleicht durch Zusammenrückung übertreibt. Er macht aus den Zöglingen keine Edelmenschen, aus den Erziehern nicht individuelle Schurken. Er zeigt ein System auf, das Erzieher und Zöglinge verdirbt. Deshalb springt sein Stück über die Rampe. Deshalb warf es gestern die Zuschauer um. Ein Tendenzstück ohne Phrasen. Ein Angriffsstück mit männlichem Verantwortungsbewußtsein.

Der Mittag im Thaliatheater gab auf viele Fragen Antwort. Gerade sind Berliner Bühnen durch Riesenerfolge verwöhnt worden. Gerade beginnt Zufriedenheit und Bequemlichkeit sich festzusetzen. Gerade glaubt man, das Wort »Studio« als Ausrede und taktisches Manöver benutzen zu können. Man kündigt wie im Staatstheater *eine* Mittagsvorstellung an und glaubt damit ein Studio geschaffen zu haben. Studio ist Kollektivarbeit. Langsam, zielsicher angesetzt, um den bequemen Theaterbetrieb aufzurütteln. Keine Verlegenheit. Die Gruppe junger Schauspieler hat anonym gearbeitet. Einige Mitglieder kommen von der Piscator-Bühne und stellen den Begriff des Studios reiner dar, als es Piscator selbst im vorigen Winter konnte. Der Einfluß der Piscator-Bühne ist in vielen Plänen dieses Winters zu erkennen. Die Piscator-Bühne ist durch ihre *Folgen* produktiver geworden als durch direkte Leistungen. Das ist ein großes Verdienst.

Immer ist hier die Bedeutung der kleinen Innenstadtbühnen auf dem Gebiet des Experiments gesehen worden. Aber die Genossenschaft und die Volksbühne haben sich nie dazu entschließen können. Die Genossenschaft mit ihrer unproduktiven Erwerbslosenfürsorge. Die Volksbühne mit ihrem Spielplan im Thaliatheater. Gestern dröhnte das Haus, nachdem eine Frauenstimme protestiert hatte, von einem Beifall, der die Ränge erschütterte. Gestern sah man eine Aufführung, wie sie das Thaliatheater des Herrn Felix nie erlebt hatte. Hans Deppe, ein Schauspieler des Deutschen Theaters, führte Regie mit Sauberkeit und Klarheit, mit Bühnentemperament und menschlichem Takt. Jeder Darsteller an seinem Platz. Hans Deppe selbst mit diskretem Humor; Fritz Genschow, der Leiter der Gruppe, ausgezeichnet in der Verwendung seiner schauspielerischen Mittel und mit physiognomischer und menschlicher Eindringlichkeit. Reinhold Bernt wirksam, Werner Pledath als Pfarrer plastisch, Ludwig Roth als Hausvater mit fester Bühnensicherheit; Renée Stobrawa kräftiger, sicherer, überzeugender als bei Jessner; Werner Kepich als Journalist. Alle müssen genannt werden: Gerhard Bienert, Walter Gynt, Otto Matthies, Peter Wolff, Adolf Fischer, Ernst Hoffmann, Erich Koberling, Alfred Schäfer, Hans Anklam. Hoffentlich bleiben sie zusammen und arbeiten weiter. Hoffentlich weiß Piscator, was er zu tun hat. Hoffentlich weiß auch die Volksbühne Bescheid.

Berliner Börsen-Courier, Nr. 567, 4. Dezember 1928

Der neue Zuckmayer

»Katharina Knie« im Lessing-Theater

»Lebt Ihre Großmutter noch?« fragt irgendeine Person des Seiltänzerstückes von Carl Zuckmayer; und dann, ob sie lebt oder tot ist, wird ihre Geschichte erzählt. Treuherzig, bieder und tapsig. Die Kapotthüte wachsen auf den Köpfen der Zuschauerinnen. Das Haar der Parkettbesucher wird grau. Innig und schummrig wird's. Petroleumlampen blaken. Familienalbums blättern sich auf. Max Jungnickel geht durch den grünen Wagen. Wenn die Großmutter abgetan ist und die rheinische Rede nicht mehr weiter weiß und die Personen nicht ahnen, ob sie dableiben oder abgehen sollen, fragt ein anderer: »Wie ist mir doch, haben wir schon über ihre Tante gesprochen?« »Aber nicht doch.« »Um so besser, dann brauchen wir den Vorhang noch nicht fallen zu lassen.« Man hat wieder Gesprächsstoff. Zuckmayer weiß auch über die Tante Bescheid. Das Ende des Stückes rückt in weite Ferne.

Das ist die dramatische Technik von »Katharina Knie«.

Aber selbst wenn die dramatische Einteilung geschickter, die Handlung knapper, der Dialog straffer wäre – diese Seiltänzergeschichte ginge uns nichts an. Sie ist nicht nur ein technisches Versagen, sie ist eine Katastrophe der geistigen Haltung. Diese traurige Angelegenheit zwischen Vater und Tochter Knie, diese Tränen, die geweint werden, wenn Seiltänzers Töchterlein zum Bauer Rothacker zieht; diese Zähren, die fließen, wenn sie zurückkehrt, doch nur um dem Vater zu sagen, daß sie den Bauern heiraten will; aber sie kann es nicht sagen, und der Vater stirbt darüber weg; diesen ganzen Familienroman empfinden wir auf der Bühne als eine Belästigung. Wir wünschen nicht in Privatverhältnisse eingeweiht zu werden. Wir wünschen, daß die Themenreihe, die seit Jahrzehnten darum kreist, daß »auch in des Gauklers Brust ein Herz wohnt«, erledigt sei; endgültig, unerbittlich, für immer.

Die Stabilisierung des deutschen Theaters, die Konsolidierung des deutschen Dramas darf nicht um den Preis philiströser Genügsamkeit erfolgen. Ja, die Bühnen leben wieder von deutschen Autoren. Aber wenn die Festigung der dramatischen Währung auf *diesem* Kursniveau erfolgt, dann ist jede Beunruhigung, jeder Wechsel, jede unkontrollierbare Wertschwankung gesünder. *Dieses* Drama wollen wir nicht. Diese Selbstzufriedenheit lehnen wir ab.

Zuckmayer war ein frischer, lebendiger Mensch. Er war, wenn man an die Galgenszene im »Kiktahan« denkt, auf dem Wege zu einer scharfen Komödie, aber der Erfolg des »Fröhlichen Weinbergs« hat ihn in die Einflußsphäre der Mittelmäßigkeit gezogen. Er wurde zufrieden, behäbig. Sein Glück wurde sein Unglück. Jetzt macht er die Verbiederung mit. Weichlich, lyrisch, sentimental – nein. Bleiben wir unzufrieden, Zerbrechen wir diese Genügsamkeit. Kaum erstanden, kaum befreit von minniger Empfindsamkeit, droht das Drama wieder in abgrundtiefen Gemütsschlamm zu versinken. Die Romantik beginnt wieder zu nebeln. Weg damit!

Es ist kaum zu verstehen, daß ein Dramaturg und Regisseur diese uferlose Rederei stehenlassen konnte. Striche, Striche! Wollte man Bassermann Gelegenheit geben, sich auszuleben? Er tat es auf eine feine, diskrete, delikate Art. Leise, zart, mit behutsamer Verwendung seiner Mittel. Nicht wiederzuerkennen nach den »Sünden der Jugend«. Als absolute schauspielerische Leistung bewundernswert. Dennoch war es gefährlich für ihn, sich so hineinzuleben, sich so mit einer abgestandenen Empfindungswelt zu identifizieren. Je mehr man die Könnerschaft eines großen Schauspielers bewunderte, desto mehr rückte man von dem Gefühlsinhalt der Rolle und des Stückes ab. Hier ist, auch schauspielerisch, ein Ende, kein Weg.

Elisabeth Lennartz als Katharina Knie war munterer, schauspielerisch aufgelockerter als früher. Trotzdem unterstrich sie wieder. Sie braucht schärfste Regie. Drastisch, derb mit sicheren Strichen zeichnete Hedwig Wangel eine abgetakelte Zirkusgröße. Alexandra Schmidt gab eine ihrer berühmten Alten, Fritz Odemar einen beweglichen Luftakrobaten, Karl Etlinger einen verspielten Clown.

Aber zwei junge, ungehobelte, rauhe Schauspieler wirkten mit, die einen anderen Ton, ein anderes Element vertraten: Fritz Genschow und Ernst Busch. Auch das ist Reaktion, daß diese beiden Schauspieler in eine künstlerische Welt gesteckt werden, die ihnen widerspricht. Fritz Genschow, der mit der Gruppe junger Schauspieler die »Revolte im Erziehungshaus« spielte, wird aus dieser geschlossenen Vorstellung herausgerissen, um hier in einer beliebigen Rolle zu verschwinden. So werden Ansätze zerstört, Ensemblebildungen unterbunden.

Busch, Genschow und Robert Lindberg, der in Bonn ist, gehörten zu den jungen, nicht ausgenutzten Studiotruppen Piscators. Sie müssen sich wieder zusammenfinden. Aber die »Volksbühne«, zwangsläufig abwärts sinkend, verhandelt mit einem mittleren Stadttheaterdirektor wie Kronacher. Auch das ist die Stabilisierung der Genügsamkeit. Auch hier lehnen wir sie ab.

Berliner Börsen-Courier, Nr. 600, 22. Dezember 1928

»Das große ABC«

Renaissance-Theater

Marcel Pagnol, Mitverfasser der »Schieber des Ruhms«, schreibt hier seinen Schieber des Geldes. Ein kleiner Lehrer wird entlassen, weil er den Korruptionsbetrieb eines Internats nicht mitmachen will. Ein schiebender Stadtrat engagiert ihn als ahnungslosen Strohmann. Aber der Strohmann lernt, der Strohmann wird wissend, der Strohmann übertrumpft den Brotherrn.

Ein Rollenstück, in der Wirklichkeit des Theaters eher beheimatet als in der Wirklichkeit des Daseins. Die Korruptionisten als dankbare Rollen, die kräftige Satire als guter Kulisseneffekt, die Geste des Angriffs als glänzender Abgang. Wie hier betrogen und gemogelt wird, wie der größere Schieber den kleineren zudeckt und ein simpler Schulmeister schließlich das große ABC des Geldes besser beherrscht als das kleine ABC, das er seinen Zöglingen beibrachte – das ist längst Tradition des Pariser Theaters geworden, längst beliebtes Thema, beliebter Kniff, wie bei uns die Gemütskiste, die Treuherzigkeit oder die Verlegenheitskomik des Spießers. Die Korruptionssatire ist, fast könnte man sagen, ein Alt-Heidelberg der französischen Komödie. Aber ein gesünderes, frischeres Alt-Heidelberg. Sowenig das »Große ABC« die Konventionen verläßt, sowenig es Zusammenhänge aufdeckt, Schäden wegradiert, Menschentypen, Menschenklassen entlarvt, so sicher ist seine Rampenwirkung, so aufwirbelnd ist sein Kulissenkrach.

Diese Theaterkraft muß entfesselt werden. Eugen Klöpfer spielt den Lehrer Topaze oft mit durchschlagendem Erfolg. Seine komödiantische Ulklust erwachte. Klöpfer fabulierte die Rolle, er erzählte einen Schwank, ein persönliches Abenteuer, mit aller Glaubwürdigkeit und Unglaubwürdigkeit einer Münchhauseniade. An den Sinn der Rolle hielt er sich nicht immer. So erschien der ehrliche Topaze, wenn er sich langbärtig, mit schleichenden Schritten zwischen den Schulbänken hindurchwand und tremolierend sprach, manchmal als Tartuffe. Dieser falsche Eindruck setzte sich vielleicht auch deshalb durch, weil der Schulakt von der Regie zu behutsam angelegt war. Hartung, der das Verdienst hat, das Renaissance-Theater wieder zu einem wirklichen Theater gemacht zu haben, hat seit einiger Zeit Vorliebe für einen gedämpften Kammerspielton, für Psychologie und verwischte Akzente. Früher verhärtete er Wirkungen, heute untertreibt er. Aus Furcht, die Konturen zu stark zu ziehen, löscht er sie aus.

Es wurde trotzdem ein großer Erfolg. Klöpfers improvisierender Humor, seine Fülle, seine Kraft (wenn er auch oft den Reiter über den Bodensee spielt), die energische Farbigkeit Ferdinand Bonns (der besser denn je ist), Rudolf Blümners geistige Kraft als korrumpierter Internatslehrer (Blümner spielte wirklich französisch; eine Freude, ihn wieder auf der Bühne zu sehen), die knappe, klare umreißende Zeichnung von Hermann Speelmans als Polizist (Speelmans ist längst einer der treffendsten und besten Chargendarsteller der deutschen Bühne) – das alles wirkte und schlug durch.

Ein Schauspielererfolg, obwohl Erika Meingast jede Einfachheit verloren hat. Aber Anni Mewes und Willi Forst (der es sich etwas zu leicht macht und einen Operetteneinschlag nicht überwindet) blieben gut im Ensemble. Und Oscar Sima – Oscar Sima gab Ton und Tempo des Stückes an. Er spielte den betrügerischen Stadtrat mit seinem Bühnenblut, mit seinem Theaterinstinkt saftig, kräftig, beispielhaft für die ganze Aufführung. Wenn er auf der Bühne stand, waren die Konturen des Stückes da. Er übertrieb nicht, er untertrieb nicht. Das Dasein eines Schiebers quoll über die Rampe, erfüllte den Raum. Jeder Witz saß, jede Szene krachte – ein vitaler Humorist setzte sich mühelos durch.

Berliner Börsen-Courier, Nr. 602, 24. Dezember 1928

»Ödipus«

Staatliches Schauspielhaus

»König Ödipus« und »Ödipus auf Kolonos« an einem Abend. Im »König Ödipus« wird die Bearbeitung von Heinz Lipmann Anlaß zu einem Chor »Groß ist die Gottheit und altert nicht«, der musikalisch von George Antheil fast wie ein hebräischer Tempelgesang gesetzt ist. »Ödipus auf Kolonos« schließt in der Bühnenfassung des Staatstheaters mit einem Gebet der Ismene, das christlich ausklingt (auch dann, wenn das »Amen«, das ich zu vernehmen glaubte, eine Gehörtäuschung gewesen sein sollte).

Diese Pole der Aufführung zeigen die Unsicherheit auf, mit der man heute einer dichterischen Welt gegenübersteht, die gerade im Kultischen, in der Einheit der religiösen, staatlichen und menschlichen Vorstellungen wurzelt. Strawinsky hatte mit seinem Textdichter Jean Cocteau den Mut, die Tragödie »Ödipus rex« lateinisch, wie eine antike Liturgie, wie eine geschlossene tragische Opferhandlung darzustellen, die ein Sprecher unterbricht und erläutert. Die Vorgänge wenden sich nur durch diesen Sprecher an das Publikum; er demonstriert einen episch-dramatischen Ablauf. Es ist der paradoxe und doch erschütternd großartige Versuch, eine ferne Welt nicht durch Vermenschlichung, nicht durch Verringerung der Entfernung, sondern durch »Einfrostung« (ein Wort Strawinskys), durch Vergrößerung der Entfernung näherzurücken.

Diesen Weg kann das Sprechdrama, besonders bei einem alten Stück, nicht gehen. Reinhardt versuchte mit seinem Textdichter Hofmannsthal durch äußerliches Theater, durch die Reize einer buntbewegten Handlung mit Aufzügen und Massenwirkungen die Distanz zu überbrücken. Jessner geht mit seinem Bearbeiter Lipmann einen anderen Weg. Er drängt das Menschliche hervor, beinah könnte man sagen: das Private, und schafft sich dadurch neue Gefahren. Was im »Ödipus« auf festen kultischen Gebräuchen und politischen Anschauungen (die in der Antike nicht voneinander zu trennen sind) beruht, wird gestrichen, geändert oder auf neue Grundlagen gestellt. Weil also das Werk des Sophokles, dessen Größe in der geschlossenen religiösen und staatlichen Anschauung seiner Zeit wurzelt, heute auf eine Epoche trifft, deren Bedeutung und Gefährlichkeit in der Zerrissenheit und in den Gegensätzen von kritischem Bewußtsein, religiösen und staatlichen Formen liegt, gerät Jessner in einen neuen Gefahrenstrudel. Er mußte die »Menschlichkeit«, die er betont, wieder unter höhere Gesetze stellen; sonst wäre er banal geworden. Aber welche höheren, feststehenden, allgemein geglaubten Gesetze gibt es heute? Er mußte für diese Mischung aus menschlicher Nähe und geistiger Distanz eine Ausdrucksform finden. Aber welche darstellerischen und szenischen Formen sind heute unantastbar?

So entstand eine Aufführung, die aus alten und neuen Bestandteilen zusammengesetzt war. Alt ist das Gewisper und geheimnisvolle Geflüster des Chors (Stimmungsdramatik). Alt die menschliche Beteiligung des Chors, statt der kühlen Betrachtung. Alt ist das gänzlich überflüssige und pompöse Schlachtengemälde im »Ödipus auf Kolonos«. Alt ist (wenn auch im Sinne des Jessner-Theaters ungewöhnlich wirksam) die dramatische Zuspitzung von Rollen (Theiresias, Kreon), Mitleidstheater (wenn auch von Granach wundervoll gespielt) die stumm gewordene Episode des Hirten. Schrecklich sind die »begründeten« Verse der Magd (warum es gerade die *Augen* sein müssen, die Ödipus durchsticht). Gerade diese Magd jedoch spielt Helene Weigel (abgesehen von einigen österreichischen Stellen) hervorragend.

Aber es gibt Momente in dieser Aufführung, die weiter zu entwickeln sind, wundervolle Momente, um derentwillen jeder sich den »Ödipus« ansehen sollte, wundervolle Momente, stärkstes, einfachstes Gegenwartstheater. Das sind Augenblicke, in denen sich Jessner zu einer unaufgeregten Ruhe, zu einer Größe, die nicht Stil, nicht Starre ist, gefunden hat. Eine fast darlegende Darstellung und Entfaltung von Vorgängen, wenn Ödipus und Jokaste sich gegenüberstehen (obwohl die technisch außerordentliche, die vortreffliche Schauspielerin Ida Roland zu nervös spielt, zu sehr Sardou gibt). Eine Erregung durch Einfachheit, eine Dramatik durch Nebeneinandersetzung von Vorgängen, eine Erschütterung durch Stille. Hier haben Jessner und Kortner zum erstenmal einen Weg über die Anfänge ihrer gemeinsamen Arbeit hinausgefunden. Hier ist Diskretion nicht Untertreibung. Ausbruch nicht Aufsteilung. Hier ist ein Beginn, Kortner gelingt es diesmal, erschütternd aus einer ahnenden Stille in die Erregung hinüberzufinden. Er hat das Maß im stärksten Ausbruch, die Form im gewaltigsten Niederbruch. Kortner findet auf Kolonos eine breite, mächtig strömende und verklärte Kraft, die nicht losläßt. Eine erregende Harmonie. Eine Erschütterung durch sprachliche Darlegung.

Ein großer Erfolg, an dem Kraußneck (Theiresias), Lothar Müthel (Theseus), Veit Harlan (Polyneikes), Walter Franck (Kreon), Eleonore von Mendelssohn (Antigone) – aber sie muß sich hüten, allzu edel, die jüngere Lossen zu werden –, Lotte Lenya (Ismene) teilhaben, aber sie muß den Ton variieren und Einteilungen machen lernen.

Hans Poelzig hatte die gedrängte Architektur gebaut. Ein Abend, der viel Altes, viel Unsicheres, aber viel Entwicklungsfähiges bringt. Jessner stellt, endlich einmal wieder, Probleme zur Diskussion. Deshalb muß er gepriesen werden.

Berliner Börsen-Courier, Nr. 8, 5. Januar 1929

»Kreuzabnahme«

Volksbühne

Ehm Welks »Kreuzabnahme« lag schon im Buch vor, als Piscator das »Gewitter über Gottland« inszenierte. Es wäre auch damals richtiger gewesen, die »Kreuzabnahme« zu wählen, die ein brennendes Problem behandelte, als das »Gewitter über Gottland«, das ein mittelalterlicher Spektakel war. Dann begannen die Kämpfe um die Volksbühne. Man hatte Angst vor der Aufführung, obwohl die »Kreuzabnahme« in Hamburg, Mannheim und Braunschweig gespielt wurde; in Braunschweig vor Mitgliedern sowohl der Volksbühne wie des Bühnenvolksbundes.

Jetzt spielt die Volksbühne am Bülowplatz das Stück, ohne daß eine Gefahr sich regt. Jetzt versucht man langsam das aufzuholen, was vor zwei Jahren notwendig gewesen wäre und die

Volksbühne mit einer großen Theaterbewegung nach vorn getragen hätte. Inzwischen ist die Bewegung auf fast alle Bühnen übergesprungen. Das »Zeitstück« ist – peinlich genug – Geschäft und Konjunktur geworden. Warum? Weil ein berufenes Theater wie die Volksbühne die Führung abgab und sich alle unberufenen, gesellschaftlich bestimmten Theater auf den nahrhaften Bissen stürzten. Sie hatten recht. Jetzt allmählich hat es sich bis zur Volksbühne, von der es ausging, zurückgesprochen. Man kommt hinterher, wo man Vortrupp war. Man holt sich selbst ein.

Ehm Welks »Kreuzesabnahme« bringt die Auseinandersetzung zwischen Tolstoianismus und Leninismus. Der erste Teil heißt: Tolstoi. Tolstoi flieht aus Jasnaja Poljana und stirbt im Bahnhofsgebäude von Astapowo. Der zweite Teil heißt: Lenin. Er spielt 1917 bis 1919 auf dem Dorfplatz von Jasnaja Poljana, in einer Fabrik, in einem Gouvernementsgebäude. Lenin tritt persönlich nicht auf. Seine Gedanken kämpfen in Kommissaren, Arbeitern und Bauern. Aber Ehm Welk, der den großen Plan zu diesem weitgespannten Drama hatte, führt die Gedankenschlachten auf der Ebene privater Gefühlserlebnisse, nicht in der objektiven Wirkung auf den Gegner. Tolstoi – ja, hier ist es gegeben, daß die Auseinandersetzung innen, in der Seele des Dichters selbst sich abspielt. Tolstoi – hier ist die Selbstzerfleischung, der psychologische Kampf dramatisches Motiv. Denn es handelt sich eben darum, daß Tolstoi zwar kritisch den Gefahrenzustand des verkommenen Zarenreichs erkennt, daß er aber die *Mittel* zur Änderung dieses Zustandes nicht finden kann, weil er immer wieder in sich selbst zurückkriecht und das seelische Problem der Demut und des Urchristentums wälzt. Wenn Ehm Welk dieser Welt der Selbstvernichtung, die ins Nichts hinein philosophiert, einen Fall der Selbstvernichtung um eines politischen Zwecks willen entgegenstellt, so hätte er gerade hier den Kampfplatz von innen nach außen verlegen müssen. Ehm Welk aber sieht den Leninismus als *psychologisches* Problem. Er zeigt nicht die Schwierigkeiten, die Lenins Staats- und Volksidee durchzumachen hat, bis sie wirklich Staat und Volk, Arbeiter und Bauern, Fabriken und Armee durchdringt; er deutet sie höchstens an. Er zeigt die Schwierigkeiten, die der einzelne in seinem Privatleben, in seinem Liebesleben hat, sich mit der Staatsidee abzufinden. Das ist aber der älteste Konflikt, den das Drama überhaupt kennt. Diese Kämpfe zwischen Pflicht und

Liebe könnten ebenso im Preußen des Alten Fritz, wie im alten Rom, wie unter dem Zaren sich abwickeln. Sie sind nicht bezeichnend für das Rußland Lenins und deshalb im Mittelpunkt einer Auseinandersetzung mit der politischen Anschauung Lenins überflüssig und komisch.

Ehm Welk dramatisiert in der alten Weise Episoden aus dem neuen Rußland, statt für eine geänderte, umgestülpte Welt eine neue Form zu suchen. Er versetzt bürgerliche Tragödien ins sowjetische Rußland. Er bringt deshalb bei »Lenin« im Grunde nur eine Fortsetzung des Teils »Tolstoi«. Dieselbe Selbstauflösung, nur um anderer Gedankenkreise willen. Wenn das Welks Absicht war, wenn er diese Zusammenhänge gemeint hat, hätte er es sagen sollen. So bleibt es schwächlich und unentschieden.

Die Volksbühne hatte trotzdem einen ihrer besten Abende. Das Stück erhebt sich im Niveau über andere Volksbühnenstücke. Die Aufführung war sauber und solide. Paul Bildt führte Regie. Er ließ deutlich sprechen, duldete nicht falsche Nebengeräusche, aber er bewahrte die Vorstellung nicht vor der falschen Feierlichkeit, der heute fast alle Berliner Bühnen verfallen. Man beginnt sich im Theater wieder zu langweilen, so langsam und bedächtig wird gesprochen. Friedrich Kayßler, der den Tolstoi gab, ist gewiß nicht aus sich herauszubringen. Diese Getragenheit und knirschende Bedächtigkeit kennen wir. Aber auch jüngere Darsteller wie Leo Reuß (als Nowikow) kamen aus der gewichtigen Diskretion nicht heraus. Reuß stellte manchmal sein eigenes Denkmal, so getragen war alles in der Bewegung und im Ton. Reuß spielte daneben zu elegant. Er gab keinen fanatischen Sowjetkommissar, sondern einen Gardeoffizier. Auch Ernst Karchow spielte Zeitlupe.

Blieben einige kleinere Rollen. Ausgezeichnet Ernst Ginsberg als Goldenring. In jedem Satz ein lebendiger Schauspieler! Sogar Adolf Manz und Grete Bäck und Beate Finkh waren besser als sonst. Agnes Straub als Gräfin Tolstoi. Endlich wieder eine wesentliche Aufgabe. Sie spielte mit den charakterisierenden Fähigkeiten ihrer besten Zeit eine hysterische, böse, verlogene und doch in einem versteckten Winkel bedeutende und echte Frau.

Ziehen wir einen Strich unter die Vergangenheit der Volksbühne und denken wir an die Zukunft. Martin schreibt, daß er sich nur der Volksbühne als verantwortlicher, künstlerischer Leiter widmen wolle. Warten wir ab, wie sich die Volksbühne in die neue Theaterkonstellation eingliedert. Sie ist gewarnt und muß ihren Weg kennen.

Berliner Börsen-Courier, Nr. 92, 23. Februar 1929

Das verbotene »Giftgas«

Theater am Schiffbauerdamm

Berlin 1929. Ein Dramatiker hat mit einem Schauspiel überraschenden Erfolg gehabt. Wenige kannten ihn vorher. Niemand spielte ihn. Der Mittagserfolg der »Revolte« setzte die Konjunkturjäger auf die Fährte. Alte Stücke von Lampel wurden hervorgesucht. Notizenschlachten begannen. Nachrichten über neue Dramen lösten sich ab. »Giftgas über Berlin«, General Seeckt als Bühnenfigur, ein Schlüsselstück?

So entstand zweierlei: Auf der einen Seite wurde Lampel zu einem »Dichter« gemacht, dessen »literarische Entwicklung« man verfolgte. Auf der anderen wurde langsam das Mißtrauen der Behörden geweckt. Was geht in dem neuen Stück vor? Anfragen, Köpfeschütteln, Ängste. Verbot? Nichtverbot? So wurde Lampel künstlich, nicht ohne Schuld der Presse, in ein falsches Licht gestellt.

Lampel ist kein »Dichter«, kein »Literat«, kein »Schriftsteller«. Lange vor der Aufführung der »Revolte« ist er hier charakterisiert worden. Sein Leben, seine Art. Er ist viel herumgekommen, von einem Beruf in den anderen, von einem politischen Lager ins andere gestoßen worden. Er hat viel gesehen in wilden, unkontrollierbaren Übergangsjahren, von Putschen und Gegenputschen, von Militär- und Arbeiterkämpfen. Diese Vorgänge hat er keineswegs immer beurteilen und auf ihre Konsequenzen prüfen können. Aber in seiner erregten, aufgeregten Phantasie hat sich die Umgebung, in der er lebte, die Menschen und ihre »Mentalität« festgesetzt. Diese Figuren und Ereignisse sieht er theatermäßig, szenisch, zwischen Kulissen. Lampel gehört an ein Zeittheater. Aber das Theater muß die *Führung* haben, mit ihm die Stoffe besprechen, dramaturgisch bearbeiten. Lampel ist der beste »Dramatiker auf Bestellung«, den man sich denken kann. Solche Szeniker und Materialkenner braucht die Bühne, heute besonders.

Wenn nicht die lächerlich falsche Taktik der Sensationsmeldungen und Behördenängste sich *vor* der Aufführung des »Giftgases« bemächtigt hätte, so würde kein Mensch in dem Stück eine Gefahr für die »öffentliche Sicherheit und Ordnung« gesehen haben. Man hätte ruhig festgestellt, daß Lampel dieses Stück *ohne* fruchtbare Beratung mit einem Theater geschrieben hat, ohne dramaturgische Führung, eben als fertiges Stück, das man einreicht, das als Bühnenmanuskript vorliegt und aufgeführt wird. Änderungen im einzelnen, schauspielerische Akzentverschiebungen, Textumstellungen oder Striche spielen dabei keine Rolle. Das Stück war in der Anlage verfehlt. Seine Wirkung hat es im wesentlichen den Polizeimaßnahmen zu danken.

Lampel hat gleich zwei Stoffe bearbeitet: Reichswehr und Giftgas. Zwei Stoffe, die eine grundverschiedene Art der Behandlung verlangen. Das Militärstück konnte mit den alten, kräftigen Mitteln des Kulissentheaters bewältigt werden. Längst bekannte Vorgänge im Reichswehrministerium, scharf und komödienhaft deutlich hingesetzt, ein bestimmter Offizierstyp, hart und kalt gezeichnet – das hat Bühnenexistenz. Das hat so viel Bühnenexistenz, daß die Soldaten viel klüger, viel klarer, viel bedeutender geworden sind als das nur deklamatorisch hingesetzte proletarische Gegenspiel. Darum fällt der letzte Akt, der die Kämpfe austragen soll, hilflos auseinander. Hier ist die *politische* Führung der Handlung kindlich. Die Militärdiktatur wird von Lampel ebenso unzulänglich vorbereitet wie die Arbeiterkämpfe. Was bleibt übrig? Eine hellsichtige Satire, die immer erlaubt gewesen ist und in jedem freien Staate erlaubt sein muß.

Daneben das Giftgas. Hier, in der Auffindung eines neuen Stoffkreises liegt Lampels Verdienst und Versagen. Sein Verdienst, daß er die Wirkungen, die fürchterlichen Wirkungen, die Massenwirkungen eines chemischen Mittels aufzeigt. Wie weit aber ist er hinter den Möglichkeiten zurückgeblieben! Es ist unmöglich, die Schrecken des Giftgases *dramatisch an einzelnen theatralischen Figuren* aufzuzeigen. Wenn der Tank platzt, wenn der Direktor sich und den Hauptmann und die Fabrik vergiften will, wenn das Gas ausströmt und einzelne stöhnend, angstverzerrt zusammenbrechen, so liegt hier Schrecken und Komik beieinander wie beim Pariser »Grand Guignol«. Massenereignisse auf der Bühne können nicht durch individualistische Einzelschicksale dargestellt, können nicht *dramatisch* akzentuiert werden. Dieses Problem eines neuen kollektivistischen Inhalts ist ein neues Formproblem, ist ein episches Problem. Hierfür muß auf der Bühne erst eine entsprechende, vielleicht chorische Form gefunden werden. So wie Lampel es macht, wirkt die Abschreckung nicht, sondern schlägt ins Komische um. Er setzt auf die aktuelle Satire ein veraltetes Grand-Guignol-Stück. Die halbe Wirkung erklärt sich schon daraus.

Gerade dieser Stoff mit seinen neuen Inhalts- und Formproblemen konnte nicht ohne dramaturgische und regieliche *Führung* bewältigt werden. So ungewöhnlich die Aufführung der »Revolte« durch die Gruppe junger Schauspieler war, so unsicher war diese Darstellung. In der »Revolte« Gesamtheit, hier Einzelleistungen. Dominierend der Oberst, den Erich Riewe mit kalter Sicherheit hinsetzte; seine überzeugendste Gestalt. Der Leutnant, den Otto Matthies fein und einfach, der Unterfeldwebel, den Albert Venohr eindringlich spielte. (Max Schreck wirkte als Generaloberst nur durch die *Maske* von Seeckt; schauspielerisch war er steif und dürr.)

Achten muß die Gruppe junger Schauspieler darauf, sich nicht auf Töne festzulegen, Renée Stobrawa ist wieder zu düster. Auf der proletarischen Seite durchschlagend nur Fritz Genschow (welch ein schauspielerisches Material), Peter Wolff und, sehr amüsant, Karl Hannemann als sozialdemokratischer Abgeordneter.

Die Gruppe junger Schauspieler hat den Durchbruch vollzogen. Sie muß aber in dienender Arbeit diese Position halten. Das törichte Verbot der Aufführung wird nur überflüssigen Diskussionsstoff heranschaffen. Das Theater ist wieder eine öffentliche Macht geworden. Gerade deshalb müssen aber seine Leiter sehen, daß sie diese öffentliche Macht verdienen. Halbe Arbeiten, wie diese, machen nur aufmerksam, bringen noch nicht weiter. Die neuen Stoffgebiete des Theaters warten auf die neue Form.

Berliner Börsen-Courier, Nr. 110, 6. März 1929

Pallenberg spielt Topaze

Im Renaissance-Theater

Nach Eugen Klöpfer gibt jetzt Max Pallenberg den Schullehrer, der das »Große ABC« des Lebens lernt. Klöpfer gab ihn mit seiner Fabulierfreude und Lust an Komödie und Schmiere. Eine Gestalt, die Kulissenluft atmete und theatralisch noch gerichtet war, wo sie in übertriebener Diskretion die Akzente verwischte, leise sprach und mit schleichenden Schritten sich durch die Schulbänke schob. Hier wurde aus dem ehrlichen Topaze der Tartuffe Topaze.

Wenn Klöpfer so über den dramaturgischen Sinn der Rolle oft Unklarheit verbreitete und den Zuschauer irreführte, so tut Pallenberg, der mit dem Topaze lange vor Klöpfer im Reich gastierte, das Gegenteil: Es spielt drei Akte hindurch einen armen, weltfremden, staunenden, kurzsichtigen, stolpernden Schulmeister, einen ehrlichen Kerl, einen zu ehrlichen Kerl. Der Komiker Pallenberg geht genauso ins ernste Extrem wie der sentimentale Klöpfer ins komische. Pallenberg will seinen Zavradil Lügen strafen. Kein Extempore greift Platz. Keine komische Seitenwirkung kommt auf. Pallenberg spielt menschlich. Pallenberg spielt seelisch.

Aber der geniale Schauspieler unterliegt demselben Irrtum, dem heute fast alle Theatermenschen unterliegen, wenn sie »Menschentum« auf der Buhne wiedergeben. Pallenberg will drei Akte lang Mitleid erwecken. Er wirbt für den Schulmeister. Er geht mit dem Klingelbeutel herum und sammelt Teilnahme ein. Er traut sich mit keinem lauten Ton hervor. Er spricht langsam, so langsam, daß die Pausen zwischen den Worten das Interesse der Zuhörer einschlucken. Drei Akte Monotonie.

Es ist für einen künstlerischen Menschen fast ergreifend, zu sehen, wie hier einer der größten Darsteller daran arbeitet, sich zu erneuern, sich einzuordnen, billige Wirkungen abzutun. Ich glaube aber, daß Pallenbergs Künstlertum sich dort erschließt, wo seine *Phantasie* Anzatzpunkte hat. Wo er eine reale Figur von unten her, aus dem Volke, proletarisch, aufbegehrend, intuitiv erfassen, intuitiv variieren, intuitiv bereichern kann (wie in seinem unvergeßlichen »Schwejk«). Dann stellt sich das »Menschliche« von selbst ein. Aber eine Figur von vornherein auf »Menschlichkeit«, auf »Seele« isolieren, das ist unmöglich, doppelt unmöglich für Pallenberg.

Den Schlußakt des veränderten, lebensübertüchtigen Topaze, des Überschiebers, Übergauners *spielt* Pallenberg. Hier wirkt er. Hier ist er farbig. Hier ist er diskret und einfach ohne Gänsefüßchen. Es gäbe für Pallenberg durchaus moderne Rollen. Marieluise Fleißer könnte für ihn ein Stück schreiben. Von Brecht gibt es schon eins: »Mann ist Mann«. Seit dem Schluck und Schwejk wäre der Galy Gay die beste Pallenberg-Rolle.

Berliner Börsen-Courier, Nr. 118, 11. März 1929

»Rivalen«

Theater in der Königgrätzer Straße

What Price Glory? – Was kostet der Ruhm? ist der Haupttitel des amerikanischen Kriegsstücks von Maxwell Anderson und Laurence Stallings. Was kostet der Ruhm? Sein Preis ist Dreck und Blut, Nervenqual und Stumpfheit, Verwundung und Tod, Haß und Vertierung. Etappe und Front in und bei einem französischen Nest in der Nähe von Bar le Duc. Kapitän Flagg und sein erster Sergeant Quirt sind Rivalen in Kuba und in China gewesen. Rivalen des Ruhms, Rivalen der Liebe. Jetzt treffen sie sich 1917 in Frankreich. Der Haß bricht aus. Eifersucht bis zum Mordversuch. Abmarsch zur Front. Die Rivalen sind Kameraden.

Ein kräftiges, saftiges Theaterstück, männlichderb, etwas umständlich. Aber mit jener Mischung von Humor und Grausen, Witz und Spannung hergestellt, über die die Amerikaner auch noch in Kriegsdramen verfügen. Carl Zuckmayer fand das Gerüst. Ein richtiges, solides Theaterschema. Er brauchte nicht zu erfinden, konnte sich auf eine Vorlage verlassen und mußte nur ein anderes Sprachklima schaffen. Das tat er. Er sprach seine saftige, bildkräftige, schimpfende, rüpelnde Soldatensprache. Eine wirksame Theaterrede, einen deftigen Kulissenjargon – aber keine Neuschöpfung, keine sprachliche Umbildung. Zuckmayer leitete den amerikanischen Muschkotenjargon in den deutschen hinüber, direkt, ohne Durchgang durch ein dichterisches Filter.

»Rivalen«, wie der deutsche Titel des herrlichen Filmes, heißt auch die deutsche Theaterbearbeitung. Ein Gebrauchsstück, das, wenn es gekürzt wird, auf jeder Bühne Erfolg haben wird. Wovor man warnen muß, sind die *Folgen.* Wenn jetzt eine Welle von Kriegsstücken die Bühnen überschwemmen würde, wie Kriegsromane die Buchhandlungen, das wäre schlimm. Wir kennen das fürchterliche Gesetz der Serie auf dem Theater. Wir kennen die Moden. »Rivalen« als einmaliges Theaterereignis – vortrefflich. »Rivalen« als schulbildend – furchtbar. Der ideologische Unterbau ist so schwach, daß dieses Stück beliebig gewendet werden kann: zur Bekämpfung und zur Verherrlichung des Kriegs. Die Form ist so konventionell, daß die Folge kaum noch: Kriegsstücke, sondern: Militärstücke heißen würde. Nicht die Remarques des Dramas, sondern die Gustav von Mosers würden aufschießen.

Gestern konnte man sich an den großen Theaterabend halten. Er brachte nach fast einjähriger Pause die Wiederkehr Erwin Piscators. Die ersten Akte denke ich mir knapper, schlagender, weniger ausgespielt, weniger gemütlich. Präziser, sparsamer als der Film. Den Schützengraben und den Abmarsch der Rivalen an die Front, diese Hinüberführung des privaten Hasses in das gemeinsame Erlebnis, das war unmittelbar, sprang über, elektrisierte das Publikum. Piscator erreichte hier mit legitimen Bühnenmitteln Wirkungen, die bisher nur dem Film möglich waren. Die Starrheit des Bühnenraumes war aufgehoben. Das Wirtshaus weicht zurück, und auf dem rollenden Band marschieren die zerlumpten, blessierten, wankenden Soldaten zur Front. Die Suggestion der Bewegung, der Entferung wurde erzielt wie im Film.

Die humoristischen Szenen werden wahrscheinlich auf dem amerikanischen Theater trockener, weniger breit gespielt werden (und der Naturalismus des rauchenden Schornsteins war peinlich). Aber in den humoristischen Szenen entfalteten sich die Darsteller. Felix Bressart als Kompanieschreiber Lipinski war der einzige, der dem Film nahekam mit seiner greifenden, langenden, torkelnden Körperkomik. Noch etwas sparsamer, und er wäre auch in der Trockenheit der Komik fast amerikanisch gewesen.

Sergeant Quirt, der Mädchenjäger, der Mädchenfänger ist im Stück dankbarer als im Film. Hans Albers ließ sich keine Wirkung entgehen. Mit kaltschnäuziger Sicherheit legte er den Kerl hin, dabei diszipliniert, ohne Mätzchen, ohne Einlagen. Ein Blick, und er hat das Publikum. Ein Ton, und er hat das Parkett. Unbedenklichkeit bleibt für Stücke dieser Gattung Voraussetzung. Kortner ist dafür zu problematisch. Er muß sich zum Kapitän Flagg zwingen, zum Humor wie zum soldatischen Entschluß. Er faßt weder physiognomisch noch tonlich die Gestalt. Sie zerfließt. Man will Kortner, dessen Niveau über diesen Stükken liegt, nicht mit dem Filmschauspieler MacLaglen vergleichen. Aber man muß an diese Physiognomie denken. An solche Rollen kann man sich nicht mit künstlerischer Überlegung heranpirschen. Dafür muß man dasein.

Maria Bard sehr amüsant, sehr leicht und witzig in der Rolle der Dolores del Rio. Ernst Busch, Speelmans in kleineren Rollen.

Technisch wurden in dieser Aufführung Neuerungen versucht. Die Geräusche wurden mechanisch, durch Lautsprecher wiedergegeben. Lärm, Reden hinter der Szene wurden so reproduziert. Unheimlich überall da, wo die Geräusche selbst mechanisch sind (wie bei Fliegersummen, Maschinengewehrtacken, Granatensausen). Noch nicht geklärt die Wiedergabe der menschlichen Stimme. Ein Versuch, an dem noch viel experimentiert werden muß. Dann verspricht er Erfolg (wenn die akustische Abstimmung erreicht ist).

Berliner Börsen-Courier, Nr. 136, 21. März 1929

Die Steinrück-Feier

Donnerstag nacht fand im Staatstheater die Gedächtnisfeier für Albert Steinrück statt. Alle Prominenten Berlins wirkten in Wedekinds »Marquis von Keith« mit.

Als man in die Nähe des Theaters kam: ein ungewohntes Bild. Rings um das Schauspielhaus eine Unzahl von Autos in Blau, Schwarz, Gelb, Rot. Die Autos der Prominenten als Statisten.

Im Foyer wurde eine Schauspielerin gefragt, ob sie nicht auf der Bühne mitwirkte. Sie antwortete: »Ich bin nicht prominent genug, um zu statieren.«

Eine glänzende Besetzung. Aber gerade deswegen war von

Wedekinds »Marquis von Keith« kaum etwas zu spüren. Alle Aufmerksamkeit galt den kleinen Rollen. Elisabeth Bergner spielte mit auffälliger Bescheidenheit den Sascha. Conrad Veidt und Albers tanzten. Max Pallenberg blies Saxophon. Käthe Dorsch gab die Simba. Max Hansen wollte mit Gisela Werbezirk und Rosa Valetti dreimal Hochzeit machen. Wallburg, Valentin, Florath trugen zum Frack grüne Lodenhüte.

Im Publikum Frack, große Toilette, Perlen. Der wohltätige Zweck wurde erreicht. Jessner nicht als Regisseur, sondern als Festleiter. Wedekind?

Der Glanz des Abends war das Dienstmädchen, das kein Wort zu reden hatte: Fritzi Massary. Wie sie einen Tisch deckte, wie sie Brötchen auflegte, wie sie Messer und Gabel ordnete und Gläser hinsetzte, das war geradezu beispielgebend für jüngere Schauspieler. Wer kann heute auf der Bühne so ein Tablett tragen, so leicht sich bewegen? Selbst in dieser Gelegenheitsvorstellung zeigte sich die künstlerische Disziplin und die meisterliche Beherrschung des schauspielerischen Handwerks. Die Massary kokettierte nicht mit der kleinen Rolle; sie war selbstverständlich.

Die Massary und Werner Krauss. Krauss legte einen Konsul Kasimir hin: einen breiten, saftigen, wohlhabenden Spießer, einen wedekindschen Alpdruck, einen Dämon des Philistertums. Aber die dankbaren Rollen waren in dieser Nacht undankbar. Der Sinn des Stückes interessierte niemanden. George war Keith, Müthel Scholz, Tilla Durieux Gräfin Werdenfels.

Im Festakt führte Wegener die Prominentenstatisterie der Gäste an.

Albert Steinrücks reife, männliche, robuste und zarte Kunst wurde geehrt. Heinrich Mann sprach einige Worte vorher. Als im dritten Akt, im Festakt, die Berliner Schauspieler sich auf der Bühne versammelt hatten, trat Arthur Kraußneck vor und dankte dem Publikum, das sich erhob. – Selten ist ein Schauspieler so geehrt worden wie Albert Steinrück. Seine Kunst hatte sich in den letzten Jahren nicht abgeschwächt. Sie war nicht müde geworden. Albert Steinrück war jetzt erst zu seiner Bedeutung gekommen. Seine Rollen hatten zugleich etwas Naives und Abgeklärtes, etwas Kräftiges und Mildes, etwas Gespenstiges und Sarkastisches. Dieser reifen, männlichen Kunst galt die Feier des Abends. Sie hätte ihr mehr gegolten, wenn Wedekind wirklich aufgeführt, wenn wirklich in der richtigen Besetzung der »Marquis von Keith« dargestellt worden wäre – entweder in der historisch gewordenen Inszenierung von Jessner (aus dem Jahre 1920) oder neu und modern. Ob auch eine solche Totenfeier ein Gesellschaftsereignis geworden wäre, wie diese Starversammlung, in der noch die Metzgergesellen im Frack gespielt wurden?

Berliner Börsen-Courier, Nr. 150, 30. März 1929

»Pioniere in Ingolstadt«

Theater am Schiffbauerdamm

»Besuchet Ingolstadt und seine Bewohner!« heißt es in Lichtschrift auf dem Vorhang mit bunten Ansichtspostkarten. »Ich war auch in Ingolstadt, allerdings als Offizier, aber ich habe nichts von diesen Zuständen bemerkt«, sagt ein hoher Polizeibeamter. Dieser elementare Satz müßte darunter gesetzt werden.

Dahin ist es also gekommen, daß nach einer Premiere die Polizei sofort Anstoß nimmt. Was 1928 in Dresden unbeanstandet aufgeführt werden konnte, darf 1929 in Berlin nicht durchgehen. Das ist die Entwicklung eines Jahres. Dabei spielte die Komödie von Marieluise Fleißer, wie sie geschrieben ist, bei der Dresdner Uraufführung in der Nachkriegszeit. Für die Berliner Vorstellung war sie vor den Krieg gelegt. Fürchtete man Konflikte mit der Reichswehr? Das Stück hat keine Tendenz. Gegen das Militär fällt nicht ein Wort.

Pioniere kommen nach Ingolstadt, um eine Brücke über das Altwasser zu bauen. Sie bringen Unordnung unter Bürger und Dienstmädchen. Korl, der Pionier, Fabian, der Einsässige, Berta, das Dienstmädchen, Alma, das wechselt, das krakeelt, das liebelt, das quält sich, das trennt sich. Die Brücke ist fertig. Die Pioniere ziehen ab, und übrigbleiben nur photographische Gruppenaufnahmen.

Die locker aufgereihten Szenen sind in jener bayerischen Logik geschrieben, die in dem großen Humoristen Karl Valentin ihre erschütternd komische Gestaltung erfährt. Diese Logik, die sich festbeißt, die immer wieder auf Nebensachen stößt (Bei Valentin: das Krawattel), die Gedanken und Gefühle versacken läßt, damit sie unvermittelt, wie aus dem Hinterhalt, wieder hervorkommen, das Überspringen von Zusammenhängen, das Denken nicht in Begriffen, sondern in Bildern – das alles findet auch hier einen aufwühlend spaßigen Ausdruck.

Das war, wie ich damals schrieb, der Eindruck nach der Lektüre und nach der Dresdner Uraufführung, obwohl die mimische Auflockerung der Vorgänge in der Phantasierichtung Karl Valentin dort kaum angedeutet war. Die viel bessere Vorstellung des Theaters am Schiffbauerdamm war mimisch aufgelöst. Gänge, Bewegungen, Pausen. Die Sätze kamen nicht im sprachlichen, sondern im mimischen Zusammenhang wie bei Valentin. Aber diese Auflockerung nahm zuviel Zeit weg. Die »Pioniere in Ingolstadt« sind ein kurzes Stück. Sie sind eine fragmentarische Komödie. Das ist ihr Reiz. Sie vertragen keine Vervollständigung. Und gegen den Schluß hin wurde nicht mehr aufgelockert, sondern vervollständigt.

Die reizend angelegte Vorstellung (Regie: Jacob Geis) zerging schließlich. Bei Marieluise Fleißer kommt ein Autoverkauf vor. Ein Norddeutscher kommt auf der Fahrt mit einem Monstrum von Auto nach Ingolstadt. Er will die minderwertige Maschine an den blöden Fabian verkaufen. Eine spaßige Szene. Aber ins Ganze nicht eingebaut. Für Berlin hatte man mit Recht diese Szene bearbeitet, aber nicht genügend bearbeitet. So wie sie jetzt dargeboten wurde, hätte man sie streichen sollen. Sie war überflüssig geworden.

Marieluise Fleißer ist ein schwerblütiges, wertvolles Talent. Ihre Novellen müßten endlich als Buch erscheinen. Ihre Stücke müssen aufgeführt werden. Sie muß aus Ingolstadt heraus. Man gebe ihr eine Existenz. Dann wird sie selbst erkennen, wo die Fehler ihres Stückes liegen. Dann wird sie sich entwickeln und Bühnenkenntnis gewinnen.

Diesmal ist eine zauberhafte Kurzkomödie zu einem abendschweren Stück erweitert und aufgeführt worden. Allerdings in einer hervorragenden Darstellung: ein Provinzvater Ludwig Stössel, mit boshafter Phantasie böse gezeichnet. Korl, ein neuer Schauspieler Albert Hoerrmann, über dessen Begabung man noch nicht klar wird (zufälliges Zusammentreffen oder schon Gestaltung?). Dann Lotte Lenya, richtiger beschäftigt als im Staatstheater, gibt die Alma mit treffenden, witzigen, zeichnerischen Gebärden und Tönen (die aber so locker sitzen, daß sie in Repertoirevorstellungen leicht wegrutschen können).

Hilde Körber als Berta, traumdumpf, instinktschwer, schon in der »Krankheit der Jugend« auserwählt für die Mädchenfiguren Marieluise Fleißers. Sie wird wundervoll werden, wenn sie eine leichte Monotonie überwindet. Zuletzt: Peter Lorres Fabian, mit Glotzaugen, beschränkt, ein geduckter, gehemmter, unterdrückter Kleinstadtgymnasiast. Mit einem Ausdruck, immer auf der Grenze zwischen Tragik und Komik, hysterisch und doch gestaltet, ungewöhnlich, mit einfachsten Mitteln arbeitend. Wunderbar.

Caspar Neher zeichnete leichte und zarte Dekorationen wie für zehn Valentins.

In der zweiten Vorstellung schon waren einige Szenen gestrichen. Mit Recht. Mit Unrecht eine Friedhofsszene, die unentbehrlich ist. Mit welcher Befugnis regte die Polizei diesen Strich an? Es ist noch nicht einmal der Kunstausschuß gehört worden, der dem Polizeipräsidium beigegeben ist. Heute abend soll ein Kriminalbeamter die Vorstellung kontrollieren. Werden von ihm neue Änderungen abhängig gemacht werden? Berlin 1929. Berlin 1906 wurde Wedekinds »Frühlings-Erwachen« gegeben. Auch mit einer Friedhofsszene. Niemand protestierte.

Berliner Börsen-Courier, Nr. 152, 2. April 1929

Reinhardt und »Jusik«

Kammerspiele

Max Reinhardt ist zurückgekehrt und hat die Direktion seines Theaters wieder übernommen. Er hat hier lange nicht ruhig und konzentriert gearbeitet. Man weiß also nicht, wie er sich in einem veränderten Berlin zurechtfinden wird. Eine neue Generation von Dramatikern und Regisseuren ist hochgekommen. Das Publikum ist anders geworden. Die wirtschaftlichen Verhältnisse haben sich gewandelt. Eine solche Situation kann man nicht gleich überschauen, wenn man die Entwicklung nicht mitgemacht und in den kritischen Jahren Berlin nur als Gast beehrt hat. Es ist deshalb kein Wunder und kann Reinhardt nicht verargt werden, wenn er nur zögernd an die Dinge herangeht. Es war vorauszusehen, daß die aus der Ferne angekündigten Inszenierungen in der härteren Wirklichkeit zerplatzen würden.

Das Resultat einer langen Notizenvorbereitung ist, daß Max Reinhardt für die Berliner Festspiele nichts inszeniert. Nun ist es durchaus zu begreifen, wenn Reinhardt auch Anschluß an andere Autorengruppen sucht und deshalb nicht gleich mit Unruh und Hauptmann beginnen möchte. Für die Festspiele, da sie nun einmal geplant sind, müßte Reinhardt das inszenieren, was er beherrscht, was er vor allem anderen beherrscht: ein internationales Gesellschaftsstück. »Viktoria«, »Gesellschaft« – auf dieser Linie müßte eine Reinhardtregie liegen, wenn Berlin mit Reinhardt als Fremdenattraktion rechnet.

Nun geschieht aber das Folgende: Max Reinhardt, dessen Bühnen als einzige Privattheater von der Stadt Berlin gemeinnützig erklärt worden sind, inszeniert für die Festspiele der Stadt Berlin nichts, sondern veranstaltet Konkurrenzfestspiele in München. Es ist, nochmals, begreiflich, daß Max Reinhardt nur zögernd an die Neueroberung des Berliner Bodens herangeht. Es widerlegt aber den Festspielgedanken und zersplittert die Werbekraft des deutschen Theaters, wenn sich gleich zwei konkurrierende Festspielunternehmen auftun, von denen die eine der anderen die Schauspieler und die Regisseure wegzufischen sucht. Berlin ist anders als Paris und London. In Berlin wird den ganzen Winter im Theater gearbeitet und experimentiert. Berlin ist eine Theaterstadt. Im Sommer tritt eine Entspannung ein. In London drängen sich die Ereignisse in wenigen Wochen zusammen. Es war, von der Struktur des Berliner Theaterlebens her betrachtet, ein gefährlicher Gedanke, in die Zeit der Entspannung Festspiele zu legen. Ein Risiko, das, wenn es der Fremdenstadt Berlin nutzen soll, gelingen muß, das aber, und gerade wegen der Vorzüge der Theaterstadt Berlin, kaum gelingen kann.

So steht Reinhardt, wie immer, wenn er in der letzten Zeit etwas unternommen hat, zwischen den Städten. Er möchte die Verantwortung nicht übernehmen; auf der anderen Seite ist es schwer, sie dem Berliner Magistrat gegenüber abzuweisen. Er wird in der nächsten Spielzeit seine ganze Kraft einsetzen müssen, um sich im undankbaren, aber Kräfte spendenden Berlin wieder durchzusetzen. Halbheiten läßt sich Berlin nicht gefallen. Inzwischen rollt an seinen Bühnen matt und müde der Spielplan ab, den Doktor Klein nur zum Teil noch festgesetzt, aber nicht mehr kontrolliert hat.

»Jusik« von Ossip Dymow in den Kammerspielen – ein Märchen von Anno dazumal mit schmerzlichen Bajazzotönen, mit der Großmutter, die ihrer Enkelin erzählt, mit melancholischen und symbolischen Groteskfiguren, mit Lyrik, Musik und Stimmungszauber. Man wird sich schnell überzeugen, daß auf diese Weise heute noch kein Spielplan zu machen ist. So bringt man Regisseure und Schauspieler auf falsche Wege und das Publikum zum Gähnen.

Dem russischen Schauspieler Michael Tschechow geht von Rußland ein großer Ruf voraus. Man hat ihn dort, auch in der nachrevolutionären Zeit, besonders gefeiert. Tschechow, der schon in Wien die »Artisten« gespielt hat, gab hier den weinenden Bajazzo. Wehmütig, melancholisch, mit schmerzlich gleitenden Bewegungen, mit einem liebenswürdig weichen Körperspiel. Man wußte nur nicht, ob diese weiche Melodie der Rolle privat entgegenkommt, ob sie künstlerisch variiert werden kann. Man zweifelt. Ein Erfolg, der skeptisch macht.

Eine schauspielerisch gute, regiemäßig auseinanderfallende Vorstellung. (In diesem Falle kann man dem Regisseur Hilpert keine Vorwürfe machen.) Reizend – und verblüffend durch die Fähigkeit, Grazie und Präzision zu verbinden: Paul Hörbiger als Schornsteinfeger. Phantastisch Frida Richard als Hühnerfrau, die selbst schon Huhn geworden ist. Mit einer Diskretion, die peinlicher als alle Übertreibung ist, legt Willi Prager einen Hausierer hin.

Das Publikum applaudierte. Reinhardt muß wissen, wie er diesen Applaus zu werten hat. Er steht am Scheidewege. Er muß für Berlin seine ganze Taktik ändern. Er will Zeit haben, sich wieder zu gewöhnen. Dann aber wird man Forderungen stellen.

Berliner Börsen-Courier, Nr. 172, 13. April 1929

Ein überflüssiger Skandal

»Josef« als Volksbühnenmatinee

Eleonore Kalkowskas Jakubowskidrama »Josef« war Sonntag mittag in der Volksbühne schon ein Erfolg geworden, das Publikum applaudierte, der Gebrauchswert des Stückes für die Provinz war erwiesen, als durch die Tür des herabgelassenen eisernen Vorhangs, vom Regisseur nicht mehr zurückgehalten, die

Dichterin stürzte und mit wilden Gesten und flackernden Blikken das Wort verlangte. »Ich protestiere. ...« Jeder dachte, sie wolle zum Fall Jakubowski sprechen. Was sagte sie also? »Ich protestiere dagegen, daß ... zwei meiner schönsten Szenen gestrichen sind.« Wildes Hin und Her. »Nieder mit der Volksbühne« (die mit der Aufführung offiziell nichts zu tun hat). Geschrei, Pfiffe, Trampeln, Beifall. Piscator beruhigt: Die gestrichene Szene würde gespielt werden. Der Vorhang geht hoch und wieder herunter. Immer noch die Kalkowska, die beschwörend die Hände ausbreitet: Die Schauspieler wären jetzt gegen sie. Ein Herr aus dem Publikum klettert auf die Bühne und führt sie beschwichtigend ab. Neue Ansprachen im Publikum. Schlußvorhang.

Der ganze Krach dauerte eine halbe Stunde. Überflüssig und peinlich. Eleonore Kalkowska dramatisierte den Fall Jakubowski, nimmt also alle Wirkungen aus dem Fall selbst, will aufklären, will anklagen – und schmettert sich dann zum Schluß als gekränkte Dichterin in den Vordergrund. Selten sind die objektiven Aufgaben des Zeittheaters und die subjektive Wichtigkeit des Dichters so auseinandergefallen. Wenn ein Schriftsteller sich, wie es Rudolf Olden und Josef Bornstein beispielgebend in ihrer Broschüre getan haben, in den Dienst eines Falles, einer Sache stellt und dann das Interesse von der Sache auf seine Person ablenkt, so wird man peinlich berührt. Wenn aber Eleonore Kalkowska von Szenen sprach, die sie sich in Qual und Schmerzen abgerungen habe, während es sich um die erschütternde Qual eines *anderen* handelt, der ungerecht geköpft wurde, dann erkennt man die verfluchte Belanglosigkeit sogenannter dichterischer Schmerzen und möchte vor Scham in den Boden sinken.

Eleonore Kalkowska verwirrte durch ihr Verhalten gleich zwei Dinge auf einmal. Daß dramatische Autoren gegen Regiewillkür rebellieren, ist heute oft notwendig. Aber das ist eine geistige, eine grundsätzliche und keine hysterische Angelegenheit. Eleonore Kalkowska diskreditierte diese Auseinandersetzung und machte sich lächerlich. Wenn das Zeitstück die Aufklärung eines bestimmten realen Vorgangs bezweckt, so hat die private Person des Dichters zu schweigen. Eleonore Kalkowska drängte die Privatperson nach vorn und erledigte dadurch die Wirkung der Sache, die sich schon durchgesetzt hatte. Daß man diesen privaten Klamauk sofort als störend empfand, daß die Ablehnung des »Protestes« allgemein war, bestätigt nur, daß man die Bühne heute als Forum, als *geistige* Macht ernst nimmt.

Was hatte der Regisseur Alfred Trostler gestrichen und geändert? Zwei Szenen am Schluß, die nur die Schäden des Stücks betonen: die falsche poetische Verbrämung, die Symbolik, die kitschige Romanhaftigkeit. Solange Jakubowski selbst spricht, solange das Stück sich an die Voraussetzungen wendet, die der Zuschauer mitbringt, solange kann man den Ärger über die romanhafte Milieuschilderung verwinden und läßt sich vom »Fall« selbst ergreifen und mitnehmen. Wie anders aber hätte sich die Tragödie aufrollen lassen, nämlich von der Justiz selbst her! Die ärmlichen Karikaturen, die die Kalkowska hinstellt, haben keine Beweiskraft. Warum werden auf den Bühnen Gerichtsverhandlungen nur dann ausgebaut und mit dem ganzen Apparat dargestellt, wenn es sich um erfundene Sensations- und Detektivstücke handelt, und fast nie, wenn es sich um eine Sache handelt, die uns alle brennt, die die Zeit aufrührt. Mit der Unfähigkeit der Kalkowska, eine Gerichtsverhandlung hinzustellen, fällt das ganze Stücke in sich zusammen, fällt das Prinzip, fällt die Allgemeingültigkeit.

Die Aufführung ging im herkömmlichen realistischen Stil sorgfältig und anständig vor sich. Eine Überraschung: Ernst Karchow als Josef. Wenn man die Dankbarkeit einer solchen Publikumsrolle abzieht, bleibt noch immer sehr viel übrig, was auf den Schauspieler kommt. Ernst Karchow, als Liebhaber und wohlmeinender Heldenbariton immer falsch beschäftigt, wirkte hier als schwerer, zungenschwerer Jakubowski durch eine stille und nachher durch eine aufgewühlte Kraft des Ausdrucks. Er hatte die Zuschauer. Er hat sich durchgesetzt.

Sonst: Fränze Roloff, Dora Gerson und besonders Ernst Ginsberg (unheimlich als Lustmörder) und Heinrich Oberländer in einer winzigen Rolle, während Erich Thormann (ausgezeichnet in den »Trojanern«) hier wieder sich an die sonore Kraft seines Heldenorgans verlor. Er muß gedeckte Rollen spielen.

Berliner Börsen-Courier, Nr. 174, 15. April 1929

»Sacco und Vanzetti«

November-Studio

Von Studios und jungen Bühnen, von Matineen und Sonderveranstaltungen ist fast jede Bewegung ausgegangen, die das Theater aufgerüttelt und weitergebracht hat. Diese Wirkung ist so stark gewesen, daß die Abendbühnen, die Serientheater Stücke, Regisseure und Schauspieler der Versuchsbühnen längst übernommen haben, daß aus dem Experiment schon das Geschäft geworden ist.

Nichts spricht mehr für die Theaterstadt Berlin als die ewige Unruhe, der ewige Neubeginn, die ewige Unzufriedenheit. Die großen Theaterkonzerne haben Zeitdramen, radikale Stücke und Tendenzkomödien übernommen, verschlungen, mit glänzenden Schauspielern zum Sieg geführt, haben Serien veranstaltet und die Ideen zwar durch den schnellen Erfolg zur allgemeinen Wirksamkeit gebracht, aber auch abgenutzt, aber auch billig gemacht. Kaum ist es soweit, schießen wieder Studios hervor, erproben von neuem den schauspielerischen Nachwuchs, schleppen dramatische Themen heran, berennen die feste Burg der Abendbühnen und leisten Vorarbeit. Im Dezember debütierte die Gruppe junger Schauspieler und zieht jetzt geschlossen durchs Reich und durch die Grenzländer. Im April tritt Alexander Granach mit seinem November-Studio hervor.

Granach kann kein neues dramatisches Thema, kein verborgenes Stück, keinen unbekannten Stückschreiber zu Worte bringen. Aber er kann ein starkes Thema stark spielen lassen. Er läßt Erich Mühsams »Sacco und Vanzetti« aufführen. Erich Mühsam verzichtet hier, in ehrlicher Erkenntnis seiner Kräfte und der Tragfähigkeit des Themas, auf jede dichterische Gestaltung und Ausschmückung. Er läßt psychologische Konflikte, die er noch im »Judas« behandelte, beiseite und gibt nur den Fall. Er läßt Gerichtsakten spielen. Er montiert den Prozeß auf. So treten Sacco und Vanzetti selbst fast zurück, und beherrschend steht das Gerichtsverfahren im Mittelpunkt. Manches wird in der notwendigen Zusammenwirkung etwas naiv. Aber der Eindruck wird nie kleinlich, nie philiströs, wie im Jakubowski-Drama von Eleonore Kalkowska. Die Politik wirft dem Moloch Justiz die Opfer vor. Dieses Funktionieren der Justizmaschinerie ist erschreckender noch als das furchtbare Schicksal von Sacco und Vanzetti selbst, die sieben Jahre lang mit dem Gedanken an den elektrischen Stuhl leben mußten.

Der Stoff des Dramas ist für ein Studio, für eine Mittagsveranstaltung ungeeignet, weil er unproblematisch-brutal die Massen angeht. Die Aufführung war sehr wohl die Angelegenheit eines Studios, weil sie einen jungen Regisseur und junge Schauspieler herausstellte. Leopold Lindtberg inszenierte (vor einem Jahre in Piscators Studio) Mühsams »Judas«: klar, knapp, hart und unsentimental. Die Begabung war nicht zu bezweifeln. Lindtberg ging dann in die Provinz und lernte handwerklich. Jetzt inszeniert er den zweiten Mühsam und zeigt von neuem, daß er Schauspieler führen und die Bühne aufteilen kann. Wenn man die technisch zurückgebliebene Bühne des Theaters in der Stadt bedenkt, so ist es erstaunlich, wie er trotz einiger Lichtversehen und Gruppenverlegenheiten das Gerüst des Stükkes herausarbeitet, wie er die Schauspieler – fern von Rührseligkeit – streng und sachlich sprechen läßt. Man sieht es an schwachen Darstellern, wie etwa an Hans Halden. In den »Schwärmern« undiskutierbar, finstere Provinz; hier wenigstens einfach und sachgemäß.

Man sieht es an dem ausgezeichneten Ernst Busch, der unter Reinhardt und Traugott Müller weit von sich weg war, und als Vanzetti wieder mit der einfachen, gehärteten Ruhe und der gestauten Kraft spielte, die sein Stärkstes ist. Man sieht es auch an dem begabten Friedrich Gnass, der als Sacco jedem Gefühlsexhibitionismus fernblieb.

Bemerkenswert: der eindringliche, unbetonte Gefühlston von Lotte Lieven (Rosa Sacco). Stark die menschlich schlichte und überzeugende, taktvolle und feste Sprache des Verteidigers: Hans Marland. Viel flüssiger als sonst Max Schreck (Richter Thayer). Hervorragend: Hans Leibelt als Gouverneur Fuller. Leibelt spielte aufreizend: banale Gesundheit, rote Backen, Beefsteak und gesunden Menschenverstand. Leibelt spielte liebenswürdigstes Schurkentum, infames Lächeln, gefährliche Korrektheit. Die Szene zwischen ihm, Busch und Gnass im Gefängnis war schon physiognomisch, schon gestenmäßig eine Tragödie. Eine indirekte Tendenz, stärker noch als die ausgesprochene.

Berliner Börsen-Courier, Nr. 186, 22. April 1929

»König Johann«

Staatstheater

Wenn eine wichtige Position zu verteidigen ist, eine materielle und eine ideelle, so setzt man nach dem strategisch sorgfältigsten Plan die besten Truppen ein. Jessner hat seine eigene Stellung zu behaupten, die Front der Tragödie, des großen Schauspiels, des künstlerischen Theaters zu halten – und führt »König Johann« auf.

In einem mit klassischen und modernen Werken stark besetzten Spielplan, in einem überlegen aufgebauten, organisch durchdachten Repertoire läßt sich Shakespeares Königstragödie als Experiment aufführen. In einer Zeit gesicherten klassischen Besitzes, gehüteter Geistesschätze können auch Nebenwerke fesseln. In einer Epoche aber, in der jede Aufführung eines alten Stückes sofort als Beweis gilt, in der das klassische Drama selbst fraglich geworden ist, wird es gefährlich, Werke darzustellen, deren Inhalt auch Klassikergläubige befremdet, deren Form zerbricht: im Herbst »Der Londoner verlorene Sohn«, im Frühjahr »König Johann«.

Das ist die theaterpolitische Seite. Das künstlerische Problem liegt hier: Leopold Jessner hat einen radikalen Schritt zur Vereinfachung getan, zur Entprunkung seines Stils, zur Entsteifung der Sprechform. Leopold Jessner ist den Weg, den Erich Engel mit dem »Coriolan«, Brecht mit »Eduard II.« in München begonnen haben, weitergegangen. Er duldet keine pathetische Mogelei, keine Gefühlslist mehr. Er verlagert das Werk vom Empfindungschaos nach geordneter Erkenntnis, von turbulenten Abenteurerschlachten nach politischen Zweckkämpfen hin. Jessner wendet sich also nicht an das Miterleben der Zuschauer, sondern an ihren Erkenntniswillen. Er stellt das Werk, und das ist sein Mut, mitten in die Problematik der Gegenwart hinein.

Aber welches Werk? »König Johann« lebt gerade von Empfindungsresten, von Gefühlsrudimenten. »König Johann« wendet sich fast ausschließlich an Zuschauer, denen jeder Personenname Erinnerungen weckt. »König Johann« ist ein nationalistisches Stück; es ist adressiert an den britischen Patriotismus. Sein Inhalt ist nur gefühlsmäßig zu fassen, nur von der Empfindung für die Vergangenheit. Er vermittelt keine Erkenntnisse.

Denn selbst der politische Streit, der sich abzeichnet, die Weltanschauungsschlacht, die geführt wird: der brutale ewige Machtkampf zwischen Staat und Kirche, selbst diese Auseinandersetzung verrinnt und verrieselt wieder in dem Zank der Dynastien, in dem heroisch aufgeputzten Familienkrach, in Privatquengeleien, die selbst als Beispiel, als abschreckendes Beispiel, als geschichtliches Gleichnis für uns stumm bleiben, weil sie lokal begrenzt erscheinen.

Jessner versuchte den Schritt zum inhaltlichen Theater, zum substantiellen Stück mit einem Werk, dessen Inhaltssubstanz tot ist. Er wollte zum geschichtlichen Material vorstoßen mit einer Dichtung, deren Materialwert heute gleich Null ist. Das ist sein Irrtum. Daher kommen die Widersprüche. Jessner läßt einen Sprecher (Heinrich Schnitzler) die Familienchronik des Königshauses erzählen, er läßt ihn später an der Landkarte die im Stück flüchtig skizzierten Endkämpfe erzählen – aber was er erzählt, das wollen wir im Grunde nicht wissen. Jessner wählt eine richtige Form für einen falschen Inhalt. Im »Coriolan« ist ein objektiv feststellbarer Inhalt. Im »Eduard II.« sind objektiv darzustellende Vorgänge. Im »König Johann« sind nur Temperamentsentladungen und Intrigen, unkontrollierbare Exzesse, wüste Schlägereien und dazwischen lyrische Gefühlsinseln (das Schicksal des Knaben Arthur).

Trotzdem ist der Wert dieser Aufführung zu betonen. Jessner experimentiert wieder. Er fängt von vorne an. Er will sich erneuern. Er stellt sich den Problemen. Das ist festzuhalten. Das ist, nach dem Versagen des Spielplans, zu unterstreichen, zu betonen. Darüber freut man sich. Es ist schwer, und durchaus nicht dankbar für die Schauspieler, in dieser zurückhaltenden Vorstellung zu spielen. Daß die Schauspieler diese Undankbarkeit auf sich nehmen ist ein Gewinn. Man denke an den klaren Salisbury von Erich Riewe, an den Hubert von Florath, an den Bürgermeister von Leibelt, an Wolfgang Heinz. Man denke an Helene Weigel, die als Konstanze maskenhaft wunderbar, physiognomisch erschreckend einen bösen Troll, ein irrsinniges Gespenst spielte (und sprachlich noch nicht die letzte Form erreicht hatte). Man denke an Müthels Kardinal, an Walter Francks König. (Ein Versager war im Stil und in der Besetzung der Arthur von Waldemar Pottier.)

Forster spielte den König. Im Aufstieg, in der Macht etwas rhetorisch, etwas ungesammelt. Forster gerät dann in das Deklamieren seiner Berliner Anfänge am Staatstheater. Er vergißt dann sein Stärkstes: seine Gestensprache, seine spielerische Lockerheit. Im Abstieg, im Unglück war alles wieder da: seine mimische Suggestionskraft, seine sprachliche Spannung, die Eindringlichkeit seiner Gebärde. Wundervoll.

Die dankbarste Rolle im Schauspielersinne ist der Bastard. Ein ordinärer Bursche, eine Erholung in all der Hofwelt. Formal ist die Rolle gerade für eine Aufführung wie diese geeignet. Denn der Bastard ist der Räsoneur. Alexander Granach hatte es schwer, sein komödiantisch-exzessives Temperament zu ordnen und zu zügeln. Er zügelte es. Gerade er aber blieb dann karg und ausdruckslos. Er fühlte es wohl selbst. Denn in Momenten brach er wild wieder aus.

Caspar Neher, der Vielbeschäftigte, ordnete das Bühnenbild. Er riß die Bühne weit auf. Nur Hintergrund, eine Art riesiges Pergament, nur Gerüste, nur Spielfläche. Einprägsam und großartig.

Berliner Börsen-Courier, Nr. 206, 4. Mai 1929

»Douaumont«

Volksbühne

Alle Anzeichen deuten darauf hin, daß eine geistige Reaktion ohne Beispiel den Vorstoß, den das Theater versuchte, beantworten wird. Instrumente, die einst geschaffen waren, um die Unabhängigkeit und Integrität des Privatlebens zu schützen, werden heute angewandt, um öffentliche Handlungen der Kontrolle zu entziehen. Das ist der Fall der grassierenden einstweiligen Verfügungen. Mit ihnen, die das Individuum vor Schaden bewahren, Indiskretionen verhüten sollten, kann heute und wird morgen jede geistige Kampfschrift, jede scharfe Publikation, jede kritische Broschüre verhindert oder lahmgelegt werden. Was ein Mittel *für* den geistigen Arbeiter war, gerichtet gegen Ausbeutung und Vertragsverletzung, wird ein Mittel *gegen* ihn. Jeder Paragraph wird eine Waffe der Zensur.

Allerdings: Es gibt das freisprechende Urteil im Prozeß um George Grosz; es gibt die kluge, geformte, beispielhafte Begründung des Landgerichtsdirektors Siegert (veröffentlicht in Nr. 19

der »Weltbühne«). Ein deutsches Gericht hat über den Normalmenschen den Satz gesprochen: »Wenngleich wohl solchen Menschen die Kunst nicht vorenthalten werden soll, so kann doch unmöglich ihre Ansicht die Frage der Kunstausübung darstellen, wenn anders nicht die Kunst in eine Zwangsjacke hineingeraten soll, in die sie nicht hineingehört. Dann wäre es der Kunst unmöglich, ihre kulturelle Mission am Volke zu erfüllen. Dazu gehört, daß sie wegbereitend vorangeht und gewohnte Bahnen verläßt. Deshalb kommt es immer wieder vor, daß ein Künstler oder eine ganze Kunstrichtung erst nach Jahren verstanden und richtig gewürdigt wird.«

Trotzdem gibt es immer noch Polizeiverbote, weil Tumulte der Mittelmäßigen befürchtet werden, wie jetzt wieder in Würzburg, in Dortmund. Trotzdem wird weiter randaliert, von Graz bis Hamburg, von Dresden bis Frankfurt. Es kann aber auch kommen, daß von der dadurch gereizten Stimmung der fortschrittlichen Opposition ein miserables Stück profitiert. Eberhard Wolfgang Möllers »Douaumont« ist ein unreifes Szenenwerk, in dem nichts sitzt, außer den Taktlosigkeiten. »Die Heimkehr des Soldaten Odysseus«: also wird der heimkehrende Soldat O. mit Episoden der Odyssee in Beziehung gesetzt. Er vertreibt die Freier. Er gewinnt die Frau zurück. Großer Phrasenaufwand, geringes Resultat.

Die Freier: Wie der Makler P., der Studienrat K. Frau Helene umdrängen, das ist so kindlich, daß es schon wieder geschmacklos wird. Erste Komik: Es müssen natürlich ein Makler und ein Studienrat sein. Wer denkt da nicht an die Dramatik von 1919. Zweite Komik: Was diese beiden sprechen, ist genau das, was einem Primaner nach der Lektüre von Sternheim und Kaiser einfällt. Dritte Komik: Was hinter allem als Weltanschauung, als geistiger Wille, als menschlicher Reichtum steht, ist unklar, verschwommen und subaltern.

Man muß dies deutlich sagen: Möllers wegen, der Volksbühne wegen. Möller wirft die Auseinandersetzung über den Krieg wieder zurück, hinter das Jahr 1924. Er macht wieder zu billigem Deklamationsthema, was längst eine Sache der Darstellung und des geistigen Kampfes geworden war. Möller muß, wie seine Personen den Douaumont, die Schlagwortwelt in sich überwinden. Möller ist noch jung. Wir wollen deshalb abwarten. Wir wollen aber auch die Wahrheit sagen.

Es war eine Vorstellung für die Sonderabteilungen der Volksbühne. Aber der Erfolg wäre gerade bei diesem wesentlichen, zukunftsreichsten Teil des Publikums nicht so leidenschaftlich gewesen, wenn nicht die Polizeikämpfe sie für jedes Wort empfänglich gemacht hätten. Auch die Sonderabteilungen müssen, weil sie den Entwicklungskern für eine neue Volksbühne abgeben sollen, einen Spielplan durchsetzen, der stellt, der greifbar ist. »Douaumont« ist Vergangenheit, inhaltlich und formal.

Ich habe hier scharf gegen den Skandal bei der »Josef«-Matinee geschrieben. Trotzdem hätte das Werk im Abendspielplan erscheinen müssen. Warum geschah es nicht? Warum wurde »Douaumont« so schlecht probiert und textlich unsicher herausgebracht? Rollen gibt es hier kaum. Was sollen die Schauspieler mit dem Papier anfangen, Leo Reuß, Schwanneke und Manz? Wolfgang Staudte hatte die Jugend für sich. Agnes Straub, die zu retten versuchte, was zu retten war, muß nun endlich wieder eine Position in Berlin bekommen, wo sie *gestalten* kann. In all den Monaten falsche Rollen bis auf die Frau Tolstoi! So muß eine wertvolle Kraft verkümmern.

Berliner Börsen-Courier, Nr. 210, 7. Mai 1929

»Berlin, wie es nicht weint und lacht«

Volksbühne

Wenn es einen anregenden, planvoll überlegenen Leiter der Berliner Festspiele gäbe, einen Organisator, der über den Tag hinaus dächte und damit dem Tag erst gerecht würde, so hätte er vielleicht einen Preis ausgesetzt für ein modernes Berliner Volksstück, für eine Komödie des neuen Berlin, des Nachkriegs-Berlin. Preisausschreiben setzen einen schwerfälligen Apparat voraus, die Stücke müssen sich durch zähe Lesekommissionen durchfressen, bis sie ans Theater kommen? Wahrscheinlich. Aber dann hätte die Anregung genügt, dann hätte man ein Berliner Stück bestellen, in Auftrag geben sollen. Wenn, so war hier eine Gelegenheit für die Stadt Berlin als Mäzen, als Anreger aufzutreten.

Aber unter der Ägide des Herrn Eger werkelt sich im Schauspiel ein Programm ab, das die Theaterhauptstadt der Welt blamiert. Der musikalische Teil der Festspiele – wundervoll. Der

Wortteil: Ein holländischer Kritiker, der im Januar, also in der theatralischen Hochsaison nach Berlin kommen wollte, verschob diese Reise in die Festspielzeit, weil die Ankündigungen, die ins Ausland gingen, für Mai und Juni eine Sammlung aller Berliner Vorstellungen versprachen. In Berlin sah er dann die Wahrheit. So schädigt sich die Theaterstadt Berlin. Fremde müssen denken: Wenn das Schauspiel während der Festspiele so ist – wie wird es dann erst an gewöhnlichen Tagen sein!

Die Volksbühne also führte statt eines neuen Berliner Stücks die Posse aus dem Jahre 1858, »Berlin, wie es weint und lacht«, von Berg und Kalisch auf. Fritz Holl schüttelte diesen Klamottenladen mit einer Heftigkeit aus, daß einem kein Mottenpulver und Kampfergeruch erspart blieb. Man könnte für ein neues Berliner Stück das Schema alter Possen benutzen, wenn dieses Schema durch Berliner Stadtteile und Berliner Schichten führte. Dann ließen sich die Wohnungsnot und Abenteurerexistenzen, James Klein und der verarmte Mittelstand, der neue Kurfürstendamm und Neukölln, die Siedlungen an der Peripherie und der Wedding, Zensur und Zörgiebel, die neue und die alte Gesellschaft, Großindustrie und Arbeiter, Klein-Geschäfte und Warenhaus, Kempinski und Aschinger dramaturgisch einbauen. Das Schema dieser Volksbühnenposse aber birgt so veraltete Typen wie die zanksüchtige Alte und die sentimentale Tochter – damit ist nichts anzufangen.

Aber noch dieses morsche Gerüst hätte montiert werden können, wenn man die Begabung und den Willen gehabt hätte. Es geschah nichts. Statt Neukölln sah man einen trottligen Rixdorfer, den Herr Schwanneke provinziell hindöste. Man sah die Theatervereinskomik des Herrn Schweizer. Man sah Waßmann und Sabo mit alten Mitteln wirkungsvoll das Publikum fassen. Man erlebte, daß eine große Künstlerin wie Agnes Straub sich an eine Rolle verschwendete, die heute nicht mehr genießbar zu machen ist, an die zanksüchtige Alte. Und man erlebte immerhin, daß Dora Gerson beweglich und angenehm akzentuierte und Margarete Melzer Ansätze einer einfachen, unangestrengten, selbstverständlichen Begabung zeigte.

Drei Stunden Bombast – um nichts. Das wird den Fremden als Berliner »Eigenwuchs« geboten. Berlin, wie es *nicht* weint und lacht.

Berliner Börsen-Courier, Nr. 264, 10. Juni 1929

»Reporter«

Berliner Theater

Die amerikanischen »Journalisten«. Bolz: Hiddy Johnson, Reporter am »Herald Examiner«. Der bekannte Teufelskerl. Will weg von der Zeitung, will heiraten. Abschied von den Kollegen, mit gepacktem Koffer durch die Tür. Da knallen Schüsse. Der Mörder, der hingerichtet werden soll, bricht aus. Hiddy Johnson vergißt Braut und Heirat. Schon sitzt er am Telefon. Schon recherchiert er. Die Zeitung hat ihn wieder.

Die drei Akte von Ben Hecht und Charles MacArthur spielen im Pressezimmer des Justizpalastes von Chicago. Reporter wirbeln durcheinander, alle auf der Jagd nach Sensationen für die erste Seite. Dazwischen Bellmaus, Herr Kruger, der Gitarre spielt. Morgen früh um 7 Uhr soll Earl Williams, der Mörder, hingerichtet werden. Er hat einen Negerpolizisten umgebracht aus Notwehr. Aber die Amerikaner, die die Neger hassen, brauchen diesmal, vor den Wahlen, die Negerstimmen. Deshalb wollen Sheriff und Bürgermeister die Begnadigung hintertreiben. Deshalb wollen sie Hiddy Johnson und seinem Verleger Burns, die nicht nur die besten Nachrichten über Earl Williams und seinen Ausbruch aus dem Gefängnis haben, sondern sogar den Mörder in Person in ihre Hand bringen, die Beute abjagen.

Interessanter als das amüsante und schlagende Stück, das trotz Tempo und Verve technisch manchmal lahmt (so wird mit dem Auftritt einer Frau, die ihren verkommenen Gatten sucht, ein Motiv angeschlagen, das nicht zu Ende geführt wird), interessanter als die witzige und springende Komödie sind die Dinge, die dahinter stehen. Ein amerikanisches Pressestück. Aber obwohl sich die deutsche Presse immer mehr amerikanisiert, ist ein deutlicher Unterschied zu merken. Ein Unterschied, der zweifellos auch die Wirkung und schließlich den Serienerfolg beeinflussen wird. Die Presse und die Reporter beherrschen in Deutschland längst nicht so sehr das Publikumsinteresse wie in Amerika. Das Leben ist in Deutschland noch nicht so öffentlich, daß das Reportermilieu als solches schon wirkt. Was in Amerika fast Volksstück ist, bleibt in Deutschland zuerst noch ein Stück für Fachgenossen. Erst durch die Theaterspannung unterjocht es auch hier das Publikum. Dabei ist der

Reißer mutig. Er schildert mit einem kaltherzigen Humor, wie eine Institution, die durch die Wirklichkeit erst hervorgerufen wurde, im Besitz der raffiniertesten technischen Vervollkommnungen, sich zum Herrn über Leben und Wirklichkeit aufgeworfen hat. Er schildert hohnlachend die Verwechslung von Wirkung und Ursache. Er stellt dar die politische Korruption, den Verbrecherwirbel und Sensationstaumel Chicagos.

Ein flaches Lustspiel mit fesselnden Hintergründen. Ein banaler Reißer mit weiten Perspektiven. Eine harmlose Posse mit alarmierenden Anzüglichkeiten. Von der Bolschewistenfurcht bis zum Wahlrummel, von der Konkurrenzschlacht der Zeitungen bis zum mörderischen Existenzkampf des einzelnen – alles ist angeschlagen.

Ein Theaterstück. Als solches wurde es unter Heinz Hilpert gespielt. Die Männner fast alle schlagend, individualisiert und doch eine Masse: Werner Schott, Hans Deppe, Leonard Steckel, Hubert von Meyerinck, Wolf Dohnberg. Kurt Gerron als Verleger Burns, eine Mammutkomik des zärtlichen Despoten, des besorgten »Sklavenhalters«, des überlisteten Überlisters.

Rudolf Forster: Hiddy Johnson. Jeder Satz springt, jede Pointe flitzt. Ein Dialog mit allen Gliedmaßen. Eine federnde Komödiantenleistung, ebenbürtig dem »Duell am Lido«. Forster ist ganz entfesselt. Er schlenkert mit den Gelenken Songs, er spricht Pistolenschüsse. Alles ist gestenhaft aufgelöst und stilistisch wieder gebunden. Forster ist maskenhaft und beweglich, typisch und individuell. Alles gleitet und ist in Form gegossen. Forster spielt, wie Hindemith »Neues vom Tage« komponiert. Reizend und faszinierend.

Berliner Börsen-Courier, Nr. 268, 12. Juni 1929

»Die andere Seite«

Deutsches Künstlertheater

»Die andere Seite« – das ist die englische Front im Weltkrieg. Offiziersunterstand in der Nähe von St. Quentin, kurz vor der deutschen Märzoffensive 1918. Zermürbte Menschen auch hier. Hauptmann Stanhope, der fähigste Kompanieführer im Grabenabschnitt, ist überreizt, hysterisch und betäubt sich mit

Whisky. Leutnant Hibbert taumelt im Angstfieber. Osborne, der Älteste, zu Hause Lehrer, wird mit dem Jüngsten, dem ahnungslos begeisterten Raleigh, zum Erkundigungsvorstoß angesetzt und fällt. Raleigh gehen die Augen auf. Die Offensive beginnt. Eine Granate zerreißt ihm den Rücken.

Dieses Kriegsdrama von R. C. Sheriff hat in London und New York Hunderte von Aufführungen gehabt. Der Premierenerfolg in Berlin war gewaltig. Der Erfolg eines neues Dichters? Der Erfolg eines neuen Bretterbeherrschers? Der Erfolg eines persönlichen Erlebnisses, dargestellt an einem allgemeinen Erlebnis. Sheriff, aus Sport und Schule plötzlich an die Front gerissen, wird verwundet, gibt seinen Beruf auf, wird Versicherungsagent und schreibt für sich seine Fronterlebnisse auf. Er denkt nicht daran, Schriftsteller zu werden oder sich als Dramatiker zu etablieren. Er muß einen persönlichen Eindruck loswerden. Er verbindet keinen Zweck damit. Er ist nicht Künstler. Er ist nicht Agitator. Er will keine Form schaffen. Er will nicht wirken.

Aber dieses persönliche Erlebnis, diese privateste Erfahrung ist gleichzeitig das Erlebnis von Millionen. Drei Gattungen von Kriegswerken zeichnen sich ab. Das persönliche Erlebnis, das Gültigkeit für Hunderttausende erreicht, weil Hunderttausende es geteilt haben: in seiner reinsten Gestalt der Roman »Krieg« von Ludwig Renn. Zweitens: das Arrangement, das persönliche Erfahrung bewußt auf Nervenwirkung (nicht auf geistige oder politische Wirkung) umstellt: »Rivalen«; eine Mischung aus beiden: »Im Westen nichts Neues« von Remarque. Drittens: das erkennende, fordernde, zielsetzende Werk. Auf dem Wege hierzu: der Roman »Die Pflasterkästen« von Frey.

Ludwig Renn geht heute schon anerkennend und bewußt über das persönliche Erlebnis hinaus. Sheriff bleibt ganz im Persönlichen. Das ist die – einmalige – Stärke seines Schauspiels. Weil er kein Dichter und kein Forderer ist, bleibt die menschliche Erregung, die männliche Ergriffenheit der Gradmesser seines Werkes. Wohin viele Routiniers auf dem Umwege über literarische Nachempfindung oder Berechnung kommen: zum Gefühl und zur Sentimentalität – das ist hier unmittelbar und echt. Was viele umfälschen und frisieren, weil es das Publikum liebt, das wird hier direkt, von einem erschütterten Menschen gegeben. Die menschliche Wärme, der männliche Takt – das ist das persönliche Erkennungszeichen dieses Schauspiels. Nun packt es. Nun wirkt die bleierne Ruhe im englischen

Schützengraben vor der deutschen Offensive wie ein dramatisches Mittel. Nun erschüttert der Nervenzusammenbruch. Nun ergreifen die Betäubungsszenen und Heimaterinnerungen. So geht das anständige, männliche, noble Stück uns an – bis auf den Schluß, wo das Persönliche aufhört und ein Fazit stehen müßte. Wenn das deutsche Trommelfeuer einsetzt, wenn der Kampf sich selbst frißt, wenn der Schützengraben zusammenstürzt und der Weltkrieg über das Schicksal dramatischer Personen hinwegrast – da fehlt die Anschauung und Erkenntnis, die über den Einzelfall hinausgehen.

Mit diesem reinen, starken Theaterabend begann Robert Klein seine Direktion im Deutschen Künstlertheater. Ein Erfolg für seinen Autor. Ein Erfolg für ihn. Ein Erfolg für seinen Regisseur Hilpert und das Ensemble. Hier in einem männlichen, festen, eindeutigen, problemlosen Stück leistet Hilpert in der Führung der Handlung und der Schauspieler Vortreffliches. Friedrich Kayßler als Osborne: Man begreift kaum seine pathetischen Irrwege, wenn man diesen leisen Humor, diese einfache, unbetonte, menschliche Kraft sieht. Es ist ein Stück für private Schauspieler. Der Stanhope ist eine Rolle für Mathias Wieman. Der aufgerissene Blick, die hysterische Gereiztheit, der gequälte Ton – Wieman ist wundervoll. Die Rolle verleitet zur Monotonie, da sich ihre Situationen wiederholen. Wieman packt aber auch da noch, wo ein farbiger, nuancierender Schauspieler wechselndere Effekte erzielen würde.

Vortreffliche Schauspieler. Wie stark hat sich Erhard Siedel vom jugendlichen Komiker der Volksbühne über den Stadttheaterstar zum festen und ursprünglichen Darsteller eines englischen Durchschnittsoffiziers, des banal gesunden, ehrlichen, essenden, widerwilligen Kriegers Trotter entwickelt. Köstlich Ludwig Stössel als Offizierskoch. Wie fein sind in kleineren Rollen Paul Otto (als Oberst) und Werner Schott (als Leutnant Hardy), Heinrich Marlow (als Feldwebel) eingesetzt. Hans Brausewetter, seine Grenzen sprengend, in einer Suffszene (hier gefällt er mir besser als beim Nervenzusammenbruch). Den jungen Raleigh spielt ein neuer, junger, kaum der Schauspielerschule entsprungener Darsteller: Hans Joachim Möbis. Noch ungelenk, fahrig – aber mit sichtbarer Begabung. Bezeichnenderweise stärker da, wo die Angst aufdämmert, als da, wo er jungendlich schwärmt.

Berliner Börsen-Courier, Nr. 404, 30. August 1929

»Happy end«

Theater am Schiffbauerdamm

Ein Schauspiel nach der »Dreigroschenoper«. Wer Dorothy Lane ist, ob die Theaterfassung »Happy end« auf die amerikanische Magazingeschichte »Unter dem Mistelzweig« zurückgeht, wieweit Elisabeth Hauptmanns Bühnenskizze auf den Proben ergänzt, umgewandelt, verschärft und wieder flüssig gemacht worden ist, das bleibt unwichtig. Ein Rollentext sollte geschaffen werden, der den Bühnenstil der »Dreigroschenoper« weiterbildet. Ein Schulstück für eine andere als die mondäne Unterhaltung. Ein Szenarium. Eine Grundlage für eine Commedia dell'arte.

Was die alte Operette langsam herangebildet hatte, sollte hier bewußt und systematisch herausgearbeitet werden: ein dramatischer Typ, eine Stückgattung. Eine Theaterschule etwa wie es früher Malerschulen gab. Themen werden verteilt und durchskizziert. Theaterschule vom Autor bis zum Schauspieler und Regisseur.

Aber: Wiederholungen sind immer falsch. »Happy end« ist eine Wiederholung der »Dreigroschenoper«. Es war richtig, daß man bewährte Wirkungen ausbauen wollte, aber diese Wirkungen mußten an einem anderen Inhalt ausprobiert werden. Ob in der Londoner Bettler- und Verbrecherwelt Josuah und Mackie stehn oder in den Chicagoer Banditen- und Heilsarmeetruppen Bill und die Hallcluja-Lilian – es ist inhaltlich fast dasselbe. Auf eine andere Sphäre als auf Bills Ballhaus, auf andere Figuren als auf diese sich wiederum maskierenden Gauner mußte der Stil angewandt werden, nicht wieder auf angelsächsische, sondern auf deutsche, meinetwegen auf Berliner oder Münchner Typen.

Der erste Fehler war: die inhaltliche Wiederholung. Der zweite: der geistige Vorstoß. Ein lockeres, mimisches Szenarium, gemeinsam hergestellt, auf Proben ausgewechselt, verträgt nicht die Belastung mit einem exponierten Angriff. Die groß konzipierte Schlußszene mit den Heiligenbildern von Ford, Morgan und Rockefeller wirkt wie das Tableau eines ganz anderen Werkes; nicht mehr eines Schulstückes, nicht mehr eines Szenariums, sondern eines Hauptwerkes. An diesem Widerspruch, an dieser falsch angesetzten und deshalb wirkungslosen Herausforderung zersplitterte der überraschende Erfolg der anderen Szenen. Pfiffe gellten, die aber den Beifall nur noch mehr aufputschten.

»Happy end«, das die Leichtigkeit als Programm hat, geriet in die Länge und Breite. Witz verträgt nur Kürze. Aber in Berlin dauern die Theaterabende wie früher bei den Klassikern, wieder drei bis vier Stunden. Zu viele Songs. Ableger der »Dreigroschenoper«, musikalisch von Weill: schwächere Wiederholungen; textlich von Brecht: unscharfe Prägungen, flüchtige Formeln (bis auf das wundervolle Auftrittslied der Lilian). Das Theatergenie Brechts zeigte sich erst in der Leitung der Schauspieler (mit und gegen Erich Engel). Ein einheitliches Ensemble spielte in einheitlichem Stil. Carola Neher, die schon in späten »Dreigroschenoper«-Aufführungen eine schauspielerische Wandlung durchgemacht hatte, gab die Halleluja-Lilian. Eine neue Überraschung. Dieser Witz, diese Leichtigkeit, die niemals zufällig, immer gespielt, immer prägnant war. Dieser Wechsel der Tonmelodie, unerschöpflich und doch genau fixiert. (In den Songs war sie weniger glücklich.) Oskar Homolka spielte wieder, glücklicherweise fern von der falschen Diskretion des letzten Jahres, aus seinem Bühneninstinkt heraus. Ein liebenswürdiger Schurke. Reizend der Song-Vortrag »Bills Ballhaus in Bilbao«.

Dann: Helene Weigel als »Fliege«, als Leiterin der Gauner, klar und genau, haarscharf den Stil treffend. Kurt Gerron, brutal, mit wildem Kulissenhumor, tosenden Beifall erzwingend. Theo Lingen, unvergeßlich als Clown im Baden-Badener »Lehrstück«, spielte hier die körperliche Begleitung zu den Songs, zum Text, tanzend, gleitend, blickend, beweglich und erstarrend – mit bescheidener Unheimlichkeit. (Spaßig der Kommissar von Erich Harden.)

Ein Abend, als leichtes Repertoirefüllsel gedacht, wuchtete über die Grenzen und wurde anspruchsvoller als geplant. Brecht, als Dichter, ist schon von diesen Dingen weg und hat im »Lehrstück« einen anderen Stücktyp, eine andere Form geschaffen: geistig, ruhig, zusammenfassend, direkt zum Zuschauer sprechend. Er braucht nicht mehr die Vermittlung exotischer Zwischenkünste. Aber er sollte auch das Schulstück »Happy end« als das lassen, was es sein will, als Unterhaltung auf von ihm selbst gezogenen Grundlinien. Der Stil erstarrt, wenn er zu sehr belastet wird. Versteifung verträgt er nicht. Wiederholungen sind falsch. Man baut entweder eine Stellung aus oder stößt vor. Beides gleichzeitig ist unmöglich.

Berliner Börsen-Courier, Nr. 410, 3. September 1929

»Zwei Krawatten«

Berliner Theater

Mit dieser Revue knüpft der neue Direktor des Berliner Theaters, Dr. Robert Klein, an die Tradition des Hauses: die erste Meinhard-und-Bernauer-Zeit. »Einer von unsere Leut«, »Bummelstudenten« – Volksstück, Posse mit Gesang und Tanz, altes Berlin mit aktuellen Einlagen. Damals war das Berliner Theater eine Spezialität – ein »Berliner« Theater.

Die Bühne in der Charlottenstraße ist heute viel schwerer zu führen. Berlin ist größer, vielfältiger, widerspruchsvoller, weltstädtischer geworden. Das eindeutig »Berlinische« tritt langsam zurück. Attraktionen und Sensationen sind nötig, damit die Leute in das Südende der Charlottenstraße kommen. So wurde das Publikum hineingezogen durch den Kriminalreißer »Mary Dugan« – ein Genre, das so lange forciert wurde, bis es heute schon abgenutzt ist. So wurde es jetzt gefaßt durch die Revueposse Berlin–Amerika oder vielmehr »Zwei Krawatten« von Georg Kaiser.

»So wird Georg Kaiser zu einem fruchtbaren Komödiendichter, indem er – gegen das Possen- und gegen das Tränenklischee schreibt. So würde er der größte Revuedichter Deutschlands werden« – schrieb ich nach der Premiere von »Kolportage«. Nun hat Georg Kaiser sein erstes »Revuestück« geschrieben, aber *mit* dem Revue-, *mit* dem Tränenklischee. Georg Kaiser, der selten ins Theater geht, der sich niemals seine eigenen Stücke ansieht, Georg Kaiser hat sich mit solcher Kinderfreude auf das Schema der Routiniers geworfen, so blind und verliebt in die alte Revue gestürzt, daß seine Figuren sich sofort in die bekannten Fachgruppen einordnen. Eine Salondame und eine herzige Naive. Ein breiter Komiker und eine erste Charge. Ein Bonvivant mit Gemüt. Eine komische Alte. »Zwei Krawatten« – das ist von Georg Kaiser. Der Titel und der Einfall. Ein Kellner tauscht seinen schwarzen Berufsschlips gegen die weiße

Frackkrawatte ein und ist ein Herr, fährt erster Klasse, hat seine Chance, macht Karriere. Er tauscht die weiße gegen die schwarze aus und ist wieder Kellner, fährt im Zwischendeck, hat Gemüt und führt die Braut heim.

Das ist schlagend, einfach, bühnensichtbar, bühnendeutlich, das gibt einen glänzenden Auftakt und glänzenden Abschluß für eine moderne Revue. Aber schon kommt das alte Volksstück. Die Krawatte genügt nicht, er gewinnt auch das große Tombolalos. Ironie oder Tradition? Es bleibt nicht bei den Kontrasten: eine Erbschaft von 40 Millionen für Trude, die Volksbraut, überbrückt alles. Witz oder Konzession?

Als Mischa Spoliansky das viel schwächere Textbuch von Marcellus Schiffer vertonte: »Es liegt in der Luft«, entstand – bei allem Snobismus – doch etwas wie eine verwurzelte, zauberhaft berlinische Sache. Es war die einzige produktive gesellschaftliche Leistung der Berliner Bühnen, eine Revue aus dem Kurfürstendamm für den Kurfürstendamm. Das viel übersichtlichere, bessere Textbuch von Georg Kaiser macht nicht Berlinisches international, sondern gibt einem Allerweltgemengsel berlinischen Akzent. Diese Revue ist wirklich »Happy end« mit aller Hingabe an das Theater- und Filmgenre, in dem Lose und Erbschaften soziale und menschliche Dinge arrangieren. Georg Kaiser gibt gleich zweierlei: Er läßt den Kellner vor der amerikanischen Millionenerbin fliehen, weil er sein armes deutsches Mädel liebt, und diese Liebe wird belohnt, weil Trude Schumann vierzig Millionen erbt und zehn Millionen mehr hat als die Amerikanerin. Höhere Gerechtigkeit.

»Zwei Krawatten« ist technisch mit der Brillanz Georg Kaisers gemacht. Mir wäre aber lieber gewesen: der Versuch einer Berliner Revue durch alle Schichten und Stadtteile hindurch – Georg Kaiser könnte sie schreiben; und sie könnte sogar »Zwei Krawatten« heißen, wenn dieser Einfall mehrfach abgewandelt wäre. Aber gerade die kritischen, aggressiven Möglichkeiten, die auch noch in diesem Textbuch stecken, wurden durch die bezaubernde Erfolgsmusik von Mischa Spoliansky überspielt, weil sie in dem Auftrittslied der Cornedbeeffabrikantin Robison nicht das scharfe Wort, sondern eine danebenliegende Melodie gaben.

Die Publikumswirkungen sind fabelhaft. Das Berliner Theater hat seinen großen Erfolg. Unter der Regie von Forster-Larrinaga wird auf Gefälligkeit und Schönheit, auf Tanz, Buntheit und –

Sentimentalität hingespielt. Hans Albers hatte als Kellner seine Spezialwirkungen. Früher, in den alten Berliner Possen, wurden die Rollen aufgeteilt, zwischen dem Volksjungen und dem Bonvivant, zwischen Sabo und Clewing. Albers spielt Sabo und Clewing gleich zusammen. Volksjunge und Blauauge, Schnauze und Elegant, Schnoddrigkeit und Gemüt (das manchmal so übertritt, das Albers das Gretchen spielen könnte).

Neben Albers spielt Tiedtke mit bewährter Polterkomik, kräftig und stark einen schnaubenden Berliner Rechtsanwalt, spielt Marlene Dietrich, reizend anzusehen in einer leider nicht sehr ergiebigen Rolle die Amerikanerin, spielt Margarethe Köppke mit aufreizender Affektiertheit und gesanglicher Unzulänglichkeit die Trude, gibt Rosa Valetti, ebenfalls nicht sehr dankbar bedacht, umwerfend die Cornedbeeffabrikantin.

Tanz und pantomimische Szenen: Den größten Erfolg hatten die Einlagen, das herrliche Steptänzerpaar Moore und Lewis, hatten die Aufmachung und die Kostüme und der Charme. Die moderne Revue fehlt noch. Es war die alte, von besseren Könnern gemacht. Ich freue mich über den Erfolg für Georg Kaiser. Aber es wäre schlimm, wenn er diese Linie verfolgen würde. Das Berliner Theater könnte mit ihm und Spoliansky auch auf moderner Grundlage das Publikumsstück schaffen.

Berliner Börsen-Courier, Nr. 416, 6. September 1929

»Cyankali«

Lessing-Theater

Der Theatererfolg von Lampels »Revolte im Erziehungshaus« hatte die Wirkung, daß Probleme der Fürsorgeerziehung die breiteste Öffentlichkeit beschäftigten, daß aufklärende Reportagen von Erziehungsanstalten gemacht wurden, daß das Wohlfahrtsministerium neue Verfügungen erließ. Wenn der Beifallssturm, der gestern Friedrich Wolfs Schauspiel »Cyankali« und der Gruppe junger Schauspieler galt, ähnlich ins Praktische hinübergreift, wenn er zur Änderung des Paragraphen 218 beiträgt und gesetzliche Maßnahmen herbeiführt, so hat das Theater seinen Zweck erfüllt.

Nicht den einzigen. Es gibt eine Kunst, die jenseits des praktischen Wertes liegt. Es gibt ein Theater jenseits des »Nutzens«. Das muß festgestellt werden, weil jeder neue Erfolg des Zeittheaters die Front der Widerwilligen und Bequemen, der Lauen und Rückwärtser enger zusammenschließt. Wer Symptome zu lesen vermag, der kann voraussagen, daß für das Theater der Avantgarde – wie man es in Frankreich nennt – eine schwere Zeit beginnt. Die Vorposten des Theaters sind so weit vorgetrieben, daß die dahinter liegende erste, wohlausgebaute Stellungslinie – ich meine damit das Staatstheater, die Reinhardt-Bühnen, das Deutsche Künstlertheater – nachrücken muß, damit die Verbindung nicht reißt. Sonst kommt eine bittere Zeit, nicht nur für die Vorpostentheater, sondern ebenso für die Bühnen der exponierten ersten Linie. Dann werden, nach den Experimentierbühnen – bald auch die ruhigen, gesicherten Qualitätstheater angegriffen.

Also: Es soll ein künstlerisches Theater geben. Aber es muß durch die Gleichgültigkeit abgebrauchter Konflikte und leeren Amüsierbombasts hindurch. Es soll ein Unterhaltungstheater geben. Aber es muß durch den Plunder der alten Operette, des alten Lustspiels hindurch. Es soll ein »Zeitalter« geben. Dies gibt es in Ansätzen. Es hat Erfolg, weil es seine Themen, seine Gattung, seine Schauspieler gefunden hat. Das geänderte, auf neuer Grundlage geschaffene Kunsttheater kommt. Das Zeittheater existiert.

Dies ist die Situation, in der Friedrich Wolf sein Schauspiel »Cyankali« schrieb. Dies ist die Situation, in der es gespielt werden konnte und Erfolg hatte. Friedrich Wolf ist Arzt, war Kassenarzt im Ruhrgebiet, lebt jetzt in Stuttgart. Aus seiner Berufserfahrung schrieb er dies Stück gegen den Abtreibungsparagraphen. Aus dieser Kenntnis heraus klagte er an. Aus dieser Kenntnis heraus stellte er die Not der Frauen in einem Proletarierhause dar. Aus dieser Kenntnis heraus rüttelte er auf. »Cyankali«, nur als graues Milieustück, als naturalistische Elendsschilderung würde niemanden interessieren. »Cyankali« als Stück mit einem Ziel, mit einem Änderungswillen, der alle Szenen spannt und richtet, packt jeden, welchem Beruf, welcher Schicht er angehören mag.

»Cyankali« ist keine Dichtung. Aber seine primitiven Mittel sind hier am Platz. Es gibt sogar Szenen, die eine dichtungsnahe Einprägsamkeit haben. Die Familie hungert. Der Zeitungsverkäufer Kuckuck gibt ihnen statt Brot Fetzen aus populären Bildungszeitschriften. Er zitiert über die roten Blutkörperchen (aus der »Koralle«). Er wirft mit Zeitungszitaten um sich. Später spielt es im »Zeitungskiosk«. Kuckuck verkauft im Straßenlärm seine Blätter. Drinnen verblutet beinahe die Frau. In solchen Szenen sind Ansätze zu einer kontrastierenden Tragikomödie, Ansätze zu einer bitteren Satire, Ansätze zu einem wirklichen, unverlogenen Humor.

Gerade hier wurde von der Gruppe junger Schauspieler besonders gut gespielt. Reinhold Bernt gab den Kuckuck mit solcher unverstellten, unkomödiantischen Spielfreude, daß der Erfolg gegeben war.

Die Gruppe junger Schauspieler gehört zusammen: Ludwig Roth, der mit bedrängender Echtheit einen Hausverwalter spielte, Gerhard Bienert, der einen Heizer gab, Renée Stobrawa, die fast ohne Theatralik war, Maria Krahn, die sich nach gleichgültigem Anfang prachtvoll einfügte, die frische Kraft von Adolf Fischer (der sich nur nicht überstürzen darf), Ilse Fürstenberg, Walburga Gmür, Werner Pledath und sogar Rose Grawz. Solche Stücke kann man nur primitiv spielen. Hier wurde primitiv gespielt, eindeutig, ohne kitzelnde Nuancen. Der straffende, zusammenreißende Regisseur hieß: Hans Hinrich.

Berliner Börsen-Courier, Nr. 418, 7. September 1929

Erich Engel inszeniert »Kolportage«

Komödie

Erich Engel, der seit Jahren am Staatstheater mit Schauspielern arbeitete, die er auf sich eingestellt hatte oder auf deren Auswahl er, hier und am Schiffbauerdamm, Einfluß nehmen konnte, kam in der Komödie mit Darstellern zusammen, die an vielen Theatern unter vielen Regisseuren in Berlin, in Wien, in Amerika gespielt hatten, mit erfolggewohnten Solospielern, mit saftigen Komikern, mit Stars. Die Komödie, erfolgverwöhnt, hat als eine der wenigen Berliner Bühnen ihr ständiges Publikum. Hier hat sich, auf gesellschaftlicher Basis, eine feste Beziehung zwischen Zuschauer und Theater herausgebildet, die fast unabhängig vom Darsteller ist. Man geht ins neue Lustspiel der Komödie, wie man in Wien früher zum neuen Burgtheaterlustspiel ging – ohne Rücksicht auf Premierenerfolg und Kritiker. Man begrüßt die Darsteller als alte Bekannte und lächelt ihren Nuancen schon zu, bevor sie da sind.

Erich Engel kommt aus dem entgegengesetzten Bezirk der Kunst. Er war ungenügsam. Er fing von vorne an. Er schlug sich mit Problemen. Er bildete durch. Er brachte den wuchernden Ausdruck des Schauspielers auf eine Form. Aber schon in den letzten Inszenierungen bei Jessner – im »Verlorenen Sohn«, in den »Störungen« – war ein Hinneigen zum Gefälligen, zum Glatten, zum Niedlichen zu erkennen. Eine Beruhigung, die jetzt zur Regie an der Komödie geführt hat.

Nun ist nichts falscher, als von einem Theatermenschen täglich etwas Neues zu verlangen. Es ist im Gegenteil notwendig, daß Grundlagen geschaffen werden, auf denen man weiterbauen kann, daß eine brauchbare Tradition sich ansetzt. Diese Tradition muß aber auf der Basis des Erreichten gegründet werden. Was Erich Engel hier und im »Verlorenen Sohn« macht, das ist im Grunde die reizendste und feinste Übertragung eines alten Lustspielgenres, sagen wir von Fuldas »Zwillingsschwester«, nicht auf die Dialogführung, sondern auf das szenische Arrangement. Dieses Umklappen reizend von Ernst Schütte bemalter Schloßwände – die Klappwände bald Vorraum, bald Rittersaal, bald Garten, bald goldenes Gemach –, diese gewendeten Versatzteile lösen gewiß das starre Bühnenbild auf und beschäftigen das vom Film an Wechsel gewöhnte Auge. Sie bringen aber die Dekoration und den Aufführungsstil nahe an das Geschmäcklerische heran. Es gibt ein prägnantes Beispiel. Georg Altman inszenierte vor fünfzehn Jahren Grabbes »Scherz, Satire, Ironie und tiefere Bedeutung« vor aufzuklappenden und umzuschlagenden Buchseiten. Jede neue Seite eine neue Dekoration. Engel inszenierte zehn Jahre später Grabbes Lustspiel in München aus der Komik des Worts, aus der Komik des Sinns. Jetzt geht er selbst den Schritt zurück, den er getan hat. Georg Kaisers »Kolportage« ist ein Lustspiel über Literatur, wie Grabbes »Scherz, Satire ...«. Altmans Grabbe-Inszenierung und Engels Kaiser-Regie zogen die Wirkung der Literaturparodie aus den Dekorationen.

Mit den Bühnenbildern wurde Spiel improvisiert. Mit den Schauspielern? Mit Otto Wallburg, dessen Stärke in seiner privaten, sich gehenlassenden, lispelnden, fauchenden, rollenden, trudelnden Verlegenheitskomik liegt? Mit Gülstorff, dessen Gefahr eine stilisierende Verschärfung ist? Um Kaisers Dialog spielen zu können, mußte Wallburg diszipliniert werden. Er war diszipliniert. Aber auf dem Wege zur Form ging seine Wirkung verloren. Die Privatabmachung, die an der Komödie zwischen Schauspieler und Publikum zu bestehen scheint, wurde gestört. Wallburg steuerte auf seine Eigenarten los. Der Zuschauer merkte es und lächelte im voraus. Aber die Pointe platzte nicht. Wallburg besann sich. Das Publikum fühlte sich getäuscht. Gülstorff wiederum war in seinem Simplicissimusstil bis zur äußersten Grenze der Parodie getrieben. Ich fand es nicht komisch. Hedwig Bleibtreu spielte die Würde des Burgtheaters unverändert am Kurfürstendamm.

Diese Aufführung ist nicht leichthin abzutun. Sie ist symptomatisch für die Irritierung der Regisseure, der Schauspieler, symptomatisch für die verlorenen Premieren dieses Saisonbeginns. Auch hier stand Richtiges neben Falschem. Die Grenze zwischen Humor und Karikatur ist haarscharf. Diesseits dieser Grenze kann es die bezauberndsten Gestaltungen geben: Carola Neher, Lingen, Homolka, Lorre, in »Happy end«, oder Karlweis in der »Fledermaus«, jenseits der Grenze ist es aus, wie hier bei Wallburg und Gülstorff. Diesseits der Grenze stand Leopoldine Konstantin, die keinen Moment ihre Liebenswürdigkeit verlor, stand Ida Wüst, dir ihre Kraft behielt. Diesseits der Grenze stand Erich Engel, wenn er den Anfangsdialog von Georg Kaiser in einen hinreißenden Kolportagebericht mit Kolportagephotographien (die projiziert wurden) umwandelte. Diesseits der Grenze stand die rhythmische amüsante Musik von Walter Goehr. Diesseits der Grenze stand auch Eduard von Winterstein, als er sagte: »Mit dem geübten Blick des Wildwestlers, der ich bin ...«, und sich bei »der ich bin« mit unendlicher Treuherzigkeit zum Publikum wandte.

So gab es im ganzen doch den gewohnten Premierenerfolg. Georg Kaisers berühmtes Stück, überall gespielt, längst bekannt, siegte von neuem. Aber aus dem kritischen Engpaß, in dem unser Theaterspiel steht, kam der Abend nicht heraus. Nicht der Tonfilm beengt das Theater. Erstens ist er in Berlin bisher durchgefallen. Zweitens wird er, wenn er sich durchgesetzt hat, das Theater auf seine notwendigen Aufgaben konzentrieren, also das Theater gerade steigern und retten. Nicht nur der Zufall des warmen Spätsommers macht Erfolge bei Premieren zu Mißerfolgen bei den Wiederholungen. Es ist die Mutlosigkeit, die die Stabilisierung des Theaters nicht an der vorgeschobenen Stellung beginnt, die gerade noch zu halten ist, sondern in einer weit zurückgelegten Linie. Es ist der Widerspruch zwischen Experiment und Konvention. Der Regisseur, der noch gestern experimentierte, rettet sich, wie Erich Engel, heute in die Konvention, will aber in dieser Konvention noch individuelle Einfälle unterbringen und originelle Auffassungen. Die Entwicklung geht immer mehr zur anonymen Gruppenarbeit. Man sehe sich die schauspielerischen Leistungen in »Happy end« an, man betrachte die Gruppe junger Schauspieler mit ihren anonymen Regisseuren Deppe und Hinrich. Man denke an die Aufführung unter Leopold Lindtberg. Hier erfolgt die Stabilisierung des Theaters und die Sammlung zum neuen Vorstoß.

Berliner Börsen-Courier, Nr. 434, 17. September 1929

Schauspielerin Massary

»Die erste Mrs. Selby«
Theater in der Königgrätzer Straße

Fritzi Massary als Sprechschauspielerin. Die gesellschaftliche Sensation des Herbstes. Publikum, Bühne: es war wie in London und Paris. Konservatives Theater, Tradition, die noch wirkt und sich durchsetzt.

Eine andere, eine unberlinische Einstellung des Publikums. Es sieht bei jeder neuen Premiere alle früheren Rollen der Massary mit. Es will das Alte und verlangt gleichzeitig die Sensation des Neuen. Fritzi Massary hatte an diesem Abend gegen zwei Widerstände anzukämpfen: gegen die Dankbarkeit der Zuschauer für ihre alten Rollen und gegen die Neugier auf das Unerwartete. Fritzi Massary besiegte die Dankbarkeit und die Neugier. Es war ein Erfolg jenseits aller Sensationen. Deutschland hat die große Gesellschaftsschauspielerin.

Als Fritzi Massary bei der Steinrück-Feier des »Marquis von Keith« unter allen führenden Wortschauspielern Berlins den größten Erfolg hatte, hörte man zuerst von ihrem Plan, zur Komödie überzugehen. Jetzt spielt sie, vorsichtig und klug in ihrer

Wahl, die erste Frau Selby, die geschiedene, alternde Frau, zu der ihr Mann zurückfindet. Fritzi Massary ist in den Einleitungsszenen fast übervorsichtig. Sparsam, um nicht zu pointieren. Zaghaft, um nicht in alte Wirkungen zu verfallen. Etwas nervös in den Bewegungen, etwas unruhg beim Lächeln und beim Spiel der Augen.

Man erlebt den geheimen Kampf mit dem Publikum, die Entstehung großer Schauspielkunst. Die Zuschauer reagieren, Fritzi Massary gewinnt Boden. Sie spricht – und der Fluß des Dialogs wird ruhig. Was zuerst noch Zurückhaltung schien, wird jetzt künstlerischer Takt. Eine Operettenschauspielerin – aber sie pointiert nicht in Anführungsstrichen. Sie nuanciert nicht Einzelheiten, sondern gibt die Linie des Gesprächs, den Tonfall, nicht die Betonung. Eine antiquierte Salonkomödie, aber Fritzi Massary vermeidet schon beim ersten Versuch allen geistreichen Firlefanz, alle Brillanz. Eine Wohltat für gemarterte Ohren. Alle Konversationsschauspieler sollten sich die Massary anhören!

Nun ist es nur noch ein Schritt zum letzten Akt. Hier wird es ernst und im Stück schwer erträglich. Aber wie Fritzi Massary die Auseinandersetzung mit dem Gatten nimmt, Abkehr und Hoffnung, Resignation und Gewißheit, wie alles unter den Sätzen bleibt, ohne Hervordrängung des Gefühls, alles angedeutet und doch klar, kein Umweg, keine falsche Diskretion und doch einfach, doch rankenlos, doch unpointiert – ein Ereignis der Schauspielkunst.

Die Tradition des großen französischen Theaters, die Tradition der großen Salonschauspielerinnen, längst rissig und zerschlissen, hier ist sie wieder lebendig geworden. Die einzige große gesellschaftliche Kunst, die es auf Berliner Bühnen gibt. Fritzi Massary, die legitime Gesellschaftsspielerin Deutschlands. Neben ihr hielt Maria Paudler, als zweite Frau Selby, ihre Pointen zurück und spielte gesammelter denn je. Neben ihr freute man sich, Alfred Abel zu sehen: Alfred Abel, dessen Talent lange verwahrlost schien, als Herr Selby von wundervollem Takt und feiner Sicherheit; neben ihm Paul Hörbiger als Freund, zart und liebenswürdig vertrottelt. Peter Wolff, welche »Karriere« von der »Revolte im Erziehungshaus« bis zur Salonrolle, aber ich bedaure seinen Weggang von der Gruppe junger Schauspieler. Als Dienstmädchen Viktoria Strauß ausgezeichnet. Ein warnendes Beispiel für den Berliner Theaterbetrieb.

Viktoria Strauß in der »Wupper« ein großer Erfolg, dann von Jessner vergessen. Man achte auf diese Begabung!

Regie führt Erich Engel. Es ist kein Zweifel, daß auf seinen Einfluß die ausgezeichnete Haltung der Vorstellung zurückzuführen ist, daß auch die Massary durch ihn die Sicherheit bekommen hat. Engels Verdienst darf nicht verringert werden. Wenn man sich aber dieses Stück des Londoner Kritikers St. John Ervine ansieht, diese uninteressanten Konflikte, diese längst abgestandene Familienatmosphäre – so bedauert man, daß Engel, berufen zu Experimenten und geistigen Aufführungen, sich an solche Stücke verschwendet. Der Abend war ein Ereignis durch die Massary. Die Massary hat die Legitimation, sich ihre Rolle zu wählen. Schauspielkunst ihrer Art hat immer recht. Sie macht sogar diese Stücke zum Ereignis. Engel aber hat andere Aufgaben.

Berliner Börsen-Courier, Nr. 490, 19. Oktober 1929

»Pennäler«

Versuchsbühne Schiffbauerdamm

Man kann sagen, daß Peter Martin Lampels Schulstück »Pennäler« ideologisch eine Fortsetzung von Wedekinds »Frühlings Erwachen« darstellt. Wedekind: Pennäler um 1890. Lampel: Pennäler um 1929. (Womit nicht Wedekind und Lampel, sondern nur ihre dramatischen Gegenstände verglichen werden.) Dazwischen beide Male ein Otto Ernst. Damals das Original mit »Jugend von heute«: jetzt der Epigone Curt Corrinth mit den »Trojanern«.

1890: Pubertätskrämpfe, sexuelle Not, Widerstand der Kleinstadt. Angst der Eltern, Furcht vor der Öffentlichkeit. Die Schüler nur mit sich beschäftigt, behütet, abgeschlossen, dumpf. Kampf für die erotische Befreiung. 1929: ein Gehemmter, Unbegabter, von den Eltern durch falschen Ehrgeiz ruinierter Junge steht auch hier wieder im Mittelpunkt. Aber sonst sind die Interessen der Jungen *öffentlich* gerichtet, politisch orientiert. Wer die Jugend hat, hat die Macht. Lampels Verdienst ist, daß er diese öffentlich gerichtete Jugend zum erstenmal auf die Bühne gebracht hat, ohne den verlogenen, romantischen Schwall von Curt Corrinth. Dies ist die Jugend, die heute schon kämpferische Zeitschriften herausgibt (wie den »Schulkampf«), die heute schon Stellung nehmen will, unreif, das ist natürlich, beeinflußt, das ist selbstverständlich; um so verantwortungsvoller aber die Lehraufträge, um so entscheidender heute der Lehrerberuf. Eine frischere, eine freiere Jugend als bei Wedekind, gegenwartsbewußt (selbst da, wo sie reaktionär verhetzt wird).

Aber auch eine zynische Jugend. Die größere Freiheit in erotischen Dingen, die mutigere Aufklärung hat einen Teil der Probleme von »Frühlings Erwachen« erledigt. An Stelle der Hemmung ist oft schnoddriges Sichgehenlassen, an Stelle der Unsicherheit betonte Übersicherheit getreten, dem in Lampels Stück auf Seite der Erwachsenen sexuelles Ausbeutertum entspricht.

Lampel zeigt beide Seiten: den politisch geweckten, gemeinschaftlich interessierten Schüler und den isolierten; den freien, frischen Pennäler und den forcierten. Lampel schlägt alle Themen an, greift alle Fälle auf, vom Fall Manasse Friedländer bis zu den politischen Schülerdemonstrationen, aber er zieht keine Konsequenzen. Lampel ist immer wieder, von der »Revolte« über »Giftgas« bis zu den »Pennälern«, einer der instinktsichersten Stoffinder des Theaters. Er bereichert die Bühne durch Themen, er führt ihr Blut zu. Aber wo ist die Entscheidung? Der Schluß ist Verlegenheit. Fidelitas, weil der Selbstmord des jungen Semler nicht geglückt ist? Aber das ist wieder ein kleiner, privater Schluß. Abgesang? Aber das ist billig. Ein guter Direktor? Aber das ist zufällig.

Lampel steckt in der Nachkriegsjugend drin, aber er hat keine Distanz zu ihr. Er ist ein Materialsucher ersten Ranges. »Pennäler« und »Verratene Jungen« – in dem Stück »Pennäler«: die noch halbwegs eingeordnete Jugend. In dem Roman »Verratene Jungen« die Schicksale der Femejugend, der Schwarzen Reichswehrsoldaten, irregeleiteter und verratener Jungen, die auch wieder durch nichts anderes getrieben wurden, als teilzunehmen an öffentlichen Ereignissen, herausgeschleudert aus ihrem privaten Dasein, suchend nach Bindung und Gemeinschaft. Dies ist das Problem im Stück, im Roman. Fruchtbare Politik: in den Sturmzeichen einer entfesselten Jugend den Drang nach einer neuen Gemeinschaft zu finden, aufzunehmen und zu leiten. Und nicht stumpfsinnig als private Unregelmäßigkeit zu bekämpfen, was gerade das Gegenteil ist: unbefriedigte Suche nach neuer Bindung.

Das Stück von Lampel gehört in einen Abendspielplan, weil seine Themen diskutiert werden müssen. Der Roman muß gelesen werden, obwohl er im Kern versagt. Er gibt den Küstriner Putsch und alle Klapproths und Oberleutnant Schulz. Er gibt Wahrheit und wirkt erfunden. Das ist ein schwerer Fehler. Er liegt im Kunstmittel. Die Fememorde sind heute noch keine distanzierten Romanthemen, sondern ein dokumentarischer Stoff, der wiederum wie ein Epos wirken kann. Die Form des Romans ist zu schwach, um Ungeheuerliches aufzunehmen. Das dokumentarische Epos müßte geschaffen werden.

Die Nachtaufführung der »Pennäler« am Schiffbauerdamm war wieder der Erfolg einer Gemeinschaftsarbeit, wie »Revolte«, wie »Cyankali«. Hans Hinrich zeigte sich, wie bei »Cyankali«, als ein prachtvoller Schauspielerförderer. Ein neuer Regisseur, aber nicht im Sinne des Stars, sondern des Mitarbeiters. Es war eine Freude zu sehen, wie die Darsteller zu sich selbst kamen und doch zusammen spielten. Ernst Ginsberg zum erstenmal in Berlin als Hauptspieler. Ein Schauspieler durch und durch. Man sehe und höre sich seine Kathederrede im ersten Akt an: die gehemmten, nicht fertiggewordenen Armbewegungen, den halben Ton, und bei allem eine ungewöhnliche Disziplin und Präzision. Man will ihn öfter sehen. Hans Schweikart sehr fein und taktvoll als moderner Studienreferendar. Außerordentlich Hermann Speelmans als Vater Postsekretär. Ein aufgequollener Subalterner, mit Plieraugen und Schnauzbart. Unheimlich! Und vollendet, wenn er genauer lernen würde!

Dann Kalser als Direktor wundervoll. Hannemann als homosexueller Rittmeister bedrohlich echt, Rolf Müller als Tertianer, beängstigend, Karl Stroux vortrefflich, Tony Tetzlaff, Kosleck, Helmke, Greif, Olga Fuchs – ein Ensemble, ein Zusammenspiel, ein Gewinn. Eine neue Schauspielergruppe.

Berliner Börsen-Courier, Nr. 510, 31. Oktober 1929

»Menschen wie du und ich«

Deutsches Volkstheater

Dies Volksschauspiel von Alfred H. Unger hat einen Preis von 10000 Mark, also wahrscheinlich den höchsten Preis bekommen, den ein Dramatiker jemals in Deutschland erhalten hat. Das Mißverhältnis von Ehrung und Leistung ist bestürzend. Prominente Theaterdirektoren und Schriftsteller waren von privater Seite eingesetzt, das beste Gesellschaftsstück preiszukrönen, und heraus kommt ein Mitleids- und Elendsstück, ein Schmachtfetzen der Resignation, ein papierner Roman in szenischen Fortsetzungen.

Schuld der Preisrichter? Versagen des Urteils? Mehr noch: Schuld des Preises. Man kann nicht in einer Zeit gesellschaftlicher Umbildung gewaltsam das Gesellschaftsstück herausfordern. Ein Gesellschaftsstück, das es in Deutschland nicht einmal in beruhigten Zeiten gegeben hat, muß aus einer Kulturschicht wachsen, es muß eine Grundlage haben. Man kann es nicht kommandieren. (Wenn es aber in einer konsolidierten Epoche vorhanden ist, wird es auch aufgeführt, weil es der Publikumsmehrheit entspricht, und braucht wiederum nicht ausgezeichnet zu werden.)

Die ganze Ehrungs-, Festspiel- und Rettungspolitik der Theater beruht auf Denkfehlern. Man veranstaltet Spitzenereignisse wie Festspiele, sei es in Heidelberg, sei es in Berlin, aber die Tendenz des Theaters ist nicht auf Gipfel und Glanz, sondern auf mühsamen Unterbau, auf gemeinsame Arbeit, nicht auf Ende, sondern auf Anfang gerichtet. Das Defizit der Festspiele, wie es nach Berlin jetzt wieder in Heidelberg zutage tritt, ist nicht auf das Schuldkonto der Leiter, sondern schon des Gedankens zu setzen. Preise gebühren den herausragenden, schwierigen Ausnahmewerken, nicht den Gebrauchsstücken. Im Falle Unger war ein Gebrauchsstück gefordert, wurde ein Gebrauchsstück, nach Meinung der Richter, gekrönt und – kein Theater wollte dieses Gebrauchsstück aufführen. Niemals hat sich ein Plan in seinen eigenen Widersprüchen rettungsloser verfangen!

Ich möchte nicht mißverstanden werden. Ich bin gegen *jede* Preiskrönung eines Gebrauchswerkes (dessen Sinn eben darin liegt, daß es sich durch sich selbst durchsetzt). Ich würde ebenso deutlich gegen eine Auszeichnung von Lampel oder Bruckner sein, wie ich die Ehrung des »Fröhlichen Weinbergs« für überflüssig hielt. Eine Preiskrönung hat Sinn, wenn es sich um führende, oder herausfallende Begabungen handelt wie bei Brecht, bei Jahnn, bei der Fleißer. Eine Preiskrönung hat *heute* nur Sinn auf dem Gebiet des Epos. Seit Jahren hat kein deutschter Dichter so sehr einen Preis verdient wie Alfred Döblin für den Roman »Berlin-Alexanderplatz«. Nur einen Preis? Döblin wäre der einzige deutsche Kandidat für den Nobelpreis. Das wäre eine Tat. Sie würde dem ramponierten Preisgedanken plötzlich wieder Berechtigung geben.

Zurück zu Unger. »Menschen wie du und ich« geben wie die »Verbrecher«, aber früher als »Verbrecher« bei den Verlegern eingereicht, den Querschnitt durch ein Haus. Schicksale der Nachkriegszeit – von ebener Erde bis zum dritten Stock. Staatenlose, Kriegsentschädigte, Ausgewiesene aus politischen Grenzgebieten, Auswanderer zwischen Rußland und Amerika, in Deutschland steckengeblieben, von Langkopp bis § 218, vom fröhlichen Rheinländer bis § 175 – alles ist da, alles wird angetippt, alles wird im fürchterlichsten Papierdeutsch umschwätzt und umgedeutet. Ein großer Szenenaufwand, aber keine szenische Phantasie. Viele Personen, aber nicht ein einziger dramatischer Auftritt.

Es ist möglich, daß eine dramatisch akzentuierte Vorstellung manche Kulissenwirkung herausgeholt hätte. Die saubere Aufführung des Herrn von Ostau verzichtete von vornherein darauf und gab nur das (von Traugott Müller geschickt und wirksam aufgebaute) Gerüst und setzte darauf geschmackvolle Schauspieler. Deprimierend, Genschow hören zu müssen. Genschow: Energie, Kraft, Explosion. Der Text: dünnes Gerinnsel, blumiges Geranke, süßliches Parfüm. Schade um Genschow. (In seinem Herzelement dagegen war als Kölner Herr Fischer-Köppe.)

Für sich zu werten ist Toni van Eyck, die besonders für den Film jetzt eine Zukunft hat (»Revolte«), die hier sehr fein spielt und nur vor dem Ausbruch bei diesem Text zurückschaudert. Für sich steht auch die derbe, humoristisch explodierende Kraft von Annemarie Haase als Zimmervermieterin. Sehr taktvoll fügen sich Cäcilie Lvovsky, Ernst Stahl-Nachbaur, John Gottowt, Franz Schafheitlin ein. Und Franz Nicklisch ist vielleicht eine Begabung – in der Richtung Genschows.

Das Deutsche Volkstheater hat eine Uraufführung gebracht.

Die Zukunft dieser Bühne, die mit einer bestimmten Mittelschicht rechnet (darin liegt ihre Existenzberechtigung), sehe ich nicht in der »Regie« (»Regie« im zweifelhaften Sinne war die Aufführung des »Armen Heinrich« und der »Beiden Veroneser«), nicht in »Auffassungen«, sondern in unbetonter Zusammenarbeit.

Berliner Börsen-Courier, Nr. 514, 2. November 1929

»Seltsames Zwischenspiel«

Deutsches Künstlertheater

Alles kehrt wieder, Ibsen und Strindberg, die das europäische Theater jahrzehntelang bestimmt haben, sind nach Amerika hinübergewandert. Was bei uns Endprozeß einer langen Entwicklung war, geistesgeschichtlich bedingt, seelenhistorisch begründet: der europäische Mensch in seiner psychologischen Isolierung, die Vorkriegszivilisation in ihrer individualistischen Betonung, das wird in Amerika übernommene Literatur, eingeführter Kunstgegenstand wie Schloßinventare und Gobelins. Ibsen und Strindberg als europäische Reliquien. Ibsen und Strindberg als Alt-Heidelberg. Aufkauf des Geistes, Aufkauf der Tradition.

So erregt in Amerika Bewunderung, was in Deutschland überwunden ist. So hat in New York einen Serienerfolg, was bei uns staunende Ablehnung erfährt. Amerika schickte uns seine Gebrauchsware und fütterte damit das deutsche Theater auf, bis es übersättigt war. Europa schickt nach Amerika die dramatische »Literatur« der Vergangenheit und setzt das amerikanische Theater auf schmale Kost.

Dieses Mißverständnis der europäischen Literatur ist Eugene O'Neill. Dieses notwendige Mißverständnis. O'Neill übernimmt Gewordenes als voraussetzungsloses Resultat. Nirgends ist auf dem Theater die »Literatur« literarischer, das heißt wurzelloser als in Amerika. O'Neill holt den Kursus nach. Zuerst kam Georg Kaiser nach Amerika. O'Neill schrieb wie Georg Kaiser. Die Schiffsszenen im »Haarigen Affen« erinnern an die »Koralle«. Jetzt rollt er die europäische Geistesgeschichte rückwärts auf.

Er hält im »Seltsamen Zwischenspiel« bei Ibsen, Strindberg und Freud. Wann wird O'Neill bei Schiller halten?

Dieser Abend war für die Berliner Bühnen eine schwere Niederlage. Alles war aufgeboten, um mit künstlerischen Mitteln einen ideellen und materiellen Erfolg zu erreichen. In einer gefährlichen Zeit des Rücklaufs und der Reaktion ein heroisches Bemühen. Aber es war ein donquichottischer Kampf. Die Position der Kunst sollte verteidigt werden, aber das Stück ermüdet die Literaten ebensosehr wie das große Publikum. Ein europäisches Kammerspiel als amerikanische »Götterdämmerung«. Eine Seelentragödie im Umfang von zwei Königsdramen. Wer hält diesen Mißklang von Thema und Form, von Idee und Bühnenzeit aus?

Die Annahme dieses Stückes ist nur denkbar in einer Zeit, die zu den alten Problemen zurückkehren, zur alten Weisheit zurückfinden, zu abgestandenen Idealen zurücktaumeln zu müssen glaubt. In diesen desorientierten Jahren führt man zwar nicht den toten Ibsen, aber den lebendigen O'Neill auf. Man mogelt eine versunkene Welt auf amerikanisch um. Das seltsame Zwischenspiel: Frau Alving erzählt ihrer Schwiegertochter, daß ihr Sohn erblich durch vielfachen Wahnsinn in der Familie belastet sei. Sie will die »Gespenster« verhindern und schafft dadurch Strindberg-Konflikte. Sie zwingt die Schwiegertochter, das keimende Kind töten zu lassen und von einem gesunden Liebhaber ein neues zu empfangen. Dies gilt als das Kind des Ehemannes. Sie will gestehen. Aber das Geständnis scheitert immer wieder am Vertrauen und an der Banalität des Ehemanns. Der Sohn kehrt sich gegen seinen Blutvater. Elternliebe und Kindesliebe zersetzen sich. Der banale Ehemann schreitet von Erfolg zu Erfolg. Er mästet sich und wird gesund am »Wahnsinn« der anderen. Zuletzt ist die Frau allein: ohne Mann, ohne Liebhaber, ohne Sohn, nur mit dem Jugendfreund. Alles war nur ein seltsames Zwischenspiel.

Ein Handlungsdrama und ein Gedankendrama durchkreuzen sich. Nach Freud werden stumme Gedanken redend gemacht. Eine Form des modernen Romans wird auf die Bühne gesetzt. Das »Bei-Seite-Sprechen« modernisiert und wissenschaftlich begründet.

Es ist wie beim Tonfilm: Die modernste Wissenschaft wird aufgewandt, um den ältesten Inhalt wieder einzuführen. Freud soll Ibsen legitimieren, wie beim Tonfilm eine technische Erfindung das alte Theater wieder einführt. Ein Riesenaufwand mit nichtigem Resultat. Eine strategisch verfehlte Theateroperation. Ein Irrtum gerade eines Theaterpraktikers wie Robert Klein.

Aber der Einfluß des künstlerischen Organisators Klein auf Elisabeth Bergner war heilsam. Die Wiedergeburt einer großen Künstlerin. Elisabeth Bergner spielte. Elisabeth Bergner setzte sich mit der Rolle auseinander. Sie formte die Sätze. Sie gliederte die Perioden. Zufall und Improvisation waren verschwunden. Eine Gestalt, ein geformter Mensch, eine begnadete Künstlerin. Es gibt eine Szene, in der Elisabeth Bergner zwischen drei Männern steht, schwebend zwischen der Sicherheit und der Unruhe des Glücks. Sie gehört zu dem Bezauberndsten, was man auf der Bühne gesehen hat. Elisabeth Bergner wie in ihren besten Anfängen.

Vielleicht ist an dieser Wandlung auch der auf Schauspieler beruhigend wirkende Einfluß von Hilpert beteiligt. Sonst aber wurde vieles zu feierlich gedehnt und gezogen. Hilpert, der Militärmusiker, spielt Wagner. Er dirigiert den »Parsifal«. Theodor Loos singt den Gurnemanz. Erwin Faber den Amfortas. Helene Fehdmer singt die Frau Alving mit großem Orchester.

Für sich stehen Rudolf Forster und Mathias Wieman; als Liebhaber und Gatte. Forster nervös, straff, zusammengefaßt. Wieman ausbrechend, sich wandelnd im Laufe des Abends von einem Tolpatsch zu einem breiten, brutalen Geschäftsmann. Beide ausgezeichnet.

Berliner Börsen-Courier, Nr. 518, 5. November 1929

»Vom Teufel geholt«

Komödie

Ein Orkan der Schauspielkunst fegte im dritten Akt alle Hemmungen hinweg, die dieser für Unterhaltung und Konversationsstücke bestimmte Raum dem Publikum auferlegte. Bis dahin wurde Knut Hamsuns Schauspiel von ausgezeichneten Darstellern in Rollen auseinandergespielt, fabelhaft auseinandergespielt. Mit farbigen Nuancen umhängt, mit fesselnden Pointen verziert, mit reizvollen Deutungen ausgelegt. Vortreffliche Schauspieler. Begeisterte Künstler. Aber Julius Falkenstein schlägt als Leutnant Lynum immer wieder krachend die Hacken zusammen und hält sich an eine gleichbleibende, rauhe Schärfe des Tons, die für eine Szene, aber nicht für vier Akte ausreicht. Aber Paul Graetz spielt so diskret, daß er, um nur ja die Unauffälligkeit einer Bemerkung zu unterstreichen, sich unterm Kinn kratzt, und Wladimir Sokoloff ... hier sehe ich keinen Weg, keine Möglichkeit weiterzugelangen. Als Sokoloff mit Tairoff nach Berlin kam, spielte er auch stilisiert, aber kalt, rhythmisch, exakt. Jetzt hat er diese inzwischen starr gewordenen Stilkünste beibehalten und wendet sie auf eine sentimentale Gefühlswelt an. Rollenzwang oder Wunsch des Künstlers? Wahrscheinlich ist der Musiker Frederichsen in dieser dunklen, beängstigenden Bühnendichtung Hamsuns der Bajazzoteil, ein melancholischer Restbestand aus Bohemezeiten. Wie aber Sokoloff dieses Gefühlsüberbleibsel mit einem Stilüberbleibsel zu maskieren sucht, immer wieder bewußter Spuk, Bewegungsgroteske und huschende Traumspielerei – nein, hier ist ein Irrweg, der nicht schnell genug verlassen werden kann.

Knut Hamsuns »Vom Teufel geholt« oder »Vom Leben gefaßt« oder »In den Fängen des Daseins«, diese Tragikomödie der alternden, von Liebhaber zu Liebhaber sinkenden Frau, wurde schon vor dem Kriege von Reinhardt in den Kammerspielen mit der Eysoldt, mit Abel, Schildkraut, Biensfeldt, Victor Arnold, Moissi und dann von Berthold Viertel in der »Truppe« gespielt. Ein breit hinrollendes Lebensschicksal, gewittrig umzuckt, mit einem schneidenden Ernst der Komik und einem tragischen Schatten des Humors. Da ist der skrupelfreie Egoist Alexander Blumenschön, den jetzt Oskar Homolka mit kalt lächelnder Liebenswürdigkeit gibt, da ist der Nabob Peter Bast aus Argentinien, den früher Schildkraut zusammengedrängt, heute Eugen Klöpfer ausladend darstellt, viel Platz um sich schaffend, unruhig und lärmvoll, aber frischer und stärker als sonst. Da ist der alte Gihle, der abgestandene Gatte der alternden Varietésängerin, von Richard Romanowsky mit dem Zauber einer eleganten Senilität, einer peniblen Greisenhaftigkeit, einer zarten Vertrottelung gespielt. Da ist Fräulein Fanny Norman, die junge Braut des Egoisten, die mit starr aufgerissenen Augen in diese Welt des Untergangs blickt: Grete Mosheim. Da ist –

Jetzt beginnt das Wunder. Lucie Höflich spielt die Königsjuliane. Sie gibt dreißig Jahre rauchiges Tingeltangel, dreißig

Jahre Männerverbrauch, dreißig Jahre Glanz und Elend. Sie trippelt in einem geziert jugendlichen Gang, der zu ihrem Alter und zu ihrem Leibesumfang nicht mehr paßt. Sie mault und plärrt. Der Mund hängt schief, die Augen plieren. Dann zuckt ein flüchtiger Glanz auf, dann leuchtet das Antlitz, dann wird der Ton hell. Dann wird derselbe Ausdruck schon im nächsten Moment zur schaurigen Karikatur. Was eben noch echt war, wird absichtlich, ängstlich festgehalten, affektiert. Eine Figur, durch alle Höllenstationen der Angst und der Hoffnung, der Verzweiflung und der Komik, des Ernstes und der Parodie hindurchgejagt. Immer auf der Grenze zwischen Wahrheit und Maske, oft nicht wissend, was Antlitz, was Larve ist – eine geniale *Gestaltung* des Unbewußten, eine geniale Fixierung des Chaos. Eine Schöpfung ebenso des Instinkts wie des Bewußtseins. Alles ist visionär erfaßt und mit technischer Genauigkeit festgelegt.

Mit der Höflich zusammen erreicht Max Reinhardt eine Durchdringung und Steigerung des dritten und vierten Aktes, die überwältigt. Hier ist nichts mehr überspielt, nichts fällt heraus. Alles dient mit Nehers unheimlichen Bühnenbildern dem Dichter, alles durchfiebert Knut Hamsuns Welt: eine Wirklichkeit, die durch ihre eigene Intensität wieder unwirklich, wieder überwirklich wird. Und die Höflich ... Fritzi Massary hat nach den Irrfahrten durch eine absterbende Operettenwelt den Boden ihrer eigenen Kunst, ihrer Melodie gefunden. Elisabeth Bergner hat nach einer Inflations-Odyssee ohnegleichen sich selbst und ihre Möglichkeiten wieder erreicht. Lucie Höflich ist zu neuen Zielen aufgebrochen. In ihnen und in Werner Krauss lebte die große Einzelschauspielkunst, und wird leben bleiben, wenn alle sich immer der Grenze zwischen der Isolierung durch Leistung und der Isolierung durch Karriere bewußt bleiben.

Berliner Börsen-Courier, Nr. 530, 12. November 1929

»Die Affäre Dreyfus«

Volksbühne

Der Streit der unter dem Autorennamen René Kestner vereinigten und entzweiten Schriftsteller Hans J. Rehfisch und Wilhelm Herzog interessiert mich hier nicht. Nach der Aufführung hat nur der Stoff und das Werk zu gelten.

Was in unserer frühen Knabenzeit eine Jahrmarktssensation war, steht jetzt auf der Bühne fast wie ein politisches Gleichnis der Gegenwart. In einer Schaubude, in einem Panoptikum, oder was es war, sah ich auf einem Markt in Ostfriesland als Quintaner oder Quartaner die Degradierung des Hauptmanns Dreyfus, Militär im Quadrat, Generalität und Trommler, und irgend jemand riß Dreyfus die Epauletten ab. Dieses Bild hat mich ebenso wenig verlassen wie die erste bewegliche Photographie, als eine Lokomotive im Jahrmarktszelt auf den Zuschauer losraste, oder der erste brüllende Tiger im Käfig.

Der Kampf um Dreyfus erregte damals die Welt so sehr, daß er in abgelegenen deutschen Kleinstädten für die Kinder eine Karl-May-Sensation war. Frankreich war aufgewühlt. Ein Spionageprozeß war nur sichtbares Zeichen für das Mißtrauen und die Unsicherheit im ganzen Lande. Die unrechte, infame Verurteilung des jüdischen Generalstabshauptmanns Dreyfus, seine Degradierung, seine Verbannung auf die Teufelsinsel konnte nur deshalb ein Volk umstülpen, Parteien und Familien zerreißen, weil Rassenfragen hier gleichzeitig Rechtsfragen und Rechtsfragen gleichzeitig politische Fragen waren. Selten hat sich in einer Affäre so deutlich, so warnend, so erschreckend der politische Niedergang als Niedergang des Rechts und damit als Niedergang des Staates und der Nation offenbart. Die Säuberung der Dreyfus-Affäre, die Inthronisierung der unabhängigen Justiz war gleichzeitig die Festigung der französischen Nation (obwohl die Affäre zuletzt mehr durch eine Amnestie als durch den notwendigen klaren Rechtsspruch abgeschlossen wurde).

Es ging nicht um die Person des Hauptmanns Dreyfus, nicht um seine Heroisierung oder Märtyrergloriole, sondern allein um das Unrecht, das ihm die Militärkamarilla zufügte. Darum ist es der entscheidende Vorzug dieses Theaterstückes, daß Dreyfus selbst nicht auftritt (was eine Zufuhr an Rührseligkeit bedeutet hätte), daß das Schauspiel lange nach seiner Verbannung beginnt. Die Sache wird aufgerollt. Die Folgen sprechen. Die Ankläger treten auf. Der Prozeß um die Idee des Rechts beginnt.

Es gibt einen jungen, dichterisch begabten Dramatiker, Hans Rehberg, der neben einem »Cecil-Rhodes«-Stück auch ein Dreyfus-Drama geschrieben hat. Ich kenne von ihm einen Akt. Rehberg schreibt eine viel persönlichere, dichterischere, glühendere Sprache als René Kestner. Aber er läßt Dreyfus selbst auftreten und muß deshalb ins Private abgleiten. Rehberg wird auch in seinem »Cecil-Rhodes«-Stück noch viel Klarheit und Präzision gewinnen müssen. Seine poetischere, reinere Begabung wird im »Dreyfus« vorläufig noch von der dokumentaristischen Wucht der »Affäre Dreyfus« erschlagen.

Wo die Dokumente sprechen, wo die historischen Personen ihre historischen Worte reden, da kann sich niemand der Wirkung entziehen. Wo der Zola-Prozeß sich aufrollt, da ist das Stück mit Gegensätzen und Spannungen bis zum Bersten geladen. Die undurchdringliche Mauer der militärischen Zeugen, die Unmöglichkeit, eine Bresche zu schlagen – die naheste Gegenwart befällt uns. Der Zwang zur Wahrheit, der Zwang zur Tatsächlichkeit war für Rehfisch eine strenge Schule. Sein Verdienst, diese Szenen arrangiert und aufgezogen zu haben, bleibt auch dann noch bestehen, wenn er vorher, bei der Vorstellung der berühmten Namen von Zola bis Clemenceau, für den Rundfunk zu schreiben scheint, als ob man die Personen nicht sehe, sondern nur höre. Ein Ansager stellt vor. Bis sich das eingefahren und ausgeglichen hat, bis die romanhafte Sprache und das etwas phrasenhafte Theaterdeutsch auf den Grund der Tatsachen gerät, ärgert man sich oft, um von dem szenischen Geschick und von der Wucht des dokumentarischen Themas um so kräftiger gepackt zu werden.

Die Volksbühne kommt endlich wieder an ihre Aufgaben. Wie man auch zu einzelnen Aufführungen stehen mag, sie zählt wieder mit. Sie hat Stücke, Regisseure und Schauspieler. Sie hat Walter Franck für den Oberstleutnant Picquart, der als einziger den Mut hat, die Militärkamarilla zu durchstoßen. Sie hat Ernst Ginsberg für den Bruder von Dreyfus. Sie hat Sigurd Lohde für den Generalstabschef Boisdeffre, Ferdinand von Alten für den General de Pellieux. Auch Ferdinand Hart ist diesmal vortrefflich als Oberst Henry.

Hans Peppler, unvergessen von der Karl-Kraus-Matinee her,

spielt den Zola. Eine rhetorische Rolle auf dem Theater glaubhaft zu machen ist schwieriger als eine charakteristische. Peppler hilft sich mit Unterbrechungen, Retardierungen. Er ist gut, aber ich glaube, sein Hauptgebiet ist das komische Fach. Neu für Berlin ist Kurt Horwitz als Verräter und Betrüger Esterhazy. Nicht neu für mich. Ich habe von München her wiederholt auf Horwitz hingewiesen. Jetzt hat er mit der leichten und sicheren Linienführung, mit einfacher und selbstverständlicher Beherrschung des schauspielerischen Handwerks *den* Erfolg. Jetzt wird man auf ihn hören. (Schwach sind, wie in fast allen Aufführungen der neuen Volksbühne, die Damen. schwach auch Pamela Wedekind.)

Der Erfolg einer guten Sache. Der des politischen Theaters. Der Erfolg eines Regisseurs (Heinz Kenter), der sich als Künstler noch beweisen muß, aber als Arrangeur und Szenenleiter schon bewährt hat.

Berliner Börsen-Courier, Nr. 552, 26. November 1929

Der neue Barlach

Uraufführung in Gera

Ernst Barlach wird 60 Jahre alt. Es gibt keinen Künstler, der ein Menschenalter hindurch so wenig an die Zeit abgegeben, so wenig dem Tage hingetragen hat, so wenig von der Stunde bestimmt worden ist wie er. Es gibt keinen Dramatiker, der sich so verschloß und so das Tor abriegelte gegen die Zeit. Ein biblischer Prophet. Ein biblischer Richter.

Mit seinen in Berlin unaufgeführten Stücken, mit dem »Findling« und dem »Blauen Boll« kann man keine Geschäfte machen. Kein Gewohnheitstheater kann sie spielen, kein Repertoire sie bewahren. Aber wenn staatliche Subvention für eine Bühne überhaupt einen Sinn haben soll, so den, daß sie ermöglicht, schwere Einzelwerke zu spielen – neben dem Abendplan, als Ehrung, als geistige Repräsentation.

Jetzt gibt Gera »Die gute Zeit«. Das unzugänglichste Werk, eine Karstdichtung, unwegsam, im Geröll und Getürm der Gedanken sich verlierend. Es hat keinen Inhalt. Es hat kaum Gestalten. Im »Armen Vetter«, in den »Echten Sedemunds«, im

»Blauen Boll« und sogar in der »Sündflut« – die *Gestalten* sprechen, ruhend erregte, breit hingesetzte, denkend verwühlte Barlach-Figuren. »Die gute Zeit« knüpft an den »Toten Tag« an. Gestalten werden nicht Sinnbilder, Sinnbilder suchen Gestalt zu werden. »Die gute Zeit« – voll Hohn und voll Andacht wird es gesagt. Qual und Erlösung, Enge und Freiheit – Worte, Worte. Tastende Worte, die noch vor der Sprachzeugung zu stehen scheinen. Worte, die sich noch selbst gebären wollen. Urchaos. Nebel. Und manchmal klingt es wie die Posaune des Gerichts.

Gebärde und Wort, symbolische Situation und sichtbare Bühnenbewegung – ein schmerzlicher Riß. Konversationston, Alltagsworte und symbolträchtige, sinnbildbeladene Sätze bekämpfen sich. Es ist wie in manchen Alterswerken Gerhart Hauptmanns: Wort und Bedeutung, Bild und Sinn laufen auseinander.

Ein Werk, das nicht durch sich, sondern nur durch die Person seines Schöpfers lebt. Ein Mythos, der sich versteigt. Schemen, die sich verlieren. Aber zurück bleibt, unvergeßlich im Ohr, der Schrei des Dichters, der sie anruft.

Barlach muß, zu seinem 60. Geburtstage, von einer Berliner Bühne geehrt werden. Eine Aufführung in Gera, so mutig sie ist, einer so idealistischen Gesinnung sie entspringt, eine Aufführung dieses abgelegenen Werkes in Gera bleibt falsch. Die Thüringer Bühnen kämpfen um ihre Existenz. Sie werden berannt durch die Thüringer Regierung, die auf Zusammenfassung drängt – aber die Vereinigung Gera und Altenburg hat sich nicht bewährt. In Erfurt zieht Herr Adolf Schmalix ins Stadtparlament, der in einem Skandalblättchen nichts anderes getan hat, als jede lebendige Theaterbewegung zu sabotieren. Überall Hindernisse. Nicht nur in Thüringen. In Darmstadt maßt sich der Bühnenvolksbund die Repertoirebestimmung an. Wie soll man das Problem lösen, an den Stadt-, an den Landestheatern, nicht nur in Thüringen?

Es ist nicht allgemein zu lösen. In Dessau, das noch im vorigen Jahr in der schlimmsten Krise steckte, ist die Sicherstellung auf Jahre hinaus geglückt, nicht zuletzt durch die Initiative des Oberbürgermeisters Heffe. Aber Dessau hat Hinterland. Dessau entwickelt sich. Dessau hat gute Bahnverbindungen. Die Krise in Gera kommt nicht zuletzt von der Isolierung durch schlechte Bahnverbindungen, die die vom Intendanten Rosen längst eingeleitete Erfassung des Hinterlandes und den Fremdendurchgang erschweren. Der Besuch ist gut, aber er muß für die Zukunft befestigt werden.

Dem Programmheft in Gera liegt ein Aufruf bei: »Letzter Notruf für unser Theater.« Dem Personal ist gekündigt worden. Stadt und Verbände sollen helfen.

Der Erfolg des schwierigen Barlach war überraschend. Das Publikum klatschte, minutenlang stehend. Eine sehr sympathische, ungewöhnlich anständige, menschlich gewissenhafte Aufführung mit einfachen und eindringlichen Schauspielern wie Walter Richter, Hela Gerber und Else König. Der Regisseur Martin Gien inszenierte ein Mysterienspiel, einen Kalvarienberg, ein Oberammergau. Die Welt einer flachen Modephilosophie, einer unverbindlichen gesellschaftlichen Gewohnheit versinkt, und höher steigt die Heldin zum Opfertod, alles hinter sich lassend, empor. Graf Keyserling unterliegt gegen Richard Wagner.

Aber ist das ein Weg? Ist eine andächtige, fast ergreifende Arbeitsleistung an dieses Ziel zu setzen? Hier liegt das Problem. Soll man in der Provinz jedes ernste, tiefe Werk aufführen, ohne an das Ziel einer einheitlichen, aufhellenden Publikumsaufführung zu denken? Es ist besser, ein Theater der anständigen Mitte zu führen, als ein Operetten- und Lustspielhaus mit herausfallenden und hervorragenden Spitzenleistungen. Die Theaterarbeit in Gera verdient jede Unterstützung durch Stadt und Land. Aber sie muß sich entscheiden und bescheiden.

Berliner Börsen-Courier, Nr. 558, 29. November 1929

»Frau Emma kämpft im Hinterland«

Nachtvorstellung im Kleinen Theater

In der letzten Szene dieser Heimatschronik der Kohlrübenjahre 1917/18 kehrt der Mann, Feldwebel Müller, zu Frau Emma zurück. Beide einander entfremdet, beide Krieger und Arbeiter. Keine Hausidylle mehr. Die Frauen sind selbständig geworden. Die Ehe hält nur, wenn auch die Frau ihren Beruf hat.

Wegen dieses Schlusses hat Ilse Langner, eine Schlesierin, das Stück geschrieben. Der Regisseur Erich Fisch strich ihn. Der Mann tritt nicht auf. Frau Emma spricht nur irgend etwas

Kitschiges zu seinem Bild an der Wand! Im zweiten Akt kommt eine übermüdete, erlöschende Krankenschwester. Zu ihr sagt Frau Emma: »Es ist schon gar keine Verbindung mehr zwischen uns Frauen und den Männern da draußen.« Diese Krankenschwester entfernt Herr Fisch.

Dramaturgie muß sein. Was aber Herr Fisch sich leistet, bleibt entweder die Überheblichkeit eines Regisseurs, der sich um so mehr als Star benehmen will, je weniger er es ist, oder die Absicht, zwei Schauspieler zu sparen. Herr Fisch ist ein Spielleiter gegen Stück und Darsteller. Gegen das Stück: Wenn man entfernt, wie das Ansehen der Männer, das niemals so stark ist wie während eines Krieges, gerade durch die monotone Dauer und die Hungerjahre des Weltkrieges unterhöhlt, angemorscht, zerfressen wird, wenn man nicht herausarbeitet, wie die Frauen, im Schützengraben der täglichen Not liegend, ankämpfend gegen Hunger, Krankheit und Geschlecht, unabhängig werden, die einen sich wegwerfend, die andern hart und grausam gegen sich angehend, dann vernichtet man den dramatischen Gedanken. Dann bleibt von Ilse Langners szenischer Chronik nur eine wehleidige Milieuskizze übrig, abgestandener Naturalismus, muffige Elendsschilderei. Der Regisseur, der in dieser einfachen, übersichtlichen, auf drei Akte verteilten Handlung nicht einmal die langsame Zersetzung, die schleichende Entfremdung und die sich härtende Verselbständigung von Ehen und Frauen zeigen kann, soll die Hand von »Aktuellen Bühnen«, von Matineen und Nachtvorstellungen lassen.

Er soll auch Schauspieler nicht weiter verderben. Herr Fisch ließ Dorothea Thieß ein Dienstmädchen in jeder Szene mit angestrengter, fast parodistischer Chargierung sprechen; er ließ Marija Leiko eine durch den Verlust ihrer Söhne fast irrsinnig gewordene Majorin mit dem Deklamiertheater von 1910 spielen. Er gab der begabten Lotte Lieven keine Anhaltspunkte für dramatische Einschnitte und Akzentwechsel. Lotte Lieven spielte verwischt. Trotzdem überzeugte sie wieder durch ihre Echtheit und innerliche Kraft. Elfriede Borodin – war sie es? – stand zum erstenmal an der rechten Stelle. Sie spielte keine Sentimentale, sondern ein Flittchen. (Auch Hans Halden ging an.)

Das Jahr geht zu Ende. Das Theater schläft ein. Verlegenheit in allen Spielplänen. Im Reich wird jede freiere Regung durch Kommunen und Parteien und Verbände gefährdet. In München verbietet man die »Verbrecher«. In Darmstadt mischt sich der Bühnenvolksbund ein. In Karlsruhe werden dem Landestheater wegen der »Krankheit der Jugend« Schwierigkeiten gemacht. In Mannheim ist der Bestand des Theaters durch die Ratlosigkeit der Stadtverordnetenversammlung gefährdet. In Köln sucht man dringend nach einem neuen Direktor, weil Herr Modes alles verfahren hat. In Düsseldorf kämpft man töricht gegen den modernen Teil des Dumontspielplans an. In Gera führt man die Vollbärte und Felle, die man bei Wagner nicht mehr sehen kann, auf dem Umwege über einen schwachen Barlach wieder ein (und spielt dafür den starken nicht).

Und in Berlin? »Gaston« und »Drei Herren im Frack«, »Zur gefälligen Ansicht« und »Zwei mal zwei ist fünf«, O'Neill und … Ein neuer Direktor wie Doktor Klein gleicht sich schon an. Schade. Groß steht nur die Hamsun-Aufführung Reinhardts da. Es geht mit Kunst. Es geht mit Initiative. Es geht mit Willen. Es gibt nichts Gefährlicheres als Resignation.

Berliner Börsen-Courier, Nr. 568, 5. Dezember 1929

»Eins, zwei, drei«

Pallenberg im Künstlertheater

Schauspielertheater – hier ist es im Recht. Vorher Tiedtke und Bressart im »Souper« von Molnár. Das Jubiläum eines Generaldirektors. Souper. Kalbrige Reden steigen. Da wird der Hausherr verhaftet. Freunde beschimpfen sich. Alle gegen alle. Verdächtigungen? Verleumdungen? Wahrheit? Die Verhaftung *war* nur der Aprilscherz eines Eingeladenen. Ein dünner Sketch. Ein Ulk, getragen von Tiedtkes scheinheiligem Biedermannston als Direktor, von Bressart als tückisch liebenswürdigem Verwandten.

Dann Pallenberg. »Eins, zwei, drei« verwandelt er – im Spiel von Molnár – einen Chauffeur in einen Fabrikdirektor. Hauptrolle ist nicht der Verwandelte, sondern der Verwandler. Was aus dem Chauffeur wird, interessiert Molnár nicht. Eins, zwei, drei – löst er die soziale Frage. Eins, zwei, drei – ist er über alle Hemmungen weg. Eins, zwei drei – hat er ein Rollenstück geschrieben. Molnar interessieren die Requisiten, die heute nötig sind, einen feinen Mann zu machen. »Mann ist Mann« in der Gesellschaftssphäre. Ein Mensch der Masse wird in ein Individuum umgebaut. Sind auch die Individuen schon typisiert? Molnár hat keine Fragen, keine Anschauung, nur Wirkung.

Max Pallenberg aber spielt so, daß er alle Widerstände umlegt. Selten hat man die Unmittelbarkeit eines schauspielerischen Ingeniums so gespürt wie an diesem Abend. Pallenberg geht mit einem Furioso ohnegleichen los. Zündung auf Zündung. Er feuert Breitseiten der Komik ab. Und als er das Publikum niederkartätscht hat, legt er eine Ruhepause ein.

Pallenberg kommandiert Armeen von Angestellten, hält gleichzeitig Schneiderfirmen und Ärzte, Hotels und Aufsichtsräte, Reisebüros und St. Moritz in Bewegung. Mit dem Tippfräulein spricht er privat, mit St. Moritz schweizerisch – alles Öl, Öl auf die Maschine, damit sie läuft.

Mitten im Tumult der jagenden Anwälte und Sekretärinnen, Direktoren und Vertrauten – das Publikum ist wehrlos geworden –, mitten im Wirbel des krachenden Betriebs erfährt Pallenberg, daß seine Freundin ihn betrügt. Pause. Ruhe. Seine nach vier Telefonen gleichzeitig greifenden Hände wissen nicht, wo sie bleiben sollen, schaukeln und tasten zwecklos. Dann geht es weiter. Die Zeit rast. Das Publikum hat Atem geschöpft. Es ist wieder aufnahmefähig. Schauspielerische Ökonomie – Ökonomie der Wirkung. Ein nicht abzuschätzender Erfolg.

Sieg des schauspielerischen Absolutismus. Terror des komischen Genies. Dieses Theater wird immer, zu jeder Zeit, neben den Gruppenbühnen seine Berechtigung haben. Bei einer Neuorganisation der Berliner Theaterverhältnisse wäre es gut, wenn dies Schauspielertheater klar abgegrenzt würde, wenn also Häuser beständen, die an schauspielerische Selbstherrscher für bestimmte Zeit vergeben würden, unterschieden von dem Direktoren-, von dem Dichter-, von dem Ensembletheater. Dann hätten wir klare Theaterzustände. Aber …

Berliner Börsen-Courier, Nr. 608, 31. Dezember 1929

Die Tragödie Jessner

Nein, die Geduld ist zu Ende. Immer wieder wurde man vertröstet, immer wieder auf die nächste Premiere gewiesen. Das geht nun ein Jahr. Man hat sich zurückgehalten. Man hat abgewartet. Die Geduld ist zu Ende.

»Harte Bandagen« von Ferdinand Reyher: fünf Bilder aus dem Leben des Weltmeisters Gene Tunney. Ein primitiver Reißer, stofflich packend. Boxer und Manager – naive Jungens, gerissene Jungens. Schlauheit sitzt neben Sentimentalität. Schiebung und ehrlicher Kampfeswille, Training und Weiber: die ganze Atmosphäre der Trainingslager und Sportpaläste ist darin. Aber mit den Mitteln des alten Theaters dargestellt. Ein gutes Stück für ein Vorstadttheater oder für eine Reißerbühne. Berechnet auf ein Publikum, das Boxkämpfe fiebernd mitmacht, das jede Anspielung versteht, jedes Modell kennt. In Amerika geht es durch alle Schichten. In Deutschland nicht.

Gefährliche Ahnungslosigkeit, dies Sportstück am Staatstheater herauszubringen. Man wollte ein Publikumswerk? Selbstverständlich braucht man es. Aber eine Bühne, die einmal dies, einmal das spielt, die sich mit jedem neuen Stück wieder an eine andere Zuschauerschicht wendet, eine Bühne, deren Spielplan hin und her torkelt, kann nicht plötzlich ein primitives amerikanisches Stück geben, das sich – in Deutschland – an ein spezielles Publikum wendet. Wenn man aber den Fehler der Annahme gemacht hat, wenn man es herausbringen muß, dann soll man es klar, nüchtern, deutlich und knapp geben, als naives, derbes, krachendes Spielstück. Einfach? Am Staatstheater höchst kompliziert. Da wälzt man Probleme. Da wechselt man die Regisseure und Besetzungen. Da vertrödelt man Wochen. Da entscheidet man sich nicht, bis aus einer Angelegenheit, die jedes stehende Theater aus der handwerklichen Übung erledigen kann, eine Haupt- und Staatsaktion geworden ist, bis der Intendant, der in der ersten Woche hätte auf den Tisch schlagen müssen, als mühseliger Retter die Regie übernimmt und einen müden, psychologischen, falschen Ibsen inszeniert. Gene Tunney als Pastor Rosmer. Dabei ist der neue Schauspieler Gustav Knuth durchaus begabt. Ich gedenke ihn lobend zu besprechen, obwohl Herr Direktor Barnowsky es übelnimmt, wenn Schauspieler, die noch in der dritten Reihe stehen, kritisch gefördert und damit in eine finanziell günstigere Position geschoben werden. Herr Knuth hat als Schwergewichtsmeister eine gewinnende Leichtigkeit des Tons – trotz seines schweren Körpers. Er hat Anflug von Humor und eine schlichte Kraft. Wahrscheinlich muß er sich hüten, daß diese Art nicht in das Nachbarreich der Biederkeit und Sinnigkeit abrutscht. Er steht vielleicht zwischen Hans Marr und Paul Hartmann. Er meide die Biederkeit des einen und die Starre des anderen.

Hans Leibelt ein Boxmanager, ein Tex Rickard, Granach ein reizender Trainingspartner Izzy, der nur die liebenswürdigste Leistung des Abends auch sprachtechnisch zur Geltung bringen müßte. Müthel ein vortrefflicher Radioreporter – er spricht ausgezeichnet die Radioübertragung des Weltmeisterkampfes. Lotte Lenya wiederholt mechanisch ihre Dreigroschentype, Renate Müller bleibt farblos – aber selbst wenn alle Schauspieler glänzend wären, was hätte es genützt bei dieser lahmen Führung. Es ist fast eine Tragödie mit dem Staatstheater. Da stehen Granach und Bildt und Leibelt auf der Bühne und jeder spielt für sich. Verzweifelt kämpfen alle um Wirkung und müssen ins Leere spielen. Ein vergreistes Theater, eine lähmende Starre. Hoffnungslos, wenn nicht die Leitung wechselt.

Es muß gesagt werden. Nichts falscher, als zu argumentieren: Jessner sei aus politischen Gründen zu halten. Nein, schlimmer kann es nicht werden. Diese Frage hat mit Links und Rechts nichts mehr zu tun. Jessner ist heute weder links noch rechts. Er hat sich als Intendant abgenutzt. Wer diese Tatsache verschleiert, erweist Jessner selbst keinen Dienst. Der Regisseur Jessner wird sich wieder finden. Für ihn gibt es Aufgaben genug. Für den Intendanten Jessner gibt es keine Aufgaben mehr.

Im Schiller-Theater: »So und so, so geht der Wind«, eine kindliche Eulenbergiade von Fritz Knöller. Da heißen die Personen: Paracelsus und Willibald und Jakobo und sprechen Unsinn. Aber nicht das Stück ist das Schlimmste, sondern die Vorgeschichte des Stückes. Man soll junge Autoren aufführen, damit sie lernen. Wenn also das Staatstheater an Fritz Knöller glaubt, soll es ihn annehmen und spielen. Was tut Jessner? Er nimmt an und spielt nicht. Was hat ein junger Autor (außer Konventionalstrafen des Theaters) davon, wenn er Jahre auf die Darstellung eines Anfängerwerkes warten muß? Doppelten Schaden. Er lernt nichts und wird aufgeführt in einem Moment, wo ein überwundenes Stück, das ihn jetzt nichts mehr angehen darf, ihn endgültig ruiniert. Die Silvester-Aufführung von »So und so, so geht der Wind« ist, pädagogisch und finanziell gesehen, ein Skandal. Wo alle Theater Zugstücke herauszubringen versuchen, bringt das Staatstheater ein dünn rieselndes Experiment, das heute nicht einmal mehr dem Verfasser dient. Und diese Schreibtischschiebladenromantik, dieser Knabentraum wird von Herrn Hoffmann-Harnisch in Grund und Boden gestampft. Arme Schauspieler, armes Schiller-Theater, armes Publikum! Für eine solche Nichtigkeit muß ein nicht dem Theater angehöriger Regisseur engagiert werden. So taumelt das Staatstheater zwischen Konventionalstrafen und Neuverpflichtungen hilflos hin und her! Kein Ziel, keine Disposition, keine Leitung. Von den sinnlos verschleuderten Geldern kann ein neues Theater leben!

Nein, die Geduld ist zu Ende. In einer Zeit, wo die öffentlichen Theater als kulturelle Institute ihre Existenz dringend zu erweisen haben, versagen die Schauspielhäuser vollends. Heute, wo nur durch Leistungen die Notwendigkeit staatlicher Zuschüsse erklärt werden kann, fällt hier alles auseinander. Wer Jessners gute Zeiten mitgemacht hat, weigert sich, diese mitzumachen. Ans Staatstheater gehört eine frische, unverbrauchte Kraft, eine geistig repräsentative Persönlichkeit – kein Regisseur und kein Schauspieler.

Berliner Börsen-Courier, Nr. 2, 2. Januar 1930

Zuckmayer und Finkelnburg

Für Kinder und Erwachsene

»Kakadu-Kakada«, ein Kinderstück von Carl Zuckmayer. Von Zuckmayer? Von ihm ist die Verspieltheit, die Lyrik, die Tierwelt. Von Zuckmayer ist der Einfall, Kinder in ihrer Welt zu treffen. Zeugnis, Familienaufregung, Ferienreise. Aber das Ganze? Jedes echte Märchen war belehrend. Es hatte einen pädagogischen Kern, aus dem eine Geschichte, ein Geschehnis aufblühte. Die alten Märchen waren naiv – in der Erzählung und im Sinn. Märchen der Landschaft: Märchen der Stadt, als beide noch kaum Gegensätze waren. Zuckmayer schreibt ein Stück für Großstadtkinder im Ton der Landschaftsmärchen.

Das ist reizend in manchem Witz, reizend in mancher ironisch-spaßigen Geste, reizend, wenn mit modernen Mitteln (wie der Höhensonne) Märchen- und Zauberwirkungen erzielt werden. Aber – es ist Literatur, Umweg, vom »Weißen Rößl« bis zum Lyriker Zuckmayer. Nichts wird direkt an die Kinder herangetragen. Zuckmayer stellt eine künstlich reduzierte Welt her. Die Kinder sehen heute mehr in der Großstadt und im Gebirge, die Kinder wissen mehr, als was Zuckmayer ihnen gibt. Ich glaube, diese Reduzierung ist falsch. Ablenkung statt Hinlenkung. Das alte Märchen gab den Kindern etwas hinzu. Zuckmayer nimmt ihnen. Das alte Märchen tilgt nicht die Gegensätze; es ist geradezu aufgebaut auf den vereinfachenden Kontrasten von arm und reich. Zuckmayer tilgt sie. Denn Gustl, die kleine Dorfwaise von Obergrottenhinterbackenhausen, wirkt nur als drolliger Springinsfeld, als amüsante Ulkfigur. Das alte Märchen erweiterte den Phantasiebezirk des Kindes. Zuckmayer verengt ihn. Eine asoziale Welt, – ohne gleichnisbildende Kraft. Jedes Märchen von Grimm und Andersen ist sozial im Austragen oder im Ausgleich von Kämpfen und Gefahren. Hier geht es um einen Kakadu, der im Gebirge wegfliegt und von den Kindern auf dem Schneegipfel wieder eingefangen wird. Was bleibt? Der Klang des Titels (fast scheint es, als ob seinetwegen das Stück geschrieben wurde) und ein netter, sympathischer Grundton.

Dieser ist aber wieder nur etwas für Literaten und Eingeweihte. Er wurde zudem in der Aufführung, die unter der Regie von Gustav Hartung im Deutschen Künstlertheater stattfand, zerstört. Man soll Kinderaufführungen ernst nehmen. Der »eiserne Gustav« ist von allen Berliner Regisseuren der ungeeignetste für ein Kinderstück. Es gab oft ein heilloses Durcheinander. Aber Gustl Stark-Gstettenbauer ist ein wirklicher kleiner Komiker. Hoffentlich findet er, wie Curt Bois, später den Übergang. (Christiane Grautoff spielt viel bewußter, viel dünner, aber ebenfalls talentiert.)

Für Kinder, für Erwachsene. Das Schauspiel »Amnestie« hätte in der Volksbühne dieselben Applaussalven herausgefordert, wenn es von einem Schriftsteller geschrieben worden wäre. Daß es aber Karl Maria Finkelnburg, den Präsidenten des Strafvollzugamtes zum Verfasser hat, den obersten Herrn über die preußischen Zuchthäuser und Gefängnisse, macht es zu einer Kundgebung ersten Ranges. Hier kann nicht von Behörden und Ämtern, von Gruppen und Verbänden der Vorwurf der Unzuständigkeit erhoben werden. Hier gibt es kein Achselzucken und Ausweichen. Der berufenste Mann spricht und klagt den Strafvollzug an. Eine Kundgebung, die praktische, die gesetzgeberische Folgen haben muß.

In einer Zeit, in der die besten der Literatur und der Bühne selbst daran sind, dem Theater den Rücken zu kehren, in der es Mode geworden ist, das Theater täglich sterben zu lassen, in einer solchen Zeit benutzen es gerade die Außenseiter der Literatur, aber die Innenseiter des tätigen Berufslebens, der öffentlichen Praxis als Tribüne. Sie wissen, daß es kein wirksameres Mittel gibt, um Probleme in Fluß zu bringen, Fragen vor der breitesten Menge zu erörtern. Sie wissen, daß durch das Theater Entscheidungen aktiviert, langsame Entwicklungen beschleunigt werden können. Es sind die Ärzte Friedrich Wolf, Carl Credé, es ist der Jurist Karl Maria Finkelnburg. Das Drama stagniert? Allerdings. Aber es ist gut, daß die Dichter wieder auf lange Sicht zu arbeiten beginnen, daß sie nicht mehr Erzeugnisse verfrüht herauslassen. Form braucht Zeit. Inzwischen wird das Theater lebendig gehalten durch die Berufsmenschen, die etwas zu sagen haben.

Karl Maria Finkelnburg stellt in drei Akten ein Zuchthaus dar. Ein Zuchthaus, das durch das Gerücht von einer »Amnestie« unruhig und schließlich rebellisch wird. Er zeigt mit genauer, fester, unaufgeregter Abwägung einzelne Typen und das System. Typen von Zuchthäuslern und Typen von Beamten. Er zeigt einen Kandidaten im Kampf für die Reform des Strafvollzuges. Er zeigt die Neuerer, er zeigt die Konvention. Er gibt nicht die Gegensätze von guten und schlechten Menschen, sondern nur die Kontraste der Gewohnheit und der Erneuerung. Ein männliches Stück. Ein mutiges Stück. Eindeutig, radikal – ohne Phrasen, ohne sentimentalen Liberalismus. Es darf nicht bei dieser einen Aufführung bleiben. Über den Inhalt wird in den nächsten Wochen überall diskutiert werden. Ein Stück der Darstellung, ein Stück der Aufweckung; ein Stück mit Änderungswillen.

So wurde es auch in der Volksbühne unter der Regie von Günther Stark gespielt, ohne Verbiegung, ohne Auffassung, auf den Inhalt, auf den Sinn hin. Die Volksbühne hat jetzt, unter

Martin, einen Spielplan und ein Ensemble. Da gibt Claus Clausen mit einer glühenden Inbrunst den Kanditaten, ohne falsche Ekstase, ohne falsche Erregtheit, stark und einfach, eindringlich und entzündend. Die Zeit der »interessanten«, der »originellen« Liebhaber ist vorbei. Die gesammelten, die uninteressanten, die eindeutigen, die starken sind an der Reihe.

Da spielt Margarete Melzer leidenschaftlicher und gebundener als jemals die Frau eines Zuchthäuslers, ohne Krampf, alle Hemmungen durchbrechend. (Auch Gerda Schäfer fällt auf.) Da gibt Sigurd Lohde einen Zuchthausdirektor und Hans Peppler einen Regierungsrat. Peppler gibt vollkommen ein gültiges Abbild eines liberalen, konzessionsbereiten, nicht unanständigen, aber hilflosen Regierungsbeamten. Immer wohlwollend hinter aller Routine, im gefährlichen Moment sich hinter private Unpäßlichkeiten zurückziehend. Glatt und gewinnend, unverbindlich und gerade dadurch gefährlich. Ein schauspielerisches Meisterstück.

Berliner Börsen-Courier, Nr. 32, 20. Januar 1930

»Heer ohne Helden«

Das Theater der Arbeiter führte Sonntag mittag im Wallner-Theater ein Bergarbeiterschauspiel von Anna Gmeyner auf: »Heer ohne Helden«. Ein Stück aus dem englischen Bergarbeiterstreik, ein schmuckloses, fast phrasenfreies Schauspiel, anständig, ehrlich, ohne besonderen Wert, ohne besonderen Akzent, grau und etwas eintönig, aber niemals schlecht, niemals peinlich.

Ein Ansatz. Aber warum zersplittern heute alle Ansätze? Warum werden alle Bewegungen durch die Vielzahl von Matineen dividiert? Warum kommt es zu keiner Sammlung der Kräfte? Warum zu keiner Führung und Übersicht? Da tobt sich Regieehrgeiz aus, da wird private Eitelkeit befriedigt und das Wesentliche nicht vom Unwesentlichen geschieden. Verworrenheit, Unklarheit überall.

Das Theater der Arbeiter (veranstaltet von der Ifa, »Interessengemeinschaft für Arbeiterkultur«) kann einen Entwicklungskeim enthalten. Es hat ein Publikum. Es weiß, an wen es sich wendet. Aber die Bühne, von der der Vorredner Wittfogel mit Recht sagte, sie sei – im Gegensatz zu Piscator – eine Feldlagerbühne, hat, bevor sie sich wirklich festigen und die Ansätze ausprobieren konnte, schon einmal an einer deplacierten Nachtvorstellung im Westen, im Renaissance-Theater mitgewirkt. Und gestern? Es lag – vielleicht durch die unseligen und verwickelten Direktionsverhältnisse am Wallner-Theater bedingt, durch finanzielle Momente hervorgerufen – eine seltsame Müdigkeit und Unentschlossenheit über der Aufführung.

Nichts wäre falscher, als gerade vor dieser schnell aufgeschlagenen Tribüne genügsam zu sein und in den Forderungen nachzulassen. Es versteht sich von selbst, daß ich damit nicht Forderungen an Vollkommenheit, Dekorationen oder darstellerischen Glanz meine. Im Gegenteil, die Aufführung hätte im Szenischen ruhig noch »billiger« sein können. Aber ich meine die Forderungen an den zusammenfassenden Geist, an die Führung.

Man muß sich über zweierlei klar sein. Erstens im Dramatischen: Das Stück von Anna Gmeyner steht an der Grenze. Aber man denke an die Folgen. Es geht nicht an, die Produktion wieder an einen muffigen, wehleidigen Naturalismus anzuschließen – Verflachung und Abtötung der dramatischen Ansätze, geistige Verödung und mühseliger Pessimismus, nur durch einige aktivistische Redensarten unterstrichen und aufgeputscht. Zweitens im Schauspielerischen: Das Ensemble, auch ein »Heer ohne Helden« muß geistig klar eingestellt und geführt werden. Sonst entsteht der Eindruck der Monotonie – trotz des harten, unsentimentalen, sterbenden Bergarbeiters von Ernst Busch, trotz der leidenschaftlichen Lotte Lieven, trotz der in der Gruppe junger Schauspieler an straffes Spiel gewöhnten, ausgezeichneten Renée Stobrawa, trotz Ilse Trautschold. Gerade diese starke Begabung wußte gestern nicht recht, wohin sie gehörte, was sie anfangen sollte. Überall wertvolle Talente, überall uneigennützige Künstler. Man vergeude dieses Gut nicht. Friedrich Gnass spielte gestern schon wie ein würdiger Vätermime. Und Fritz Genschow? Genschow, der am stürmischen Beginn der Gruppe junger Schauspieler stand und dann Staatstheaterdarsteller wurde, ist kein Liebhaber (den er gestern gab). Er ist ein Dynamitschauspieler, ein Sprengstoff- oder Charakterdarsteller. Er läßt sich schon zur Rolle herab. Genschow arbeite an sich. Er verlasse sich nicht auf seine Routine.

Das Theater der Arbeiter kann nur in der ständigen Zusammenarbeit zwischen Dramatikern und Schauspielern etwas werden. Gestern schwankte es zwischen Routine und Monotonie.

Berliner Börsen-Courier, Nr. 44, 27. Januar 1930

»Die Südpolexpedition des Kapitäns Scott«

Staatstheater

Reinhard Goering, der Dichter der »Seeschlacht«, hat lange geschwiegen. In den Kammerspielen wurde noch einmal ein dramatisches Formexperiment von ihm aufgeführt. Goering schrieb dann und wann noch Erzählungen, die zerstreut in Zeitungen und Zeitschriften erschienen (und gesammelt werden müßten). Goering, ein schwärmerischer und ausschwärmender Mensch, suchte Anschluß an Bewegungen und Persönlichkeiten, an Sekten und Sektierer. Goering gehört zu den Anhängern Häußers. Er beschäftigte sich mit der Jugendbewegung. Ein geistiger Freischärler am Rande der Zeit. Ein Phantast mit der Sehnsucht nach dem praktischen Leben. Ein Arzt und ein Weltverbesserer. Ein Philosoph der Hygenie und ein Mediziner der Weltanschauungsträume.

Auf seinen donquichottischen Streifzügen durch die Zeit ist Reinhard Goering jetzt wieder im Theater angekommen. Der ungebundene, schweifende Goering, der immer eine dichterische Sehnsucht zur Form und künstlerischen Strenge hatte, schrieb ein Spiel in drei Teilen »Die Südpolexpedition des Kapitäns Scott« mit dem Willen zur Klarheit, zum Maß, zur klassischen Einfachheit, deutlich angeregt durch die »Ödipus«-Inszenierung Jessners. Eine Tragödie, die Anforderungen an das Publikum stellt und deshalb gefördert werden muß. Eine Tragödie, hinter der die Einsamkeit eines großen Gefühls steht, und die deshalb wertvoll ist.

»Das weiße Schweigen« – hieß der erschütternde Film von Scotts Ende. »Das weiße Schweigen« könnte auch dieses Theaterwerk heißen, in dem Scott am Südpol die Flagge Amundsens entdeckt, der ihm zuvorgekommen ist; in dem Amundsen glücklich landet und Scott mit seinen Begleitern im weißen

Schweigen versinkt. Ein Chor stellt die Personen vor. Ein Chor berichtet. Ein Chor spricht den Schluß: »O Glut der Freundschaft, heilige Treue, ewiger Bestand der Pflicht und Tugend, erfüllt bis in den Tod ...«

Was ist von dieser Form zu verwerten? Wo steht das Drama? Wohin will es? Goerings Schauspiel arbeitet an einer Entscheidung mit, weil es auf die Grenzen hinzeigt, wo Gefühl und Form sich widersprechen. Goering kommt im »Kapitän Scott« von einer Inszenierung her, von Jessners »Ödipus«. Er nimmt also eine Regielösung und überträgt sie als dichterische Form auf ein Thema der nächsten Vergangenheit. Er hebt die ganze Formenwelt des klassischen Theaters als Ausdrucksformeln in die Südpoltragödie hinüber. Was von antiken Anrufen und Beschwörungen, was von Sophokles bis Shakespeare an Gefühlsbezifferungen, an ideologischen Prägungen auf der Bühne von 1930 noch vorhanden ist, das wird von ihm, man kann sagen, in den dichterischen Anfang zurückverwandelt und modernen Menschen in den Mund gelegt. Goering sucht also nicht für einen neuen Inhalt eine neue klassische Form: sondern verwandelt einen neuen Inhalt in eine alte Gefühlswelt und die alte Gefühlswelt in eine alte Formensprache zurück.

Darum ist dieses strenge, reine Werk im Kern weich und verschwommen. Das große, einsame Gefühl, das hinter der Dichtung steht, verändert sich auf der Szene in mitteilende Empfindsamkeit, Distanz der Form und romantische Heldenbegriffe. Die Ideologie dieses Spiels ist nicht zu verwenden für den Aufbau des Dramas. Scott erkennt nur, daß er der Zweite ist, daß England nicht siegt, sondern – mit Amundsen – Norwegen. Daran zerbricht auch der Forscher.

Vielleicht ist dieser Gegensatz groß gedacht. Vielleicht sollte der leichte Triumph Amundsens, der alle Erleichterungen und Hilfsmittel klüger bedacht hat, der mit Hunden fährt, während Scott mit seinen Begleitern selbst die Schlitten zieht, vielleicht sollte der Triumph des technischen Geistes über den heldischen in dichterischen Sinnbildern dargestellt werden. Aber dazu fehlte der Sprache die Entschlossenheit und straffende Klarheit.

»Die Südpolexpedition des Kapitäns Scott« ist ein Drama im Übergang vom Theater zur Dichtung. Sie geht nicht von einer Weltanschauung aus, wie die Chöre in den neuen Stücken von Brecht »Der Brotladen oder Die Macht der Religion« und »Der Untergang des Egoisten Johann Fatzer«, sie will nicht das Bild eines entheldeten Helden, des klaren Bewußtseinsmenschen aufstellen, wie es im Lindbergflug wenigstens versucht worden ist, sie kommt noch von Eindrücken (des Theaters), von Impressionen (der Bühne), von Begeisterungen (eines allgemeinen Gefühls) her. Diese Bezirke zu erkennen ist notwendig. Diese Grenzen zu sehen ist wichtig. Die Aufführung von Goerings Werk war eine wesentliche Erkenntnisbereicherung des Spieljahrs.

Dem Regisseur Jessner lag diese Arbeit ausgezeichnet. In einem aufbauenden Theater wäre sie das Kernstück eines Studios gewesen – Wege weisend, Trennungen zeigend. Wege, wie die Form nicht ohne geistigen Inhalt und Ideologie zu lösen ist. Trennungen, was in die Vergangenheit, was in die Zukunft zeigt. Schule des Geistes, Schule der Sprache, die Jessner gehärtet und gestählt hat. In den Chören, die sachlich und gefühlt, knapp und voll sprachen. Bei den Einzelsprechern, von denen Müthel und besonders Paul Bildt (als Amundsen) Form und Ausdruck vortrefflich vereinten. In der dramaturgischen Regie, die den dritten Teil, die Landung Amundsens, in die Mitte nahm und das chorische Sterben der Scott-Leute ans Ende stellte. Nur so blieb die Form geschlossen und der Eindruck stark.

Ein Erfolg? Bei der Premiere ja. Eine Erkenntnisbereicherung? Bestimmt. Man erkannte, was not tut. Man erkannte, was fehlte (wenn man etwa die Hilflosigkeit Lina Lossens einem gebundenen Stil gegenüber sah). Man sah die wundervollen Bilder Caspar Nehers. Es wurden Forderungen gestellt. Es kündigte sich der Wille zur Kunst an. Es war ein Beginn. Ein Staatstheater ist notwendig (trotz aller Anrempeleien Hussongs). Ein beispielgebendes, formbildendes, von unten aufbauendes Staatstheater. Um diesen Gedanken nicht zu entwerten, trenne man deutlich die Versuche für die Zukunft und die nährenden Tagesaufführungen für die Gegenwart.

Berliner Börsen-Courier, Nr. 80, 17. Februar 1930

»Die Kreatur«

Bruckner in der Komödie

In einem Jahre, das Weltentscheidungen ankündigt, das die Lebensgestaltung in Europa auf Jahrzehnte hinaus bestimmen will, das in China und Indien Ereignisse ankündigt, die einen Weltteil umformen, in einem solchen Jahre schreibt Ferdinand Bruckner das Drama der sexualpathologischen Nabelbeschauer: »Die Kreatur«. Der Mann hat Bestechungsgelder genommen und Wechsel gefälscht. Die Frau, angestachelt von der dem Bruder mehr als geschwisterlich hingegebenen Schwester, wirft sich dem, der den Mann in der Hand hat, hin. Blutschande, lesbische Liebe, Sadismus, Zuhälterei – nichts wird dem Zuschauer erspart. Menschen, die sich nur mit sich selbst beschäftigen, mit ihren Krankheiten, Süchten, Verlegenheiten und Peinlichkeiten, eine kleinbürgerliche Muffwelt, eine widerliche Dekadenz, ohne daß diese Menschengruppe als faul und überflüssig und uninteressant dargestellt und bezeichnet wird.

Das ist entscheidend. Als es notwendig war, unbewußte Bezirke des Sexuallebens ins Bewußtsein zu heben, hatten sexualpathologische Stücke Entdeckerwert. Sie trugen durch Darstellung der Wahrheit zur Änderung der Welt bei. Niemals hat Wedekind ein Stück geschrieben ohne kämpferisches Ziel. »Die Kreatur« von Ferdinand Bruckner bringt keine Entdeckung, keine neue Wahrheit. Sie ist befangen in trüber Stofflichkeit, die längst durchforscht, längst bekannt, längst durchleuchtet ist. Ein überflüssiges und deshalb peinliches Stück. Denn der abgestandene Inhalt kann keine gültige, geschlossene, durchschlagende Aussage mehr herbeiführen. Das Versagen ist zwangsläufig. Als Ferdinand Bruckner in den »Verbrechern« wenigstens versuchte, die Menschen in eine soziale und staatliche Welt einzuordnen oder dagegen anrennen zu lassen, als er versuchte, einen Kampf nach außen zu tragen, gegen etwas zu arrangieren, und sei es nur zu einer etwas unklaren Justizkritik, hatte er den Erfolg. Heute wärmt er die »Krankheit der Jugend« als Krankheit der Erwachsenen auf. Aber auch das Original hätte heute nicht mehr den Erfolg wie damals. Es fehlt der Trennungsstrich. Es fehlt die scharfe, kritische Distanz. Es fehlt die Kennzeichnung, daß diese modrige Schmarotzerwelt sich zersetzen muß.

Diese Dramatik – die sich vor jeder Aussage und Stellungnahme herumdrückt, wird endgültig erledigt sein. Sie ist erledigt. Daß dies auch denen deutlich wurde, die sonst gern ein Drama individueller Geschehnisse verlangen und »Privatschicksal« mit »Persönlichkeit« gleichsetzen, ist der einzige Gewinn des Abends. Das Privatschicksal, die Privatstellung der Persönlichkeit sind unwichtig. Die Aufrichtigkeit vor sich selbst, wie man die Selbstzersetzung, die Psychologie, den Hang zum Nabelbeschaun früher nannte, ist heute Feigheit und Unaufrichtigkeit. Wichtig ist die Aufrichtigkeit vor andern, die Aufrichtigkeit vor einem Ziel. Die Innenkehrung der Persönlichkeit, noch vor kurzem als letztes dichterisches Resultat gepriesen, ist zur Außenkehrung geworden. Das schlechte Gewissen war eine bequeme Entschuldigung. Die Dramatik des schlechten Gewissens ist ebenso bequem.

Max Reinhardt kehrte durch eine hervorragende Aufführung die Schwächen des Stückes unbarmherzig hervor. Wenn Lucie Höflich und Helene Thimig gegeneinander standen, Lucie Höflich immer mehr zerfallend (ein menschlicher Zersetzungsprozeß mit schauspielerischer Phantasie grausam nachgezeichnet), Helene Thimig immer mehr aufleuchtend (letzte innere Hingabe an eine unmögliche Rolle wird hier noch einmal Gestaltung), so zeichnen sich hier zwei schauspielerische Phänomene, der charakterisierenden und der fühlenden Gestaltung ab. Phänomenal Rudolf Forster, seine Schritte greifen durch den Raum, sein Körper wirft sich über den Tisch, er betäubt sich durch Grammophon, und seine Hände schlagen den Takt – jede Sekunde ist Ausdruck. Eine schwindelnde Balanceleistung. Dann Tony van Eyck. Sie spielt zum erstenmal. Im Anfang außerordentlich in der hysterisch-erregten Schärfe, nachher etwas monoton. Das Kind Christiane Grautoff: ohne den gemachten Kinderton, hell, klar, mit klugem Instinkt. Ausgezeichnet.

Diese außergewöhnlichen Schauspieler werden von Reinhardt räumlich fabelhaft in einem dreigeteilten Zimmer von Strnad angeordnet. Aber die Vortrefflichkeit der Aufführung stellt die Distanz zum kläglichen Stück nur noch deutlicher her.

Berliner Börsen-Courier, Nr. 118, 11. März 1930

»Die liebe Feindin«

Kammerspiele

Drei Verstorbene sprechen am Abend vor Allerseelen auf dem Friedhof von ihrer »lieben Feindin«. Es ist immer dieselbe. Der erste, ein Romantiker, schoß sich eine Kugel durch den Kopf. Der zweite, ein Schwächling, starb am Schlage. Der dritte, ein Kraftlackel, an den Ansprüchen der Frau. Diese Erzählungen sind von A. P. Antoine, dem Sohn des großen Pariser Theaterleiters, auf drei Bühnenakte disponiert. Genaues, adrettes, französisches Theater, auch auf gewechseltem Schauplatz, auch in gewechseltem Stil.

Es ist bezeichnend, daß in Paris das erotische Thema, das aus sich selbst nicht mehr abgewandelt werden kann, durch Stileinkleidungen auf neu gearbeitet wird. Was man den Lebenden auf der Bühne nicht mehr glaubt, soll man den Gestorbenen glauben. Mann, Frau, Liebhaber – zu einer Dialogform kommt dieser beliebteste Unterhaltungsstoff der letzten Jahrzehnte nicht einmal mehr auf der französischen Bühne. Also gibt es Überraschungen. Also gibt es Tricks. Also wird die Szene gewechselt. Der Friedhof verwandelt sich in die Zimmer, in denen die Liebesaffären jeweils spielen. Auch in Paris: das aufgelöste Theater, Bühnentechnik. »Die liebe Feindin« – der europäische Bühnenexpressionismus von 1920, angewandt auf das erotische Lustspiel.

Das Ganze: ein liebenswürdiger, eleganter, weltmännischer Snobismus. Die Erkenntnisse sind banal, die szenische Fassung ist amüsant. Gustaf Gründgens ist ein blendender Regisseur für diese leis modernen und parfümierten Nebenkünste. Er bringt es fertig, in reizenden Bühnenbildern von Ernst Schütte, durch verschiedene Jahrzehnte, durch verschiedene Moden, durch verschiedene dramatische Stile hindurchzuspielen. Der Romantiker ist mit leisem, melancholischem Humor Mathias Wieman. Lili Darvas nimmt hier reizende Photographierposen an, achtziger Jahre, vergilbte Bilder. Dann kommt Richard Romanowsky, mit fliegendem, knieweichem Schritt und hüpfender Sprache: Romanowsky, der seine etwas manieriert gewordene Komik an einen entzückenden Stil manierierter Unwirklichkeit anlehnt (nur das Wort »Springinsfeld« möchte ich in den nächsten zehn Jahren nicht mehr von ihm hören). Lili Darvas spielt hier fabelhaft eine rasende Salontragödin, Sardou, Burgtheater, junge Sandrock. Dann kommt Hans Albers. Er schmeißt seine blauen Augen auf die Frau und aufs Parkett. Er siegt. Er macht sich den Sieg in der letzten Zeit leicht. Gefahr der Schablone! Lili Darvas wird nun, im eindeutigsten Bilde, eine fessellose, liebestobende Kokette, französischer Schwank der letzten Vorkriegsjahre, wilde Soubrette, Sexualhunger, Erlebnishunger. (Otto Wallburg gibt, platzend vor Gesundheit und Komik, einen Frauenarzt.)

Lili Darvas, bis jetzt mehr durch ihre Erscheinung als durch ihre Schauspielkunst wirkend, entfaltet hier in den Stilabwandlungen der einen Rolle einen ironischen Humor und eine mimische Pointenkunst von witzigster Genauigkeit. Erstaunlich diese Präzision der ganzen Aufführung, die auch im letzten Bilde nicht nachläßt, als auf dem Friedhof Lili Darvas als Witwe und Mutter mit zwei Vertretern der jungen Generation auftritt. So abgestanden die Worte sind, die das junge Mädchen und der junge Mann zu sprechen haben, so frisch und lebendig werden sie von Erika Mann und Eberhard Kleindorff hingelegt. Vortreffliches Gegenspiel.

Gründgens inszeniert überlegen, salopp »Das Dreimännerhaus« auf dem Pariser Friedhof. Amüsante Nebenkünste des Theaters. Wird so viel Können und Laune und Reichtum auch an wesentliche Aufgaben gewandt?

Berliner Börsen-Courier, Nr. 120, 12. März 1930

»Bismarck«

Deutsches Volkstheater

Frank Wedekind schrieb während des Krieges dieses Bismarck-Drama, das zum Gegenstand hat: die Jahre 1863 bis 1866, den schleswig-holsteinischen und österreichischen Krieg. Wedekind, der Kämpfer als beruhigter Historiker. Wedekind, der fanatische Verneiner als zufriedener Bejaher.

Aber sowenig interessant das Werk selbst ist, so interessant sind die Zusammenhänge, in denen es uns heute erscheint. Wedekind wußte, daß man einen historischen Stoff, zu dem er damals, 1915, noch nicht die klare Distanz, noch nicht die genaue Einschätzung der Entfernung haben konnte (um richtig zu treffen), nicht in ein übliches Theaterschema einordnen, nicht in den üblichen Kulissenablauf bringen durfte. Das hat später Emil Ludwig in der »Entlassung« getan und eine unkontrollierbare Mischung von Theatereffekt und Wahrheit, von Arrangement und Dokument erreicht. Ludwig war voreilig. Wedekind war bescheiden und erkannte die richtige Methode, richtig in einem Stadium der Vorbereitung. Wedekind täuschte nichts vor, mogelte keine Theaterwirkungen hinein, für die der Stoff noch nicht reif war. Aber er merkte nicht, daß die Methode der dokumentarischen Darstellung zu einem anderen Ziele hätte führen müssen. Wedekind arbeitet dokumentarisch, um die Figur Bismarcks zu beweisen, um eine Gestalt zu belegen, um eine Persönlichkeit darzustellen. Das aber wäre gerade Aufgabe eines Dramatikers, eines Dichters gewesen. Die dokumentarische Methode zur Aufrollung einer Zeit und das Resultat, daß alle Züge nur zusammengestellt werden können, um Bismarck als Erscheinung zu umreißen, widersprechen sich. Wedekind wendet die für einen damals noch ungeklärten Stoff richtige Methode zum falschen Zweck an. Daran zerbricht die Arbeit. Dadurch wird das Schauspiel langweilig, der Zuschauer sieht eine dramatische Gestalt ohne Drama. Er müßte aber, der Anlage nach, die Kräfte der Zeit im Hin- und Widerstand sehen und in diesem Kampf nach innen und außen, in diesem Kampf der Klassen und Völker den preußischen Ministerpräsidenten Bismarck.

Wedekinds »Bismarck« ist ein Piscator-Drama, nicht mit dem Ziel der Zeitkritik, sondern mit dem Ziel Wildenbruch. Sehr anständig in der Ehrlichkeit der Arbeit. Sehr einseitig in der Einstellung. Die innere Politik – ohne die damals schon erwachenden Gegenkräfte gesehen. Die äußere Politik – ohne die Völker. Gewiß, die Kabinettspolitik herrschte damals allmächtig. Um so wichtiger und wirksamer wäre das zwar ohnmächtige, aber vorhandene Gegenspiel der Klassen, Stände und Nationen gewesen. (Heute wird ein Bismarck-Stück nicht ohne die Kenntnis des Buches von Kurt Kesten »Bismarck und seine Zeit« geschrieben werden können.)

Was ist heute von Wedekinds »Bismarck« zu verwenden? Die Erkenntnis, daß das dokumentarische Schauspiel für die Reinigung des Theaters von einer üblen, geschichtsklitternden Mischgattung notwendig war. Die Erkenntnis, daß diese Art der Stoffeinteilung nicht zur Verherrlichung einer einzelnen Figur, sondern nur zur Darstellung von Zuständen dienen kann. Die Erkenntnis, daß die Zeit der vorbereitenden Arbeit nicht verlorengehen darf, sondern zu einer episch klaren Form, zu einer Theater-Dichtung, zu einer unbeugsamen Kunst hinführen, aber nicht in den alten, genügsamen Theaterkitsch zurückführen darf.

Die Aufführung des Deutschen Volkstheaters tat nichts, um zur Klärung beizutragen. Sie war, unter der Regie von Rochus Gliese, technisch unzulänglich. Das wäre nicht entscheidend gewesen. Aber sie war monoton, grau und stumpf. Es ist sehr zu loben, daß Paul Wegener peinlich darauf bedacht ist, seinen Theaterton zu dämpfen, nicht mehr zu bramarbasieren, Serien- und Gastspielgewohnheiten abzutun. Das war schon im »Marquis von Bolivar« zu bemerken und spricht für seine erwachende Selbstkontrolle. Aber damit ist noch nicht der Bismarck gespielt. Wegener wirkte eher untersetzt, gedrungen, backenknochig, wie ein mäßiger Darsteller von Clemenceau. Wie ein Bürobeamter, der im französischen Ministerium sich einmal den Scherz macht, den Chef zu kopieren.

Und sonst? Ein unmöglicher Herzog von Koburg. Eine Parodie auf Roon: der falsche Wegener Hugo Werner-Kahle. Sympathisch in der Zurückhaltung: Tilly Wedekind als Johanna Bismarck.

Eine historische Maskerade. Ein Panoptikumabend. Herr von Ostau wird sich entscheiden müssen, wie er sein Theater zu führen gedenkt. Man wird jedesmal irritiert. Jedesmal nach einer anderen Richtung.

Berliner Börsen-Courier, Nr. 138, 22. März 1930

»§ 218«

Wallner-Theater

Die Gruppe junger Schauspieler spielte Friedrich Wolfs »Cyankali«, Piscator gibt Carl Credés »§ 218« – beides Kampfstücke gegen denselben unsozialen Gesetzesparagraphen, beides Kampfstücke gegen die Freiheitsstrafen, die auf Abtreibung stehen. Schauspiele, von Ärzten geschrieben, von Ärzten unterstützt, von Ärzten diskutiert: das Theater als Arena.

Bei Friedrich Wolf geht die agitatorische Wirkung vom Stück selbst aus. Carl Credé, der Arzt aus Celle, hat als Person demonstriert: Er ist für seine Überzeugung ins Gefängnis gegangen. Sein Stück ist zu schwach, um demonstrativ zu sein. Es zerfließt in einen wehleidigen, ans Mitleid appellierenden Naturalismus: Elendsmalerei ohne Beweis, peinigend, an den Nerven zerrend, mit der Absicht, aber ohne die Kraft eines Änderungswillens.

Diese Schwäche erkannte Piscator und baute das Stück um, zuerst in wenigen Proben für die Gastspiele durch dreißig Städte im Reich, dann noch einmal für Berlin. Er fügte es ein in Diskussionen, machte es zum Mittelpunkt von Debatten – Schauspieler im Parkett und auf den Rängen als Kassenarzt, als Amtsgerichtsrat, als Referendar, als Pastor, als Fabrikbesitzer –, stellte es hin als Demonstrationsobjekt, zu dem sofort Stellung genommen, dessen Stichhaltigkeit sofort geprüft, abgelehnt, bekämpft oder bejaht wurde (zu dem an jedem Abend auch ein Berufsarzt sprechen wird, diesmal Stadtarzt Dr. Hodann). Aktivierung der Zuschauer. Das Theater als Volksversammlung.

Von diesem Gedanken ging die Wirkung und der Erfolg aus. Das Stück als solches hätte Kunst vorgetäuscht, aber schlechte Kunst, entwicklungsunfähige, abgestorbene Kunst. Piscator sagte mit dem ersten Wort: Hier ist keine Kunst, ich will kein Stück spielen, ich will etwas beweisen, ich will ein Lehrobjekt geben. Diese klare Abgrenzung stellte das Publikum richtig ein. Piscator trat den Beweis für seine Sache an, für die Schädlichkeit eines Rechtsparagraphen, und den Beweis für eine andere Form des Theaterspielens, der Theaterwirkung: für das Lehrstück.

Credés Schauspiel arbeitet mit den Mitteln der Illusion. Es

verlangt die Einfühlung in eine andere Welt, vom Schauspieler, vom Publikum. Piscator sagt: Fühlt euch nicht ein, erkennt, wißt, lernt, werdet bewußt, überseht Folgen! Darum ist es auch falsch, mit dem Stück selbst noch einmal ans Gefühl zu appellieren, die Szenen selbst noch einmal wehleidig zu spielen. Während die erregten Debatten um Erkenntnis gehen, geht es auf der Bühne um Mitleid. Darum wäre es klarer und richtiger gewesen, das Drama von Credé noch rücksichtsloser aufzulösen, die fortlaufende Gefühlshandlung noch mehr aufzutrennen und nur einige Demonstrationsnummern herauszunehmen wie: »Die Wohnungsnot«, »Die Gefahr der unlegitimierten Abtreibung«, »Die Gerichtsverhandlung«, »Der Kassenarzt«. Das wäre der Weg, wie ihn für ein ganz anderes Thema Brecht in seinem Baden-Badener Lehrstück versucht hat.

Früher arbeitete Piscator für ähnliche Ziele: für Erkenntnis und Aufklärung, aber mit den gesteigerten Mitteln der Illusionsbühne. Diesmal erkennt er, daß andere Ziele auch andere Mittel verlangen. Früher tat er, als ob er Kunst gäbe. Diesmal bleibt er bescheidener. Kein Apparat, kein Bombast. Hier ist auch Traugott Müller als Bühneneinrichter am Platze, besser als bei Granowsky.

Der Regisseur, der Schauspielleiter Piscator fühlt sich in der Inszenierung der Meinungskämpfe sofort stark und sicher. Ihm selbst liegt der »Stempelbruder«-Naturalismus auch nicht. Wie scharf und höhnisch witzig ist Emilie Unda, wenn sie als Frau Knoblochen in die Handlung und in den Publikumskampf eingreift. Wie gut und gefaßt ist der Kassenarzt Rudolf Aicher. Wie heftig der konservative Gegenagitator Werner Kepich (nur darf er sich nicht überstrudeln). Wie trefflich als Amtsgerichtsrat in der Mitte Erwin Kalser, wie aufreizend Heinz Greif als Referendar, wie einfach Albert Venohr in zwei Rollen, wie keifend spitz Edit Angold als Unfallrentnerin. Ich glaube diesen Leistungen mehr, als der rein auf Mitleid arbeitenden Abeiterfrau Ellen Widmann. Ich will hier nicht gerührt werden, ich will wissen.

Das Wallner-Theater im Osten ist jetzt das Heim für Piscators Kollektiv. Es hat als Publikumsstamm die Sonderabteilungen der Volksbühne. Es muß erreicht werden, daß diese vom Westen abgelegene Bühne als Theater der Sonderabteilungen neben der Volksbühne geführt werden kann. Das ist oft gefordert worden. Jetzt ist die Verwirklichung möglich. Möglich durch den großen Erfolg. Die Bühne, ihre Leistung und ihr Zweck, die Gegend und ihr Publikum, alles paßt zusammen. Hier liegt die wahre Aufgabe für Piscator.

Berliner Börsen-Courier, Nr. 160, 4. April 1930

»Brülle, China!«

Theater in der Stresemannstraße

Meyerholds zweiter Abend, oder beinah ein Abend seiner Schule. Also noch lehrreicher, also noch wichtiger. Denn nun sieht man, was Meyerhold selbst und seine jüngeren Regisseure für verwendungsfähig, was sie für erledigt, was sie für entwicklungsmöglich halten. »Brülle, China!« ist unter Meyerholds Oberleitung von W. Fjodorow inszeniert worden. Ein politisches Gebrauchsstück und – ein Experiment.

Zuerst: das politische Gebrauchsstück. Man versteht die Worte nicht und kann also die Einzelheiten nicht nachprüfen. Aber die Anlage und die Handlung sind zu übersehen. Es ist verblüffend, wie schwach, wie banal, fast könnte man sagen: wie privat der ganze Vorgang der beginnenden Kulirevolution, des chinesischen Erwachens aufgezogen ist. Das Stück von Tretjakow ist für Deutschland, in dieser Bearbeitung und Form, unmöglich. Einfach, weil wir dramaturgisch weiter sind. Man hat oft Piscator Abhängigkeit von Meyerhold vorgeworfen. Das ist, nach dem »Revisor« und nach »Brülle, China!«, Unsinn. Schon im »Gewitter über Gottland« hat Piscator dramaturgisch nach entgegengesetzten Prinzipien gearbeitet. Man denke etwa an seine Filmeinschaltungen der chinesischen Revolution. Meyerhold ist gerade da schwach, wo Piscator stark ist: in der Hinaufgipfelung der Szenen, im hinreißenden Furor, also im Dynamischen. Alles »Dramatische« im Sinne des zugespitzen Effekts, alles »Unmittelbare« ist unzulängliches Pathos. Die ganze Europapartei ist darstellerisch an der Grenze der Komik. Die Seeoffiziere, aber schlimmer, auch der ideologische Gegenspieler: der chinesische Student, fallen aus.

Die Frage ist also: sind diese Mittel der direkten, der unmittelbaren Darstellung so erschöpft, daß sie selbst in einem ideologisch angespannten Lande, in einem durch eine ungeheure Revolution umgeschmolzenen, umgeschichteten, umgebildeten

Volks nicht mehr gebrauchsfähig sind? Daß sie entweder in eine hohle Rhetorik oder in einen Stil abgleiten, der von uns bei der erledigten »Oh-Mensch«-Dramatik angewendet wurde? Ist die Kraft der Rhetorik in der politischen Wirklichkeit Rußlands verbraucht, so daß die Bühne schon darüber hinwegwill? Stellt sie sich am Abend ein, wenn im Moskauer Staatstheater, das eine viel größere Bühne, einen viel größeren Zuschauerraum haben soll als das Haus Barnowskys, eine riesige Masse auf jedes Wort, auf jede Anspielung reagiert? Oder liegt schon ein bewußter künstlerischer Akt vor, eine harte Formabsicht, ein Wille zur »Einfrostung« (nach dem Wort Strawinskys)?

Es ist zu unterscheiden zwischen den Resten des Expressionismus, der auf Bewegung, Explosion, Überschärfung des Ausdrucks hinwollte (wie er in manchen Partien des »Revisor« sich noch anzeigt), und einer vielleicht daraus und daneben entwikkelten, im Ziel aber entgegengesetzten Form (wie sie die Kulissen in »Brülle, China!« darstellen). Der Expressionismus spukt auf dem Kanonenboot, wenn Frauen in Schlangenwindungen sich drehen, wenn Offiziere sich umwenden und selbst der chinesische Student sich wie eine Marionette aus einem deutschen ekstatischen Drama bewegt. Eine Form kündigt sich an, wenn die Kulis am Hafen sitzen, wenn sie arbeiten, wenn sie Nachrichten aufnehmen, wenn die Revolution sich vorbereitet. Diese Szenen gehören in ihrer maskenhaften Starre, in der unheimlichen Ruhe zu dem Außerordentlichsten, was ich jemals auf der Bühne gesehen habe. Wie diese Chinesen gehen, wie sie sprechen – alles komponiert, alles unterschieden, alles zusammengefaßt. Ein Alter, ein Junger, eine Alte, dann, auf dem Kanonenboot, ein chinesischer Boy – Schreie und Klagen, Getuschel und Ausbruch, gebändigt, kalt, eisig, drohend. Erregung durch Stille, Bewegung durch Ruhe. Die Auslosung zweier zum Tode bestimmter Geiseln, die Hinrichtung: vorher im unterirdisch schwelenden Tumult, in der ansteigenden Revolte die Ruhe eines Bäckers bei der Arbeit – unglaubliche Momente, Gipfel eines Theaters.

Hier deutet sich ein Stil an, der entwicklungsfähig ist, eine kalte, unsentimentale Art des Theaters. Fast ein Nummerntheater (wie aus dem krampfig unruhigen »Revisor« etwa die köstliche Szene der Bestechung als höhnisch ironische Gebrauchsanweisung für Bestechung dramatisch einzubauen ist). Erkennen wir, was von den Meyerhold-Abenden auch für uns zu verwenden ist und was uns rückständig und veraltet erscheint. Sehen wir das Moskauer Staatstheater in der Entwicklung überhaupt. Unterscheiden wir zwischen Meyerhold, Tairoff und Granowsky. Tairoff, der den Stil, die Haltung übernommen hatte, der von der Stilisierung noch nicht zur Form gekommen war, aber in der Operette »Giroflé-Girofla« ein Stilexperiment von heiterstem Zwang, von präzisester Genauigkeit geschaffen hat. Granowsky, der gerade von denen angehimmelt wurde, die Meyerhold ablehnen, obwohl er nach denselben Prinzipien arbeitete, aber so klug war, diese Prinzipien auf ethnographische Stücke, auf isolierte, auch national abgegrenzte Märchenthemen anzuwenden. Granowsky, der jetzt in ein zwar wirkungsvolles, aber formloses Allerweltstheater (in »Grischa«) abgebogen ist. Und in der Mitte oder am Anfang der große Anreger Meyerhold, geistig der stärkste, überragend, aber in einzelnen Werken nicht so vollendet, experimentierend, in einer Krise. Ist es eine Krise des russischen Theaters? Eine Krise der Form? Ist es Anfang oder Ende? Ich glaube beides. Das Kanonenboot ist Ende. Die Kuliszenen sind Anfang.

Berliner Börsen-Courier, Nr. 162, 2. April 1930

»Der Wald«

Meyerhold in der Stresemannstraße

Es fing deprimierend an. Das Theater bei Beginn noch halbleer. Gleichgültigkeit auf allen Gesichtern. Berlin: entweder ist ein Gastspiel Sensation, und alles läuft hin, oder es fällt ab, und niemand hat Interesse. Um der Sache selbst willen geht keiner ins Theater.

Aber allmählich füllte sich das Parkett, allmählich ging gerade an diesem bedächtig ansetzenden Abend das Publikum mit. Ostrowski: russischer Klassiker. »Der Wald«: eine philiströse Komödie, zaghaft, fünfaktig. Alternde, geizige Gutsbesitzerin, verliebt in einen jungen Schnösel; arme Verwandte und der Sohn des Holzhändlers. Waldverkauf, sechziger Jahre, zwei wandernde Schauspieler: Glückspilz und Pechvogel, der zweite der abgeschobene Neffe der geizigen Gutsbesitzerin. Als Stück, angesiedelt zwischen Kotzebue und Romantik, heute schwer zu spielen.

Meyerhold löst es auf. Er entdramatisiert es. Das ist das Interessante an diesem Abend. Meyerhold zieht den sentimentalen und den lustigen Wandermimen (Pechvogel und Glückspilz) aus der Handlung heraus, gibt ihnen die Einleitung, den Rahmen, als Zwischenaktsfiguren, dem Tragöden, dem Komöden, macht sie typisch, und läßt sie wie feststehende Figuren der Commedia dell'arte erst allmählich eingreifen. In die Handlung? Nein, in epische Zustandsbilder. Aus den fünf gesteigerten dramatischen Akten werden achtzehn Bildtafeln. »Zu Fuß angekommen«, »Arkaschka gegen das Spießertum«, »Weltdame und Straßenmädchen« ..., »Waldverkauf«, »Menschen, die die Macht haben«, »Penjki in Aufruhr« bis zu »Don Quichotte oder Penjki in Aufruhr, noch einmal«.

Episierung des Theaters. Abgehobene Nummernbühne. Jeder Handlungsübergang, jede Entwicklung der Vorgänge ist getilgt. Darlegung, Demonstrierung. Plakatierte Szenentitel. Das Schauspielermaterial ist ungleichwertig. Manche Leistungen sind undiskutierbar. Aber in dieser anderen dramaturgischen Anlage finden sich die Schauspieler sofort besser zurecht als etwa in der gesteigerten Szenenführung auf dem Kanonenboot in »Brülle, China!«. Unabhängig von diesem Stil besteht Sinaida Reich, Meyerholds Gattin, als eine stille, einfache, fast innerliche Liebhaberin, die reizend zwischen Gefühl und Ironie spielt. In diesem Stil entfaltet sich der Komiker Igor Iljinski, ein Clown, ein Harlekin, sehr frei und doch sehr präzise, ein kleiner Spielteufel, Pallenberg verwandt, aber nicht so eindringlich, nicht so elementar, nicht so genial wie dieser (dafür genauer).

Wie spielt Meyerhold sonst diese epischen Bildtafeln? Er bleibt zwischen überschärftem Bewegungsexpressionismus und einem harten Maskenstil. Die jahrelange Isolierung war seine Stärke und seine Gefahr. Seine Stärke, weil er abgeschlossen, ohne große Mittel, ruhiger, stetiger arbeiten konnte, systematischer, ohne dem Wechsel jeder Saisonmode untertan zu werden. Seine Gefahr, weil diese Isolierung Verhärtungen, Versteifungen des Stils zur Folge hatte. Aber es wäre ein schlechtes Zeichen, wenn wir hier nicht klar unterscheiden könnten, wenn wir, nur weil wir in manchem weiter sind, in Überheblichkeit geraten wollten. Wir können diesem Tafeltheater Meyerholds eigene Aufführungen gegenüberstellen. »Pioniere in Ingolstadt«, ja früher schon »Eduard II.« in München, »Mann ist Mann« wurden ähnlich gespielt, als episches Nummerntheater. Nur ohne Stilisierung, auf dem Wege zur Form. In der Aufteilung des Bühnenraums viel freier und souveräner. Caspar Neher mit seinen aufgerissenen Bühnenräumen ist weiter als Meyerhold mit seinem Klettergerüst. Aber eine Berührung ist da. In der dramaturgischen Bearbeitung mehr als im einzelnen Schauspielerstil. Doch man denke an die kostbare Liebesszene zwischen der singenden Haushälterin (alle Hunde heulen mit) und dem Clown im »Wald« und an die herrlichen Dienstmädchenauftritte in den »Pionieren« – interessante Parallelen. Bestätigung unseres Theaters.

Meyerhold hat mit Piscator nichts zu tun. Im Gegenteil: Er entpolitisiert in der Spielform sogar den »Revisor«, er ordnet den »Wald« nach Formprinzipien an. Meyerholds Bühne ist ein artistisches Theater. Er steht zu Stanislawski wie Reinhardt zu Brahm. Meyerhold ist zu spät nach Berlin gekommen. Aber seine Bühne ist aus der europäischen Theaterentwicklung nicht wegzudenken. Eine heroische Arbeitsleistung, man könnte sagen: eine aristokratische. Im Grund ohne Zusammenhang mit der Masse. Das ist seine Tragik, besonders seine Tragik in Rußland.

Berliner Börsen-Courier, Nr. 170, 10. April 1930

»Der gewaltige Hahnrei«

Meyerhold in der Stresemannstraße

Crommelyncks »Hahnrei« wurde 1922 unter der Direktion Meinhard und Bernauer in Berlin und im selben Jahr unter Meyerhold in Moskau gespielt. Aber die schlechte Berliner Aufführung des unerträglich forcierten Stückes war niemals bezeichnend für das deutsche Theater. Meyerholds Aufführung ist heute noch bezeichnend für das russische.

Man erkennt den Weg. Die Tragikomödie von Crommelynck ist, wie sie geschrieben wurde, nicht mehr zu spielen, nicht mehr zu sehen, nicht mehr zu hören. Für Meyerhold bleibt sie nichts weiter als Anlaß für ein naives, jungenhaftes Spiel. Das ist das Erstaunliche: die jugendliche Unverbrauchtheit einer acht Jahre alten Vorstellung (die frischer und sauberer ist als eine Berliner nach zwei Monaten). Das Gerüst, der Bühnenaufbau, die sich drehenden Räder und Kreise, die Mechanik – das ist heute überwunden. Wir kennen die Nachahmer, die es uns verleidet haben. Wir kennen die Stilversteifungen, die es zur Folge hatte. Aber das Spiel bleibt davon unberührt. Es könnte auf einem einfacher gegliederten Podium genauso lebendig und wechselreich sich abrollen.

Wie taktvoll, wie einfach, wie kindlich wirkt jetzt das überheizte Stück von Crommelynck! Hier, an diesem Anfang des neuen russischen Theaters ist alles noch unverbogen. Unmittelbarkeit auf theoretischer Grundlage. Durchdacht und doch elementar. Gegen Tairoff gehalten: ohne kunstgewerbliche Verzierungen und bunten Farbenzauber. Gegen Granowsky gehalten: ohne eklektische Übertreibungen und Verrenkungen. Blaue Blusen, Arbeitsmenschen, die spielen. Junge, optimistische Leute, die sich einen Spaß machen.

Das ist fast ergreifend. Diese Aufführung, obwohl sie unpolitisch ist, hat noch den Optimismus einer jungen Zeit. Die späteren Aufführungen von Meyerhold hatten sich auseinanderzusetzen: erstens mit der russischen Isolierung: es fehlte die Wechelwirkung, der Stil wurde härter, die Theorie erstarrte: zweitens mit dem Losungswort von Lunatscharskij: »Zurück zu Ostrowski.« Lunatscharski, der eine russische Klassikerrenaissance anstrebte, wollte zum alten Repertoire zurück. So mußte Meyerholds formal destruktive Kunst ästhetisch bleiben. Meyerhold inszenierte Ostrowskis »Wald« reizend, amüsant, aber es blieb beim Stil, der kaum durch neue Inhalte hindurchgegangen war. Der russische Film wurde radikaler, moderner als das russische Theater.

Aber der Spaß im »Hahnrei« wirkt heute noch. Es wirkt die Einfachheit von Sinaida Reich. Es wirkt der Schauspieler Igor Iljinski, der diesmal eine bezaubernde Mischung von Naivität und Ironie liefert, der immer im Stil bleibt und auch den peinlichsten Ausbruch noch leicht, noch parodistisch nimmt. Aber es ist keine Parodie, die zum naiven Bestandteil des Spiels wird.

Zauberhaft der Darsteller Saitschikow. Er spielt fast eine stumme Rolle, den Schreiber des Hahnrei. Er ist immer bei ihm, nur Begleitung, Begleitung jeder Bewegung. Er ist nur Schemel, nur Prügelknabe, nur Diener – von einer unbegreiflichen Grazie des schwerfällig tappenden Ganges, der knickenden Beine. Er gleitet und fällt und läßt sich treten und steht auf und hält die Hand und das Gesicht hin. Wie reizvoll, wie mannigfaltig, wie künstlerisch ist diese Pantomime!

Meyerholds letzte Premiere bei Barnowsky. Wir haben nicht das Neue, nicht das Umwälzende, aber das für einen Bezirk des russischen Theaters Charakteristische gesehen. Wir kennen jetzt erst die europäische Theaterbewegung des letzten Jahrzehnts.

Berliner Börsen-Courier, Nr. 176, 14. April 1930

»Napoleon greift ein«

Theater in der Stresemannstraße

Walter Hansenclever hat mit dem »Besseren Herrn« entschlossen den Schritt vom lyrischen Pathos des »Sohn« in die Komödie getan. Übergänge: »Antigone«, Modernisierung der Antike, Anlehnung, Mischung, also Ernst Krenek. Übergang: »Jenseits«, Mystizismus, Nebel, geistige Unfruchtbarkeit, Verwirrung, Unklarheit einer unklaren Zeit. Übergang: »Mord«, Spannung, Krach und Schwank, also Anfang der Kriminalmode. Dann »Ein besserer Herr«, Gesellschaftsulk.

Hasenclever trat kurz vor dem Kriege an die Öffentlichkeit. Dann gingen die Ereignisse über ihn hinweg. Ist er ein privater oder ein typischer Fall? Seine Tragik, daß er beides ist. Sein individualistisches, mondän anarchisches, lyrisch revolutionäres Pathos konnte den Ereignissen nicht standhalten. Es wurde sinnlos. Es ging ins Leere. Das war typisch. Jeder in seiner Lage hätte diese Wandlung gespürt. Aber Hasenclevers besonderer Fall war, daß seine Begabung nicht richtig saß. Hasenclever hatte Einfälle, Gedanken, aber sie stimmten selten mit seinem Talent zusammen. Ihm fiel ein, was in der Zeit lag. Das war seine Stärke. Aber er führte aus, was neben der Zeit, neben seinem Einfall lag. Seine Begabung saß schief. (Schon im »Sohn«.) Oder anders ausgedrückt: Hasenclever hatte Einfälle, die eine konstruktive Durchführung erfordert hätten. Aber sein Talent war improvisatorisch, ohne konstruktive Kraft.

Konstruktiv war der Einfall: »Jenseits«, konstruktiv die Absicht: »Antigone«, konstruktiv »Ehen werden im Himmel geschlossen« (Himmel und Erde). Konstruktiv ist wiederum: »Napoleon greift ein«. Sein bestes Stück ist sein anspruchslosestes, sein lockerstes, sein oberflächlichstes: »Ein besserer Herr«. Hasenclever muß sein Talent richtig rücken und seiner improvisierenden Begabung improvisatorische Themen zuführen.

»Napoleon greift ein«: Napoleon unterhält sich im Pariser Wachsfigurenkabinett mit dem Frauenmörder Landru und flieht in die Welt von 1930. Also doch nur eine Improvisation, ein Sketch, ein Minuteneinfall? Sobald Bonaparte dem Jahre 1930 gegenübergestellt wird, zeigen sich die konstruktiven Ansprüche des Themas. Napoleon kommt auf eine politische Konferenz. Napoleon, der die Vereinigten Staaten von Europa durch Kriege schaffen wollte, wird einem amerikanischen Milliardär gegenübergestellt, der sie durch finanzielle Transaktionen verwirklicht. Der Krieger unterliegt dem Bankier. Das Geld ist der Napoleon von heute. Ein beweiskräftiger, ein anspruchsvoller Gedanke. Er verlangt, daß mit Elementen des Wirklichen szenische Konstruktionen, daß mit Ideologien der Epochen dialogische Tragpfeiler erreicht werden. Hasenclever baut nicht, weder Gespräche noch Szenen. Hasenclever zuckt hin und her, berührt dies, berührt jenes, verliert sich im Nebenbei! Es ist nicht einmal klar, worum es sich handelt. Eine Völkerbundtagung, die Pariser Konferenz? Hasenclever hat nicht die richtigen Bausteine, wie kann er einen Bau ausführen? Ein Kabarettulk, schön. Ein Kabarettulk, in dem Bressart sehr drollig in der Maske Schachts und Hörbiger als Tscheche Spaß verbreiten kann, in dem, vorher im Wachsfigurenkabinett, Hans Peppler einen bleich komischen, schwarzbärtigen Landru darstellt. Eine ulkige Einlage. Aber Zeitkritik? Zeitkomödie? Napoleon greift ein?

Hasenclevers Schicksal: Der Fachmann glaubt zu sehen, daß der Dramatiker es sich schwer macht, daß er mit seiner Begabung kämpft, und doch bleibt der Endeindruck: so leicht darf es sich niemand machen. Napoleon, Josefine, Napoleon wieder im Wachsfigurenkabinett – ein Mosaik von dürftigen Einfällen. Hasenclevers Ideenführung hat ebensowenig konstruktive Kraft wie seine Theaterführung. Das Stück ist nicht leicht zu spielen. Die Aufführung in der Stresemannstraße mußte unter der Krankheit von Werner Krauss und der Probenübermüdung leiden. Maria Bard wurde gehemmt durch das Versehen des Requisiteurs, der eine Grammophonnadel falsch eingesetzt hatte, so daß das Grammophon bockte und ein ganzes Bild »geschmissen« wurde. Werner Krauss war trotz allem in seiner Beherrschung und Kühle bewundernswert. Immer wieder erstaunlich ist dieser Grad von Identifizierung und Distanz, von In-der-Rolle- und Über-der-Rolle-Stehen. Das war bei Shaw und ist bei Hasenclever zu bewundern. Auch der übermüdete Krauss hielt den Abend zusammen.

Berliner Börsen-Courier, Nr. 186, 22. April 1930

»Rost«

Als Studioaufführung brachte die Volksbühne Sonntagmittag das Schauspiel »Rost« von V. Kirchon und A. Ouspendsky heraus. Eine Überraschung. Das Stück ist zwar formal durchaus alt. Es überträgt Andrejews »Studentenliebe« aus dem zaristischen Rußland in die Sowjetrepublik. Aber man lernt das Rußland von heute kennen: Lebensverhältnisse, Auseinandersetzungen, Konflikte. Die Überraschung: Wie offen auf der russischen Bühne Kritik geübt werden kann, wie offen die Abrechnung mit den sogenannten Kriegskommunisten erfolgt.

Konstantin Terechin ist alter Revolutionskommunist. Er lebt auch heute nur in der Zeit der Barrikadenkämpfe. Er braucht die Begeisterung, er braucht die Unregelmäßigkeit und den lärmenden Heroismus. Eine andere Jugend kommt hoch, die Generation des Aufbaus. Terechin findet sich mit ihr nicht ab. Er kneipt und lärmt mit den Schiebern, mit verkommenen Dichtern, mit der ganzen weltschmerzlich, zynisch versoffenen Boheme, die wir aus hundert russischen Stücken kennen. Interessant, daß sie immer noch da ist. Interessant, wie man sich hier mit ihr auseinandersetzt.

Das Stück bringt Vorgänge und Debatten. Vorgänge, die in den Debatten auf ihre Berechtigung in Sowjetrußland geprüft werden. Vorgang: Ein Student macht einen Selbstmordversuch. Debatte: Darf man sich feige seiner Aufgabe im neuen Staate entziehen? Vorgang: Terechin lebt mit Nina Werganskaja. Er mißhandelt sie, scheint sie in den Selbstmord zu treiben. Debatte: Darf sich der Staat in Privatbeziehungen einmischen, darf Terechin aus der Partei ausgeschlossen werden, wie ist es überhaupt mit der neuen russischen Einschreibehe?

Hier wird keine klare Antwort erteilt. Denn das Schauspiel, das bis dahin deutlich und offen das Generations- und Eheproblem des neuen Rußlands behandelt, wird zum Schluß ein gewöhnlicher Kriminalfall. Terechin hat Nina nicht in den Selbstmord getrieben, er hat sie selbst erschossen. Allgemeines Theater, üblicher Überraschungseffekt, der mit der Fragestellung des Stückes nichts mehr zu tun hat. Zuerst der »Rost«, der sich am Staatsmechanismus angesetzt hat und ihn zu zerfressen droht. Zuerst: Die neue Ehe verlangt Verantwortung, sie ist nicht Ausschweifung, Willkür. Freiheit ist nicht ohne Bindung denkbar. Zuerst: Wie verträgt sich die Arbeit des Studiums, die Vorbereitung auf den Beruf mit der politischen Tätigkeit? Nachher: Der alte Barrikadenkämpfer; der alte Tiradenschwärmer ist auch ein Mörder. Das verschiebt das Problem, das entwurzelt den Konflikt, das nähert das aufschlußreiche, instruktive Stück dem gewöhnlichen Knalltheater.

Die Volksbühne hat das Verdienst, mit diesem Stück bekannt gemacht zu haben. Aber sie näherte sich ihm nicht vom Inhalt, sondern von der Kulisse her. Studenten waren eben Studenten, Theaterstudenten (begabte wie Josef Dahmen, Karl Heinz Stroux), aber man wahrte nicht die Altersunterschiede, nicht die Berufsunterschiede, nicht die Herkunft. Oder: Speelmans als Terechin. Eine brutale Theatergestalt, aber man glaubt ihr nicht die revolutionäre Vergangenheit, nicht die Haltlosigkeit in einer neuen Zeit. Speelmans gibt einfach einen schlechten Kerl, aber nicht die Voraussetzungen, die ihn zum Entgleisen bringen. Der Fall Speelmans ist typisches Theaterberlin. Speelmans, ein Chargenspieler ersten Ranges, einmalig, unersetzlich, wird durch Erfolge in Hauptrollen geschoben, in tragende Partien, die ihm nicht liegen. Durch große Rollen steigert der Schauspieler zwar seinen Marktwert, aber nicht seine künstlerische Geltung. Ferner: die Studentin Lisa Grakowa. Sie wird im Stück abgelehnt, weil sie ebenso herunterkommt wie Terechin. Eddi Kollwitz aber spielte nur ein Theaterweibchen. Daß sie Studentin ist, kann niemand wissen, der nicht den Zettel liest. So verschiebt sich in der Aufführung auch das Ehe- und Liebesproblem. Es bleiben: Ernst Ginsberg, Margarete Melzer, die neu engagierte Gina Falckenberg (sehr fein, sehr still, sehr überzeugend), der wundervolle Peppler in einer winzigen Rolle und Leonard Steckel. Steckel gibt den Nepman Panfilow, den Revolutionsschieber. Eine prachtvolle Gestalt, ebenso schauspielerisch wirksam wie dramaturgisch richtig. Auf die dramaturgische Richtigkeit, auf die Akzentsetzung der Figuren sollte Martin die Aufführung nachträglich vor der Übernahme in den Abendspielplan durchsehen.

Russisches Wirklichkeitstheater, russische Lebensdarstellung, Versuch zur Sachlichkeit und Genauigkeit. Meyerhold gab inzwischen im Wallner-Theater auch ein Stück des neuen Rußland: »Der Armeekommandant« von J. Selvinski. Ein Stück aus den Revolutionskämpfen von 1918. Ebenfalls ein Schauspiel von Verantwortung und Zügellosigkeit, von mißverstandener Freiheit und Bindung, aber pathetisch, leer, unwirklich, gymnasiastenhaft, deklamatorisch. Russisches Hoftheater. Lauff. Einige gute Regiegedanken: wenn die Soldaten, die aus weiter Ferne allmählich zum Meeting kommen, langsam in die Verhandlung hineingerissen werden; wenn aus dem Parkett, von der Seite, von links, von rechts die Soldaten zur Nachtwache klettern. Aber sonst zeigt sich, daß auch der schauspielerische Ausdruck uns nichts zu sagen hat. Meyerhold hat die epischen Formansätze, die er im »Wald« gezeigt hat, in dieser Historie nicht weiterentwickelt, was notwendig und möglich gewesen wäre. Er ist nicht mehr kühl und beherrscht, sondern laut und falsch dramatisch. Pathetisches russisches Theater: nein. Wir lehnen es ab. Episches, komödienhaftes, formbeherrschtes: ja. Sachliches, berichtendes, mitteilendes: ja.

Berliner Börsen-Courier, Nr. 196, 28. April 1930

»Phaea«

Deutsches Theater

Wenn »Haus Danieli« der geschmackloseste, »Kreatur« der peinigendste Abend der Spielzeit war, dann ist »Phaea« der deprimierendste. Ein schlechtes Stück mehr – wer regt sich darüber auf? Noch ein schwacher Unruh – wer erwartet etwas anderes? Aber daß länger als zwei Monate das erste Theater Berlins mit Proben besetzt, daß das Repertoire lahmgelegt, ein riesenhafter Apparat in Anspruch genommen wurde, um ein aufgeblasenes Nichts mühsam auf die Bühne zu stellen, das begreift man nicht. Daß hier ein großer Regisseur, vortreffliche Schauspieler,

Dekorationsmaler, Komponisten, Dramaturgen, Photographen, Notizenverfasser wochenlang von nützlicher Tätigkeit abgelenkt wurden, daß gerade auf diese Premiere jedes Licht fiel, daß gerade auf diesen Abend sich Spannung und Erwartung konzentrierten, das deprimiert. Große Reinhardt-Premiere. Uraufführung eines deutschen Dramatikers. Eine Position war zu gewinnen oder zu verlieren. Sie wurde verloren.

Eine Kunstanschauung, eine Kunstpolitik steht zur Debatte. Fritz von Unruh galt manchem als der repräsentative Dramatiker des neuen Deutschland. Er wurde offiziell propagiert. Er mußte von der Staatsbühne, er mußte vom Deutschen Theater gepielt werden. Unruh zu geben, hieß Ehrenpflicht. Genügte allein die Wandlung vom Soldaten zum Pazifisten, um Unruh zu einer weithin sichtbaren, im Ausland bekannten, im Inland begrüßten Persönlichkeit zu machen? Ich fürchte: Gerade Unruhs Schwäche war seine Beliebtheit. Seine Thesen waren unfaßbar, allgemein, vieldeutig. Er erging sich in Deklamationen der Menschenliebe, des verschwommenen Gefühls, die von keinem Geist, keiner Anschauung kontrolliert wurden. Unruh schien der letzte Vertreter des deutschen Idealismus zu sein. Schien. Man war zufrieden geworden. Pathos – also ein neuer Schiller. Unruh war Offizier – also ein neuer Kleist. Edelphrasen – also ein Idealist. In Unruh drückt sich die ideologische Unklarheit einer ganzen Epoche aus. Sein Fall geht tiefer. Der neue Staat griff nach Unruh, um einen festlichen, ihn darstellenden, ihn feiernden Dramatiker zu haben. Als Unruh versagte und versagen mußte, warf niemand die Frage auf, ob der Staat überhaupt schon soweit ist, so fest auf gedanklicher und weltanschaulicher Basis steht, daß er im Drama ausgedrückt werden kann.

Das offizielle Deutschland übertrieb Unruh, und Unruh übertrieb sich. »Phaea«: Hier kehrt noch einmal die deklamatorische »Oh-Mensch«-Dramatik wieder, kontrastiert mit dem Tonfilm. »Lache Bajazzo« auf expressionistisch. Durcheinandermischung von Spiel und Leben, also Motive Schnitzlers, Hofmannsthals im Filmatelier. Weltbeglückerphrasen und harte Filmwirklichkeit. Politisches Allerweltstheater, durchsetzt mit Max Reinhardts Schauspielerpsychologie. »Phaea«: eine Filmgesellschaft. »Phaea«: ein Menschenmoloch. Kauderwelsch des Geistes. Kauderwelsch des Theaterjargons. Scheinweites Menschentum und Inzucht der Bühne.

Tonfilm ist Mode auf dem Theater. Aber immerhin – es wäre

denkbar, die fürchterliche Gier dieser Jahre nach Öffentlichkeit darzustellen. Es wäre möglich, zu zeigen, wie jede Regung, jeder Plan, jeder Ansatz zur Entwicklung sofort ins Licht gestellt, gewertet oder abgelehnt, wie alles fixiert, alles photographiert, alles verarbeitet wird, um den Materialhunger der Welt, den Materialhunger der Presse, des Films, des Theaters, des Radios zufriedenzustellen. Nichts hiervon bei Unruh. Wehleidiges Geschwätz eines Filmautors, rückwärts gewandte Sentimentalität. Raritätenkabinett ehemaliger Offiziere, die glücklich sind, ihr Leben jetzt im Film darstellen zu können. Ein heruntergekommener russischer Großfürst. Nichts ist durch den Sinn verbunden. »Mensch!« sagt jemand zu einer abgetakelten Exzellenz. »Nennen Sie mich nicht Mensch«, erwidert diese, »geben Sie mir meinen Titel Exzellenz!« Phraseologie von 1919 im Tonfilmatelier von 1930. Der Filmdirektor wimmert immer nach dem »Leben« und hält eine große Verteidigungsrede auf den Kitsch. Wer kennt sich aus? Realität und Symbol, geschwollenes Deutsch und Reinhardts Regie – nichts paßt zusammen, alles stößt sich, stört sich, bis der Zuschauer gelähmt wird.

Harald Paulsen mußte den Autor spielen, einen Fritz von Unruh an Geschwollenheit – armer Paulsen! Heinrich George den Filmdirektor im Stil der allegorischen Stücke von Unruh – armer George! Curt Bois einen zappelnden Allerweltskerl – lebendiger, phrasenloser, beweglicher Bois! Gerron einen Regisseur und Dagny Servaes eine Diva mit falschen Tönen. Diese Rollen paßten.

Reinhardt kommt immer zu seiner Moissi-Liebe zurück. Einmal heißt Moissi Sokoloff, dieses Mal Michael Tschechow. Er gibt weich, zerfließend, im Privaten echt, aber dramaturgisch überbetont den Großfürsten. Im Mittelpunkt stand Grete Mosheim. Sie spielt ein Mädel aus der Ackerstraße, berlinisch, naiv-verdorben. Eine neuc Entwicklung kündigt sich an, eine Entwicklung zur scharfen, bestimmten Charakterzeichnung. Aber Grete Mosheim muß vorsichtig sein. Sie hatte Reinhardts Regie nicht immer verarbeitet. Manches sprang heraus, manches wirkte noch mit Drückerchen. Grete Mosheim muß sich einspielen, bis die Natur wieder selbstverständlich wird.

»Phaea« – monatelange Erwartung, Reinhardts großer Sommercoup. Tausend Nachrichten zwischendurch. Reinhardt und Staatsoper, Reinhardt und Tonfilm. Dieser Abend war eine grelle Warnung. Reinhardt muß sich beschränken. Seine Unternehmungen sind überorganisiert. Schon zeigen sich Gefahren. Ohne systematische Arbeit geht es nicht. Auch nicht ohne systematische Erziehung des dramatischen Nachwuchses. Bruckner und Unruh waren Niederlagen. Aber keine Niederlagen der deutschen Produktion. Denn auf »Kreatur« und »Phaea« haben die Verständigen niemals gesetzt.

Berliner Börsen-Courier, Nr. 222, 14. Mai 1930

»Julius Cäsar«

Volksbühne

Hans Peppler, dessen Vater ich schon in Hannover als Cäsar sah, spielt die Shakespeare-Rolle wie von Shaw. Oder besser: Er spielt einen Caligula, einen eitlen, hysterischen, zwischen Feigheit und Brutalität schwankenden Despoten. Schauspielerisch: mit seiner ganz auf Tonfälle gestellten Kunst, mit seinem durch alle Register jagenden Organ, mit seiner trompetenden, pfeifenden, dann wieder heiseren, krächzenden Stimme. Artistisch also: interessant, die darstellerisch vielfältig abgestufte Studie eines krampfgeschüttelten, machtraffenden Tyrannen.

Aber der Sinn des Dramas? Wenn Karl Heinz Martin als Regisseur und Hans Peppler als Darsteller den Cäsar zu einem degenerierten Gewalthaber machen, so wird der historische Prozeß falsch dargestellt und das Schauspiel um seine Bedeutung gebracht. Der Kampf zwischen Cäsar und Brutus ist der Kampf zwischen Diktatur und Demokratie. Aber die Diktatur ist, in dieser Phase der Geschichte, nicht abgenutzt, nicht degeneriert, sondern – damals – das Prinzip der Abwechslung, der Ablösung, des Kommenden. Der Kampf spielt sich also viel grundsätzlicher, viel größer, viel beispielhafter ab, wenn er nicht gegen einen heruntergekommenen Schädling, sondern gerade gegen einen bedeutenden Menschen geführt wird. Nur dann ist es der Kampf gegen Cäsars Geist, nur dann wird die Auseinandersetzung aus der Sphäre gerückt. Den Cäsar Pepplers kann man umbringen, wie die russischen Verschwörer den Zar Paul ermorden – zur Stärkung der Monarchie. Eine Hofintrige mehr. Es lebe der Zar! Der Sinn wird also in das Gegenteil verkehrt.

(Werner Krauss verband beides: menschliche Schwächen und geistige Größe, Privatschicksal und Prinzip.)

Wenn in Shakespeares fünftem Akt die Cäsaren über die Republikaner siegen, so wird die Entscheidung vertagt. Cassius: »In wie entfernter Zeit wird man dies hohe Schauspiel wiederholen, in neuen Zungen, ungeborenen Staaten!« Brutus: »Wie oft wird Cäsar noch zum Spiele bluten, der jetzt am Fußgestell Pompejus' liegt, dem Staube gleich geachtet!« Es ist der heroische Kampf der Republikaner in einer Zeit, die die Wendung zum Imperialismus nahm. Der Kampf von Republikanern ohne Volk. Von demokratischen Philosophen und Ethikern (Brutus) oder von Ehrgeizigen (Cassius) ohne Ideenumschichtung. Es erfolgte der geschichtliche Umschlag. Darum siegt der imperialistische Gedanke, Augustus, das Cäsarentum. Wenn Martin aber das Cäsarentum, das in der üppigen Kraft des Anfangs stand, als überreif und faulig hinstellt, so bringt er keinen revolutionären, sondern einen kleinlichen Zug hinein. Wenn dieser Cäsar noch nicht einmal die Idee des Cäsarentums entwertet und entscheidend geschwächt hat, wie weltfremd und unfähig müssen dann die Republikaner, wie brüchig muß dann ihr Prinzip, wie falsch ihre geschichtliche Sendung sein! Wenn in Martins »Julius Cäsar« dem Oktavian gehuldigt wird, so ist eine kleine Episode vorbei. Der (schwächliche) König ist tot. Es lebe der (starke) König!

Diese Unklarheit in der Gedankenführung und in der Darstellung des geschichtlichen Prozesses ist um so erstaunlicher, als Martin sonst, im einzelnen, ganz auf kräftiges, großes, politisches Theater hinarbeitet. Das glatte, marmorne Römertum der alten Klassikerdarstellung ist verschwunden. Caspar Neher entwirft Dekorationen und Projektionen (die von Nina Tokumbet ausgeführt werden): ein Rom der Enge, der dunkel drohenden Macht; getürmte Prospekte, auf den Rundhorizont geworfen, Cäsars Geist vor Philippi: ein Alpdruck zackig schweifender Wolken, am Himmel eine katalaunische Schlacht, Chaos, Weltenwende – nie gab es, niemals bei Reinhardt, eine solche Shakespeare-Dekoration. Wenn man von dem schwachen und gegen seine früheren Leistungen leer gewordenen und immer mehr abfallenden Rehmann als Marc Anton, wenn man von den mäßig besetzten Frauenrollen absieht – man erkannte wieder, was die Volksbühne auch schauspielerisch leisten könnte. Leonard Steckel: ein derber, gefährlicher, plumper und doch bedeutender Casca – vortrefflich. Kurt Horwitz: ein sorgfältig gliedernder, sinnvoll sprechender und gut durchgreifender Cassius. Walter Franck: im Lauf des Abends von einem etwas matten immer mehr in einen versonnenen, melancholisch bedeutenden, menschlich starken Brutus hineinwachsend.

Die Volksbühne hat diese Mittel und diese Schauspieler. Sie könnte und kann ein führendes Theater sein. Warum schließt sie gerade die Vertreter der Publikumsgruppen aus, die in zähem Fleiß und zähem Organisationswillen an ihrer Auffrischung arbeiten? Warum soll sich gerade der Teil der Kritik, der sie immer vorwärtsgetrieben hat, um diese »internen« Fragen und den Arbeitsausschuß der Sonderabteilungen nicht kümmern? Erlauben es die geheimen Vorstandsmitglieder und ihre Stabstrompeter erst dann wieder, wenn sie die Hilfe derselben Kritik etwa zur Erhaltung der Kroll-Oper nötig haben?

Berliner Börsen-Courier, Nr. 248, 30. Mai 1930

Zum Pirandello-Skandal

Der Skandal, der am Sonnabend im Lessing-Theater bei der Premiere von Pirandellos »Heute abend wird aus dem Stegreif gespielt« losbrach, war der größte, den Berlin in den letzten Jahren erlebte. Der Kampf um ein Werk? Die Auseinandersetzung zwischen geistigen Richtungen? Kein Kampf, keine Auseinandersetzung, nur Selbstschutz gegen einen Sandsturm von Langeweile.

Die Pirandello-Mode in Deutschland war niemals echt. »So ist es – ist es so?« – eine halbe Wirkung in der Königgrätzer Straße. Selbst »Sechs Personen suchen einen Autor« war, trotz der hervorragenden Regie Reinhardts und einer ausgezeichneten Besetzung, anfangs kein Publikumserfolg, der erst nachträglich hochgetrieben wurde. Pirandellos Stücke: der Grenzstreit zwischen Schein und Sein, zwischen gespielter und erlebter Wirklichkeit. Für wen haben sie heute Bedeutung? Als Erkenntnisse sind sie mittelmäßig. Als Theaterstücke sind sie verschwommen. Das letzte: »Heute abend wird aus dem Stegreif gespielt«, wiederum Theaterproblem, Schauspielerproblem, was ist Stück, was ist Improvisation, was ist Rolle, was ist Privateigenschaft des Darstellers? Dies letzte Stück wäre selbst dann sensationell uninteressant, wenn es gut wäre. Es ist aber unbeschwingt, geistlos, endlos, Sand rinnt, Sand, Sand.

Wurde es deshalb in den Spielplan der Berliner Kunstwochen aufgenommen? Wer ist für diese Wahl verantwortlich? Kein neues deutsches Stück, das, auch wenn es durchfällt, dem Autor wenigstens Lernmöglichkeiten gibt, sondern ein Pirandello, dessen Entwicklung literarisch abgeschlossen ist. Und dieses Stück nun wieder in einer Aufführung, die nicht einmal Rettungsversuche unternimmt. Wo Leichtigkeit, Witz und Regieimprovisation am Platz wäre, zähe Schwerfälligkeit, düsterer Ernst. Und dieser Ernst wieder unzulänglich gespielt. Niemals kann sich das Ohr des Zuschauers richtig einstellen. Einmal wird genuschelt, ein anderes Mal deklamiert. Immer stehen die Personen falsch. Falsch nach dem Sinn der Szene (wenn man einen solchen annehmen soll). Falsch vom Parkett, falsch von der Bühne aus, falsch für die Akustik. Herr Andersen spielt einen Othello aus Gerdauen, Elisabeth Lennartz ist wegen ihrer Tapferkeit zu loben, daß sie durchhält. Vorher verbarg sie, daß sie eine Schauspielerin ist. Bleiben übrig: Hedwig Wangel und Lupu Pick. Lupu Pick war der einzige, der zwischen Schein und Wirklichkeit mit leisem Ernst, mit leisem Humor spielte.

Herr Hartung war es, der in den Sturm des Publikums hineinrief: »Respektlose Bande«. Respektlos war seine Regie. Respektlos vor Berlin, das immerhin Anspruch auf Leistung hat. Respektlos vor den Zuschauern, die auch den ödesten Text wenigstens akustisch vernehmen wollen. Herr Hartung, als Regisseur maßlos überschätzt, hat in Berlin Glück gehabt mit Aufführungen, die sich von selbst spielen, wenn man die Schauspieler dafür hat: »Das große ABC«, »Ton in des Töpfers Hand«, oder, aus stofflichen Gründen, mit der »Krankheit der Jugend«. Herr Hartung, ein Epigone des Expressionismus, hat niemals den Übergang gefunden vom starren, forcierten Prestissimo zu einer gelösten, motivierten, selbstverständlichen Sprechweise. Er mogelte künstlerisch mit dem Schrei und mogelt jetzt mit der Diskretion. Die Katastrophe war unausbleiblich. Sie ist eingetreten.

Berliner Börsen-Courier, Nr. 252, 2. Juni 1930

»Ich tanze um die Welt mit dir«

Deutsches Künstlertheater

Als Marcellus Schiffer und Friedrich Hollaender mit ihren Kammerrevuen anfingen, polemisierten sie witzig gegen die bombastischen Schauspektakel, gegen die »Noch-und-Noch«-Revuen. Das war ihre Leistung, die weiterwirkte. Das war ihr Erfolg.

Heute, wo alles sich rückwärts orientiert, nehmen Schiffer und Hollaender dieselben Bestandteile, die sie damals attackierten, in ihre Arbeiten wieder auf. Ein schneller Wechsel, eine hastige Umschaltung – und was eben noch ironisch gemeint war, ist nun wieder ernst. Alles Flüchtige wird wieder schwer, alles Leichte massiv, alles Witzige patzig. Unterhaltung und Literatur, Amüsement und geistiges Bedürfnis – wer wollte sie trennen und isolieren. Es ist oft wichtiger, zu erkennen, worüber das Publikum lacht, als worüber es weint.

Marcellus Schiffer und Friedrich Hollaender nehmen hier das alte Volksstück: Frau Hannepeter, Besitzerin eines Käsegeschäftes, und Herr Knolp, Besitzer eines Blumengeschäfts. Sind sie aus Berlin, aus dem Jahre 1930? Sie sind aus dem Kutschenberlin von 1850. Marcellus Schiffer und Friedrich Hollaender nehmen das alte Familienlustspiel: Tante Rosa und Großpapa Hannepeter. Sie nehmen eine Mode: den Tanz, ein wenig Satire: den Film – und Dr. Robert Klein, der das Ganze aufputzt, füllt, durch Einlagen ergänzt und die neue Schau dick päppelt. Marcellus Schiffer und Friedrich Hollaender als Pseudonyme für Haller und Kollo.

Ist die Annäherung endgültig? Es gibt noch immer witzige Einfälle. Sie liegen im Geschmäcklerischen, wie die reizende Persiflage der »Reiseandenken«. Es gibt noch immer gute Chansons. Sie sind für bestimmte Schauspieler geschrieben, wie »Daffke« und »Sex appeal« für Margo Lion. Hier ist internationaler Stil. Die Lion – von unheimlicher, beängstigender Komik, wenn sie sich auf Worte wirft wie »Daffke« und dieses Wort moduliert, färbt, streichelt, höhnisch aufrichtet, verächtlich wegwirft, eine ganze rüde Geistesrichtung gleichzeitig verkörpert und erledigt. Oder wenn sie mit der Vokabel »Sex appeal« spielt, sie auseinandernimmt, sieben appeal, acht appeal, neun appeal, sich verwandelt in ein neues Wesen, schaurig, grotesk, morgensternisch: in das »Sex appeal«.

Die Lion bekam durch Schiffers Text und Hollaenders Musik neue Möglichkeiten. Rosa Valetti wurde von ihren Grenzen festgehalten, auf ihre Nummer festgelegt. Sie spielte Tante Rosa, die sie immer gibt. Sie müßte aggressive, politische Chansons bekommen, um sich wieder entfalten zu können. Aber diese Note fehlt in der neuen Revue.

Die anderen Schauspieler? Ernst Busch spielt den sich hinauftanzenden Proleten, Knolp junior. Busch ist ein ausgezeichneter Kabarettist, wenn er in der »Katakombe« Tucholsky singt, ganz einfach, ganz ruhig, ganz eindringlich. Hier, bei Schiffer und Hollaender, ist die Rauheit geglättet. Busch rächt sich durch Phlegma. Eine wertvolle Begabung darf sich nicht verlieren. Carola Neher war nicht frei. Sie spielte, im fremden Ensemble, unsicher, lehnte sich manchmal an die Lion an. Sie fühlte sich nicht wohl in diesem Stil. Nur als sie sang »Eine kleine Eigenart von mir«, gläsern, fremd, erinnerte sie an ihre besten Rollen in der »Dreigroschenoper« und in »Happy end«. Carola Neher brauchte präzise Fixierung der Rolle, um ganz frei zu sein.

Weiter? Paul Hörbiger weit mehr als nett (was er von sich selbst sagt) – sogar reizend. Willi Prager – wie immer. Erika Helmke kopiert in einer Einlage Marlene Dietrich und besonders gut, beängstigend gut die Mosheim. Ein Negerkind, Little Esther, für das ein albernes Afrikabild eingeschoben wird, fasziniert das Publikum durch Komik, Chanson und Tanz.

Ein Sommererfolg, Robert Klein hat, im Berliner und im Deutschen Künstlertheater, seine erste selbständige Saison hinter sich. Er, der Verfechter des Ensemblegedankens, arbeitete mit Starvorstellungen: Bergner, Pallenberg. Er, der Förderer der Kammerrevue in der »Kömodie«: »Es liegt in der Luft«, griff jetzt zu gröberen Mitteln. Aber er brachte auch die »Straße« heraus. Vielleicht objektiv die beste, geschlossenste, ausgeglichenste Vorstellung der Spielzeit. Wonach wird er sich in Zukunft richten? Nach »Es liegt in der Luft«, nach der »Straße« oder nach »Sex appeal« und »Ich tanze um die Welt mit dir«? Robert Klein ist der geschickte Organisator des Publikumstheaters. Wird er seinen eigenen Weg oder den Rotter-Weg gehen? Wird sein neuer Regisseur Hans Brehm den Schauspieler entwickeln oder forcieren?

Berliner Börsen-Courier, Nr. 258, 5. Juni 1930

Barnowsky : 25

Theater in der Stresemannstraße

Viktor Barnowsky ist im September 25 Jahre Theaterdirektor. Er hat in dieser Zeit, zuerst als Nachfolger Reinhardts im Kleinen Theater, dann als Nachfolger Brahms im Lessing-Theater und jetzt als Nachfolger von Meinhard und Bernauer in der Stresemannstraße, fast immer gutes, zuverlässiges Theater gemacht. Anständige Gebrauchskunst. Saubere Geschmacksleistungen. Gut angezogene, appetitliche Aufführungen.

Das Kleine Theater Barnowskys, mit seinen Darstellungen von Wied, Thoma, Andrejew, war sogar auf dem besten Wege, eine Spezialität zu werden: ein agiles, witziges, schauspielerisch lebendiges Boulevardtheater. Eine Unterhaltungsbühne von Niveau – also für Berlin eine Seltenheit. Hier spielten Max Adalbert und Ilka Grüning, Erich Ziegel und Otto Gebühr, Alexander Rottmann und Guido Herzfeld, Max Landa, Paul Otto, Bruno Decarli, Alfred Abel.

Diese Entwicklung wurde unterbrochen, als Barnowsky das Lessing-Theater übernahm. Leider galt die Komödie, das Lustspiel als eine Gattung zweiten Ranges, und ein Theaterdirektor, der mit leichten Werken Erfolge hatte, litt an Minderwertigkeitskomplexen. Es war die Zeit der falschen Maßstäbe, der Wertverrückungen, des verzerrten Formats. Barnowsky führte im Lessing-Theater gewiß einen ausgezeichneten Spielplan durch, aber mit Werken, die dem Regisseur Barnowsky fernlagen. Das Kleine Theater, unter Altman, verlor seinen Charakter. Das Lessing-Theater mit seiner geistigen Tradition und seinem großen Raum verlangte schwere Werke. Es setzte sich durch. Aber – der Leichtgewichtsboxer Barnowsky trat zur Weltmeisterschaft aller Klassen mit Max Reinhardt an. Ein falsches Treffen.

Barnowsky hat in allen schwankenden Jahren den Typus des Privattheaterdirektors bewahrt – im guten Sinne. Aber die Entwicklung brachte es mit sich, daß er – jetzt in der Stresemannstraße – die Initiative oft abgeben mußte. Einmal an den Star, an Elisabeth Bergner, die ihre besten Rollen bei ihm spielte. Ein anderes Mal sogar an eine »Gruppe«, an sein Gegenprinzip: an die »Gruppe junger Schauspieler«. Jetzt tritt Barnowsky in sein

26. Direktionsjahr. In ein schwieriges Theaterjahr für alle. Es wird sich zeigen müssen, ob die Formen und Organisationen, in denen und für die Theater gespielt wird, noch Widerstandsfähigkeit haben.

Barnowsky beginnt mit einem Lustspiel »Marguerite : 3« von Fritz Schwiefert. Schwiefert ist Bibliothekar an der Staatsbibliothek. Er schrieb früher schwülstige Dramen und schreibt jetzt, in selbstgewählten Grenzen, Lustspiele. Diese Besinnung und Bescheidung ist erfreulich. Erfreulich ist auch, daß ein deutscher Autor schnell zu einer Berliner Uraufführung kommt. Aber – rücken wir die Aufgaben zurecht. Die Tatsache einer Uraufführung darf das Urteil nicht trüben. »Marguerite : 3«, Marguerite, die sich drei Junggesellen verschieden zeigt, nämlich so, wie diese die Frau sehen, wie diese sie sich wünschen, der eine kalt, der andere sentimental, der dritte mondän, »Marguerite : 3« hat einen Dialog, der in seiner Pointierung und Affektiertheit nur schwer zu ertragen ist. Drollige szenische Arrangements, aber eine anspruchsvolle Banalität der Sprache.

Marguerite ist Carola Neher. Seltsames Mißverständnis. Wenn eine Frau gut aussieht, ein erotischer Typ ist, wird sie in Berlin zur Salondame gemacht. Carola Neher aber ist keine mondäne Schauspielerin. Es ist angenehm, daß sie den Ton für die drei Marguerites nicht forciert, nicht zu viel charakterisiert, aber ihre Bewegungen passen nicht zum Kleid und nicht zur Rolle. Es sind verlegene Gesten der Unsicherheit, vielleicht durch Premierennervosität, vielleicht durch die Toilette hervorgerufen. Carola Neher ist keine Schauspielerin für elegante Frauen. Oder sollte die Verlegenheit in den drei Partien Absicht sein? Dann wäre schon die Anlage falsch und die Durchführung unklar gewesen.

Am angenehmsten Paul Hörbiger als Junggeselle Nr. 3. Er spielte den Schauspieler Lorenz Holm mit der liebenswürdigsten Mischung von Theatralik und Einfachheit. Vespermann: glatt. Platte: ist im Kabarett persönlich, auf der Bühne unpersönlich. Etlinger gibt einen Diener, der zum Publikum spricht. Etlinger muß sich hüten vor neckischen Rollen.

Berliner Börsen-Courier, Nr. 404, 30. August 1930

»Des Kaisers Kulis«

Piscator im Lessing-Theater

Theodor Plieviers Roman »Des Kaisers Kulis« gehört zu den stärksten Werken der Kriegsliteratur. Jetzt hat Plievier seine epische Darstellung auf die Bühne gebracht. Auf die Bühne gebracht, nicht dramatisiert. Das wäre unmöglich gewesen. Plievier überträgt die Erzählung auf die Mittel des Theaters.

Erster Akt: »des Kaisers Kulis«, die Matrosen beim Kohlen, die »Seidlitz« landet, die Leichen werden hinausgetragen – schwerer, dumpfer Auftakt, Trauermarsch, Schweigen, Resignation. Zweiter Akt: Schlacht am Skagerrak (Überleitung: turbulente Exzesse in der Hafenkneipe). Dritter Akt: Hunger, Verschwörung der Matrosen, Kriegsgericht, Reichpietsch und Köbis werden in den Schlingen der Protokolle und Untersuchungsmethoden gefangen. September 1917 Vollstreckung des Todesurteils. November 1918 Umsturz.

Ein großartiger Aufriß. Der Versuch einer weitgespannten Zeitdarstellung – ohne Fanfare und billige Tiraden zum Schluß, ohne dramatische Punktsetzung. Im Gegenteil: Das Stück läuft ins unendliche. Die Matrosen werden Arbeiter, Arbeitslose, Auswanderer. Wer eben noch Revolutionär im Begeisterungsrausch war, sieht das harte Erwachen. Der Umschlag kommt, die Reaktion. Stufenweise steigen die Matrosen die Jahre hinab – 1923, 1925, 1930. Starke Sinnfälligkeit der politischen Darstellung. Erkenntnis; kein Taumel, aber auch keine Resignation.

Wenn man diesen erregenden und ermattenden und wieder erregenden Abend vom Theater her betrachtet, so ist vieles unzulänglich. Zuerst schauspielerisch. Aber nicht etwa, weil keine großen Darsteller mitwirkten, weil keine schauspielerischen Eindrücke erzielt, weil keine dankbaren Nuancen ausgearbeitet wurden. Im Gegenteil, das ist der Vorteil. Aber es war ein Vorteil im Negativen, im Weglassen. Was an die Stelle der Nuance hätte treten müssen, die rauhe Eindringlichkeit, die feste Sprache, das blieb unvollkommen. Man kann sehr wohl und gerade mit einem primitiven Ensemble Deutlichkeit erzielen. Piscator versuchte stillere, männlichere Wirkungen. Ausgezeichnet. Aber Zurückhaltung ist nicht Verschwommenheit. Die leise

Sprache verlangt Klarheit – zumal in einem darlegenden, hinweisenden Stück. Warum wird das Experiment der Skagerrakschlacht noch einmal mit dem Experiment des Darstellers und Vorlesers Plievier belastet? Warum spielt der unbeholfen und dilettantisch sprechende Autor den Köbis, eine Rolle für Ernst Busch?

Wenn man die Vorstellung von der Form her betrachtet, so wird sie fast gesprengt von Problemen. Einmal geht der Bootsmaat Weiß – die Leichen im Panzerturm sind in Staub zerfallen, die »Blücher« ist untergegangen – schaudernd durchs Publikum ab, »aber der Geist ist verlorengegangen« – ungewöhnliche, tricklose Wirkung, ganz still, ganz stark. (Walter Jung spricht ihn gut.) Oder: das Hineinschleppen der leichenbeladenen »Seidlitz«, der Versuch zu Chören, die Schlacht am Skagerrak mit dem Vorleser. Überall große Ansätze, überall weiterwirkende Versuche.

Aber ... Piscator muß sich entscheiden. Sein Wille zur Einfachheit und einer epischen, ruhigen Größe ist unverkennbar. Warum bleibt er auf dem Wege stehen, wenn er diese Absichten auf die Dekoration übertragen will? Kargheit der Mittel zwang zur Bescheidenheit, aber leider nur zu einer bescheideneren Anwendung seines bisherigen Apparates mit Film, Projektionen und Gerüsten, nicht zu einer Vereinfachung seines Bühnensystems selbst. Wenn Piscator so starke Gesten findet, wie das Hereinschleppen des Schlachtkreuzers, wie den Abgang des Bootsmaats – hätte er mit dieser primitiven Eindringlichkeit nicht ganze Gerüste ersetzen können? Diese Aufführung blieb in der Form zwischen Apparatbühne und Gestenbühne, zwischen Dekorationstheater und Sprechbühne stecken. Im Wallner-Theater hätte Piscator konsequenter sein können. Es ist nicht seine Schuld, daß er ins Lessing-Theater ziehen mußte und wieder eingeklemmt wurde in den Widerspruch zwischen dem Publikum, das mit anderen Theateransprüchen ins Lessing-Theater zieht, und den Zuschauern, an die er sich mit Stoff und Darstellung wendet.

Wenn man den Abend vom Stoff her betrachtet, so muß eine Scheidung verlangt werden. Daß der Tonfilm das Theater verschlingt oder auch nur bedroht, ist Unsinn. Aber daß der Tonfilm seine bestimmten Stoffe hat, wie das Theater, ist sicher. »Des Kaisers Kulis« wäre ein Filmstoff gewesen (wie »Westfront 1918« ein Filmstoff war). Die Tragödie dieser Gesamtheit: Matrosen, die Zustände, die Schlacht, die Revolution, diese epische Aufrollung wäre Sache des Tonfilms gewesen. Daß Piscator sich nicht begnügt hat, daß er immer wieder ansetzt, daß er diesen großen Stoff nicht in kleinlichen Detailausschnitten, nicht nur in dem Fall Köbis, Reichpietsch, sondern in großen Zusammenhängen darstellt, ist ein Ehrenzeichen für ihn. Piscator hat das Thema nicht an die Kulisse verraten, hat sich nicht auf Schwierigkeiten herausgeredet, hat nicht »dramatisiert«, ist sich der großen epischen Anforderungen des Themas bewußt gewesen. Aber er ist, in der Ausarbeitung, auf halbem Wege stehengeblieben. Ein unzulänglicher Abend vom Gesichtspunkt des Theaters. Ein großer Abend, wenn man die angeregten, angerührten Probleme bedenkt. Er dient zur Verwirrung, wenn man ihn als abgeschlossene Leistung betrachtet. Er dient zur Klärung, wenn man ihn in Zusammenhänge einordnet.

Berliner Börsen-Courier, Nr. 406, 1. September 1930

Staatsbühnen und Reinhardt

Schönherr im Schiller-Theater

Die Saison beginnt und mit ihr die Affären. Es sind noch nicht die lauten Affären, keine Skandale, keine Krache, sondern die schleichenden Affären einer Dauerkrise. Aufarbeiten alter Mißstände, verschleppte Reformen, zögernde Entschlüsse, verlegene Dispositionen.

Das Staatstheater hatte den Prozeß Hoffmann-Harnisch. Dieser ebenso unfähige wie reklametüchtige Regisseur wurde engagiert oder beinahe engagiert oder halb und halb verpflichtet, obwohl ein Teil der Kritik und die meisten Theaterleute sich über seine Eigenschaften durchaus klar waren. Er wurde engagiert, weil sich Herr Hoffmann-Harnisch auf politische Verbindungen stützen konnte. Was muß die Folge sein? Niemals mehr Engagements zu treffen, die auf Beziehungen aufgebaut sind. Beziehungen sind nicht einmal eine Augenblickshilfe. Das Engagement Hoffmann-Harnisch hat den Weg versperrt für begabte Regisseure. Das Engagement Hoffmann-Harnisch hat Geld und Geld verschlungen, unproduktive Summen. Angefangene und abgesetzte Inszenierungen, Entschädigungen und zuletzt noch eine Opernregie.

Das Staatstheater geht in die erste Spielzeit mit der Reibaro. Es hat, am Gendarmenmarkt, einen Publikumserfolg. Währenddessen laboriert das Deutsche Theater an »1914«, ist das Berliner Theater unter einer mehr als problematischen Direktion neu eröffnet worden. Kein Wunder, daß in der erhitzten Kulissenatmosphäre die Gerüchte aufschießen: Reinhardt, noch im vorigen Jahr als der Retter der Staatsbühnen ausgerufen, suche jetzt selbst Anlehnung an die staatlichen Theater. Die Verbindung solle enger sein; Verstaatlichung oder Abstoßung des Deutschen Theaters; Reinhardt als Opernregisseur Unter den Linden und als Schauspielregisseur am Gendarmenmarkt. Das alles – bevor Reinhardt selbst in Berlin ist.

Diese unverbindlichen Vorbesprechungen und verbindlichen Gerüchte zeigen die ganze Unsicherheit und Nervosität, das ganze Mißtrauen, das die Öffentlichkeit dem Theater heute entgegenbringt. Nicht ohne Schuld der Bühnenleute. Das Wort Krise sollte von der Kritik nie mehr ausgesprochen, nie mehr aufs Theater bezogen werden. Vorher aber müßten sich die Bühnen selbst zu ganzen Maßnahmen aufraffen. Das Staatstheater keine Geheimdiplomatie, keine Geheimbürokratie dulden. Das Deutsche Theater nie mehr den Leerlauf von wochenlangen, teuren »Phaea«-Proben dulden. Was dem Staatstheater sein Hoffmann-Harnisch, das war dem Deutschen Theater sein Unruh. Zwei desorganisierte Bühnen werden nicht dadurch stark, daß man sie zu einem riesenhaften Monstrum zusammenfügt, sondern dadurch, daß man jede für sich auf das organische Maß zurückführt.

Im Schiller-Theater die erste Premiere: »Herr Doktor, haben Sie zu essen?« von Karl Schönherr. Ein Stück von der Not der akademischen Berufe, also wichtig. Ein zufälliges Stück, also unwichtig. Daß das Schauspiel in der Verknüpfung der Handlung primitiv, in der Szenenführung plump und nur im episodischen Beiwerk lebendig ist – nebensächlich. Daß es keine Zwischentöne kennt, grob angesetzt und patzig ist – gleichgültig. Ein derbes Alltagsstück, ein knallendes Volksstück, warum nicht? »Herr Doktor, haben Sie zu essen?« gehört zu den Werken, über die ihr Nutzwert entscheidet. Der Nutzwert aber ist gering. Es wird zwar die Überfüllung der juristischen und medizinischen Berufe geschildet, aber niemals werden die Ursachen berührt. Niemals stößt das Werk zu einer Kritik der Zustände vor, nirgends zeichnet sich eine Kampfesrichtung ab. Üble Typen, Streberei, Intrigen, Hunger der Ärzte, und daneben das blühende Geschäft der Kurpfuscher. Ausgezeichnet. Aber das alles bleibt ohne Sinn, weil der Vorstoß zu einer Zeitkritik nicht gemacht wird. Es wird umständlich gezielt und nicht geschossen.

So konnte im Schiller-Theater, auf der Bruckner-Bühne der »Verbrecher«, nur eine Typenrevue gezeigt werden. Sehr sorgsam von dem begabten Spielleiter Leopold Lindtberg hingestellt. Aber der ausgezeichnete Regisseur von »Sacco und Vanzetti«, von »Judas« ist müde geworden. Lindtberg hätte zusammenreißen und streichen müssen, das Tempo beschleunigen. Jeder Schauspieler einzeln wurde gut geführt. Es fehlte die Zusammenfassung.

Aber man sah ein Ensemble. Walter Franck, nicht mehr der monotone Edelmensch, sondern ein böser, mißgünstiger Wissenschaftler, vortrefflich. Wolfgang Heinz: einfach; Rosa Pategg komisch; Harlan sogar sehr lebendig, sehr witzig und eine Wohltat, treibend und die Szene befeuernd; dann Heinrich Schnitzler, Franz Weber und zwei neue Gesichter: Bernhard Minetti, dessen Begabung schon auf der Staatlichen Schauspielschule auffiel, spielt hier einen Kandidaten der Medizin. Ein neues Gesicht. Nicht der glatte Typ. Feurig und kalt zugleich. Ein knapper, aufbegehrender, glühender Schauspieler. Ludwig Donath: ein junger Arzt, sachlich, klar, frisch. Hier sind zwei Begabungen, die jede Förderung verdienen. Aber Förderung, planmäßige Entwicklung, nicht Abnutzung und Forcierung.

»Herr Doktor, haben Sie zu essen?« ist im Schiller-Theater durchaus möglich. Nur, wenn solche Stücke dem Spielplan Richtung geben sollen – nein. Mittlere Stücke müssen sein. Mittelmäßigkeit nicht.

Berliner Börsen-Courier, Nr. 422, 10. September 1930

»Der Schwierige«

Komödie

Max Reinhardt, vorläufig und hoffentlich für immer frei von Filmverpflichtungen, will seine Theater wieder herauspauken. Er will wirkliche Reinhardt-Bühnen führen. Damit wäre endlich ein klarer Zustand geschaffen. Wer dem Theater seinen Namen gibt, muß auch verantwortlich sein. Nichts hat Reinhardt mehr geschadet, als daß er in der wankenden Zeit kurz nach der Revolution seine Theater abgab. Jetzt kommen – mit anderen Vorzeichen – wieder gefährliche Jahre für das Theater, materiell gefährliche, geistig gefährliche. Diesmal will Reinhardt den alten Fehler nicht wiederholen. Es muß bei dem Beschluß bleiben.

Reinhardt beginnt in der »Komödie« mit der fabelhaft ausgearbeiteten Aufführung des »Schwierigen«. Von dem böhmisch derben, robusten, glänzend gespielten Diener Theodor Daneggers bis zu Helene Thimigs zart überlegener Komtesse Helene Altenwyl ein Ensemble von Stimmen, ein Ensemble der Tonfälle. Wie delikat werden die Gespräche geführt, wie musterhaft gehen sie ineinander über, wie gut werden sie abgebrochen, wieder aufgefangen, in einer anderen Ecke fortgesetzt. Wie wirkungsvoll werden derbere Töne eingefügt (Ferdinand Bonn als »Berühmtheit«) – artistische Regiemeisterschaft höchsten Ranges. Theater für Genießer. Max Reinhardt als künstlerischer Gastgeber. Man schlürft Schauspielkunst.

Da gibt Gustav Waldau aus München den Grafen Hans Karl Bühl, den »Schwierigen«, den Beschlußunfähigen aus Distanz, den Verlegenen aus behüteter Konvention. Ich habe Waldau seit Jahren nicht gesehen. Inzwischen sind seine Mittel noch feiner, noch zarter geworden. Diese unverbindlichen Bewegungen, dieses Spiel der Hände, der Gang, die Konversation. Meisterhaft. Vielleicht scheint Waldau im Spiel mit Helene Thimig nur deshalb etwas nachzulassen, weil er schon im ersten Auftritt ein vollkommenes Abbild der Rolle gezeichnet hat.

Helene Thimig als Helene Altenwyl. Ihr Spiel ist eine zauberhafte Verbindung von Hemmung und Sicherheit, von Herbheit und Freiheit, von Zartheit und Kraft eingegangen. Hermann Thimig: neben Waldau fast zu sehr Schauspieler, zu sehr dicker Theaterton, aber mit welcher technischen Meisterschaft spielt er auf der Klaviatur seiner Mittel. Else Eckersberg: ausgezeichnet nach der virtuosen Seite hin, vortrefflich durch den Kontrast.

Reinhardt spielt durch alle hindurch. Durch Paul Hörbigers ungeschickte Bewegungen als Graf Hechingen, durch Herta von Hagens Konversation (welcher Unterschied zu ihren früheren Münchener Rollen), durch Elma von Bullas Zofe (hier bleibt der Ton outriert, das Spiel krampfig). Max Reinhardt empfing seine entscheidenden Theatereindrücke von der Galerie des Wiener Burgtheaters. Auch wer, wie ich, nur das absinkende Burgtheater gekannt hat, spürt, daß Reinhardt jetzt, auf der Höhe seines Könnens, seine Jugendeindrücke verwirklicht. Burgtheater in einer Vollendung, die das Original wahrscheinlich niemals gekannt hat, war diese Aufführung. Burgtheater ist das Lustspiel von Hofmannsthal, das, indem es die verlöschende Welt des österreichischen Hochadels darstellt, in ihrer distanzierten Sprache, in ihren distanzierten Konflikten gleichzeitig die alte Form des Burgtheater-Lustspiels wieder aufleben läßt: in seiner Dialogführung, in seiner Szenengruppierung. Ein historischer Abend, was die Thematik betrifft. Ein historischer Abend der Lustspielform. Ein historischer Abend der Schauspielkunst. Ein Museum des Charmes. Aber aus den Vitrinen treten noch einmal die Figuren und bewegen sich und sprechen. Ein Gespensterreigen. Aber ein reizvoller, meisterhaft komponierter, meisterhaft geführter Reigen.

Berliner Börsen-Courier, Nr. 438, 19. September 1930

Volksbühne und »Weber«

In einem Diskutierklub, dem man zur Zeit des Sozialistengesetzes einen umnebelnden Namen geben mußte, in einem Diskutierklub »Alte Tante« entstand zuerst der Gedanke, auch Arbeitern den Besuch der Freien Bühne Otto Brahms zu ermöglichen. Daraus entwickelte Bruno Wille den Gedanken der Volksbühne.

»Alte Tante« – Spottnamen, Decknamen werden oft Ehrennamen. Die Volksbühne hat heute ein eigenes, großes Theater. Der Gedanke besteht 40 Jahre. Die Organisation ist über ganz Deutschland verbreitet. In Frankreich, in Norwegen, in Schweden – überall hat sie sich durchgesetzt (und gerade heute versuchen die – Nationalsozialisten, die Idee zu kopieren und im Wallner-Theater die NS-Volksbühne aufzuziehen).

Das große Werk, eine kulturpolitische Leistung ersten Ranges, ist heute gefährdet. Die Volksbühne ist nicht nur ein Theater, das aufhören mag oder nicht. Die Volksbühne, eine Idee, eine Sammlung, ein geistiges Bollwerk wird von außen und von innen berannt. Von außen: von Wirtschaftskrisen, reaktionärem Haß und Konkurrenz der Theatertrusts. Von innen: nicht von den Forderungen der Sonderabteilungen, sondern von Zaghaftigkeit, Kompromissen, taktischen Manövern. Die Volksbühne hat ein Recht, ihren Gedanken heute groß herauszustellen, auf die 40 Jahre ihrer Entwicklung hinzuweisen, sich durch alle Rundfunksender Deutschlands ans Publikum zu wenden. Die Volksbühne hat ein Recht, ihren Tag mit den »Webern« zu feiern. Aber ist der Inhalt der Festreden nicht schon ein Zeichen der Schwäche? Ist die Art der »Weber«-Darstellung nicht ein Beweis für die innere Verlegenheit?

Es wäre falsch, die »Weber«-Aufführung als eine losgelöste Inszenierung Karl Heinz Martins zu beurteilen; nur zu sagen: diese plötzlichen Verschärfungen des Tones, diese abrupten Stilisierungen und eingelegten lebenden Bilder widersprechen dem Werk. Martin ist fast der einzige, der heute noch »inszeniert«, der den Begriff »Regie« vertritt und mit »Auffassungen« arbeitet. Inszenierung: wenn er zwischen den ersten und zweiten Akt ein lebendes Bild der Weber einschiebt, die gespenstisch »zehn Groschen« murmeln. Regie: wenn er zwischen den zweiten und dritten Akt den Alpdruck eines, später im Text erwähnten, Leichenbegängnisses legt. Auffassung: wenn er den Expedienten und den Kassierer fast expressionistisch stilisiert. Inszenierung, Regie, Auffassung, weil Martin das Stück verbiegt, ohne einen Grundgedanken, ohne exemplarische Vorarbeit für eine neue Form, ohne stoffliche, inhaltliche oder geistige Akzentuierung. Schauspielerisch ergibt sich keine Einheit. Der ausgezeichnete Ernst Busch wird als roter Becker starhaft isoliert, Speelmans als Moritz Jäger verliert jeden Halt an der Situation, am Ensemble und damit die Rolle. Vom Vollbartnaturalismus Ernst Karchows bis zur modernen, lebendigen Art Hans Pepplers, Theo Lingens und Margarete Melzers (den einzigen, klar umrissenen Leistungen) sind alle Stile vertreten. Die Volksbühne ist da, wo die Privattheater vor Jahren waren: beim kalten, artistischen Experiment.

Warum ist sie hier angelangt? Martins Begabung ist gewiß artistisch gerichtet. Aber was soll er machen, bei dem widerstrebenden, verlangsamenden, zermürbenden Verfahren des Volksbühnenvorstandes? Wie kann Lebendiges geschehen, wenn bei der Vierzigjahrfeier ein zwar humaner, verbindlicher, aber unklarer, zögernder Geist zum weithin schallenden Programm gemacht wird? Man denkt bei Jubiläen an die Vergangenheit. Das ist immer so und kann hier mit stolzer Berechtigung geschehen. Wenn aber, zwischen den Worten, unbetont, heimlich doch von der Gegenwart gesprochen wird, aber niemand zugeben will, daß er von der Gegenwart spricht, wenn jede Stellungnahme eine Anspielung ist, jedes deutliche Wort wieder abgemildert wird, dann ist dieser Geist der wahre innere Feind der Volksbühne. Man spricht nicht von den Sonderabteilungen, aber man meint sie. Man fängt, wie Julius Bab, beim Dreißigjährigen Krieg an und schließt mit »Empor die Herzen!«. Man beginnt bei Jena und Auerstedt und feiert zum Schluß die Volksbühne als »ecclesia«, als Kirche, wie Herr Professor Ziegler aus Hannover. Man setzt sich mit der Spannung zwischen Kunst und Staat auseinander und tritt für die Freiheit der Kunst ein, wie Kultusminister Grimme. Aber man kämpft gleichzeitig gegen das Schreckbild eines Zeittheaters, wie es niemals existiert hat. Man verwechselt Weg und Ziel, vorbereitendes Theater mit endgültiger Leistung, verteidigt das »Kunstwerk« gegen Angriffe, die niemals erfolgt sind, und wünscht der Volksbühne die neuen »Weber«.

Die neuen »Weber«? Man kann Unsummen wetten, daß diese neuen »Weber« heute in der Lesekommission und im Vorstand hängenblieben und niemals auf die Szene kommen würden. »Hand in Hand«, schreibt in seinem klassischen Deutsch der Historiker der Volksbühne, Nestriepke, »mit diesen Theorien Hand in Hand ging ein tiefes Ergriffensein ...«. Jeder, der heute mehr denn je die Volksbühne gegen den Ansturm aller Widerstände stützen will, fürchtet, daß »Hand in Hand« mit diesem neuen Volksbühnengeist eine tiefe Enttäuschung der Mitglieder gehen muß und daß der Ehrenname des Diskutierklubs »Alte Tante« einst wieder ein Spottname werden wird. Man schütze die Volksbühne! Man rette sie für die Jugend und für die Zukunft!

Berliner Börsen-Courier, Nr. 442, 22. September 1930

»Elga«

Kammerspiele

Auf Werner Krauss wirkt der Raum, in dem er spielt, stärker als auf andere Schauspieler ein: befeuernd oder lähmend. Werner Krauss war der einzige, der das Große Schauspielhaus erfüllte, als er von dem Riesenraum die Eingebung seines phantastisch bizarren Shylock empfing. Werner Krauss kann durch die Kammerspiele leicht behindert werden. Er braucht (übrigens auch Gerhart Hauptmanns »Elga«) Ränge und Galerie. Seine Nervengenialität läßt ihn sofort reagieren. Krauss weiß, daß er im kleinen Haus anders spielen muß als im großen. Also geht er auf intime Wirkungen aus. Aber intime Wirkungen versucht er durch Tremolo zu erzeugen.

So ist auch Graf Starschenski von der Gestaltung zu sehr in Gefühlskonfessionen abgeschoben. »Ich bin glücklich« – in diesen ersten Worten liegt schon die ganze Tragödie, aller Argwohn, alle Eifersucht, alle Lebensangst. Dieser Starschenski lebt niemals auf der Erde. Es ist Gespensterluft um ihn. Es scheint immer Mitternacht zu schlagen. Krauss geht nicht. Er schwebt und tanzt. Weil Starschenskis Gefühl irritiert ist? Weil er keinen Boden unter den Füßen hat? Oder weil er ein Alpdruck ist, eine Gestalt im Traum des deutschen Ritters?

Werner Krauss ist ein Genie der Eingebung. Proben bedeuten für ihn wenig. Er sieht und hört eine Rolle – dann hat er sie ganz. Er tüftelt an ihr herum – dann hat er sie nicht. Der Starschenski schien überprobiert zu sein. Werner Krauss darf nicht in den Kammerspielen und nicht unter der Leitung des Abrakadabra-Regisseurs Hartung spielen.

Elga: Maria Bard, gelöst und beschwingt im Spiel der Glieder, in der Sprache konventionell. Ich glaube nicht, daß Maria Bards Weg in diese Richtung geht. Aber ich glaube, daß es gut ist, wenn sie einmal solche Rollen gibt, damit sie nachher um so sicherer auf ihre spielerischen Rollen zurückkommt. Oginski: Gustaf Gründgens überraschend farblos. Timoska: Max Gülstorff, auch er gespenstisch, aber eindringlich. Durch einen frischen, energischen, klaren und festen Ton fiel Eberhard Keindorff als Ritter auf.

»Elga«: Hauptmann am Scheidewege seiner Entwicklung. Er

entschied sich für die feudale Seelendramatik. Werner Krauss als Starschenski: Er verlor sich an ein fast expressionistisches Traumspiel. Er wird aus ihm zurückfinden.

Berliner Börsen-Courier, Nr. 470, 8. Oktober 1930

»Ein Sommernachtstraum«

Deutsches Theater

Als Max Reinhardt den »Sommernachtstraum« zuerst inszenierte, war seine Regie ein Protest gegen die Ballettsüßigkeit der Hoftheater. Heute führt derselbe Max Reinhardt den »Sommernachtstraum« ins Ballett zurück. 1905–1930. Das Theater orientiert sich rückwärts.

Damals: Der Hof des Theseus war nur Folie; im Zentrum der Dichtung und der Inszenierung stand der Wald und die Drastik der Liebespaare und Rüpel. Heute: Der Hof des Theseus ist Hauptsache, alles ist feudal geworden, Ballett breitet sich aus, Kostüme rauschen, und der Wald ist ein Kerzenwald, der den Herrschaften vorangetragen wird. Spiel im Schloß Leopoldskron.

Wie immer bei Reinhardt, lag auch dieser Inszenierung eine richtige Empfindung zugrunde. Der »Sommernachtstraum« konnte nicht mehr mit plastischen Bäumen und Wurzeln und Gras inszeniert werden. Es mußte eine Vereinfachung, eine Gliederung, eine Besinnung auf die sprachlichen Elemente erfolgen. Also ließ Reinhardt von Oscar Strnad eine riesige, weit aufgerissene Stufenbühne bauen, deren Dach sich heben und, als Laubdach in den Waldszenen, sich niedersenken läßt, deren Pfeiler entweder Palastsäulen oder Bäume sind. Die Gliederung vom Malerischen ins Architektonische verlegt. Ein geräumiges Spielfeld.

Wozu wird dieses Spielfeld verwandt? Um den Schauspieler zu entfalten und zu entwickeln? Nein, um Platz für ausgedehnte Balletteinlagen zu haben. Aus dem »Sommernachtstraum« von Shakespeare wird eine Tanz-, Licht-, Farben- und Kostümrevue von Mendelssohn. Ein typischer Vorgang. Ein, zum mindesten im Negativen, richtiger Grundgedanke: daß sich mit der vollgestopften Waldbühne heute nichts mehr anfangen läßt, wird nicht vorwärts, sondern rückwärts entwickelt, nicht zu einer vereinfachten, primitiven Spielbühne, sondern zum ornamentalen, dekorativen, pompösen Operntheater hin.

Also keine Spielbühne? Aber Reinhardt arbeitete doch hier, zweiter Gedanke aus der Zeit, mit jungen Schauspielern, auf die er doch die Aufführung abtönen, für die er einen Grundton finden mußte. Einen Grundton? Reinhardt hatte zuerst den Pomp der Inszenierung, in die er die Schauspieler gewaltsam einfügte. Er überspielte die Talente mit Licht- und Farbenwirkungen, er überlagerte sie mit seinem eigenen Ton, so daß man diesen erst mühsam abtragen mußte, um die Begabungen selbst erkennen zu können. Auch hier ein typischer Vorgang. Reinhardt nahm, wo er auf den Schauspieler einging, nicht den vielen gemeinsamen Ausdruckswillen als Grundlage, sondern den bei allen verschiedenen Privatton. Etwa Franz Nicklisch als Demetrius. Nicklisch hat manchmal einen drolligen, tiefen Ton des Erstaunens. Der fällt Reinhardt auf. Er läßt ihn im Traum deshalb immer wiederholen, aber die Rolle selbst im forcierten Reinhardt-Ton spielen. So ist es überall. Karlheinz Jaffé gibt den Oberon mit tausend Geschicklichkeiten. Sind es seine? Sind es Reinhardts? Wolfgang Liebeneiner spielt den Lysander, wahrscheinlich begabt; aber wo liegt die Begabung? Vilma Degischer gibt, schon sehr wirkungsvoll und fast routiniert, die Hermia. Stammen die Terwintöne von ihr oder von Reinhardt?

Diese jungen Leute spielen alle im Stil der Hochreinhardtzeit. Aber er ist ihnen aufgezwungen. Paul Wagner als Theseus scheint sich noch manchmal selbst zu behaupten, Fritz Steiner als Thisbe ist ein Körperkomiker, Robert Horky (Wand) ist vielleicht ein stilles Talent. Lore Anne Mosheim ist als Puck schon ruiniert. Sie muß den ganzen Abend tun, als ob sie ein expressives Ausdruckstalent wäre. Sie ist es nicht. Sie kann nur, in kleinen Rollen, vorsichtig verwandt werden. Hier werden ihr überall Stützen gegeben, die ihre Mängel erst recht aufzeigen.

Diese Aufführung, die Reinhardt zum erstenmal mit der schauspielerischen Jugend zusammenbrachte, zeigte nur die Widersprüche auf. Eine einfachere, undekorativere Jugend – und ein ornamentaler Schauspielerstil. Ein Stück von Shakespeare – und eine Oper von Mendelssohn. Es war nur eine andere Besetzung, unprogrammatisch, aber programmatisch aufgezogen. (Als Zettel breitete Otto Wallburg eine Musterkarte seiner erprobten Wirkungen aus.)

Berliner Börsen-Courier, Nr. 474, 10. Oktober 1930

»Brest-Litowsk«

Theater des Westens

Schutthalden von Irrtümern sind wegzuräumen, bevor man heute an die Besprechung eines Theaterstücks gehen kann. Dieselben Vokabeln werden vom einen so, vom zweiten anders gebraucht. »Gesinnung«, »Tendenz«, »Weltanschauung« werden gefordert oder abgelehnt, gepriesen oder verhöhnt, ohne daß die Begriffe selbst klargestellt sind. Schlagworte werden aufgegriffen, verändert, falsch angewandt, mit verschiedenen Vorzeichen versehen, und sind oft für dieselben Leute Schimpfwort und Lobspruch zugleich. Ein Gesinnungsstück – pfui Teufel! Das Stück hat keine Gesinnung – elende Charakterlosigkeit! rufen dieselben Leute. Wie soll der Dramatiker, wie sollen die Theater sich zurechtfinden?!

Wir müssen die eingefrorene Terminologie auftauen. Es ist ja nicht wahr, daß »Gesinnungsstück« nur ein Deklamatorium tendenziöser Meinungen war. Oder vielmehr: Es gab solche Gesinnungsstücke schon: die »expressionistischen« Dramen. Gerade diese aber wurden wegen ihres wohlmeinenden, schwunghaften Idealismus gelobt – von denen, die jetzt »Gesinnungsstück« nur als Injurie gebrauchen. Was heute unter dieser Bezeichnung läuft, will gerade von diesen verblasenen Tiraden, von diesen wurzellosen Phrasen, von dieser unverbindlich weitschweifigen, unfixierten Menschenliebe weg; will Darstellung, Darlegung, Genauigkeit, kontrollierbaren Inhalt. Gesinnung ist nicht das Ziel, sondern die Voraussetzung dieses Dramas; Tendenz keine Absicht, sondern die Grundlage.

Es hat niemals ein großes Drama gegeben, das nicht auf einer »Gesinnung«, das nicht auf einer Weltanschauung gewachsen wäre. Von Aischylos bis Shakespeare und Schiller und Goethe und Kleist. Erst als das Weltbild unsicher wurde, erst als man keinen »Standpunkt« mehr hatte, von dem man es »anschauen« konnte, zerbrach das Drama, atomisierte sich das Theater. Das »Zeittheater« war nichts anderes, als zum erstenmal wieder der planmäßige Versuch, Voraussetzungen für das Drama, Grundlagen für das Theater zu schaffen. Nicht eine Richtung zu gründen, nicht ein Ziel zu setzen, sondern Aufbauarbeit auf lange Sicht zu leisten.

In diese Situation kommt das neue Stück von Hans J. Rehfisch: »Brest-Litowsk«, das Drama des europäischen Friedens. Rehfisch ist ein außergewöhnlich begabter Szenenregisseur. Wo er fertig vorliegendes Material hat, wie für die Gerichtsszene des »Dreyfus«, wie für die Friedensverhandlung von »Brest-Litowsk«, da gruppiert er dieses Material bühnenmäßig wirksam, ja fortreißend. Wo die »Richtung« der Reden gegeben ist, in den Dokumenten festliegt – da kann Rehfisch sie bühnenmäßig fabelhaft arrangieren, richtig einstellen, spannen und einheitlich durchführen. Wo er aber diesen Boden verläßt und weiterdichtet, da wird er nicht etwa unwirksam, aber es zeigt sich, daß er nicht auf einem festen Punkt steht, von dem aus er die Kräfte und Gegenkräfte lenkt, beurteilt und ordnet, nicht auf einem Punkt, der ihm den Überblick, die Stellungnahme erlaubt.

So mißlingt ihm völlig die Figur des Generals Hoffmann, des Gegen-Ludendorff. Rehfisch läßt ihn als Sprecher der Vernunft auftreten und ihn gleichzeitig, in der Szene mit dem Kaiser, die verbohrte Idee eines Kreuzzuges gegen Rußland und der Liquidierung des Westkrieges predigen (1917/18!). Wurde diese Äußerung dramatisch eingeordnet? Wird der Zuschauer richtig eingestellt? Nein, es wird jedem überlassen, wie er sich, nach seinen persönlichen Antipathien oder Sympathien, einstellen will. (Deshalb war auch die Besetzung der Rolle mit Kayßler grundfalsch; mit Kayßler, der, so zurückhaltend und sauber er spielte, doch ein typischer Sympathieschauspieler ist und deshalb noch einmal das Bild verschob.)

Der Schluß bringt die (ins Jahr 1917 vorverlegte) Auseinandersetzung zwischen Trotzki und Stalin. Rehfisch versucht wirklich eine politische Auseinandersetzung auf der Grenze einer Situation, wo selbst der radikalste Revolutionär ins Nationalistische umzuschlagen droht (wie Trotzki) und politische Vernunft sich schwer durchsetzen kann. Aber diese Auseinandersetzung, die tragische Perspektiven haben könnte, diese weltpolitische Auseinandersetzung, in deren Mitte wir heute wieder stehen, wird flach und beinah theatralisch (im Sinne des französischen Theaters) gegeben, mit einer lieblichen Sekretärin (Till Klokow so schlecht wie nur möglich), die einen Brief von Lenin verliest.

Rehfisch hat sich an einen großen und vielleicht sogar undankbaren Stoff gewagt, weil ihm der Sympathiefang fehlt, den das »Dreyfus«-Thema hat. Rehfisch hat sich sehr diszipliniert. Aber er konnte, in einer Zeit ohne bindende Weltanschauung, in einer desorientierten, verwirrenden Zeit, nicht den Punkt finden, von dem aus er diese Tragödie des europäischen Friedens hätte unzweideutig klarstellen können.

Die Aufführung hatte, wie alle Vorstellungen im Theater des Westens, die Schwierigkeiten des ersten Akts zu überwinden. Das Theater des Westens setzt akustische Eingewöhnung voraus. Der Zuschauer in den oberen Rängen muß sich erst in Sprechszenen hineinhören; und Richard Weichert ist nicht der Regisseur, der das erkennt und anzupacken versteht. Als Oskar Homolka als Trotzki diesen Punkt überwunden hatte, schlug er durch. Er gab einen Schriftsteller, einen Büchermenschen, der, wenn er vor politische Aufgaben gestellt wird, sich sofort entzündet und mit einer geistigen Schärfe ohnegleichen reagiert. Diese geistige Schärfe brachte Homolka – ich hätte sie von ihm nicht erwartet. Homolka spielt nicht auf Sympathie, sondern auf Wahrheit.

Sonst: Theodor Loos, sehr fein, aber zu fein als Kühlmann. Sonst: Leontine Sagan und Ernst Ginsberg. Sonst: Paul Bildt als Kaiser – er gab den »Besseren Herrn« von Hasenclever.

Berliner Börsen-Courier, Nr. 476, 11. Oktober 1930

Liebling der Götter?

Der neue, vom Publikum im Gloria-Palast belachte und beklatschte Film zeigt den »Liebling der Götter«, Emil Jannings, in allen Lebenslagen. Wo es so vielen schlecht geht, soll es wenigstens einem gut gehen: Emil Jannings. Wir lernen die Stufen des Genießens kennen, den Unterschied, wie Jannings Pilsner trinkt, wie er Heurigen nachschmeckt und wie er Sekt hinuntergießt. Jannings spielt das Sonderheft »Wie trinke ich richtig?« reich illustriert.

Wenn man nun hinzugefügt hat, daß Jannings ähnliche Studien mit Frauen treibt (ein neues Sonderheft ist in Vorbereitung), wenn man gesagt hat, daß er ein in Wien gefeierter Heldentenor ist, der in Buenos Aires seine Stimme verliert, um sie in St. Wolfgang am Wolfgangsee wiederzugewinnen, dann weiß man, daß dieser Film alle Stationen des Kitsches munter, aber vollständig durcheilt.

»Liebling der Götter«, wenn man seine eigene Popularität geben muß, gespiegelt im Stardasein eines Heldentenors? »Liebling der Götter«, wenn man Stammtischanekdoten über sich selbst verfilmen muß (in der Sprache der Manuskriptverfasser Hans Müller und Robert Liebmann)? Da dachte man immer, der Filmstar ist eine Weltmacht, und dann läßt er sich herbei, in solchen Armseligkeiten seine eigene Privatperson preiszugeben, zu einer Idylle der Indiskretionen gute Miene zu machen!

Gut, einigen wir uns. Jannings wollte eine leichte Rolle spielen, ohne Anstrengung, ein flüchtiges Amüsement für andere, eine Erholung für ihn selbst. Zugegeben. Niemand wendet etwas ein. Warum aber ist dann dieser Film so verräterisch? Warum zeigt er mit solcher Genauigkeit an, welche Art von Kitsch wir zu erwarten haben? Warum läßt er nichts aus und versteht so gewissenhaft die peinlichsten Zeichen der Zeit?

Das erst macht diese Nebenarbeit so auffallend, daß sie im scheinbar Absichtslosen genau weiß, wie sie sich zu orientieren, an welche Instinkte sie sich zu wenden hat. In der Heimat ist's gut sein. In der welschen Fremde (in Buenos Aires) gehst du unter, aber bei Muttern, beim Melken der Kühe und beim Gakkern der Hühner findest du dich wieder. Man hat viele unangenehmere Filme gesehen. Aber keinen spießigeren.

Dahin geht der Weg. Es war interessant, am Sonntag die Eröffnungsvorstellung der Nationalsozialistischen Volksbühne im Wallner-Theater zu sehen, wo an vier Wochentagen im Monat Vorstellungen der »Räuber« stattfinden. Ich war hingegangen, um die Weltanschauung kennenzulernen, auf der diese Volksbühne aufgebaut wäre, die Ideologie, die hinter dieser Vorstellung stünde. Denn daß diese Aufführung etwas aussagen sollte, war – nach den Ankündigungen im »Angriff« – gewiß.

Ebenso wichtig wie die Aufführung selbst mußte das Publikum sein. Jugend? Sturm? Begeisterung? Maßloses Erstaunen. Dieses Publikum entsprach etwa dem Sonntagnachmittagspublikum des alten Pateggschen Schiller-Theaters; und voraus ging ein Prolog, der in schwunglosen Albumversen unverbindliche, banausenhafte Phrasen von sich gab.

Es ist keine Frage, daß diese Nazi-Volksbühne mit einer gedanklichen Leichtfertigkeit ohnegleichen gegründet ist. Eine Ideologie, die Kunst tragen kann, ist nicht vorhanden. Man beruft sich aber besonders auf den ideologischen, auf den politischen Charakter dieser Bühne. Unter Ideologie aber scheint man Ressentiment zu verstehen. Denn alle »schlechten« Menschen in den »Räubern«, auch Franz Moor, wurden mit schwarzen Haaren gegeben. Schufterle und Spiegelberg ausgesprochen als Juden, als Pottasch und Perlmutter.

Man glaubt es nicht, aber es ist wahr: aus dem Sturm und Drang von Schillers Drama wird ein kleines, enges, provinzielles, antisemitisches Winkelschauspiel. Das soll politisches, das soll revolutionäres Theater sein und ist in Wirklichkeit eine spießige Sektiererbühne, ohne einen einzigen großen oder nationalen Gesichtspunkt. Ich dachte, eine Bewegung kennenzulernen, und lernte ein Theaterkränzchen kennen, in dem man einzelnen Volksgenossen die Fensterscheiben einschmeißt (hier bildlich). Arme Schauspieler, die mit hingebendem Elan sich zu spielen bemühten!

Berliner Börsen-Courier, Nr. 480, 14. Oktober 1930

»Nora«

Schiller-Theater

Es ist gut, von Zeit zu Zeit den geistigen Besitzstand überprüfen zu können. Wir leben heute nach Schlagworten und Moden. Einer ist für, ein anderer ist gegen. Es gibt keine Grundlagen. Eine Stückgattung, ein Themenkomplex, ein Stil, sie werden entweder überschätzt oder unterschätzt – kaum jemals werden sie auf ihre Tragfähigkeit und Verwendbarkeit überprüft.

Ibsen lebte in einer ruhigeren Zeit. Er hatte es leichter, seine Geisteshaltung durchzusetzen, weil sie sich langsamer auswirken konnte. Wenn heute eine »Richtung« abklingt, wird nicht gefragt: was war verwendungsfähig, was ist Baumaterial; sondern: was gibt's Neues. Hysterie statt Willen zur geistigen Änderung, Sensation statt Plan.

Von Ibsens »Nora« ist gewiß heute für ein kommendes Theater nichts mehr zu verwenden. Auch nicht der geschickte Szenenbau, die dankbaren Rollen (die dem Werk selbst immer wieder Bühnenerfolge sichern). Die geistige Entscheidung würde heute sogar bestimmt nach der anderen Seite fallen. Nora würde nicht mehr ihr Selbst und ihre Persönlichkeit in der Einsamkeit finden, sondern sie würde sich an Aufgaben für andere, für ihre Kinder erziehen und so sich einordnen.

Jürgen Fehling spielte ein psychologisches Kostümstück, dessen Ausgang nicht als Entscheidung, sondern als Seelentragödie einer unglücklichen Frau wirken sollte. Fehling, von Rochus Gliese in der Kostümierung und in der Zimmereinrichtung der achtziger Jahre unterstützt, retardierte mehr, als bei Brahm jemals retardiert wurde. Jeder Satz der Nora wurde in Pausen eingebettet. Lucie Mannheim, seit »Apollo Brunnenstraße«, seit »33 Minuten in Grüneberg« in stetigem Aufstieg, breitete die Züge der Nora mit ungewöhnlicher Feinheit aus. Aber, wenn wir nicht vom Augenblick, sondern von der Entwicklungsmöglichkeit der Schauspielerin ausgehen, so sind bereits jetzt Wiederholungen festzustellen, die einmal zur Manier ausarten können. Ich meine die häufige Unterbrechung der Sätze, die vielen halben und unterdrückten Laute, die »Schlucktragik«. Das Ende müßte nicht auf einem rührseligen Gefühl, sondern auf einer elementaren Erkenntnis aufgebaut werden. Wenn Nora so in Tränen zerfließt, würde sie erst recht nicht von ihren Kindern weggehen.

Es wurde überhaupt sehr viel geweint. Auch der (gut angelegte) Krogstadt von Walter Franck, die Frau Linde von Elsa Wagner, sogar der bedrohlich echte Helmer von Hans Leibelt beteiligten sich an dem Tränenexport. Wunderbare Momente hatte Lothar Müthel als Doktor Rank. Ich freue mich, recht bekommen zu haben. Müthel war niemals ein Liebhaber. Er ist Charakterdarsteller.

Der souveräne Lustspielregisseur Fehling muß wieder einmal an die Ökonomie des Theaters erinnert werden. Dieser wunderbar ausgefeilten Vorstellung fehlte die Disposition. Sie war ein Fall für sich und ist für andere Ibsen-Darstellungen nicht zu verwenden. Wollen wir aber nicht in einer so desorientierten Zeit an die Zusammenhänge und an die Weiterarbeit denken? Es gab eine Sturzflut von Premieren in Berlin. Hervorragende, gute, mäßige und schlechte Aufführungen. Aber verwendungsfähig war fast nichts. Bausteine wurden nicht geliefert. Es sei denn in der mißglückten Aufführung von »Des Kaisers Kulis« der Epilog. Keine Reportage mehr, sondern schon dialektisches, politisches Theater, Gebärde und Wort. Es sei denn das Japanische Theater: einfache Grundsituationen, Erschütterung durch knappe Gestik. Kühle Haltung des Darstellers. Aber ergreifende Wirkung. Keine Täneninflation.

Berliner Börsen-Courier, Nr. 484, 16. Oktober 1930

»Sektion Rahnstetten«

Berliner Theater

Curt Corrinths neues Theaterstück: ein Femedrama aus der Perspektive Otto Ernsts. Also weder Gestaltung noch Entscheidung. Um aber an diesen Stoff kritisch heranzukommen, muß man erst Mauern von Vorurteilen hinwegräumen.

Wir leben in den Monaten der literarischen Unaufrichtigkeit. Wer heute ein gegnerisches Buch zu lesen oder gar zu besprechen wagt, muß erst den Hochmut der »Gruppen« durchbrechen. Hochmut der Gruppen ist, wenn rechts und links jeder auf den anderen herabblickt, seine Literatur verächtlich macht (ohne sie zu lesen) und selbst den verhöhnt, der sie auch nur kennenlernen will. Es gibt eine literarische Rechtsfeme. Das weiß man. Es gibt aber auch eine literarische Linksfeme, die mit derselben Ächtung arbeitet.

Das geistige und politische Leben ist hoffnungslos erstarrt. Jeder liest nur das, was seiner Gruppe, seiner Richtung gefällt – also das, was er kennt, bevor er es gelesen hat. Die Meinungen sind so vorpräpariert, die Anschauungen so festgelegt, daß schon beinahe Mut dazu gehört, sie wieder in Bewegung zu setzen. Ich will eine Aktion nicht leichtfertig ironisieren, sondern sie kennenlernen und in den Argumenten treffen.

Ernst Jünger sagt im Vorwort der Aufsatzsammlung »Krieg und Krieger« (erschienen im Verlag Juncker und Dünnhaupt) zur Definierung des deutschen Nationalismus, »daß er den Anteil sowohl am Idealismus der Großväter als auch am Rationalismus der Väter verloren hat«. Diese Formulierung trifft den Kern. Aber Jünger weiß genau, daß niemand mit negativen Formulierungen heute wirken kann. Er stellt Forderungen. Er propagiert den Begriff der »Totalen Mobilmachung«. Gemeint ist die Erziehung und Erweckung jeder Schicht, jeden Alters zur Nation. Die systematische Durchdringung jedes Deutschen mit

Nationalismus. Dienstpflicht am Ganzen, Unterordnung unter das Ganze.

Also nur ein anderer Name für Erziehung zum Staatsbewußtsein? Nein. Denn je eingehender man die nationalistische Terminologie studiert (von der die nationalsozialistische wieder eine Abart ist), desto schärfer zeigt sich, daß diese ganze Vokabulatur und Begriffswelt nur einer kriegerischen Vorstellungsreihe entstammt, die für den Aufbau eines Volkes, einer Nation nicht nutzbar gemacht werden kann. Es ist die Welt von Soldaten, aber nicht in dem starken Sinne von Kämpfern, von Soldaten der Arbeit, des Geistes, der Zivilcourage, sondern im engen Sinne des »Militaristischen«. Der Begriff »Totale Mobilmachung« ist gültig. Der Inhalt, wie ihn Jünger meint, nicht.

Die Probe auf dies Exempel gibt Arnolt Bronnen in seinem »Roßbach« (Ernst Rowohlt Verlag). Hier wird, im Zusammenhang mit Jüngers »Totaler Mobilmachung«, der Führertyp aufgestellt. Die Geschichte Roßbachs vom Kadetten, Kriegsoffizier, Baltikumer bis zum Spielscharführer. Die Zeichnung eines Zeittypus – ja. Die Aufstellung eines Führers – nein. Nichts bezeichnender, als daß der harte Bronnen hier in einen wäßrigen Kitsch abgleitet, der sich kaum noch von der Anschauungswelt der Fridericus-Filme unterscheidet. Unterscheidet? Es ist schon Filmwelt, wenn Bronnen von den Roßbachern, als sie im »Fridericus-Film« statieren, schreibt: »Auch dies gehörte mit zu ihrer Aufgabe. Denn sie taten es nicht des Films wegen, sondern um der Nation willen, die, anders als die Spekulation der Unternehmer es wohl gewollt hatte, durch jene Bilder endlich wieder sich selbst erkennen konnte.«

Nein, diese Gebühr-Welt hat weder im Film noch in Wirklichkeit auch nur das geringste mit »Führertum« zu tun. Und das Wort »Kitsch« ist hier nicht ästhetisch gemeint, sondern geistig und politisch. Es ist ein längst romanhaft gewordener Führerbegriff. Kein in unserer Zeit geschmiedeter, sondern ein Führerbegriff der Lesebücher. Diese in ihren abenteuerlichen Schicksalen aufschlußreichen Zeitgestalten sind, wenn sie sich selbst geschichtlich einordnen, gerade das, was sie verachten, »literarische« Figuren aus alten Durchschnittsromanen.

Dritter Beweis: Ernst von Salomon. Ich halte sein Buch »Die Geächteten« (im Ernst Rowohlt Verlag erschienen) für eins der kennenswürdigsten Bücher, die in den letzten Jahren geschrieben wurden, weil man wirklich aus ihm etwas über die zwölf

Jahre nach dem Krieg erfährt. Es ist auch ein ehrliches Buch, soweit es darstellt und nicht erklärt. Der Einzug der geschlagenen Regimenter in die Heimatstadt Salomons ist erschütternd. Die Zuchthauskapitel sind stark. Aber die geistige Definition, die Ideologie ist beängstigend verworren. So ist das Kapitel, das der Mittelpunkt hätte sein müssen, die Erklärung und Aufhellung des Rathenau-Mordes, von einer aufreizenden, nur »literarischen« Haltung. Wenn Kern, Fischer, Techow und Salomon wirklich so geistig antipodisch zu Rathenau eingestellt wären, hätten sie Rathenau anders bekämpft. Hier muß eine nachträgliche, peinliche Trübung vorliegen, vielleicht unter dem Eindruck der Zuchthausjahre, in denen das Bild umkonstruiert wurde.

Salomon, der stilistisch stark unter dem Einfluß von Bronnens »OS« steht, der, wo er ein geistiges Fazit zieht, verworren und dunkel ist, versagt, wie alle anderen, wo das Führerproblem, wo die Nation, wo das Volk zur Debatte steht. Hier im Hauptpunkt ist der Nationalismus von einer phraseologischen Verschwommenheit, die sich selbst widerlegt. Hierhin und hierheraus gibt es keinen Weg.

Curt Corrinths Schauspiel »Sektion Rahnstetten« will sich mit dieser Welt berühren. Es kommt von außen herein. Aber es gibt keinen Beitrag zu diesem Thema. Das Schauspiel verwertet die flüchtige Kenntnis nationalistischer Gedankengänge zu ebenso flüchtigen Theatereffekten. Corrinth ist der Nutznießer einer von ihm weder geistig noch gefühlsmäßig erfaßten Welt. Er kann sich mit ihr nicht identifizieren. Gut. Aber er kann auch zu ihr nicht Distanz gewinnen. Schlimm. Ein laues, ein halbes Werk.

Corrinths »Sektion Rahnstetten«, diese Verschwörerorganisation, plant eine Ermordung des »Ministers« (Stresemanns); der gewählte Mörder versagt, Verrat, Feme, Freundschaft – alles nur Edelmut, ältester Kitsch, keine Wahrheit. Wie unklar das Werk ist, zeigt noch einmal der Schluß. Hier steht Freundschaft der einzelnen gegen Gemeinschaftspflicht zur Feme. Nun, ich kann ein Freundschaftsdrama, ich kann ein Pflichtdrama schreiben, aber Freundschaft gegen Feme ist keine geistige Entscheidung, solange nicht der Begriff der »Feme« an einer anderen Ideologie gemessen, durch eine andere Weltanschauung vernichtet ist. Diese Vernichtung vergißt Corrinth.

Die Aufführung unter der Regie von Joachim von Ostau überedelte das Edle. Lothar Körner ein Hoftheaterschill. Carl Ludwig Achaz ein Hoftheaterposa. Nur Pledath als Stresemann rettete die Schauspielkunst. Peter Elsholtz muß abgewartet werden.

Berliner Börsen-Courier, Nr. 524, 8. November 1930

»Die Matrosen von Cattaro«

Es ist eine Tragödie mit der Volksbühne. Jetzt hat sie ein starkes Stück, eine wirksame Aufführung, einen großen Erfolg. Wird sie ihn ausnutzen? Es hat sich wieder einmal gezeigt, daß die Abende der Sonderabteilungen die Bedeutung der Volksbühne herausheben. Von den »Unüberwindlichen« bis zu den »Matrosen von Cattaro« – es waren die radikalsten, aber es waren auch die besten Stücke.

Friedrich Wolf stellt in sechs konzentrierten Bildern den Februaraufstand des Jahres 1918 dar, den die Matrosen der österreichischen Kriegsflotte in der Bucht von Cattaro unternahmen. Aufflammen und Niederlage der Revolte. Kein Stück der Rhetorik, sondern ein Stück der Tatsachen. Friedrich Wolf hat die Nüchternheit, zu sagen, daß nicht der erste Tag einer Empörung entscheidend ist, sondern der zweite und dritte. Nicht der Überraschungssieg, sondern das Behaupten der Stellung. Eine Revolte wie der österreichische Matrosenaufstand von 1918 mußte scheitern, weil sie ohne gedankliche Vorbereitung erfolgte.

Trotz der ungeheuren Wirkung der ersten Bilder, trotz des tosenden Beifalls, den die Aufstandsszenen fanden, das Wertvollste des Stückes sind diese Auseinandersetzungen. Die Auseinandersetzungen zwischen den Zufallsrevolutionären aus momentaner Begeisterung und den systematischen Revolutionären aus Erkenntnis und Willen, also eine Auseinandersetzung, wie sie Piscator früher einmal, gewaltsam, in den »Räubern« mit der Gegenüberstellung von Karl Moor und Spiegelberg versuchte. Wolfs Drama zeigt den Dilettantismus einer solchen Bewegung mit starken Mitteln. Es gibt drei Gruppen: die Matrosen, die eine Revolution für gelungen halten, wenn der Kapitän dasselbe Dörrgemüse ißt wie sie selbst; die Matrosen, die den Fehlschlag frühzeitig erkennen, aber für die Idee den Kopf hinhalten; den

Fregattenkapitän, der mit »taktisch psychologischen« Mitteln die Schwankenden bei ihrem eigenen System faßt und die Revolte durch Mehrheitsbeschluß der Matrosen selbst beseitigt.

Ein straffes, zusammengerissenes, im Sinne des alten Theaters ausgezeichnet gebautes Stück. Ihm fehlt auf der einen Seite der Hinweis auf die neue Form des politischen Stücks (wie am Schluß von »Des Kaisers Kulis«). Es hat auf der anderen Seite die Geschlossenheit und die Kraft und das Können für sich.

Welche Möglichkeiten hat immer wieder die Volksbühne. Zwar ist Günther Stark kein zusammenfassender Regisseur. Wie bedrohlich aber wurde von der Bühnenbildnerin Nina Tokumbet (bekannt von der Zusammenarbeit mit Caspar Neher) der Kreuzer in die Bucht von Cattaro gestellt! Wie prachtvoll waren die Schauspieler! Speelmans als egoistisch stänkernder, witzig ordinärer Heizer – köstlich. Hans Peppler als ölig freundlicher Fregattenkapitän – aufreizend gut. Ernst Busch als Franz Rasch – tragisch umwittert, einfach, stark, echt. Dann Heinrich Gretler, Josef Dahmen, Erwin Kleist – einer der hinreißendsten Abende der Spielzeit.

Immer wieder wird dabei an einem solchen Abend das Problem der Volksbühne fast schmerzhaft deutlich. Das Publikum griff am Premierenabend und mehr noch am Sonntag in der zweiten Vorstellung ein. Gegen das Stück? Keineswegs. Für das Stück, entzündet durch seine Fragestellung. Debatten, Meinungskämpfe. Niemand lehnte ab, aber viele Zuschauer befehdeten sich untereinander, weil sie die Fragen des Stücks verschieden beurteilten. Eine schlechte Wirkung? Eine gute Wirkung. Wenn aber die Volksbühne diese Meinungskämpfe im eigenen Lager nicht tragen zu können glaubt, dann sollen, und sie wollen es jetzt auch, die Sonderabteilungen ihr eigenes Theater, vielleicht im Anschluß an Piscator, aufmachen. Ihr Publikum ist lebendig: die Unmittelbarkeit der Teilnehmer bewies es von neuem. Stücke gibt es. »Die Matrosen von Cattaro« zeigten es. Tragische Situation der Volksbühne. Wie wird sie sich entscheiden?

Berliner Börsen-Courier, Nr. 526, 10. November 1930

»Wir sind Kameraden«

Nacht am Schiffbauerdamm

»Sie waren schlecht, aber sie waren schön«, sagte Peter Martin Lampel von seinen Jugendgedichten in seinem neuen Buch »Patrouillen« (im Carl Reißner Verlag, Dresden, erschienen). Das Wort paßt noch heute auf das meiste von Lampel. Vieles, was er schreibt, ist schlecht, und doch tritt immer ein schöner Zug zutage. Vieles ist schlecht, wenn man künstlerische Maßstäbe anlegt und Dichtung verlangt. Aber es ist schön, wenn man an einen Menschen denkt, der sich immer wieder mit sich und der deutschen Jugendbewegung herumschlägt, der immer wieder anfängt, nie von sich loskommt und doch immer wieder Gesetze außer sich finden möchte.

»Patrouillen« heißen die Skizzen und Briefe und Erzählungen und Bekenntnisse des neuen Buches, »Erlebnisse und Bemühungen um junge Menschen«. – »Patrouillen« sind Lampels Stücke. Sie preschen vor. Sie ziehen sich zurück. Sie gehen wieder los – auf brennende Fragen, auf Stundenerregungen, auf Tagesprobleme, und müssen wieder zurück.

Das Buch »Patrouillen« und das Stück »Wir sind Kameraden« ergänzen sich. Lampel will die Gegensätze ausgleichen, die Politik aus der Schule, aus den Jugendverbänden tilgen. Im Schauspiel stößt eine Pfadfindergruppe mit einer Rotfronttruppe zusammen. Aber gerade diese Auseinandersetzung bleibt oberflächlich, nicht zum wenigsten deshalb, weil Lampel die Pfadfinder viel besser kennt als die proletarische Gruppe.

Das Stück bleibt geistig unergiebig, obwohl Lampel einen Vermittler einschaltet, den »Mann«, sich selbst. Lampel ist ein Freischärler des Gefühls. Wo er ein Thema mit seinem wachen Instinkt aufstöbert, wo er es mit seiner grundanständigen, aber wurzellosen Empfindung durchdringt, ist er immer stark. Wo Entscheidungen gefällt werden, ist er schwach. Auch diesmal. Aus Versehen geht ein Schuß los. Ein Pfadfinder trifft einen anderen, den jüngsten. Alles, was gegen diese grauenhafte Revolverspielerei gesagt wird, ist notwendig. Aber mit einer Gefühlspolemik gegen Revolver löst man keine geistigen und keine politischen Fragen.

»Wir sind Kameraden« ist vortrefflich, wo die einzelnen Pfadfinder gezeichnet werden. Lampel hat ein genaues Gehör für den Tonfall. Das stimmt. Das sitzt – mit allem Kitsch, mit aller Romantik, mit aller Unklarheit und aller Anständigkeit. Es ist gut, daß der Regisseur Rodenberg den Dreiakter in einen Aufzug zusammengezogen und die wuchernde Rhetorik der ersten Fassung gestrichen hatte. Rodenberg scheint als Spielleiter zu der Art Hinrichs oder Hilperts zu gehören. Das Schauspielerische sitzt vortrefflich. Rolf Müller – es ist ein seltener Fall, daß ein Theaterkind seine Begabung in die wirkliche Schauspielerei hinüberrettet. Rolf Müller hat es gekonnt. Er ist als räsonierender Stups ebenso gut wie als verzweifelter Zufallsmörder. Auch Balhaus, Kosleck, Hans Winter (ich glaube, vom »Jasager« her bekannt, der ihm besser lag), Stroux, Adolf Fischer und Otto Matthies sind richtig und schauspielerisch wirksam. Albert Hoerrmann hat die schwierigste und gefährlichste Rolle, den »Mann«; er spielt sie geschmackvoll, trotz Textunsicherheiten.

Das Publikum war erregt. Das Publikum nahm Partei. Das Publikum applaudierte. Also eine gute Wirkung. Es war eine Veranstaltung des Studios am Schiffbauerdamm, unter der Leitung von Heinrich Fischer. Aber wäre es nicht richtig, die zerstreuten Studios, auch die Gruppe junger Schauspieler, zu sammeln, um einen Plan, eine Organisation zu ermöglichen? Oder die »Gruppe junger Schauspieler« ging mit Piscator zusammen? Die jungen Vortrupps dürfen sich nicht zersplittern und nicht von einem Zufallserfolg oder Mißerfolg abhängig bleiben.

Berliner Börsen-Courier, Nr. 532, 13. November 1930

»Jeden Tag vier«

Wallner-Theater

Ein Bergarbeiterdrama von Ernst Ottwald. Die Aufführung gedacht als Totenfeier für Neurode, Alsdorf und Maybach. Das Unglück auf der Wenzeslausgrube von Neurode wird dargestellt.

Vorher spielte Franz Osborn. Ein Vertreter der Bergarbeiter sprach. Das Stück selbst ist schwach. Es wollte sich nicht an das Mitleid wenden, sondern aufklären, anklagen. Es wandte sich aber fast nur an das Mitleid. Wehleidiger Naturalismus darf nicht der Weg sein, den Piscator geht. Aber selbst dieses mittelmäßige, rührselige und durchaus nicht ergreifende Schauspiel versucht in Ansätzen das Schema zu durchbrechen.

Zuerst durch einen Bergarbeiterchor, der das Leitmotiv »Jeden Tag vier«, jeden Tag vier verunglückte Kumpels, vor und zwischen den Szenen anschlägt. Aber ist es Sache eines modernen Chors, lyrisch gefühlsmäßige Leitmotive zu bringen? Wenn der Chor kein Fazit zieht, nicht die Vorgänge distanziert, sie nicht auf eine geistige Ebene stellt, ist seine Funktion überflüssig und falsch. Ein Sprechchor, der Gefühle salbadert, ist eine Scheußlichkeit. Falsches Pathos, falsche Töne sind die natürliche Folge. Man darf nicht in ein naturalistisches Stück einen Chor stellen, der keine andere Funktion haben kann, als den naturalistischen Inhalt weiterzuleiten. Chor ist Formzwang.

Zweitens: Das vorletzte Bild spiegelt die Ereignisse in einer nach dem amtlichen Protokoll geschriebenen Reichstagsverhandlung. Diese Szene, und ihre viel stärkere Wirkung, zeigt deutlich, daß gesellschaftskritische Themen nur auf dem Wege der dialektischen Auseinandersetzung für die Bühne eingerichtet werden können, daß der graue Naturalismus abgewirtschaftet hat und einschläfert. Er stumpft ab, statt aufzuwecken.

Drittens: Die Witwe eines verunglückten Bergarbeiters wird entschädigt. Vertreter von Versicherungsgesellschaften und Sparkassen kommen zu ihr. Eine interessante und scharfe Weiterführung. Aber wie schlecht sitzt das, wie wenig wird das dramatisch didaktisch herausgearbeitet! Ein schlechtes Stück, wenn man es im Zusammenhang mit Piscators Arbeit betrachtet. Ein bedenklicher Abend, wenn er einen Weg aufzeigen sollte. Aber dieser Nebenabend, der den Sonderzweck einer Feier hatte, gedacht für Bußtag und Totensonntag, ist noch bezeichnend in dem, wie und warum er versagt. (Auch die Darstellungsweise des Kollektivs, das sich beispiellos mutig durchkämpft, bedarf dringend der Korrektur. Diesmal wurde unter Friedrich Neubauers Regie formlos und distanzlos gespielt. Alles Klischee.)

Politisches Theater ist unmöglich, wenn es nicht die Formansätze weiterentwickelt, die Piscator selbst und Brecht in den (jetzt bei Kiepenheuer erschienenen) zwei Bänden der »Versuche« angefangen haben. Diese »Versuche« sind in ihrer Weiterwirkung schon heute erkennbar. Sie bringen Theater und eine neue

Form der Parabel (Geschichten vom Herrn Keuner), eine Gattung, an der jetzt auch Reinhard Goering arbeitet. Sie sind in stetiger konsequenter, theoretischer Arbeit vorbereitet und eine scharfe Absage an alle anarchische Romantik. Dieser Weg geht von dem noch ziemlich anarchistischen und deshalb schon überwundenen »Mahagonny«-Text zu der viel strengeren Abhandlung über die Oper und der Neufassung des »Baden-Badener Lehrstücks vom Einverständnis«. Wenn irgendwo, ist hier die Grundlage für eine neue Klassik – auf dialektischer, epischer, demonstrierender Grundlage.

Berliner Börsen-Courier, Nr. 542, 20. November 1930

»Mond von links«

Wallner-Theater

Ein Publikumserfolg wie »Der fröhliche Weinberg«.

Was fesselt an dieser russischen Komödie von Bill-Bjelozerkowski? Der alte Vorgang, daß der Chef die Sekretärin liebt? Oder der ebenso alte Konflikt zwischen Pflicht und Liebe? Oder eine primitiv reißerische Lustspieltechnik? Es fesselt an diesem Schwank, daß wir etwas kennenlernen, daß wir neugierig gemacht werden. Alte Probleme, angewandt auf die neue russische Welt. Alter Kitsch, hindurchgegangen durch den Filter der russischen Revolution.

»Mond von links« – das ist der gute alte Mond der Liebenden, aber es ist auch der Mond, der die Nacht zur Arbeit hell macht, nicht zum Träumen; der den Wald erleuchtet, in dem die Banditen mit Überfällen drohen. »Mond von links« – es ist der Weg in die Gartenlaube, aber auch der Weg aus der Gartenlaube heraus, zur Sachlichkeit und Einfachheit. Sentimentalität, aber schnelle Besinnung. Es ist der Scheideweg zwischen Max Jungnickel und Friedrich Wolf, zwischen Zuckmayer und Brecht.

Am Ende einer Entwicklung wäre das Lustspiel von Bjelozerkowski bestimmt nicht zu ertragen. Am Anfang einer Entwicklung ist es interessant. Die rauhe russische Welt verändert immer wieder die Voraussetzungen der Szenen. Für das russische Publikum: es lacht, weil es sich selbst, die Gewohnheiten, die

Gefahren des Tages wiederfindet, derbe Scherze über sich, seine Institutionen, sein Essen (Linsen und Heringe) und über das »Erholungsheim«, in dem die Kranken mit Gewehren herumhumpeln und der genesende »Held« einen Angriff von Banditen abschlagen muß (mit dem Fieberthermometer unterm Arm). Für uns, weil wir eine Welt sehen, die wir nicht kennen, eine derblustige Kritik Sowjetrußlands an sich selbst.

Am Schluß wird ein »Spiel« inszeniert: Der standhafte, aber der Liebe verfallene Vorsitzende der Tscheka wird von seinen schwächeren Genossen auf die Probe gestellt. Ein Lehrstück für sich, hier jedoch in einer antiquierten, umständlichen, von weit her eingefädelten Intrige dargeboten. Aber selbst diese Banalität hat noch eine formale Konsequenz für uns: Man erkennt, daß primitive Situationen nur in einer anderen, in einer unpsychologischen, knappen, gestischen Form sinnfällig gemacht werden können.

Dieses Stück hätte wahrscheinlich im Westen und vor einem anderen Publikum keinen Erfolg gehabt. Hier kam alles richtig zusammen. Die primitive Naivität und Frische und Gesundheit des Stückes, diese jungenhafte Freude des Anfangs traf auf ein naives, empfängliches Publikum, das auf jeden Satz stürmisch reagierte, in einem Theater, das für solche Sachen wie geschaffen ist, unter einer Regie, die gerade aus der Unbekümmertheit der Mittel ihre stärkste Wirkung zog. Martin Kerb hat sich hier als ein Regisseur bewährt, der in kurzer Zeit mit sicherster Beherrschung des Handwerks eine Aufführung aus den Bedingungen des Stückes und der Schauspieler entwickeln und zum Erfolg führen kann. Die demonstrierende Art der Darstellung war die einzig gemäße. Es ist unbegreiflich, daß ein Regisseur wie Kerb jahrelang in Berlin spazierenläuft.

Die Schauspieler: Ellen Widmann einfach und eindringlich, Werner Kepich geschäftig und lustig, Albert Venohr straff und wirksam, Nju Schiffra präzise, aber vielleicht etwas zu scharf, Lotte Löbinger, im Typus richtig, aber im Ton zu forciert, etwa in der Art von Elisabeth Lennartz.

Die Hauptrolle spielte der russische Filmschauspieler Ivan Koval-Samborsky. Er beherrscht noch nicht immer den Tonfall und den Akzent der deutschen Sprache und läßt deshalb die sprachlich schwierige letzte Szene ausfallen. Aber er hat so viel männliche Liebenswürdigkeit, so viel unsüßlichen Charme und eine solche Selbstverständlichkeit der Haltung, daß er bei besserer Sprachbeherrschung ein Gewinn werden kann. (Die fürchterliche und überflüssige Musik muß sofort entfernt werden.)

Das Ganze: Ein Erfolg des Arbeitsgeistes der Piscator-Bühne, eines fast heroischen Leistungswillens unter schlechtesten materiellen Bedingungen.

Berliner Börsen-Courier, Nr. 558, 29. November 1930

»Der blaue Boll«

Staatliches Schauspielhaus

Dieser große Abend des Staatstheaters bestätigte, was ich (anläßlich der Stuttgarter Uraufführung) vor vier Jahren über das Buch geschrieben habe: eine starke Dichtung in allen phantastisch realistischen, komödienhaften Teilen; eine zerfließende Dichtung in den symbolischen Szenen.

»Die Luft hat's in sich, die Luft holt's her, die Luft gibt's heraus«, sagt Gutsbesitzer Boll, der im Gesicht blau anschwillt, der trinkt und spielt, der »unermüdlich sitzt und gewaltig thront auf der Majestät seiner vier Buchstaben«. Die Luft hat's in sich: daß die Menschen einer norddeutschen Kleinstadt träge, fest und unbeweglich in ihren Lüften hocken. Nebel um sie. Nebel in ihnen. Gutsbesitzer Boll, Otto Prunkhorst, der Bürgermeister. Die Luft holt's her: es gespenstert, im Nebel fangen die Leute an zu spintisieren; die fleischlich Zufriedenen, die satt Behaglichen werden beunruhigt. Uhrmacher Virgin, Herr Grüntal, Schuster Holtfreter. Die Luft gibt's heraus: den Herrn, der als Herrgott angeredet wird; Elias, den Wirt, der als Teufel umgeht; der Nebel läßt Prunkhorst los und Boll; sie geraten ins »Werden«, in die »Veränderung«. Boll erkennt, daß er muß. »Muß? Also will ich!«

»Will sie ewig Bertha Prunkhorst bleiben – lohnt sich das?« Dieses Wort des blauen Boll ist das Leitmotiv für alle Personen. Es ist das Leitmotiv fast aller Dramen von Barlach. Stier und stur stehen die Menschen in diesiger Luft; mit verglasten Augen, fett und voll. Dämonen des Philistertums. Aber neben dem Zynismus sitzt die Verzückung; neben der geilen Tücke die närrische Versponnenheit; neben dem erdsaftigen Humor die entrückte Gottessehnsucht. Boll verdoppelt sich, wie sich

Siebenmark verdoppelte. Boll kämpft mit Boll, wie Siebenmark sich mit Siebenmark schlug. Die Konturen der Spießer schwellen an im Nebel. Kleinbürger und Gutsbesitzer erscheinen wie mythische Heroen und schlagen in verschwimmender, treibender Luft Vernichtungskämpfe mit sich selbst.

»Der blaue Boll« ist eine Legende aus Rostock oder Stralsund oder Güstrow. In schwerer bildhafter, trächtiger Sprache. Auf spukhaften Wirklichkeitsschauplätzen, auf Straßen, im Turmgebälk, im Wirtshaus, in der Kirche. Herrlich, wo die Realität phantastisch wird. Schwach, wo die Symbolik überdeutlich ist. Elias – der Teufel; der Herr – der Herrgott, das sollte nicht sein. Wo die Sätze im halben Dämmer liegen, Atmosphäre ausstrahlend, ungewisses Glimmerlicht verbreitend, öffnet sich das Werk der Gefühlserkenntnis. Wo es sich selbst erklärt, wo es disputiert, ist es dünn und zerbrechlich. Barlach ist immer dort stark, wo er, wie eine von sich selbst gedichtete dramatische Gestalt, mit Barlach kämpft, wo die Sätze die Buckel und Kerben der Schlacht tragen. Nicht, wo er kampflos formuliert; nicht wo das Gespenstern Stilnuance wird (es klingt wie von Eulenberg, wenn Boll Zigarren präsentiert und hinzufügt: »Marke Sargnagel«).

»Der blaue Boll« ist wieder ein Ernst Barlach außer der Zeit, gegen die Zeit. Inbrünstig und schwierig; streng und verschlossen; einsam und prophetisch. Manchmal schleppt er nüchterne Bestandteile mit. Manchmal verschwimmt er. Manchmal bleibt er stehen. Manchmal holt er gewaltsam das Überirdische herab. Aber der Anblick des menschlichen Kampfplatzes ergreift. Das Schlachtfeld ist der Dichter selbst. Ernst Barlach ist der Schauplatz seines Dramas.

Ohne Frage: Gerade das Bekenntnishafte muß in der Aufführung unwirksam bleiben. Ohne Frage: Gerade die realistischen Partien verdichten sich zu außerordentlichen Komödienansätzen. Wer Niederdeutschland, wer die Küste kennt, fühlt auf der Bühne die unheimliche, bedrängende Komödiennähe dieser Figuren. Barlach wäre der größte niederdeutsche Lustspieldichter. Aber schon beginnt man auch ihn für »ostisch«, für undeutsch zu erklären, schon beginnt auch hier die Hetze wie früher gegen sein Magdeburger Gefallenendenkmal. Es wird bald an der Zeit sein, einmal zu untersuchen, was die Nationalsozialisten für deutsche Kunst halten! Eine steife, lederne, posierende Antonvon-Werner-Welt, sentimental und verlogen kleinbürgerlich und verschwommen idealistisch, unwahr, also undeutsch.

Schwierige Stücke wie den »Blauen Boll« aufzuführen ist eine Ehrenaufgabe des Staatstheaters. Auch dann, wenn eine solche Vorstellung nicht »gehen« wird. Es ist eine Ehrenaufgabe des Staatstheaters, ein Drama so aufzuführen, wie Jürgen Fehling es tat. Fehling hat, Barlach landschaftlich verbunden, für diese Welt das Gehör und das Gesicht. Eine Kleinstadt wird lebendig, Klatsch frißt um sich, Menschen hocken aufeinander. Spökenkieker und Säufer, Straße und Domplatz werden greifbar. Die enge und die aufgerissene Bühne werden von Rochus Gliese, dem Maler, und Fehling, dem Regisseur, bewältigt. In einer Szene, in der »Hölle«, wird geradezu etwas wie die Kate der Brüder Nogens lebendig. (Eine Szene, die allerdings bei Barlach zerfließt und dichterisch nicht gestaltet ist.)

Heinrich George, ein bedrängend lebendiger Boll. Er hat beides, den Humor und die Zwischenwelt. Er steht auf der Erde, hütet sich mit Recht, dämonisch zu werden, ist in seinen Mitteln unauffällig und erreicht eine Dichtigkeit der Realität, die wieder phantastisch wird.

Dann prachtvoll: Helene Fehdmer als Frau Boll. Als erdhaft realistische Gestalterin sah man sie nie. Dann Florath, Leibelt, Harlan, Carlheinz Carell und, in der schwierigsten Rolle, die allerdings weniger Schauspielkunst als private Hingabe verlangt, sehr stark Margarete Melzer.

Ein Werk, dessen Problematik uns fernsteht, dessen Gesichter uns nahekommen. Ein Werk auf dem Wege zur realistisch phantastischen Tragikomödie, auf dem Umweg über die Symbolik. Aber eine Seltenheit: ein dichterischer Abend.

Berliner Börsen-Courier, Nr. 572, 8. Dezember 1930

NS-Uraufführung

Die Nationalsozialistische Volksbühne, die sich im Wallner-Theater nicht halten konnte, ist jetzt, für vier Tage in jedem Monat, ins Theater in der Klosterstraße übergesiedelt. Sie brachte eine Uraufführung »Giftgas 506« von Walter Busch.

Es wäre natürlich eine kindische Einstellung, wenn man den

Abend ablehnen wollte, weil das Stück primitiv und die Aufführung unvollkommen ist. Im Gegenteil: Primitive Anfänge können entwicklungsfähiger sein als »Spitzenleistungen«. Man kann also nicht die Veranstaltung mit ästhetischen Maßstäben messen. Man muß ihre Gedankenwelt, ihr Anschauungsmaterial untersuchen.

»Giftgas 506«: Ulrich Thümmel, dem deutschen Erfinder des Giftgases 506, wird seine Erfindung während und nach den oberschlesischen Kämpfen von dem polnischen Juden Lepinsky entwendet und nach Frankreich verkauft. Um seine eigene Erfindung für den Gebrauch der französischen Armee unschädlich zu machen, erfindet Ulrich Thümmel ein Gegengiftgas, dessen Formel er nach Berlin rettet, bevor Lepinsky sie ihm entwenden kann. Lepinsky wird erschossen.

Die Vorstellungswelt ist also militaristisch und völkisch. Lepinsky ist Pole und Jude zugleich. Als Pole ist er mit Frankreich verbunden, als Jude ist er das böse Prinzip überhaupt. Prinzip? Aber es werden, selbst im engsten Vorstellungskreise, nicht einmal die flachsten Weltanschauungen ausgetragen. Nicht einmal die »völkischen« Gedankengänge werden zu Ende gedacht. Man könnte sich vorstellen, daß die Auseinandersetzung zwischen Lepinsky und Thümmel die verschiedenen geistigen Mittel aufzeigen sollte, mit denen zwei »Rassen« kämpfen. Statt dessen benutzt Lepinsky Mittel, die nur in der romanhaften Theaterphantasie eines völkischen Leihbibliotheklesers wuchern. Lepinsky läßt als Drohung die Kessel explodieren und die Stadt vergiften. Aber der Wind dreht sich. Das Gift steigt hoch.

Also erstens: Das Stück geht vom engsten Rassenstandpunkt aus. Die wirkliche und einzig entscheidende Thematik, daß auf der einen Seite der Erfinder, auf der anderen der industrielle Verwerter steht – wird nicht einmal berührt. Zweitens: Dieser engste Rassenstandpunkt wird nicht durchdacht, sondern in eine abstruse Romanhandlung abgebogen. Versagen des einzelnen Dramatikers? Allgemeine Unklarheit der nationalsozialistischen Theorie.

Denn diesmal tritt die NS-Volksbühne mehr aus sich heraus als bei den »Räubern«. Die »Mitteilungsblätter der Nationalsozialistischen Bühnen« bringen theoretische Aufsätze. Ein Ministerialrat wettert auf Seite 2 gegen – Bronnen. Auf Seite 12 steht eine begeisterte Kritik über desselben Bronnens »Roßbach«. In einer geistig durchaus diskutierbaren Abhandlung über den Tod des Schauspielers schreibt Richard Bie gegen das Tendenzstück. Was gespielt wird, ist aber nur Tendenz. Ein Artikel beschäftigt sich mit »Unserem Stil«. Dieser Stil kann aber nicht anders definiert werden als mit den Worten: »Im deutschen Seelenleben wurzelnder künstlerischer Ausdruck.« Dann heißt es: »Gerade wir brauchen das Zeitstück, das die brennende soziale Frage, das Kulturproblem, und die wirtschaftlichen Gegensätze unserer Zeit aufreißt.« Weiter: »Wir lehnen es aber ab, nur Aufriß zu geben, ohne zu sagen, ob eine Änderung oder Besserung, eine Ursache und Wirkung zu bestimmen ist.«

Also: ein Konglomerat von Unklarheiten. Unverdaute Ideen der anderen, der Piscatorischen Seite werden ohne weiteres übernommen und verwirrt mit Gefühlsvorstellungen von Rasse und Seele. Idee und Spiel, Gedankenwelt und Drama, Anschauungsmaterial und Form – alles widerspricht sich. Man kämpft gegen den Materialismus, aber verwendet ihn. Man ist für die »zwecklose« Seelenkunst und doch für Tendenz, und zwar für eine Tendenz aus Ressentiment. Nur eines scheint sicher zu sein: Man versteht unter Idealismus und rassigem Menschentyp die Schönheit der Wachspuppen aus Friseurläden. Auf Umwegen kommt man wieder zu einer »modisch geleckten« Kunst, die man (mit Recht) ablehnte. Man läßt den Film »Im Westen nichts Neues« verbieten und produziert »Giftgas 506«. Man wirft Barlach aus dem Weimarer Museum heraus und fördert Herrn Schultze-Naumburg.

Berliner Börsen-Courier, Nr. 586, 16. Dezember 1930

»1 000 000 Thaler«

Schiller-Theater

Das Staatstheater hat für die Darstellung Berliner Possen seit vielen Jahren eine Tradition. Ich meine die Inszenierungen von Jürgen Fehling. Aber gerade diese Tradition wird nicht fortgesetzt: im Schiller-Theater führt Herr Rameau Schwankregie.

Unterhaltungsstücke müssen sein. Das Schiller-Theater braucht einen nahrhaften Spielplan. Aber diese Possenaufführrungen müssen gekonnt sein. Gerade sie verlangen Durcharbeitung und Präzision. Herr Rameau hat kein Regietalent. Er ist weder für das Szenische noch für das Schauspielerische begabt. Also schieben und quetschen sich die Gruppen durcheinander. Also wird mit den ältesten, heute schon aus jeder Provinzstadt verbannten Mitteln der Stimmverstellung, der Tonunterstreichung charakterisiert. Man muß diesen Herrn von Kammersdorf, den Herr von Ledebour hindonnerte, diese Börsenspekulanten Zwickauer und Zittauer, die Arthur Menzel und Reinhold Köstlin outrierten, gesehen haben, um zu wissen, wessen ein Staatstheater in Berlin fähig ist.

Strenge Maßstäbe? Selbstverständliche Maßstäbe für eine staatlich unterstützte Bühne. Dafür Zuschüsse, damit schlechter gespielt wird als an Privattheatern? Selbst ausgezeichnete Schauspieler wie Hans Leibelt und Paul Bildt bleiben unter ihrem Niveau. Hans Leibelt, weil er einen kratzigen Berliner Hauseigentümer mit Stimmdrückern spielen muß. Paul Bildt, weil ihm der windige Liebhaber Stullmüller nicht liegt. Paul Bildt braucht die Maske eines Stils. Hier mußte er naiv und direkt sein. Gerade dann aber wird Bildt konventionell und theatralisch.

Die Silvesterpremieren der Staatstheater haben es in sich. Im vorigen Jahr gleich zwei Durchfälle: am Knie und am Gendarmenmarkt. Diesmal war es nur Lucie Mannheim, die den Abend für den Erfolg rettete. Sie gibt Wilhelmine, Dienstmädchen bei Kalau. Ob sie spielt oder singt – immer hat Lucie Mannheim die entzückendste Mischung von Parodie und Realität. Sie ist keß und anmutig, nüchtern und phantasievoll, kühl und temperiert. Lucie Mannheim verkörpert den Stil, die Berliner Possentradition des Staatstheaters. Ihr Witz, ihr Tonfall be flügelt die Szenen. Wenn dieses Dienstmädchen zum Theater möchte, wenn es Primadonnenallüren nachmacht, wenn es leise, vorsichtig die Manieren der großen Sängerin karikiert – reizend und hinreißend. Es gehört die grimmige Talentlosigkeit eines Regisseurs dazu, um auf diesen Ton nicht die ganze Aufführung abzustimmen.

Große Aufmachung: Balletteinlage, Spitzentanz. Choreographie: Rudolf von Laban. Dieses Gehopse: Rudolf von Laban? Seltsam, seltsam. Ernst Legal wird nun definitiv Intendant des Staatlichen Schauspielhauses. Ich halte seine Wahl unter den gegebenen Umständen für die beste. Aber müssen die Umstände wirklich gegeben bleiben? Wo sind diese Umstände, der Tietjen-Geist zu fassen?

Diesmal wurde aus der alten Posse von David Kalisch nicht ein amüsantes Kulturbild des Berlin von 1860, sondern, in der Bearbeitung von Emil Rameau und Hans Halden, ein umständliches, langwieriges Sinnbild für das Schiller-Theater von 1930. Auch für 1931?

Berliner Börsen-Courier, Nr. 2, 2. Januar 1931

Prominententheater – Prominentenabbau

»Liliom« in der Volksbühne

In demselben Moment, in dem die Privattheaterdirektoren an den Abbau des Starbetriebs denken, in dem sogar die Ankündigungen oft mehr auf das Stück als auf den Darsteller abgestimmt werden, in demselben Moment übernimmt die Volksbühne dieses abgenutzte und ausgepreßte System.

Ich will gern glauben, daß die Volksbühne auch einmal den populären Darsteller braucht, den bekannten, berühmten Schauspieler, den ausgreifenden Komödianten, den großen Wirkungsmimen. Aber daß sie diese Aufführungen nicht als Auflockerung, nicht als Ergänzung, sondern als Ausweg nötig hat, das ist das für die Zukunft Bedenkliche.

Also: Max Pallenberg spielte in Polgars »Defraudanten« und jetzt Hans Albers in Molnars »Liliom«. Hans Albers schlug durch vom Parkett bis zur äußersten Galerie. Worin beruht die Wirkung von Albers? Nur in seiner vitalen Natur? Ist er ein Ideal, ein neuer Typ? Das Publikum wird widerstandsunfähig, wenn es ihn sieht. Weil er das Gefühl packt? Weil er mit der Berliner Schnauze wirkt? Weil er sentimental, weil er keß ist? Die Wirkung von Albers ist aus allen Teilen gemischt. Er könnte ebenso aus einem Groschenroman wie aus einem Roman von Döblin stammen. Aus dem Groschenroman ist das treue Auge, das er ins Parkett wirft, und das breite Lachen, mit dem er sich verbeugt. Aus einer Dichtung von Döblin könnten diese greifenden Gesten, diese ausladenden Gebärden, diese Phantastik seiner Bewegungen sein. Hans Albers: ebenso von Vicki Baum wie von Bert Brecht. Hans Albers: ebenso ein männlicher Henny Porten wie ein Mackie Messer. Ebenso der ewige Komödiant wie ein moderner Schauspieler. In seinen glücklichsten Momenten (auch im »Liliom«) wendet er sich an alle, an das breiteste Publikum, an die verwöhnten Literaten. Das ist das Geheimnis seines Erfolges.

Für Albers wurde der »Liliom« von Budapest nach Berlin versetzt. Das Dichterische (was aber bei Molnar das Feuilletonistische ist) mag dabei gelitten haben. Die Unmittelbarkeit der Wirkung wurde erhöht. Niemals sah ich in Berlin einen so durchschlagenden Erfolg der Komödie.

Karl Heinz Martin übertrug die feine Bearbeitung von Polgar ins saftig Berlinische. Er hatte einen glücklichen Abend, obwohl er eine Anleihe bei Marieluise Fleißers »Pionieren in Ingolstadt« machte (Gesang der beiden Dienstmädchen auf der Bank), obwohl ich den Himmelsakt für verfehlt halte. Der Himmel bei Molnar muß der Vorstellungswelt des »Liliom« angenähert sein, seiner Erlebnisse in Polizeibüros. Bei Martin war es gleichzeitig eine Art Opernparodie, zu der Liliom keine Beziehungen haben kann.

Aber es war ein Wirkungserfolg (auch der, allerdings etwas flüchtigen, Dekorationen von Caspar Neher). Bertha Drews spielte die Marie. Jetzt sah man noch einmal, wie falsch im Staatstheater die Adelheid mit ihr besetzt war. Als Adelheid nur gesuchte Gesten, affektierte Sprache, Krampf. Als Marie: äußerste Schlichtheit und künstlerische Beherrschung dieser Schlichtheit. Innere Kraft, keine Sentimentalität. Wundervoll. (Erika Helmke ist eine Kabarettbegabung. Sie spielt Nummern, keine Rolle.)

Dann Leonard Steckel als Ficsur, Gina Falckenberg als Luise, Herbert Berghof als Photograph – eine gute Vorstellung.

Die Bühnendirektoren beraten über den Abbau des Theateretats. Entscheidende Beschlüsse sollen gefaßt werden. Sie sind notwendig. Wenn sie aber durchdringen sollen, so müssen sich die Direktoren immer wieder gegenwärtig sein, daß sie es waren, die das Starsystem einführten. Wenn sie also jetzt an die berechtigten Gagenkürzungen denken, so müssen sie das System selbst einschränken. Ferner: Diesmal kann nicht mit einseitigen Beschlüssen oder Konventionen oder Verordnungen von oben herab gearbeitet werden! Zusammenfassung zu einer wirklichen Arbeitsgemeinschaft ist notwendig! Appell an die Willigen! Zusammenarbeit mit der Genossenschaft. Loyalität und Festigkeit!

Eine berechtigte Klage taucht auf. Der Tonfilm ist eine Tatsache. Ihn zu bekämpfen ist sinnlos. Aber eine Abmachung zu treffen, daß Theatersujets erst dann zur Vertonfilmung freigegeben werden, wenn das Bühnenstück abgelaufen ist, das will man erreichen. Das kann und muß erreicht werden.

Also: Keine Verordnungen. Sie nützen nichts. Sondern Besinnung auf beiden Seiten. Und Kritik in den eigenen Reihen, der Direktoren wie der Schauspieler.

Berliner Börsen-Courier, Nr. 12, 8. Januar 1931

»Klaus von Bismarck«

NS-Volksbühne

»Die Erkenntnis, daß die Theater eine ungeheure Rolle sowohl im politischen als auch kulturpolitischen Kampfe spielen, hat die Ortsgruppe Dresden veranlaßt, einen Handstreich auf die Theater zu unternehmen, der glänzend geglückt ist ... Gruppe nationalsozialistischer Theaterfachleute versiebenfacht ... Den Hauptteil stellen die Dresdner Staatstheater ... Sorgt dafür ..., daß wir bald die Institute ... in Besitz nehmen mit dem Jubelruf: ›So schneidet Siegfrieds Schwert!‹«

Während das aus Dresden dem »Völkischen Beobachter« gemeldet wird, findet in Berlin eine neue Aufführung der Nationalsozialistischen Volksbühne im Theater in der Klosterstraße statt. Ein Klassiker, zwei Uraufführungen und jetzt »Klaus von Bismarck« von Walter Flex. Man hat einen Überblick. Man sieht die Linie.

Eine »Räuber«-Vorstellung, in der Spiegelberg und Schufterle als Pottasch und Perlmutter auftreten; ein neues Drama: »Giftgas 506«, das eine schwächliche, verworrene Kopie der Zeitstücke darstellt; »Klaus von Bismarck«: eine gutgemeinte, philiströse Wildenbruch-Nachahmung; und jedesmal hilflose dilettantische Aufführungen. »Klaus von Bismarck«, eine Kanzlertragödie aus dem 14. Jahrhundert, zur Zeit der Wittelsbacher Markgrafen von Brandenburg, mit Worten wie »loher Lust« und »harsch« und Fink und Falke und Vogelschwingen des Schicksals und »hei« – das soll deutsch sein? Diese Butzenscheibendramatik, die bereits in der Parodie der Kabaretts unerträglich geworden ist, wieder ernst genommen? Kein Wort gegen Walter Flex, der ein echter Mensch war und im Kriege gefallen ist. Jedes Wort gegen ein Theater, das mit dieser Dramatik eine deutsche Revolution zu machen glaubt.

Ich sage noch einmal: Niemand kann hier vollendete Leistungen erwarten, gerade in der Primitivität könnte ein Reiz liegen. Die NS-Volksbühne macht aber nicht primitives Theater, sondern kopiert das längst erledigte Hoftheater ältesten Stils. Diese Masken, diese Perücken, diese Kostüme, diese Organe! Herr Robert Rohde, der Regisseur, versteht sein Handwerk nicht einmal in Äußerlichkeiten. Das Theater in der Klosterstraße mit seinen drei Bühnen ist bekannt als unakustisches Theater. Wenn der Darsteller sich nach rechts wendet, versteht man ihn links nicht und umgekehrt. Was liegt näher, als die Stellungen der Schauspieler und die Artikulation darauf einzurichten! Hier geschieht nichts. Kleinstädtische Liebhaberaufführung des Theatervereins »Siegfrieds Schwert«. Ich schlage eine Schauspielernachtvorstellung vor, damit die Berliner Schauspieler, die mit der Bewegung sympathisieren, sehen, was sie erwartet.

Herr Dr. Goebbels schrieb neulich von der leben- und kraftspendenden Dämonie der nationalsozialistischen Weltanschauung. Diese Spießerdramatik – Dämonie? Diese Phrasendialoge – deutsch? Klaus von Bismarck spricht im Stück gegen seine Gildegenossen vom »Verstand«; er will seine Freunde vom Phrasenschwung zur Überlegung bringen. Da lachte das Publikum. Wenn die Tiraden donnerten, applaudierte es.

Die NS-Volksbühne ist das kläglichste Versagen einer Kulturpolitik, das überhaupt denkbar ist. Herr Dr. Goebbels, der Propagandachef, müßte entsetzt sein. Er polemisierte neulich selbst gegen die albernen Geschäftstricks, die zu Aschenbechern mit der Aufschrift »Deutschland erwache«, zu Bierzipfeln mit Hakenkreuz, zu Zigarettenetuis mit Hitlerbildern führten. Den Bierzipfel »soll sich der Spießer auf dem fetten Bauch baumeln lassen« (sagt Goebbels). Was aber ist diese Bühne? Sie ist Ausdruck derselben Nippesgesinnung, derselben Plüschmöbelweltanschauung: Aschenbecher, Bierzipfel, Zigarettenetui mit Hakenkreuz.

Berliner Börsen-Courier, Nr. 20, 13. Januar 1931

»Tai Yang erwacht«

Wallner-Theater

An diesem Abend zeigte sich an einem demonstrativen Beispiel, wie wenig das Theaterstück alten Stils geeignet ist, neue Inhalte zu vermitteln. Friedrich Wolfs »Tai Yang erwacht« ist als Drama schwächer, rückständiger als die »Matrosen von Cattaro«. Es scheint in der Anlage viel weniger ein politisches Drama als ein Rollenstück gewesen zu sein, Unterlage für Schauspielkunst, ein modernerer »Kreidekreis«, in dem die politischen Vorzüge Hilfsmittel waren, um eine private Handlung in Bewegung zu setzen. Rückfall von Friedrich Wolf in die Zeit, als er den »Armen Konrad« und »Kolonne Hund« schrieb. »Die Matrosen von Cattaro«: die politischen Konflikte sitzen im Zentrum und enthüllen von hier aus den privaten und den politischen Menschen. »Tai Yang erwacht«: Das erfundene Privatschicksal wird politisch angefärbt (wie im alten Historienstück).

Nun ist es erregend, zu sehen, daß sich zwangsläufig auf einer politischen Bühne auch die Methoden umschichten, mit denen weltanschauliche Themen behandelt werden; daß sich ein Theater, das vom Inhalt ausgeht, auch eine Form schaffen muß. Mit der menschlichen Handlung von Friedrich Wolf läßt sich nichts demonstrieren. Daß Ma von Tschu Fu, dem Fabrikdirektor, »verführt« wird, daß Tai Yang, ihre Schwester, wieder Tschu Fu liebt, daß sie »umschlägt«, als sie sieht, wie der Hafenarbeiter Wan gefordert wird – dies ganze Kreuz und Quer von alten Theatereffekten und Theaterverwicklungen ist uninteressant und in nichts beispielgebend. Also wird die fortlaufende Handlung unterbrochen, in mimische Nummern aufgelöst, in einzelne Beweisstücke zerlegt, zu Demonstrationen zusammengefaßt.

Dabei geben Piscator und Wolf eine Auseinandersetzung mit allen radikalen und vermittelnden politischen Bewegungen. Die linken und rechten Fronten werden mit einer Eindringlichkeit ohnegleichen aufgezeigt. Ein politisches Lehrstück. Die Entscheidung wird in den Zuschauer gelegt. Zum erstenmal setzt Piscator sich wirklich mit weltanschaulichen Thesen auseinander. (Keine rückwärtsgewandte Polemik mehr gegen den Krieg.) Es wird, allerdings nicht immer klar, eine Linie gezogen von

Konfutse bis zu Sun Yat-sen. Manches setzt sich kritisch mit Theorien Otto Strassers auseinander. (Vom alten China, der gleichmäßigen Verteilung des Grund und Bodens, des Tsien-Tsin-Systems bis zu Otto Strasser.)

Eine solche weltanschauliche Aufteilung verlangt eine starke mimische Beweiskraft. Piscator sieht ein, daß lange Reden und lange Filme langweilen. Die Stärke der Aufführung sind die pantomimischen Ansätze. Ich meine nicht das Getänzel der Spinnerinnen vor den Maschinen, aber ich meine die starke Eindringlichkeit einer Szene, die nur von den Plakaten einer Litfaßsäule beherrscht wird. Ich meine den Zug der Leiche des weisen Hung Ming (der vermitteln wollte) zwischen den Fronten hindurch und das plötzliche Aufflammen des Aufstandes, die plötzlich »lehrhafte« Deutlichkeit der Gegensätze. Ich meine das allmähliche Hineinwachsen der Handlung von der Schminkgarderobe der Schauspieler in das Stück. Keine Dekorationen, nur Plakate, nur Fahnen. Piscator hat gelernt: von »Mahagonny« bis zu den Lehrstücken.

Es ist klar, daß für den demonstrierenden Charakter des Stücks auch ein neuer Schauspielstil gefunden werden muß. Es ist selbstverständlich, daß alle Darsteller in den privaten Partien des Stücks, dort, wo die Tai Yang-Tschu Fu- und Ma-Affären sich abspielen, schwach waren. Hier drohte die Vorstellung zu zerfallen. Alle Schauspieler aber wurden sofort stark, eindringlicher und lebendiger, wo dargelegt wurde: Constanze Menz (aus Frankfurt), als sie zur Entscheidung aufrief, Günther Hadank, als er didaktisch, fordernd sprach. Ernst Ginsberg in der Rolle des Gelehrten. Ginsberg hatte eine besondere Schwierigkeit zu überwinden: Er spielte eine räsonierende Rolle neben der Handlung und mußte doch in die Vorgänge als private Person, mit einem privaten Schicksal eingreifen (ein Bruch). Dann Emilie Unda, Ellen Widmann, Albert Venohr, Kurt Werther, Werner Kepich.

Berliner Börsen-Courier, Nr. 26, 16. Januar 1931

Vom Lustspiel zur Parabel

Skandal im Staatstheater

Im Staatstheater war seit Jahren Brechts »Dickicht« in der Darmstädter Neufassung angenommen. Brecht tauschte es für »Mann ist Mann« um, weil er an dem alten Stück ein regieliches, ein schauspielerisches Experiment machen wollte. Brecht hat immer wieder seine alten Werke verworfen und revidiert. Den Weg, den er von der alten Fassung des »Baal«, von der lyrischen Naturromantik des Buches und der Leipziger Uraufführung bis zur Großstadtparabel und der Vorstellung der »Jungen Bühne« gegangen ist, wollte er noch einmal, konsequenter und radikaler, bei »Mann ist Mann« gehen.

Brecht ist ein ewiger Veränderer. Er kann nie von einer Dichtung Abschied nehmen und wirft das runde Werk immer wieder ins Experiment zurück. Was wollte er diesmal? Er wollte, indem er den Umbau des Packers Galy Gay von einem harmlosen Individuum in einen Soldaten, in eine Nummer, in einen Kollektivmenschen darstellte, gleichzeitig den Weg der Schauspielkunst von einer charakterisierenden zu einer typisierenden zeigen. Er ging von der Persönlichkeit zur Maske, von der identifizierenden zur berichtenden, von der dynamischen zur statischen Schauspielkunst. Also werden die Soldaten maskiert und bis zur völligen Veränderung des Gesichts (geklebte Nase, vergrößerte Ohren), bis zur Verzerrung der Körpermaße (riesige Hände; Lingen und Heinz gehen auf Stelzen, Granach wirkt noch breiter und kleiner). Das Publikum widerstrebte. Es piff in der Mitte, um zum Schluß den Willen mit Beifall zu bejahen.

Es heißt nun gewiß, den Gedanken von »Mann ist Mann« zu Ende denken, wenn man Galy Gay nicht nur den Weg von der Persönlichkeit zum Kollektivmenschen gehen läßt, sondern auch vom Individuum zur Maske. Galy Gays freies behagliches Gesicht wird gelöscht, es wird zur kalkigen, verzerrten Maske. Eine böse, eine unheimliche, eine radikale Aufführung. Mit dem besonderen Weg dieses einen Stücks geht aber die Theorie der epischen Schauspielkunst parallel. Sie soll bewiesen oder zum mindesten zur Diskussion gestellt werden. Sie wird nicht bewiesen, sie zeigt, gerade in diesem Stück, einen Denkfehler auf.

Brecht überträgt die Typisierung, die er anstrebt, am deutlichsten auf die Soldaten. Diese Soldaten sind aber die Personen, die er kritisiert, die er mit einem grausigen Humor ablehnt. Wir haben also den Widerspruch, daß Brecht eine Theorie, die er bejaht, an Personen demonstriert, die er verneint. Er probiert ein darstellerisches Prinzip, das er propagiert, an einer Welt aus, die er bekämpft. So hebt Brecht seine eigene Gedankenwelt auf. So zerstört er sein eigenes System. Der epische Stil, die Typenkunst, ist hier Mittel der Kritik, der Zersetzung. Brecht begründet doch aber diese Form damit, daß er eine neue Grundlage der Schauspielkunst, eine neue, geschlossene, anwendbare, weiterwirkende mimische Lehre aufstellen will.

Machen wir die Probe. Denken wir uns »Mann ist Mann« optimistisch (statt pessimistisch). Stellen wir uns die Verwandlung eines ziellos für sich dahinlebenden Einzelmenschen in ein Gemeinschaftswesen vor. Nehmen wir an: Galy Gay wird in eine Welt, in eine Gemeinschaft, in eine Gruppe, in ein Staatswesen eingebaut, das bejaht wird. Dann stimmt diese Maskenkunst nicht. Dann hebt sie sich auf. Denn in diesem Falle müßte Galy Gay eher von einer Maske (diesmal des Genießers, des Gedankenlosen oder des Romantikers) in einen Menschen mit freiem Gesicht umgebaut werden. Die Persönlichkeitswelt wäre die starre, die Gruppenwelt die gelöste. Man kann an das Beispiel russischer Filme denken, in denen die zaristische Obrigkeit durch Übersteigerung typisiert, maskenhaft verhärtet wurde, die neue Welt aber die freie, die gelöste, die »persönliche« ist.

Also: Es war gefährlich, am inhaltlichen Weg von »Mann ist Mann« den Weg eines Stils zu zeigen. Es war ein Denkfehler, ein episches Prinzip an einer dramatischen Gruppe zu beweisen, deren Weltanschauung abgelehnt wird. Man muß Programm und Möglichkeit hier deutlich auseinanderhalten. Im Einzelfall: Ein unter anderen Bedingungen geschaffenes Werk wie »Mann ist Mann« verträgt nicht seine nachträgliche Ummontierung. Im Prinzipiellen: Daß die Schauspielkunst durch Übernuancierung verdorben und an den einzelnen Schauspieler und Regisseur ausgeliefert, daß die Grundlage zerstört worden war, ist ebenso sicher, wie daß eine Fixierung und Typisierung helfen kann. Aber indem Brecht diesen Versuch an einer Menschengruppe macht, die er gleichzeitig bekämpft, die er also durch die schauspielerische Form einer weltanschaulichen Kritik ausliefert, macht er den typischen Fall wieder zum Einzelfall, wieder zur – Regienuance. Zu einer schematischen, verrannten Regienuance.

Eine Probe, die mißglückte, die aber ein ungewöhnlich reiches Diskussionsmaterial enthält. So geht es noch nicht. Es geht auch nicht, daß dieses Experiment mit dem Schauspieler Peter Lorre als Galy Gay vorgenommen wird, der wohl die Liebenswürdigkeit für den Anfang, aber für die Verhärtung der späteren Szenen oder mimischen Nummern gerade die entscheidende Voraussetzung nicht hat: Deutlichkeit, Klarheit und die Fähigkeit, anschaulich und darlegend zu sprechen. Diese Fähigkeit hat Helene Weigel: Sie sprach ebenso mimisch gelöst, liebenswürdig, schauspielerisch, wie sinngemäß, klar. Die Soldaten: Lingen, Heinz, Granach, Reuß standen willig und mit dem rücksichtslosen Mut zum Experiment in der fremden Welt. Auf schwierigstem Posten: Paul Bildt als Sergeant.

Berliner Börsen-Courier, Nr. 64, 7. Februar 1931

»Der Sklave«

NS-Volksbühne

»Der Sklave« – das ist in diesem »Zeitbild« von Lothar Bodner der nationalsozialistische Beamte im neuen Staat. Gegen den Regierungsrat Müller (man denkt an den Fall Fabricius) wird ein Disziplinarverfahren eingeleitet, weil er sich in die Listen zum Volksbegehren gegen den Young-Plan eingetragen hat.

Also, denkt man, wirklich einmal ein Thema, in dem die nationalsozialistische Ideologie sich aussprechen wird. Wirklich einmal ein Stoff, an dem der Gegner, so glaubt man, sich orientieren kann. Was geschieht aber? Wird hier wirklich das Verhältnis Staat und Beamte durchdiskutiert oder durchgestaltet? Wird das Problem auch nur angerührt? Der Beamte: das ist hier ein Phrasendrescher. Der Staat: das ist hier ein Intrigant. Der Beamte: das ist hier ein heller Mensch. Der Staat: das sind die schwarzhaarigen Menschen. In der Tat: alles kommt auf den Gegensatz blond und schwarz heraus. Man versteht, und man lacht.

Das ist die Typengliederung. Nun die Handlung. Regierungsrat Müller hat einen demokratischen Sohn, der die Tochter des

Ministerialdirektors Gruber, eines Zentrumsmannes, liebt. Als der Zentrumsmann durch nichts die »kompromittierende« Verbindung lösen kann, läßt er Akten aus dem Ministerium verschwinden und bei Müller und Sohn im Schreibtisch verstekken. So tückisch werden die arglosen Nationalsozialisten diskreditiert – sagt das Stück.

Die NS-Volksbühne, bei den beiden letzten Premieren ausverkauft, wies diesmal in der Klosterstraße große Lücken auf. Kein Wunder. Das Stück: eine Armseligkeit. Die Aufführung: ein Witz. Das Ganze: großer Unfug. Ich wollte mich mit einer Vorstellungswelt auseinandersetzen und bekam ein ungreifbares Gewäsch vorgesetzt. Sogar der Verlag und der Autor und die Bühne der Namenlosen haben dagegen protestiert. Der Fall ist hoffnungslos.

Zu bedauern ist der Schauspieler Otto Burger, der hier schon zum zweiten Male lebendig und mit Nerven spielt. Er gibt den Ministerialdirektor so dicht und schauspielerisch beweglich, daß ihn andere Direktoren sich ansehen sollten. Er ist zu verwenden – für ein wirkliches Theater.

Berliner Börsen-Courier, Nr. 74, 13. Februar 1931

»Frau in Front«

Piscator-Bühne im Wallner-Theater

Man kann auf Berliner Bühnen kennenlernen, wie es in England und Frankreich aussieht. Man erfährt etwas über die Lebensgewohnheiten in Rußland und in Amerika. Nur über Deutschland erfährt man nichts. Ein Ausländer, der nach Paris, London, Moskau oder New York käme und den ganzen Tag durch Büroarbeiten und Konferenzen festgehalten würde, könnte abends in den Theatern, aus den Stücken doch etwas von Art und Anschauung der Städte und Länder kennenlernen. Ein Fremder, der unter denselben Bedingungen kurze Zeit in Berlin leben müßte, würde nichts erfahren. Er erführe in Berlin noch einmal, wie man in Paris lebt, was man in Moskau denkt, wie man in New York spricht, aber Berlin selbst, so muß er annehmen, existiert nicht, Deutschland drückt sich auf dem Theater nicht aus. Es hat kein Leben, das kennenzulernen, mit dem auseinanderzusetzen sich lohnt. Ein Schimmer davon allenfalls in Kabaretts, die sich aber wieder an Eingeweihte wenden.

Das ist ein unerträglicher Zustand. Die Schuld liegt bei Theatern und Autoren gleichmäßig. Bei den Theatern, weil sie keine planmäßige Aufbauarbeit geleistet, weil sie Dramatiker nicht erzogen, Themen nicht angeregt haben. Bei den Autoren, weil sie sich einschüchtern ließen und keine einheitlichen Gegenmaßnahmen trafen. Es ist nicht zuviel gesagt, wenn man behauptet, die Theaterkalamitäten wären heute wesentlich geringer, wenn man die Produktion in den letzten zehn Jahren organisiert hätte. Durch konsequente Bearbeitung hätte man Publikum und Autoren aneinander orientieren müssen. Dann wäre der leere Raum nicht entstanden, in den das Theater heute hineinstürzt. Gewiß, es würde vielleicht weniger Bühnen geben, diese aber stünden auf sicherer Basis.

Für die Junge Volksbühne spielte die Piscator-Bühne im Wallner-Theater die Komödie »Frau in Front« von Anatol Glebow. Inhalt: die Stellung der Frau im neuen Rußland. Weniger ein Lustspiel wie »Mond von links« oder »Quadratur des Kreises« als ein Diskussionsstück mit komödienhaftem Einschlag. Die Frau in der Fabrik, die Frau in der Ehe – hierüber wird an dem Beispiel von Grundsituationen der Liebe, der Eifersucht disputiert. Schafft Arbeit nur Nutzwert oder auch Schönheit? Zweck und Glück, alle Grundfragen werden an den Bedingungen Sowjetrußlands kontrolliert, durchgesprochen, durchgespielt. Sehr anregend – trotz der Breite und Umständlichkeit der Handlung. Sehr interessant für den, der lernen will. In Rußland werden dem Dramatiker Aufgaben gestellt. In Rußland wird die Produktion an den Fragen gemessen, die in der Öffentlichkeit zur Diskussion stehen.

Natürlich ist die Fragestellung in Deutschland eine andere. Aber gerade in diesem Falle gibt es ein praktisches Beispiel. Die Dramatikerin Ilse Langner hat drei Stücke geschrieben, die sich bewußt mit der Stellung der Frau beschäftigen, zwei Schauspiele, »Frau Emma kämpft in Hinterland« und »Katharina Hentschke« mit der Frau in Deutschland. Nun ist gegen diese Stücke noch viel zu sagen. Warum aber hat man diese Frau nicht gefördert, warum spricht kein Theater diese Stücke mit ihr durch, damit sie sich selbst klar wird? Ich weiß, so, wie sie vorliegen, sind diese Stücke von der Jungen Volksbühne nicht aufzuführen. Aber ihre Aufgabe wäre es, an der Produktion mitzuarbeiten.

In der soliden Aufführung der »Frau in Front« spielte die Hauptrolle Lotte Loebinger: treffend im Typ, aber stimmlich unzureichend. Renée Stobrawa: eine Freude, sie wieder einmal auf der Bühne zu sehen. Erwin Kalser: mit bescheidener Überlegenheit; Albert Venohr: kräftig. Walter Jung: zu viel Theater; Heinz Greif: zu chargiert. Auch schauspielerisch müssen Piscator und die Junge Volksbühne aufbauen. Weniger durch jeweilige Hinzunahme von Ergänzungsschauspielern als durch Heranziehung junger, erziehungswilliger Darsteller, die die Gruppe lebendiger und frischer machen.

Berliner Börsen-Courier, Nr. 82, 18. Februar 1931

»Der Hauptmann von Köpenick«

Deutsches Theater

Im Parkett dieser Premiere eine Unzahl Filmleute, von Erich Pommer bis Dupont, Zelnik und Zickel. Alle auf der Jagd nach Tonfilmthemen. Alle beobachtend, wie das Publikum und worauf es reagiert. Wahrhaftig, der ungewöhnliche Erfolg dieses Abends ist schon als Tatsache interessant genug. Untersuchen wir die Wirkung in ihrer Zusammensetzung.

Die Geschichte des Hauptmanns von Köpenick ist bekannt: Am 16. Oktober 1906 erschien der Schuster Wilhelm Voigt in einer schlechtsitzenden Hauptmannsuniform mit zwölf Soldaten des vierten Garderegiments vor dem Rathaus von Köpenick, besetzte die Ausgänge, verhaftete den Bürgermeister, ließ ihn unter militärischer Begleitung nach der Neuen Wache Unter den Linden bringen und setzte sich selbst in Besitz der Stadtkasse. Dieser Streich, der das Gelächter der ganzen Welt erregte, war ein politisches Ereignis erster Ordnung. Der Possenstreich schied die Geister. Die einen fanden den Militarismus blamiert und wiesen auf die Unmöglichkeit einer Militärstrafprozeßordnung hin, in der es hieß: »Bei einem im Offiziersrange stehenden und in entsprechender Uniform befindlichen Angehörigen der bewaffneten Macht ist die Annahme ausgeschlossen, daß er der Flucht verdächtig sei und nicht sofort festgestellt werden könnte, es sei denn, daß er bei Begehung eines Verbrechens auf frischer Tat betroffen und verfolgt wird.« Die anderen wollten darin nur eine gewöhnliche Gaunerei ohne die Kraft der politischen Satire sehen. Deutschland lachte links. Deutschland lachte rechts. Aber es zerfiel in zwei Lager.

Wenn dieser Stoff – und er ist ein ausgezeichneter Komödienstoff – heute dargestellt wird, so liegt die Wirkung auf zwei Seiten. Einmal wirkt der wilhelminische Militarismus, dessen Wiedergabe zur Erklärung des Falles nicht umgangen werden kann, durch sich selbst, durch die Uniformen, durch die Musik, durch die Buntheit, durch den Jargon. Er wirkt als Wunsch oder Erinnerungsbild. Zweitens wirkt er als Witz, als Satire. Aber die Bajahung (durch die sinnliche Attraktion des »bunten Rocks«) und die Verneinung (durch die Situationskomik), beides geht so ineinander, daß das Publikum sich nicht einmal klar wird, wann es auf das eine oder auf das andere reagiert. Das sind die primitiven Erfolgschancen, die schon das Thema bietet, die es besonders dann bietet, wenn es nur farbig und menschlich dargestellt wird.

Zuckmayer wählt diesen Weg. »Der Hauptmann von Köpenick« ist vom Standpunkt der Bühnenwirkung und der Rollen sein bestes Stück geworden. Er gibt in einer Unzahl von kleinen saftigen und knappen Szenen ein Bild des bürgerlichen, militärischen kaiserlichen Deutschland, mit einem Witz, der fast immer aus der Anschauung kommt. Der Humor wurzelt im Dialekt. Zuckmayer hört, sieht, gestaltet. Eine Fülle von Menschen, eine Fülle von Rollen. Diese Rollenwelt zerfällt dramaturgisch in die Geschichte des Schusters Wilhelm Voigt, der auf der Suche nach Aufenthaltsbewilligung und Paß von Zuchthaus zu Zuchthaus wandert, und in die Geschichte einer Uniform, die bis zum Trödelladen in der Grenadierstraße herunterkommt. Ein »deutsches Märchen« sollte entstehen, weil alles nicht mehr wahr ist. Wirklich? Es stimmt mit dem Märchen weder bei Zuckmayer noch in der Wirklichkeit.

Zuckmayer erzählt eine saftige Geschichte, eine amüsante Anekdotensammlung um den Hauptmann von Köpenick. Sehen wir uns die Bestandteile seiner Geschichte und seines Witzes an. Da sind die köstlichen Szenen des Bürgermeisters von Köpenick, dem die Reserveoffiziersuniform zu eng geworden ist. Man lacht. Worüber? Über den streberhaften Ehrgeiz einer Schicht oder über den Abstand zwischen Zivil und Militär? Diesen Humor gab es früher in jedem Militärschwank. Aber man lachte nicht über eine Satire, sondern über die Unzulänglichkeit des Zivils. Auf dieser bedenklichen Grenze balanciert das Stück. Im Grunde ist der Offizier, der hier wegen eines Skandals im Café National seinen Abschied nehmen muß, viel sympathischer als seine ganze Umgebung. Jede Figur hat ihren Humor für sich. Aber es fehlt die geistige Ordnung, in der sich alles abspielt.

Das ist entscheidend. Keine Mißverständnisse: Es ist gut, daß der »Hauptmann von Köpenick« kein starres Tendenzstück geworden ist, daß er »Kunst« sein wollte. Aber Kunst kann nur auf dem Boden einer Weltanschauung, einer Welteinstellung bestehen. Die Ordnung vermisse ich. Gut: Zuckmayer betrachtet die Welt, er zeichnet sie. Aber ich sehe nicht den festen Punkt, von dem aus er betrachtet. Er wechselt, er ist verliebt in seine Personen. Er lenkt nicht den Geist des Zuschauers dahin, von wo aus er betrachten soll. So kann der eine den Militärschwank, der andere eine leichte soziale Anklage, der dritte die Satire sehen. Zuckmayer zieht seine Wirkung sowohl aus »Drei Tage Mittelarrest« wie aus dem »Biberpelz«. Zwischen diesen Polen schwankt das Stück. Es gab vor dem Kriege einen Schwank »Husarenfieber«.

Dieser heißt: Uniformfieber.

Die Vorstellung war bester Hilpert. Knapp, schnell, saftig, gesund, gegenständlich. Hier ist der unproblematische Hilpert zu Hause. Hier führt er die Schauspieler ausgezeichnet, von Paul Wagner als Hauptmann bis Paul Kemp als Uniformschneider, von Hermann Vallentin bis Hans Deppe, von Käthe Haack bis Lotte Stein, von Franz Nicklisch bis Arthur Mainzer (köstlich!), von Friedrich Ettel bis Wolfgang Frées, von Hans Halden bis Eduard von Winterstein, von Friedrich Kalnberg bis Annemarie Seidel, von Martin Wolfgang bis Jakob Sinn.

Himmlisch Gülstorff als Bürgermeister von Köpenick, ein liebenswert rührender Kleinbürger in Uniform. Ungewöhnlich Werner Krauss als Wilhelm Voigt. Es stellte sich schon bei dem ersten Erscheinen von Werner Krauss heraus, daß die ursprünglich geplante Besetzung mit Adalbert oder Carow grundfalsch gewesen wäre. Bei dieser Vielheit kleiner Szenenbilder mußte die Hauptrolle von einem zusammenfassenden Darsteller gespielt werden. Aber Werner Krauss tat mehr. Er dichtete die Gestalt weiter. Er spielte ein Volksgenie. Unglaublich, wie er wieder aussah. Eine unheimliche Ähnlichkeit mit dem Voigt der Geschichte. Ein kleiner Mann, ein unbedeutender Mann, aber ein Spintisierer, einer, dem die Zuchthausjahre nach innen geschlagen waren. Der Hauptmann von Köpenick ist kein Märchenstoff. Krauss spielte das Märchen und die Satire und das Volksstück. Er steht vor einer neuen Entwicklung. Er hat seine Starre überwunden.

Die Bühnenbilder von Ernst Schütte geben eine Mustersammlung wilhelminischer Zimmereinrichtungen und Büros. Sehr gut.

Berliner Börsen-Courier, Nr. 110, 6. März 1931

Volkes Not?

Die Nationalsozialistische Volksbühne ist im Theater in der Klosterstraße zum Familienlustspiel zurückgekehrt und führt Ernst von Wolzogens »Unbeschriebenes Blatt« auf. Die politische Bühne ist, für den Sonntag vormittag, in den Zirkus Busch verlegt. Joachim von Ostau hat, nachdem er im Neuen Theater am Zoo und im Berliner Theater als Direktor gescheitert ist, »sieben Bilder aus deutscher Gegenwart nach authentischen Quellen zusammengesetzt und inszeniert« (wie es im Programm heißt). Es beginnt mit dem letzten Tag vor Verdun und endet – mit den Krawallen um den Film »Im Westen nichts Neues«.

Das Theater einer Volksbewegung? Der Zuschauerraum ist halb leer und wird erst während der Vorstellung aufgefüllt. Das Theater des Persönlichkeitskults. Herr Dr. Goebbels erscheint auf dem Höhepunkt des Spiels im Zuschauerraum und lenkt den Beifall auf seine Person ab. Verdun, Oberschlesien, Separatistenaufstand in Speyer, Schlageter, »Gefesselte Justiz« – alles ist nur dazu da, um die Person des »Führers« zu verklären. Deshalb am Schluß die Ereignisse am Nollendorfplatz. Deshalb am Schluß »Im Westen nichts Neues«. »Volkes Not«? Der Sieg des großen Germanen Goebbels über den kleinen jüdischen Filmdirektor Brodnitz (der auftritt). Heilrufe, Beifallstumulte für den Triumphator Goebbels.

Niemals ist die Idee eines Volkstheaters so entwertet worden wie in dieser der persönlichen Eitelkeit dienenden Veranstaltung. Dabei arbeitet die Nationalsozialistische Bühne diesmal geschickter als sonst. Herr von Ostau kopiert genau die Mittel von Piscator. Manche Szenen, wie die in Oberschlesien, die zwei Episoden aus dem Roman von Bronnen dramatisieren, haben eine gewisse Schlagkraft. Man lernt, wie in dem Schlageterbilde, auch die echte Empfindungswelt der Nationalsozialisten kennen. Die echte Empfindungswelt und die Armut der Gedanken. Denn schon in der nächsten Szene, in der Reichsgerichtsverhandlung, wird alles verbogen. Der Held, der Unteroffizier Hauschild, wird zum Tode verurteilt. Anscheinend, um zum Besuch des Films »Im Westen nichts Neues« begnadigt zu werden. Von zwei Polizisten wird er aus dem Kino geschleift, um genauso tragisch die Arme zu breiten wie vor Verdun, wie in Oberschlesien, wie im Rheinland. Aber die Phrase ist alles, die Phrase triumphiert. Niemand im Publikum merkt die Lächerlichkeit dieser Ablenkung von großen Zielen zu kleinlichem Tagesmanöver, von Volkesnot zu Persönlichkeitskult. Fahnen rauschen, Trommeln dröhnen, Hände strecken sich aus. »Deutschland erwache!« Wogegen? Gegen einen Film. Wozu? Zum Applaus für Dr. Goebbels.

So wird die Darstellung der schwersten deutschen Jahre mißbraucht. Das ist das Ende des Separatistenkampfes und des Ruhrkrieges; dafür platzten Weltanschauungen aufeinander; dafür fielen Männer im Kampf; dafür wurden Menschen hingerichtet, daß ihr Leben, ihr Wirken und ihr Tod zehn Jahre später nur noch zur theatralischen Verherrlichung eines Gauführers gut ist. Niemals hat sich eine Bewegung mehr desavouiert als an diesem Theatervormittag.

Berliner Börsen-Courier, Nr. 150, 30. März 1931

»Hotel Eden«

Nachtvorstellung am Nollendorfplatz

Die Gruppe junger Schauspieler führte nachts im Theater am Nollendorfplatz ein neues Schauspiel von Emil Bernhard auf: »Hotel Eden«, eine Dramatisierung des Mordes an Rosa Luxemburg und Karl Liebknecht. Der Verfasser von »Anna Boleyn« und das Jahr 1919? Der Dichter der »Jagd Gottes« und Karl Liebknecht? Der Autor des »Reißenden Lammes« und die deutsche Revolution?

Der Widerspruch liegt sowohl in der Themenwahl wie in der dramatischen Methode. Man kann nicht mit der Methode des psychologischen Dramas die Vorgänge um das Edenhotel darstellen. Emil Bernhard gibt die Seelengeschichte des Mörders Runge. Er erklärt die Vorgänge in seinem Innern. Er stellt ihn als einen dumpfen Proleten dar, der von den Offizieren in den Mord hineingehetzt wird oder genauer noch: der halb freiwillig, halb unfreiwillig in den Mordanschlag hineinstolpert. Er gibt ihm die Züge eines Wozzeck, eines nach innen gekehrten, primitiven, schwerfälligen, tappenden Menschen, der als Mörder gefeiert und wieder verhöhnt und schließlich verhaftet und verurteilt wird. Eine Szene ist sogar deutlich und spürbar im Wozzeckton gehalten: Guhlke wird von einem brutal gutmütigen Offizier, der Geburtstag hat, gezwungen, wie ein Hund nach Würsten zu springen. Dann kommen die Kriminalbeamten und verhaften ihn.

Nähmen wir einmal an, die psychologische Darstellung des Guhlke wäre vortrefflich, nähmen wir an, Emil Bernhard hätte ein überzeugendes, dichtes Seelenschicksal gestaltet, so wäre das Stück genauso unwichtig, wie es jetzt ist. Denn, ob die Psychologie Guhlkes stimmt oder nicht, sie ist den Ansprüchen des Themas nicht gewachsen. Es gibt für jede Tat eine Erklärung, es gibt für jedes Schicksal ein Verstehen. Wenn ich aber ein Drama »Hotel Eden« schreibe, so ist die seelische Verwirrung des Husaren Runge, der den Kolbenschlag gegen Rosa Luxemburg führte, nur eine kleine Episode in den fürchterlichen Ereignissen des Jahres 19. Es war einmal wichtig, die Psychologie des Täters, die Psychologie des Mörders zu schreiben. Wenn ich heute diese Psychologie wiederhole, so komme ich, ob ich will oder nicht, in eine Epigonendramatik hinein, so mache ich mich zwangsläufig zum Epigonen einer Heldendramatik mit umgekehrten Vorzeichen. Alles erklären heißt auch hier: alles verzeihen. Vertiefe ich mich in die Seelenvorgänge, so glorifiziere ich.

Ich weiß, daß Emil Bernhard auch die Darstellung der Umwelt gereizt hat, der Offiziere, die Runge hineinhetzten und dann abschieben wollten; ich weiß, daß ihn das Schicksal des jüdischen Leutnants Liepmann interessierte (der hier Magnus heißt) – aber was sollen bei diesem Thema Privatrettungen? Wie es sich herausstellte, daß eine Nazivolksbühne nicht ohne weiteres die Methoden von Piscator übernehmen kann, so kann ein Dramatiker der Menschlichkeit nicht ohne weiteres ein Zeitthema übernehmen. Die Nazivolksbühne verwendet darauf die kalte, dokumentarische Methode von Piscator. Emil Bernhard will die Zeit von Januar bis Juli 1919 darstellen und schreibt die Psychologie eines Gemeinen (Runge) und eines Offiziers (Liepmann). Die Methode Piscator wird sklavisch kopiert, nicht weitergebracht und dadurch entwertet. Bernhard wendet immer noch die Methode der Heldenpsychologie an und diskreditiert dadurch die Thematik der Zeit. Eine Sackgasse. Wozzeck erleidet ein Privatschicksal, er tötet seine Geliebte. Die Methode Büchners ist notwendig. Runge wird in einen politischen Mord verwickelt. Die Methode Bernhards ist falsch. Wozzeck ist der Hauptspieler seiner eigenen Tragödie, die indirekt sogar politisch wirkt. Runge ist Nebenspieler eines politischen Verbrechens und wird Hauptspieler einer Privattragödie. Welch ein Mißverhältnis!

Die Gruppe junger Schauspieler hätte diese Erwägung schon vor der Annahme des Stückes anstellen sollen. Es genügt heute nicht mehr, Dramen mit geeigneten Rollen zu finden. Man muß dramaturgisch vorgehen. Es gibt z. B. sehr begabte Szenen über die oberschlesischen Kämpfe 1921, ein Stück von August Scholtis: »Der müde Krieg von Borodin«. Trotzdem wäre es falsch, dieses Schauspiel, so wie es ist, aufzuführen. Ohne Dramaturgie gibt es heute kein Theater. Aber das Stück von Scholtis sollte an einen Dramaturgen kommen, der es methodisch durcharbeitet. Dann wird es wichtig und muß aufgeführt werden.

Hans Rodenberg, der »Hotel Eden« inszenierte, ist dieser Dramaturg nicht. Er enttäuscht seit Lampels »Wir sind Kameraden«. Die Szenen wurden nicht geführt. Sie erhielten keinen Umriß. Bleiben die Schauspieler. Prachtvoll Gerhard Bienert als Guhlke. Eine Überraschung: er ist in gehemmten, gestauten Rollen viel stärker als in polternden. Dann Rudolf Schündler als Leutnant Ziegenrücker, sehr frisch und bestimmt. Dann Adolf Fischer, Werner Pledath, Ludwig Roth. Otto Burger, der beste Darsteller der Nazivolksbühne, spielt auch hier. Er sollte ein Engagement finden. Unklar Eberhard Leitloff als Leutnant Magnus (Liepmann). Manchmal aufreizend unangenehm und dilettantisch. Manchmal zur Aufmerksamkeit zwingend. Das letzte Wort ist über ihn noch nicht gesprochen.

Berliner Börsen-Courier, Nr. 156, 2. April 1931

»Die Portugalesische Schlacht«

Staatliches Schauspielhaus

Wenn der Märchenfilm »Die verlorenen Schuhe« statt von Ludwig Berger von G. W. Pabst inszeniert worden wäre, so wäre dasselbe Mißverhältnis zwischen Thema und Regie entstanden wie bei der Aufführung von Ernst Penzoldts »Portugalesischer Schlacht«. Leopold Lindtberg hatte die wuchtigen Aufführungen von Mühsams »Judas« und »Sacco und Vanzetti« einstudiert. Er ist schwer, gemessen, eindringlich. Aber eine Komödie, deren Reiz in ihrem Fluidum, in ihrer Atmosphäre liegt? Lindtberg mußte alles schuldig bleiben. Rochus Gliese hatte als Bühnenbildner an der wunderbaren, lastenden Vorstellung des »Blauen Boll« mitgeholfen, aber ein schwebendes und fliegendes Märchen? Da türmen sich die Praktikabeln, die jede Verwandlung verzögern. Schneller Szenenwechsel aber ist hier alles. Da stehen schwerfällige Bauten herum, die eine leichte Spielweise nicht aufkommen lassen. Leichtigkeit aber ist hier alles.

Man konnte also im Staatstheater den Ton und den Sinn der Komödie nicht erkennen. Penzoldt wollte ein Stück schreiben, in dem ein naiver, glanzberauschter König durch Abenteuer ein Volk und einen Staat ruiniert und dennoch ein Liebling bleibt. Mehr noch, je leidenschaftlicher er sich verirrt, desto leuchtender wird sein Ruhm. Für den König Sebastian von Portugal ist alles Spiel, alles Phantasie. Er kostet den Reiz der Ferne, also rüstet er zu einer Expedition nach Afrika. Er gerät in Entzücken über Uniformen, also liebt er den Krieg. Für ihn hat noch das Grauen einen malerischen Zauber, also begibt er sich zu den Pestkranken. König Sebastian reagiert »ästhetisch«, wo er politisch kombinieren soll. Der alte Kampf zwischen ästhetischer und politischer Weltanschauung wird ausgetragen. Obgleich die künstlerische Welt so unterliegt, daß ein ganzes Volk in Knechtschaft gerät, siegt sie in der Phantasie der Menge so, daß noch nach dem Tode des Königs die Sebastians aus der Erde schießen, die Schwindler, denen immer noch der König geglaubt wird, die immer noch das Volk verzaubern und selbst, in Gedanken an den König verzaubert, zu seinem Ebenbilde verzaubert werden.

Dieser Gedanke verwandelt sich auf der Bühne des Staatstheaters in ein kräftiges Wildenbruch-Drama. Die Aktion siegt über den Sinn. Es ist bedauerlich, daß »Die Portugalesische Schlacht« nicht treffend, nicht beweiskräftig gespielt wurde. Man hätte dann, ohne Zweifel, das folgende erkannt: Auch eine Komödie, die gegen die Haupt- und Staatsaktionen gerichtet ist, muß auf der Bühne, selbst wenn sie richtig dargestellt wird, wie eine Haupt- und Staatsaktion wirken, wenn sie Ausdruck und Mittel des heroischen Theaters übernimmt. Das tut Penzoldt. Sein Stück lebt von den heroischen Auftritten, die es auflösen will. Es bringt die theatralische Heldenkonvention, die es aufhebt. Es macht sie »genußreich«, amüsant, locker. Aber es läßt sie bestehen. Es lebt von den Uniformen, die es mit zartem Humor verulkt. Es lebt von den Illusionen, die es märchenhaft übertreibt. Es gibt sich hin an denselben ästhetischen Reiz, den es skeptisch überwinden will. Es lebt vom Fluidum, von der Atmosphäre, der nachzugehen die Tragik seines Helden ist. Penzoldt selbst ist ein Sebastian, der sich in den Glanz des alten Dramas verliebt. Er spielt mit ihm. Aber er ist der Nutznießer seiner Wirkungen.

Es wäre sehr interessant gewesen, wenn eine gute Aufführung diese Erkenntnis vermittelt, wenn sie den Beweis erbracht hätte, daß man Stücke dieser Art nicht mehr schreiben kann, weil sie selbst im besten, im reinsten, im künstlerischsten Falle die Verbundenheit mit dem alten Ritterdrama und der alten Hoftheaterkunst aufzeigen, weil ihre Sprache, die, gelesen, ihren novellistischen Reiz hat, im Munde der Schauspieler ihre theatralische Konvention beweist. So war es nur Maria Koppenhöfer, die, allerdings in der einzigen modernen, komödienhaft durchkomponierten Rolle der alten Königinwitwe Katharina, kraft ihrer Begabung sich durchsetzte. Eine ebenso einfache wie eindringliche, ebenso ernste wie komödienhafte, ebenso nüchterne wie phantastische Leistung. Lothar Müthel gab den König. Ich glaube, daß die Gestalt naiver, kindlicher gedacht ist. Aber vom Schauspieler aus gesehen war es eine rollentechnisch vorzüglich durchgeführte Leistung, leicht, ironisch, witzig, lebendig, schnell, knapp (nur ohne die Gläubigkeit, die bei Penzoldt die Voraussetzung der Rolle ist). Unbegreiflich bleibt, daß der zweite Sebastian nicht auch von Müthel gespielt wurde. Statt dessen mußte sich Harlan mit einer ungeeigneten Rolle polternd abquälen.

Sonst Sybil Rares, Mathilde Sussin, Hans Rehmann, Arthur Malkowsky. Sehr eindringlich Alexander Granach als sterbender Sultan von Marokko (aber gerade an der Theatralik der Wüstenszenen hätte Hülsen seine Freude gehabt).

Berliner Börsen-Courier, Nr. 158, 4. April 1931

»Minna von Barnhelm«

Deutsches Künstlertheater

Es war einer der stärksten und heftigsten Erfolge des Winters. Dieser Beifall konnte weder durch Claque noch durch modische Starbegeisterung erzeugt werden. Er war echt. Er galt der Berührung mit einem Werk, das den meisten Theaterbesuchern im Trubel der Sensationen, der Revuen und Klamaukstücke abhanden gekommen war. Das abgebrühte Premierenpublikum reagierte unmittelbar.

Man kann also heute wieder daran denken, das klassische Repertoire in vorsichtiger Auswahl an das Publikum heranzubringen. An das Publikum eher als an eine Kritik, die bei alten Stücken die Inszenierungen betrachtet, die früher waren, und nicht die Vorstellung sieht, die in dieser Stunde vor ihren Augen abläuft. Solange die Kritik jede neue Klassikervorstellung mit der alten, solange sie die Dorsch mit der Sorma und den Regisseur Hinrich mit Max Reinhardt totschlägt –, also mit unvergleichbaren Größen arbeitet –, solange wird das Problem der Klassikervorstellung überhaupt nicht zur Diskussion gestellt, solange wird der langsame Wiederaufbau des klassischen Spielplans unmöglich gemacht. Es fehlen die Gesichtspunkte und Maßstäbe, die heute gültig sind.

Was wirkte gestern? Ich will versuchen, den Eindruck zu analysieren. Zuerst wirkte der menschliche Ton, banal ausgedrückt die Anständigkeit, die Einfachheit, nach all dem Kauderwelsch der sogenannten Unterhaltungsdramatik. Aber vielleicht wirkte diese menschliche Haltung, die Männlichkeit des Stücks nur deshalb, weil sie in einer groben Form gereicht wurde, in einer Form, die an eben dieses Unterhaltungstheater wieder erinnerte. Zweitens wirkte eine auffallende Beziehung zur Zeit: das Schicksal einer Kriegsgeneration im Frieden. Der abgedankte

Offizier, die Schwierigkeit, Männer, die ein Lager- und Soldatenleben gewohnt sind, wieder in friedliche, abenteuerlose Berufe zu überführen. Es stellte sich ein unmittelbarer Kontakt her. Die Situation der Menschen in »Minna von Barnhelm«, die für frühere Besucher nur noch Theaterbedeutung hatten, wurde zeitlebendig. Dann aber wirkte zweifellos auch die Gegenseite dieser männlichen Sauberkeit: Ein Teil des Premierenpublikums glaubte darin seine späteren Lieblingsstücke, die späteren ständigen Lustspieltypen und seine eigene Sentimentalität zu erkennen.

So war dieser Abend aus allen Elementen gemischt, die heute das Theater bestimmen. Ein Aufbau des klassischen Repertoires wird möglich sein, wenn das Theater diese Elemente beherrscht und ordnet; er wird unmöglich sein, wenn das Theater sich von ihnen beherrschen läßt. Es mag einmal möglich sein, daß eine Operettensoubrette wie Maria Paudler die Franziska spielt und die Rotter-Diktion durch den Lessing-Dialog durchschlagen läßt. Ein zweites Mal wird man eine solche Entgleisung nicht mitmachen. Es mag einmal angehen, daß ein urwüchsiges Jodlertalent wie Fritz Kampers den Werner spielt. Ein zweites Mal wird sogar die Wirkung hin sein. (Auch Siedel als Wirt stand nicht an seinem Platz.)

Es mag beim ersten Mal angehen, daß derb und kräftig drauflosgespielt wurde. Das war sogar gut. Man ging unbedenklich und frisch an einen Klassiker heran. Der Theatraliker Lessing kam zur Geltung. Eine saftige, nahrhafte Vorstellung, in keinem Moment langweilig. Aber das Tempo, das der Regisseur Hinrich anschlug, verlangt nach einer Form, die die Sprache Lessings, ihren Satzbau, ihre Klarheit zur Geltung bringt. (Diese Klarheit hatte der ausgezeichnete Riccaut von Forster-Larrinaga.)

Käthe Dorsch war als Minna eine Überraschung. Sie war nicht nur leicht und zart – sie beherrschte auch die Sprache: in allen gefühlten, in allen lustigen Stellen. Ihr entglitt die geistige Führung im vierten Akt, die Beherrschung der Handlung, die Leitung der Lustspielintrige. Sobald sie aber in die Situation geriet, die sie eingefädelt hatte, war sie zauberhaft. Sie löste sich ganz, war innig ohne niedlich, gefühlvoll ohne sentimental zu sein. Wundervoll! Mathias Wieman (anscheinend durch eine Erkältung behindert) zerriß die Diktion Lessings, aber seine Persönlichkeit kam dem Tellheim nahe. Jacob Tiedtke polterte den Just, aber seine saftige Natur schlug durch. Eine prachtvolle Figur.

Wie soll man Lessing spielen? Kräftig und zart, lebhaft und geistig, von der Sprache her. Ein großer Abend des Erfolges. Aber er kann nur der Anfang weiterer Erfolge des klassischen Repertoires sein, wenn auf die Form wieder Rücksicht genommen wird.

Berliner Börsen-Courier, Nr. 178, 17. April 1931

»Pariser Kommune 1871«

Junge Volksbühne

In demselben Augenblick, in dem die große Volksbühne am Bülowplatz ihre Pläne für 1931/32 an die Mitglieder verschickt, kommt die Junge Volksbühne im Wallner-Theater mit einer programmatischen Aufführung heraus. Der Vorstand der alten Volksbühne atmet hörbar auf, daß er die Kroll-Oper los ist, und preist den Mitgliedern das »führende Kunstinstitut Berlins«, die Lindenoper, als »die technisch vollkommenste Bühne des Reiches« an. Der Vorstand verkündet ferner, daß der Spielplan mehr als bisher auf »eine heitere, unterhaltsame Note abgestimmt« werden würde; »Aufheiterung und Entspannung« sei die Losung; und – nun glätten sich die Kummerfalten der würdigen Volksbühnenväter – Stücke, die »politische und soziale Zeitprobleme« behandeln, müßten »zurücktreten« bzw. auf die Sonderabteilungen beschränkt bleiben, denen »nach Möglichkeit« einige besondere Einstudierungen geboten werden sollten. Als Gäste werden Pallenberg, Albers, Käthe Dorsch, Fritz Kortner angekündigt.

In einem solchen Moment, in dem die alte Volksbühne den Abmarsch in die Etappe der westlichen Unterhaltungstheater vornehmen soll und die würdigen Senatoren des Vorstandes vor dem Spiegel das Lächeln amerikanischer Filmstars probieren, bzw. das Happy-End Hollywoods inszenieren, in einem solchen Moment hätte die Junge Volksbühne alle Chancen, mit einem politischen, künstlerischen, geistigen Programm den Rest der Sonderabteilungen und andere Unzufriedene abzufangen und für sich zu gewinnen. Wird diese Chance mit dem Stück von

Fritz Meingast »Pariser Kommune 1871« ausgenutzt? Nein, vorweggenommen. Es ist bewundernswert, daß die Junge Volksbühne immer wieder mit einem Nichts an Mitteln Aufführungen zustande bringt; bewundernswert, daß Schauspieler mit einer Hingabe ohnegleichen dem Werk dienen; bewundernswert, daß, nachdem das Piscator-Kollektiv mit »§ 218« auf Gastspielreisen gegangen und Piscator zur Inszenierung eines Films nach Moskau gefahren ist, sofort eine neue Truppe zusammengestellt wurde. Aber diese moralischen Eigenschaften allein genügen nicht. Die Junge Volksbühne war weiter. Sie war daran, aus der glücklichen Primitivität ihrer Mittel einen Darstellungsstil (»Mond von links«) zu entwickeln und für ihre politische Thematik eine Form zu gewinnen (»Tai Yang erwacht«). Das Stück von Fritz Meingast und die Regie von Rolf Zindler gehen zurück hinter die ersten Versuche des politischen Theaters überhaupt: die Piscator-Aufführung »Trotz alledem!« im Großen Schauspielhaus.

Das Stück von Fritz Meingast ist eine Darstellung der Pariser Kommune von 1871, bezogen auf die Gegenwart. Aber Meingast läßt alle Erfahrungen beiseite, die andere mit der Darstellung politischer Themen gemacht haben. Er gibt eine Demonstration. Aber er vergißt, daß diese Absicht eine andere Form verlangt. Meingast geht auf Büchners »Danton« zurück. Das ist falsch. »Danton« ist trotz der wörtlichen Verwertung von Dokumenten eine Dichtung. Meingast gibt weder Dokument noch Dichtung. Er ist ledern und politisch kindlich. Das ist die Nazivolksbühne auch.

Ledern ist auch die Regie von Rolf Zindler, theatralisch konventionell, obwohl er in der »Affäre Bullerjahn« aus den bescheidenen Mitteln den Zwang zur Form nahm. Die Darsteller: Fritz Genschow wieder auf seinem Platz, stark, kräftig, gebändigt. Er gehört hierher. Dann Heinrich Heilinger und Otto Burger (als Thiers). Dieser bedarf jetzt dringend eines Regisseurs, der seinen Ton kontrolliert und abwandelt und seine oft übertriebene Maskenmacherei überwacht.

Die Junge Volksbühne wird sich entscheiden müssen. Wenn diese Aufführung der Versuch sein soll, den Etat zu balancieren, noch einmal anzufangen, zu organisieren, aufzubauen – ja. Wenn der Abend aber künstlerisch oder politisch oder werbend gewertet werden soll – nein. Als Agitpropstück – das machen die Saaltruppen besser. Als politisches Drama – unzulänglich.

Als politische Aufführung – schwach. Die alte Volksbühne will in die Unterhaltungsdramatik abschwenken, obwohl das Repertoire Martins in dieser Saison – vom Theaterstandpunkt – eine gute Mischung darstellte, mit »Liliom« sogar einen Reißererfolg und mit den »Matrosen von Cattaro« einen dramatisch-politischen Erfolg hatte. Die Junge Volksbühne hat also eine doppelte Verantwortung. Wenn sie diesen Moment verpaßt und diese Verantwortung nicht spürt, schadet sie nicht nur sich, sondern auch der Bewegung. Sie kann nicht auf Stücke warten, die sie annimmt. Sie muß sich mit Autoren und Dramaturgen vereinigen und systematisch zusammen arbeiten.

Berliner Börsen-Courier, Nr. 200, 30. April 1931

»König Hahnrei«

Staatliches Schauspielhaus

Kein Satz hat in den letzten Jahren beim Theater mehr Unheil angerichtet, als die überall verbreitete These: Es gibt keine deutschen Stücke, nur gute Schauspieler und gute Regisseure. Diese bequeme Aussage erschwerte die dramaturgische Regie und den planmäßigen Aufbau eines deutschen Spielplans.

Im Falle »König Hahnrei« haben wir ein Schulbeispiel. Es handelt sich um ein – vor dem Kriege geschriebenes – Frühwerk von Georg Kaiser, das nur noch literar-historisches Interesse hat. Man erkennt, wie 1913 der geistige Boden schon erschüttert war. Die alten Zeichen, die alten Symbole, die alten Figuren waren fragwürdig geworden. Georg Kaiser schreibt einen König Marke mit Psychoanalyse. Freud ist in diesen Tagen 75 Jahre alt geworden. Hier ist die frühe Einwirkung auf das Drama spürbar. Marke verdrängte seine Eifersucht auf Tristan in die Eifersucht auf Isoldes sechsjährigen Bruder. Er nistet sich ein in die Liebe zwischen Tristan und Isolde. Er zerrüttet diese Liebe, indem er scheinbar mit seinem Willen arrangiert, was längst geschehen, längst vollzogen ist.

Aber Georg Kaiser kann schon hier, in seinen Anfängen, mit psychoanalytischen Monologen nicht auskommen. Er beginnt schon hier den Weg des antithetischen, des objektivierenden Dramatikers. Er will einen Kampf ausfechten lassen zwischen

Vorstellung und Wirklichkeit, zwischen Einbildung und Anschauung, zwischen Wahn und Sehen. Das Thema verschiebt sich in jeder Szene. Aber die Form paßt sich diesem Wechsel nicht an. Alte Symbole und neue Zeichensetzung, psychoanalytische Monologtechnik und geistige Antithetik, Anschauung und Abstraktion durchkreuzen sich, verheddern sich und geraten an die Grenze der Parodie. Eine Anfängerarbeit, lehrreich für Fachleute, ohne allgemeines Interesse.

Wenn aber ein Theater diese Vorstudie aufführt, so muß es das herausarbeiten, was auf Georg Kaiser hindeutet: den Beginn einer geistigen Auseinandersetzung, die Vorform der Ideenbühne. Sonst ist die Aufführung sinnlos. Jürgen Fehling deutet Kaiser in seinen äußersten Gegenspieler um, in Ernst Barlach. Kaiser ist leicht, Barlach schwer. Kaiser ist schnell, Barlach langsam. Kaiser ist abstrakt. Barlach ist anschaulich. Kaisers Stücke sind konstruktiv, Barlachs figural. Kaiser formuliert, Barlach gestaltet. Kaiser ist ironisch, Barlach ist religiös. Kaisers Schauplatz ist das Gehirn, Barlachs die Landschaft.

So richtig und so künstlerisch, so treffend und so bedeutend die Aufführung des »Blauen Boll« war, so irreführend ist die Vorstellung des »König Hahnrei«. (Daß der »Blaue Boll« ein reifes Kunstwerk und »König Hahnrei« eine Studie ist, tut hier nichts zur Sache.) Fehling läßt Georg Kaiser umziehen, aus seiner Gedankenwelt nach Mecklenburg aus der symbolischen Vorzeit in die Wende des 20. Jahrhunderts. Er läßt von Rochus Gliese wunderbare Dämmerstuben und Mauern und Landschaften bauen, nur daß sie mit dem Stück nichts zu tun haben. Er läßt die vier Barone als Krautjunker auftreten, Marke im Strohhut unter der Akazie sitzen und später Tristan und Isolde mit dem Revolver erschießen.

Aber das alles ist noch nicht das Schlimmste. Das Schlimmste ist, daß auf diese Weise die Sprache Kaisers um jede geistige Führung und Klarheit gebracht wird. Beispiel: Marke fragt einen Gelehrten, ob schon ein sechsjähriges Kind sinnliche Anschauungen haben könne. Der Gelehrte antwortet, er solle sich spielende Kinder ansehen. Marke: »So leicht, sehen. So einfach ist es. Ein Fenster?« Bei Fehling wird nun dieses Frage-und-Antwort-Spiel eine schummrige Spökenkiekerszene beim Lampenlicht, der Gelehrte und Marke blättern in Zeitungen.

Falsche Gewichtsverteilungen, falsche Dramaturgie. Als Einzelfall gleichgültig. Verheerend in den Folgen. Auf diese Weise würden die Möglichkeiten einer geistigen Dramatik zugunsten nebelhafter Stimmungsszenerie vernichtet. Die Schauspieler? Heinrich George setzt sich ein. Von welchen Schauspielern seiner Erfolge kann das noch behauptet werden? Aber George wurde durch die Anlage der Vorstellung zu einem Brabbeln und naturalistischen Seufzen verführt. Er spielte einen altgewordenen blauen Boll, keine geistig experimentierende, keine geistig neugierige Kaiser-Figur. Der außerordentliche Schauspieler ging in die Irre. Müthel als Tristan und Hilde Körber als Isolde waren fast stumme pantomimische Figuren (als solche vortrefflich). Ferner: Minetti, Werner, Donath, Hart.

Es gibt deutsche Stücke. Es muß eine Dramaturgie geben, sie vorzubereiten. Jede Aufführung darf nur noch unter dem Gesichtspunkt der Dramaturgie gewertet werden. Andere Maßstäbe können wir uns nicht mehr leisten.

Berliner Börsen-Courier, Nr. 208, 6. Mai 1931

Adalbert als Hauptmann von Köpenick

Max Adalbert spielt jetzt, nach Werner Krauss, Zuckmayers »Hauptmann von Köpenick«. Man hat Adalbert seit Jahren nicht so gesammelt gesehen. Er spielt die Rolle, nicht sich.

Adalbert war durch unmögliche Possen und unmögliche Gastspielreisen heruntergekommen. Aber waren die unmöglichen Possen nicht seine eigene Schuld? Wer zwang ihn, jahraus jahrein öde Texte zu sprechen und diese durch Extempores anekdotisch aufzufrischen? Wer trieb ihn zu dieser künstlerischen Inzucht? Wer veranlaßte ihn, ewig wie am Stammtisch zu labbern, Garderobenhumor zu verzapfen und wie bei herabgelassenem Vorhang zu spielen? Gab es keine Rollen für Adalbert? Es gab Rollen für ihn, von Georg Kaiser bis Brecht, bei Hauptmann (es brauchte nicht gerade der »Crampton« zu sein), bei Wedekind, bei Zuckmayer, bei Rehfisch. Allerdings waren es keine Star-, keine Reiserollen.

Auf diese Gastier- und Mittelpunktspartien glaubte Adalbert nicht verzichten zu können. Allerdings trägt die übliche Art, wie der Schauspieler von der Öffentlichkeit der Kritik und des Publikums eingeordnet wird, einen Teil der Schuld. Man hatte sich gewöhnt, zu lesen »Max Adalbert in ...«, zur »Max Adalbert-Premiere« zu gehen, den jährlichen »Max Adalbert-Schwank« zu beurteilen. Das Gesetz der Trägheit (bei Kritik, Publikum, Schauspielern) verhinderte nicht nur Adalberts Durchbruch zu anderen Rollen, sondern auch die Beweglichkeit der Darsteller überhaupt. Die festgefrorenen Vorstellungen von einzelnen Schauspielern müssen ebenso aufgetaut werden wie die alten Theaterbegriffe.

Nun spielt Max Adalbert also endlich einmal eine wirkliche Rolle. Er sieht sich von vornherein vor, den Hauptmann von Köpenick, der in einem bunten Bilderbogen aus der Vorkriegszeit steht, nicht ebenfalls als Chargenfigur zu betonen oder auseinanderzuspielen. Er spielt karg, knapp, fast nüchtern. Ausgezeichnet. Zuerst, scheint mir, ist er fast zu alt, zu hilflos. Er nimmt schon die letzten Zuchthausjahre vorweg. Wenn ich vom Theaterschicksal des Stücks ausgehe und den Fall setze, daß Adalbert den Voigt auch in der Uraufführung gespielt hätte, so glaube ich, daß die Durchschlagskraft nicht so stark gewesen wäre wie mit Werner Krauss. Wenn ich aber von Adalbert selbst ausgehe, so ist seine bescheidene, ehrliche, saubere, echte Leistung handwerklich vortrefflich und künstlerisch bezwingend. Hinweisend auf andere Rollen – im Ensemble unter andern, als Mitspieler, nicht als Mittelpunktspieler, als formender, distanzierender Darsteller, nicht als privater Improvisator.

Disziplin ist alles. In einem Augenblick, da die Grundlagen der Schauspielkunst fast ganz verlorengegangen sind, ist es wichtig, die wenigen Institute zu halten, die an diesen Grundlagen noch arbeiten: Die Schauspielschulen.

Aber eben jetzt wird vom Landtagsausschuß ein neues Attentat auf die Staatliche Schauspielschule ausgeübt, die geschlossen werden soll! Kroll-Oper, Schauspielschule – es bleibt nicht viel übrig, was die Notwendigkeit, »Staats«-theater zu führen, bestätigt.

Berliner Börsen-Courier, Nr. 250, 2. Juni 1931

30 Jahre Moskauer Theater

Wer heute, 1931, vierzehn Jahre nach der Revolution, in die Moskauer Theater geht, kann einen unversehrten Spielplan von dreißig Jahren überblicken. In Berlin – keine alte Vorstellung von Reinhardt, keine frühe Inszenierung von Jessner. In Moskau ist noch heute Stanislawskis »Nachtasyl« zu sehen. In Berlin eine, höchstens zwei Spielzeiten. In Moskau – trotz Revolution – ein Vierteljahrhundert. In Berlin ist man stolz, wenn eine einzelne Aufführung wie die ausgezeichnete des »Hauptmann von Köpenick« mit den Schauspielern der Premiere das Niveau hält. Am Moskauer Künstlertheater wirken in geschlossenen Aufführungen drei Generationen: die alte, die mittlere, die jüngere Stanislawski-Generation. Mehr als hundert Schauspieler am Künstlertheater. Auch Meyerhold, der im Juni sein fünfundzwanzigjähriges Jubiläum begeht, zeigt abwechselnd alle seine Inszenierungen. Tairoff nur deshalb nicht, weil sein Theater umgebaut und jetzt erst wieder eröffnet wird. Nirgends Serie, überall Repertoire. Nirgends Zufall, überall Ensemble.

Diese Arbeit für die Dauer, dieser Werkdienst über die Jahrzehnte hinweg hat verschiedene Ursachen. Er ist, einmal, in der – Desorganisation begründet. Der Russe hat ein anderes Zeitgefühl als der Westeuropäer. Er entschließt sich langsamer, er arbeitet umständlicher. Er läßt ausreifen. Die große Probenzahl, die für die russischen Theater bezeichnend bleibt, ist der Vorzug von – Mängeln. Die Mängel sind die Schwerfälligkeit des Apparats, das Nichtzuendekommen, die Fehldispositionen. Der Vorzug ist, daß aus diesen Diskussionen, die nötig sind, um die Hemmungen zu überwinden, aus dieser Nachdenklichkeit ein Werk entsteht, das, wie es langsam angebaut, auch langsam abgebaut wird. Die Probenzahl der Moskauer Inszenierungen läßt sich also nicht ohne weiteres auf die deutschen Theater übertragen. Der deutsche Schauspieler würde längst überprobiert sein, wenn der russische erst in Fahrt gerät. Der russische Schauspieler hat eine losere Arbeitsweise, aber ein strengeres Werkgefühl. Der deutsche Schauspieler hat, wenn er nicht durch Äußerlichkeit, wie den Tonfilm, gehindert wird, eine straffere Arbeitsweise, aber ein schwächeres Werkgefühl. Die (fast könnte man sagen: träge) Geduld der Arbeit hat zur Folge:

die Treue zum fertigen Werk – beim russischen Künstler. Die heftige Ungeduld der Arbeit hat zur Folge die Treulosigkeit dem abgeschlossenen Werk gegenüber – beim deutschen Künstler.

So sieht man in Moskau, völlig unangetastet, mindestens drei Theaterepochen, drei Theaterstile, drei Theaterarten nebeneinander. Die langsam anrollende, wie gestaute Arbeitskraft des Russen, die dann plötzlich unter einen ungeheuren organisatorischen Druck gestellt wird (wie jetzt beim Fünfjahrplan) und durch diesen Druck zu einer Explosion von Arbeit und Leistung getrieben wird, diese bewahrende und plötzlich zerstörende, diese zögernde und plötzlich aufbrechende, diese bedächtige und mit einemmal losrasende Arbeitskraft des Russen zeichnet sich in allen Theatern ab. In allen Theatern? Das Theater ist geradezu eine Funktion des neuen Lebens in Rußland geworden. Kein Arbeiterklubhaus, in dem nicht ein Theater ist, mindestens so groß wie das Stresemann-Theater. Hier wird abends von den Arbeitern selbst gespielt, oder es werden Truppen zum Gastspiel eingeladen, oder die Bühne wird vermietet. Keines der öffentlichen Theater ist abends leer. Ob die fürchterliche Wohnungsnot, ob die Entbehrungen die Ursache sind – auf jeden Fall: die Zuschauerräume sind voll. Das Theater hat eine Bedeutung wie die Arbeit, es gehört zu ihr, es ist eingestellt in den ganzen Aufbauplan. Es gibt in Sowjetrußland nichts Isoliertes. Dabei wird allerdings kein Unterschied gemacht zwischen dem fürchterlichsten Ballettschund des Großen Theaters und Stanislawski, zwischen Meyerhold und dem Arbeitertheater »Tram«, zwischen »Boris Godunow« und der Gewerkschaftsbühne. Vielfalt und Fülle. Aber auch eine Sackgasse und ein sehr kritischer Übergang. Darüber wird zu sprechen sein.

Berliner Börsen-Courier, Nr. 252, 3. Juni 1931

»Der rote Mohn«

Das Große Theater in Moskau ist etwa die Lindenoper Berlins. Sein Spielplan: große Opern und große Balletts. Es gehört zu den vielen Falschmeldungen, die über Sowjetrußland verbreitet werden, daß die alten Kulturgüter verschleudert oder vernichtet werden. In Wirklichkeit gibt es in Rußland einen strengen

Denkmalsschutz, der sowohl die Kirchen und Gebäude des Kreml wie die alten Theaterhäuser erhält. Die alten Theaterhäuser und die alten Theatergattungen.

Also auch das alte Ballett. Gut, das russische Ballett hatte vor dem Kriege Weltbedeutung. Aber man kann es nicht dadurch auffrischen, daß man einer frühen, wenn man will klassischen Form: dem alten Spitzentanz, dem alten Solotanz, dem alten Gruppentanz einen neuen Inhalt gibt. Sowjetballetteusen, tanzende Sowjetmatrosen – das ist ein Widerspruch in sich. Man sieht es aber im Großen Theater in Moskau. Das Ballett heißt: »Der rote Mohn.« Eine Sensation Moskaus. Charell. Das rote Rößl.

In einem Hafen entladen chinesische Kulis einen Dampfer. Riesige Bühnenmaße. Riesige Entfernungen. Riesige Statistenmengen. Mit einem Male gibt es Krach. Eine undurchschaubare Intrige zwischen einem Chinesenmädchen, einem englischen Konsul, einem Sowjetkapitän hebt an. Immer wieder soll der Sowjetkapitän vergiftet oder gefangen oder erstochen werden. Immer wieder rettet ihn das Chinesenmädchen, bis es erschossen wird, bis es unter entfalteten roten Fahnen und von oben herabrieselnden roten Mohnblüten langsam und magazinhaft dahinstirbt.

Das alles wird getanzt, gesprungen, getrillert, musiziert. Die fünf goldenen Ränge des riesigen Theaters sind besetzt mit arbeitenden Menschen, die an der Bühne hängen. Die älteren begeistert. Die Jugend skeptisch. Seltsames Erlebnis. Die Strenge der Gesichter im Zuschauerraum und der Talmiglanz auf der Bühne. Harte Arbeiterantlitze im Parkett, und auf der Bühne Ballettlächeln. Großer Aufwand, aber die neuen Kostüme aus billigsten Stoffen hergestellt. Buntheit der Dekorationen und des Raumes – und die Tänzerinnen, soweit sie neue Kostüme tragen, in mühsamem Flitter. Seide, die keine Seide ist.

Der Kitsch des Inhalts hat lebhafte Diskussionen hervorgerufen. Widerspruch regt sich. Sogar in anderen Theatern wird dagegen polemisiert. Das neue Stück von Meyerhold »Die letzte Entscheidung« beginnt mit einer Parodie auf den »Roten Mohn«: Matrosen fegen den ganzen Kitsch weg, zum Schluß bleibt nur ein automatisch taktschlagender Kapellmeister übrig. Es ist ein Irrtum, daß in Sowjetrußland geistige und künstlerische Kämpfe nicht ausgetragen werden. Sie werden durchaus und öffentlich durchgefochten. »Der rote Mohn«, ein Kitsch, der in Berlin sogar heute noch einen Intendanten die Stellung kosten würde. Er wird verteidigt. Er wird angegriffen. Er ist nicht zu verteidigen. Er ist verlogen. Das wahre russische Theater liegt anderswo.

Berliner Börsen-Courier, Nr. 256, 5. Juni 1931

Piscator-Stadium des russischen Theaters

Ich habe schon in früheren Artikeln gesagt, daß das Theater in Rußland eine Funktion des staatlichen Lebens ist. Es hat seinen bestimmten Platz innerhalb des Aufbaus. Es hängt nicht in der Luft.

Das hat zweierlei zur Folge. Erstens, daß es eine ökonomische Theaterkrise nicht gibt. Das Theater ist so sehr in den Umbildungs- und Arbeitsprozeß eingeschaltet, daß es nicht wegzudenken ist. Angebot und Nachfrage sind genau reguliert. Aber das Tempo, in dem die Durchführung des Fünfjahrplans sich vollzieht, hält das Theater nicht immer durch. Es gibt keine ökonomische, aber es gibt eine dramaturgische Krise in Moskau.

Der ungeheure Vorteil des russischen Theaters ist, daß alles, was heute geschrieben, inszeniert, dargestellt, kritisiert wird, auf dem Boden einer einheitlichen Weltanschauung steht. Die Schwierigkeit ist, daß von dieser Weltanschauung heute ein Ausschnitt verlangt wird: der Fünfjahrplan. Es wird nichts geschrieben und neu aufgeführt, was nicht zu diesem Aufbauplan in Beziehung steht. Anfeuerung zur Arbeit, Verteidigung der Arbeit, auch mit Waffen. Es gibt kaum ein neues Theaterstück in Moskau, sei es von Bjelozerkowski, dem Verfasser des »Mond von links«, sei es von Glebow, dem Verfasser der »Frau in Front«, sei es von Meyerhold zusammengestellt, das nicht mit der kriegerischen Verteidigung des Fünfjahrplanes schließt. Die Jugend bewaffnet sich, Männer und Frauen, um den Aufbau gegen kriegerische Angriffe von außen zu schützen. Das ist erstens Ausdruck einer wirklichen Unruhe, daß das große Werk gestört werden könnte. Zweitens aber erhöht es die Widerstandskraft und das Arbeitstempo, wenn immer wieder gesagt wird, wie gefährdet das Ganze sei. Man schafft Optimismus in Rußland. Aber auf ganz anderem Wege, als es in Deutschland geschehen würde. In Deutschland heißt es: Alles steht gut, also wird das Ziel erreicht. In Rußland heißt es: Die Gefahren sind ungeheuer, aber das Ziel ist gut, also wird es erreicht.

Diese propagandistische Anforderung an das Theater macht das Theater heute in Moskau besonders aufschlußreich (aufschlußreich für die Spannung, in der das ganze Land lebt.) Sie macht es aber gleichzeitig schwierig, die neuen russischen Stücke heute auf westeuropäische Bühnen umzudenken. Es ist nicht richtig, was der Frankfurter Intendant Kronacher neulich auf der Tagung der künstlerischen Bühnenvorstände sagte, daß in Moskau rein ästhetisch experimentiert würde. Im Gegenteil: Das russische Theater ist, bildlich gesprochen, in das Stadium Piscator getreten, heute mehr als früher. Aber es hat diese Wendung nicht bruchlos vollzogen. Es arbeitet dramaturgisch nach dem Schema des alten, bewährten Theaterstücks und setzt darauf eine Schlußapotheose. Es versucht nicht, dramaturgisch von vornherein den Aufbau einzugliedern, die »Tendenz« einzubauen und vorzubereiten. Es gibt etwa zuerst eine amüsante Durchschnittskomödie. Im letzten Akt plötzlicher Abbruch. Krieg, Waffen, Fahnen, Aufmarsch, Gruppen. Das Ende ist immer überraschend. Das ist der Bruch in den Moskauer Stücken. Das ist die dramaturgische Krise. Das wird im einzelnen zu belegen sein.

Berliner Börsen-Courier, Nr. 262, 9. Juni 1931

Pädagogisches Theater – Kindertheater der Saz

Die russische Bühne im Dienst des Fünfjahrplans – das beginnt schon bei dem Kindertheater von Natalia Saz. Die pädagogische Linie, die heute das neue Moskauer Theater bestimmt, zeichnet sich hier besonders deutlich ab.

Das Theater ist voll von schwatzenden, krakeelenden Kindern. Natalia Saz – in Berlin bekannt durch ihre »Falstaff«-Inszenierung bei Klemperer – tritt vor den Vorhang, spricht zu den Kindern. Sofort ist alles still. Nun werden auf der Bühne kurze Szenen aus dem russischen Alltag gezeigt. Da treten Frauen auf, die sich festschwatzen und vergessen, zur Fabrik zu gehen. Da wird ein Trunkenbold dem Gelächter preisgegeben. Kurze

Momentbilder, halb Pantomime, halb Dialoge, Pause. Wieder tritt Natalia Saz, die nicht von der Schauspielkunst, nicht von der Literatur, sondern von der Pädagogik zum Theater kommt, vor den Vorhang und beginnt mit den Kindern ein Frage-und-Antwort-Spiel; etwa wie: »Alle Vögel fliegen.« Sie fragt unter anderm: »Wer ist für Stalin?« »Wer ist für den Fünfjahrplan?« Alles schnell hintereinander, um die Schlagfertigkeit und Denkpräzision der Kinder auf die Probe zu stellen. So kann sie verfänglichere Fragen einschmuggeln. Kaum hat sie gesagt: »Wer ist für Sowjetrußland?«, kaum haben sich alle gemeldet, verblüfft sie mit der Frage »Wer ist für Mussolini?« Natürlich sind einige Kinder (an meinem Nachmittag waren sie etwa zwischen 8 und 12 Jahren) noch so in Rage, daß sie auch hier aufspringen. »Aha, einige kleine Faschisten!« antwortet prompt die Saz. Alle lachen.

Oder: Das Theater hat sich vorher von den Lehrern die Namen der guten und schlechten Schüler geben lassen. In einer Szene müssen Kinder (die von erwachsenen Schauspielerinnen gespielt werden) Namen von Kameraden nennen, die den Fünfjahrplan gut oder schlecht erfüllen. Zur allgemeinen Überraschung tauchen dann die Namen der Kinder auf, die man vorher dem Theater mitgeteilt hat. Tobendes Gelächter.

Berliner Börsen-Courier, Nr. 270, 13. Juni 1931

Stanislawski 1931

Stanislawski, der schon lange krank ist und sein Moskauer Theater nicht betreten kann, leitet trotzdem, zäh und unnachgiebig, Proben in seiner Wohnung. Er studiert eine dramatische Bearbeitung der »Toten Seelen« von Gogol ein und für sein Operntheater den »Goldenen Hahn« von Rimsky-Korsakow.

Es ist bewundernswert, daß Stanislawski sein Theater durch alle Krisen hindurchgeführt hat. Dieses Lob gilt ihm, der sich bewährt, und der neuen russischen Regierung, die ihn gefördert hat.

Aber man kann sich nur bewähren, indem man sich wandelt. Zwischen dem Stanislawski des »Nachtasyls« und einer Neuaufführung seines Theaters wie Kirchons »Brot« besteht gewiß eine große, nicht zu übersehende Familienähnlichkeit. Aber es ist der Unterschied einer Großvater- und Enkelgeneration. Ich sah eine Gorki-Feier, eine Sonntagsmatinee. Es wurden Gorki-Szenen gespielt, darunter ein dramatisierter Auftritt aus dem Roman »Die Mutter«, der auch dem berühmten Pudowkin-Film zugrunde liegt. Es wurde zuletzt der erste Akt aus dem »Nachtasyl« dargestellt. Interessant schon das Publikum. Während man sonst in Moskauer Theatern fast nur Arbeiter sieht, nahmen an dieser Feier die Intellektuellen teil, auch alte Schauspieler und alte Theatergrößen. Während man sonst die wirkliche Masse sieht, das Publikum, ohne das Theater nicht denkbar ist, war es hier fast wie bei einer westeuropäischen Premiere. Alle kannten sich, alle begrüßten sich. Die Leute vom Bau waren da. Von Stanislawskis Direktor Nemirowitsch-Dantschenko, der mit seinem eleganten Vollbart aussieht wie ein Wiener Hofrat, bis zu Tairoff; von Lubimow-Lanskoi, dem Leiter des Gewerkschaftstheaters, bis zu den Dramatikern Tretjakow und Bjelozerkowski, von Felix Kohn, dem Leiter der Theaterabteilung des Kultusministeriums (würde man bei uns sagen) bis Erwin Piscator. Und während das neue Publikum gewissermaßen nur anonym im Theater ist und den ganzen abgelebten Persönlichkeitskultus nicht mitmacht, trat hier das Private wieder in den Vordergrund. Einige umarmten und küßten ihre Berufskollegen auf beide Backen (wie im alten Rußland).

Die Feier begann mit der Vorlesung eines politischen Gorki-Briefs durch einen Stanislawski-Schauspieler der älteren Generation. Interessante Beobachtung. Der Darsteller las den Brief wie eine Novelle von Tschechow, stimmungsvoll, psychologisch, also in diesem Falle wirkungslos und falsch. Die jüngere Stanislawski-Generation ist aber schon durch die politische Schulung gegangen. Sie spielt im Moskauer Künstlertheater Kirchons »Brot« oder »Getreide« viel knapper und auf den Inhalt und seine politische Bedeutung bedacht. Das Schauspiel: eine Auseinandersetzung um das Kolchosenproblem. Ein kräftiges, theaterwirksames, saftiges, humoristisches Lehrstück über politische Methoden. Ein Funktionär kommt aufs Land und soll die Bauern von der Notwendigkeit der Kollektivierung überzeugen. Er macht es heftig, stur, geht mit dem Kopf durch die Wand. Diese Unmethodik wird abgelehnt. Ein Mißerfolg jagt den andern. Die Bauern schließen sich gegen den Funktionär zusammen. Nun kommt der zweite, der methodisch vorgeht. Er trennt die Zufriedenen von den Unzufriedenen, die Reichen von den Armen. Er spaltet, teilt und siegt. Er erkennt den richtigen Moment und beherrscht die Taktik.

Dieser Kampf der beiden Funktionäre wird in einem starken, fast könnte man sagen kulissenreißerischen Theaterstück ausgetragen. Ein wirksames Bühnenstück wie desselben Kirchon »Roter Rost«, der in Berlin mit Erfolg an der Volksbühne gespielt wurde. Eine Komödie, die auch in Deutschland interessieren würde. Die Aufführung, unter dem jungen Regisseur Sudakow, ist ausgezeichnet. Die Tarassowa – wundervoll. Kredow, der einen Alten spielt – vortrefflich. Dobronrawow in der Hauptrolle – hervorragend. Hier zeigt sich die Fortwirkung der Stanislawski-Schule. Weder das Handwerkliche noch das Menschliche wird vernachlässigt. Aber alles ist straffer, wacher, man könnte fast sagen bewußter, intelligenter als bei den alten Stimmungs- und Seelenschauspielern. Man sieht heute noch den Naturalismus der alten Schule im »Nachtasyl«. Noch immer unversehrt und meisterhaft bei Moskwin (Luka) und Katschalow (Baron). Aber es ist eine abgeschlossene Meisterschaft. Eine konservative Haltung, eine hervorragende, unvergleichliche Kunst. Aber eine Kunst fürs Museum. Von Stanislawski zu Stanislawski: von Gorki bis Kirchon; von »Nachtasyl« bis »Brot«; von Katschalow bis Dobronrawow.

Berliner Börsen-Courier, Nr. 276, 17. Juni 1931

Meyerholds »Letzte Entscheidung«

Die Stellung Meyerholds in dem neuen russischen Theaterplan ist sehr aufschlußreich. Meyerhold ist ein autokratischer Künstler. Er gehörte zu der Gruppe, vielleicht war er sogar ihr Führer, die in einem politisch radikalen Lande künstlerisch radikal experimentierte.

Man kennt Meyerholds Inszenierungen zu einem großen Teil von seinem Berliner Gastspiel im vorigen Jahr. Man kennt die reizende und oft hinreißende Interpretation des »Walds« von Ostrowski, des »Gewaltigen Hahnrei« von Crommelynck. Man kennt aber auch von ihm die Aufführung eines politischen Stükkes im Hoftheaterstil – ich glaube, es hieß: »Kommandant II«, eines Revolutionsstücks, das er im Wallner-Theater gab. Wie konnte sich eine Begabung, für die formale Experimente entscheidend waren, wie konnte sich ein radikaler künstlerischer Individualist, der politisch allein durch den Stil wirkte (dadurch etwa, daß im »Revisor« die Gruppen zuletzt zu fratzenhaften Marionetten erstarrten, dadurch etwa, daß in Tretjakows »Brülle, China!« die Kulis maskenhaft agierten), wie konnte sich Meyerhold in den Fünfjahrplan der Moskauer Bühnen einfügen?

Er hat in seinem großen Theater mit der großen offenen Bühne, deren Bretter ebenso krachen wie der Holzboden des Parketts und der Ränge, er hat in diesem riesigen Volkstheater eine Art politische Revue zusammengestellt. »Die letzte Entscheidung.« (Inzwischen wird er, zu seinem Jubiläum, eine Premiere herausgebracht haben.) »Die letzte Entscheidung«: sich unterzuordnen, sich einzufügen, sich einzugliedern in Reih und Glied zu treten, zu kämpfen, die Sowjetunion zu verteidigen. Ein einfacher, primitiver Vorgang wird regiemäßig kompliziert. Es beginnt (was ich schon in einem anderen Artikel dieser Reihe ausgeführt habe) mit einer Parodie auf das Kitschballett des Großen Theaters »Der rote Mohn«. Dann werden zwei Matrosen gezeigt, die sich bei Hafendirnen herumtreiben und den Appell überhören. Also ein Lehrstück? Es soll eins sein. Aber die Szene in der Hafenkneipe wird ins Endlose gezogen, wird psychologisch weitschweifig ausgespielt. Erster Widerspruch: Meyerhold, der immer noch seinen biomechanischen Expressionismus nicht ganz abgetan hat, arbeitet hier einen realistischen Vorgang umständlich durch und stellt ihn als Zentralszene in das Stück, einen Vorgang, der dramaturgisch nur Hebel sein dürfte und darstellerisch in einem Stil gegeben wird, der nur Verkürzung, aber nicht Ausführlichkeit verträgt.

Dann kommt das Schiffsgericht über die Matrosen. Hier arbeitet Meyerhold präzise und treffend. Die beiden Matrosen (einer wird von Iljinski gespielt, der im »Wald« den großen Komikererfolg hatte) stehen in der Reihe ihrer Genossen, sie werden herausgerufen, und als sie sich umsehen, hat sich die Reihe hinter ihnen geschlossen. Keine Lücke mehr. Sie stehen außerhalb, weggeschleudert, werden unsicher, wissen nicht, was sie allein sollen, spüren in einer Sekunde und durch einen einzigen Schritt ihrer zusammengerückten Kameraden den Wert der Gemeinschaft.

Dann kommt eine entsetzliche Schlachtszene. Ein Maschinengewehr funkt in den Zuschauerraum. Soviel Knall, soviel Lärm hat es noch in keinem Theater gegeben. Außerdem ist hier wieder die falsche Heroisierung zu spüren. Die Matrosen erheben sich pathetisch und deklamierend aus dem Schützengraben. Kein Wunder, daß sie getroffen werden. Aber es gibt zwei großartige Momente. Einmal den Kampf mit dem Radio. Mitten in den Schlachtenlärm tönt Rundfunkjazz. Mitten ins Sterben grölende Tanzmusik, bis die letzten Kugeln den Lautsprecher treffen. Dann das Ende des Matrosenführers, des braven Mustermatrosen. (Einen solchen Mustermatrosen oder Musterkommunisten gibt es fast in jedem Sowjetstück und jedem Sowjetfilm.) Er stirbt. Aber sterbend schreibt er auf eine riesige Tafel die Ziffer: 122 Millionen. Darunter: 121999973. Das soll heißen, wie wenig sind die 27, wie groß ist die Masse, die bleibt, wie groß das Volk, für dessen Idee sie gefallen sind. Ein Matrose tritt auf als Epilog: Keine Tränen, der Tod ist nichts, die Idee ist alles.

Dieser Schluß hat Größe. Seiner Wirkung kann sich niemand entziehen. Aber auch er wird durch einen seltsamen Widerspruch bestimmt. Dieses Hohelied der Unterordnung wird mit ebenso hohem individualistischem Pathos dargestellt. Das Sterben wird in viele (übrigens wunderbar dargestellte) Phasen zerlegt – bis zu dem Moment, wo der Matrose ein Tuch in den Mund stopft, um das Blut zurückzuhalten, und umsinkend, mit verkrampfter Hand das Tuch aus dem Mund zieht. Es ist voll Blut.

Dem Sinn der Szene würde ein schlichtes, man könnte sagen, ein anonymes Sterben entsprechen: wie unwichtig ist der Tod des einzelnen. Der große Regisseur Meyerhold macht daraus eine große Szene im Sinne des japanischen Theaters. Also: Wenn ein im Grunde isolierter Einzelkünstler wie Meyerhold in einen Theaterplan eingefügt wird, so merkt man die Brüche und Risse. Der Widerspruch zwischen Auftrag und Gestaltung läßt sich nicht wegleugnen.

Berliner Börsen-Courier, Nr. 286, 23. Juni 1931

»Das Nürnbergisch Ei«

Staatstheater

Ei – da hab ich meines Treibens
Spiegelbild und Sinn.
Walter Harlan

Walter Harlan, der Autor des Schauspiels »Das Nürnbergisch Ei« und des Lustspiels »Der Jahrmarkt von Pulsnitz« ist vor einigen Wochen gestorben. Das Staatstheater führt zu seinem Gedächtnis das Schauspiel auf, das während des Krieges mit Winterstein in der Hauptrolle am Deutschen Theater gespielt wurde.

Man kann begreifen, daß es zu den Aufgaben eines Staatstheaters gehören soll, aus bestimmten Anlässen auch die Dramatiker aufzuführen, die zwar keine entscheidende Bedeutung gehabt haben, mit denen aber doch früher der Spielplan rechnete, auf die Bühnen und Schauspieler gern angewiesen waren. Die Erinnerung an ein altes Durchschnittsrepertoire kann sogar sehr aufschlußreich sein.

Bei Walter Harlan ist sie es besonders. Harlan stellt die Erfindung der Taschenuhr in Nürnberg dar. Er hat den Meister Peter Henlein, den Erfinder, und seinen Schwiegervater Gülenbeck, der die Erfindung geschäftlich ausnutzt. Er hat den Chirurgen Schedel, der dem Meister den Krebs operieren will, und den Quacksalber Bratvogel, der mit Wunderwirkungen kommt. Er hat den Seefahrer Behaim, und er hat die Nürnberger Spießer. Was macht Harlan aus dieser Grundkonstruktion? Ein Stück, in dem der Gegensatz von Erfindung und ihrer Verwertung (Ingenieur und Industrie) auf der einen Seite und auf der anderen von Wissenschaft und Kurpfuscherei durchgebildet wird? Ein Stück, in dem sich deutlich eine Machtschichtung, eine soziale Gliederung ankündigt? Harlan macht daraus ein Ehestück, ein Schwiegervaterstück, ein Freundesstück, ein Bruderstück, ein Schwagerstück. Alles Familie! Alles Tandaradei!

»Ei – da hab ich meines Treibens Spiegelbild und Sinn.« Dieses »Ei« ist der Gefühlspfuscher des deutschen Theaterstücks. Dieser »Sinn« ist die Butzenscheibe, durch die sich alles so schön bunt und idyllisch ansieht. Dieses »Spiegelbild« steht im empfindsamen Kabinett des deutschen Dramatikers, in dem (ein Gegenstück zum Lachkabinett der Rummelplätze) alle Umrisse sich verzerren, bis sie ins Gefühlvoll-Nebulose verschwimmen, und alle Wahrheiten sich sinnig verbiegen. »Ei – da hab ich« die Hoftheaterkunst mit ihren Wandeldekorationen, die in der Oper über ein dramatisiertes Korfu dahinknarrten. »Ei – da hab ich« die rollenden Rrrs der alten Barden und ihre wallenden, rauschenden Bärte und ihre Wämse und Speere und Baretts. »Ei – da hab ich« das Spiegelbild und den Sinn von dreißig Jahren akademisch geölter Theaterei.

Nichts gegen diese lehrreiche Gedenkaufführung. Ist sie wirklich nur Sinnbild der Vergangenheit? Alles deutet darauf hin, daß sie Zukunft werden soll. Heute noch sucht Jessner einen strafferen, unnachgiebigeren Ton in diese Welt mit ihrer nachgeahmten, archaisierenden, künstlich erzeugten Sprache zu bringen. Heute noch fällt Theodor Loos (der alle wehleidigen Unarten seiner Vergangenheit abgestreift hat) durch einen frischen, unbekümmerten Ton auf. (Ihm ist der Knopf aufgegangen. Er kennt jetzt seine Art, seine künstlerischen Mittel besser als früher.) Heute noch spielt Wolfgang Heinz energisch, Sybil Rares vorsichtig und taktvoll, Hildegard Büren diskret, Wolf Trutz zurückhaltend, Albert Florath bestimmt. Aber morgen? Welcher Schauspieler hat auf die Dauer genügend Widerstandsfähigkeit gegen bärtige Rollen, welche Schauspielerin gegen mänadenhaften Kitsch?

Wohin geht das Staatstheater? Die nächste Spielzeit muß Antwort geben. Es ist eine komische Fehldisposition, wenn Jessner für Verlegenheitsaufgaben eingesetzt wird. Das Staatstheater kann die Begabung des Regisseurs Jessner durchaus richtig einsetzen. Er wäre z.B. der gegebene Spielleiter für Kaisers »König Hahnrei« gewesen. Fehling der richtige sowohl für »Traum ein Leben« wie für »100000 Thaler«. Es ist immer so: Als Jessner ermattete, war man noch gewohnt, ihn zu rühmen. Er wurde, gerade von seinen Freunden, in seinen Fehlern bestätigt. Als er aber sich erholte, als er anfing, seine eigene Begabung wieder aufzubauen und zu festigen, wurde er unterschätzt und abgeschoben. Richtige Aufgaben, richtige Dispositionen!

Berliner Börsen-Courier, Nr. 294, 27. Juni 1931

»Die natürliche Tochter«

Staatstheater am Gendarmenmarkt

Als Auftakt der Spielzeit und des Goethe-Jahres gibt das Schauspielhaus »Die natürliche Tochter«. Die Hindernisse, die diese Aufführung zu überwinden hat, liegen im Werk selbst und in der Schauspielkunst.

Im Werk: Goethe versuchte in der »Natürlichen Tochter« eine typisierende Darstellung, etwa das Zeitstück in großer, gemessener Form. Er wollte das bewegte Vorspiel zu einer Revolution mit epischer Ruhe ausdrücken. Dieser interessante Versuch mußte aber steckenbleiben, weil Goethe einen höfisch familiären Sonderfall zum Ausgang nahm, den Roman einer Fürstentochter, der sich nicht typisch, sondern nur individuell behandeln ließ. So entsteht ein deutlicher Mißklang zwischen persönlicher Empfindelei und objektiver Darstellung, zwischen kleinen Konflikten und großer Form, zwischen Ereignissen, die nicht gleichnismäßig sind, und einer Sprache, die gleichnishaft ist.

Die Hindernisse liegen in der Schauspielkunst: Eben diese mit großen Beispielen arbeitende Sprache verlangt eine gefestigte darstellerische Tradition. Sie kann nicht »einstudiert«, nicht »aufgefaßt«, nicht nebenher probiert werden. Charakteristisch ist folgendes: Theodor Loos hat als Herzog zu sagen, als er den vorgetäuschten Tod seiner Tochter erfährt:

»Und bleibe mir, du vielgeliebtes Bild,
Vollkommen, ewig jung und ewig gleich.«

Loos spricht, das Gefühl und den Ton hineinlegend, »Du viiiielgeliiebtes Bild.« Das ist falsch. Diese Ausrufe und Anreden sind wie starke, stereotype Formeln, die einfach, ohne Spezialbetonung gebracht werden müssen. Der Vers der »Natürlichen Tochter« verliert sein Maß und seine Bedeutung, wenn er in Einzelgefühle aufgelöst wird.

In der sehr sorgfältigen Aufführung, unter der Regie von Lothar Müthel, wurde familiär und vertraulich gesprochen und damit der Riß zwischen Vorgang und Form noch vertieft. Eine Ausnahme: Paul Bildt als Weltgeistlicher. Eine Ausnahme: Maria Koppenhöfer als Hofmeisterin. Zwei Begabungen: Hansjoachim Büttner als Mönch, der aber nach der realistischen Seite hin aus dem Rahmen fiel, und Maria Schanda als Eugenie. Maria Schanda, die schon im »Cecil Rhodes« auffiel, fesselte auch hier. Ihr Talent geht noch nach zwei Richtungen auseinander. Einmal treibt sie heitere Stellen in eine etwas forcierte Munterkeit. Ein anderes Mal die starken Partien in ein gewaltsames Pathos. Aber ich glaube, hier ist für einen Regisseur lohnende Arbeit.

Im ganzen also: Ein durch seine Irrtümer lehrreicher Abend, hinweisend auf die Mängel unseres schauspielerischen Stils und auf den Weg zu einer Form, der wir heute näher sein könnten als vor hundert Jahren. Unsere Gegenwart hat ein Pathos der Ereignisse, wie es nicht einmal die napoleonische Zeit hatte.

Berliner Börsen-Courier, Nr. 404, 31. August 1931

»Die Rosenbraut«

Deutsches Künstlertheater

Der Autor dieses Lustspiels nennt sich Franz Michael Pelzer. Man soll Pseudonyme respektieren. Wenn aber wie hier der richtige Name des Verfassers sogar vom Publikum beim Stückschluß gerufen wird, wenn zweitens die Komödie erst dann beurteilt werden kann, wenn man den Autor nennt, dann läßt sich das Spiel nicht weiter mitmachen. So liegt dieser Fall. So ist es mit der »Rosenbraut«. So ist es mit Franz Michael Pelzer, der in Wirklichkeit Ludwig Berger heißt.

Ludwig Berger gehörte zu den besten Regisseuren des deutschen stummen Films. Er ist ein Augenmensch. Er ist ein Sprachmensch. Es hätte also nahegelegen, ihn, nach seiner Rückkehr von Hollywood, für den Tonfilm einzusetzen. Berger hat in Hollywood unverantwortlichen Kitsch gemacht. Er hat hier zwischendurch das »Brennende Herz« gedreht. Eine böse Entgleisung. Aber ein wirklicher Produktionsleiter hätte versucht, mit Berger Tonfilmexperimente zu machen. Die Operette war schon besetzt und modisch entwertet. Vielleicht hätte Berger eine Art Film-Kammeroper, ein Singspiel mit ganz leichter Handlung und Musik etwa von Hindemith oder Toch ausprobieren können. Berger hatte in seinen stummen Filmen (z.B. im

»Verlorenen Schuh«) etwas Ähnliches angedeutet. Man hat von solchen Plänen nichts gehört.

Aber Berger war auch Bühnenregisseur. Er hätte, für beschwingte, musische Stücke, wieder ausprobiert werden können. Theater und Film führen gemeinsame Verhandlungen über die rationelle Beschäftigung der Schauspieler. Berger kennt beide Gebiete. Was erfolgt? Man weiß es nicht.

Oder vielmehr: Man weiß es wohl. Berger schreibt auch Stücke. Das ist seine schwächste Seite. Also stürzen sich die Direktoren auf den Dramatiker Berger. Sie führen »Die Rosenbraut« auf. Aber, immer weiter geht die Verwirrung, im falschen Theater. »Der fröhliche Weinberg« hätte im Westen kaum den Erfolg wie am Schiffbauerdamm gehabt. Also wird der zweite »Fröhliche Weinberg«, der schwächere, brüchigere Teil, also wird »Die Rosenbraut« von Franz Michael Pelzer in der Nähe des Kurfürstendammes, im Deutschen Künstlertheater herausgebracht. Sie gehörte ins Komödienhaus.

Warum ich diese (scheinbaren) Kleinigkeiten erwähne? Weil die Direktoren sich den Autoren, der Kritik und der Öffentlichkeit gegenüber auf ihre Erfahrung, ihr Fachwissen berufen. Es muß also nachgewiesen werden, daß diese Erfahrung sie im Stich läßt und ihr Fachwissen veraltet zu sein scheint. Dr. Zickel beklagt sich darüber – man kann fast sagen: mit Schadenfreude –, daß es unter den Direktoren keinen Nachwuchs gäbe. Richtig. Warum aber gibt es diesen Nachwuchs nicht? Weil unter den alten Voraussetzungen nicht mehr Theater gespielt werden kann, weil der Nachwuchs einen völligen Systemwechsel mit sich bringen müßte. Wäre Herr Dr. Zickel damit einverstanden?

Ich wünsche Victor Barnowsky für seine neue Direktion im Künstlertheater das Beste. Aber er kann nur Erfolg haben, wenn er die Wahrheit hört und wenn er sich über die Möglichkeiten dieses Theaters, das er in einer anderen Zeit schon geführt hat, klar wird. »Die Rosenbraut« ist trotz des Premierenbeifalls in der Nürnberger Straße deplaciert. Die Komödie ist schwach, Zuckmayer nachgeschrieben, nachempfunden. Sie ersetzt – ein typischer Vorgang bei Literaten, die den Drang zum naiven Volksstück haben – Kraft durch Kraftmeierei, Derbheit durch Plumpheit, Volkstümlichkeit durch süßliche Lyrik auf der einen und lautes Auftrumpfen auf der anderen Seite. Ich lache gern. Hier kann ich nicht lachen.

Trotzdem wäre mit einer bewußt drastischen Aufführung in einem anderen Hause vielleicht eine Wirkung herauszuholen. Hier fällt nur die Muffigkeit auf, mit der im Text und in der Regie (Richard Weichert) Kleinstadthumor erzeugt wird. Die Besetzung? Gute Schauspieler wie Arthur Mainzer verfallen in die Provinzcharge, Heinz Halden, der sich vortrefflich entwickelt hatte, gleitet in seine früheren Unarten ab, Hans Adalbert von Schlettow ist Stadttheater. Frida Richard muß sich forcieren.

Margarete Melzer spielt die Jungfrau, die zur Rosenbraut gekrönt wird (eine Art Tugendkönigin im Zeitalter der Schönheitsköniginnen). Margarete Melzer gab damit zum ersten Male eine leichte, heitere Partie, überraschend beweglich und witzig. Für ihre Entwicklung, für ihre Selbstkritik sehr gut. Trotzdem glaube ich: ihre Rollen liegen im ernsten Fach. Ich erinnere mich noch heute genau an ihren Ton aus »Gestern und heute«. Ihre »Rosenbraut« habe ich schon jetzt vergessen.

Berliner Börsen-Courier, Nr. 420, 9. September 1931

Beispiel Rose-Theater

Im Osten: Auf der Großen Frankfurter Straße Auffahrt wie am Kurfürstendamm. Menschenmassen, die zusehen. Polizei, die Eingänge freihält. Briand, Laval? Nein, die Familie Rose feiert das fünfundzwanzigjährige Jubiläum ihres Theaters. Eine Familie ist das Publikum. Ein patriarchalisches Theater, aufgebaut auf dem alten Gedanken der Prinzipalherrschaft.

Das Rose-Theater, im alten Ostendtheater vor fünfundzwanzig Jahren von Bernhard Rose gegründet, heute von seinen drei Söhnen, Hans, Willi und Paul fortgeführt, ist ein Theater ohne Krise. Es geht im Sommer. Es geht im Winter. Es geht mit mehreren Vorstellungen an einem Tage. Es geht, wenn während des Juni, Juli und August auf der Gartenbühne Varieténummern und Possen gespielt werden. Was macht den Erfolg? Der Spielplan? Die schauspielerische Begabung der Familie? Die Zugkraft von Traute Rose? Ist das Rose-Theater eine Parallele zu Carows Lachbühne? Nein. Nichts von alledem macht den Erfolg oder wenigstens nur in bescheidenem Maße. Der Erfolg ist fast ausschließlich: die Organisierung des Familiensinns. Die Gefühle der Zusammengehörigkeit werden gewahrt. Vertraulichkeit auf der Bühne. Vertraulichkeit im Parkett und auf den Rängen. Man kennt sich. Man weiß Bescheid. Der Erfolg des Rundfunks ist, daß die Familien zusammenbleiben können. Das Rose-Theater ist eine nach außen getragene gute Stube. Man sitzt wie im Familienzimmer, stellt den Lautsprecher an und hat dabei den Vorteil, die Agierenden auch noch sehen zu können.

Es ist deshalb kaum verwunderlich, daß die Festvorstellung von Nestroys »Talisman« vor einem geladenen Parkett, in dem sogar die Dichterakademie durch Heinrich Mann und Ludwig Fulda vertreten war, nicht so unmittelbar zündete. Erstens ist Nestroy den berlinischen Zungen und Ohren ziemlich fremd. Warum wurde nicht hier, im Berliner Osten, eine berlinische Posse gespielt? Zweitens störten die Fracks, Smokings und großen Toiletten. Festredner marschierten auf von Regierungsrat Behl von der Theaterabteilung des Polizeipräsidiums bis Zickel und Intendant Legal. Alfred Braun zückte das Mikrophon. Direktoren, Regisseure, Intendanten gratulierten fast aufgeschreckt und bestürzt dem krisenlosen und glänzend durchorganisierten Rose-Theater.

Hier begannen die Mißverständnisse. Denn man bekam fast den Eindruck, als ob sie alle das Beispiel des Rose-Theaters nachahmen wollten. Weder die Idee noch die Schauspieler des Rose-Theaters sind zu transportieren. Eine Notiz, die mit Recht schnell dementiert wurde, lautete, daß Traute Rose nächstens an der Volksbühne gastieren würde. Man kennt die Tendenzen Nestriepkes, das Theater am Bülowplatz dem Rose-Theater anzunähern. Als ob Traute Rose nicht jeden Zusammenhang mit dem Publikum verlieren würde, wenn sie am anderen Platz spielte. Als ob die Volksbühne nicht scheitern würde, wenn sie den Gedanken des Rose-Theaters übernähme. Es gibt in Berlin einen Snobismus des Komplizierten und einen Snobismus der Primitivität. Wenn die Theaterdirektoren wirklich vom Rose-Theater lernen wollen, so müßten sie sich sagen, daß, wie das Rose-Theater seine Funktion hat, auch sie die Funktion ihrer Bühnen erkennen müßten. Legal sah, daß sein Studionachmittag am Sonnabend bis unter das Dach ausverkauft war. Reinhardt sieht, daß das Deutsche Theater nur mit dem großen Theaterstück Erfolg hat. Die Volksbühne muß wissen, wo ihre Aufgaben liegen: im gemischten Repertoire zwischen »Liliom« und dem modernen Stück. Die Junge Volksbühne muß ihre Aufgaben erkennen, ihr Publikum, ihre Themen.

Es ist nicht nur falsch, es ist grotesk, wenn oft die Meinung auftaucht: Das Rose-Theater geht glänzend, also machen auch wir ein Rose-Theater. Das Rose-Theater ist einmalig und hat seine Familienaufgabe. Das Beispiel dieser rührigen Bühne heißt: Macht ihr euer anderes Theater, sammelt euer Publikum, und wenn das nicht geht, dann habt ihr keine Existenzberechtigung. Aber bedauernd mit Reden und Taten sich aufs Rose-Theater zurückziehen zu wollen ist komisch. 25 Jahre Rose-Theater – das ist die Aufforderung: Reinhardt soll Reinhardt, Jessner Jessner, Piscator Piscator, Martin Martin bleiben. Jede andere Folgerung ist Mumpitz.

Berliner Börsen-Courier, Nr. 452, 28. September 1931

Ein Schauspiel gegen den Lehrerabbau

»Kampf um Kitsch« in der Volksbühne

Der erregendste Abend der Spielzeit. Das Schulstück von Robert Adolf Stemmle beginnt als Schwank und endet als Protestkundgebung. Der Schwank: In einer modernen Volksschule gibt es ein Kitschmuseum, in das die Jungen Wandsprüche und Nippesfiguren einliefern. Ein Vater erwischt seinen Sohn, wie er in seiner Schulmappe einen Vertikoaufsatz wegschleppen will. Einen Glasstiefel hat er schon vorher entführt.

Aus dieser Komödie gegen die Plüschmöbelzeit, aus diesem Kampf um Kitsch entwickelt sich der Kampf um die Aufbauschule, der Kampf um den weltlichen Unterricht, der Kampf gegen den Lehrerabbau. Es ist nicht, wie früher bei Otto Ernst, ein Lehrerstück mit Intrigen und Liebesgeschichten. Es ist ein Stück – vom Schüler aus gesehen, von der Jugend her. Es ist kein Lehrerstück, sondern ein Lehrstück. Kein Roman aus dem Schulleben, sondern eine Demonstration für die moderne Erziehung.

Keine Frage: in einer anderen Zeit hätte man den Abend vom Autor her beurteilt. Man hätte gesagt: ein hübsches Lustspieltalent, ein Mann mit witzigen Einfällen, mit guter Beobachtung (aber auch das ist nicht zu verachten). Heute spielte die Zeit hindurch. Heute wirken als unsichtbare Akteure Notverordnungen und Abbaumaßnahmen mit. Aus dem Schwank wird der Protest. Aus dem Lustspiel die Tragödie. Aus dem Theater die Aktion.

Wenn etwas niederdrückt, so ist es die Lethargie, mit der der Abbau des besten Preußentums hingenommen wird, der Abbau der Erziehung, der Abbau der Schule. Wenn etwas lähmt, so ist es das Bewußtsein, daß nur über materielle Katastrophen geredet wird und fast niemand sich rührt, wenn das wenige, was nach 1918 aufgebaut wurde, zerschlagen und zerstampft wird. Tausende von Schülern verlieren ihre Lehrer. Tausende von Lehrern werden von ihren Aufgaben abgeschnitten, verlieren den Zusammenhang mit der Jugend. Wenn etwas aufrütteln und alle Gruppen zusammenschließen sollte, so ist es der Schulabbau. Es wird immer gegen die Reaktion in der Kunst gekämpft, also gegen eine Folgeerscheinung. Durch den Schulabbau wird die Reaktion für eine neue Generation verankert, unterbaut, gesichert.

An diesem Abend erschütterten die Tatsachen. Es mag dahingestellt sein, ob die Spiele, die auf dem großen, öffentlichen Elternabend des dritten Aktes von den Kindern dargeboten wurden, immer überzeugten, ob nicht zum Beispiel der Maschinengesang mit der Nachahmung der Maschinengeräusche und der Gruppenbewegung Ansatz zu neuem Kitsch ist. Durch das Ganze ging jedenfalls ein so frischer, freier Zug, daß die unmittelbare Wirkung von der höchsten Galerie bis zur ersten Parkettreihe zu spüren war. Es war einer der saubersten, anstandigsten, bewegendsten Theaterabende der letzten Jahre. Die Lehrer in prachtvollen, schlichten Typen, dargestellt von Josef Dahmen, Erwin Kleist, Herbert Berghof, Willy Radtke; der Stadtschulrat von Ernst Karchow, der Regierungsschulrat von Bruno Hübner; der Vater des Jungen, der Gasmesser Witt, mit beängstigender Echtheit von Willi Schur (dem Gaunerdarsteller aus dem Erich-Engel-Film) gespielt; die Tochter von Inge Conradi; der Inhaber eines 2-Mark-Kitschladens köstlich gegeben von Arthur Mainzer – ein naives, unverbildetes Ensemble unter der sachdienlichen, diesmal ganz einfachen, werkbegeisterten Regie von Karl Heinz Martin. Die Schüler von der Heinrich-Zille-Schule in Neukölln, von der Gotenburger Schule am Wedding unter Führung des ungewöhnlich begabten Herbert Forner – man photographiere diese Gesichter, und alles Gerede, daß es keinen deutschen Film gibt, weil die Russen die besseren Typen hätten, wird verstummen. Man photographiere diese Gesichter – und der deutsche Film hat seinen »Weg ins Leben«.

Berliner Börsen-Courier, Nr. 457, 1. Oktober 1931

»Geschichten aus dem Wiener Wald«

Deutsches Theater

Als Anzengruber die Familie Schalanter im »Vierten Gebot« schuf, stand er in einer geistigen Kampfstellung. Er wollte den Duliöhhochmut des arrivierenden Wiener Kleinbürgertums treffen. Er entlarvte einen Wiener Typus, bevor er durch Operetten und Filme verkitscht wurde. So schwach Anzengrubers Volksstück in der Handlung war, so überholt und philiströs es heute ist, die Familie Schalanter bleibt. Sie ist ein Dokument. Sie ist zu verstehen, wenn man Wien kennt.

Ödön Horváths Volksstück »Geschichten aus dem Wiener Wald« sind nur zu verstehen, wenn man das kennt, was über Wien geschrieben und gesungen und gefilmt wird. Sie sind die literarische Reaktion auf die Legende Wien. Goldenes Wiener Herz? Also sind seine Menschen böse. Heurigenfidelität? Also enthüllt sich gerade beim Wein die schamloseste Verlogenheit. Fünfzehn Szenen; fünfzehn Variationen über Friedrich Hollaenders Wien-Refrain »Rattengift her!«.

Als Horváth sein Wien vom Gegensatz zur Wiener Operette, vom Gegensatz zu Felix Salten, vom Gegensatz zu Hans Müller kontrollieren ließ, war er ebenso gehindert, das Wien von 1931 zu sehen, wie die Kitschfabrikanten gehindert sind, es zu erkennen. Das ist der Fluch der tausend Worte Wien, wie sie die Theater- und Filmschreiber verstanden haben, daß auch die Leute, die die Verlogenheit durchschauen, noch von ihr abhängig, noch von ihr beeinflußt werden. Auf den Kitsch von rechts folgt der Kitsch von links, auf den süßen Kitsch der saure Kitsch. Der Unterschied ist kein Wesensunterschied, sondern ein Begabungsunterschied. Horváth ist begabt.

Jede Episode ist, man möchte sagen, mit schauspielerischer Fähigkeit durchgezeichnet, jede Figur ist mit sprachlicher Einfühlung nuanciert. Aber es fehlt die direkte Anschauung.

Darum ist es nicht verwunderlich, daß Horváths Komödie »Italienische Nacht« so viel sicherer, so viel spaßiger, so viel treffender geraten ist. In der »Italienischen Nacht« wird das deutsche Parteiengetriebe an Typen verulkt. Schlagworte aber sind schon Literatur. Parteiphrasen sind schon geprägt. Politische Typen sind schon durch die Satire gegangen. In der »Italienischen Nacht« hatte die Rolle, die hier die Wiener Operette vertritt, die politische Karikatur der Zeitungen und Witzblätter übernommen. Eine Satire kann man als literarische Reaktion schreiben, aber nicht ein Volksstück, nicht das Bild einer Stadt. So gerät Horváth in das Kalenderdeutsch hinein, das er ablehnt. So muß er die Mittel benutzen, gegen die er vom Leder zieht. So drängen sich auch hier die Figuren heran, deren Existenz er leugnet. So schwanken gerade die Kraßheiten, die er zeigt, die Wahrheiten, die er darstellt, die Enthüllungen, die er wagt, über die Grenzen des Taktes. Man kann alles riskieren, wenn man eine direkte Anschauung von Menschen und Dingen hat. Aber man gerät zwischen zwei Kitschfronten, wenn man ein Stück schreibt, nur um die eine zu vermeiden. Eine Operettenwelt verträgt keinen Kindesmord, und wenn es die Welt gegen die Operette ist. Eine Kitschwelt verträgt nicht eine Auflehnung gegen Gott und Kirche, und wenn es eine Welt gegen den Kitsch ist. Es gibt ein Beispiel. Marieluise Fleißer zeichnete auch in Typen das Bild einer Stadt – »Fegefeuer in Ingolstadt«. Aber die Anschauung war direkt. Ödön Horváth hat von Carl Zuckmayer den Kleist-Preis für seine Bühnenwerke erhalten. Diese Wahl ist gut. Denn Horváth ist sehr begabt. Aber ich hätte gewünscht, daß dann auch Marieluise Fleißer ihn erhalten hätte (ebenso wie neben Erik Reger Hans Fallada mit »Bauern, Bonzen, Bomben« in Betracht gekommen wäre).

Die Aufführung unter der Regie von Heinz Hilpert ging ganz auf das ein, was bei Horváth schauspielerische Zeichnung ist (also auf das Beste, was Horváth dem Theater zu geben hat). Wer Wien kennt, kann nur immer wieder Paul Hörbiger bewundern, der mit denselben leisen Mitteln eine Figur aus dem Sympathischen ins Unsympathische und wieder ins Sympathische gleiten läßt, wie hier den Rittmeister. Das ist Wien. Das ist Girardi. Wundervoll. Hans Moser spielte seine beste Rolle: den Zauberkönig, den Volksstückvater. Eine gefährliche Aufgabe. Bei ihm steht sie sicher auf der Grenze zwischen Ernst und Humor. Moser verließ sich nicht nur auf seine bewährten Mittel. Er war zu verstehen. Er gestaltete. Dann Frida Richard, eine böse Großmutter in der Wachau (eine polemische Rolle gegen Anzengrubers Großmutter), eine Engelmacherin: außerordentlich in der Mischung von Dämonie und Philistrosität, ebenso einfach wie stark.

Lucie Höflich spielte eine Trafikantin, die vom »Teufel geholt« wird, hinreißend wie bei Hamsun. Ein Wiener Schlieferl: meisterhaft von Willy Trenk-Trebitsch gezeichnet. Dann Elisabeth Neumann, Heinrich Heilinger, Joseph Danegger. Dagegen als Reichsdeutscher: Paul Dahlke.

Für sich standen, stilistisch in einer fremden Welt: Carola Neher, Peter Lorre. Ein kargerer, strengerer Schauspielerstil. Nicht immer passend, aber auf andere Rollen hinweisend.

Berliner Börsen-Courier, Nr. 514, 3. November 1931

»Die Heilige aus USA«

Kurfürstendammtheater

Von Ilse Langner wurde in Berlin das Schauspiel »Frau Emma kämpft im Hinterland« als Nachtvorstellung im Kleinen Theater gegeben. Eine dramaturgisch ahnunglose Regie verstümmelte das Stück und brachte es um seinen Sinn. Von Ilse Langner führt jetzt das Kurfürstendammtheater »Die Heilige aus USA« auf und bringt das neue Werk durch eine geschickte Einrichtung und eine großartige schauspielerische Leistung zum Erfolg. Ilse Langner schreibt Themen, keine Stücke. »Frau Emma kämpft im Hinterland«: das Kriegsschicksal der Frau in der Heimat. »Die Heilige aus USA«: die Biographie der Mary Baker, Erfinderin und Gründerin der Christlichen Wissenschaft: die Gründung des »anwendbaren Christentums« in USA, die religiöse Fundierung des Geschäfts, ausgedrückt in den Sätzen: »Gott befiehlt mir, 300 Dollar zu nehmen für einen Kursus, und ich muß ihm gehorchen«, oder: »Kann Gott Konkurs machen?« – die Geschichte dieser Sekte, der Kampf ihrer hysterisch machtgierigen Gründerin gegen die Zeit mit den Schlagworten der Zeit, das ist ein Thema, das viele interessiert. Sektierertum: auch Ernst Toller und Hermann Kesten schrieben, nach Ilse Langner, die Geschichte der Mary Baker. Sektierertum: das

Schiller-Theater spielt nächste Woche eine Art Weißenberg-Stück.

Gibt Ilse Langner die Naturgeschichte des Sektenunwesens? Sie gibt nur ein Szenarium. Sie gibt biographische Bilder. Ohne viel Interpretation und Zutaten. Das ist gut. Aber auch ohne die Erklärung der Wirkung. Das ist schwach. Der Zuschauer stellt die Beziehungen her, auch zur europäisch-politischen Gegenwart. Ilse Langner tut es nicht. Sie setzt die Wirkung der Mary Baker voraus und erzählt die Geschichte für die, die schon Bescheid wissen. Aber schon die karge, primitive, manchmal dürftige Erzählung genügt, um ein neugieriges, wissensgieriges Publikum zu fesseln. Im Kurfürstendammtheater wurden bisher mondäne Stücke oder Operette gespielt. Zum erstenmal wurde hier ein anderes Thema abgehandelt und interessierte. Das ist ein Symptom. Man soll es erkennen. Heute ist die Überraschung noch groß, daß eine fast unbekannte deutsche Dramatikerin plötzlich in einem eleganten Gesellschaftstheater herauskommt. Wie ganz anders wäre der Erfolg noch gewesen, wenn man die deutsche Produktion seit langem planmäßig gepflegt, planmäßig erzogen, wenn man auf lange Sicht gearbeitet hätte. Dann hätte man heute, in der Zeit der Krise, Reserven.

Ilse Langner war ein Anfang. Agnes Straub stand auf dem Gipfel ihres Könnens. Sie zeichnete jede Einzelheit und hielt die Bilder zusammen. Das war überhaupt der Vorzug der Aufführung, und darin berührte sie sich mit Ludwig Bergers besten Inszenierungen: das Tempo, die Leichtigkeit, die Schnelle des Ablaufs. Die Sicherheit der Maßverteilung. Manche Schauspieler versuchten sich gewiß auszubreiten, wie Hermann Speelmans, der, für sich genommen, köstlich war, oder possenhaft zu spielen, wie Paul Kemp. Aber Reinhold Bernt schon, diesmal in einer leisen Rolle, vernachlässigte keinen Zug und stand doch genau im Ensemble. Dasselbe gilt von Brigitte Horney, von Lore A. Mosheim, Egon Friedell und Lotte Stein. Agnes Straub wuchs von einer gelähmten Hysterikerin, von einem bösen, weiblichen Rasputin zu einer überlegenen Propagandaleiterin ihrer Sekte. Ihr entging keine Möglichkeit der Rolle. Sie war in jedem hexenhaften Detail ebenso zu Hause wie in der borniert hellsichtigen Geistigkeit der Mary Baker. Von ihrem Gesicht konnte man die Biographie und die Geschichte ihrer Sekte ablesen. Fast niemals hat man auf dem Theater eine solche bestürzende Fülle von intuitiv erfaßten Einzelheiten erlebt und ein so beherrschtes, gezügeltes Temperament, das sie alle zusammenhielt und sogar die Pausen überspielte, die eine starke, aber fast zu herrschsüchtige, prominente Musik von Ernst Toch ausfüllte.

Diese Saison kennt viele Mißerfolge und viele Fehldispositionen. Nur der letzte Einsatz berechtigt heute, Theater zu spielen. Diese Aufführung hatte den Einsatz.

Berliner Börsen-Courier, Nr. 520, 6. November 1931

»Die Herde sucht«

Schiller-Theater

Im Programmheft des Schiller-Theaters schreibt der Verfasser des Sektiererstücks »Die Herde sucht« über die »Religion in der großen Stadt«. Es ist also keine Frage, daß Fred Neumeyer zeigen wollte, wie Sekten auf dem Boden der Großstadt, auf dem Boden Berlins entstehen und wuchern.

In der Aufführung des Schiller-Theaters fehlte die Großstadt, fehlte Berlin (trotz durchgehaltenen Berliner Dialekts). In Barlachs »Blauem Boll« entwickelten Jürgen Fehling und Rochus Gliese den Stil und die Phantastik aus dem Schauplatz des kleinen Küstenorts. Hier wenden sie denselben Stil und dieselbe Phantastik auf Berlin an. Güstrow als Großstadt. Mecklenburgische Katenbewohner als Berliner Kleinbürger und Proletarier. Irreführend.

Die Entstehung von Sekten, der Ausbruch des Massenwahns kann auf der Bühne nur dargestellt werden, wenn gezeigt wird, wie wenig dazu gehört, um die Vernunft ins Wanken zu bringen. Aber ein Bruchteil Vernunft, ein Gran Gesundheit muß vorhanden sein, um die Krankheit verständlich zu machen. Ein Erdrutsch kann nur entstehen, wo Erde ist, die ins Rutschen gerät. Im Schauspiel von Fred Neumeyer findet sich immerhin eine schmale Basis, die erschüttert wird: in den ersten Gesprächen der wartenden Frauen vor dem Fleischerladen. In der Aufführung wird schon dieser Anfang gespenstisch gespielt. Auf einem sozial unsicheren Boden, bei Menschen, die nichts zu essen und nichts zu verlieren haben, die von politischen Schlagworten hin und her gerissen werden, die nichts mehr besitzen, woran sie sich halten können, werden Phrasen schnell Wurzel fassen, wird der Wunderglaube wuchern, der Unsinn sich üppig ausbreiten. Wenn aber von Anbeginn eine verrückte Märchenwelt gezeigt wird, wenn von Anbeginn hysterische Flagellanten toben, wenn von Anbeginn ein krauser Traumspuk als Alpdruck lastet, wird der Fall sachlich uninteressant und künstlerisch unergiebig. Bei Fehling und Gliese gab es drei Stunden Krampf, drei Stunden Irresein, drei Stunden Nacht. Es war, als ob drei Dutzend Fehlings schäumend über die Bühne rasten.

Bernhard Minetti spielte den verwachsenen Werkmeister, der »elektrisch« geladen ist, den Händeauflleger, den Vater, den die Herde sucht. Den Werkmeister? Nein, den Irren, der Irre heilt. Von Minetti kann gerade in der Ruhe starke Wirkung ausgehen (man denke nur an seinen König Philipp im »Richter von Zalamea«). Er kann suggestiv sein, er kann »bannen«. Hier mußte er toben und schreien (schreien sogar, daß er eine Religion gründen wolle). Minetti zermahlt manchmal den Text zwischen den Zähnen. Es war gut, daß er aus sich herausging. Es war falsch, daß er laut wurde. Dieser Schauspieler gehört zu den wertvollsten Begabungen des Nachwuchses. Ein Fanatiker seines Berufs. Ein stiller Fanatiker der Kunst. Auch da, wo er irrt, sprechen diese Irrtümer für sein Niveau. Diesmal wurde er von sich weggeführt.

So ging es weiter. Maria Koppenhöfer gab die Frau Kohle, die über den »Vater« hinaus die Sekte in den Wahnsinn führt. Sie spielte, physiognomisch hervorragend, sprachlich die Rolle in die Breite, irritiert vielleicht durch den ihr fremden Berliner Dialekt und den Widerspruch des Publikums. Am sichersten behaupteten sich Ilse Fürstenberg als Frau Grünhut und Walter Bluhm, zwei »reale« Figuren. Ilse Trautschold schlug den gespenstischen Ton an. Gerda Schäfer (ebenfalls begabt) mußte sich forcieren; in Franz Weber gipfelte dieser »flagellantische« Stil.

Es gab einen großen Theaterskandal. Es gab Zwischenrufe, Beifall und Piffe. Man kann dem nur begegnen, wenn man die Gründe analysiert. Sie lagen in der Aufführung. Spricht sie gegen Fehling? Nein, das Staatstheater braucht seine Energie des Einsatzes, seinen Mut, ein Risiko zu übernehmen, sein Arbeitsethos. Aber diese Energie muß sich vor Überspannung hüten. Soll das Staatstheater keine Uraufführungen mehr wagen? Im Gegenteil. Es soll mehr Uraufführungen herausbringen. Es ist auf dem richtigen Wege, wenn es sich einsetzt, wenn es neue

Werke zur Diskussion stellt. Sollte es »Die Herde sucht« nicht aufführen? Auch diese Uraufführung war gut. Sie brachte ein fesselndes Thema: ein Stück um den Weißenberg-Rummel, ein Stück der falschen Propheten in einer aufgewühlten Zeit, wenn es diese Zeit auch nicht schilderte und das Thema nicht durchführte. Ist es überhaupt noch möglich, im Stil des realistischen Stimmungsstückes moderne Themen durchzuführen? Ist es noch möglich, mit einzelnen Genrebildern einen Stoff zu gliedern? Neumeyer gibt eine Art Romantik, eine Art Eulenbergerei. Darin liegt der Fehler des Stückes, seine Unschärfe. Jede Szene fängt wieder von vorne an. Es gibt keine Disposition, keine geistige Kontrolle, kein geistiges Gegenspiel. In der Form war Ilse Langner mit ihrem Lehrstück von der »Heiligen aus USA« weiter. Wenn auch alles kahl und dürr blieb. Neumeyer hat Detail und Fülle, aber keine Form, keine Linie, keine Zeichnung. Und die Aufführung spielte nur diese Fehler. Hieraus muß das Staatstheater lernen. Neue Stücke? Ja. Aber mit Dramaturgie.

Berliner Börsen-Courier, Nr. 528, 11. November 1931

Schnitzler, Wedekind, Werfel

Volksbühne

In Wedekinds »Kammersänger« tritt ein alter Komponist auf, Professor Dühring, der seit Jahrzehnten verlorenen Idealen nachtrauert und seine schmerzlichen Erfahrungen der Zeit anrechnet. Fast wie dieser Professor Dühring trat vor der Aufführung des »Grünen Kakadu« Franz Werfel ans Redepult und benutzte die Gedächtnisfeier für Arthur Schnitzler, um mit seinen eigenen Gegnern zu polemisieren. Wenn er in den ersten Sätzen von den blauen Augen Schnitzlers sprach, die unbarmherzig jede Übertriebenheit und jeden Schwulst durchschaut hätten, so merkte er gar nicht, wie er damit sich selbst ablehnte.

Aber setzen wir uns mit dem Gedankeninhalt seiner Rede auseinander. Werfel verteidigte die Ewigkeit der Probleme in Schnitzlers Dramen gegen Schriftsteller, die behauptet hätten: Schnitzler wäre nicht mehr zeitgemäß. Welch eine Verdrehung!

Als Arthur Schnitzler mit seinen ersten Erzählungen vor das Publikum trat, da traf er mit den feinsten, mit den geistigsten Mitteln die Zeit, seine Zeit. Er schilderte meisterhaft die Oberschicht des vorkriegerischen Wien mit ihrer Skepsis, Klugheit und Ziellosigkeit; und indem Schnitzler sie darstellte, zersetzte er sie. Selten entsprach die Methode der Darstellung so sehr den Objekten der Darstellung. Das war der nicht nachzuahmende, niemals zu wiederholende Reiz von Schnitzlers Werken.

Weil diese Welt und die Methoden, mit denen sie kritisiert wurde, identisch waren, mußte ihre Wirkung nachlassen, als Krieg und Revolution das Antlitz Europas verändert hatten. Schnitzler wurde nicht deshalb weniger gespielt, weil Privatkonflikte auf dem Theater überhaupt nicht abgehandelt werden dürften, sondern deshalb, weil diese Privatkonflikte in einer Zeit der Weltumschichtung nebensächlich geworden waren. Damals, vor dem Kriege, hatten eben diese Privatkonflikte für Wien und Österreich typische Geltung (sie waren also Ausdruck der Zeit). Jetzt verloren sie ihre typische Geltung und wurden deshalb uninteressant.

Das hat nichts mit »Forderungen«, nichts mit kunstfeindlichen Doktrinen zu tun. Man fängt Philister gern damit, daß man sagt: Wer kollektive Themen vom Theater verlangt, leugnet die Ewigkeit des Privaten, der Gefühle, der Liebe. Mit solchem Unsinn ist es leicht, empfindungsselige Spießer und Scheinlogiker zu fangen. Selbstverständlich bleibt das Private bestehen. Es kann nur eine Zeit kommen, in der es gleichgültig ist, von ihm künstlerisch Notiz zu nehmen, weil andere, einstmals vernachlässigte Aufgaben wichtiger geworden sind. In diesem Sinne war die griechische Tragödie, war Shakespeare, war das klassische deutsche Drama »Zeitstück«. Eines allerdings ist richtig: Ein allgemeines Gefühl, ein Geraune, das nur »unklar«, nur »orphisch«, nur »unbegrenzt« ist, ist weder zeitbedingt noch ewig. Ja, man kann sagen: Das österreichische Schicksal, als dessen Vertreter Werfel nicht mit Unrecht Schnitzler hinstellte, dokumentiert sich in nichts erschreckender als in dem Weg, den die österreichische Weltvorstellung von der Skepsis Schnitzlers bis zum orphischen Geraune Franz Werfels, von der Klarheit Schnitzlers bis zur Phraseologie Werfels, von der beobachtenden Selbstkritik Schnitzlers bis zur haltlosen Selbstbewunderung Werfels gegangen ist. Werfel hat eine polemische Broschüre verfaßt: »Realismus und Innerlichkeit«. Schnitzler hatte die Verbindung beider Elemente, Werfel nicht. Das Zeichen, unter dem er schreibt, heißt »Irrealität und Äußerlichkeit«.

Werfel hat dem Andenken Schnitzlers durch seine Rede geschadet, besonders in der Volksbühne, die gerade mit den Stükken, die er angriff, ihre größten Erfolge gehabt hat (»Kampf um Kitsch«). So wirkte Wedekinds »Kammersänger« in der scharfen Gegenüberstellung eines überflüssigen, weltfremden Künstlertyps und eines Künstlertyps, an dem die Gesellschaft schmarotzt, doppelt stark. Allerdings dominierte hier Rudolf Forster, der den Kammersänger mit einer blasierten Ironie gab, die sich nie festlief und auch nie Karikatur wurde. Bezaubernd die Art, wie Forster dem alten Komponisten zuhörte, bezaubernd, wie er ihn abfertigte, hinreißend der elegante Witz, die schillernde Vieldeutigkeit der Dialogführung. Bei dieser Fülle der Nuancen ging nur eins verloren: die Schlagkraft Wedekinds, die Schärfe des Umschlags und Einsatzes. Das wäre Sache des Regisseurs gewesen. Günther Stark ließ die Szenen laufen, obwohl er Gina Falckenberg und Maria Fein (die aber endlich keine hysterischen Rollen mehr spielen sollte) für die Frauen und besonders Leonard Steckel für den Dühring hatte. Dieser war meisterhaft. Er hatte die Schlagkraft der Wedekindschen Sprache, spielte gleichzeitig die Figur und machte niemals das gefährliche Mitleidstheater auf.

Noch uneinheitlicher war von der Regie her die Aufführung des »Grünen Kakadu«. Spiel der Komödianten und Ernst der Volksempörung waren in diesem Schauspiel vom Tage des Bastillesturms so grob auseinandergehalten, daß die Form des technisch brillant gemachten Einakters zersprengt wurde. Den doppelbodigen Ausdruck hatten hier nur Leonard Steckel als Wirt und Theaterdirektor und Karl Meixner als Balthasar. Selbst Rudolf Forster legte die Rolle zu sehr und zu breit hin. Dieser große und nervöse Schauspieler braucht einen Berater, der ihn psychologisch und künstlerisch versteht.

Berliner Börsen-Courier, Nr. 534, 14. November 1931

»Antonius und Cleopatra«

Deutsches Theater

Selten ist der Kritiker in einer peinlicheren Lage gewesen als vor dieser Aufführung. Von einem Privattheater wird in den Monaten, die ein Schauspieltheater nach dem anderen an die Operette abgeben, eine Tragödie von Shakespeare gespielt; und keine populäre Tragödie, sondern »Antonius und Cleopatra«. Eine Kühnheit, die jede Unterstützung und jede kritische Propaganda verdient. Auf der anderen Seite aber gibt die Vorstellung ein so falsches Bild von dem Drama, daß man um diese Feststellung nicht herumkommt.

Die Kritik hat nicht nur aktuelle Tagesaufgaben. Dieselbe Zeit, die die Theater wirtschaftlich untergräbt, wird von einer geistigen Krise geschüttelt. Rücksichtnahme auf die wirtschaftliche Krise würde hier Verschweigen der geistigen Krise bedeuten. Lob einer Shakespeare-Aufführung um des Tageserfolges willen hieße Schädigung des Theaters auf längere Sicht. Man nützt nur durch Klarstellung und Freilegung der Grundlagen, auf denen weitergebaut werden kann.

Die Zermürbungsoffensive, die seit Jahren gegen Geist und Kunst geführt wird, hat zur Folge, daß die freundliche, gesunde, kräftige Banalität hoch im Wert gestiegen ist, einfach, weil man Boden fühlt, einfach, weil man nicht zu denken braucht. Selbst die kritischen Formulierungen werden darauf eingerichtet, diese primitive, feste Flachheit theoretisch zu unterbauen.

Der Mann dieses Theaters ist Heinz Hilpert. Heinz Hilpert, der ausgezeichnete Bühnenhandwerker, der deftige Schauspielerregisseur, Heinz Hilpert, der vortreffliche Arrangeur des »Hauptmanns von Köpenick« und anderer Milieustücke, der problemlose, gesunde, einfache, gerade drauflosgehende Spielleiter wird auch für Shakespeare eingesetzt, für »Antonius und Cleopatra«. Aus einem Drama der verschwenderischen, Liebe, Glück und Kronen vergeudenden Menschen macht er ein Schauspiel des Boudoirs. Aus einer Tragödie, die mit einem Glanz ohnegleichen den Untergang der großen Heroen, der Heroen der Schlachten und der Liebe bestrahlt, macht er »Liebes Leid und Lust« des Römers und der Ägypterin. Aus einem Werke, das mit einer schmerzenden Genialität das Sterben einer Welt gestaltet, den Tod der großen Rasenden, der großen Instinktmenschen, der reichen unerschöpflichen Herrscherindividuen, denen die Königreiche wie Silberlinge aus der Tasche fallen, nimmt er den »Zwischenfall Ägypten« heraus. Ein politisches Schauspiel ersten Ranges, das den Zusammenstoß zwischen dem Westen und dem Osten darstellt, als Kunstwerk gestaltet, zu ungeheuren Visionen sprachlich bändigt, wird bei Hilpert zu einem freundlichen, zuletzt tragisch umdüsterten Milieustück. (Bei Hilpert und dem klugen, handlichen, nüchternen, banalen Übersetzer Hans Rohte.)

So wird die großartige Szene, in der die Herren der Welt auf der Galeere des Sextus Pompejus betrunken sich verlieren, zu einem »fröhlichen Weinschiff«. Und der Gegensatz zwischen genialer Improvisation, die das Weltreich der Triumvirn nach Cäsars Tode durcheinandergewürfelt, und beherrschtem, organisierendem Verstand, der mit Augustus aufkommt, wird zum zufälligen Kontrast zwischen dekorativer Oper (Alexander Moissi) und nüchternem Schauspiel (Ernst Ginsberg).

Trotzdem ist diese Aufführung noch immer interessanter als das meiste, was heute auf Berliner Bühnen zu sehen ist. Alexander Moissi, der den Antonius spielte, führte die Erinnerung an seine beste Reinhardt-Zeit zurück. Er ist kein Antonius, aber er war wenigstens wieder Alexander Moissi, farbiger und zaubernder und »glänzender« als in Salzburg. Gerda Müller als Cleopatra sprach die Verse im Anfang beinah so gut, wie sie in Baden-Baden vor Jahren Brecht-Hindemiths »Lehrstück« sprach. Aber sie wird nachher schrill und monoton und bringt die alternde, liebessüchtig verfallende Cleopatra überhaupt nicht zur Darstellung.

Sonst: Ernst Ginsberg als Octavius Cäsar. Er zeichnet treffend den neuen Typ, der jetzt die Herrschaft übernimmt, den Durchschnittsmenschen, der doch klarer, sicherer und dienlicher die Welt regiert als die großen Egoisten. Aber im Laufe des Abends wird seine Darstellung schematisch. Max Gülstorff ist ein spaßiger Lepidus. Kampers ein unmöglicher Pompejus. Winterstein ist zuverlässig und tüchtig als Enobarbus. Grete Jacobsen sehr fein als Karmian. Sibylle Schmitz bringt als Octavia nur ein Antlitz. Auffallend gut ist Paul Dahlke als Bote der Cleopatra.

Die Aufführung eines Klassikers. Aber sie blieb in der formalen Durchgestaltung jenseits der Probleme, der künstlerischen

Probleme, die uns heute berühren. Sie war behaglich, nicht streng; idyllisch, nicht klassisch.

Berliner Börsen-Courier; Nr. 580, 12. Dezember 1931

»Rauhnacht«

Staatliches Schauspielhaus

Das Staatstheater konnte auf die diktatorischen Sparmaßnahmen keine bessere Antwort geben als diese Vorstellung. Es hat endlich einmal wieder seine Notwendigkeit bewiesen. Es hat seine Aufgabe erkannt, repräsentative Aufführungen zu vermitteln, repräsentativ für die dichterische und schauspielerische Situation. Nur so kann es sich von den Privatbühnen unterscheiden. Nur so hat es seine Existenzberechtigung als Theater des Staates.

Nun ist Richard Billinger gewiß ein einmaliger, ein isolierter Fall. Mit kräftigem Talent belebt er Bauernspiele und Bauernlyrik. Er wurzelt im österreichischen Volkstum. Auch seine »Rauhnacht« spielt im Inntal. »Rauhnacht« – die Nacht vor Heiligabend. Die Bauern führen Maskenzüge auf, berauschen sich, springen und rasen in heidnischen Kulttänzen, bis die Christnacht hereinbricht. Ins Dorf zurückverschlagen ist Simon Kreuzhalter, der Priester werden wollte, als Missionar nach Afrika ging, in Afrika von den uralten Negerbräuchen und Götzenverehrungen angelockt wurde und nun, gemieden und heimlich bewundert und verfemt, wieder zu Hause sitzt. Simon Kreuzhalter wird in den Rauhnachtswirbel hineingerissen und tötet in rasender Ekstase die Tochter der Dorfkrämerin. Aus dem Rauhnachtsrausch wird der Lustmord.

Man braucht den Inhalt nur zu erzählen, um das Wesen dieses Dramas und dieses Dramatikers zu erkennen. Er sitzt fest in seinem Volkstum, in seiner Stammesdichtung. Die Bauernwelt, die er schildert, ist unnachgiebig gesehen und unnachgiebig dargestellt. Das Dorf, der Kramladen, die Typen leben. Aber Billinger, der Volksdichter, kann ohne »literarische« Zeichen nicht auskommen. Nun werden afrikanische Mythen mit den Tiroler Gebräuchen verbunden. Nun reicht keine Kraßheit mehr aus. Nun gibt es krampfige Übersteigerungen, theatralische Verdickungen, ein undurchdringliches symbolisch-mystisches Nebelgebräu. Ohne Lustmord und Brandstiftung geht es nicht. Das Seltsamste aber kommt erst jetzt: Bei der Aufnahme, bei der Beurteilung Billingers. Was jedem anderen Dichter von den Literaturzensoren als Perversität, als Asphaltphantasie, als krankhafte Exaltation abgelehnt worden wäre, heißt bei ihm: Urkraft, Gesundheit, Volkstümlichkeit.

So geraten Billinger und sein Stück ohne weiteres in die Auseinandersetzungen hinein, in die erbitterten Kämpfe, die nicht nur auf dem Theater, nicht nur in der Literatur, sondern in allen geistigen und politischen Fragen durchgefochten werden: in die Kämpfe zwischen Instinkt und Geist, zwischen Trieb und Bewußtsein, zwischen Rausch und Bändigung, zwischen Phrase und Klarheit. Man kann dieses Stück als einen einmaligen Phantasieausbruch nehmen, als eine Verherrlichung des Triebs und Rausches, als einen Hymnus auf die brutalen Instinkte und Sinnenkräfte betrachten. Als Talentprobe ist es stark. Als Drama ist es wirkungsvoll. Aber wenn es als Beispiel aufgestellt werden sollte, als Beispiel, das Folgen haben müßte, als Beispiel gegen Großstadtdichtung – dann könnte die Ablehnung nicht scharf genug sein. In Kleists »Penthesilea« gibt es eine höhere Ordnung. Bei Barlach gibt es eine höhere Ordnung. Hier gibt es sie nicht. Hier gibt es nur den schwachen Abschluß mit den Weihnachtsbettlern. Das Heidentum hat sich ausgerast, die Christnacht beginnt. Hier bleiben nur verschwommenes Gefühl, wogende Empfindung, aber auch kernige Sprüche übrig.

Die Aufführung war außerordentlich. Jürgen Fehling hat der Meistervorstellung des »Blauen Boll« eine gleichwertige Inszenierung zur Seite gestellt. Wenn man alle Zufälle und Ermattungen abzieht – warum liegt Fehling die »Rauhnacht«, warum scheitert er an »Die Herde sucht«. In dem Berliner Sektiererstück mußte ein Zustand erklärt, ein Vorgang entwickelt, eine Situation zerlegt werden. Die Auseinanderhaltung und allmähliche Darlegung von Vorgängen aber ist Fehlings schwächste Seite. Hier, bei Billinger und auf höherer Ebene auch bei Barlach, ist die Absonderlichkeit von vornherein gegeben. Die Atmosphäre, das Milieu ist entscheidend. Darum ist Fehling hier außerordentlich. Ein Kramladen, eine Scheune – die Wiedergabe ist (in der Zusammenarbeit mit dem ausgezeichneten Bühnenmaler Rochus Gliese) ebenso wirklich wie gespenstisch. Diesmal werden auch die Schauspieler richtig eingesetzt und richtig geführt. Da ist Mathilde Sussin, eine Dorflehrerin: köstlich, wie sie auf dem Ladentisch sitzt, wie sie die Füße stellt. Da ist Maria Schanda, ein Wiener Flittchen in der bäuerischen Umgebung, nach ihrer Thekla nicht wiederzuerkennen. Da ist Gerda Schäfer eine Ladnerin, Maria Koppenhöfer in großartiger Häßlichkeit eine Magd, Elsa Wagner eine Mutter und Rosa Pategg hinreißend komisch eine aufgeblasene hochmütige Bäuerin. Da ist Maria Mayer vom Burgtheater zurückgekehrt, um die Ladeninhaberin zu spielen, und die beste Zeit des alten Hebbel-Theaters lebt auf – so wenig scheint ihr das Burgtheater geschadet zu haben.

Hinreißend ist Luise Ullrich als Kreszenz. Ihre Kunst lebt nicht nur vom Dialekt. Sie spricht mit einer Genauigkeit und Frische und Treffsicherheit, wie sie nur das große Talent hat, das erotisch beunruhigte, lüstern erregte Mädchen, das durch die Rauhnacht und den Reiz des Fremden dem Simon Kreuzhalter in die Arme getrieben wird. Neben ihr außerordentlich: Lothar Müthel. Ihm fehlt, selbstverständlich, das Österreichische. Aber er ist von einer Geschlossenheit der Darstellung, von einer männlichen Verhaltenheit, von einer Eindringlichkeit in jedem Zuge, daß meine alte Meinung bestätigt wird: Müthel ist ein Charakterdarsteller, kein Liebhaber, kein Held, kein Versesprecher.

Den Simon Kreuzhalter spielt Werner Krauss mit einer wundervollen andeutenden Kunst, mit einer Bescheidenheit und Disziplin ohnegleichen. Ein Staatstheaterabend. Ein repräsentativer Abend. Diese Bühne muß erhalten bleiben. Sie ist notwendig.

Berliner Börsen-Courier, Nr. 590, 18. Dezember 1931

»Die Jungens von Mons«

Volksbühnenschauspieler im Berliner Theater

Friedrich Wolfs neues Schauspiel geht von einer wahren Begebenheit aus. In England wurde im vorigen Jahr ein Mann als Frau entlarvt, der jahrelang in der kleinen faschistischen Partei um Sir Mosley herum eine Rolle gespielt hatte und auch als Mann – verheiratet gewesen war. Wolf versucht gerade an diesem Ausnahmefall die Entstehung einer nationalsozialistischen Bewegung zu demonstrieren. Er will mit einem Spezialfall etwas Prinzipielles aussagen.

»Die Jungens von Mons« wollen also ein indirektes Lehrstück sein. Ein Schauspiel, das das Gegenteil von dem ausspricht, was die Figuren sagen; das vor eine ernste Handlung mit ernsten Figuren negative Vorzeichen setzt. Es zerfällt also in den Roman der Kriegerwitwe Ellen Celloc, die sich aus Not in die Uniform wirft und als kriegsausgezeichneter Captain Campell Anstellung, Geld und Wirkungskreis erhält; und in Zwischenspiele, in denen ein Student, ein Handlungsgehilfe, ein Bankbeamter, ein Gymnasiast, ein Schlosser, ein Kriegsbeschädigter über die Nöte ihres Berufs, über die Arbeitslosigkeit diskutieren und von der Rhetorik eingefangen werden, mit der Captain Campell auf die Menschenwerbung geht.

Ein dramatisierter Roman und ein Lehrstück. Die Wirkung der Worte, die Wirkung einer zugkräftigen Phraseologie wird gezeigt, die einmal an die patriotischen, ein anderes Mal an die sozialen Instinkte appelliert. Die kriegerische Mentalität, die ausgesprochen männlichen Tugenden werden von der – Frau ausgesprochen. Eine Köpenickiade von 1930. Ein Stück der Desillusionierung. Keineswegs immer gleichmäßig geglückt. Oft kraß, oft banal, aber immer wirkungsvoll, immer klar. Es entwikkelt die Diskussionselemente weiter aus »Tai Yang erwacht« und die Handlungselemente aus den früheren Theaterstücken von Wolf.

Dieses Stück ist von der Volksbühne abgelehnt worden. Die Volksbühne setzt ihre eigenen Mitglieder auf der Höhe der Saison für einen Monat an die Luft, um Operette spielen zu können. Die Schauspieler nehmen ihr Schicksal selbst in die Hand, pachteten für einige Vorstellungen das Berliner Theater und bringen, unter der Regie von Richard Weichert, diese höchst sachdienliche, höchst klare, höchst disziplinierte Aufführung heraus. Die Schauspieler und die Autoren sorgen dafür, daß im selben Moment, wo das große Direktorentheater nachläßt, eine andere Betriebsform bereits da ist, die das Theaterspielen weiter ermöglicht. Aber auch diese Versuche verlangen Organisation. Die Aufführungen von Lampels »Vaterland« mußten schon nach zwei Abenden abgebrochen werden. Sie waren miserabel organisiert, was man schon in der Premiere merkte.

Die Volksbühnenschauspieler haben ihre Sache ausgezeichnet gemacht. Von Ernst Karchow bis Josef Dahmen, von Karl Meixner bis Erwin Kleist und Fritz Claudius und Bruno Hübner und Herbert Berghof und Joseph Almas (der einen Spezialerfolg hatte). Dann Arthur Mainzer, Sigmund Nunberg, Sigurd Lohde und Willy Grunwald (einst Intendant in Hannover und früher bei Brahm).

Den Captain spielte Agnes Straub mit hervorragender Disziplin und Einordnung. Sie spielte die Rolle geistig: indem sie die ideologischen Redensarten ohne eine Spur von Karikatur zündend brachte und doch ihre Desillusionierung bewirkte. Sie spielte die Rolle menschlich: indem sie den privaten Roman der Frau glaubwürdig machte.

Berliner Börsen-Courier, Nr. 594, 21. Dezember 1931

»Die Mausefalle«

Kleines Theater

Die Truppe 1931 spielt jetzt ihre »Mausefalle« mit großem Erfolg an der klassischen Stätte von »Schall und Rauch«. Szenisches Kabarett: Was bei Reinhardt, wenigstens für den, der nur einige der alten Texte, aber nicht mehr die Aufführungen kennt, stilistischer Scherz, amüsante Parodien, Theaterwitze, Kunstspötteleien waren, ist hier Lebensbild, Lebensanalyse, Lebenskritik. Lockere Form, strenger Inhalt. »Die Mausefalle«, ein Stück, das den Angestellten Fleißig zur Entscheidung über seine Stellungnahme anrufen soll, wie Shakespeares »Mausefalle« den Hamlet.

Durch immer wechselnde Szenen, die wie beim Film ineinandergeschnitten sind, wird Fleißigs Leben und Fleißigs Vorstellungswelt analysiert und kritisiert. Das Leben des entlassenen Angestellten und seine Vorstellungswelt in Goethe-Zitaten. Beide Analysen werden mit witziger, treffender Schlagkraft und szenischer Anschaulichkeit durchgeführt. Das ist das Überraschende. In dieser Kollektivarbeit einer Truppe werden theoretische Dialoge mit einem unverwüstlichen Theaterinstinkt sinnlich gegenwärtig gemacht, ohne daß ihre Bedeutung erweicht oder verwischt wird. Alte Theaterformen bemächtigen sich des Lebens. Die Requisiten werden wie im alten chinesischen Spiel auf die Bühne getragen. Masken helfen zur Verdeutlichung. Es ist eine aktuelle Auseinandersetzung, eine Aufforderung zur Entscheidung, eingekleidet in das Spiel und wirklich in das »Spiel« des Theaters, in die Verwandlungslust des Schauspielers. Einer der interessantesten und wichtigsten Abende des Winters.

Die Darstellung ist in ihrer Primitivität ausgezeichnet. Zum erstenmal ist der Begriff »Kollektiv« restlos durchgeführt, dem sich auch Gustav von Wangenheim diszipliniert und präzis unterordnet. Ich nenne die Namen: Bönsch, Czempin, Luisrose Fournes, Ingeborg Franke, Hahn, Charlotte Jacoby, Lex, Meyer-Hanno, Nerlinger, Popp, Ruschin, Steffi Spira, Trepte, Wangenheim, Wolpe. Wenn ich Herrn Trepte, den Darsteller des Angestellten Fleißig, besonders herausnehme, seine Begabung rühme, einen Typus schlicht und eindringlich darzustellen, so tue ich das nicht, um die Truppe 1931 auseinanderzureißen, sondern um die Misere des Berliner Bühnenbetriebes zu illustrieren. Neulich Heinz Goedecke, heute Trepte – es gibt viel anonyme Begabungen, von denen weder die Theaterleiter noch der Bühnennachweis etwas zu wissen scheinen. Man scheint immer nach auffälligen Talenten zu fahnden, statt die selbstverständliche, klare Begabung zu finden, die nicht an »Merkmalen«, sondern am Künstlertum kenntlich ist.

Berliner Börsen-Courier, Nr. 598, 23. Dezember 1931

»Die göttliche Jette«

Schiller-Theater

Aufstieg einer Vorstadtsängerin zur Diva. Vier Akte von Günther Bibo und Emil Rameau, frei nach dem Leben Henriette Sontags, die Berlin vor hundert Jahren noch mehr faszinierte als heute Gitta Alpar, aber weniger Gage bekam. Jette: Lucie Mannheim. Also wird aus der Rheinländerin eine Berlinerin, aus der Opernsängerin eine Possensoubrette.

Zuerst gibt es eine himmlische Vorstadtschmiere mit Senta Söneland als Lisel von der Alm. Hinter den Kulissen macht Lucie Mannheim das Echo und flötet einmal hoch, einmal tief, einmal kurz, einmal verklingend in eine Gießkanne das Wort »Tirol«. Das zweite Bild spielt im Bankhause, sehr viel Umständlichkeit, sehr viel Altweiberintrige. Aber Lucie Mannheim gibt hier eine bezaubernde Solonummer. Sie führt zwei schauspielerische Stile vor: einmal den neckischen Coupletstil mit Getue und Gezier, mit Blinzeln zum Publikum, mit Röckeheben und Tanzen und Springen. Aber sie fällt durch. Die vornehmen Mitglieder des »Verwaltungsrates des Königstädtischen Theaters« lehnen sie ab. Darauf macht Lucie Mannheim ein anderes Theater, nicht mehr die Schmiere der Mutter, nicht mehr die »Lisel von der Alm«, sondern piekfeine Tragödie: Rodrigo und Esmeralda mit vornehm ausgebreiteten Armen und elegischen Seufzern und sanftem Dahinsterben. Eine Schule der Mimik, eine Historie der schauspielerischen Stile – reizend und witzig.

Wie fein hält Lucie Mannheim jede Stilgruppe auseinander. Parodie, ohne die Absicht der Parodie. Karikatur, ohne Überzeichnung. Dann wird die Posse ledern. Der Dialog gibt kaum noch etwas her. Jette heiratet den italienischen Attaché und sehnt sich von Turin nach Berlin. Erst als Lucie Mannheim sagt: »Schnell nach Berlin. Ick kann das Talent nich mehr halten!«, lebt der Abend wieder auf. Dieser Abend, der die berlinische Schauspielerin von allen Seiten ihrer Natur und ihres Talentes zeigt. Dieser Abend, der den Possenregisseur Fehling auf die Höhe seiner mimischen Erfindungen bringt.

Lucie Mannheim sollte mit der »Göttlichen Jette« später auf Gastspielreisen gehen. Es wäre eine Propagandafahrt für Berlin, für den berlinischen Witz ohne Krampfigkeit, für die Berliner Helligkeit ohne Arroganz, für die Berliner Liebenswürdigkeit und für den Berliner Charme, von denen man im Reich nur wenig Ahnung hat. Darum sollte Lucie Mannheim sich schleunigst von anderen Verfassern als Bibo und Rameau und einem anderen Komponisten als Goetze einen modernen Berliner Schwank schreiben lassen mit einem Berliner Mädel von heute im Mittelpunkt (obwohl Lucie Mannheim eine Kostümschauspielerin ist).

Der Abend brachte Demonstrationen für die Erhaltung des Schiller-Theaters. Es brachte ein reizendes Possenensemble mit Ludwig Donath und Walther Bluhm, mit Hans Leibelt und Franz Weber, mit Gudrun Genest und Senta Söneland. Ein Erfolg Berlins, ein Erfolg des Schiller-Theaters, ein Erfolg der Mannheim, ein Erfolg Fehlings. Kein Erfolg der Textschreiber.

Berliner Börsen-Courier, Nr. 2, 2. Januar 1932

»Der Raub der Sabinerinnen«

Deutsches Theater

Überall Singspiele. Da man aber den »Raub der Sabinerinnen« nicht so schnell Hans Müller zur textlichen und Benatzky zur musikalischen Verarbeitung vorwerfen konnte, so setzte man wenigstens eine Kapelle vor die Bühne, die Zwischenaktmusik machte, wie es früher in jedem kleineren und größeren Theater üblich war. So kam man zwar darum, daß die Rolle des Striese in eine pompös mit Gesang ausstaffierte Doppelpartie aufgeteilt wurde (Max Hansen als Fritz, Paul Morgan als Alfred Rotter), erblickte dafür aber einen schwärmerisch dirigierenden Kapellmeister mit Tolle und wilhelminischem Schnurrbart, im Samtkragenfrack und mit weißen Handschuhen.

Der alte Schwank der Gebrüder Schönthan wurde durchlacht. Vom vergnügten Quieken bis zum tobenden Lachausbruch waren alle Skalen vertreten. Wodurch entstand diese Wirkung? Die Figur des Striese gibt es heute kaum noch. An die Stelle der alten herumziehenden Mimen sind wohlorganisierte Truppen getreten, die von Zentralen aus geleitet werden. Die Werbung bei den Einwohnern und Honoratioren der Städte braucht nicht mehr der Herr Direktor persönlich zu übernehmen, dafür sorgen die Volksbühne und der Bühnenvolksbund. Organisierte Truppen für organisiertes Publikum vom Rhein bis Ostpreußen. Damit ist der Typus des Direktors ein anderer geworden. Auch die kleinsten Wanderbühnen haben ihren Intendanten.

Aber selbst in der Entstehungszeit des »Raubs der Sabinerinnen« lachte man kaum über die Schmiere als Schmiere, die den wenigsten Großstädtern bekannt war, sondern man lachte über die primitive Schlauheit eines zurückgebliebenen Typs, über die Unbildung eines armseligen Tropfes, den man, mit Theaterflitter umhangen, sich um so romantischer vorstellte. Es war das befriedigte Lachen der Überlegenheit, in dem sich der kleine Spießer und der große Intellektuelle immer begegnen. Dieses Lachen bleibt, ob der Gegenstand noch so veraltet ist. Es würde erst aufhören, wenn dieser Typ dem Publikum keine Möglichkeit mehr böte, sich überlegen zu fühlen. Ja, man kann sagen: Heute kommt zu der eingebildeten Bildung noch die eingebildete soziale Überlegenheit. Je schlechter es dem Menschen geht, desto mehr sucht er in der Illusion nach einem Ausgleich; und zu der sozialen »Überlegenheit« kommt die Überlegenheit der modernen Zeit. Das Lachen schon über diese Möbel und Kleider und Wohnungseinrichtungen. So wurde tatsächlich über eine Figur wie den Berliner Karl Groß, der schon, als Otto Brahm den Schwank aufnahm, in die Mottenkiste gehörte, fast tobsüchtig gelacht, gelacht, als er einen ausgestopften Vogel in den Koffer packte. Damals: der übliche Possenscherz des zerstreuten Polterers. Heute: »Gott sei Dank, solchen Mumpitz haben wir nicht mehr in unseren Wohnungen.« Der ewige Philister in jedem Menschen (ohne Unterschied der geistigen, politischen und sozialen Stellung) wird angerufen: der Bildungsphilister, der Geschmacksphilister, der Besitzphilister, und antwortet prompt mit willigem, freudigem, dröhnendem Gelächter.

So wurde es ein Heiterkeitserfolg ersten Ranges. Man sah die verschiedensten Arten glänzender Schauspielkunst. Albert Bassermann spielte den Striese, Felix Bressart den Professor Gollwitz. Bassermann fühlte schon im Lessing-Theater Brahms, daß man den Striese nicht nur »menschlich«, sondern auch »possenhaft« geben müsse. Er klebte ihm damals wie heute eine riesige Spitznase, spielte also den Striese als Schmierendirektor gleichzeitig im Schmierenstil, als Parodie, wie man auf der Schmiere einen Schmierendirektor als Schmierenrolle darstellte. In diesem Stil hat Bassermann köstliche Details und hinreißendes komödiantisches Temperament.

Felix Bressart weiß ebenso, daß er eine unwirkliche Figur zu geben hat: den Professor aus den »Fliegenden Blättern«. Aber er braucht keine geklebte Nase mehr. Er spielt die Rolle in den Clown hinüber. Er fängt diskret an, mit sparsamsten Gesten und wenigen Bewegungen. Im Laufe der Ereignisse wird sein Körper immer mehr durchgeschüttelt, immer schlaksiger. Schließlich scheint er selbst nicht mehr zu wissen, wo seine Gliedmaßen sind. Ein Bein schreitet nach vorn, das andere zurück, und der linke Arm führt minutenlang einen Kampf mit einem Garnknäuel aus. Vollkommene Filmgroteske auf der Bühne. (Hinreißend komisch, obwohl sie von der Haupterzählung des Striese ablenkt und Bassermann die Pointen wegnimmt.)

Daneben: Im geschlossenen Brahm-Stil Else Lehmanns Lucie Höflich als Dienstmädchen Rosa, in vornehmer Zurückhaltung Frida Richard als Frau Professor. Regie: Hans Deppe.

Berliner Börsen-Courier, Nr. 4, 4. Januar 1932

Gorki, Pudowkin, Brecht

Komödienhaus

Von der dramatischen Fassung, die einige Abschnitte des Romans »Die Mutter« am Künstlertheater Stanislawskis erhalten haben, sah ich zwei Auftritte bei einer Gorki-Feier in Moskau. Darunter die Szene, als die Freunde des Sohnes, die Revolutionäre, zum erstenmal ins Haus kommen. Die Regie hatte jede Einzelheit durchgearbeitet und abgetönt. Die Atmosphäre war »drückend«, die Stimmung »heimlich«, der Dialog seelisch pointiert. Ein wundervoll abgestimmtes Spiel erweckte etwa den Eindruck, als ob bei Tschechows »Onkel Wanja« sich die Revolutionäre von 1905 träfen.

Diese Szene findet sich auch in der neuen Bearbeitung von Brecht und Günther Weisenborn. Aber hier ist alles Atmosphärische und Psychologische gleichgültig. Das Milieu, in der alten Bearbeitung das Wesentliche, fällt fort. Herausgestellt wird nur das »Verhalten« der Revolutionäre in der Diskussion, beim Herstellen der Druckschriften, bei der Haussuchung durch den Polizeikommissar.

Untersuchen wir die Wirkung in Moskau. Bei der Gorki-Matinee war ein Publikum vertreten, das keineswegs nur aus Bolschewisten bestand. Es waren viele alte Schriftsteller und Schauspieler da, Vertreter des früheren Rußland, man merkte es an den Begrüßungsformen. Trotz dieses vielfältig zusammengesetzten Publikums, das zu einem großen Teil in der Kunstanschauung Stanislawskis lebte, war der Eindruck gering, ja irritierend. Selbst diejenigen, die diese Befremdung sich selbst vielleicht nicht erklären konnten, merkten, daß etwas »nicht stimmte«. Hier sowenig wie kurz vorher, als ein Stanislawski-Schauspieler stimmungsvoll und lyrisch einen Brief von Lenin an Gorki vorlas. Es war der Widerspruch zwischen (politischem, zielendem) Inhalt und (seelischer, verhüllender) Darstellungsform.

Nun ist Gorkis Roman selbst ein Menschengemälde und eine fast sentimentale Erzählung. Man darf nicht vergessen, daß der Schluß lautet: »Der Gendarm packt sie am Halse und würgte sie. Sie röchelte: ›Ihr Unglücklichen!‹ Jemand antwortete ihr mit lautem Schluchzen.« Bei Brecht wird noch weniger geschluchzt als bei Pudowkin. Als Pudowkin seinen Film machte, war es die militante Epoche der russischen Revolution. Es war die Zeit des »Kriegskommunismus«. Alles wurde heroisiert. Für diese historisch abgeschlossene Epoche ist Pudowkins »Mutter« eins der großartigsten filmischen Denkmäler, hinreißend in der formenden Komposition des Menschenmaterials und in der Zusammenfassung und Steigerung des Gefühls. Aber darüber hinaus gibt es keine Entwicklung. Die Einstellung hat sich, nicht zuletzt auch in Rußland, geändert. Man hielt aber im Theater und im Film viel zu lange an der pathetischen Heroisierung fest. Ohne Zweifel hängt damit auch die Filmkrise in Rußland zusammen, die sogar ein Werk wie »Der Weg ins Leben« deutlich aufzeigte, der Bruch zwischen pathetischem Aufruf und schlichter Darlegung, zwischen kräftigem Realismus und denkmalhafter Stilisierung. »Potemkin«, »Die Mutter«, »Sturm über Asien« – diese Filme konnten nicht überboten werden. Der russische Film mußte sich umstellen, wenn er nicht erstarren wollte. Das russische Theater hatte sich ebenfalls festgerannt.

In diese geistige Situation kommen die epischen Bühnenbearbeitungen von Brecht. In den »Versuchen« ist die Absicht und die Theorie entwickelt. Die dramatische Form, sagt Brecht, »verwickelt den Zuschauer in eine Bühnenaktion, verbraucht seine Aktivität, ermöglicht ihm Gefühle«. Die epische Form ist »erzählend, macht den Zuschauer zum Betrachter, aber weckt seine Aktivität«.

Wie stellt sich diese theoretische Absicht auf der Bühne dar? In den Anfangsszenen, und dazu gehört auch der schon erwähnte Auftritt der Freunde bei der Mutter, zweifellos noch starr und eng. Es wird noch zu sehr aufgesagt; und dieses mechanische Aufsagen, diese mechanischen Gänge und Stellungen würden am Ende, wenn man sie konsequent weiterdächte, nicht so sehr von dem dramatischen Pathos und der heroisierenden Gruppenbildung entfernt sein. Bald aber kommen einige Versuche, die zu dem geistig Überzeugendsten gehören, was man seit langem auf der Bühne gesehen hat. Zweimal werden Demonstrationen geschildert, also Vorgänge, deren direkte Darstellung zu den Glanzstücken des russischen Films gehörte. Bei Brecht werden diese Demonstrationen gleichzeitig geschildert und dargestellt. Sprecher erzählen den Vorgang, währenddessen tritt die Mutter aus der Gruppe und stellt mit wenigen Gesten den Vorgang dar. Das scheint mir wirklich ein Weg zu sein. Gerade wenn man diesen Versuch weiterdenkt, kann man zu unwiderleglichen Resultaten kommen. Man hat die epische Erzählung, hört schon Geschehenes, und dieses Vergangene wird gegenwärtig und gegenständlich. Es wirkt also schon als Resultat, nicht mehr als heißer Effekt, sondern auf die kühle Erkenntnis. Das wäre auch eine außerordentliche Schule und Disziplinierung des schauspielerischen Stils. Nur müßte der Ton noch gelockert werden. Daß beim erstenmal nicht alles restlos aufging, ist selbstverständlich.

Ferner gibt es einige mimische Stellen von ungewöhnlicher Eindringlichkeit, z. B. das Wiedersehen zwischen Mutter und Sohn. Daß hier jede Sentimentalität vermieden wurde, ja, beinahe jedes Gefühl, und doch die Wirkung durch die Demonstrierung knappster Gesten erreicht wurde, – das erschien mir schon jetzt außerordentlich.

Oder die Szene im Gefängnis, oder die Szene beim Verkauf der Kupferkessel, die dialektisch glänzend geführt wurde. Je weiter die Aufführung fortschritt, desto leichter und freier wurde sie. Sie erbrachte den Beweis, daß die epische Form des Theaters, wenn man sie richtig weiterdenkt und für die richtigen Inhalte anwendet, entwicklungsfähig ist.

Nach Überwindung einiger nervöser Hemmungen hatte Helene Weigel den Stil schon in der Vollkommenheit. Sie war dialektisch gewandt, geistig überlegen und niemals doktrinär. Im Gegenteil: sie war spielerisch gelöster als jemals. Empfindung ging in eine geistige Melodie ein, Dialektik wurde gestisch gelöst. Das war nicht nur meisterhaft, es zeigt auch, daß gewisse schauspielerische Begabungen in diesem Stil erst frei werden.

Auch Ernst Busch habe ich lange nicht so eindringlich und so frei gesehen. Daneben Theo Lingen, Hoerrmann. Interessant Gerhard Bienert. In ihm kämpften beide Stile: der dramatisch chargierende und der episch darlegende, gegeneinander. Der ausgezeichnete Schauspieler bewies, wie sehr diese neue Problematik den Schauspieler gefährden, aber auch anregen kann.

Berliner Börsen-Courier, Nr. 28, 18. Januar 1932

Der neue »Othello«

Staatliches Schauspielhaus

Werner Krauss spielt den Jago als komischen Schwätzer, als einen Kerl, der das Wort nicht halten kann. Er phantasiert drauflos, ist ständig mit seinen Einfällen beschäftigt, arrangiert um jeden Menschen, kaum daß er ihn erblickt, Klatsch und Geschichten. Er redet, und jeder Satz ist eine Erfindung, und jede Erfindung zieht die zweite heran. Wenn Jago, am Schluß überführt, verspricht, daß er von dieser Stunde an kein Wort mehr sagen würde, so ist dieser Satz nicht nur der Schluß des Stückes, sondern auch der Schlüssel zur Rolle. Dieser Jago würde heute Redakteur eines Skandalblattes sein.

Werner Krauss zieht die Rolle mit einer schauspielerischen Agilität ohnegleichen auf. Er ist gleichzeitig Arrangeur und Conférencier der Handlung. Er tritt heraus und wendet sich zum Publikum. Othello ist für ihn nur Demonstrationsobjekt. Als Othello ohnmächtig wird, wendet sich Krauss wie ein Varieteartist, der seine Nummer erledigt hat, mit ausgebreiteten Armen zum Publikum, dann geht er noch einmal zum liegenden Othello, hebt seine Beine in die Höhe, läßt sie wieder herunterfallen, holt eine Kanne und gießt ihm Wasser ins Gesicht.

Es ist die frechste und treffendste Interpretation des Jago, die man sich denken kann, die shakespearenächste und – die modernste. Ich will nicht einmal davon sprechen, wie gut es für Werner Krauss selbst ist, daß er vom Kothurn des York heruntergestiegen ist und nicht mehr nur bedeutender Blick und Antlitz zu sein hat. Aber man braucht nur an Aufführungen wie etwa der »Mausefalle« und besonders der »Mutter« zu denken, um zu erkennen, wie sehr, unwissentlich und aus der schauspielerischen Intuition heraus, Werner Krauss jeden kühnen, mimisch demonstrierenden Stil blutmäßig bestätigt. Der Jago von Werner Krauss ist der bedeutendste Beitrag zur Klassikerdarstellung, der in den letzten Jahren geliefert wurde.

Leider wurde das, was in dieser Wiedergabe Dramaturgie war, sonst nicht immer richtig verstanden. Gerade gegen diesen aus der »Handlung« heraustretenden, episch konferierenden Jago hätte der Othello sich absetzen müssen. Heinrich George aber ließ sich von der Beweglichkeit des Werner Krauss, die neben der Handlung herging, zu einer Überbeweglichkeit in der Handlung hinreißen. Er spielte nicht, wie der Regisseur Leopold Jessner im Programmheft schreibt, »Vorgänge«, sondern überdeckte die Vorgänge durch chargierendes Gehabe, durch Läufe, flatternde Armbewegungen, durch Ächzen, Stöhnen und Schnaufen. George spielte eine »Überdramatik«, die die herrliche Sprache stellenweise völlig vernichtete (auch die Striche waren oft unverständlich); und als er sich in den Schlußszenen zu einer elegischen Trauer sammelte, blieb nur Sentimentalität zurück, George, der im »Blauen Boll« herrlich im Kommen war, fiel mit dem Othello wieder in die Zeit zurück, als er in der »Volksbühne« den König Philipp spielte. Er braucht einen energischen Regisseur. Jessner, den man mit Freuden wieder am Werk sah, scheint dieser Regisseur nicht zu sein. Er läßt George zu sehr laufen.

Auch die übrige Aufführung war ein Mißverständnis. Vom Jago profitierten nur Bernhard Minetti als trockener Rodrigo mit Brille (was keineswegs ein Anachronismus ist: Auf Bildern der Holbein-Zeit findet man Apostel mit Brille) und Hans Otto als Cassio, der diesmal ohne jeden Krampf war. Aber sogar die ausgezeichnete Maria Koppenhöfer wurde als Emilia nicht frei; und Elisabeth Lennartz spielte die Desdemona mondän: Sie kam vom »Juwelenraub am Kurfürstendamm« und betrachtete Othello als Gentlemaneinbrecher oder als Negertänzer Louis Douglas. Innerhalb dieser glatten »Auffassung« war sie schauspielerisch, besonders am entscheidenden Schluß, außerdem noch unzulänglich. Einen energischen Ton hatte Hansjoachim Büttner als Lodovico.

Wenn man vom Jago ausgeht, war das ganze Regiearrangement falsch. Die (an sich sehr schönen) südlichen Dekorationen von Josef Fenneker waren viel zu umständlich. Sie erforderten langwierigen Umbau. Es ist ein grotesker Widerspruch, daß sich über den frechen Sätzen des Jago der Vorhang feierlich schließt wie über einer Hoftheaterdeklamation von Otto Sommerstorff. Die umwerfende Leistung von Krauss wurde in ihrer dramaturgischen Konsequenz nicht erkannt. Jessner merkte anscheinend gar nicht, daß gerade der »Othello«, wie alle Gefühlsdramatik aus der klassischen Zeit, sehr schwer heute zu spielen ist. Ich glaube, daß der »Othello« jetzt überhaupt nicht gegeben werden kann, weil wir zu dieser Gefühlswelt erst ein neues Verhältnis gewinnen müssen. Wenn man ihn aber spielt – und an modernen Theaterversuchen und an Werner Krauss das Beispiel hat –, dann muß man wenigstens versuchen, ihm eine Form zu geben. Reinhardt plus Jessner plus Krauss minus Hoftheater – das geht nicht.

Berliner Börsen-Courier, Nr. 32, 20. Januar 1932

Ist Martin der »Gefangene«?

Alexander Moissi hat ein Napoleon-Drama geschrieben: »Der Gefangene.« Alexander Moissi war immer ein Schauspieler, der sich an Wahrzeichen und Symbolen berauschte. Für ihn gab es immer nur das klingende Abbild der Welt; und niemals war er der Wirklichkeit ferner, als wenn er sich ihr direkt zu nähern suchte. Er spielte in den bewegten Jahren des Krieges und der Revolution auch Rollen des Lebens, weil er spürte, daß die wichtigsten Aufgaben auf anderen Schauplätzen als denen des Theaters entschieden würden. Moissi glaubte an diese Rollen. Aber der Glaube ist unzuverlässig. Moissi begab sich mit einer Begeisterung, die immer unverbindlich ist, in Situationen, die eine klare und unumstößliche Entscheidung verlangen. Er proklamierte das Vorrecht des Gefühls über den Verstand, des Rausches über die Erkenntnis und ließ sich an Aufgaben herantreiben, denen man nur mit letzter Verantwortung gewachsen sein kann. Moissi vertrat den Hochmut des früheren Künstlers gegenüber der Wirklichkeit. Aber es war nur der Hochmut der Phrase gegenüber der Wahrheit.

Alexander Moissis neueste Rolle ist der Dramatiker. Sein Schauspiel »Der Gefangene« kann überhaupt nicht Objekt der Kritik sein, denn es ist dilettantisch vom ersten bis letzten Wort. Aber es ist auch schwunglos und von einer geradezu erschütternden Leere. Man glaubt, in Stücken von Schauspielern wenigstens etwas über das Theater zu erfahren. Aber als neulich Else Eckersberg ein Lustspiel über sich selbst schrieb, ähnelten ihre Aussagen über das Theater haargenau den Vorstellungen, die der Sekundaner in der Kleinstadt über Komödiantentum hat. Als Alexander Moissi jetzt Napoleons Sterben auf St. Helena dramatisierte, erfuhr man wiederum nur, was ein Backfisch in der abgelegensten Provinz vom großen Mimen denkt, der Napoleon darstellt.

In beiden Fällen ist das Erstaunliche gerade das Versagen im Theatralischen. Und Moissi, der in seiner Schauspielkunst sich immer als Sprachkünstler aufführte, schreibt die papierenste Sprache, die man sich denken kann. Es ist eine Sprache ohne Akzente, ohne Satzzeichen. Kein Punkt, kein Komma, kein Einschnitt, keine Formulierung. Sie labbert dahin und gibt Aufschluß über die Gedankenlosigkeit von Moissis Tonfall, über seine »ewige Melodie«, seinen verfliegenden, ungreifbaren Phrasenrausch.

Diese Aufführung auf der Volksbühne ist das deprimierendste Theaterereignis des Winters. Immerhin: man hatte einen Darsteller, dem man entgegenkommen wollte? Nein, man mußte sich erst Albert Bassermann engagieren, der Napoleons Vereinsamung wie Grillparzers Verbitterung über den Mißerfolg seiner Stücke spielte. Er gibt keine Rollen. Trotzdem gab es einige Schauspieler: so Ernst Ginsberg und Fränze Roloff als Chinesen und Hermann Vallentin als Amerikaner und Kurt Horwitz als Gouverneur. Regie führte Jacob Geis. Schmerzlich, ihn hier in einer solchen Aufgabe zu sehen.

Die Zukunft der Volksbühne liegt im Dunkel. Es ist möglich, daß sie nächstes Jahr ihr Haus nicht mehr selbständig bespielen kann. Wenn man in gefährdeter Situation ist, beweist man mit Leistungen seine Notwendigkeit. Die Volksbühne führte Alexander Moissi auf und schädigte das Theater überhaupt und ihre besonderen Aufgaben erst recht. Hat Karl Heinz Martin dies Stück aus eigenem Entschluß angenommen? Ist Martin der wahre »Gefangene«, oder begibt er sich freiwillig in diese Situation?

Berliner Börsen-Courier, Nr. 36, 22. Januar 1932

Bruckners »Timon«

Deutsches Theater

Kein Abend wie viele andere. Kein schlechtes Stück wie ein Dutzend mehr. Keine mißglückte Vorstellung, wie sie oft vorkommt. Schlimmer. Hier werden alle Versuche des modernen Dramas in die alte Theatralik hineingenommen. Hier wird eine Form abgenutzt, bevor sie sich klar herausgebildet hat. Hier wird ein kühlerer schauspielerischer Stil mit dem alten Kulissentheater vermengt.

Ferdinand Bruckner ist auf der Flucht vor sich selbst. Er will weg von der Psychologie und der Pathologie. Er ist auf der Suche nach einem objektiven Thema und nach einem objektiven Stil. Diese Absicht war schon im »Verbrecher«-Stück zu bemerken, als Bruckner die Sexualpathologie mit einem Justizschauspiel verband, das in der Art der Piscator-Bühne aufgezogen war. Diese Absicht war verschwunden in der »Kreatur« und versteckt in der »Elisabeth von England«. Sie wird deutlich erst wieder im »Timon«.

Wenn man dieses Stück aber nicht vom Verfasser und seiner Entwicklung, sondern von der Situation aus betrachtet, in der sich heute das Drama befindet, so sieht man erst, wie weit die Möglichkeiten des alten Theaters schon zerstört sind. Ferdinand Bruckner sollte Shakespeares »Timon« für die Volksbühne bearbeiten und benutzte die Mittel des – pädagogischen Stükkes. Hier gibt es Spielszenen, und dann sollen die Schauspieler zur Diskussion über die Vorgänge zusammentreten. Hier gibt es Handlung und Kommentare der Handlung. Aber diese Form des Lehrstücks, die nur vom Inhalt aus Berechtigung erhält, wird hier ohne Funktion und ohne Inhalt angewandt. Wenn ich mich überhaupt auf die Möglichkeit einstelle, Shakespeares grandiosen »Timon«-Torso für die Zwecke eines episch-pädagogischen Theaters einzurichten, so müßte man die großartigen Szenen des Timon selbst und des Adamantus unberührt lassen und die Bearbeitung da beginnen, wo die Umwelt spricht. Diese Umwelt würde als Diskussionsgruppe dagegen abgesetzt; sie müßte untersuchen, wie ein Mensch durch ein furchtbares »Erlebnis« zu einer Erkenntnis kommt (Timon) und wie ein Mensch durch Denken zu einer Erkenntnis kommt (Adamantus). Das ließe sich verschieden behandeln. Es ist nur ein Schema, das ich aufzuzeigen versuchte.

Bruckner aber macht folgendes: Er entfernt erst den Inhalt und läßt diese Inhaltlosigkeit diskutieren. Er, dessen Beeinflussung durch die geistige Thematik Georg Kaisers und durch die pädagogische Dramatik Brechts hier deutlich zu erkennen ist, baut ein Drama und eine Diskussion in den leeren Raum. An einem drastischen Beispiel grob ausgedrückt: Nehmen wir an, in dem Lustspiel »Juwelenraub am Kurfürstendamm« würde der Juwelenraub gelehrt, dann würde Bruckner zuerst den Juwelenraub entfernen und alles tilgen, was damit zu tun hat, aber über den Juwelenraub »diskutieren« lassen. So käme er auf grotesken Umwegen wieder zum pointierenden Plauderstück zurück, wie er hier auf verschlungenen Umwegen wieder zum Kulissenreißer zurückkommt. Er will ein kühles, geistiges Drama schreiben und bemüht den Olymp und krachende Explosionen und Zusammenstürze und szenischen Zauber. Er will den Timon dahin umdeuten, daß er den Reichen, der wie Timon alles Geld für Kulturbauten und die geistigen Interessen einer Stadt ausgibt, den Kriegsgewinnern, den Nutznießern gegenüberstellt. Er will vielleicht die tragische Vergeblichkeit des Mäzenatentums in eine Zeit stellen, wo man Kultur nicht mehr »verleihen« kann, wo Kultur nur Funktion ist. Was aber macht Bruckner? Er verabreicht Aperçus, die sich verflüchtigen, strichelt Sätzchen, feilt Pointen, tut also das, was die ganze französische und ungarische Dramatik seit Jahrzehnten tut, und setzt dagegen eine knallige Theatralik. Das Stück verkracht, verpoltert ins Nichts. Ein »geistiges« Drama, ein Diskussionsstück endet, tatsächlich, mit den Worten: »Halten wir uns an den Händen?«

Ein schlechtes Stück – keine Aufregung. Daß hier aber alle Mittel des modernen Theaters verbraucht werden, bevor sie theoretisch klar unterbaut auf der Bühne – ohne Haß – zur Diskussion gestellt sind, das kann nicht scharf genug abgelehnt werden. Bruckners »Timon« ist mit einer nur heute möglichen Leichtfertigkeit und Gewissenlosigkeit geschrieben. Mit einer Leichtfertigkeit vor dem Geist, dem er zu dienen vorgibt, mit einer Gewissenlosigkeit vor der dramatischen Form, die zu verwenden er sich anschickt. Schneller als die Klassiker sind die Klassizisten da.

Die Aufführung erhöhte die Verwirrung. Hilpert ließ »Vorgänge« und »Diskussionen« in seinem bekannten, hurtigen, kräftigen Theaterton geben. Er entfernte den Inhalt noch einmal und gab Theater an sich und Rede an sich. Niemand konnte zuhören. Es konnte keine schärfere Bestätigung für den Aufführungsstil der »Mausefalle« und besonders der »Mutter« geben als diese wogende, wallende, ins Nichts hineingebaute Theatralik, die Gülstorff (noch am wenigsten) und Sima (auch er leistete noch Widerstand) und Leopold Biberti und Fritz Odemar und Paul Dahlke und Paul Wagner verschlang. Auch Gerda Müller behauptete sich nur mit Mühe.

Wenn Oskar Homolka (an sich sehr diszipliniert und lebendig) den Timon gab, spielte er den Hausverwalter Nikias. Wenn Friedrich Kayßler die Worte des Nikias sprach, gab er den Timon. Die entsetzlichen Dekorationen (Wiener Burgtheater von früher) waren von Oscar Strnad.

Berliner Börsen-Courier, Nr. 44, 27. Januar 1932

»Götter« im Rose-Theater

Mitten im Berliner Osten, in der Gegend der kleinen Kinos und der großen Filmschwärmerei, wurde eine Komödie der Desillusion aufgeführt, ein Lustspiel über das Thema Filmkünstler zu Hause: »Götter unter sich« von Aribert Wäscher. Das kleinbürgerliche Publikum des Rose-Theaters sollte die Postkartenlieblinge, die Stars ihrer nachbarlichen Kinos, die Kitschtraumhelden der ganzen Welt ohne Larve, ohne Glanz, ohne Kulisse, ohne Jupiterlampen sehen. Für diese und ähnliche Veranstaltungen werden Sonntagabende reserviert. Neun-Uhr-Premieren. Zuerst Aribert Wäscher. Ein anderes Mal Carl Credé.

Um aber diese Welt dem Publikum des Rose-Theaters verständlich zu machen, muß der ganze Kursus der westlichen Boulevardbühnen nachgeholt werden. An einem einzigen Abend lernt das Publikum die Welt kennen, die in einigen hundert Kurfürstendammaufführungen abgespielt worden ist, die Welt und die Satire auf diese Welt. Schauplatz: Das mit verschwenderischem Luxus ausgestattete Schlafzimmer der Filmschauspielerin Menine Ball: Eine Orgie von Kissen, Entkleidungs- und Verführungsszenen. Liebhaber auf und hinter der Bühne. Garderobenstücke schweben von der Decke herab. Paul Rose inszeniert fünf Kammerrevuen auf einmal. Boulevardtheater und die Persiflage des Boulevardtheaters.

So lernt das Publikum eine Welt erst kennen, die es verachten soll. Es wird zwischen Bewunderung und Abscheu hin und her gerissen. Tobendes Gelächter, tobender Beifall. Unten, im Restaurant, in den Pausen fast ein Volksfest mit Tanz und Musik. Oben große Premiere, mit Schauspieler- und Intendantenprominenten im Parkett. Auf der Bühne Mondänität und vergangener Zauber. Die Schauspieler sind gekommen, ihren Kollegen Aribert Wäscher vom Staatstheater als Autor zu feiern. Die Kritiker, um ein Stück kennenzulernen. Das Publikum liest schmunzelnd ein szenisch montiertes Skandalblatt und zwischen den Zeilen die Satire auf das Skandalblatt. Das Publikum schlürft Indiskretionen und verachtet sie. Es nippt genießerisch an Enthüllungen und fühlt sich gleichzeitig moralisch gehoben.

Kuriose Widersprüche. Ewig wechselnde Welt des Theaters. Der ausgezeichnete Schauspieler Aribert Wäscher schreibt ein Stück, dessen Diktion zweifellos literarisch gedacht ist. Es hört sich an, als ob Wäscher sich sämtliche Wedekind-Rollen auf den Leib geschrieben hätte. Lulu und Marquis von Keith, Dr. Goll und Dr. Schön und die Geschwitz und Hetmann als Rollen für Aribert Wäscher, aber geschrieben, nicht gespielt. Wäscher setzt seine eigene Spielweise in wedekindschen Dialog um. Daher die (wahrscheinlich beabsichtigte) Banalität mancher Wendungen, daher die polemische, papierene, die indirekte Diktion. Wäscher spielt am Schreibtisch Wedekind.

Wenn man das Stück als Aussage über vorhandene Zustände nimmt, ist es arm wie fast alle Schauspielerstücke. Gerade über den Film, wo Wäscher Bescheid wissen müßte, sagt es so gut wie nichts aus, sondern bleibt auf dem Niveau einer provinziellen Vicki Baum, die einen Filmroman erfindet. Vor diesem Publikum aber, vor diesem Parkett wurde es ein riesiger Erfolg. Johanna Blum als Star Menine Ball spielte hemmungslos drauflos. Und das war hier richtig. Willi Rose, Hans Rose hatten wie immer ihr Publikum. Nur Ferdinand Asper war unerträglich mit seinem forcierten Pathos. Eine Backfischdarstellerin (war es Annemarie Enderle?) fiel durch persönlichen Ton auf.

Das Ganze: eine Verulkung der sündigen Filmwelt zugunsten der Theaterfamilie Rose und der Schauspielerfamilie der Berliner Bühnen. Ein amüsanter Abend durch den Ort, wo gespielt wurde, durch die Umstände. Theater für Zugehörige.

Berliner Börsen-Courier, Nr. 76, 15. Februar 1932

»Vor Sonnenuntergang«

Deutsches Theater

Zwischen der kämpferischen Uraufführung des ersten Hauptmann-Dramas, das »Vor Sonnenaufgang« hieß, bis zur feiernden, einen fast Siebzigjährigen ehrenden Uraufführung des letzten Schauspiels, das »Vor Sonnenuntergang« heißt, liegen über vierzig Jahre. Vierzig Jahre, in denen Gerhart Hauptmann vom oppositionellen Dramatiker zum offiziellen Dichter Deutschlands wurde. Vierzig Jahre, in denen die Welt sich im Sinne des jungen Hauptmann änderte und der alte Hauptmann auf die Welt zurückging, die er damals ablehnend vorfand (und die heute nicht mehr existiert).

Mag man diesen Umstand nun philologisch und psychologisch eine »Entwicklung« nennen oder mag man sie als den Umschlag erklären, der wie in allen geistigen und politischen Bewegungen auch im Leben der einzelnen Persönlichkeit beobachtet wird, wir haben sie auf jeden Fall heute als eine literarhistorische, unabänderliche Tatsache zu nehmen. So wurde eine Premiere wie »Vor Sonnenuntergang« zu einer großen, feierlichen Demonstration des bürgerlichen Theaters, zu einer Festvorstellung und zu einem gesellschaftlichen Ereignis (fast könnte man sagen: zu einer Nachfeier des Presseballs). So wurde das Drama selbst zu einer ehrwürdigen Kundgebung für eine Welt, die vor – Gerhart Hauptmann liegt, etwa für die Welt der achtziger Jahre.

Ich will versuchen, es zu begründen. Gerhart Hauptmann wendet die ganze Liebe seiner Menschenzeichnung an den siebzigjährigen Geheimen Kommerzienrat Matthias Clausen, einen großen Zeitungsverleger, der von seiner Familie entmündigt werden soll, als er sich in ein junges Mädchen, in die Kindergärtnerin Inken Peters, verliebt und sie heiraten will. Die Tragödie des alternden Mannes inmitten seiner Kinder, die er im Sinne Goethes erzogen, denen er die Namen Ottilie, Wolfgang, Bettina, Egmont gegeben hat und die das geistige Erbgut seiner Zeitungen dem brutalen, subalternen Schwiegersohn Erich Klamroht ausliefern. Diese Tragödie aber spielt sich nicht in der geistigen und seelischen, sondern in der moralischen Sphäre ab. Es kommt weniger zum Machtkampf um den Besitz und um den Einfluß des Vaters, als zur sittlichen Entrüstung. Zur sittlichen Entrüstung darüber, daß der Geheimrat ein Mädchen liebt, dessen Vater in der Untersuchungshaft (wenn auch unschuldig) Selbstmord begangen hat, zur Entrüstung darüber, daß er mit diesem Mädchen zusammen wohnt, und zur Standesentrüstung, daß Inken Peters aus kleinen Verhältnissen kommt. Voribsenwelt. Vorhauptmannwelt. Die »Stützen der Gesellschaft» und »Gespenster«, »Vor Sonnenaufgang« und »Friedensfest« und »Einsame Menschen« scheinen umsonst geschrieben zu sein. Das glaubt man auch dann noch, wenn man sich sagt, daß die moralischen Entrüstungen vielleicht nur Mittel sein sollen, um den Geheimrat in den Augen der Philister zu diskreditieren. Es sind nicht nur Mittel. Die Welt selbst, die dargestellt wird, ist die Welt der Enge und Spießigkeit. Philister wird es immer geben. Böse Familien wird es immer geben. Aber diese Philister Hauptmanns sind die Philister von 1890. Diese Familie ist von 1890. Man photographiere das Personenverzeichnis, und man wird die Physiognomie einer vergangenen Zeit, die Gruppenbilder verschollener Jahrzehnte sehen.

Die Vorgänge vollziehen sich zwangläufig. Bei dieser Grundanlage der Personen muß der Geheimrat in moralischen Gegensatz zu seiner Umgebung geraten. Er kämpft für die Freiheit des Individuums, für die Freiheit der persönlichen Lebensbestimmung. »Die Stützen der Gesellschaft.« Das Stück ist, als ob es von Hauptmanns Vater geschrieben wäre.

In dieser verengten und altfränkischen Welt aber zeigt sich Hauptmann noch einmal als Meister. Wenn man von dem schwachen zweiten Akt absieht, der in der Gärtnerei spielt, sind die Aufzüge im alten Theatersinn stark zusammengehalten. Es wird viel Literatur gesprochen. Der Geheimrat erinnert sich gerade im äußersten Glück und im äußersten Unglück seiner Belesenheit. Aber »Vor Sonnenuntergang« zeigt auch Hauptmanns Stärke: die Beobachtung im Einzelnen, die Gestaltung der Figuren. Er gibt dem Schauspieler Rollen, Rollen und den Theatern Szenen, Szenen. Letzte Zusammenfassung des bürgerlichen Theaters.

Max Reinhardt ist, wie immer wenn er Menschen ausstricheln, Milieu zeichnen, Atmosphäre geben kann, auf der Höhe seiner Fähigkeiten. Er rundet die Figuren, er gibt ihnen Humor, er hellt auf und führt die großen Familienszenen des dritten Akts mit einer ebenso nuancierenden wie zusammenfassenden

Kraft. Wie er den unpraktischen, unselbständigen Wolfgang, in der Darstellung von Mathias Wieman, gegen seine scharfe und böse Frau, die geborene von Rübsamen, in der ebenso treffenden wie humoristischen Wiedergabe durch Maria Koppenhöfer stellt, wie er den prallen und penetranten Schwiegersohn von Oskar Sima gegen die sanfte Käthe Haack ausspielt, wie er Eleonore Mendelssohn als schauspielerisches Material für die hysterische Tochter Bettina, wie er Hans Brausewetter als frischen Sohn Egmont verwendet, das ist im Rang keineswegs unterschieden von der Vollendung, mit der er vor fünfundzwanzig Jahren die Familie im »Friedensfest« durchgestaltete. Dann gibt es noch Paul Otto und Eduard v. Winterstein, den köstlichen Gülstorff als alten Freund Geiger, Helene Fehdmer und Ludwig Stössel und – Helene Thimig als Inken. Vor dieser Besetzung hatte ich Furcht. Reinhardt aber erhielt recht. Es war gut und nahm der Rolle manche Peinlichkeit, daß sie von einem bedeutenden Menschen, von einer resoluten und klugen Frau gespielt wurde. Besonders der Schluß des vierten Aktes, der erst nachträglich an die Stelle des gestrichenen fünften Aktes trat, wurde durch Helene Thimig gerettet.

Kein Wort der Bewunderung aber ist stark genug für Werner Krauss. Die Bezeichnung meisterhaft ist oft abgenutzt und als bloßes Klischee verwendet worden. Werner Krauss führt sie auf den ursprünglichen Sinn zurück. Es ist meisterhaft im höchsten Sinne des Handwerks und der Kunst, wie Werner Krauss den Geheimrat anlegt, ohne daß man hinter die Mittel seiner Charakteristik kommt. Meisterhaft, wie er einmalig und doch endgültig spielt. Wie er zugleich gestaltet, ausrundet und sprachlich formuliert; wie er einfach und stark, diskret und wirksam ist. Erschreckend der Moment, wenn in ihm das Ende dämmert, bevor er das Bild seiner Frau zerschneidet. Mit einem Male wird Werner Krauss kalkbleich, ein anderes Antlitz, ein ausgewechselter Mensch. Werner Krauss hat die Meisterschaft des Theaters. Diese Rolle steht über allem, was jemals die größten Schauspieler in unserer Zeit gespielt haben. Über Bassermann, über Sauer, über Girardi, über Matkowsky, über Kainz. Eine historische Leistung.

Berliner Börsen-Courier, Nr. 80, 17. Februar 1932

»Die endlose Straße«

Schiller-Theater

Dieses Frontstück von Sigmund Graff und Carl Ernst Hintze hat nichts mit der Konjunktur der Kriegsstücke zu tun. Es ist 1926 geschrieben, war im Januar 1927 schon fertig und ist erst über eine englische Übersetzung und Aufführung nach Deutschland zurückgekommen. Die erste Vorstellung war in Aachen. Dann folgten andere Städte. Zuletzt Dresden und Berlin.

Fast überall ein großer Erfolg. In Berlin war die Aufnahme still. War der Eindruck stumme Ergriffenheit – oder stumme Abwehr? Ich glaube: beides.

Man muß versuchen, sich damit auseinanderzusetzen. Denn das Stück stellt die Kritik vor andere Aufgaben. »Die endlose Straße« kann weder als Theaterwerk noch als ideologische Kundgebung gewertet werden. Aus keinem Bühnenwerk spricht das Kriegserlebnis so direkt – ohne Übersetzung ins Dramatische auf der einen oder ins Politische auf der anderen Seite. Es schildert den Leidensweg einer Kompanie, die aus dem vordersten Graben nach Lille abgelöst wird, aber schon aus dem Übergangslager wieder an die Front zurück muß. Gemeinschaftsschicksal. Resignation. Kein Ausweg. Die endlose Straße.

Das alles ist mit Sicherheit der Beobachtung und Anständigkeit der menschlichen Haltung und Gerechtigkeit in der Charakteristik der Typen dargestellt. Aber das Stück kommt in eine Situation, in der jedes Wort, das gesprochen wird, für eine bestimmte Richtung mit Beschlag belegt wird, nach links oder nach rechts. Kann man an einer solchen Situation vorbeigehen? Nein.

Welche Folgerung ist also daraus zu ziehen? Das Stück hätte früher aufgeführt werden müssen. Damals, als es entstand. Es hätte die Diskussion über die Kriegsliteratur auf eine klarere Grundlage gestellt. Heute aber, in der gereizten Atmosphäre von 1932, muß eine geistige Klärung versucht werden. Das Stück endet fatalistisch. Sicherlich, es war 1917 so. Wenn es aber heute gespielt wird, nimmt man diesen Fatalismus als endgültig hin, als unabwendbar. Darin liegt die Gefahr des Stückes, das im letzten Grunde die Nerven attacktiert, aber nicht an den

Willen, nicht an die Erkenntnis appelliert. Es lähmt. Aber es rüttelt nicht auf.

Die Aufführung war in einer wunderbaren Weise schmucklos. Ein gedämpftes Ensemblespiel. Leopold Lindtberg hat mit Traugott Müller szenisch ausgezeichnet zusammengearbeitet. Er hat außerdem die einzelnen Schauspieler vortrefflich geführt, die alle am rechten Platz standen. Walter Franck als Hauptmann, wie immer in gedeckten, in passiven, in dumpfen Rollen, prachtvoll. Fritz Genschow als Leutnant Schröder schauspielerisch lockerer als sonst. Bernhard Minetti, Hansjoachim Büttner, Alexander Granach, Albert Florath, Hans Otto, Veit Harlan, Paul Bildt, Heinz Greif, wundervoll. Dann Clemens Hasse, Gerhard Orth. Eine sehr gute Vorstellung.

Soll das Schiller-Theater wirklich an Herrn Fritz Hirsch ausgeliefert werden? Es hat andere Aufgaben. Das Staatstheater hätte eine gute Saison, wenn es die Erfolge besser zusammengerückt, die Lücken klarer bedacht und die Möglichkeiten der Ensemblezerreißung besser vorausgesehen hätte.

Berliner Börsen-Courier, Nr. 92, 29. Februar 1932

»Androklus und der Löwe«

Volksbühne

Aus dem Kammerspiel mit Victor Arnold als Androklus wurde nach dem Kriege im Deutschen Theater mit Curt Goetz und unter Regie von Erich Engel ein Diskussionsstück. Aus dem Diskussionsstück wurde unter Karl Heinz Martin in der Volksbühne eine Revue.

Jedesmal hat Shaws Komödie auf der Bühne sich der Form der Zeit angepaßt: dem Kammerspiel, dem Diskussionsstück – und jetzt der Revue? Da liegt das Mißverständnis. Martin mußte die Legende für den großen Raum der Volksbühne in anderen Dimensionen inszenieren. Aber er verstand unter »Dimension« Farbigkeit, Füllsel, Bombast. Er löste die Aufgabe, den Sinn für die höchste Galerie deutlich zu machen, dadurch, daß er Deutlichkeit jenseits des Sinns gab. Alle pantomimischen Szenen, die Martin arrangierte, führten das Publikum nicht auf den Dialog hin, sondern lenkten es von ihm ab. Martin gab Meiningerei und gleichzeitig Parodie der Meiningerei. Die Darsteller beschäftigten sich. In jeder Ecke hatte sich ein mimischer Verein aufgemacht. Rechts der dramatische Verein »Melpomene«. Links das Kränzchen »Euterpe«. Es war wie in den guten alten Zeiten, als der Opernchor noch schauspielerte und jeder Statist seine Spezialauffassung von der Ankunft Lohengrins oder von allen Vorgängen des »Troubadour« hatte.

Es gab sehr drollige Szenen, sehr lustige Einfälle, viel Spaß, viel Buntheit, viel Unterhaltung. Aber ich glaube nicht, daß auch nur ein Zuschauer dadurch angehalten wurde, das Stück kennenzulernen. Wer hört auf Lavinia, wenn Bressart ein Kleidungsstück näht? Wer hört auf Androklus, wenn im Winkel zwei Gladiatoren boxen? Ohne Frage: mimische Zwischenspiele sind notwendig. Aber sie müssen verdeutlichen, klären, dem dramaturgischen Sinn untergeordnet werden. Man denke etwa an die »Maßnahme«, wo die Schauspieler sich gruppieren, um einen genauen Vorgang zu demonstrieren. Im »Androklus« sind alle mimischen Zutaten lediglich Versuche, die Bühne zu füllen. Es werden nicht Vorgänge dargestellt, es wird Milieu gemimt.

Man kann deshalb vom Stück nicht sprechen, weil man es gestern nicht kennenlernte. Man lernte einzelne Figuren kennen. Zum Beispiel Lavinia, die Bertha Drews mit einer guten Mischung von menschlichem Glauben und geistiger Haltung gab. Oder: den Androklus, weil Felix Bressart auf alle Extratouren verzichtete. Bressart, der Schauspieler des Prügelknaben im Film und auf der Bühne, blieb ganz leise und fast zu diskret. Es fehlte ein kleiner Zug einfältiger Schlauheit. Oder: Otto Wallburg, der als Kaiser einen Sportpalastberliner mit ungeheurer Vitalität hinlegte (übrigens deutlich und ohne das Verlegenheitsmittel des Stotterns). Oder: Ferdinand Hart, der den gewalttätigen Christen Ferrovius gab. Als Löwe war Joseph Almas sehr komisch.

Es war ein großer Publikumserfolg. Auf die Dauer wird man aber dramaturgischer inszenieren müssen. Dies war die Auflösung jeder Form.

Berliner Börsen-Courier, Nr. 118, 10. März 1932

»Wetter für morgen: veränderlich«

Eugen Robert hat wieder versucht, in der Tribüne einen anderen Stücktypus durchzusetzen. Mit Erfolg. Gerade diesem Theater, das nach dem Umbau nur noch für Salonstücke geeignet zu sein schien, mußte die allmähliche Umstellung auf einen anderen Spielplan schwer werden. Es gelingt jetzt schon zum zweiten Male. Die Tribüne steht mit der parodistischen Komödie von Eugen Gürster »Wetter für morgen: veränderlich« etwa zwischen ihren ursprünglichen Aufgaben, als Karl Heinz Martin dort begann, und dem alten Kleinen Theater, als Barnowsky Unter den Linden Gustav Wieds »2 x 2 = 5« aufführte.

Eugen Gürsters Lustspiel wurde in einer anderen Fassung und unter dem Titel »Dreimal Waterloo« schon in Königsberg aufgeführt. Der Autor hat es mit Adam Kuckhoff jetzt einer Umarbeitung unterzogen. »Wetter für morgen: veränderlich« – das ist das politische Wetter, wie es sich auf dem Barometer der Bühne anzeigt, nicht etwa heute in Berlin, sondern 1876 während der Präsidentenschaft MacMahons in Paris, Pouche und Pompanelle, die Direktoren des Floratheaters, nehmen unter dem Druck des Generals von Epp, vielmehr des Obersten Tulipan, ein nationalistisches, monarchistisches Napoleon-Drama an. Die Wahlen fallen in die Probenzeit. Sie ergeben eine starke republikanische Mehrheit. Pouche, Pompanelle und der Geldgeber Raffiot frisieren das imperialistische Schauspiel schleunigst auf ein demokratisches um. Am Premierentage verbreitet der schäumende Oberst Tulipan das Gerücht, daß MacMahon die Wahlen kassieren und die Diktatur errichten wolle. Noch während der Vorstellung wird der alte pathetisch heroische Aktschluß wiederhergestellt. Jetzt applaudieren alle: die Republikaner den demokratischen, die Monarchisten den imperialistischen Parteien. Die »Mischung« ist gefunden. Die Begeisterung reicht von links bis rechts. Der Autor ist der Theater»praxis« gewonnen.

Der Einfall ist amüsant, die Dreiteilung geschickt. Was fehlt, ist der sprachliche Witz. Außer den Späßen, die sich von selbst durch die Kulissenatmosphäre ergeben, findet man wenig satirische Formulierungen. Es bleibt beim Schauspielerulk. Es bleibt bei der ziemlich oberflächlichen Gegenüberstellung von erotischen Schwänken, die Pouche und Pompanelle unter dem Titel »Durchs Schlüsselloch« und »Im Bett« bisher an ihrem Floratheater aufführten, und patriotischen Links- oder Rechtsdramen. Die Satire hätte erst ihre Schärfe bekommen, wenn es sich um ein »Kunsttheater« gehandelt hätte, das in den politischen Wetterwinkel geraten wäre.

Aber die Komödie hat Rollen. Sie gibt dem Schauspieler und dem Regisseur leichte und dankbare Aufgaben. Das ist viel. So kommt es zu einem sehr amüsanten Theaterabend. Hermann Vallentin kann mit erregtem Ton den pathetischen und idealistischen Theaterdirektor Pouche hinlegen (idealistisch, solange es nichts kostet); Karl Etlinger gibt mit all seinen Schmierenerfahrungen den geschäftlich gemütlichen Zyniker: hundert wandelnde Theateranekdoten, das goldene Buch des Theaterwitzes – man lacht Tränen. Zwischen beiden Jacob Tiedtke als Schmierennapoleon, ein Dutzend alter Hoftheater an die Wand spielend. Dann Paul Kemp als junger Dramatiker, der die Zeichen der Zeit versteht, Theo Lingen mit seiner gespenstischen Komik als artistischer Sekretär und Fritz Kampers als Oberst Tulipan. Nur Flokina von Platen gibt den Dilettantismus, der das Floratheater charakterisieren soll, direkt, auch als Darstellerin der Tribüne; das ist falsch. Eine lähmende und unbegreifliche Besetzung.

Die Tribüne hat eine neue Stückgattung gefunden. Wenn im nächsten Jahre fast alle Berliner Theater ihre Direktion wechseln, so wird damit in vielen Fällen ein Wechsel des Spielplans verbunden sein müssen. Karl Heinz Martin und Rudolf Beer zum Beispiel könnten nichts Falscheres tun, als wenn sie im Deutschen Theater den Reinhardt-Spielplan ohne Reinhardt fortsetzen wollten. Max Reinhardt war der große Schauspielerregisseur für atmosphärisch oder milieuhaft bedingte Stücke. Karl Heinz Martins Schwäche ist gerade die Führung der Schauspieler, gerade die Atmosphäre, gerade das Milieu der Stücke. Martin ist der Arrangeur. Martin zieht Stoffe auf. Also wird er andere Stücke geben müssen, die er »aufziehen« kann. Flächigere Dramen. Vielleicht kommt er auf diesem Umwege zu einem modernen Repertoire. Wenn die Direktion Martin und Beer das Deutsche Theater in diesem Sinne umstellt, kann sie Erfolg haben. Wenn sie Reinhardt-Theater ohne Reinhardt macht, muß sie versagen. Das Deutsche Theater steht am Scheidewege. Können Martin und Beer das erkennen? Oder werden sie den alten

Theatertyp – nur schlechter – fortsetzen? Von der Beantwortung dieser Frage hängt alles ab.

Berliner Börsen-Courier, Nr. 144, 26. März 1932

»Kamrad Kasper«

Volksbühne

Es war ein großer Schauspielererfolg. Ernst Busch gibt einen Heimkehrer aus dem Kriege, einen Hamburger Jungen, der seinen Freund mit seiner Frau überrascht. Aber diese oft gesehene und hier besonders triviale Angelegenheit ist nicht die Hauptsache. Die Hauptsache ist, wie Ernst Busch den bekannten Humor, mit dem sich Kasper in alle Situationen finden soll, härtet und auffrischt.

An diesem Abend konnte man erleben, was Kontakt heißt. Welch ein Theater, welch ein Publikum! Hier spielte ein Schauspieler ohne den billigen Nuancenkitsch, ohne die vom Autor gewünschte Sonne im Herzen, hart und unverfälscht drauflos. Er sprach sein und des Autors Platt, ohne jemals eine Dialektnuance zu betonen, unbekümmert, ohne sich jemals auf einem Einfall auszuruhen – und das Publikum raste von den obersten Rängen herab bis zum Parkett. In das Stück waren Songs eingelegt, die im Grunde stilistisch und inhaltlich nicht hineinpaßten. Aber sie wirkten hier noch stärker als im Kabarett, weil sie zu einem anderen Publikum sprachen. Ernst Busch sang sie herrlich. Busch war diesmal nicht der »Tauber des Proletariats«. Er isolierte sich nicht. Er zog keinen Kreis um sich. Er war uneitel, von einer bitteren, männlichen Lustigkeit. Er war herrlich. Er war ersten Ranges.

In der groß aufgezogenen Vorstellung der Volksbühne gab es ein aggressives Kasperletheater, in dem die Schauspieler noch einmal ihre eigenen Rollen als Marionetten spielten. In dieser Vorstellung spielte Ernst Ginsberg mit skurrilem, eindringlichem Humor einen Zeitungsausträger, gab Arthur Mainzer ein köstliches Ohrfeigengesicht von einem Nachbarn, gab Eddi Peppler ein Straßenmädchen, Joseph Almas einen Straßenmusiker und Bertha Drews die Frau. Sie war eindringlich wie seit ihrer Leistung in »Liliom« nicht.

»Kamrad Kasper« ist ein Hamburger Nachkriegsvolksstück von Paul Schurek. Sein niederdeutscher Humor, der das Beste und Echteste daran ist, wird mit einer an Symbolen reichen Romantik verblasen und überspielt. Wenn der Held Kasper heißt und Besitzer eines Kasperletheaters ist, so ist das »Lache Bajazzo« nicht fern. Hier ist es nah. Wenn die Handlung nicht durch die Aufführung verschärft und durch den Hauptdarsteller Ernst Busch von ihrer Gefühlsseligkeit befreit worden wäre, müßte das Stück schwer erträglich sein. So wurde es ein großer Erfolg.

An diesem Abend merkte man, was Kontakt ist. An diesem Abend merkte man, wie leicht die Volksbühne zu führen ist. Dieses herrliche Theater muß erhalten bleiben.

Berliner Börsen-Courier, Nr. 154, 2. April 1932

»Der Mustergatte«

Theater in der Stresemannstraße

Der Schwank von Avery Hopwood ist eine alte Scharteke. Er vertritt im Englischen etwa dasselbe Genre, das vor dem Kriege im Französischen vom Residenztheater aufgeführt wurde. Richard Alexander ist – Heinz Rühmann.

Er gibt den sanften, blöden Mustergatten, der, nach altem Thema, schließlich so tut, als ob er aufsässig würde, mit allen Nuancen der Trottelkomik. Aber diese abgenutzten, durch Schauspielergenerationen geschleiften Nuancen des Blödelns und der Verlegenheit sind bei Rühmann wieder persönlich geworden. Rühmanns blonde Sanftmut wirkt immer wie eine stille Polemik gegen die strahlenden Film-Liebhaber, wie ein immerwährender Zweikampf mit dem jeweiligen Willi Fritsch, und sein Witz besteht nebenbei darin, daß er gleichzeitig der Nutznießer dieses Typus ist. Albers mit umgekehrtem Vorzeichen.

So ist der vortreffliche Schauspieler Heinz Rühmann, der schon bei seinem ersten Bühnenauftreten in Berlin Erfolg hatte, ein Star erst auf dem Umweg über den Film geworden. Es gibt zwei Prügelknaben auf der deutschen Bühne: Felix Bressart und Heinz Rühmann. Der erste ist die Umkehrung des Typs Ernst Deutsch. Der zweite die Umkehrung des Typs Harry Liedtke.

Heinz Rühmann: noch der Schlemihl profitiert vom Aussehen des Siegers, noch der Pechvogel hat etwas vom Hans-Dampf in allen Gassen.

In der derben Aufführung fielen Elisabeth Lennartz durch ihre krampfige Deklamation, Edith Schultze-Westrum durch Ansätze zu parodistischem Talent und Eberhard Keindorff durch die Fähigkeit des guten Schauspielers auf, auch in der konventionellen Rolle durch richtige Disposition des Tonfalls zu wirken.

Berliner Börsen-Courier, Nr. 156, 4. April 1932

»Die Räuber«

Schiller-Theater

»Wenn die kleinen Veilchen blühen« soll nach einer immer wieder auftauchenden Notiz, die Weihnachtspremiere des Schiller-Theaters unter der Direktion Fritz Hirsch heißen. Eine Operette von Robert Stolz, obwohl offiziell von der Stadt Berlin bei der Verpachtung mitgeteilt wurde, daß das Schiller-Theater in neun Saisonmonaten als Schauspielbühne weitergeführt werden solle. Auch von der Verpflichtung eines führenden Regisseurs hört man nichts mehr. Zuerst wurde das Engagement von Heinz Hilpert mitgeteilt. Jetzt ist er Direktor der Volksbühne. Wen hat Fritz Hirsch engagiert?

Das Schiller-Theater ist als Staatsbühne gewiß nicht immer geschickt geführt worden. Manchmal wurden Experimente gerade in diesem Haus gespielt, die besser an den Gendarmenmarkt gehört hätten. Manchmal wurde überhaupt unergiebiges und überflüssiges Zeugs hier gegeben. Aber vom »Volksfeind« unter der Regie Jessners bis zu diesen »Räubern« unter der Regie Jessners hat es viele ausgezeichnete oder interessante Aufführungen gegeben. Die Gelegenheit, das Schiller-Theater zur lebendigsten Staatsbühne zu machen, ist verpaßt worden. Trotzdem wird man an diese Zeit noch einmal wie an eine klassische Theaterperiode zurückdenken.

Jetzt bringt Jessner im Schiller-Theater »Die Räuber« heraus. Er besinnt sich auf sein Bestes: die Sprachregie. Es wird durchweg wie gemeißelt gesprochen: hart, klar, männlich, gedrungen, aber ohne Erstarrung, ohne rhythmische Schematisierung. »Die Räuber« wurden, was sie bei Schiller auch sind, ein dialektisches Drama. So wurden besonders die großen Duos herausgearbeitet: Franz und der alte Moor, Franz und Pastor Moser, Karl und der Pater. So wurden fast alle Ensembleszenen vernachlässigt.

Hier kommen wir auf eine Schwäche Jessners, die in den letzten Jahren immer offenbarer geworden ist. Jessner hat als Sprechregisseur das Schema seiner Berliner Anfänge weitergeführt, aber nicht als Stellungsregisseur. Im Arrangement behält er die starren, steifen Gruppen bei, die zu seinem Beginn hinzugehörten, zu seinem aufgelockerten Sprechstil aber nicht passen. Jessner scheint das auch zu fühlen. Er findet aber keinen Weg, sondern nur die Verlegenheit, es anders zu machen. Bei Reinhardt und Piscator war die Befreiung Rollers ein Glanzstück. Bei Jessner wird aus dem Befreiungsstaumel ein pfiffiges Heranschleichen, das nur möglich wäre, wenn es den Vorgang selbst deutlich machte. Hier wird aber der Vorgang vollkommen unverständlich, weil man weder Roller noch Karl Moor sieht, sondern nur zwei gedrückte Haufen, aus denen sich nachher Roller und Karl herausschälen. (Granach spricht als Roller seine Erzählung ausgezeichnet. Er hat sich in der Gewalt. Er schreit nicht mehr. Ihm ist der Knopf aufgegangen.)

Überhaupt ist die Distanz zwischen den Räubern und Karl hier viel zu groß geworden. Er ist edel, die andern sind (mit Ausnahme von Roller und Schweizer) Gesindel. Es entsteht weder geistig noch gefühlsmäßig ein Zusammenspiel. Die dialektische Heraushebung der einzelnen Sprecher wird hier zum Nachteil. Diese Distanz wird vergrößert, weil Walter Franck den Karl spricht. Wenn ich diese Leistung aus dem Ganzen herausnehme, ist sie wundervoll. Walter Franck spricht hervorragend, männlich und gehalten. Ihm sind auch die Brutus-Verse wiedergegeben. Aber diese Festigung und Isolierung des Karl macht das Stück im Grunde unverständlich. Franck spielt von Beginn an den fünften Akt. Den aber vortrefflich.

Bernhard Minetti ist Franz. Er spielt den dialektischen Revolutionär. Er zeigt (auch in vielen sehr geschickt aufgemachten Strichen), daß im Grunde diese Figur die geistige Sprengkraft des jungen Schiller hat und zum Verbrecher und Schuft nur deshalb wird, weil er keine revolutionäre Betätigung für seinen Geist findet. Minetti spricht die Duos und Monologe anfangs besser als irgendein Franz Moor, den wir zuletzt in Berlin gesehen haben. Er spricht geistig, gestählt und eisig. Für die große Schlußszene fehlt ihm anscheinend die technische Sicherheit. In der Traumerzählung war mit einem Male alles weg. Wahrscheinlich wollte Minetti hier zuviel auf einmal: einen grausigen Humor und eine grausige Angst. Dazu gehorchten ihm die Ausdrucksmittel nicht sicher genug. (Vorher hatte er an der sympathischen, aber schauspielerisch tonlosen Amalia von Gerda Maurus keine Partnerin.)

Im ganzen: eine Aufführung, die die großen Möglichkeiten des Staatstheaters noch immer zeigt. Eine Aufführung mit einem vortrefflichen, aber ungeschickt postierten Kosinsky: Hans Otto. Mit einem Schufterle: Walter Bluhm. Mit einem Pastor Moser: Albert Florath. Aber ohne Spiegelberg, den Veit Harlan deklamatorisch übertrieb. Hansjoachim Büttner versuchte als alter Moor um das Tremolo herumzukommen. Es gelang nicht immer.

Berliner Börsen-Courier, Nr. 202, 30. April 1932

»Die Journalisten«

Deutsches Theater

Der Tonfilm nähert sich dem Theater und beschlagnahmt die alten Dramen und Lustspiele für das Kino; und das Theater wieder nähert sich dem Kino und spielt auf der Bühne Tonfilme. So sah man gestern im Deutschen Theater Gustav Freytags »Journalisten« als Tonfilm, Manuskript von Leonhard Frank und Robert Liebmann, die diesmal das Pseudonym Felix Joachimson gewählt hatten.

Das ist kein Scherz. Gustav Freytags »Journalisten« haben heute nur noch historische Bedeutung. Sie sind auf der Bühne allein in den Figuren des Piepenbrink und des Schmock lebendig. Aber sie behalten ihre literargeschichtliche Bedeutung. Sie bleiben ein wertvolles Zeugnis für die Sauberkeit des künstlerischen Handwerks, für die Noblesse einer menschlichen Gesinnung, für den Anstand einer liberalen Haltung. Was tut Felix Joachimson? Aus dem echten historischen Zeugnis macht er ein falsches. Er »modernisiert« nicht. Er verlegt die »Journalisten« in eine andere Vergangenheit, in die Vergangenheit, die gerade Mode ist, in das wilhelminische Deutschland, das eben erst mit dem »Hauptmann von Köpenick« einen Bühnenerfolg hatte (auch mit dem Regisseur Hilpert, auch mit den Schauplätzen Potsdam und Berlin).

Der erste taktische Fehler heißt also: Wiederholung eines Erfolgsmilieus. Der zweite, wesentlichere: die Entfärbung der Figuren, die Schablonisierung der Gestalten. Ich gebe zu: Die reiche Erbin Adelheid von Runeck ist heute kaum auf der Bühne darzustellen. Die »arme Verwandte«, die Joachimson daraus macht, aber noch weniger. Welch eine hilflose Dramaturgie, einfach die Verhältnisse umzukehren! Wenn man weiß, daß ursprünglich Hans Albers den Bolz geben sollte, so spürt man die Zelle des Einfalls. Das arme Mädchen (im Tonfilm würde sie Renate Müller spielen) wird am Schluß vom glänzenden Chefredakteur geheiratet. Also muß Adelheid sozial und intellektuell gerückt werden. Sie darf nicht mehr »klug« sein. Also muß Bolz gehoben und zum Chefredakteur befördert werden (der er bei Freytag nicht ist). Hier hat man in einem Bühnenpaar die ganze Tonfilmpsychologie.

Zugegeben: Gustav Freytags Komödienrollen stehen am Beginn der Typenreihe, die Jahrzehnte das deutsche Lustspiel beherrscht haben. Bellmaus am Anfang der »schüchternen Liebhaber«. Bolz am Anfang der »Bonvivants«, Adelheid am Beginn der »Salondame«. Piepenbrink am Beginn der dicken Väter und jovialen Krakeeler, am Beginn aller Gieseckes und Thielschers. Schmock am Anfang der humoristischen, leicht sentimental getönten Charge. Freytag ist erst in seinen Nachfolgern abzulehnen, die das deutsche Theater verspießert haben. Aber diese Kleinbürgerlichkeit auch noch der Lustspiele von Moser bis Blumenthal war wenigstens echt. Sie stellte eine vorhandene Schicht dar und traf auf eine vorhandene Schicht. Wenn Joachimson die sanfte Spießbürgerlichkeit der »Journalisten« auch noch literarisiert und achselzuckend abtut, ohne selbst einen Standpunkt zu haben, von dem aus er diese Welt betrachtet, so ist das mehr als peinlich.

Gewiß, ich kann mich auf Sommervergnügen einstellen. Ich kann sagen, Heinz Hilpert ist in diesem Milieu ein ausgezeichneter Führer der Schauspieler; Otto Wallburg gibt dem Piepenbrink die legitime Wirkung der Freytagschen Komik zurück; Hans Brausewetter sucht mit Glück den Bellmaus vom schüchternen Liebhaber wegzubringen; Felix Bressart ist ein wundervoller Schmock; Camilla Spira ist beinahe Renate Müller; Arthur Mainzer als Henning eine übliche Charge; Ferdinand von Alten ein professoraler Liberaler, und Harald Paulsen spielt den Bolz etwas nervös, aber reizend. Gewiß, das alles kann ich sagen. Ich muß aber sagen, daß die geistige Haltung dieser Bearbeitung kläglich ist, daß die Musik von Theo Mackeben die Einfallslosigkeit des Textes und der Chansons oder Couplets keineswegs aufhebt, daß die Grundeinstellung beinahe skandalös ist: aus einem (allerdings historisch gewordenen, nicht mehr unmittelbar wirksamen) Dokument der deutschen Literatur ein Zufallsgewitzel mit unmotivierten Anspielungen zu machen. Hans Müller bearbeitete »Das weiße Rößl« immerhin für das Große Schauspielhaus. Joachimson bearbeitet »Die Journalisten« für das Walhalla-Theater am Weinbergsweg.

Berliner Börsen-Courier, Nr. 222, 13. Mai 1932

»Haifische«

Theater in der Stresemannstraße

Haifische – das sind die Schlepper in den Häfen des Pazifik, die Matrosen betrunken machen und auf zweifelhafte Schiffe verkaufen. Haifische – das sind die Männer, die mit beduselten Matrosen Sklavenhandel treiben und Kopfgelder einstreichen Raubmenschen, Landhaie.

Theodor Plievier hat einen solchen Menschenhandel dramatisiert. Der gefährlichste Landhai ist eine Frau, Milly, Besitzerin eines Boardinghauses, die die Kerle von der Hochzeit, vom Gelage, unter dem Kneipentisch weg auf die Schiffe transportieren läßt und die Kopfgelder mit der Polizei teilt.

Matrosenstücke unterliegen fast immer dem Milieu. So wahr, so offen, so radikal sie sein wollen, sie werden fast immer gerade mit dem wirken, gegen das sie protestieren: mit der sentimentalen Rauheit, mit der besoffenen Schwermut, mit dem stimmungsvollen Humor. Auch Plievier ist dieser Versuchung unterlegen. Er verfällt der Kulisse. Das Stück verschwimmt. Es verdämmert in Songs.

Trotzdem wäre aus dem Werk etwas zu machen. Die Elemente zu einer aggressiven Komödie können bloßgelegt werden. Aber verwunderlicherweise betonte gerade der ausgezeichnete Regisseur Leopold Lindtberg die Stimmung und das Milieu.

Das ist ein prinzipieller Fall. Man gewöhnt sich heute wieder, auf der Bühne mit lyrischem Zauber, mit der poetischen Idylle, mit einem humorvoll getönten, versöhnlichen Scheinrealismus zu arbeiten. Die geistige Schulung geht zum Teufel. Was sollen erst andere tun, wenn sogar Leopold Lindtberg diesen Weg mitmacht. Allerdings fiel schon bei Lindtbergs zweiter Regie, bei »Sacco und Vanzetti«, auf, daß er alles etwas breit anlegt. Aber welche Begabung, welche Kraft der Darlegung! Dann, bei der »Endlosen Straße«, welche Klarheit der schauspielerischen Führung, welches Werkbewußtsein gegenüber dem Ganzen! Aber eben diese Milieudramatik trägt auch den Keim für das Ausweichen der Regie in sich. Man darf wieder stricheln. Es gehört zum guten Ton, behaglich und ausführlich und »menschlich« zu sein. Leopold Lindtberg ist ein viel zu anständiger, viel zu verantwortungsvoller Künstler, um auch nur in den Verdacht der Konjunktur zu geraten. Aber er merke die Gefahren, die seiner Begabung drohen. Er stärke seine Widerstandskraft.

So zerfiel die Aufführung in stimmungsvolle Bilder. Der Vorgang, der Inhalt ging darüber verloren und damit auch die Aggressivität. Das Schlußbild blieb unverständlich. Allerdings war die weibliche Hauptrolle mit Renée Stobrawa falsch besetzt. Renée Stobrawa blieb ungefährlich, hatte keinen aufreizenden, sondern nur einen patzigen Ton, den sie noch nicht einmal abzuwandeln wußte. Paul Kemp war innerhalb dieser Gesamtauffassung drollig. Leo Reuß als Nigger witzig, Helmuth Bergmann gesammelt. Friedrich Gnass machte Altmännercharakteristik, Hermann Speelmans hatte sich in der Gewalt (war nur nicht immer deutlich).

Es war die zweite Aufführung des Theaters der Schauspieler. Sie zeigte die Arbeit der Gruppe in einem viel günstigeren Licht als die »Maria Stuart«-Aufführung. Sie wies von neuem auf den wertvollen Schriftsteller Theodor Plievier hin. Es war eine solide, unprätentiöse Leistung. Das soll in der allgemeinen Zersetzung deutlich anerkannt werden. Aber die Gruppe muß wissen, wohin ihr Weg gehen und wohin ihr Aufführungsstil sich entwickeln muß.

Berliner Börsen-Courier, Nr. 228, 18. Mai 1932

»Abschied von der Liebe«

Als der Generalintendant Hülsen vor einigen Jahrzehnten den alten Paul Lindau für die Modernisierung des Königlichen Schauspielhauses verpflichtete, holte Lindau für die geheimrätlichen Besucher des Komtessentheaters den ganzen Kursus nach, den die anderen Berliner Bühnen bereits hinter sich gebracht hatten. Lindau wurde gepriesen, weil er – ich glaube es war 1912 – am Königlichen Schauspielhaus »Die versunkene Glocke« und »Nora« wagte.

Einen ähnlich revolutionären Anschauungsunterricht erteilte gestern das Schiller-Theater, nur umgekehrt. Damals kannte das Stammpublikum nicht einmal die sanfteste »moderne« Literatur. Also sollte sie nachgeholt werden. Heute kennt es kaum mehr die vermoderte Komtessenliteratur. Also muß sie nachgeholt werden. Also führt man Hans Kysers »Abschied von der Liebe« auf, eine Komödie, die in nur drei Akten eine Gesamtübersicht über die Bühnenliteratur von Mosers Militärlustspiel »Der Veilchenfresser« bis zu Schnitzlers »Einsamen Weg« gibt. Ein Offizier tritt zwar nicht auf. Aber der Neffe des »Helden«, der Chemiker Dr. Karl Thobeck, erfüllt genau die Funktionen des alten »veilchenfressenden« Militärbonvivants. Fritz Genschow, der Gründer der »Gruppe Junger Schauspieler« tritt hier als Mannequin auf, jede Szene ein neuer Anzug, jede Szene ein alter Witz. (Handwerklich hat Genschow in der letzten Zeit zugelernt.)

Die Schnitzler-Figur spielt Heinz Salfner, einen melancholisch lächelnden Diplomaten. Was aber ist aus Schnitzlers Dialog geworden. Aus einer pessimistisch-ironischen Weltbetrachtung ein pointierendes Gefasel und affektiertes Geistgetue, woran sich noch Mathilde Sussin (mit Rückerinnerung an ihre Brahm-Zeit) und Maria Schanda (ohne eine Beziehung zur Rolle) beteiligen müssen. Auch das alte Kabinettstück ist wieder da. Ein Kabinettstück? Also ein greiser Diener, für den der begabte Wolf Trutz alle Spielmöglichkeiten der Diskretion in Anführungsstrichen des Zitterns und Auf-den-Zehenspitzen-Gehens aus der Requisitenkammer hervorholte.

Interessanter als das antiquierte Stück ist die Vorgeschichte seiner Annahme. Zuerst nahm das Staatstheater Hans Kysers

»Yorck« an. Dann tauschte man den »Yorck« gegen diesen »Abschied von der Liebe« ein. Dann begab man sich auf die Suche nach einem Regisseur. Vergeblich. Alle wendeten sich mit gesträubten Haaren von dem Manuskript ab. Dann mußte der Autor selbst Regie führen. Das Resultat: der gestrige Abend.

Es war die letzte Vorstellung des Staatlichen Schiller-Theaters. Sie faßte noch einmal die ganzen Verlegenheiten der Saison zusammen und zeigte erschreckend, wohin ein Theater kommt, das Konzessionen nach allen Seiten machen und es mit keiner gegenwärtigen und zukünftigen Machtgruppierung verderben will. Mit Kysers »Es brennt an der Grenze« wurde das inzwischen verkrachte Deutsche Nationaltheater eröffnet.

Berliner Börsen-Courier, Nr. 242, 26. Mai 1932

»Jeppe vom Berge«

Staatliches Schauspielhaus

Ludvig Holberg, der dänische Nationaldichter des 18. Jahrhunderts, ist in Norwegen geboren, in Bergen steht sein Denkmal, in Kopenhagen begannen seine Erfolge, nachdem er frühzeitig durch Holland, Deutschland, England, Frankreich, Italien gereist war und die Literatur und die Komödien dieser Länder kennengelernt hatte. Ludvig Holberg, der Schöpfer des nordischen Lustspiels, der Klassiker der dänischen Bühne, war ein universeller Geist, der internationale Einflüsse verarbeitete und die Bühnendichtung seiner Heimat an die große Bewegung der europäischen Klassik anschloß.

So wirkte sein Lustspiel »Jeppe vom Berge« am Sonnabend im Staatstheater: als ein Dokument nationaler Kunst, die ohne internationale Ausstrahlung nicht denkbar ist. »Jeppe vom Berge«, der Rüpel aus dem Vorspiel zu Shakespeares »Widerspenstiger«, mit der Schärfe Molières gesehen und später wiedergeboren in Gerhart Hauptmanns »Schluck und Jau«. Ein Lustspiel, das die Versöhnung des Bauern Jeppe durch den bösen Spaß der Adligen mit bitterem Hohn (auf was?, gegen wen?) und formaler Strenge darstellt. Ein Stück vor der europäischen Revolution, hart und gefährlich hingestellt von der Regie Leopold Lindtbergs. Wer niederdeutsche Tonfälle hören kann, vermißte einen Schuß Fehling in der Aufführung. Wer das Stück liebt, sah in dem von Traugott Müller ausgezeichnet beherrschten Verwandlungsapparat der gleitenden Häuser und aufsteigenden und versinkenden Landschaften beinah etwas zu viel Regie. Aber es war trotzdem eine großartige Aufführung mit dem Jeppe von Hans Leibelt, der diesmal über seine geschickte Chargenkomik durch die Vielfältigkeit seines Mienenspiels und die fließende Einfachheit der Charakterzeichnung hinauskam, mit Elsa Wagner, mit Paul Bildt, Albert Florath, mit Wolfgang Heinz, Helmut Weiß, Ludwig Donath. Leopold Lindtberg hat sich ausgezeichnet entwickelt. Er führt jetzt die Schauspieler und versucht den »Apparat«, über den er die Herrschaft gewonnen hat, dem Stück unterzuordnen. Diese Regieentwicklung (»Endlose Straße«, »Jeppe vom Berge«) wird jetzt abgebrochen. Lindtberg verläßt das Staatstheater.

Wenn heute der Klassiker Holberg zur Uraufführung kommen würde, so würde dieser nationale nordische Dichter wahrscheinlich ausgepfiffen und seine nationale Komödie »Jeppe vom Berge« als ein Dokument des »Kulturbolschewismus« abgelehnt werden. Ich habe immer den Standpunkt vertreten, daß die Weltanschauungskämpfe, die Deutschland aufwühlen, auch auf dem Theater zur Aussprache kommen müssen. Ich habe es immer für falsch gehalten, Stücke mit hämischem Hohn abzutun, nur weil sie nationalistisch sind. Man muß mit Gründen, mit Argumenten kämpfen. Man muß eine Bewegung erst verstehen, wenn man über sie urteilen will.

In einer geistig so gespannten Situation, die zur Auseinandersetzung in der Kunst und auf dem Theater drängt, kann es aber nichts Gefährlicheres geben, als wenn von den Künstlern Schlagworte aufgegriffen werden, die die Auseinandersetzungen verwirren und trüben. Wer täglich Briefe von Schauspielern, Regisseuren und Theaterdirektoren aus dem Reich bekommt, weiß, wie sehr die antisemitischen Schlagworte bereits die Arbeitsmöglichkeiten vergiftet haben. In demselben Moment, wo eine Reinigung des Theaters erfolgt ist, wo der alte Direktorentyp in Berlin und im Reich endgültig abgewirtschaftet hat und eine neue Arbeitsgesinnung sich bildete, in demselben Moment werden Worte beinahe legitimiert, die jeder Intrige die Tür öffnen.

Was sich heute auf den deutschen Bühnen, in den Kunsthochschulen, in den Opernhäusern und Orchestern abspielt, ist das Gegenteil von dem, was diese Arbeitsgesinnung stützen kann. »Antisemitismus« und »Kulturbolschewismus« sind keine Programmworte. Ihre Wirkung ist nicht gemeinschaftsbildend. Ihre Wirkung ist nicht auf eine Arbeitsgesinnung gerichtet. Sie liefern das Theater und die Kunst terroristischen Maßnahmen aus. Sie fördern die Angeberei und verbreiten eine Atmosphäre des Mißtrauens, die die Ansätze zerstört und auflöst, die sich im letzten Jahr gebildet haben: die Ansätze zu einer Werkbestimmung der Kunst. Sie haben nichts mit der »Nationalität«, nichts mit der »Internationalität« der Kunst zu tun. Sie hindern die Klarheit der weltanschaulichen Auseinandersetzungen, die notwendig sind. Sie verhindern also gerade das, was jene, die diese Worte gebrauchen, heraufführen wollen: weltanschauliche Unerbittlichkeit und männliche Besinnung.

Die neue Schlagwortepidemie zerstört den Aufbauwillen des Theaters. Sie sammelt nicht die Kräfte, sondern zerreißt sie. Wer die Stimmen gerade der jungen Künstler, wer die Nervosität der Theater, die Unsicherheit in den künstlerischen Berufsgruppen kennt, der weiß, daß mit diesen Worten und nur mit ihnen das herbeigeführt wird, was von ihren Urhebern bekämpft wird: die Zersetzung des Theaters, die Zersetzung der Kunst.

Berliner Börsen-Courier, Nr. 270, 13. Juni 1932

»Geld ohne Arbeit«

Ein großer Erfolg der Volksbühne. Die beste und lustigste Aufführung des Theatersommers.

Das Stück hieß zuerst »Die Brüder Castiglioni« oder »Das Los« und war von dem Italiener Alberto Colantuoni. Dann wurde es unter dem Titel »Geld ohne Arbeit« für die deutsche Bühne von Robert Adolf Stemmle bearbeitet (der also nach dem »Kampf um Kitsch« der Volksbühne in einer Saison das zweite Erfolgsstück lieferte). Gute alte Schmierenerinnerungen leben auf. Bibliotheken von Theaterschmökern scheinen sich zu öffnen. »Die Geisterhand« oder »Der Ruf aus dem Jenseits« oder »Das spukende Haus« oder »Der lebendige Tote« oder »Der Tanz um das Goldene Kalb« oder »Die zärtlichen Verwandten« könnte das Stück heißen. (Benefizabend für die Komiker der Truppe.) Ein Wanderbühnendirektor der Vorzeit hat Strindberg gelesen und verfertigt aus »Gespenstersonate« und »Scheiterhaufen« eine Spuk- und Geisterposse.

Diese Komödie wendet sich an die alten, ewigen Beherrscher des Theaters: an den spielbesessenen Komödianten, an den Schminkstift, an den Friseur, der wieder wüste Bärte und Perükken kleben kann, an den Maschinisten, Requisiteur und Beleuchter. Aber die Parodie trifft nicht eine literarische Gattung, sie ist kein Atelierscherz, sie ist nicht historisch eingestellt, sie ist nicht blasiert. Sie geht gegen menschliche Eigenschaften los. Sie entfesselt einen Hexentanz der Verwandten um das Große Los, das der tote Onkel mit ins Grab genommen hat. Alle Brüder geben ihre Berufe, ihre Arbeit auf, um bei der Jagd nach der Million zur Stelle zu sein, um sich gegenseitig belauern, verleumden und vernichten zu können.

Was im Stück vielleicht noch auf der Kippe, was an den Grenzen des Taktes steht, rettet die Regie durch Entschlossenheit zur Wirkung. Günther Stark hat seinen großen Abend. Wenn man früher selbst bei seinen ausgezeichneten Aufführungen wie »Matrosen von Cattaro« oder »Rost« manchmal glaubte, daß ihm die Kraft der Zusammenfassung fehlte, so hat Günther Stark diese Bedenken jetzt völlig zerstreut. Die Vorstellung war erfinderisch im einzelnen und gesammelt im ganzen. Wer weiß, daß Schauspieler in solchen Stücken gern über die Stränge schlagen, muß diese ebenso farbige wie übersichtliche und genaue Leistung bewundern.

Im Mittelpunkt stand Leonard Steckel, der die größte Rolle mit ebensoviel Phantasie wie Laune, ebensoviel Drastik wie Präzision, ebensoviel Stilgefühl wie blutvollem Humor spielte. Eine ebenso moderne wie wirkungsvolle Leistung. Dann Ernst Karchow, der in komischen Rollen sich erst recht entwickelt, Bruno Hübner mit Ansätzen, Inge Conradi, deren sympathische Begabung man noch nicht übersehen kann, Bertha Drews mit sehr viel Takt und Feinheit; Milena von Eckhardt mit ebensoviel Manier. Diese junge Schauspielerin, die, noch auf der Schauspielschule des Deutschen Theaters, von Kortner und jetzt hier herausgestellt wurde, ist schon von einer fast aufreizenden Routine. Sie spielt bereits mit der affektierten Lässigkeit des Stars, glaubt Dialogpausen einlegen und sich gegen die Partner abgrenzen zu können. Wenn sie bei diesem Ton bleibt, glaube ich an ihre künstlerische Zukunft nicht.

In einer kleinen Rolle zeigte Ernst Ginsberg die ganze Behutsamkeit und Stilsicherheit seiner Kunst. Ein Künstler, ein Arbeiter – im Gegensatz zu der Selbstgenügsamkeit des Fräulein von Eckhardt.

Berliner Börsen-Courier, Nr. 286, 22. Juni 1932

Der »junge« Reinhardt

»Europa AG« in der Komödie

Gottfried Reinhardt, Max Reinhardts zweiter Sohn, ist heute zwanzig Jahre alt. Er hat die Stimme, die Haltung seines Vaters geerbt. Wenn er im ersten Akt der musikalischen Komödie »Europa AG« von Ossip Dymow als reicher Bankierssohn ein Bild prüft und zum Maler sagt: »Ja, eine Zukunftshoffnung«, so glaubt man Max Reinhardt bei einer Schauspielerprüfung zu hören.

Aber Gottfried Reinhardt hat auch die Theaterleidenschaft seines Vaters geerbt. Er will Couplets singen. Er will spielen. Er will Regie führen. Will er Max Reinhardts Weg noch einmal gehen? Von »Schall und Rauch« bis zum Großen Schauspielhaus? Nein, Gottfried Reinhardt macht alles auf einmal. Nachdem er im Winter mit der Regie von Erich Kästners Kinderspiel »Pünktchen und Anton« debütiert hatte, holt er jetzt zum großen Schlage aus. Er sucht sich eine (in der Erfindung armselige und das Niveau ihres Verfassers verleugnende) Zeitsatire von Ossip Dymow aus: »Europa AG«, stopft Chansons und Chöre und Ensembles hinein, spielt die Hauptrolle und inszeniert sich und das Stück.

Gut. Warum soll ein junger Mensch nicht unvernünftig sein, warum soll er nicht alles auf einmal wollen, warum soll er sich nicht verhaun? Dies hier aber hat mit Jugend nichts zu tun. Dies hier ist keine neue Generation. Alte Leute, die zufällig zwanzig Jahre zählen, suchen aus ihrer müdegewordenen Erinnerung noch einmal nach den Methoden und Nuancen, der Betriebsamkeit und den Typen eines greisenhaften Theaters. Was macht es, daß der Abend mißlingt. Aber wie er mißlingt, ist das Gespenstische. Da sind zuerst die Gefühlsrequisiten einer verschollenen Romantik. Der junge Bankdirektorsohn – eben Gottfried Reinhardt – ist »einsam«. Anfangs trinkt er seinen

Ekel weg. Dann wirft er dem Vater den Kram vor die Füße. Darauf tauscht er den Frack mit der Hausjacke eines Kellners und verkauft Bilder vor dem Bankhause seines Vaters (Weltschmerz und Ironie, Selbstverhöhnung und soziale Note). Der Vater macht betrügerischen Bankrott. Der Sohn kommt in die Küche des Restaurants »Europa AG« (zarte Symbolik) und läßt von den Angestellten Geld sammeln, damit sie den Betrieb selbst in die Hand nehmen können. Schloß Leopoldskron aber braucht nicht zu zittern. Das Geld stammt von einem reichen Mecklenburger; und ein Fräulein von Waldheim ist die gute Fee, die alles lenkt.

Man sieht, hier sind die Elemente der großen Reinhardt-Zeit in parodistischer Verkürzung vorhanden. Die weltschmerzlerische, leicht blasierte Gefühlsgrundlage, die unorganische Vermischung aller Zeitinhalte und Zeitformen, die Überladenheit des Bühnenstils.

Wenn es je eine vernichtende Parodie auf die »Regie an sich« gegeben hat, so ist sie hier unfreiwillig geglückt. Da werden Einfälle Max Reinhardts, die er an Schauspieler in einer Zeit weiterreichte, für die die farbige Belebung des Details wichtig war, hervorgeholt, aber sie treffen hier auf Darsteller, zu denen sie nicht gehören, sie illustrieren Geschehnisse, die nichts mit ihnen zu tun haben. So wird alles auseinandergespielt, überspielt, verdickt, falsch verzögert und falsch beschleunigt. So entsteht, von einer jungen Gemeinschaft dargeboten – denn auch der Begriff »Gemeinschaft«, »Kollektiv« wird noch schnell diskreditiert –, eine fast vollständige Sammlung der Dinge, die wir nicht mehr wissen wollen.

Wir wollen nicht mehr wissen jene snobistische Regieführerei, die, ohne geistige Orientierung, an der Zeit, ihrem Inhalt und ihren Formen schmarotzt. Wir wollen nicht mehr wissen jene servile Anhimmlung in den Programmheften, die einen Zwanzigjährigen beweihräuchern, als ob er ein alter Meister wäre. Gottfried Reinhardt tritt auf – und schon prasselt der Applaus. Gottfried Reinhardt führt Regie – und schon müssen Chansondichter und Hauptdarstellerin von der Arbeit mit ihm berichten. (Übrigens trat in dieser Aufführung noch Wedekinds Tochter Kadidja auf und der Sohn Alfred Schmiedens, der nach Max Reinhardts Weggang ans Deutsche Theater das damalige Neue Theater, das jetzige Theater am Schiffbauerdamm übernahm.)

Das Werk eine Taktlosigkeit ohnegleichen. Die Chansons (nicht von Dymow, sondern von Leo Hirsch und Klaus Jedzek) ohne Niveau, peinlich bis zur Albernheit. Die Aufführung ebenso anspruchsvoll wie dilettantisch (eine Wohltat: der sympathische Karl Dannemann als Mecklenburger, aber er ist Maler, nicht Schauspieler). Das Theater hat eine Position zu verteidigen oder zu gewinnen – und dann ein solcher Abend? Die Instinktlosigkeit ist gigantisch.

Berliner Börsen-Courier, Nr. 400, 27. August 1932

Keine Konversationsschauspieler mehr?

Im Lessing-Theater erschien Shaws »Pygmalion« vor neunzehn Jahren als deutsche Uraufführung. Barnowsky führte Regie. Tilla Durieux spielte die Eliza, Albert Steinrück den Professor Higgins. Tilla Durieux ließ in ihrer Glanzrolle alle Minen springen. Sie durchfeuerte den Dialog, sie steigerte und gipfelte die Szenen – eine große, hinreißende Temperaments- und Komödiantenleistung.

Grete Mosheim spielt das Blumenmädchen ganz anders, was ja selbstverständlich ist. Anders als Rolle, anders im Stil. Tilla Durieux' Begabung ist auf den großen Auftritt gerichtet, auf die Gliederung und auf den Aufbau der Szenen. Sie riß, in ihren besten Rollen, den Partner mit hinauf. Grete Mosheim spielt für sich, sie isoliert sich vom Partner. Sie spielt nicht durchgehende Dialoge, nicht durchgehende Szenen, sie spielt einzelne Nummern, in sich abgeschlossene Couplets. Man sehe ihren ersten Auftritt. Grete Mosheim wendet sich an niemanden auf der Bühne. Sie berlinert für sich. Erste Frage: Ist es richtig, daß ein eindeutig bestimmbarer deutscher Dialekt in einem englischen Stück von einem Blumenmädchen aus Dover gesprochen wird? So sehr diese Wahl für die Schauspielerin eine Erleichterung ist, so wenig erhöht sie die künstlerische Wirkung. In der Gesellschaft wird glücklicherweise so oft und so ungezwungen berlinert, daß die Wandlung vom dialektsprechenden Blumenmädchen zur dialektfreien Dame nicht allzusehr auffällt. Zweitens: die Isolierung. Ist dieses Monologisieren ein Rest des Dilettantismus, mit dem früher die Begabung von Grete Mosheim durchsetzt war? Oder ist der neuen Schauspielergeneration überhaupt die Fähigkeit verlorengegangen, Konversation zu machen. Dialoge zu führen und zu pointieren? Ist

Grete Mosheims Art Schwäche oder Ansatz zu neuem Stil? Ich glaube, sie ist beides, und es bedarf einer behutsamen Führung, um aus einem ursprünglichen Mangel eine Form zu entwickeln.

Wenn Grete Mosheim berlinert, so erinnert sie von ferne an berlinische Chansons von Blandine Ebinger. Wenn sie später die feine Dame mimt, an Couplets von Margo Lion. (Grete Mosheim ist natürlich selbständig, ich will damit nur ihre Art charakterisieren.) Grete Mosheim nimmt Teile aus dem Szenengefüge heraus und stellt sie für sich dar. Am deutlichsten und köstlichsten den Auftritt in der Damengesellschaft (der ja auch bei Shaw eine geschlossene Nummer ist). Wie hier Grete Mosheim die »Feinheit« zugleich wiedergibt und ironisiert, zugleich darstellt und entlarvt, das ist ersten Ranges, eine schauspielerische Sehenswürdigkeit. Sie hat noch einmal eine geschlossene mimische Reihe: in der Auseinandersetzung mit Higgins. Wenn er sagt: »Sie sind eine Närrin«, so erwidert sie mit einer unnachahmlichen Mischung von Gefühl und Enttäuschung: »Das ist nun nicht die richtige Antwort.« Auch eine Gefühlsszene spielt Grete Mosheim als losgelöste Einzelnummer, aber herrlich; und vielleicht war sie als Gretchen auch deshalb so wundervoll, weil diese Rolle formal aus abgeteilten Monologen, Sprecharien und Gesprächen besteht. Grete Mosheim muß zu ihrem eigenen Stil kommen. In diesem Sinne muß sie Rollen erhalten.

Oskar Homolka ist reizend als Higgins. So liebenswürdig, jungenhaft und lustig (ohne jede Übertreibung) hat man die Rolle selten gesehen. Homolka wird immer freier und beherrschter. Er führte auch Regie. Keine schlechte Leistung. Alles war klar und unverschmockt (trotz vieler mittelmäßiger Besetzungen; Ausnahme Ludwig Stössel als Doolittle). Aber hier liegt nicht der richtige Weg. Auch in der Provinz geht man, aus Ersparnisgründen, oft schon wieder dazu über, Fachschauspieler mit Regieverpflichtungen zu engagieren (wie in der guten alten Zeit). Das schadet dem Schauspieler. Das beschränkt den Beruf des Regisseurs (wobei es durchaus zu verstehen ist, daß Schauspieler oft lieber von Kollegen als von Regiesnobs mit »Auffassungen« geführt werden wollen). Aber die Regel muß in der Trennung liegen: der Regisseur am Pult, der Schauspieler auf der Bühne.

Berliner Börsen-Courier, Nr. 422, 9. September 1932

»Da liegt der Hund begraben«

Theater am Schiffbauerdamm

Die »Truppe 1931« hat sich auf ihrem ersten Erfolge nicht ausgeruht. Sie hat auf den Gastspielreisen mit der »Mausefalle« das neue Stück vorbereitet. Sie hat wirkliche Gemeinschaftsarbeit, wirkliche »Kollektiv«-Arbeit geleistet. Sie hat sich nicht zerreißen lassen. Sie ist widerstandskräftig geblieben, obwohl einzelnen Mitgliedern lohnende Engagementsanträge gemacht wurden. Eine solche Gesinnung in solcher Zeit ist auch eine künstlerische Bewährung.

»Die Mausefalle«, für die damals die Truppe in ihrer Gesamtheit verantwortlich zeichnete, behandelte das Schicksal und die Lage des Angestellten in der Krise. »Da liegt der Hund begraben«, eine Komödie, für die Gustav von Wangenheim zeichnet, will mehr. Sie versucht die wesentliche Auseinandersetzung zu klären: die Auseinandersetzung zwischen Nationalismus und Internationalismus, zwischen Heimat und Klasse. Sie versucht – an der sichtbaren Stelle des Theaters, glaube ich, zum ersten Male – beide Gruppen als berechtigte Gegner aufzustellen: ohne Hohn, ohne Verzerrung, ohne Witzelei, beide Gruppen zu erklären, beide Gruppen zu analysieren, beide Gruppen zur Achtung voreinander zu erziehen und – »da liegt der Hund begraben« – den Nationalismus erst im Zusammenhang mit der internationalen Lösung des sozialen Problems anzuerkennen. Es ist zum Schluß weder abstrakter Internationalismus noch betonter Nationalismus, es ist, übertrieben formuliert, eher eine nicht ganz geklärte Mischung aus Kommunismus, Otto Strasser und Gregor Strasser, die übrigbleibt. Die Fragestellung ist stärker als die Lösung.

Zwischen diesen beiden Gruppen, die vertreten werden durch den sächsischen Matrosen Heinrich Wittchen und durch den Thüringer Freiherrn Fritz Heinrich von Gründern, steht C. L. Nottebohm, Kolonialwarenhändler aus Hannover, der Mann mit der romantischen Sehnsucht, der aus seiner Haut heraus will, der alles vergißt, der gutmütige, anständige Kerl und bequeme Spießer, der niemals Konsequenzen zieht.

Daß diese Fronten überhaupt auf dem Theater einmal bezogen, daß Fragen gestellt werden, die von rechts bis links jeden in

Deutschland angehen, die Frage des Lebensraumes, die Frage der Freiheit, die Frage der Klassenschichtung, die Frage der Heimat, ohne Schwarz-Weiß-Technik, ohne vorausgenommene Lösungen, ohne Enge, das wirkt heute, innerhalb der gleichgültigen und geschwätzigen Theaterspielpläne, wie ein Ereignis.

Der Wert des Abends liegt also darin, daß er Erstarrtes in Fluß bringt, Parteiverkrustungen durchstößt, männliche Fragen stellt und männliche Entscheidungen verlangt. Die Schwächen liegen in mancher Unklarheit und mancher Verschwommenheit. Das Gebiet ist so unbetreten, zwischen den geistigen Fronten ist das Niemandsland so groß, daß jeder Schritt fast zu Mißverständnissen herausfordert. Es kommt auf jede Formulierung an; und Formulierung, sprachliche Bestimmtheit ist nicht immer Gustav von Wangenheims Stärke. Er läßt sich oft forttragen und hat das Stück und die Auseinandersetzung nicht in der Hand. Er vereinfacht und kompliziert sich die Bedeutung des Stückes durch szenische Sinnbilder und Zeichen. Er vereinfacht sie im Schützengrabenbild, wenn ein Soldat das Modell des Heimatdorfes zeigt und der Leutnant mit der Taschenlampe darüber hinfährt und allen der Mond und die Geräusche des Heimatdorfes aufsteigen – das ist menschlich stark, ohne sentimental zu werden. Er kompliziert den Sinn des Stückes, wenn er eine Kriminalhandlung hindurchführt: die Personen sollen von der erfundenen Spannung des Kolportageromans zur wirklichen Spannung des realen Lebens hingeführt werden. An sich ein guter Gedanke, der aber zu Tode gehetzt wird und zu vielen szenischen Verwirrungen und Verundeutlichungen führt.

Die Technik der »Mausefalle« macht sich oft selbständig und nimmt sich wichtig. Das Mittel der Revue gegen die Revue, der Satire gegen die Literatur und die Operetten wird stumpf, besonders im zweiten Teil. Aber es bleibt die Fragestellung, die aus der Existenz in Büchern und Versammlungen auf die Bühne gebracht wird und wenigstens in Ansätzen zeigt, daß sie künstlerisch fruchtbar gemacht werden kann. Ähnliches gilt von der Aufführung. Sie muß in den Revueteilen schwach bleiben, auch in den Schiffs- und Gesellschaftsszenen. Sie erinnert dann an die schwachen Stellen der Meyerhold-Aufführung von »Brülle, China!«. Aber sie ist stark in der zentralen Gegenüberstellung des Freiherrn: Heinz Greif (der nur sprechtechnisch noch lernen muß), des Proletariers: Curt Trepte (der wieder, wie in der »Mausefalle«, mit wenigen Mitteln eindringlich wirkt und ebenso künstlerisch die kurze Szene des Generaldirektors Vorberg spielt), des Nottebohm: Meyer-Hanno, der den Hannoveraner nicht nur als zufälliger Landsmann glänzend trifft, sondern auch schauspielerisch gestaltet.

Dann fällt noch Robert Trösch auf, der aber noch sehr schweizerisch spricht. Er ist eine Begabung. Er muß noch lernen. Ingeborg Franke spielt die Conférenciere mit zuviel Nuancierung.

Berliner Börsen-Courier, Nr. 490, 19. Oktober 1932

»Kasimir und Karoline«

Nach Leipzig jetzt in Berlin

Luise Ullrich spielt eine kleine Angestellte, die mit ihrem abgebauten Bräutigam aufs Münchener Oktoberfest zieht. Keine ungefährliche Rolle für Luise Ullrich, wenn man an ihre letzten Erfolge denkt: »Wiener Blut« in der Staatsoper, »Die goldene Uhr« in der Volksbühne, an Erfolge, die sie durch Mitbenutzung konventioneller Soubrettenmittel zu erreichen schien. Die junge Niese. Schon bei der Leipziger Uraufführung aber spielte sie die Karoline ohne Hilfen, ohne mimische Krücken und sprachliche Drücker. Gestern war sie vollkommen. Sie zeichnete die Rolle und nahm gleichzeitig Distanz zu ihr. Sie »brachte« jede Pointe, ohne sie zu servieren. Sie spielte »dumpf« und »klug«. Sie gab eine reizende Mischung von Ursprünglichkeit und angelesener Halbbildung. Sie überließ sich niemals dem Dialekt, sondern gewann aus ihm eine besondere Tonmelodie, eine künstlerisch geformte Bühnensprache.

An ihr erlebte man, wie nützlich für eine Begabung eine Probeaufführung im Reich sein kann. Luise Ullrich verarbeitete alle Erfahrungen – im Gegensatz zum Regisseur Francesco von Mendelssohn, im Gegensatz zu ihrem Partner Hermann Ehrhardt. Dieser, der aus der Schultes-Truppe kommt, hatte die Leipziger Ergebnisse nur äußerlich verwertet. Er schleppte nicht mehr so und riß sich zusammen. Aber er lockerte den Dialog nicht auf. Wahrscheinlich wird Ehrhardt über die landsmannschaftliche Echtheit nicht hinauskommen. Er sieht in der Rolle des abgebauten Chauffeurs Kasimir »wirklich« aus, er spricht

»wirklich«, der Anfang ist suggestiv. Wenn es aber darauf ankommt, die Partie durchzuspielen, versagt er vorläufig. Man braucht ihn nur neben Fritz Kampers zu sehen, der einen Strizzi mit derselben Echtheit, aber gleichzeitig mit schauspielerischem Können spielt, oder neben Blandine Ebinger, die ein früheres Dienstmädchen mit schauspielerischer Feinheit gibt. Auffallend in der kleinen Rolle eines Regierungsrats Werner Scharf; gewandt, aber diesmal auch ohne Mätzchen Karl Stepanek; sicherer als in Leipzig Werner Pledath und Hans Adolphi.

Die Leipziger Uraufführung sollte eine dramaturgische Probe sein. Es galt, Ödön Horváths Komödie auf ihre Bühnenwirksamkeit und auf ihre künstlerische Dichte zu prüfen, den volksstückhaften Kern herauszuarbeiten, die literarischen Floskeln zu entfernen. Der Regisseur Francesco von Mendelssohn hat zwar gestrichen und das Tempo beschleunigt, aber er hat Flickarbeit geleistet. Er hat dazu beigetragen, daß das Stück auch in Berlin noch als Parodie auf ein Volksstück aufgenommen wird, während es nur ein wahrhaftiges, entkitschtes Volksstück sein will. Horváth trägt zu diesem Mißverständnis vieles bei. Nicht indem er die Figuren bald deftig, bald in angelesenen Brocken sprechen läßt, sondern indem er von außen Bosheiten heranträgt. Viele seiner Kraftausdrücke sind nur plump, sie zielen auf nichts, sie charakterisieren nichts, sie sind also überflüssig und deshalb zu entfernen. Man konnte gestern genau bemerken, daß gerade an diesen Stellen das Publikum nicht mitging. Man hat die Leipziger Erfahrungen nur halb verwertet.

Das Arbeitsprinzip der Ernst-Josef-Aufricht-Produktion hat sich bewährt. Aber die Methode der dramaturgischen Proben kann sich nur bewähren, wenn sie mit dramaturgischen Begabungen unternommen werden. Als solche hat sich Herr von Mendelssohn nicht bewiesen. Er hätte aus Horváths Komödie vom Münchener Oktoberfest ein heiteres, lockeres, bewegliches Spiel mit einheitlicher Sprechmelodie machen können und hat die Teile nebeneinander stehenlassen: einen »volkstümlichen« und einen »ironischen«. Er verstärkt diesen Eindruck noch durch die unglückliche Schlußpointe, die die Aufführung (an Stelle des alten, lähmenden, überdehnten Endes) in Berlin bekommen hat: Ein parodistischer Amor schwebt auf das neue Liebespaar Kasimir und Erna herunter. Man mußte sich entschließen: ein wahrhaftiges, entkitschtes Volksstück oder ästhetische Ironie. Man versuchte beides und betonte am Schluß sogar die Ironie. Das schädigte das Werk und den Abend im Komödienhaus.

Berliner Börsen-Courier, Nr. 554, 26. November 1932

»Faust« im Staatstheater

Eins kann man nicht leugnen: Spannung erzeugt ein Schauspieler wie Gustaf Gründgens, wo immer er auftritt. Es ist nicht leicht, die reservierte Haltung eines Staatstheaterparketts zu durchschlagen. Dieses Publikum hat schon manchen müde gemacht. Gründgens wirbelt durcheinander. Er setzt sich durch. Er reizt auf. Aber er zwingt die Leute zuzuhören, ja oder nein zu sagen.

Die Durchbrechung der Langeweile ist im Staatstheater ein Ereignis. Womit aber erreicht Gründgens diese Wirkung? Was spielt er? Den Mephisto? Gründgens spielt den Agenten Fausts, einen Manager Schmelings, einen Stellenvermittler der Hölle. Er agitiert und treibt an, ein Demagoge, ein Unterhändler. Er engagiert Faust für eine Weltreise und versucht seinen Champion in Form zu bringen. Er macht ihm gute Laune durch Zauberkunststücke. Er ist der Theremin, der in Auerbachs Keller Töne aus der Luft greift. Gründgens inszeniert mit dem Schüler eine komische Oper nebst Tanz- und Springeinlagen. Er ist Regisseur, der den Mitspielenden und dem Publikum vormacht, wie Giampietro und Kainz einige Mephisto-Szenen gespielt hätten. Er ist Festarrangeur auf einem Wohltätigkeitsbasar. Er ist Rundfunkansager, der über die neueste Station von Fausts Wanderung berichtet. Er ist Reporter und Ballettmeister. Er ist Feuilletonredakteur, der den Text des Mitarbeiters Goethe »einrichtet«, (fast alle Stellen fette Borgis, ein Achtel durchschossen). Er ist Kabarettsänger und Charleys Tante, Kavalier und zierige Dame. Er blitzt und funkelt. Er spielt ein naives Zaubermärchen mit lächelndem Snobismus. Er spielt hundert Variationen über das Thema Mephisto, aber niemals das Thema selbst. Er spielt Bemerkungen zum Mephisto, witzige Fußnoten gegen die Goethe-Philologen, aber niemals den neuen, modernen Mephisto selbst.

Im äußersten Gegensatz zu ihm steht Werner Krauss als

Faust. Er scheint augenblicklich eine Entziehungskur durchzumachen, eine Entziehungskur an »Bedeutung«, an »Tremolo«, an betonter Wirkung. Krauss entzieht der Rolle die deklamatorischen Wirkungen. Er ist still und einfach. Er gliedert und nuanciert wundervoll. Aber er findet noch keine neue Zusammenfassung. Was er unterläßt, ist oft stärker als das, was er tut. Er ist noch unsicher. Ihn lähmt die Atmosphäre im Staatstheater. Ein großer und reifer Schauspieler nimmt sich wieder in Schule, um zu neuen Wirkungen zu kommen (die er noch nicht erreicht). Er geht ins andere Extrem. Er spielt einen ungeschickten Träumer, fast einen Taugenichts von Eichendorff, wenn er mit Mephisto und mit Gretchen zusammentrifft. Krauss schien sich verstiegen zu haben und will den Rückweg finden. Dabei soll man ihm helfen.

Faust ist immer die undankbare Rolle gegenüber dem Mephisto. Faust ist eine unmimische Rolle, eine Rolle ohne Gesten; und kann deswegen, die Konsequenz auf die Spitze getrieben, von einem geistigen Dilettanten mit Sprechbegabung beinahe eher als von einem großen Schauspieler gegeben werden. Seit Jahrzehnten hat kein Faust-Darsteller einen durchschlagenden Erfolg gehabt. Mephisto ist dagegen die mimische, die gestische Rolle an sich. Das setzt den Mephisto-Darsteller von vornherein gegen den Faust-Spieler in Vorteil. Und das Gretchen? Auch in dieser Rolle wird es einer modernen Schauspielerin immer schwerer werden, den Einklang zwischen Geste, Sprachform und Gefühl zu finden. Käthe Gold, die schon in Breslau und München das Gretchen spielte, schien in den ersten Worten sich mit mimischen Übernuancierungen helfen zu wollen. Sie zerlegte die Worte mit Mimik. Die Schauspielerin schien mit der Sprecherin zu kämpfen, Empfindung mit Ausdruck, Schulung mit Persönlichkeit. Käthe Gold ist ein großes Talent. Ihre Ausdruckskraft war im Gebet stark, im Religionsgespräch vielfältig und nuanciert. Käthe Gold hat Nerven, Instinkt und eine Intelligenz, die scheinbar anders will. So erschien mir die Kerkerszene etwas absichtlich, bis Käthe Gold in Schreien und Ausbrüchen eine Leidenschaft offenbarte, die die Form durchbrach und »Sturm und Drang« war.

Fast in allen Goethe-Aufführungen wird man beim Schauspieler einen Widerstreit zwischen Wort und Geste finden. Nicht bei den grotesken Figuren, die von vornherein auf Mimik abgestellt sind, wie bei der Hexe, die Aribert Wäscher kühn und großartig spielte, wie bei Marthe Schwertlein, die Elsa Wagner, wie bei dem Frosch, den Walter Bluhm gab. Aber schon der Wagner (Bernhard Minetti) kommt um diese Schwierigkeit kaum herum.

Goethe-Dramen zerfallen in Sprechpartien und mimische Partien. Darum ist die Inszenierung Goethes kein gültiger Beweis für oder gegen einen Regisseur. »Faust« ist ein Spezialfall. Lothar Müthel hatte an dieser Vorstellung sehr gearbeitet. Man spürte seine Einwirkung in dem Versuch des sprachlichen Ausgleichs, im geglückten Versuch, naives, musikalisches Theater zu geben. Er hatte eine Unterstützung in dem Bühnenbildner Hermann Zweigenthal und dem Komponisten Hermann Simon. Man hat selten einen so theatermäßigen, sinnlich unterhaltenden »Faust« gesehen. Aber es fehlte die Zusammenfassung, der Versuch, eine einheitliche Form, einen einheitlichen Stil zu finden.

Berliner Börsen-Courier, Nr. 566, 3. Dezember 1932

»Das Automatenbuffet«

Theater am Schiffbauerdamm

Das Theater der Schauspieler unter der Leitung von Leo Reuß und Fritz Genschow hat mit dieser Aufführung zum ersten Male eine abgerundete Vorstellung geliefert, die schauspielerisch und szenisch ausgeglichen war. Man spielte Anna Gmeyners »Automatenbuffet«, das Erich Ziegel in Hamburg uraufgeführt und bei der Kleistpreis-Verteilung ehrend erwähnt hatte.

Else Lasker-Schüler, Marieluise Fleißer, Ilse Langner, Hilde B. Winrich, Anna Gmeyner – von fünf Frauen sind in den letzten Jahren Stücke aufgeführt worden, viele mit wirklichem Erfolg. Keine von ihnen schreibt das, was man früher Frauenzimmerdramatik nannte. Birchpfeiffereien verfassen heute die Männer. Die Rührseligkeit haben die Herren der Filmbranche und der Operettenbranche übernommen.

Anna Gmeyners Komödie »Automatenbuffet« ist eine seltsame Mischung aus überstandener Spießersatire und zarter Menschenbetrachtung. Um das Automatenbuffet eines kleinen Ortes kreist ein Schwarm von närrischen und gierigen, versponnenen und gemeinen, idealistischen und eigennützigen Kleinbürgern. Es ist eine romantisierte Sternheim-Welt. Der romantische Ton wird angeschlagen im Vorspiel: Leopold Adam zieht die lebensmüde Eva aus dem Wasser; und im Nachspiel: Eva zieht den lebensmüden Adam aus dem Wasser. Dazwischen liegen die Erfahrungen, die beide mit den Spießern und Frau Clementine Adam, Inhaberin des Automatenbuffets, gemacht haben.

Diese etwas spärliche Welt wird in zwei Akten mit einer liebenswerten Verspieltheit in Bewegung gehalten. Mit Freude am Spaß, mit Laune und Sinn für Maskerade. Anna Gmeyner will in dieser Komödie nicht mehr als sie kann. Das ist heute sehr viel. Sie verschärft nicht. Sie trumpft nicht auf. Sie bleibt beim Spiel und findet nur im letzten Aufzug nicht rechtzeitig den Schluß. Die Vorzüge des Stückes liegen nicht in einzelnen Formulierungen, nicht im Stoff, nicht im Thema, sondern in der Gesamthaltung des Stückes, in seiner Tonlage. Merkwürdig: Es gibt heute viele Begabungen und viele wichtige Themen. Aber die Begabungen und die Themen entwickeln sich getrennt voneinander. Anna Gmeyner ist eine Begabung im Unwichtigen, aber besonders begrüßenswert bei der Öde und Plumpheit der Spielpläne.

In der Aufführung zeigte sich Moriz Seeler zum ersten Male als Regisseur. Ein Experiment, das völlig geglückt ist. Mit dem Bühnenbildner Traugott Müller beherrschte er vorzüglich den Auf- und Ablauf der wechselnden Situation auf der geteilten Drehbühne, die die Räume eines Hauses zeigte und die vielen Schauspieler. Zwei von ihnen waren besonders frei: Hilde Körber als Eva hat seit langem nicht so klar und schlicht und fein gesprochen; Willy Trenk-Trebitsch ließ alle Mätzchen und spielte mit äußerster Delikatesse einen Kleinstadtfallott. Dann vortrefflich Heinrich Heilinger in der schwierigen Rolle des Herrn Adam, und besonders Agnes Straub, die die böse, mannstolle Buffetinhaberin Clementine Adam mit karikaturistischer Schärfe, aber auch mit menschlichen Tönen und Humor spielte.

Auch sonst waren die Rollen gut aufeinander abgestimmt. Wenn ich Friedrich Gnass ausnehme, so tue ich es nur, weil der vortreffliche Schauspieler sich diesmal in der sozialen Lage seiner Figur vergriff. Er sollte einen abgebauten Lehrer geben, er spielte aber einen Lumpenproletarier.

Berliner Börsen-Courier, Nr. 608, 29. Dezember 1932

Der Theaterkritiker Herbert Jhering

Wenn von den heute schon fast legendär gewordenen deutschen Theaterkritikern der »goldenen« zwanziger Jahre die Rede ist, von Alfred Kerr, Siegfried Jacobsohn, Monty Jacobs, Alfred Polgar, Emil Faktor oder Kurt Pinthus, dann muß auch der Name Herbert Jherings genannt werden, des Jüngsten unter ihnen, dessen 100. Geburtstag freilich auch schon in zwei Jahren zu begehen wäre. 1888 geboren, ist er auch der Einzige unter seinen großen Kollegen, der bis in die siebziger Jahre unseres Jahrhunderts hinein die Ereignisse der Theater- wie auch der Filmwelt verfolgt hat, kritisch analysierend, würdigend, aber auch tadelnd, wo es ihm am Platze zu sein schien. Als scharfer Kritiker war er gefürchtet, als ehrlich und verantwortungsvoll wertender aber auch von vielen Theaterschaffenden geliebt, weil sie das Verständnis und das nie erlahmende Interesse, womit er ihre Arbeit, ihre Leistungen und ihre Entwicklung begleitete, anerkannten und schätzten. Viele Briefe berühmter Darsteller an ihren Kritiker zeugen heute noch davon.

Eigentlich hatte Herbert Jhering, aus einer Juristenfamilie stammend, Germanistik studieren wollen, erst in Freiburg, später in Berlin. An eine Verbindung mit dem Theater hatte er zunächst noch nicht gedacht, obwohl er, wie damals fast jeder Gymnasiast, einige dramatische »Jugendsünden«, wie er selbst sie später nannte, auf dem Gewissen hatte. Dann aber ereignete sich eine Begegnung, die für seine Zukunft bestimmend wurde. Der Berliner Germanist Erich Schmidt hatte – es war 1909 – seinen Studenten Jhering wegen einiger Auskünfte für eine wissenschaftliche Arbeit an das Braunschweiger Hoftheater geschickt. Als er hier im Intendantenvorzimmer wartete, wurde er Zeuge einer turbulenten Szene: Mit viel Stimmaufwand setzten sich, kurz vor einer Opernpremiere, die Primadonna und der Tenor in einem mit höchster Theaterekstase geführten Auftritt über irgendein Problem auseinander, wobei auch der Intendant nicht gut wegkam. Der Besucher hörte das mit großem Vergnügen an, nahm seine Papiere unter den Arm und empfahl sich unverrichteterdinge, denn er wußte nun, daß nicht die Wissenschaft, sondern das Theater sein Arbeitsfeld sein müsse.

Der erste Theaterartikel des knapp Zwanzigjährigen erschien im gleichen Jahr in Siegfried Jacobsohns Zeitschrift »Schaubühne«. Er hieß »Wortdramen als Tondramen« und polemisierte gegen die Vertonung von Dramen, die für die Sprechbühne geschrieben sind. In diesem Erstlingswerk sind schon die meisten der Züge zu erkennen, die später die Kritiken Jherings bestimmten: Klare, konsequente Gedankenführung, die Fähigkeit, zu unterscheiden, d.h. das Wichtige vom Überflüssigen zu trennen, und der Kampf gegen Gefühlsschwulst und Verwaschenheit sprachlicher Ausdrucksformen.

In der Folgezeit begann Jhering in der »Schaubühne« sich zum Kritiker zu qualifizieren; er wandte sich in der Hauptsache einem Gebiet zu, auf dem er später unbestrittener Meister werden sollte, dem der Schauspieleranalysen, wozu sein untrüglicher Sinn für Qualität und Leistung, für menschliche und künstlerische Eigenart ihn besonders befähigte. Viele der nachmals Berühmten hat er entdeckt, manche schon auf der Schauspielschule. Er hat sie gefördert und kontinuierlich verfolgt. Nachdem er einige Jahre hindurch als Theaterkritiker an verschiedenen Berliner Blättern tätig gewesen war, erreichte ihn im Frühjahr 1914 ein Ruf von Dr. Arthur Rundt, damals Leiter der Wiener Volksbühne, als Dramaturg an dieses Theater zu kommen. Wegen des Kriegsausbruches wurde die Volksbühne zwar zunächst geschlossen, 1915 jedoch wieder geöffnet, und Herbert Jhering arbeitete hier nicht nur als Dramaturg, sondern auch als Regisseur. Er inszenierte eine ganze Reihe von bedeutenden Dramen, ohne jemals vorher Regie geführt zu haben, und gelangte allmählich auch auf diesem Gebiet zu Anerkennung und Erfolg. Dennoch zog es den Norddeutschen nach Kriegsende wieder nach Berlin, wo er 1918 Nachfolger von Alfred Kerr an der Zeitung »Tag« wurde, die ihres rotgedruckten Titels wegen allgemein »Roter Tag« hieß. Kurz darauf trat er neben Emil Faktor, der dem Feuilleton des »Berliner Börsen-Courier« vorstand, als Theaterkritiker ein und entwickelte sich nun zu dem Kritiker von Rang und Bedeutung, als den ihn die Nachwelt heute kennt.

Das Berlin der Nachkriegsjahre war damals genau das richtige Wirkungsfeld für einen Kritiker wie ihn. Hier war das Theaterleben in voller Aktion, hier konnte er streitbar für seine Überzeugung eintreten, daß eine neue Zeit auch ein neues Theater fordere, »ein Theater«, wie er schrieb, »das weder etwas mit der rauschhaften Entwicklung des bisherigen Kunstgenusses zu tun haben werde noch mit der billigen Aktualität des Tages. Ein Theater der grundsätzlichen Auseinandersetzung, der leidenschaftlichen Bejahung, der neuen Inhalte«. In den Kampf um ein solches Theater stürzte er sich nun mit aller Konsequenz, ja mit Besessenheit, stets auf der Seite der Jungen, der Neuen – er wurde der Sprecher der jungen Generation. So stellte er grundsätzlich den »rauschhaften«, von optischen und visuellen Reizen ausgehenden Inszenierungen Max Reinhardts das nicht nur vom Wort und seinem Rhythmus, sondern auch von neuen Inhalten bestimmte Theater Leopold Jessners gegenüber, der seit 1919 Intendant des Staatlichen Schauspielhauses war und mit dessen Auffassungen Jhering im wesentlichen übereinstimmte.

Es gehörte damals viel Mut dazu, das Theater des auf der Höhe seines Ruhmes stehenden Max Reinhardt für unzeitgemäß zu erklären, doch obwohl Jhering die Genialität Reinhardts stets anerkannt und bewundert hat, so war er doch der Überzeugung, daß dessen phantastisches Illusionstheater abgelöst werden müsse von einer strengen, zuchtvollen und zielgerichteten Form des Theaters, wie Jessner sie vertrat. Ausdruck dieser Überzeugung war, neben seinen Kritiken, Jherings 1922 erschienene Streitschrift »Der Kampf ums Theater«; 1948, als sie neu herausgegeben wurde, schrieb er dazu, sie habe »das Beben des Zeigers aufzuzeichnen versucht, als er nach beiden Richtungen ausschlagen konnte: nach einer geistig-freien, demokratisch verantwortlichen Kultur und nach einer Reaktion, die alles verschlingen mußte«. Mit fast seherischer Intuition hat Jhering schon damals erkannt, in welcher Gefahr nicht nur das Theater, sonders das Kulturleben überhaupt schwebte und wohin es sich möglicherweise entwickeln konnte, wenn der ihm zunächst in Formzerfall des Theaters entgegentretende Zerfall des Bürgertums sich fortsetzte. Auch deshalb trat er für die neuen, ihm wiederum als erstes auf dem Theater begegnenden Kräfte, für das Jessner-Theater und die Stücke Brechts, ein.

Die Bedeutung des dramatischen Schaffens von Bertolt Brecht hat Jhering sofort erkannt, als er 1922 die Uraufführung von »Trommeln in der Nacht« begeistert begrüßte. Im gleichen Jahr gab er als Vertrauensmann der Kleist-Preis-Stiftung Brecht den Kleist-Preis. Seitdem nahm er den Kampf für das Werk Brechts auf, und eines harten Kampfes bedurfte es damals, denn Brechts Stücke stießen fast ausnahmslos auf Ablehnung. Als zum Beispiel Alfred Kerr die »Trommeln in der Nacht«, »ohne Flausen und Fisematenten, etwas halb Enttäuschendes« nannte, »bestimmt minder schlecht als die meisten expressionistischen Dramen, doch bestimmt schlechter als das Beste dieser Gattung«, ging Jhering sofort zum Angriff über, und es entspann sich zwischen beiden Kritikern eine sich vor allem bei Brecht-Aufführungen wiederholende Pressefehde, an der das Publikum gespannten Anteil nahm, denn damals standen Theaterkontroversen im Mittelpunkt allgemeinen Interesses. Während Jhering frontal gegen Kerr vorging und ihn stets namentlich nannte, weil dieser, wie er meinte, »die junge Generation bis zur Kampfunfähigkeit« zermürben wolle, blieb Kerr auf Distanz. Durch diese Zurückhaltung sich offensichtlich noch mehr herausgefordert fühlend, erklärte Jhering einmal: »Herr Kerr tötet Dramatiker, um einen Kritiker, um mich zu treffen ... Es ist Zeit, daß er auseinanderhält, wann er Dramatiker und wann er mich meint. Es ist Zeit, daß er die Dichter aus ihrem Werk und mich aus meinem Werk beurteilt.« Jhering blieb damals und bis in die Gegenwart auf der Seite Brechts, des kommenden bedeutenden Dramatikers, und damit der kritische Herold der jungen Generation. Auch später hat Jhering das Werk Brechts stets als das der »Klarheit, Helle und Vernunft«, als das Theater der Zukunft gegen das des bürgerlichen Verfalls verteidigt, oftmals in sehr streitbarer, polemischer Weise.

Überhaupt wandte er sich zum Ende der zwanziger Jahre in seinen Kritiken wie auch in seinen größeren Schriften, der »Vereinsamten Theaterkritik« (1928) oder dem »Volksbühnenverrat« (1929), gegen die zunehmende politische und kulturpolitische Reaktion, deren Erstarken er mit Besorgnis verfolgte. Er begegnete damit natürlich heftigem Widerspruch und erntete harte Angriffe, doch konnte er sowieso nichts Wesentliches mehr ändern, zu stark war das gegnerische Lager inzwischen schon angewachsen. Auch mit seinen Schriften »Reinhardt, Piscator, Jessner oder Klassikertod?« (1929) oder »Die getarnte Reaktion« (1930) vermochte er nicht mehr viel zu bewirken. »Die getarnte Reaktion« war die letzte Arbeit, in der er außerhalb der Pressetätigkeit zu Gegenwartsfragen Stellung nahm. Beide Schriften waren zwar, wie viele Äußerungen progressiver Intellektueller, Thomas oder Heinrich Manns etwa, tapfere, doch aussichtslose Versuche, den Anfängen zu wehren. Auch daß Jhering nachdrücklich gegen die nicht nur niveaulosen, sondern schlimmer, in der Tendenz gefährlichen Aufführungen der 1930 gegründeten »Nationalsozialistischen Volksbühne« protestierte, trug nichts mehr zu dieser Abwehr bei.

Dennoch, mitten in diesen Jahren politischer Kämpfe und Auseinandersetzungen, unternahm Jhering 1931 eine Reise in die Sowjetunion, um mit eigenen Augen das Leben in diesem neuen Land, vor allem das Theaterwesen, kennenzulernen, und er berichtete seinen Lesern wie auch den Hörern seiner Rundfunk- und Vortragsreihen unvoreingenommen und sachlich, doch auch kritisch über seine Eindrücke, unbekümmert um Angriffe der Rechts- und Nazipresse.

In den dreißiger Jahren, nach der faschistischen Machtübernahme – Jhering war 1933, nachdem der Berliner Börsen-Courier sein Erscheinen hatte einstellen müssen, Mitarbeiter des Berliner Tageblattes geworden –, mußte er seine Tätigkeit als Kritiker beenden. Er befaßte sich nun hauptsächlich mit Schauspieler- und Regisseur-Analysen, wurde allerding, weil er sich geweigert hatte, ein Stück des Nazi-Dramatikers Eberhard Wolfgang Möller zu rezensieren, aus der »Reichsschrifttumskammer« ausgeschlossen und auch nicht in die »Schriftleiterliste« der »Reichspressekammer« aufgenommen. Später ließ man ihn zwar wieder als Theaterschriftsteller zu, er durfte aber nur unter bestimmten Voraussetzungen über einzelne Künstlerpersönlichkeiten schreiben. Er zog sich nun ganz aus der Theaterkritik zurück und nahm eine Tätigkeit als Besetzungschef bei der Tobis auf, einer der damals arbeitenden Filmproduktionen, und durfte nun Bücher über Schauspieler wie Käthe Dorsch (1944) und Emil Jannings (1941), unter dem Titel »Von Josef Kainz bis Paula Wessely« (1942) eine Sammlung von zuvor in einer kölnischen Zeitung erschienenen Schauspielerporträts sowie das Buch »Regie« (1943) veröffentlichen

Drei Jahre nach Ausbruch des zweiten Weltkrieges berief Lothar Müthel, damals Intendant des Wiener Burgtheaters, Jhering als Dramaturg und künstlerischen Beirat an sein Haus, in die Stadt, in der er nach dem ersten Weltkrieg seine ersten Regieerfolge erzielt hatte. Er folgte dem Ruf in der Hoffnung, hier ungestörter arbeiten zu können als unter den fast unerträglich gewordenen Verhältnissen in Berlin. Doch einen längeren Aufenthalt in Wien verhinderten die Auswirkungen und die Folgen des faschistischen Krieges. Nach der Schließung aller Bühnen wegen des von den faschistischen Machthabern ausgerufenen »totalen Krieges« kehrte Jhering wenige Monate vor Kriegsende wieder nach Berlin zurück.

Hier stellte er sich sofort nach der Befreiung für den Wiederaufbau eines neues Kulturlebens zur Verfügung und arbeitete intensiv in den verschiedensten, diesem Ziel gewidmeten Organisationen mit, vor allem an der Aufgabe, das Berliner Theater neu zu beleben. So trat er, als Gustav von Wangenheim im September 1945 zum Intendanten des Deutschen Theaters berufen worden war, als Chefdramaturg in das Ensemble ein, um seine reichen Erfahrungen für den Neuaufbau des Spielplans und des Ensembles nutzbar zu machen. Auch als Wolfgang Langhoff die Intendanz übernahm, blieb Jhering, bis 1954, in dieser Funktion tätig. Außerdem wurde er gleich nach der Gründung der damaligen Deutschen Akademie der Künste, heute Akademie der Künste der DDR, zu deren ordentlichem Mitglied gewählt, leitete in der Nachfolge von Wolfgang Langhoff bis 1962 als Ständiger Sekretär die Sektion Darstellende Kunst und war Mitglied des Präsidiums. Doch neben diesen Ehrenämtern widmete er sich wieder mit alter Aktivität seiner Tätigkeit als Theaterpublizist und Buchautor. Er arbeitete als Theaterkritiker für verschiedene nach 1945 neu gegründete Zeitschriften und Zeitungen (u.a. Berliner Zeitung, Sonntag, Aufbau), ebenso für den Deutschlandsender, und die Zahl seiner seitdem erschienenen Bücher überstieg die seiner vor 1933 veröffentlichten Schriften beträchtlich, wenn auch ein Teil davon Neuauflagen seiner früheren Publikationen waren, weil sie auch in einer veränderten Zeit noch Gültigkeit hatten. Zu den nach 1945 erschienenen Büchern gehören »Vom Geist und Ungeist der Zeit« (1947), »Berliner Dramaturgie« (1947), »Die Zwanziger Jahre« (1948), »Heinrich Mann« (1951), »Auf der Suche nach Deutschland« (1952), »Eduard von Winterstein« (gemeinsam mit Eva Wisten, 1962), »Ernst Busch« (gemeinsam mit Hugo Fetting, 1965), »Theater der produktiven Widersprüche« (1967), »Der Kampf ums Theater und andere Streitschriften« (1974) sowie die Almanache »Theaterstadt Berlin« (1948) und »Theater der Welt« (1949).

Vor allem aber galt Jherings Interesse nach der Zerschlagung des Faschismus der Entwicklung einer neuen, nun unter demokratischen Voraussetzungen sich vollziehenden Theaterkultur, die er als einziger Rezensent dieser Zeit in beiden Teilen Deutschlands gleichermaßen verfolgte, wie es ihm ja auch als einzigem der großen Kritikergeneration der zwanziger Jahre vergönnt war, noch in einem neuen, völlig veränderten Zeitalter zu wirken und, indem er an die Tradition dieser Jahre anknüpfte, sie doch in eine neue Dimension zu überführen. Insbesondere in den Büchern, die er nun veröffentlichte, setzte er sich mit den Grundsätzen, den Gesetzmäßigkeiten und Bedingungen auseinander, die eine gewandelte Situation für das Theater und dessen Rezensenten mit sich brachte, wie er ja überhaupt stets – im Gegensatz zu vielen seiner Kritikerkollegen – die gesellschaftlichen Verhältnisse seiner Zeit und ihre politischen und sozialen Komponenten in Betracht gezogen hatte, wenn er kulturpolitische Fragen zu erörtern hatte, auch solche, die nicht allein auf das Theater beschränkt waren.

Für Jhering war es selbstverständlich, daß er sobald als möglich die Verbindung mit Bertolt Brecht wieder aufnahm, der 1948 in den damaligen demokratischen Sektor von Berlin übergesiedelt war und zunächst im Deutschen Theater, später in seinem eigenen Haus, dem »Berliner Ensemble«, seine Theaterarbeit neu beginnen konnte. Als Ergebnis dieser Verbindung mit Brecht und seinem Theater erschien 1959, drei Jahre nach dessen Tode, das Buch »Bertolt Brecht und das Theater«, mit dem er seine über mehr als drei Jahrzehnte währende Verteidigung des Werkes dieses großen und in seiner Bedeutung von Jhering als erstem erkannten Dramatikers abschloß. Ein Jahr später publizierte er sein Buch über Marcel Marceau, den er mit seinem untrüglichen Instinkt für schöpferische Theaterpersönlichkeiten bei dessen erstem Gastspiel in Berlin entdeckt und dem er den Weg bereitet hatte. Heute, nachdem Marceau zu Weltruhm aufgestiegen ist, weiß das kaum noch jemand.

Überhaupt sieht es gegenwärtig so aus – das war auch ein Anlaß für diese Auswahl –, als ob man das Wirken und die zeitübergreifende Bedeutung des Kritikers Herbert Jhering zwar nicht vergessen, aber doch als Bestandteil einer über sechs Jahrzehnte kontinuierlich geführte Auseinandersetzung mit dem »Theater in Aktion« und dessen geistiger Relevanz ein wenig aus den Augen verloren hätte, angesichts so vieler neuer Elemente, die heute das Gegenwartstheater bestimmen. Neue Autoren sind da, neue Regisseure und Bühnenbildner, neue Schauspieler. Natürlich weiß man nicht, wie er, der alte Theaterkenner, darauf reagiert hätte. Doch kann man vermuten, daß er alles, was wirklich neu ist, also keine Aufwärmung längst vergangener, nostalgischer Tendenzen oder übertriebene Selbstdarstellungen bedeutet, mit allem Enthusiasmus begrüßt haben würde, den er stets dem Neuen entgegengebracht hat, auch und gerade dem »Revolutionären«, sofern er es als zukunftsträchtig erkannte, und in solchen Erkenntnissen ließ er sich, wie etwa im Falle Bertolt Brechts, durch nichts und niemanden beirren. In der Aufgabe der Kritik erblickte er nicht allein ein schöpferisches, sondern auch ein ethisches Prinzip. In der 1928 erschienenen Schrift »Die vereinsamte Theaterkritik« äußerte er sich bereits grundsätzlich zu diesem Problem, das für ihn ja auch eine Frage der geistigen und moralischen Existenz war. »Die Theaterkritik muß aktiv werden, sonst wird sie zwischen Theater und Journalismus zerrieben – sie soll die Initiative ergreifen, von sich aus vorstoßen, die Umbildungen selbst durchführen. Aus dem Kampfrichter soll der Kämpfer werden! Nicht Terror, sondern Mitarbeiter!« Ähnlich äußerte er sich nun, zwanzig Jahre später, als er 1950 schrieb: »Die Theaterkritik ist wie die literarische Kritik – richtig verstanden – niemals so wichtig gewesen wie heute, weil sie nur selten vor fertige Leistungen, sondern meistens vor werdende gestellt wird. Diese zu beurteilen, kritisch zu pflegen, das Wachsende vom Absterbenden zu unterscheiden, das ist eine Aufgabe, die viel schwieriger ist, als sie früher Kritikern gestellt wurde. Es ist schließlich kein Kunststück, vor glänzenden Theaterabenden, wie es früher oft geschah, feuilletonistisch sich zu spreizen und sich auch als Kritiker als Star zu fühlen. Mehr als jemals wendet sich heute die Kritik an den Arbeitenden, der aufnimmt, und an den Arbeitenden, der Theater schafft. – Wir haben wahrhaftig eine Zeit für die Kritik, aber nur selten eine Kritik für die Zeit!«

Wie eine solche »Kritik für die Zeit« aussehen müsse, hatte Jhering schon 1947 in dem Artikel »Die Einschaltung der Kritik« dargelegt. Nachdem er darin von der schamlosen »Verfälschung aller Ziele und Ideale« durch die Faschisten gesprochen hatte, erklärte er: »Der Kritik wachsen also heute die Aufgaben zu: zu zeigen, wodurch und worin die Ideale verfälscht worden sind; neue Ideale aufzustellen und herauszuarbeiten; den Abstand des Erreichten von diesen Idealen stets neu zu demonstrieren.« – »Nur dann hat die Kritik heute wieder eine Funktion und einen Sinn.« – »Es gilt die Lehren aus der gesellschaftlichen Ordnung zu begreifen, den Blick in die Zusammenhänge zu tun, das Glück des selbständigen Denkens zu wecken, das Gemeinschaftsgefühl sowohl wie die persönliche Erlebnisfähigkeit zu fördern!« – »Diese Kritik wird immer – ob sie in der Politik, im öffentlichen Leben oder in der Kunst ansetzt – das Ziel des Aufbaus vor sich haben. Ja, sie wird den Aufbau selbst erst möglich machen und deshalb das Theater nicht mehr aus den Zusammenhängen der Zeit lösen können.«

An diese Kriterien hat Jhering sich – modifizierend natürlich – auch später gehalten, als er unter gewandelten und an andere Voraussetzungen gebundenen Umständen wieder die Feder ergriff, die er immer noch scharf und aggressiv führte, so etwa, wenn er 1963 Piscator, der damals die Westberliner Volksbühne leitete, gegen ungerechtfertigte Vorwürfe verteidigte. Er konnte aber auch behutsam und verständnisvoll den Ansätzen nachspüren, die ihm verheißungsvoll und zukunftsträchtig zu sein schienen, auch wenn in einzelnen Fällen die künstlerische Perfektion noch nicht erreicht war. Ein Beispiel sind seine Schriften »Junge Schauspieler« (1948) und »Schauspieler in der Entwicklung« (1956), in der er seine berühmten Schauspieleranalysen wieder aufnahm, nun jedoch bezogen auf die junge Generation.

Wenn man heute seine nach 1945 veröffentlichten Schriften zur Zeit liest, kann man sie, wenn auch für die Gegenwart manches nicht mehr aktuell zu sein scheint, doch mit dem Wort kennzeichnen, das für alle seine Publikationen gilt – sie sind »Theatergeschichte in Aktion«. Und gerade derjenige Theaterhistoriker, der die Geschichte des Theaterlebens in den beiden ersten Jahrzehnten nach dem Ende des zweiten Weltkrieges zu erforschen hat, wird darin reiches Material finden, vor allem auch deshalb, weil Jhering immer die Beziehungen zur politischen Gegenwart herzustellen bemüht ist, wie er ja überhaupt den Begriff Kultur niemals als isolierte Erscheinung sieht, sondern stets im Kontext zu den gesellschaftlichen Verhältnissen.

Wer jedoch nur seine Theaterschriften einschließlich der Sammlung »Von Reinhardt bis Brecht« kennt, in denen sich der »gestandene« Kritiker äußert, der kennt nicht den ganzen Jhering. In seinem 1963 herausgekommenen Erinnerungsband »Begegnung mit Zeit und Menschen« – leider konnte er diese 1962 abgeschlossene Autobiographie, die mit seinen Wiener Jahren nach dem ersten Weltkrieg endet, nicht mehr, wie er es vorhatte, in einem zweiten Band fortführen – schildert er seinen Werdegang bis zu seinem dreißigsten Jahr, bis zu dem Augenblick gewissermaßen, da seine eigentliche Lebensleistung begann, die auf der von ihm nachgezeichneten Entwicklung aufbaute. Er sieht sie zwar in einem Abstand von etwa drei Jahrzehnten –

der größte Teil entstand im zweiten Weltkrieg und kurz danach –, doch glaubt man gleichsam diese Entwicklung selbst nachzuvollziehen, so lebendig und greifbar steht sie dem Leser vor Augen. Vor allem lernt man darin aber, soviel er auch von Theatereindrücken und -erlebnissen erzählt, den »anderen« Jhering kennen, den sensiblen, feinen, musikalischen, auch humorvollen Jhering, der hinter dem Kritiker manchmal verschwindet. Dennoch – gerade diese künstlerische Sensibilität, das musische Element, das besonders deutlich wird, wenn er die Landschaften seiner Kindheit beschreibt, war ein Grundbestandteil seines Schaffens, wenn es auch nicht immer im Vordergrund stand. Denn wie hätte er wohl – um nur ein Beispiel zu nennen – seine von soviel Liebe und Verständnis zeugenden Schauspieleranalysen oder auch seine Dramen-Interpretationen schreiben können, wenn nicht auf dem Hintergrund eines sensitiven Einfühlungsvermögens, wie es nur einem Menschen zu Gebote steht, der selbst künstlerische Züge in sich trägt. Auch sein sehr empfindliches Gefühl für Wort und Sprache, Wort und Sprachmelodie vor allem, doch auch für Wert und Bedeutung der Sprache überhaupt, wie es in vielen seiner Schriften zum Ausdruck kommt und wie es nicht bei allen Leuten, deren Tätigkeitsfeld die Kritik oder die Literatur ist, so ausgeprägt in Erscheinung tritt, ist zurückzuführen auf dieses künstlerische Gefühl, verbunden natürlich mit der leidenschaftlichen Wachsamkeit, die ihn nie verließ.

In zwei Jahren, wie gesagt, ist der 100. Geburtstag Herbert Jherings zu begehen. Er starb 1977. Erinnert man sich heute an die Begegnungen mit diesem Mann, der damals, vor mehr als zwanzig Jahren, der »Nestor der deutschen Theaterkritik« genannt wurde – eine Bezeichnung, die ihm selbst wenig gefiel, denn er fühlte sich durchaus nicht als »Nestor« –, so erinnert man sich an jemanden, dem das Theater einfach alles bedeutete. Nicht in dem Sinne, daß er etwa mit Scheuklappen durchs Leben gegangen wäre – ganz im Gegenteil, er war wach und aufmerksam allen Erscheinungen seiner Gegenwart gegenüber. Doch das Theater war seine Welt, der Mittelpunkt seines Schaffens und seines Interesses bis zuletzt. Aus dem unerschöpflichen Reichtum seiner Theatererlebnisse und -erfahrungen quollen geradezu die Gesprächsthemen, die sich jedoch durchaus nicht immer allein auf die Vergangenheit bezogen, denn er war immer auf der Spur des Neuen, Ungewöhnlichen, vielleicht noch nicht Entdeckten. Vergleiche wurden gezogen, Beziehungen hergestellt zwischen Vergangenheit und Gegenwart, und natürlich wurden auch Anekdoten erzählt, wie sie das Theater ja immer wieder produzierte, doch weniger der witzigen Pointe wegen, sondern weil damit auch immer etwas Charakteristisches über Bühne, Schauspieler, Regisseure oder Stücke zur Sprache kam. Wir damals Jüngeren haben viel davon gelernt. Denn, um den Titel eines Aufsatzes von Thomas Mann abzuwandeln: Theater als geistige Lebensform – alle Zeit-Imponderabilien natürlich einbezogen – war etwas, was unserer Generation durchaus nicht so selbstverständlich war, wie dem Kritiker, der sich über ein halbes Jahrhundert lang mit dieser geistigen Lebensform beschäftigt und auseinandergesetzt hatte.

Die hier vorliegende Auswahl spiegelt nur einen wenn auch wesentlichen Teil des Schaffens von Herbert Jhering wider, vor allem in seiner Bedeutung für die Jahre zwischen 1913 und 1932. Es schien jedoch angezeigt, auch den Umkreis seines weiteren Wirkens zu würdigen, das sich ja immerhin weit über 1945 hinaus erstreckt hat, wenn es natürlich auch gewissen Wandlungen unterworfen war, wie sie sich nicht nur aus der zunehmenden Reife des Autors selbst, sondern auch aus der Veränderung der Zeitläufte ergaben. Die Jahrzehnte, die auch die vorliegende Auswahl nachzeichnet, gehörten sicherlich zu den produktivsten seines Lebens, dennoch darf man darüber die Leistungen der späteren Jahrzehnte nicht vergessen, in denen er, die letzte Zeit des zweiten Weltkriegs ausgenommen, niemals aufgehört hat, seine »Theatergeschichte in Aktion« zu schreiben, wenn auch in den Nazijahren, als er fast ausschließlich seine Schauspielerporträts veröffentlicht hat, mit verminderter Intensität. Immerhin blieben ihm nach 1945 noch nahezu drei Schaffensjahrzehnte, in denen er in alter Vitalität und mit ungebrochenem Kampfesgeist seine kritischen Kommentare zum Theater- und Kulturleben liefern konnte, als wohl die einzige der deutschen Kritikerpersönlichkeiten von Rang, die die Geschichte des deutschen Theaters nicht nur mitgeschrieben, sondern auch tatkräftig an ihr mitgewirkt haben.

Die Herausgeber

Verzeichnis der Namen

Verzeichnis der Titel

Verzeichnis der Orte und Theater